Karl von Haller

Orientalische Ausflüge

Karl von Haller

Orientalische Ausflüge

ISBN/EAN: 9783741130175

Hergestellt in Europa, USA, Kanada, Australien, Japan

Cover: Foto ©Andreas Hilbeck / pixelio.de

Manufactured and distributed by brebook publishing software (www.brebook.com)

Karl von Haller

Orientalische Ausflüge

Orientalische Ausflüge

von

Karl von Haller,

gew. Verwaltungsrath der Stadt Solothurn.

Mit fünf Stadtplänen und den Grundrissen der Aja Sophia und der heil. Grabeskirche.

Ingenbohl, Kt. Schwyz.
Verlag des katholischen Büchervereins.
1871.

Inhaltsverzeichniß.

		Seite
Vorrede		III

I. An den Bosphorus.

1)	Von Solothurn nach Wien	9
2)	Von Wien nach Pesth	14
3)	Donaufahrt von Pesth nach Czernawoda	17
4)	Von Czernawoda nach Konstantinopel	33
5)	Acht Tage in Konstantinopel	43
	Erster Tag	45
	Zweiter Tag	52
	Dritter Tag	56
	Vierter Tag	67
	Fünfter Tag	70
	Sechster Tag	74
	Siebenter Tag	79
	Achter Tag	82
6)	Rückreise über Triest	85

II. An den Nil.

1)	Von Solothurn nach Venedig	95
2)	Aufenthalt in Venedig und Fahrt nach Triest	103
3)	Seereise über Corfu und Syra nach Smyrna	111
4)	Smyrna	128
5)	Seefahrt von Smyrna nach Alexandrien	135
6)	Alexandrien	139
7)	Von Alexandrien nach Kairo	152
8)	Ein erster Tag in Kairo	160
9)	Ritt nach den Pyramiden	197
10)	Ritt zu den sog. Kalifengräbern und in die östliche Wüste	207

11) Ein letzter Tag in Kairo. Schubra. Das antiquarische
    Museum 216
12) Rückkehr nach Alexandrien. Ball des Vicekönigs . . 220
13) Neuaegyptische Wirthschaft 225

III. An den Jordan.

1) Jaffa 237
2) Von Jaffa nach Jerusalem 248
3) Vier Tage in Jerusalem 268
   Erster Tag 268
   Zweiter Tag 296
   Dritter Tag. Ausflug nach den salomonischen Teichen und
     Bethlehem 344
   Vierter Tag 366
4) Die Osterzeit 1866 381
   a. Landung in Jaffa. Pilgerzug nach Jerusalem . . 381
   b. Höflichkeits-Besuche. Kloster Zion 389
   c. Die Thäler Josaphat und Gehenna. Klagemauer . . 393
   d. Mein Gang um die Stadtmauern 404
   e. Kirchliche Funktionen 413
   f. Ritt nach El-Kubeibeh oder dem neutestamentlichen Emmaus 429
5) Reise an den Jordan und das todte Meer 439
6) Ausflug nach Beitjalah 465
7) Nähere Beschreibung des heutigen Jerusalem . . . 468

IV. An dem Kephisus.

1) Von Jerusalem nach Athen 495
2) Vier Tage in Athen 511
   Erster Tag 511
   Zweiter Tag 534
   Dritter Tag 548
   Vierter Tag 568
3) Heimreise 581

Vorrede.

Die vorliegende Arbeit ist, wie schon der Titel andeutet, nicht das Ergebniß Einer längern zusammenhängenden Reise, sondern dreier verschiedener Ausflüge, die ich in den Jahren 1863, 1864 und 1866 nach dem Orient machte. Im erstgenannten Jahre besuchte ich Konstantinopel, 1864 Aegypten, Jerusalem und Athen, und 1866 abermals Aegypten und das hl. Land. Keine dieser Reisen nahm eine Dauer von über zwei Monaten in Anspruch. Die regelmäßigen Dampfschiffverbindungen auf dem Mittelmeer ermöglichen es jetzt, in so kurzer Zeit den Hin- und Rückweg nach und von jenen entfernten Zielpunkten zurückzulegen, deren Besuch vor fünfzig Jahren einen Zeitaufwand von wenigstens sechs Monaten erfordert hätte.

Ich brachte von der ersten Palästinareise so tiefgehende Eindrücke heim, daß sie in mir die unwiderstehliche Sehnsucht erzeugten, das wunderbare Land noch einmal zu sehen. Dieser Zug des Gemüthes wurde durch die Erwägung des Verstandes unterstützt, daß —

wollte ich meine orientalischen Wanderungen im Drucke herausgeben — es Pflicht gegen meine Leser sei, ein vollständigeres Bild von Jerusalem und dessen Umgebung zu gewinnen, als dies während des ersten, bloß viertägigen Aufenthalts möglich gewesen war. Zudem hoffte ich auf einer zweiten Palästinareise den Jordan, das todte Meer, Nazareth besuchen, und wenn sie im Frühjahr unternommen würde, den Ceremonien der Charwoche anwohnen zu können.

Als ich nun am Schlusse des Jahres 1865 im „Wiener Vaterland" die Anzeige las, daß den kommenden 5. März eine deutsche Pilgerkaravane sich in Triest nach dem heil. Lande einschiffen werde, war ich sehr bald entschlossen, in Anlehnung an diese Gesellschaft die Reise zu unternehmen.

Es wäre ein verkehrtes Verfahren gewesen, hätte ich den Leser zweimal den gleichen Weg führen, b. h. die beiden Reisen nach dem hl. Lande jede einzeln beschreiben wollen. Ich habe deßhalb diese beiden Ausflüge in den Rahmen jenes von 1864 zusammengefaßt, wobei für die Beschreibung des zweimal Gesehenen die Aufzeichnungen von 1866 zweckmäßig verwerthet, und solche Anschauungen und Erlebnisse, die einzig der zweiten Reise angehören, anhangsweise je an den betreffenden Orten eingeschaltet wurden.

Was Griechenland betrifft, so hat mir das von meinem Reisegefährten schon vor zwei Jahren ausgegebene Werk „vier Tage in Athen" zur Auffrischung meiner Erinnerungen vorzügliche Dienste geleistet. Es gereicht mir zum Vergnügen, hierorts zu erklären, daß diese seine Monographie ebenso wahrheitsgetreu gehalten, als geistreich geschrieben ist und durch die Rückblicke auf das alte Griechenland wissenschaftlichen Werth beansprucht.

Im Uebrigen bin ich mir sehr wohl bewußt, welch' gewagtes Unternehmen es sei, in unserer Zeit, wo die orientalische Reiseliteratur allbereits zu einer Bibliothek angewachsen ist, mit einem neuen derartigen Buche vor das Publikum zu treten. Ich beruhige mich mit dem Gedanken, daß Jeder die Dinge mit andern Augen ansieht, anders darstellt, daß jedes Buch seinen eigenen Leserkreis findet, und daß, was die Menschen und Zustände der Gegenwart betrifft, jeder Reisende neue Wahrnehmungen macht, welche zur Kenntniß der betreffenden Völker und Länder einen vergleichenden Beitrag abgeben. Meine historischen und kritischen Abhandlungen dürften vielleicht als gedrängte Zusammenfassung der bisherigen wissenschaftlichen Ergebnisse wißbegierigen Lesern nicht ganz unwillkommen sein.

Solothurn, am Weihnachten 1870.

Der Verfasser.

I.

An den Bosphorus.

1. Von Solothurn nach Wien.

Lord Byron sagt irgendwo: „Ich sah Athens heilige Räume, ich sah die Tempel von Ephesus und war in Delphi, ich habe Europa durchstreift von einem Ende zum andern und die schönsten Länder Asiens besucht, aber nirgends erfreute mein Auge ein Anblick, dem von Konstantinopel zu vergleichen." Mit diesem Ausspruch des berühmten englischen Dichters trugen sich meine Gedanken, als ich am 17. August 1863 die Reise nach der großen Türkenstadt antrat.

Meine erste Tagfahrt bewegte sich von Solothurn nach Vendenheim, einem Dorfe unterhalb Straßburg gelegen, wo mein Gefährte auf dem vorhabenden Ausflug, Hr. von Surh, den Sommer auf seinen Gütern zubringt. Ich verlebte daselbst einige gemüthliche Tage. Dann am 22. August bestiegen wir beide den Eilzug, welcher den Weg von Paris nach Wien in 36 Stunden zurücklegt, und fuhren über Stuttgart, Ulm, Augsburg, München und Rosenheim zunächst nach Salzburg, das wir als ersten Haltpunkt in Aussicht genommen hatten. Ein Tag ward zur Umschau in der ehemals fürstbischöflichen Residenzstadt verwendet. Wir besichtigten den Dom, das provinzielle Museum, bewunderten von der Höhe des Schloßberges den Kranz der Tiroler-Alpen und ließen uns das Haus zeigen, wo der größte Tondichter aller Zeiten, Mozart, das Licht der Welt erblickt hat. In der folgenden Nacht wurde die Reise weiter bis Wien fortgesetzt.

Keiner von uns beiden hatte die österreichische Kaiserstadt früher gesehen. Dieselbe bietet in ihrer äußern Erscheinung nicht das Großartige von Paris und andern europäischen Hauptstädten dar. Es fehlt ihr jene Symmetrie und mathematische Regelmäßigkeit der Gassen und Plätze, woran wir nun einmal den Begriff einer schönen Stadt zu knüpfen gewohnt sind. Wenn aber der nach einem bestimmten Plan projektirte und bereits in Angriff genommene Bau der Straßenanlagen auf dem ehemaligen Festungsterrain vollendet sein wird, dann dürfte die Kaiserstadt auch in der angedeuteten Beziehung ihren europäischen Schwestern ebenbürtig an die Seite gestellt sein.

Während unseres sechstägigen Aufenthalts in Wien wandte ich auch den **politischen** Verhältnissen meine Aufmerksamkeit zu. Es wurden mir von wohlunterrichteten Persönlichkeiten Mittheilungen gemacht, die mir über manchen dunkeln Punkt der damaligen Weltereignisse Aufhellung verschafften. Man sagte mir, daß es dem Kaiser Napoleon Ernst gewesen sei, Polen zu retten, daß er Oestreich, um es zu einem gemeinsamen aktiven Vorgehen zu vermögen, die verlockendsten Anerbietungen gemacht und ihm für den Fall einer Abtretung Galiziens Entschädigungen an der untern Donau in Aussicht gestellt habe. Oestreich lehnte diese Anträge ab aus Achtung vor den europäischen Verträgen und wohl auch aus anererbter deutscher Scheu vor einer französischen Allianz. Man hat das von gewisser Seite beklagt, nicht nur wegen Polen, dem allerdings nur durch ein östreichisch-französisches Einschreiten geholfen werden könnte, sondern weil Oestreich vielleicht eine nie wiederkehrende Gelegenheit verpaßt hat, sich für alle Zeiten gegen Rußland sicher zu stellen, die Mündungen der Donau, ohne deren Besitz ihm früher oder später diese große Verkehrsader unterbunden werden kann, zu gewinnen und dadurch festen Fuß im Orient zu fassen. Ein großer Moment in der Weltgeschichte sei unbenützt vorüber gegangen, — so lautete der Ausspruch in jenen, einer französischen Allianz zugeneigten polenfreundlichen Kreisen. Uebrigens war damals nicht die polnische, sondern die deutsche Frage an der Tagesordnung. Der Kaiser befand sich gerade an der Fürstenkonferenz zu Frankfurt. Die österreichischen Zeitungen hatten ihre Spalten mit Telegrammen und Korrespondenzen aus Frankfurt, so wie mit Besprechungen der kaiserlichen Vorlage und Muthmaßungen über die wahrscheinlichen Ergebnisse der Konferenz angefüllt. Im Allgemeinen schienen in dieser Presse die Hoffnungen eines günstigen Erfolg's zu überwiegen. Man sah eben, oder wollte nicht der Sachlage auf den klaren Grund sehen. Man mußte doch wissen, daß Preußen nicht beitreten, und daß die deutschen Mittel- und Kleinstaaten ohne Preußen keinen Separatbund mit Oestreich eingehen würden. Der damals aus der Wiener-Staatskanzlei hervorgegangene Entwurf einer Reformakte des deutschen Bundes war ein todtgebornes Kind, hat aber insofern historische Bedeutung, als er den letzten Versuch zu einer großdeutschen Einigung konstatirt. Mir ist erinnerlich, daß namentlich Ein Abschnitt des Schriftstückes mein besonderes Interesse erregte. Es war nämlich darin ein Bundesgericht vorgesehen, welches aus einem Präsidenten, zwei Vizepräsidenten und zwölf von den Regierungen aus den Mitgliedern der obersten Gerichtshöfe ernannten ordentlichen Beisitzern gebildet worden wäre. Dieses Bundesgericht sollte — für gewisse Fälle durch zwölf außerordentliche, auf den Vorschlag der Ständekammern erwählte Beisitzer verstärkt — vorzugsweise über Streitigkeiten zwischen Regierungen und den Landesvertretungen der Bundesstaaten betreffend Auslegung oder Anwendung der Landesverfassung entscheiden, ferner über Streitigkeiten zwischen der Regierung eines Bundesstaates und einzelnen berechtigten Korporationen oder Klassen, wenn dieselben wegen Verletzung der ihnen durch die Bundesverfassung gewährleisteten Rechte, Klage führen würden.

Eine ähnliche Bestimmung sollte nach unserer Ansicht in keiner modernen Verfassung vermißt werden. Ohne solche fehlt dem konstitutionellen Gebäude der unentbehrliche Schlußstein und es läuft dasselbe Gefahr, im Getriebe der Parteien und Leidenschaften zusammenzubrechen. Die Gewährleistung der Rechte durch den Staat hat nur insofern einen praktischen Werth, als Gerichte aufgestellt sind, um dieselben gegen jegliche Beeinträchtigung zu wahren. Warum sollte dieser unbestreitbare Satz nur für civile und nicht auch für politische Rechte gelten? Unsere Verfassungen scheiden mit ängstlicher Genauigkeit die Befugnisse der Behörden von den Rechten des Volkes aus. Aber was haben diese Rechte für eine Gewähr, wenn kein Richter da ist, sie zu schützen, wenn zwischen Volk und Regierung, wo jenes gegen diese über Verletzung verfassungsmäßiger Rechte klagt, die Regierung selber, also Partei über Partei, zu Gericht sitzt, und eine hohe aus den Spitzen der Regierungen gebildete Bundesversammlung über solche Fälle nach „politischen Rücksichten" entscheidet.*) Das Institut eines zu allseitiger Wahrung der Verfassungsrechte aufgestellten Gerichtshofes besteht, beiläufig gesagt, auch in den vereinigten Staaten Nordamerika's. Aber zu dieser Höhe des Freisinns hat die Partei, welche seit 40 Jahren in der Schweiz herrscht, sich noch nicht zu erheben vermocht.

Bevor wir uns zur Weiterreise nach dem Osten anschickten, wollten wir uns über die dorthin bestimmten Reisegelegenheiten und die Dauer der Fahrten sichere Auskunft verschaffen. Diese wurde uns auf dem Centralbureau der Donau-Dampfschifffahrts-Gesellschaft dahin ertheilt: Zweimal wöchentlich fahren die Dampfboote der Gesellschaft stromabwärts nach den Häfen des schwarzen Meeres, wo die russischen und österreichischen Dampfer zur Weiterbeförderung der Reisenden nach Odessa

---

*) Wir entscheiden hier nach „politischen Rücksichten", sagte Dr. Alfred Escher im schweizerischen Nationalrath angelegentlich der Beschwerden des Freiburgervolkes über Vorenthaltung seiner politischen Rechte.

oder Konstantinopel bereit liegen. — Die Personenbillete, welche für die ganze Strecke von Wien bis Konstantinopel eingelöst werden können, haben eine Gültigkeitsdauer von 30 Tagen, berechtigen innert dieser Frist zu einem beliebigen Aufenthalt in den Hauptstationen und gewähren dem Reisenden das Recht, auf der Strecke von Wien bis Bazlasch, wo die österreichischen Schienenwege im Südosten ausmünden, die Eisenbahn oder das Dampfschiff zu benutzen. Ebenso hat er die Wahl, die Donaufahrt bis in die Mündungen des Stromes fortzusetzen, oder aber die diese Mündungen abschneidende Eisenbahn von Czernawoda nach dem Seehafen Kostensche zu befahren und auf diesem Wege die Reise im Allgemeinen und die Seefahrt auf dem schwarzen Meere im Besondern abzukürzen. — Für die Rückreise sind die Gelegenheiten und Verbindungen die gleichen, nur daß selbstverständlich die Bergfahrt auf der Donau etwas länger als die Thalfahrt andauert. Auf Grund dieser Mittheilungen stellten wir für die Hinreise nach Konstantinopel nachfolgenden Reiseplan fest: den Weg von Wien nach Pesth auf der Eisenbahn zurückzulegen, von Pesth nach Czernawoda die Donau zu befahren, von Czernawoda per Eisenbahn Kostensche zu erreichen und von dort zur See durch das schwarze Meer und den Bosphorus nach Konstantinopel zu reisen.

2. Von Wien nach Pesth.

Zwei von Wien auslaufende Bahnen vermitteln den Verkehr mit und in Ungarn. Die eine führt auf der linken Seite der Donau über Preßburg nach Pesth und von da weiter in verschiedenen Abzweigungen nach dem Osten, Norden, Süden und Südosten des Landes. Die andere, zur Bedienung des westlichen und südwestlichen Ungarns bestimmt, läuft zur Rechten der Donau und trifft in Stuhlweißenburg mit jener Linie zusammen, welche von Pesth südwestwärts durch einen Theil Kroatiens zieht und nach Ueberschreitung der Drau in die Bahn über den Sömmering einmündet. Für uns war es angezeigt, die erste der obgenannten Bahnen zu besteigen, als die kürzeste nach Pesth. Sie führte uns zunächst über eine nach allen Richtungen endlos sich hinziehende Ebene, welche größtentheils mit abgemähtem Waizen bedeckt war. Als eine der ersten Stationen nannte man uns das klassische Wagram. Unterhalb Preßburg setzt die Bahn über die Waag und gelangt an die Donau, die sie von Komorn bis Pesth fortwährend begleitet. Diese letzte Strecke entrollte uns eine interessante und malerische Gegend. Aus der unabsehbaren Ebene hatten wir in ein anmuthiges Flußthal gebogen. Der Strom floß zwischen waldigen oder weinbekränzten Hügeln sonnenbeglänzt und spiegelglatt in unmerklich ruhiger Bewegung dahin. Einzeln stehende Oekonomie-Gebäude mit im Viereck ummauerten Hofräumen, auch Dörfer, aus niedern, aber saubern Lehmhütten bestehend, schmückten die Ufer; und die vielen ungarischen Bauern, welche in sonntäglicher Nationaltracht, hochbestiefelt, in weiten weißen Beinkleidern und mit übergeworfenem weißen Mantel die Bahnhöfe umstunden, fügten zu den eigenthümlichen Landschaftsbildern eine eben so eigenthümliche Staffage hinzu.

Pesth ist auf dem linken Donauufer in einer Sandfläche gelegen. Da es erst nach vollendeter Abschüttlung des türkischen Joches im Anfang des vorigen Jahrhunderts seine jetzige Gestalt erhielt, bietet es in baulicher Beziehung von andern modernen Städten wenig Unterscheidendes dar. Dagegen erkennt man an Kleidung, Haltung und Ausdruck der Einwohner augenblicklich, daß man in der Hauptstadt der stolzen Magyaren sich befindet. Origineller ist die Erscheinung der Schwesterstadt Ofen, zu welcher eine im Jahre 1838 über die Donau gespannte prachtvolle Hängbrücke hinüberführt. Der Haupttheil Ofen's, seine Akropolis oder befestigte Oberstadt, deckt den Scheitel eines Hügels, dessen Fuß von der Unterstadt in einem länglichten Ovale umzogen wird. An den Hängen des Hügels winden sich zwei Hauptstraßen und mehrere mit Anlagen geschmückte, treppenförmige Fußwege zur Oberstadt empor. In der Unterstadt fällt besonders das Raizenquartier durch die minaretartigen Kirchthürme und die eigenthümliche Bauart der Wohnhäuser auf. Die letzteren sind einstöckige Gebäulichlichkeiten, welche je einen großen Hof im Viereck umschließen. Diese Raizen gehören zur slavischen Nationalität und bekennen sich zur schismatisch-griechischen Kirche. In der Oberstadt betrachteten wir vor anderm das Denkmal des General-Majors Henzi, eines jener Helden, deren Namen mit Frakturschrift in den Annalen der Kriegsgeschichte eingetragen sind. Dasselbe befindet sich in der Nähe der Hauptwache und besteht aus einem Obelisken von Granit mit der Inschrift: „General Henzi, mit ihm Oberst Allnoch sammt 418 Tapfern starben hier den Opfertod für Kaiser und Vaterland." Henzi stammte aus einem altbernerischen Geschlechte und war ein Enkel jenes

Henzi, welcher in den Vierziger Jahren des vorigen Jahrhunderts als Urheber eines Komplotts zum Umsturz der damaligen aristokratischen Berner-Verfassung die Todesstrafe erlitten hatte. Als im ungarischen Revolutionskriege 1849 die k. k. Armee ihre durch Umgehung höchst gefährdete Lage bei Pesth in eiligem Rückzug verlassen mußte, blieb in Ofen nur eine schwache Besatzung zurück. General-Major Henzi befehligte dieselbe. Die ganze Wucht eines 30,000 Mann starken feindlichen Heeres unter General Görgey wälzte sich gegen ihn heran. Obwohl ohne Hoffnung auf Entsatz, wies Henzi jedwelche Kapitulation von der Hand, beschloß zu kämpfen bis in den Tod, und wurde in der Ausführung des heroischen Entschlusses von seinen Offizieren und Soldaten bis zu dem letzten Augenblicke treu unterstützt. Nachdem der Feind von den umliegenden (erst seitdem durch die österreichische Regierung befestigten) Anhöhen die Festung mit seinen Geschossen überschüttet und eine Bresche geöffnet hatte, begann den 19. Mai 1849 der drei Tage lang andauernde Sturm. Als die Magyaren durch die Bresche einbrangen, wurde Henzi von der tödtenden Kugel getroffen; aber seine tapferen Gefährten setzten einen wüthenden Kampf in den Straßen fort und fielen bis auf wenige sämmtlich mit den Waffen in der Hand. Görgey ermangelte nicht, der Heldenschaar seine Achtung durch ein ehrenvolles Begräbniß zu bezeugen.

3. Donaufahrt von Pesth bis Czernawoda.

Am 31. August bestiegen wir bei der schönsten Witterung das Donaudampfboot. Reges Leben herrschte auf den Quais und auf dem Flusse selbst, der mit zahlreichen vor Anker liegenden Dampfbooten und Schleppschiffen und mit kleinen Schiffsmühlen bedeckt war. Schlag 6 Uhr ward vom Ufer gestoßen. Nachdem der Felsenhügel, auf welchem Ofen erbaut ist, aus unserem Gesichtskreise verschwunden war, breitete sich ringsum eine wüstenartige Fläche aus, links unabsehbar, nur durch den blauen Horizont, rechts durch einen fernen Gebirgszug begränzt. Der Boden, aus brauner Thonerde bestehend, war abgedörrt. Dennoch fehlte es dieser für einen Schweizer fremdartigen Flußlandschaft nicht an einem gewissen malerischen Reiz. Große Heerden von schwarzem Hornvieh, Pferden, Schafen und Ochsen weideten am Ufer oder badeten gruppenweise in den seichteren Flußstellen. Bei dem antiefen Wasserstand zeigte das rechte, etwas erhöhte Ufer schroff abfallende Wände von weißem Thon, in welche man Keller eingehöhlt hatte. Von Zeit zu Zeit sahen wir ungarische Bauern damit beschäftigt, Stroh oder Heu auf Kähne zu laden oder von solchen an's Land zu beschaffen. Diese Gruppen prägnanter, weißgekleideter Männergestalten hätten mit der blendendweißen, sonnenbeglänzten Uferwand im nahen Hintergrunde einem Landschaftsmaler Stoff zu originellen Bildern geliefert. War das feste Land baumlos und öde, so zeigten

sich dagegen die zahlreichen Flußinseln mit dichtem Laubholze
bestockt. Diese Inselwälder bestunden aus Schwarzerlen,
Schwarzpappeln, Silberpappeln, Weiden und Weißeichen, schienen
forstmännisch behandelt zu sein und sollen auch dem Jäger
eine reiche Ausbeute gewähren. Der Strom selbst war belebt.
Zahlreiche Schwärme von Fischreigern und Enten flatterten
über dem Wasser. Kähne mit in Hüttenform aufgeschichteten
Heuladungen fuhren thalabwärts, fruchtbeladene Schleppschiffe,
von zwanzig oder mehr Pferden gezogen, aufwärts. Wir
konnten diese Flußgegenden sehr gut betrachten, weil der den
Passagieren erster Klasse eingeräumte, etwas erhöhte Theil des
Verdeckes eine ungehemmte Aussicht nach allen Seiten hin
öffnete. Auch sonst war auf diesem Dampfboote für den Komfort der Reisenden bestens gesorgt. Eine Herren- und eine
Damenkajüte enthielten nebst solchen Schlafstätten, wie sie auf
Schiffen hergerichtet sind, auch Waschapparate, die mit einer
Saugpumpe versehen waren, vermittelst welcher jeder Passagier
sich das benöthigte Wasser augenblicklich aus dem Flusse beschaffen
konnte. Ein elegant ausgestatteter Eßsaal diente des Abends
und bei schlechter Witterung zugleich als Konversationssaal.
Die Tafel, um 10 Uhr Vormittags zum Gabelfrühstück, um
4 Uhr zum Mittagsmahl gedeckt, mochte dem raffinirtesten
Feinschmecker genügen. Jeden Tag hatte man Gelegenheit, das
Wildpret des Landes und die Fische der Donau zu kosten.
Der Tischwein, aus vorzüglichen ungarischen und wallachischen
Sorten bestehend, floß in reichlichem Maße. Außerdem wurde
Kaffee des Morgens und Thee des Abends nach Belieben
verabreicht.

Ueber die Reisegesellschaft, welche schon anfänglich zahlreich,
am folgenden Tag durch den Eisenbahnzuschub in Baziasch
beträchtliche Verstärkung erhielt, werde ich später ein Wort
sprechen. Bald nach unserer Abfahrt von Pesth machte ich
mit zwei Ost-Schweizern Bekanntschaft, die bei der Donau-
Dampfschifffahrts-Gesellschaft, der eine in der Verwaltung, der

andere als Mechaniker angestellt waren. Dieselben machten mir über die Verhältnisse der Donaudampfschifffahrt nachfolgende Mittheilungen:

Die bereits 1830 auf Aktien gegründete Gesellschaft besitzt 140 Dampf- und über 400 eiserne Schleppschiffe, mit welchen sie den großen Strom von Linz bis zu seiner Hauptmündung und umgekehrt befährt. Sie vermittelt einen Theil des Handelsverkehrs zwischen Deutschland und dem Orient. Ihre Dampfer haben nur vier Fuß Tiefgang. Trotzdem befürchtet der schweizerische Mechaniker, daß die Zeit kommen werde, wo die Dampfschifffahrt auf der unteren Donau eingehen müsse, weil bei jeder großen Ueberschwemmung der Strom sich neue Seitenbetten gräbt und in der Breite sich ausdehnt, somit an Tiefe verliert. Diesem Mißstand sollte durch zweckmäßige Eindämmung vorgebeugt werden. Allein solche großartige Unternehmungen sind von dem türkischen Stumpfsinn und der türkischen Finanznoth nicht zu erwarten; und man mag aus diesem einen Umstande ermessen, wie wichtig es für Oestreich wäre, in den Besitz der Donaumündungen zu gelangen. Ein ferneres Hemmniß der Schiffahrt bilden die Stromschnellen bei dem sog. eisernen Thor und oberhalb bei Islasz. Diese Stromschnellen werden durch Felsenriffe bewirkt, welche beim eisernen Thor über die ganze Strombreite sich ausdehnen. Noch liege ein türkisches Kriegsschiff daselbst, welches schon vor 1½ Jahren an diesen Felsenriffen aufgefahren sei, und bis jetzt nicht habe flottgemacht werden können. Dasselbe war mit dem Auftrage betraut, der von den Serben bedrängten Festung Belgrad Proviant und Munition zuzuführen. Eine englische Gesellschaft habe die Flottmachung und Wiedererstellung des Schiffes in seinen vorigen Stand um den Preis von 200,000 Gulden übernommen, müsse aber, um die Sache anzugreifen, einen höheren Wasserstand abwarten.

Von Palsch ab, etwa 25 Stunden unterhalb Pesth veränderte sich in etwas der Karakter der Gegend. Das westliche Gebirg rückte mit seinen weinbekränzten Hügeln zeitweilig bis an's Ufer des Stromes, und als dasselbe wieder zurücktrat, deckte meilenweiter Wald die beidseitige Fläche. Es scheint, daß diese Waldmasse einen günstigen Einfluß auf die klimatischen Verhältnisse der Gegend ausübe. Sobald wir nämlich aus den Wäldern herauskamen, wurden wir durch den Anblick schöner grüner Weiden überrascht, die ersten, die uns seit Pesth zu Gesicht getreten waren. Man sagte uns, daß es hier in der letzten Woche geregnet, während bei Pesth seit Anfangs Mai kein Tropfen Wasser die dürstenden Fluren erquickt habe.

In Mohacs, welches 40 Wegstunden südwärts von Pesth abliegt, nahm unser Boot Lebensmittel und Steinkohlen auf. Die letztern kommen aus den nahgelegenen, durch eine Eisenbahn mit dem hiesigen Flußhafen verbundenen Bergwerken bei Fünfkirchen. Die Ebene um Mohacs war der Schauplatz zweier großen, für die Geschicke Ungarns entscheidender Schlachten. Am 29. August 1526 schlug hier Suleiman der Große die Ungarn; ihr König, der zwanzigjährige Ludwig II., fand fliehend in einem Sumpfe unter der Last seines gestürzten Pferdes den Tod, und von da an herrschte der Halbmond während anderthalb Jahrhunderten im Lande der Magyaren. Aber in der gleichen Ebene errang am 16. August 1687 der Prinz Eugen von Savoyen über das Heer des Großveziers einen glänzenden Sieg, der die Errettung ganz Ungarns vom türkischen Joche bewirkte.

Von Zeit zu Zeit gewahrte man am Ufer einzelne Strohhütten, welche klein, kaum mannshoch, und mit Einschlägen aus Flechtwerk umzäunt waren. Es sind das die Nachtlager der Hirten. Später dampften wir bei Bezdan vorbei, von welchem Punkte der Franzenskanal ausläuft, der die Verbindung zwischen der Theiß und der Donau vermittelt. Bei schon stark vorgerückter Dämmerung sahen wir noch die Drau ihre hellen ruhigen Wasser in die Donau ausgießen. Am ersteren Fluß etwas oberhalb seiner Ausmündung, liegt Esseg. Von da soll eine Eisenbahn nach dem Seehafen Spalairo am abriatischen Meer quer durch das türkische Gebiet projektirt und die bezügliche Concession durch den Pascha von Bosnien zur Zeit schon ertheilt sein. Das rechtseitige Land zwischen der Drau und der Save gehört zu dem eichenwaldreichen Slavonien. Allein diese ganze interessante Partie blieb unseren Augen verborgen, weil die Dunkelheit bereits ihren Schleier ausgebreitet hatte. Allmällg suchte ein Passagier nach dem andern seine Schlafstätte auf, während das Dampfboot die ganze Nacht hindurch seinen Lauf ununterbrochen weiter fortsetzte.

Des anderen Tages stieg ich schon um 4 Uhr Morgens auf das Verdeck. Wir waren nämlich bei dem klassischen Belgrad und dem gegenüberliegenden österreichischen Semlin angelangt. Beide Städte liegen auf dem rechten Ufer der Donau, sind aber durch die hier einfließende Save getrennt, welcher Fluß die Grenzmark zwischen Bosnien und Serbien einer- und den k. k. Landen anderseits bildet. Unverwandten Blickes betrachtete ich durch ein Fernrohr den welthistorischen Punkt, an welchen die Namen Johann Hunlad's, des Helden-Mönches Capistran, Eugen's und Laudon's sich knüpfen. Düster erhebt sich die Türkenstadt auf einem Felsenhügel, mit einer Burgmauer umgürtet und von einer wohlarmirten Citadelle gekrönt. Den mehr landeinwärts in die Ebene gebauten serbischen Stadttheil konnte ich nur in undeutlichen Umrissen wahrnehmen.

Bei Belgrad, welches 75 deutsche Meilen unterhalb Pesth liegt, wendet die Donau sich plötzlich nach Osten. Man hat nun zu seiner Rechten das halbtürkische Serbien, links das Banat oder die sog. Militärgrenze. Dort senken sich reich bewaldete, hie und da mit Mais- und Kartoffelfeldern angebaute Gebirgshalden zu der Strombahn hinunter. Man gewahrt einzelne Gruppen armseliger Lehmhütten, die man als Dörfer bezeichnen mag. Von Zeit zu Zeit sahen wie einen serbischen Bauer, den Dolch im Gürtel und die Flinte auf dem Rücken, schweigend seines Weges einhergehen. Auf der linken Seite breitet sich unabsehbares Flach- und Weideland aus, eben so menschenleer wie das jenseitige Ufer. Doch erkannte der Fernblick manchmal einen Kirchthurm am äußersten Horizont und hart am Strande stunden in gleichmäßigen Abständen, auf Pfähle, gleichwie auf Stelzen gestellt, die einsamen Wachthäuser der Grenzer, deren strenger Strombewachung es Europa verdankt, daß es seit Jahrhunderten nicht mehr von der Pest heimgesucht ward. Die ganze Landschaft hatte einen hochernsten, feierlichen Karakter. In stiller Majestät rauschte der breite Strom zwischen den schweigsamen Ufern dahin und über dem Wasserspiegel zogen Schwärme von Raubvögeln ihre phantastischen Kreise. Erst zwölf Wegstunden unterhalb Belgrad bekamen wir ein zweites serbisches Städtchen, Semendria, in Sicht. Eine alte thürmereiche Festung und ein christlicher Kirchhof waren die hervorstechenden Gegenstände, die es unseren Blicken darbot. Etwas weiter unten dehnt sich die Strombahn noch mehr in die Breite. Das zurücktretende Gebirg konnte nur da, wo schmale Lichtungen den dichten Urwald des Gestades unterbrechen, am fernen südlichen Horizonte erblickt werden. Noch erfreute uns der Anblick von Roszlolacz, ein sauber und freundlich aussehendes serbisches Dorf, welches nebst einer mittelalterlichen Ruine malerisch in einem schmalen Bergeinschnitt eingekeilt lag. Dann um 8½ Uhr Vormittags nach vierstündiger Fahrt von Belgrad ab, erreichten wir Baziasch.

Dieses Baziasch ist — wie wir schon sagten — die Endstation des österreichischen Eisenbahnnetzes im Südosten. Die Ortschaft enthält außer dem Bahnhof und einer Maschinenfabrik nur wenige Häuser für die Arbeiter nebst einem griechischen Kirchlein. Wir machten daselbst einen längern Halt, um Lebensmittel und Steinkohlen zu laden und um denjenigen Theil der Orientreisenden aufzunehmen, welche es vorgezogen hatten, den Weg von Pesth bis Baziasch auf der Eisenbahn zurückzulegen. Es bestund die nun vollzählige Schiffsgesellschaft dem größten Theil nach aus deutschen Oesterreichern, Russen, Franzosen, den unvermeidlichen Engländern und einer bedeutenden Anzahl moldau-wallachischer Bojaren. Die letztern kehrten aus Paris, den deutschen Bädern und der Schweiz, wo sie den Sommer über ihr überflüssiges Geld verzehrt hatten, nach Galabsch und Bucharest heim. Die Zielpunkte der übrigen Passagiere waren Odessa oder Konstantinopel. Zu den Russen zählte ein sehr gebildeter, die Hauptsprachen Europa's geläufig sprechender Arzt, welcher seinen Sohn in das Zürcherische Polytechnikum begleitet hatte. Unter den Oesterreichern befanden sich die zwei größten Weinhändler des Kaiserreichs. Dieselben reisten nach Konstantinopel, Smyrna und Alexandrien, um neuen Abfluß für ihre Waaren zu suchen. Ein Portuglese aus Brasilien machte mit Frau und Kind eine Wanderung um die Welt. Ein junges Fräulein aus Baiern, die Tochter eines Arztes, begab sich ganz allein nach Poti, einer russischen Stadt an der Ostküste des schwarzen Meeres, wohin sie von einer russischen Familie als Gouvernante berufen war. Nähere Bekanntschaft machten wir mit einem jungen Armenier, welcher, in einem Fabrikgeschäft zu Manchester angestellt, nach Konstantinopel zurückeilte, um seine alte Mutter nach neunjähriger Trennung zu umarmen. Später fand sich auch ein Türke auf dem Dampfboote ein. Dieser Sohn Mahomeds blieb die ganze Zeit stumm, saß auf einer Bank mit untergeschlagenen Beinen, rauchte den Tschibuk und setzte seinen Stolz darein, die andern Passagiere keines Blickes zu würdigen,

So vereinigte der kleine Schiffsraum die verschiedenartigsten Nationalitäten, Karaktere, Berufsstellungen und Lebensschicksale. Man machte sich gegenseitige Mittheilungen über Heimat und Vaterland, um sich bald darauf auf immer zu trennen.

Am meisten interessirten mich die Moldau-Wallachen. Diese Leute gleichen der Physiognomie nach den Südfranzosen und sprechen alle geläufig französisch, wiewohl mit einem halbitalienischen Accent. Sie schienen in ihrem Benehmen uns

Abendländern gegenüber ihre Civilisation herauskehren zu wollen. Zu diesem Ende trugen sie sich in der elegantesten Toilette, indem selbst die Herren mehrmals des Tages sich umkleideten und in lakirten Stiefeln auf dem Verdecke herumspazierten. Aufmerksame Beobachter wollen jedoch unter diesem civilisatorischen Firniß noch Reste von Barbarei wahrgenommen haben. Ein mitleidiges Lächeln erregte es bei mir und bei Anderen, als ein solcher, schon halb ergrauter Bojar den oberflächlichsten religiösen Unglauben zur Schau trug, und z. B. die Wunderthaten des Moses für die Wirkungen chemischer Manipulationen ausgeben wollte; in der Meinung wahrscheinlich, es gehöre das Absprechen über Bibel und Offenbarungsglauben auch zur „Civilisation". Achtungswerth dagegen waren die Kundgebungen des patriotischen Sinnes dieser Bewohner der Donauländer. Sie rühmten die Heldenthaten ihrer Väter und suchten mir zu beweisen, wie ihr Land von den Türken niemals unterjocht, sondern nur in freier Bundesgenossenschaft mit denselben gegen Polen und Ungarn gestanden sei. Sie sprachen mit Vorliebe von den Bestrebungen der Gegenwart, die vereinigten Fürstenthümer durch Aneignung abendländischer Bildung zu einem würdigen Gliede der europäischen Staatenfamilie zu erheben, rühmten ihre Armee, ihre Schulen und schwärmten in den Hoffnungen einer großen Zukunft, die ihrem Vaterlande beschieden sei. Dabei betonten sie wohlgefällig das jüngst von dem Landtage erlassene Dekret, die Aufhebung einiger griechischer Klöster betreffend. Andern das Ihrige nehmen und das Seinige behalten, mochte wohl den mit Gütern, Zehnten und Frohnrechten reichgesegneten Bojaren als das wohlfeilste Mittel erscheinen, den Ruf des Liberalismus zu erwerben, und wenn sie es mit diesem ihrem Liberalismus ganz gut verträglich fanden, daß nur der Adel und der Kaufmannsstand stimmberechtigt, der Bauer dagegen politisch rechtlos und leibeigen sei, so konnte das mich nicht befremden, der ich die Grundsatzlosigkeit des heutigen Pseudo-Liberalismus aus langjähriger Erfahrung kennen gelernt habe.

Uebrigens gewann ich durch die Mittheilungen jener Bojaren einen interessanten Einblick in **Eine Seite der sogenannten orientalischen Frage**. Die Moldau-Wallachen sind bekanntlich, was ihre Sprache beweist, die Romanen des Ostens, ob von altrömischen Kolonisten oder spätern italienischen Einwanderern herstammend, ist ungewiß. Als sie in der neuern Zeit zum nationalen Bewußtsein gelangten, waren sie in ihrer isolirten Lage zwischen Slaven, Türken und den siebenbürgischen Deutschen und fortwährend bedroht, von dem russischen Riesen verschlungen zu werden, von selbst darauf angewiesen, in der großen stammverwandten Macht des Westens eine Stütze zu suchen. Wirklich ziehen auch alle ihre Sympathien nach Frankreich. Ihre Kinder lernen die französische gleichzeitig mit der rumenischen Muttersprache. Die Armee trägt französische Uniform, die Kollegien in Bucharest sind den Pariser-Lyceen nachgebildet. Moldau-Wallachen dienen in der französischen Armee und studiren in Paris. Auch gab man mir nicht undeutlich zu verstehen, daß es damals im Plane lag, einen französischen Prinzen zum erblichen Fürsten der Moldau-Wallachei zu ernennen — ein Umstand, der erklärt, warum Napoleon III., entgegen den Bestimmungen des Vertrags zwischen den Großmächten vom 19. August 1858, die Vereinigung beider Fürstenthümer zugelassen und begünstigt hat.*)

Um 10½ Uhr verließen wir Baziasch und gelangten in den sogenannten **Engpaß der Katarakten**. Es ist das eine zwanzig deutsche Meilen weit, bis unterhalb des **eisernen Thores** sich erstreckende Stromklause, welche durch die aneinander rückenden karpathischen und serbischen Felsgebirge ge-

---

*) Diese Bemerkungen wurden vor dem Kriege von 1870 geschrieben. In Folge desselben dürften die Verhältnisse in den Donaufürstenthümern bedeutend sich ändern.

bildet wird. Sie steht im verdienten Rufe, eine der schönsten und großartigsten Flußpartien zu sein, welche die europäischen Ströme aufzuweisen haben. Die etwas oberhalb Baziasch noch eine halbe Stunde breite Strombahn wird plötzlich um zwei Drittheile verengert. Wilde, dicht bewaldete Gehänge auf beiden Seiten, phantastisch zerrissene Felsenkämme, Bergvorsprünge, die sich auf mannigfaltige Weise ineinander verschieben, Buchten bildende Krümmungen des Flusses — das alles gestaltet sich zu einer wildschönen Gesammtscenerie, deren Eindruck auf das Gemüth durch das tiefe Schweigen dieser Natur noch erhöht wird. Dem linken Ufer entlang läuft eine von einem ungarischen Magnaten angelegte Kunststraße bis an die wallachische Grenze. In Drenkova, einer armseligen Ortschaft des Banats, mußten wir auf ein kleineres Dampfschiff, den „Boreas", übersetzen, um die bald hernach folgenden Stromschnellen des Islatsch zu passiren. Die zerlumpten Bursche, die zum Umladen des Gepäckes mithalfen, sogenannte Grenzer, hatten einen Ausdruck von Wildheit und Arglist in ihren Gesichtern, der mir nicht sobald aus dem Gedächtnisse entschwinden wird. Der Islatsch verrieth sich bei unserer Durchfahrt nur durch die schnellere Bewegung des Wassers. Noch ward ein kleines Dorf am linksseitigen Gebirgsabhange wahrgenommen. Man nannte es Swinitza und fügte die Bemerkung bei, daß daselbst ein vorzüglicher Wein erzeugt werde.

Um 6 Uhr Abends legten wir bei dem, auf der Grenzmark zwischen Oestreich und der Wallachei liegenden Städtchen Orsowa an. Hier bestiegen wir ein noch kleineres Boot, in welchem die zahlreiche Schiffsgesellschaft gleich Häringen zusammengebrängt ward. Pfeilschnell flog es den Strom hinunter, der hier gleich einem zügellosen Bergbache brauste und schäumte. Sein Gefäll beträgt an dieser Stelle 16 Fuß auf eine Strecke von 7200 Fuß, die Schnelligkeit seines Laufes 10—15 Fuß in der Sekunde.

Es war 7 Uhr Abends, als wir zwischen der Reihe von

Riffen durchfuhren, welche man, ich weiß nicht warum, mit dem spezifischen Namen „eisernes Thor" belegt hat. Wir sahen bei der Dämmerung, daß diese Riffe die ganze Breite der Strombahn einnehmen und dadurch wenigstens größeren Schiffen den Durchpaß gleichsam wie mit einer Kette versperren. Wir sahen auch das daselbst eingeklammerte türkische Kriegsschiff. Etwa eine Stunde später wurde vor Turnul-Severin angelegt. Wir machten daselbst die Nacht über Halt und es ward uns das zu unserer Weiterbeförderung am folgenden Tag bereit liegende schöne und geräumige Dampfboot als Nachtquartier angewiesen. Des andern Morgens konnte ich vor Abgang des Dampfers das Städtchen Turnul-Severin nebst der Ruine eines römischen Kastelles mir ansehen. Jenes schien mir in seinen stattlichen Häusern Spuren von Wohlstand zu verrathen, den es wahrscheinlich seiner Eigenschaft als Stapel- und Kohlenlagerplatz der Donau-Dampfschiffe verdankt. Von Turnul-Severin abfahrend waren wir in wenigen Minuten zu der Trajansbrücke gelangt. Außer einiger spärlicher Ueberreste der beidseitigen Brückenköpfe ist davon nichts mehr ersichtlich. Doch soll man bei ganz niedrigem Wasserstand die Trümmer von eilf Pfeilern im Strome wahrnehmen.

Wir waren nun auf dem Punkte angekommen, wo die siebenbürgischen Karpathen nordwärts zurücktreten. Zu unserer Linken breitete sich die große, hier noch mit Maisfeldern und Waldstrecken bedeckte Ebene der Wallachei aus. Auch das rechte, serbische Ufer war flach, zeigte einigen Anbau und hie und da eine Gruppe von Strohhütten. Weiter abwärts folgten auf der serbischen Seite die Dörfer Palanka und Radowatz, letzteres am Grenzflüßchen Timok gelegen, durch welches das Fürstenthum Serbien von der unter unmittelbarer türkischer Oberherrschaft stehenden Bulgarei abgegrenzt wird. Am linken Ufer lag Kalafat. Von hier ab wurde die wallachische Ebene zur ausschließlichen Weide. Die Heerden, vorzugsweise aus Büffeln, Schafen und ungarischen Schweinen bestehend, hatten sich, Wasser und Kühlung suchend, massenweise an den Strom herangedrängt und lagerten in großen Haufen, je eine Gattung gesondert, auf dem sandigen Strande oder standen bis über die Kniee im Wasser. Mehrere dieser Haufen zählten bei 500 Stücke.

Um 3 Uhr Nachmittags wurde behufs der Verproviantirung vor Widdin gehalten, einer Stadt, deren Bevölkerung man auf 25,000 Einwohner veranschlagt. Die Minarets, welche über den Festungswerken aufragten, bekundeten, daß wir uns bereits in der Machtsphäre des Propheten befanden. Das Bild, welches der Landungsplatz darbot, war ganz orientalisch. Einige elende hölzerne Wohnhäuser und ein eben so elendes türkisches Kaffeehaus, gleichfalls aus Holz erbaut und mit einer „Laube" nach Art der bernerischen Bauernhäuser versehen, lagen im Hintergrund; vorn auf dem Platz hatte sich eine dichte, griechisch-türkische Zuschauermenge aufgestellt. Zahlreich vertreten war dabei das weibliche Geschlecht, dessen angeborne Neugierde sich auch hier nicht verläugnete. Die Augen der Türkinnen, der einzige unverhüllte Theil ihres Kopfes, blitzten aus der weißen Vermummung gespensterisch heraus, und waren unentwegt auf unser Schiff und dessen Passagiere geheftet.

Widdin bildet den westlichsten Punkt der die Donau beherrschenden türkischen Festungslinie und dient zugleich als Bollwerk gegen Serbien. Dieser wichtigen strategischen Stellung entsprechend ist die Stadt nicht nur mit einem bastionirten Steinwalle sammt Graben umgürtet, sondern noch durch verschiedene gut angelegte Außenwerke geschützt. Von Widdin abwärts ward die Flußgegend ernster und wilder. Man gewahrte, daß man die Schwelle der Barbarei überschritten und die Civilisation sich in die engen Räume unseres Dampfbootes zurückgezogen habe. Links breitete sich die gleiche braun und dürr aussehende endlose Ebene aus. Rechts hatte der Balkan seine letzte Nordstufe an den Strom vorgeschoben. Dieses Ufergebirg zeigte anfänglich etwelche Bekleidung von Eichenniederwald; später trat vom Fuß bis zum Scheitel nichts als der nackte Kalkfelsen hervor. Während der mehrstündigen Dampfschifffahrt dieses Nachmittags und Abends bekamen wir, das Städtchen Lomb Palanka ausgenommen, keine menschliche Wohnung in Sicht. Dazu keinen Baum, keinen Strauch, keine Spur von Kultur. Selbst das Weideland kam, wenigstens auf dem rechten Ufer, sporadisch nur vor. Das Sprüchwort: „wo der Türke seinen Fuß hinsetzt, da wächst kein Gras," fanden wir hier buchstäblich bewahrheitet. Ob indeß diese Todtenschädelhügel von jeher so aussahen, oder ob die schaudererregende Kahlheit eine Folge der Entwaldung und Vernachläßigung sei, wer wollte das mit Sicherheit entscheiden? Aber auch das letztere angenommen, muß man bedenken, daß der Zug der Völkerwanderung von der Urzeit bis in's Mittelalter sich durch diese Gegenden wälzte, und daß dieselben seit Jahrtausenden bis auf die Neuzeit der Schauplatz der verheerendsten Kriege gewesen sind. Deßwegen ist man vielleicht nicht ganz berechtigt, die Verantwortlichkeit für den jetzigen Wüstenzustand einzig den Türken in die Schuhe zu schieben.

Von Zeit zu Zeit gewahrte ich regelmäßige Einschnitte im Kamme des Ufergebirgs, welche ganz die Form von Schießscharten hatten. An einer Stelle ist der Höhenzug von einer Klause durchbrochen. Durch dieselbe ward uns ein kurzer, aber majestätisch schöner Ausblick auf die fernen Hochgipfel des Balkan eröffnet. Das Dampfboot setzte seinen Lauf die ganze folgende Nacht über fort. Einzig vor Nikopolis ward eine Weile gehalten. Nikopolis bedeutet auf deutsch die Siegesstadt und muß auf den Sieg zurückgeführt werden, den Kaiser Trajan an dieser Stelle über die Dacier erfocht. Hier war es auch, wo am 28. September 1396 die Blüthe der abendländischen Ritterschaft fiel, welche dem König Sigismund von Ungarn gegen das Heer des Sultans Bajasid I. zu Hülfe gezogen war. Seit diesem Tag blieb das griechische Reich von der abendländischen Christenheit verlassen und in seinem Todes-kampfe gegen den Halbmond auf sich selbst angewiesen. Dennoch fristete dasselbe noch während eines halben Jahrhunderts ein kümmerliches Dasein, gleichsam in seiner Hauptstadt blokirt, bis auch sie den 29. Mai 1459 das tragische Verhängniß erreichte.

Des andern Morgens kamen wir, stetsfort von den gleichen, nun wieder mit etwas Niederwald bewachsenen Ufergebirgen begleitet, an den türkischen Festungen Sistow und Rustschuk vorüber, und ankerten bei dem wallachischen Giurgewo, wo unsere Bojaren das Schiff verließen, weil von hier aus die Straße nach Bucharest führt. Ich stieg gleichfalls an's Land, um sowohl jene Straße, als auch die Gespanne und Fuhrwerke, welche die Bucharester-Herrschaften zur Heimbeförderung hieher bestellt hatten, in Augenschein zu nehmen. Die Straße entsprach nicht dem Begriff, den wir unter dieser Benennung uns denken. Sie bestund lediglich aus einer unsern schlechten Ackerwegen ähnlichen Anlage, welche bei der damaligen trockenen Witterung unschwer befahren werden mochte, während der nassen Jahreszeit dagegen beinahe ungangbar sein muß. Hatte mir doch einer unserer Mitpassagiere gesagt, er müsse, um nach Bucharest zu reisen, manchmal zwölf Pferde vor seinen Wagen anspannen lassen. — Es ist übrigens diese schlechte Beschaffenheit der Straßen erklärlich, wenn man erwägt, daß dem wallachischen Tiefland der Kies fehlt, so daß man in Galadsch den Ballast der Schiffe ankaufen muß, um die Gassen der Stadt zu bepflastern. Unter den am Ufer bereitstehenden Fuhrwerken befand sich nur eine einzige herrschaftliche Kalesche; die übrigen waren aus Flechtwerk von Maisstroh verfertigt.

Auf der weitern Thalfahrt mochten wir am bulgarischen Ufer, besonders an der Stelle, welche dem wallachischen Oltenitza gegenüber liegt, einigen landwirthschaftlichen Anbau wahrnehmen. Später deckte hochstämmiger Wald die Gebirgshalde vom Fuß bis zum Scheitel. Bald tauchten am blauen

Horizonte die Minarets von Silistria auf, und mitten unter denselben glänzten, von der Sonne vergoldet, die große, metallbeschlagene Kuppel und das schneeweiß übertünchte Mauerwerk einer griechischen Kirche. Dieser Bau wurde von den Russen während ihres kurzen Aufenthalts daselbst im Jahre 1829 begonnen und mit ihren Geldmitteln vollendet. In die Nähe der Stadt angekommen, welche etwas landeinwärts hinter ihren Ringmauern versteckt lag, bemerkten wir eine Reihe von Batterien à fleur d'eau und eine Citadelle auf dem Gipfel des anliegenden Gebirgs. Silistria ist bekanntlich das Hauptbollwerk des Türkenreiches an der Donau und bildet mit Varna und Schumla ein strategisches Dreieck, welches für die Vertheidigungsfähigkeit der Türkei nicht mindere Bedeutung beansprucht, als das berühmte Festungsviereck in Ober-Italien für Oestreich hatte. Keine russische Armee darf es wagen, ohne den Besitz von Silistria nach dem Balkan vorzubringen, wenn sie nicht von ihren Verbindungen abgeschnitten werden will. Deswegen verwendete General Roth im Jahre 1828 40,000 Mann zu dessen Belagerung — damals ohne Erfolg und im Jahre 1829 beschloß Diebitsch, die andern Festungen hinter sich zu lassen, und nur Silistria um jeden Preis zu nehmen. Er erhielt es durch Uebergabe am 30. Juni 1829, nachdem er durch einen vernichtenden Sieg über das türkische Hauptheer bei Kulewentscha der Besatzung jede Hoffnung auf Entsatz genommen hatte, — und trat nun erst seinen Marsch nach dem Balkan an. Die Belagerung von 1854 mußte zufolge der drohenden Aufstellung Oesterreichs in Siebenbürgen, so wie der Haltung der Westmächte, aufgehoben werden.

Der majestätische Strom hatte sich während der heutigen Tagfahrt bis auf eine gute Wegstunde erweitert. Er glich bei seinem sanften gleichmäßigen Laufe bald einem See, bald war er durch eine beinahe ununterbrochene Inselkette in breitere oder schmalere Arme getheilt. Der Weiden-Urwald, welcher jene Flußinseln deckte, mochte wohl manches vierfüßige und geflügelte Wild in seinem Dickichte bergen. Zwei Adler flogen unweit unseres Schiffes vorüber und da und dort spazierten Prachtexemplare von Pelikanen gravitätisch am Ufer einher.

Von Silistria ab begegneten wir einer Anzahl von Schiffen, welchen der seit Mittag heftig wehende Nordostwind die Segel zur Bergfahrt anschwellte. Diese kleinen Kauffahrer kamen aus dem schwarzen Meere hinauf, um in den wallachischen oder bulgarischen Flußhäfen Frucht nach Konstantinopel oder nach andern türkischen Seeplätzen zu verladen. Wirklich sahen wir auf der bulgarischen Seite eine solche Ladung vornehmen. Es war das eine Spur menschlicher Besiedlung auf diesen weiter oben so vereinsamten Ufern, welche von nun an keine vereinzelte blieb. Bießheerden, Hirten, Maispflanzungen, sogar einige Schiffsmühlen — die ersten seit Ungarn — zogen hier an unsern Blicken vorüber, während gleichzeitig auf der wallachischen Seite Waizenfelder mit Weidelland und Büffelheerden wechselten.

Wir saßen um 6 Uhr Abends an der leckern Mittagstafel; es knallte und perlte der Champagner, den die liebenswürdige Direktion den Passagieren zum Abschied kredenzte, als die Schiffsglocke verkündete, daß man vor der Eisenbahnstation Czernawoda angelangt sei. Sogleich packte uns jene angsthafte Fieberhast, welche vor jedem Abgang eines Eisenbahnzuges sich des Reisenden zu bemächtigen pflegt, hier aber um so gerechtfertigter schien, weil das Dampfschiff nicht lange anhielt, die Abfahrtzeit des Zuges uns unbekannt und das eventuelle Nachtquartier in diesem türkischen Neste, nach den uns gemachten Schilderungen, durchaus nicht verlockend war. Deßhalb leerten wir mit einem Zuge unser Champagnerglas aus, griffen nach unserm Gepäcke, grüßten die zurückbleibenden Schiffsgefährten und eilten an's Land, mit uns sämmtliche Passagiere, deren Reiseziel Konstantinopel war, während die nach Odessa heimkehrenden Russen die Flußfahrt bis zur Mündung fortsetzten.

4. Von Czernawoda nach Konstantinopel.

Sobald wir das türkische Gebiet betreten hatten, mußte in erster Linie den Vorschriften der Mauth Genüge gethan werden. Dieses Geschäft machte sich schnell und in gemüthlicher Weise. Kaum hatten wir nämlich, im Bewußtsein, keine verbotene oder verzollbare Gegenstände zu besitzen, den beiden anwesenden Zollbeamten je eine Silbermünze in die Hand gedrückt, so stellten diese die Untersuchung alsogleich ein, und gaben uns durch freudestrahlende Blicke ihren Dank zu erkennen. — Auf dem Bahnhof bewegten sich in wunderlicher Mischung türkische Taglöhner und englische Maschinenarbeiter. Die Eisenbahn von Czernawoda nach Kustendsche wurde nämlich von einer englischen Gesellschaft erbaut und steht unter ihrem Betrieb. Durch diese Bahnstrecke, die erste, welche auf türkischem Gebiet angelegt worden ist, wurde unsere Reise um ein Bedeutendes verkürzt. Denn bei Czernawoda kehrt sich der Strom plötzlich nach Norden, während die Eisenbahn, den bisherigen von West nach Ost gehenden Lauf der Wasserstraße fortsetzend, die Verbindung mit dem schwarzen Meere auf der kürzesten Linie vermittelt.

Die Bahn führt quer durch die Dobrutscha. Leider raubte uns die Nacht den Anblick der merkwürdigen Gegend. Zahllose Schwärme der verschiedensten Vögel sollen diese große Haide bevölkern. Rechts läuft der Trajanswall parallel mit der Bahn, welches Römerwerk in militärischer Beziehung das gleiche bezweckte, was die heutige Eisenbahn im Interesse des Verkehrs: nämlich die Donaulinie ostwärts bis ans Meer fortzusetzen. Einen schönen Fernblick muß die im Süden sich erhebende Kette des Balkan gewähren.

In Kustendsche am 10 Uhr Nachts angekommen, wurden wir von Packträgern verschiedener Nationen und Zungen umzingelt, und waren so glücklich, einen herauszufinden, der des Italienischen kundig, uns an den Hafen geleitete, wo eine Barke uns aufnahm und in einer halben Viertelstunde an Bord des Lloyddampfers brachte. Noch vor Mitternacht stachen wir in die offene See.

Als wir des folgenden Morgens auf das Verdeck uns begaben, sahen wir uns zwischen Himmel und Wasser. Es zeigt nämlich ein Blick auf die Karte, daß die gerade Linie von Kustendsche an den Bosphorus ziemlich weit außerhalb der in große Einschnitte zurücktretenden Küste verläuft. Der Himmel war wolkenlos, die Luft windstill und dennoch die See etwas bewegter als unter den gleichen Witterungsverhältnissen das Mittelmeer sein würde. Auch hatte dieses schwarze Meer trotz des hellsten Sonnenscheines wirklich eine dunkle, bronzene Farbe — eine Erscheinung, welche allen Passagieren auffiel. Da sich unsere Reisegesellschaft seit Giurgewo und Czernawoda bedeutend gelichtet hatte, so konnten wir mit den Ueberbliebenen nähere Verbindungen anknüpfen. Hier erst kamen wir in Berührung mit den beiden Wiener-Weinhändlern, von denen ich oben gesprochen und mit welchen wir in Konstantinopel unter einem Dache wohnen sollten. Daß unsere Begegnung sich sehr bald zu einem freundschaftlichen Verhältnisse gestaltete, wird Jedermann glauben, der die Wiener Gemüthlichkeit aus Erfahrung kennen gelernt hat. Mit dem gleichfalls schon erwähnten jungen Armenier hatte ich ein langes und lehrreiches Gespräch über die türkischen Zustände. Seine Mittheilungen über die Verderbniß der türkischen Familie und türkischen Weiber kamen mir anfänglich vor, als wären sie von dem Rajahhaß zu sehr in's Dunkle gefärbt. Sie wurden mir aber später von anderer, fränkischer Seite mehrfach bestätigt. Wer wollte es läugnen, daß dies der faule Fleck sei, der mehr als alles andere die Zerrüttung der türkischen Gesellschaft erklärt? Wenn es wahr ist, daß die sittliche Kultur eines Volkes durch ein reines Familienleben bedingt sei, dieses aber, und gerade dieses nur aus der Wurzel des Christenthums herauswachsen kann, so müssen die Bemühungen der Diplomaten und Renegaten, das Koranreich zu regeneriren, eine ohnmächtige Sisyphusarbeit bleiben.

Eben war die Schiffsgesellschaft an der Mittagstafel vereinigt, als ein Passagier mit der Meldung die Schiffstreppe hinabkam: unser Boot hätte in die Mündung des Bosphorus eingebogen. Alsogleich eilte ich auf's Verdeck. Mein erster Gedanke war, die Flügel des Dampfrosses zu verwünschen, weil es mit ungehemmter Schnelligkeit gefühllos die weltberühmte Meerenge durchflog. Glücklicherweise fand sich die Zeit, an einem der nächstfolgenden Tage den Bosphorus zum zweitenmal zu befahren. Somit konnte ich ein ziemlich getreues Bild der herrlichen Gegend meinem Gedächtnisse einprägen, und will es versuchen, einen Umriß derselben hierorts mit der Feder zu entwerfen.

Mit dem Namen „Bosphorus" wird bekanntlich die Meerenge bezeichnet, welche aus dem schwarzen in's Marmora-Meer zwischen den Küsten Asien's und Europa's durchführt. Sie hat eine Länge von nahe an fünf deutschen Meilen und ist an ihrer schmalsten Stelle 3600 Fuß, an der breitesten keine Wegstunde breit. Man könnte sie deßhalb und wegen ihrer starken Strömung in's Marmorameer einem unserer großen Ströme vergleichen. Hinwieder bildet der Bosphorus durch seine Windungen gleichsam eine Kette von sieben aufeinander folgenden Seen. Jene Windungen sind auf jeder Seite durch sieben Vorgebirge bedingt, denen auf der gegenüber liegenden Küste eben so viele Buchten entsprechen. Nahe am schwarzen Meere stürzt sich die Küste zu beiden Seiten in schroffen, von der schäumenden Brandung gepeitschten Felswänden in's Meer. Weiter südlich dacht sie sich in sanften Abhängen ab oder bildet einen flachen Strand zwischen dem Wasserspiegel und dem rücktretenden Gebirg. Hie und da blickt man in dunkelbewaldete Schluchten oder anmuthige Wiesenthäler hinein. Zahllose Villen, Paläste, Gärten, vergoldete Kiosken, Gruppen von Platanen und regenschirmförmige Pinien beleben die Strandflächen, krönen die Vorsprünge und ziehen sich an den amphitheatralisch ansteigenden Halden hinauf, während Cypressenhaine und hochstämmiger Laubwald die Gebirgskämme kleiden. Weiter gegen Konstantinopel reihen sich Dörfer an Dörfer, Vorstädte an Vorstädte an, deren rothe, von den Goldkuppeln und weißgetünchten Minarets der Moscheen überragne Häusermassen je hinter einer Gruppe von Schiffsmasten sich bergen.

Für uns, die wir vom schwarzen Meere her kamen, lag das eigentliche Konstantinopel hinter dem Vorgebirge Tophana verborgen. Nur Ein Bau war von ferne sichtbar und schloß das ganze reiche Gemälde nach der Südseite ab. Das war die Aja Sophia — die einstige Sophienkirche, deren majestätische Hauptkuppel, von neun kleinern Kuppeln umkreist, sich wundervoll klar von dem tiefblauen Himmel abhob. Fast hätte ich mich bei diesem Anblick in die Zeiten des Theodosius und Justinian zurückträumen können, würden nicht der goldschimmernde Halbmond und die hoch über die Kuppel aufstrebenden vier Minarets die Erinnerung an das eherne Verhängniß wach gerufen haben, das seit vier Jahrhunderten auf dem christlichen Orient lastet.

Der Bosphorus zeichnet sich aus durch das reiche Leben mitten in einer zauberischen Natur, durch den Wechsel mannichfacher Scenerien, durch die weichen Schönheitslinien der Berge und Buchten und vor allem durch gewisse Farbentöne der Luft, welche alle Gegenstände mit einem unbeschreiblich schönen Kolorite verklären.

Nach dieser allgemeinen und vorgreifenden Schilderung

wollen wir, indem wir den Faden unseres Reisejournals wieder aufnehmen, auch noch die Reihenfolge der hervorstechendsten Einzelnbilder vom schwarzen Meere bis Konstantinopel unsern Lesern mit einigen Worten vorführen. Von den Leuchtthürmen aus, welche an der Nordmündung der Meerenge auf den Endspitzen beider Welttheile stehen, brachten uns ein paar Kreisbewegungen unserer Dampfräder nach den Engen des Hieron. So nannte man im Alterthum die hiesige sehr schmale Stelle des Bosphorus. Die byzantinische und thracische Bergkette treten nämlich mit ihren Vorsprüngen beidseitig in die See hinaus und reichen sich unter dem Wasser die Hand. Festungswerke aus drei verschiedenen Epochen stehen an diesem Vorposten des Seekanals Wache. Aus der byzantinischen Zeit stammen die sogenannten Genueser-Schlösser, zwei alte Burgen, welche die gegenüberstehenden Berggipfel krönen, und so heißen, weil in den letzten Jahrhunderten des Mittelalters das asiatische, allein noch erhaltene Schloß den Genuesern gehörte. Im siebenzehnten Jahrhundert erbaute Sultan Murad IV. die Forts Rumili-Kaval und Anadoli-Kaval, um den Bosphorus gegen die damals sehr gefährlichen Kosakengeschwader zu schützen. Die neuesten Werke sind die im Jahre 1794 von dem französischen Ingenieur Monnier erbauten Batterien.

Die Engen des Hieron öffneten in die schöne Bucht von Bujukdere. Dieselbe ist tief in das europäische Ufer hineingeschnitten und setzt sich als breites Thal noch 1 1/4 deutsche Meilen weit landeinwärts fort. An ihr liegen die beneidenswerthen Sommerresidenzen mehrerer europäischer Gesandtschaften. Auf der gegenüberliegenden Küste erhebt sich der 520 Fuß hohe Josuasberg, der höchste am Bosphorus. Der Name Josuasberg rührt von den Türken her, welche das Hünengrab auf seinem Gipfel für das Grab Josua's halten.

Aus der Bucht von Bujukdere gelangten wir an einer Reihe von Felsen vorüber in die Bai von Therapia. Sie hat die Form einer Ellipse, an deren einem großen Bogen, dem europäischen, der Flecken Therapia sich ausbreitet. Der Sommerpalast des französischen Gesandten und die Villen vieler vornehmen Griechen schmücken die Umgegend. Nun folgte eine Reihe kleinerer Buchten und die große Rhede von Stenia. Zahllose Dörfer, amphitheatralisch an den Hängen gelegen, zwischen und über denselben Weinberge, Nadelholzgruppen, terrassenförmig ansteigende Blumengärten, Villen und Sultanspaläste zogen in buntem Wechsel an unsern Augen vorüber. Unter den Palästen fiel besonders jener bei Unklar-Skelessi uns auf, den der Pascha von Aegypten auf seine Kosten zu Handen des Sultans hatte aufführen lassen. Der aus weißem und rothem Marmor gemischte Bau liegt malerisch auf einem weit in die See hinaustretenden Hügel.

Bald nachher durchschifften wir den schmalsten Engpaß des Bosphorus, wo sich die von Mahomed I. und II. unmittelbar vor der Eroberung Konstantinopels erbauten Festungen Rumili-Hissar und Anaboli-Hissar, jenes auf dem europäischen, dieses auf dem asiatischen Ufer, einander gegenüberstehen. Die Strömung schießt hier mit solcher Gewalt vorüber, daß sie die ihr von den Türken beigelegte Bezeichnung „Teufelsstrom" sehr wohl verdient. Auf der asiatischen Seite steigt an den Ufern eines hier ausmündenden Baches das schöne Thal in die Berge hinauf, welches unter dem Namen „der süßen Wasser" bekannt ist. An dieser Stelle hatte einst Darius die Brücke aufgeschlagen, auf welcher das persische Heer im Kriege gegen die Skythen den Bosphorus überschritt. Man zeigt bei Rumili-Hissar den Felsen, von dem aus der König den Uebergang seiner Armee beobachtet habe. Weiter südwärts dehnte sich an beiden Ufern eine ununterbrochene Kette von Ortschaften und Vorstädten aus, welche hier an Konstantinopel, dort an Skutari anschließend, mit beiden Eine und die gleiche europäisch-asiatische Riesenstadt ausmachen. Die ganze Lage gemahnte mich in etwas, freilich in sehr vergrößertem Maßstabe, an das längst beider Seeufer sich fortsetzende Zürich, welchem gewisse patriotische Eisenbahnträumer der dreißiger Jahre die Erweiterung zu einer Weltstadt als Horoskop gestellt hatten.

Bei Bebek und Ortakoi macht der Bosphorus eine Wendung nach links. Bald bekamen wir den Leanderthurm und Skutari in Sicht. Dann, nachdem wir noch an dem Sultanspalaste Dolmabagdsche vorübergedampft hatten, bog das Schiff um die Ecke, und ehe wir uns versahen, lag Konstantinopel mit dem goldenen Horn vor unsern erstaunten Blicken entfaltet. Der letztere Name bezeichnet die Seebucht, welche von der Stelle aus, wo der Bosphorus sich zum Marmormeer verbreitert, fast eine deutsche Meile weit nordwestlich in das europäische Festland hineingreift. An der Mündung keine halbe Viertelstunde in der Breite betragend, nach oben sich verjüngend, bildet diese Seebucht einen natürlichen Hafen, dem in Bezug auf Raum und Sicherheit kein anderer europäischer an die Seite gestellt werden kann. Die anliegenden Hügel tragen die Stadt und die Vorstädte. Jene, d. h. Stambul, oder die eigentliche Türkenstadt, lag uns zur Linken. Sie rief durch ihre prachtvollen Kuppelbauten die Erinnerung an das alte Byzantinerreich wach, während die zahllosen Minarets die Herrschaft des Propheten bezeugten. Den rechts von uns gelegenen Hügelkomplex deckten die christlichen Vorstädte Galata, Pera, Dolmabagdsche und Tophana.

Jene Goldkuppeln und Minarets, das rothe Häusermeer, welches unabsehbar zu beiden Seiten sich ausdehnte, das auf der Endspitze des westlichen Vorgebirges malerisch gelegene alte Serail des Sultans, das Arsenal nebst anderen öffentlichen Gebäuden und der dichtgeschlossene Mastenwald von Schiffen aus allen Zonen und Ländern, der wie ein Keil zwischen die Hügelstädte hineintrieb, — das alles gestaltete sich zu einem strahlenden Gesammtbilde, welches jedoch sehr bald ganz andern Eindrücken den Platz räumen sollte. — Kaum hatte unser Schiff die Anker geworfen, als ein Schwarm Gäste werbender Wirthshaus-

agenten auf das Deck sich ergoß. Es entstand ein unbeschreib-
liches Gewirr und Geschrei. Alle Sprachen des Orient's und
Occident's wirbelten durcheinander. Jedoch übertönten die Rufe
der Griechen und Italiener jeden andern Laut. Zum Glück
hatte sich auch der deutsche Gasthofbesitzer zur „Stadt Wien,"
wo wir auf den Rath und in Begleit unserer österreichischen
Reisegefährten Quartier nehmen wollten, auf dem Schiff ein-
gefunden. Er besorgte sogleich unser Gepäck, bestellte einen
Kahn und fuhr mit uns zunächst nach dem Zollamt, wo die
Untersuchung und eventuelle Verzollung unserer Effekten statt-
finden sollte.

Auch hier thaten die klingenden Argumente ihre sehr guten
Dienste. Immerhin ließen die Zollbeamten es sich nicht nehmen,
eine, der jungen baierischen Dame gehörige Bücherkiste zu öffnen,
ob in der Absicht, auf koranfeindliche Bücher zu fahnden oder
argwöhnend, der Inhalt der Kiste möchte ein anderer als der
angegebene sein, ist mir nicht klar geworden. Wahre Unterhaltung gewährte mir die Person und das Benehmen des anwesenden Zollaufsehers. Der Mann trug eine Art Schlafrock,
rauchte aus einer langen Pfeife und schnitt die ganze Zeit über
das freundlichste Gesicht. Er sagte kein Wort, aber jedesmal,
wenn der untersuchende Mauthbeamte etwas ungünstiges bemerkte, verzog sich der Mund des Aufsehers zu einem gemüthlichen Lächeln — gleichsam, als wolle er andeuten, daß die
Sache nicht gar so ernst gemeint sei, und mit Hülfe einiger
Paras sich wohl machen werde. In der Nähe stunden die
von unserm Wirthe zum Tragen des Gepäcks mitgebrachten
Hamals. Mit diesem Namen werden nämlich die armenischen
Lastträger bezeichnet. Es waren ihrer vier, alles kleine, grau-
bärtige, ernstblickende Männer, türkisch gekleidet, mit Physiognomien, welche Ehrlichkeit ausdrückten — eine Eigenschaft,
die auch jener Klasse von Armeniern von den hier angesessenen
Europäern in Wirklichkeit nachgerühmt wird. Jeder hatte auf
seinem Rücken eine lederne Wulst zur Unterstützung der Last

angehängt. Sobald das Mauthgeschäft abgethan war, vertheilten sie das Gesammtgepäck unserer aus fünf Personen bestehenden Gesellschaft auf ihre vier Rücken und gingen, von der Last tief zur Erde gebeugt, rasch vor uns her.

Nach wenigen Schritten waren wir dem Anblick des goldenen Hornes entrückt und in das Innere des Stadtquartiers Galata eingetreten. Welch' ein Kontrast zwischen dem, was wir soeben gesehen und den Erscheinungen, die uns hierorts umgaben! Es schien, als wären wir aus dem Paradiese urplötzlich in die Unterwelt hinabgeschleudert worden. Enge, winklichte, holperige Gassen winden sich steil zwischen Holzbauten aufwärts, welche ohne Form und Symmetrie im wüstesten Chaos an und übereinander sich reihen und thürmen. Kein Sonnenstrahl leuchtet in jene höhlenartigen Gänge hinunter. Das Halbdunkel wird durch die vom Rauch schwarz gefärbten Bretterwände der Häuser, der unheimliche Eindruck durch die in den Gäßchen herrschende Stille und Einsamkeit gesteigert. Nur hie und da sahen wir einen finsterblickenden Türken vor seiner Hausthüre stehen, oder flehte uns ein altes, in Lumpen gehülltes Bettelweib um Almosen an. Dazu der Schmutz auf dem eingefallenen Pflaster, die Rudel wilder Hunde, welche die überall klafterhoch aufgehäuften Kehrichthaufen im Kreise umstellten, die schwüle Glühhitze in den von allem Luftzuge abgesperrten, mit Dünsten aller Art gesättigten Räumen — ich denke, diese Züge werden genügen, um dem Leser das Bild des Stadttheils zu vergegenwärtigen, den wir bei unserm ersten Eindringen in das Innere Konstantinopels zu sehen bekamen.

Das mühselige Bergsteigen dauerte bei dreiviertel Stunden lang an, ehe wir Pera erreichten. Diese Vorstadt deckt den Scheitel des Hügels, dessen Fuß und westliche Abdachung Galata und Dolmabagdsche umfassen. Als wir in die relativ breite Hauptstraße von Pera ausmündeten, fanden wir wieder Leben, steinerne Häuser und einen Anflug europäischer Kultur. In einer Seitengasse, die Dervischstraße benannt, lag unser

Gasthof. Er war klein und bescheiden. Immerhin erhielten wir reinliche Zimmer, und wenn auch die orientalische Oelküche uns wenig behagte, so waren wir für diese und andere Entbehrungen durch das Bewußtsein, mitten in der Türkenstadt bei einer ehrlichen deutschen Familie aufgehoben zu sein, hinreichend entschädigt.

Nachdem wir in unserm Logis uns so gut wie möglich häuslich eingerichtet hatten, suchten wir die nächstgelegene Conditorei auf, um mit Eis und Sorbet den brennenden Durst zu löschen.

Unsere Reise von Wien bis nach Konstantinopel hatte sechs Tage und fünf Nächte, die Seefahrt auf dem schwarzen Meere ungefähr zwanzig Stunden gedauert.

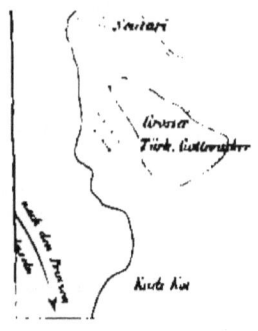

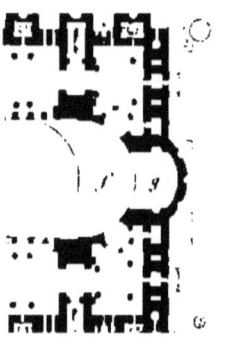

5. Acht Tage in Konstantinopel.

Ich halte es für angezeigt, ehe ich die Chronik unseres Aufenthalts in der türkischen Weltstadt beginne, einige allgemeine Notizen über dieselbe vorauszuschicken. Es ist bereits gesagt worden, daß Konstantinopel auf einer Reihe von Hügeln erbaut sei, und durch den Meerbusen des goldenen Hornes in zwei Theile sich scheide. Südwestlich liegt die Türkenstadt Stambul, nordöstlich breiten die obenbenannten christlichen Vorstädte sich aus. Die Verbindung zwischen beiden Ufern wird durch zwei hölzerne Brücken und durch zahllose, unter dem Namen Kaikdschi bekannte Kahnführer vermittelt. Stambul steht an der Stelle des alten Byzanz und erhebt sich terrassenförmig auf einer dreieckigen Landzunge, deren gegen das Meer zugekehrte Spitze an dem Punkte ausläuft, wo das goldene Horn und das Marmormeer ihre Gewässer vereinen. Es mißt bei zwei und einem Viertel deutscher Meilen im Umfang und ist von einer aus der byzantinischen Zeit herstammenden, doppelten, an der Landseite dreifachen Ringmauer umgeben. In Stambul befinden sich die Moscheen, deren Zahl über 300 beträgt. Es sind theils ehemalige christliche Kirchen, theils wurden sie von den Türken seit der Eroberung erbaut. Zweifelsohne sind diese Moscheen das Schönste, was Konstantinopel in architektonischer Beziehung besitzt, und ihnen hat die Stadt ihren großartigen, monumentalen Karakter zu verdanken. Andere öffentliche Gebäude gibt es nur wenige. Am meisten fallen die zahlreichen Kasernen in's Auge, welche die Kämme der Stadthügel krönen, und in benen eine ständige Garnison von 20—25,000 Mann untergebracht sein soll. Die am Eingang des Hafens neu erstellte Stückgießerei ist ein stattliches Gebäude. Das alte Serail, die Wohnung der Sultanswittwen, war etwa sechs Wochen vor unserer Ankunft in Konstantinopel durch Feuer zerstört worden. Es nahm mit seinem ordnungslosen Gemisch von Pavillons, Gefängnissen, Kasernen und Gärten die ganze Spitze der oben bezeichneten Landzunge ein. Die jetzige Residenz des Sultans, ein von einem armenischen Architekten erbauter, sehr schöner Palast, liegt in der Vorstadt Dolmabagdsche am Ufer des Bosphorus. Einen originellen Anblick gewähren die vielen mit Kuppeln überragten türkischen Bäder. Ferner verdienen auch die öffentlichen Brunnenhäuser von dem Reisenden beachtet zu werden. Meist sind es aus weißem Marmor angelegte Bauwerke orientalischen Styls, welche mit einem hervortretenden Dache bedeckt, mit einer Balustrade umgeben und mit Arabesken und Koransprüchen geschmückt sind. Vor einigen Jahren wurde die sogenannte „hohe Pforte" zur Aufnahme sämmtlicher Ministerien errichtet. Das Gebäude, etwas oberhalb des alten Serails gelegen, ist seiner großen räumlichen Ausdehnung wegen von weitem her sichtbar. — Was die Vorstädte Pera, Galata, Tophana und Dolmabagdsche betrifft, so haben hier die christlichen Konfessionen ihre Kirchen und Klöster. Einige der erstern zeigen schöne bauliche Formen, aber alle sind klein und stehen zu den mohamedanischen Prachttempeln ungefähr in demselben Verhältniß, das zwischen den Kapellen der Dissenters und den Kathedralen der Staatskirche in England besteht. Zu den öffentlichen Bauten bildet die Masse der Privathäuser einen grellen Kontrast. Sie sind mit Ausnahme des obern Theils von Pera fast durchgehends aus Holz aufgeführt. Den roth angestrichenen Wohnungen der Reichen mangelt der Stil und die Form und die Quartiere der Armen tragen mit ihren chaotisch durcheinander geworfenen verräucherten Barraken eine Häßlichkeit zur Schau, die man nicht abschreckend genug sich vorstellen kann. — Anderseits hat die Stadt am Bosphorus eine Schönheit besonderer Art, eine Eigenthümlichkeit voll zarter und tiefer Poesie, die ich gegen keine Prachtanlage europäischer Hauptstädte mir austauschen möchte. Das sind die zahlreichen F r i e d h ö f e mit ihren schlanken und dunkelgrünen Cypressen. Man weiß, daß dem Muselmann der Gräberkurrus eine unbekannte Sache ist. Er will, daß die Gebeine seiner Lieben in den für sie hergerichteten Gräbern ungestört ruhen sollen, bis die Posaunen des Weltgerichts, an das auch er glaubt, erschallen werden. Deßwegen nehmen nicht nur die Friedhöfe außerhalb der Stadt Räume von sehr großem Umfange ein, sondern man hat auch im Innern Konstantinopels um Moscheen und Privathäuser herum zahlreiche größere und kleinere Begräbnißplätze angelegt, deren Cypressenhaine und Cypressengruppen allüberall über das Häusermeer aufragen.

Die Bevölkerung Konstantinopels wird mit Einschluß der europäischen und asiatischen Vorstädte nach übersichtlichen Schätzungen zu 800,000 Seelen berechnet. Darunter befinden sich 150,000 Griechen, 250,000 Armenier, 30,000 Juden und etwa 15,000 Franken. Die Türken zählen somit ungefähr 425,000 Seelen. — Hiermit diese umrißliche Schilderung abschließend, gehe ich zur Erzählung unserer Wanderungen und Erlebnisse in der großen Türkenstadt über.

Erster Tag.
(5. September.)

Wir hatten schon gestern einen ersten Gang durch die Hauptstraße von Pera gemacht und daselbst bis zu gewissen Grenzpunkten reges Leben bei schimmernder Gasbeleuchtung, weiter hinaus aber und in den Seitengäßchen unheimliche Stille und Finsterniß vorgefunden. Der heutige Tag wurde damit begönnen, eine nähere Umschau in jener von uns bewohnten Vorstadt zu halten. Die Hauptstraße geht vom Bosphorus zum goldenen Horn, indem sie in einer Länge von 1½ Stunden das Vorgebirg Tophana überschreitet. Wir erkannten an den auf die Gasse ausschauenden, gitterlosen Fenstern, an den steinernen Häusern und an den europäischen Kaufläden, daß wir uns im Quartiere der Franken befänden. Das bezeugten auch die palastähnlichen Kanzleigebäude der russischen, englischen, österreichischen und französischen Gesandtschaften. Dennoch ist die Physiognomie von Pera nur halbwegs europäisch und trägt vielmehr eine bunte Mischung von Orient und Occident zur Schau. Schlechtes Straßenpflaster, angesammelte Abfälle und herrenlose Hunde, diese Merkmale der Türken-Wirthschaft, fanden wir in Pera gleich wie gestern in Galata vor. Jene Thiere liegen den ganzen Tag über quer auf der Straße und gehen weder Pferden noch Menschen aus dem Wege. Griechische Obstgewölbe, türkische Tabakhandlungen, eigenthümliche Bäcker- und Fleischerbuden fügen sich in die Reihen der europäischen Kaufläden ein, in welch' letztern die Luxusartikel und Modewaaren des Occidents ausgelegt sind. Während der Franke in salonähnlichen Kaffeehäusern die neuesten Zeitungen liest, schlürfen die armenischen Taglöhner den Mokka in schmutzigen Räumen. Außer einer Anzahl französischer Buchhandlungen mit deutschen, französischen, englischen und italienischen Werken traf ich auch einen griechischen Antiquaren, welcher lauter griechische Werke zum Verkauf ausgestellt hatte, eine Entdeckung, die mich durch die Erinnerung an längst verschwundene Jugend- und Schuljahre mächtig anheimelte. Das Sprachengemenge ist überhaupt einer der merkwürdigsten Züge von Pera. Die offiziellen Dekrete, sämmtliche Plakate und Anzeigen werden in italienischer, deutscher, französischer, englischer, türkischer und griechischer Sprache gleichzeitig angeschlagen. Ebenso erscheinen Zeitungen in allen diesen Sprachen. Bekannt sind: „le Coarrier d'Orient" und „le Journal de Constantinople," ferner die englischen: „the Levant Herald" und „the Herald of Constantinople." Dagegegen dürfte nicht Jedermann wissen, daß in Konstantinopel auch ein deutsches Intelligenzblatt gedruckt wird. Endlich werden auch zwei italienische, nebst mehreren türkischen und griechischen Tagesblättern ausgegeben. Pera ist in seiner ganzen Ausdehnung äußerst belebt. Jeden Morgen durchziehen eine Menge türkischer, armenischer und griechischer Backwerk- und Obsthändler die Hauptstraße des Quartiers, ihre Waaren mit weithin schallender Stimme zum Verkaufe ausrufend. Die schlechte Beschaffenheit des Straßenpflasters mag zum Theil die Ursache sein, daß in Pera wie im ganzen übrigen Konstantinopel keine Fuhrwerke verkehren. Einzig die Harembamen türkischer Großen werden in verschlossenen Wagen von einem Orte zum andern befördert. Der Waaren-Transport geschieht auf dem Rücken der Pferde, Maulthiere und Lastträger, und wer nicht zu Fuß gehen will, reitet zu Pferd, wozu sich ihm vielfache Gelegenheit bietet. Denn auf allen Plätzen und an allen Straßenecken stehen gesattelte Pferde bereit, auf welchen man sich um bestimmte Taxen nach jedem beliebigen Punkte der Stadt oder der Vorstädte verfügen kann. Diese Sattelpferde sind die eigentlichen „Fiacres" Konstantinopels.

Nach Mittag machten wir in Beglelt unserer Wienergefährten einen Gang nach Stambul, um daselbst einen befreundeten deutschen Kaufmann in seinem Komptoir zu besuchen. Wir verfolgten die Hauptstraße von Pera in westlicher Richtung. Sie führte uns steil und lange abfallend an die über das goldene Horn geschlagene untere Brücke. Auf derselben geriethen wir in ein hin- und herwogendes Gewühl von so eigenthümlicher Art, daß Aug', Ohr und Phantasie gleich wie durch einen Zauber getroffen wurden. Man kann sagen, daß hier ganz Konstantinopel in Einem Brennpunkt zusammengefaßt ist. Die verschiedensten Trachten, Nationen und Stände, Türken, Griechen, Armenier, Perser, Kaukasier, Zigeuner, Franken, ja selbst Neger,

Soldaten aller Waffengattungen, Matrosen aus allen Himmelsstrichen, waren in dem dichten Gedränge durcheinander gemischt. Hier ritt ein Pascha in goldverbrämter Uniform auf stolzem Roße vorüber. Dort streckte ein steinaltes, gelbliches Zigeunerweib ihre abgedorrten Arme nach Almosen aus. Gruppen türkischer Frauen gleiteten schwerfällig in ihren gefärbten Pantoffeln einher, das Gesicht mit dem Kopftuche bedeckend, während die bekrinolirte Europäerin rasch und kühn im dichtesten Gedränge sich durchwand. Obstverkäufer boten ihre honigfüßen Trauben, Andere Sorbet oder Trinkwasser feil. Die Menschenmenge setzte sich anfänglich auch jenseits der Brücke in den Gassen von Stambul noch fort. Diese Gassen hatten ein rein türkisches Gepräge. Eng und steil ansteigend, mit ungleichartigen massiven Steinklötzen bepflastert, gleich denjenigen von Pera und Galata, waren sie nur von türkischen, meist roth tapezierten Buden und Werkstätten eingefaßt. Nebst den vielen Obstgewölben, Fleisch- und Backwerkbuden, Kesselschmieden, Tabakhandlungen frappirten uns vornehmlich die Magazine der Pfeifenverkäufer, weil in denselben die bekannten Türkenköpfe zu Tausenden in sehr gefälligen, kunstgerechten Figuren aufeinander geschichtet sind.

Der deutsche Kaufmann bewirthete uns nach orientalischer Sitte mit Kaffee, Liqueurs, Tschibuks und Narghilehs. Von da besuchten wir den nahegelegenen Bazar. Auf dem Plateau eines der sieben Hügel Stambul's sich ausbreitend, bildet er ein Labyrinth geradliniger Gänge, in welche das Licht von oben durch Glasfenster fällt und an deren Seitenwänden, als in einer Art Nischen, Kaufläden an Kaufläden sich reihen. Der gesammte Waaren-Reichthum des Orients und Occidents ist hier zum Verkaufe ausgelegt, jeder Artikel in einer besondern Gasse. Wenn in der einen indische und persische Shawls, in der andern gold- und silbergestickte Teppiche glänzen, eine dritte mit kostbaren Pelzen drapirt ist, in einer vierten sämmtliche Nischen von Feuer- und Handwaffen starren, so gibt es auch welche, wo man die Erzeugnisse der europäischen, namentlich auch der schweizerischen Seiden- und Baumwollenfabriken ausgelegt findet. Nicht minder interessant als die Menge und Mannigfaltigkeit der Verkaufsgegenstände war der Anblick der Volksmenge, welche dicht gedrängt in den engen Gängen auf und abwogte, und lehrreich die Beobachtung, wie die Käufer und Verkäufer je nach den verschiedenen Nationalitäten sich beim Geschäfte benahmen. Während der Türke ernst und schweigend mit gekreuzten Beinen in seiner Verkaufsbude saß, lobte der Grieche seine Waare nach Marktschreier-Art, und rannten die Juden jedem Franken, an dessen Gesicht und Haltung sie einen Fremden erkannten, mit einer Zudringlichkeit nach, gegen welche zuletzt nur der aufgehobene Stock zu schützen vermochte. Da auf heute kein christlicher oder mahomedanischer Feiertag fiel, so war der ganze Bazar sehr stark belebt. Als wir später denselben an einem Freitag, dem Sonntag der Mahomedaner, zum zweitenmal besuchten, fanden wir beinahe alle türkischen Magazine geschlossen. Ebenso bleiben die christlichen, namentlich die armenischen Kaufleute an ihren Sonn- und Feiertagen, im Ganzen etwa achtzig Tage des Jahres, von der Markthalle aus. Es ist merkwürdig, daß man in die Hauptstadt des Koranreiches kommen muß, um die Sonntagsheiligung wieder zu finden, welche in gewissen Ländern des europäischen Kontinents allbereits zu den überwundenen Standpunkten gezählt zu werden scheint. In der Nähe des Bazars befindet sich das Seraskerlat oder Kriegsministerium. Das Gebäude lehnt sich an den sog. Serasker-Thurm an, auf welchem, gleich wie auf dem bekannten Genueser-Thurm in Pera, ein Hochwächter mit der Verpflichtung stationirt ist, jeden ausbrechenden Brand durch das Aushängen von Fahnen oder farbiger Ballons zu signalisiren. Da der in der Mitte der Stadt gelegene Thurm die vollständigste Rundschau über Konstantinopel gewährt, ließen wir uns die Anstrengung nicht verdrießen, dessen Zinne zu ersteigen. Auf einer ersten durch Fenster verschlossenen Gallerie trafen wir die türkischen Feuerwächter an. Diese Leute benahmen sich in den höflichsten Formen und bewirtheten uns mit Kaffee, der auf orientalische Weise bereitet und gekocht war — ein Getränke, welches ich nach meinen Erfahrungen für das gesundeste und labendste im Südklima halte. — Die Aussicht von der Terrasse des Thurmes war über alle Beschreibung großartig und schön. Nicht nur lag das ganze Panorama Konstantinopels mit den Vorstädten dies- und jenseits des Bosphorus aufgerollt vor uns; unsere Blicke schweiften auch über den Spiegel des Marmorameeres nach den blauen Bergen der Prinzeninseln und des asiatischen Festlandes hinüber. Da und dort tauchten schneeweiße Minarets oder dunkelgrüne Cypressenwipfel aus dem rothen Häusermeer auf. Unmittelbar unter unsern Füßen hatten wir das ausgedehnte Ziegelfeld der Bedachung des Bazars. Etwas weiter lagen die beiden Brücken, der schiffbedeckte Hafen, mehr nach rechts auf der gleichen Distanzlinie der majestätliche Tempel der Aja Sophia, an dessen Seite noch vier andere ebenbürtige Kuppelprachtbauten in die gleiche Höhe emporstrebten. Das Wetter war prächtig, die Luft in ein Lichtmeer getränkt, über dem großen Rundgemälde wölbte sich der tiefblaue Himmel des Südens, und noch dunkelblauer strahlte das Meer, als wolle es mit dem Himmel um den Schönheitspreis ringen. Von dieser Höhe sah man die elenden Schmalgassen nicht, die den idealen Eindruck hätten abschwächen können. Der Anblick der altrömischen Wasserleitungen, welche den nördlichen Theil von Stambul durchschneiden, so wie des ägyptischen Obelisken auf dem Platze des Hippodroms, warfen meine Gedanken rückwärts in eine längst verschwundene Zeit. Was mußte dieses Byzanz unter Konstantin gewesen sein? Was könnte es jetzt sein als Residenz einer europäischen Macht, oder wenn König Ludwig von Baiern in hier seinen Thron aufgeschlagen hätte?

Auf dem Rückweg kamen wir durch ein stilles und wie uns schien behäbiges Türkenquartier. Die Häuser waren auch hier aus Holz konstruirt, architektonisch unschön, einige von einer hohen Mauer umfriedet. Dieselben hatten ihre Fenster nach der Gasse zu angebracht, aber alle Fenster waren mit aus Holzstäbchen verfertigten Gittern versehen. — Nachdem wir die Brücke überschritten, machten wir noch einen Abstecher auf den großen Friedhof in Tophana. Wir haben oben bemerkt, daß das Eigenthümliche und Poetische der türkischen Friedhöfe in ihrer ungeheuren Ausdehnung und in der Beschattung der Cypressen bestehe. In der Nähe besehen geht dieser ideale Eindruck theilweise verloren. Jene Gottesäcker zeichnen sich namentlich durch ihre Einförmigkeit aus. Wer einen gesehen, hat alle gesehen. Künstlerische Grabmonumente sind auf denselben wenige oder keine vorhanden. Die weitaus größte Zahl der Gräber ist mit je zwei etwa drei Fuß hohen, oben zugespitzten Steinen besetzt, welche unsern Marksteinen ähneln, und von denen der eine am Kopf, der andere an den Füßen des Verstorbenen aufgestellt ist. Diese Steine tragen türkische Inschriften. Hie und da sieht man außer dem Kopf- und Fußstein noch eine flache Platte aufliegen, und nur wenige Grabstätten der Vornehmen sind mit steinernen, von Gittern eingefaßten Sarkophagen bedeckt. Alles trägt den Stempel der Vernachlässigung, viele Grabsteine sind eingestürzt, andere zerbrochen. Zudem ist der Boden dieser Anlagen, weil aus Lehmsand bestehend, jedes grünen Graswuchses baar, und das ist es vornehmlich, was in dem an den Rasen und Moosteppich seiner heimatlichen Wälder gewohnten Nordländer ein leises Gefühl der Enttäuschung hervorruft. Trotz all' dessen halte ich die Bemerkungen aufrecht, welche ich im Eingange dieses Abschnitts über den erhebenden Totaleindruck der türkischen Friedhöfe niedergelegt habe.

Wir dinirten Abends 8 Uhr an der von einem österreichischen Gastwirth gehaltenen table b'hote der Teutonia in Gesellschaft mehrerer deutschen und schweizerischen Kaufleute und beschlossen den strapazenreichen Tag im „Jardin des fleurs", einem öffentlichen Garten in Pera, wo eine große Menge fränkischer

Herren und Damen sich bei Bier, Eis und mittelmäßiger
Musik der kühlenden Nachtluft erfreute.

Zweiter Tag.
(6. September.)

Nachdem wir uns gestern den ganzen Tag über in den
dumpfen schwülen Gassen Konstantinopels herumgetrieben hatten,
verlangte es uns, wieder frische Seeluft zu athmen und unsere
Nerven durch den Genuß von Gottes freier Natur zu erfrischen.
Deßhalb ward für heute ein Ausflug nach der Insel Prinkipo
beschlossen. Diese Insel liegt im Marmormeer und gehört
zu der Gruppe, welcher man den Namen „die Prinzeninseln"
beigelegt hat. Wir bestiegen einen türkischen Dampfer, der
uns in Zeit von anderthalb Stunden nach dem Eilande brachte.
Nahe am Hafen befindet sich ein griechisches Dorf und eine
griechische Wirthschaft. Dem Ufer entlang war eine Laube von
Weinreben angelegt, unter deren Schatten eine Gesellschaft
europäisch gekleideter Herren und Damen ein gemüthliches
Frühstück verzehrten. Man sagte uns, es seien griechische Familien aus Konstantinopel und daß die dortigen Kaufleute den
Sonntag an irgend einem schönen Punkte der Umgebung zuzubringen pflegen. Hätten wir die Sprache verstanden, so wäre
die Gelegenheit zum Studium des Treibens dieser Leute eine
günstige gewesen. So aber hatten wir keinen Grund, an dem
Orte zu verweilen, und beeilten uns, Reitesel zu miethen, um
so bald möglich den Berggipfel zu gewinnen. Wir waren unserer sieben Europäer, da an die Wiener und an uns beide
zwei Franzosen sich angeschlossen hatten. Rasch trabten wir die
Bergstraße hinauf, indem die griechischen Führer ihre Thiere
durch ein eigenthümliches Grunzen anzutreiben verstehen. Die
untern Halden der Insel waren mit Weinreben und Oelbäumen
bepflanzt, in der Mittelhöhe bildeten Pinien und Cypressen die
anmuthigsten Wäldchen; weiter oben wucherte eine üppige Vege-

tation wildwachsender Pflanzenarten, unter denen ich das Rhododendrum, den weißen Lorbeer, das Heidekraut, den Rechholder und die Distel erkannte. Welche buntfarbige Blüthenpracht muß dieses Pflanzendickicht im Frühling entfalten, welch' aromatische Düfte aushauchen! Jetzt aber war natürlich alles abgeblüht und vieles verwelkt. Nach anderthalbstündigem Ritt hatten wir das auf dem höchsten Punkte der Insel stehende Kloster St. Georgio erreicht. Dasselbe ist von Mönchen der schismatisch-griechischen Kirche bewohnt. Der hölzerne Bau trägt nach Außen und Innen das Gepräge der Armuth. In der kleinen Kapelle, deren Allerheiligstes nach griechischem Ritus durch eine mit Heiligenbildern verzierte Holzwand abgesperrt ist, fanden wir ein griechisches Meß- und ein griechisches Evangelienbuch aufgeschlagen. Die Kapelle hat weder Glocke noch Thurm. Das Glockengeläute wird durch Hammerschläge auf einen eisernen Reifen ersetzt, welcher mit dem einen Ende in der Mauer befestigt, mit dem andern freistehend, durch die erlittenen Schwingungen ein sehr starkes und anhaltendes Schallen zurückgibt. Wir wurden von einem Mönche in das Empfangzimmer geführt, welches mit einem Tisch und Divan dürftig möblirt war. An der Wand hingen die lithographirten Portraits des Kaisers und der Kaiserin von Rußland, Napoleon III. und des Königs Otto von Griechenland. Ein siebenjähriges Mädchen trug uns Kaffee auf. Selber konnten wir mit Niemanden sprechen, weil der einzige der italienischen Sprache kundige Klosterbewohner abwesend war. Vor einigen Jahren besuchte das Kloster ein Hellenist aus Berlin und redete die Mönche auf altgriechisch an. Anfänglich stutzten dieselben, indem die Laute des Professors ihnen fremdartig klangen; zuletzt aber konnte, wiewohl mit etwelcher Mühe, ein gegenseitiges Verständniß erzielt werden.

Das St. Georgskloster reicht in ein hohes Alterthum hinauf. Es wurde nämlich von der berühmten Kaiserin Irene erbaut, mit welcher die Gesandten Karls des Großen über die

Vereinigung der Kronen des Westens und Ostens auf Einem Haupte Unterhandlungen pflogen. Sie selbst wurde später in Folge einer Palastrevolution in jenes Kloster verbannt und liegt in demselben begraben. Haben nun die armen Mönche ein schmuckloses Haus, so ist dagegen die Lage des Klosters so zauberisch schön, daß ich verzweifeln muß, auch nur eine annähernd wahrheitsgetreue Vorstellung derselben dem Leser zu vermitteln — ich müßte denn meine Feder in die zarten Düfte und den herrlichen Farbenschmelz eintauchen können, der über die ganze, weite Landschaft hingegossen lag. Schon die nächste Umgebung hätte dem Pinsel des Künstlers die anregendsten Stoffe geliefert. Auf dem nahen, das Kloster überragenden Plateau hob eine hochstämmige Pinien- und Cypressengruppe ihre dunkeln Wipfel vom warmen blauen Himmelsgrunde ab. An einer andern Stelle waren phantastisch gebildete, rothbraune Felsenblöcke aufeinander gehäuft. Dazu das stille, einsame Kloster, die weidenden Thiere, unsere griechischen Führer in ihrer malerischen Nationaltracht — all das machte ein orientalisches Landschaftsbild aus, welches in Verbindung mit der reinen Berg- und Seeluft das Gemüth ebenso heiter wie träumerisch stimmte. Nach unten konnten wir die in weichen Bogenlinien hingezogene, buchtenreiche Küste der Insel verfolgen. Darüber hinweg breitete sich das Seebecken von Marmora aus. Das Meer sah sich von unserm Standpunkte spiegelglatt an und leuchtete in dem blauen Tone des Südens, soweit es außerhalb des Schattenwurfes der Berginsel lag. Dagegen wob es der Küste entlang einen Rand von dunkelgrüner Farbe, deren Glanz und Schönheit durch die Vergleichung mit dem Smaragd nur ungenügend geschildert sein würde. Da und dort hoben sich aus dem Meere die andern der Prinzeninseln empor. Die nähern zeigten gleich unserer Insel Prinkipo selber noch die rothbraune Farbe des dortigen Gesteins, welche dagegen bei den entferntern in den allgemeinen blauen Lufttion sich auflöste. Das ganze, große Gemälde ward durch das asiatische Küstengebirg abgeschlossen. Wahrlich, hier wäre gut gewesen, Hütten zu bauen, und allzugerne würden wir wenigstens einige Stunden auf dem Inselberge zugebracht haben. Allein es lag das nicht im Willen unserer gewinnsüchtigen Griechen, welche Eile hatten, ihre Esel an Andere zu vermiethen. Unter dem Vorgeben, daß schleunige Rückkehr geboten sei, weil das Dampfboot bald ankommen würde, wurden wir zum Aufsitzen genöthigt und im scharfen Trabe bergab gejagt. Jedoch, als wir drunten ankamen, war das Dampfboot noch nicht in Sicht und mußte dessen Ankunft über eine Stunde abgewartet werden.

Als wir ungefähr um 4 Uhr Nachmittags wieder in den Hafen von Konstantinopel einliefen, machte sich eben ein Dampfboot bereit, mit einem Bataillon türkischer Soldaten an Bord nach Skutari hinüber zu fahren. Wir beschlossen, die Gelegenheit zu benutzen, um der asiatischen Vorstadt einen ersten Besuch abzustatten. Dort angekommen, durchwanderten wir die Hauptgassen der Stadt, welche deßwegen merkwürdig ist, weil sie ausschließlich von Türken und zwar, wie man uns sagte, von streng muselmännisch gesinnten Türken, bewohnt wird. Die Rückfahrt aus Asien nach Europa machten wir auf einem „Kaik". So werden nämlich die Kähne genannt, welche in den Gewässern des goldenen Horns, des Bosphorus und selbst im Marmormeer den Verkehr von einem Küstenpunkte zum andern um gewisse Taxen vermitteln. Da diese Fahrzeuge außerordentlich leicht und unten kielförmig gebaut sind, so müssen die Passagiere, um das Umschlagen zu verhindern, auf den Boden sich hinsetzen. Die Ruderer, Kaikdschi geheißen, sind nervige Männer, tragen weiße Beinkleider und ein gleichfarbiges Hemd, welches vorne offen, die braune, haarige Brust sehen läßt. Sie bilden eine Zunft von nahe an 20,000 Mitgliedern, welche etwa 16—17,000 Boote besitzt, den Vater Noah zum Schutzpatron hat und strengen Polizeigesetzen unterworfen ist.

Dritter Tag.
(7. September.)

Auf dem heutigen Programm war vor anderm der Besuch der vorzüglichsten Moscheen angesetzt. Zu diesem Behuf hatte sich der Dragoman den nöthigen Ferman oder Erlaubnißschein gegen Bezahlung einer Geldsumme verschafft, welche auf sieben Personen vertheilt, den Einzelnen mit einem Betreffnisse von 100 Piastern, d. h. etwas über 20 Fr. belastete. Die Tageswanderung ward um 8 Uhr Morgens begonnen. Ein Kaikdschi ruderte uns an das alte Serail, unsern ersten Zielpunkt, hinüber. Es ist oben gesagt worden, daß dieser Bau etwa sechs Wochen vor unserer Ankunft durch Feuer zerstört worden sei. Die geschwärzten Mauersteine und die angebrannten Bäume in den unsern englischen Anlagen übrigens sehr unähnlichen Gärten boten einen eben so häßlichen als traurigen Anblick. Zu dem Komplex der Serail-Gebäulichkeiten gehörte auch die von dem Feuer verschont gebliebene Kaserne der Janitscharen. Der zerfallene Bau ist in schönem, maurischem Stile erstellt. Nahe daneben befindet sich das Arsenal, wozu man die Räume einer alten, der hl. Irene gewidmeten Griechenkirche benützt hat. Wir besuchten dasselbe und erkannten trotz der allüberall starrenden Waffen, daß wir es mit einer altchristlichen Kirche zu thun hatten. Noch wird am Eingang des Thores die Spur eines Ziehbrunnens bemerkt, aus welchem das Wasser zum Behufe der hl. Taufhandlung heraufgeschöpft wurde. Die hiesige Waffenniederlage bestund ausschließlich aus Flinten, welche in guter Ordnung aufgestellt, aber nicht geputzt waren. Merkwürdige Dinge wurden uns auf den obern Gallerien der gewesenen Kirche gezeigt. Unter anderm sah man daselbst eine lange Reihe aus Holz verfertigter Statuen kolossaler Männergestalten, deren grimmige Gesichter und abenteuerliche Trachten unwillkürliches Staunen erregten. Sie repräsentirten die Korps der Janitschaaren in ihren verschiedenen

Uniformen. Andere hinter Glasschränken aufbewahrte Figuren stellten die Oberpriester, Hofnarren und Eunuchen der Sultane dar. Nach Besichtigung des Arsenals wurden wir in einen an das Gebäude anstoßenden Säulengang geleitet, in welchem man ein kleines Museum historischer Reliquien angelegt hatte. Es enthielt neben altgriechischen, römischen, ägyptischen Altären und Urnen unter anderm auch Trophäen aus dem jüngsten Feldzug gegen Montenegro, ferner eine Trommel aus der byzantinischen Zeit und ein Stück der großen Kette, mit welcher die Griechen den Bosphorus gegen die andringenden Türken gesperrt hatten.

Nun lenkten wir unsere Schritte nach der allbekannten Sophienkirche, von den Griechen Aja Sophia oder Hagia Sophia benannt. Auf dem Wege dahin ward die Münze besichtigt, wo wir Gelegenheit hatten, die Operation der Goldprägung vom Anfang bis zum Ende zu beobachten. Sämmtliche Manipulationen werden durch Dampfmaschinen vermittelt. Die Angestellten sind lauter Armenier, ein Umstand, der für die Befähigung und Redlichkeit dieser Nation ehrendes Zeugniß ablegt.

Die seit vier Jahrhunderten zur mahomedanischen Moschee umgewandelte Hagia Sophia hat durch ihr Alter, ihre Größe und als Typus des reinsten byzantinischen Stils eine dreifache Weltberühmtheit erlangt. Der Bau ward 325 n. Chr. durch Konstantin den Großen begonnen, dann zweimal durch Feuer zerstört, von Justinian wieder aufgenommen und im Jahre 568 vollendet und eingeweiht. Von da an wurde die Kirche nur noch mannichfach verändert, aber nie wieder zerstört. Sie war der Weisheit (σοφία), d. h. dem Logos oder der zweiten Person der Dreieinigkeit gewidmet und wurde mit einem Reichthum von Gold, Silber und Edelsteinen ausgestattet, welcher alles übertraf, was die Christenheit je in ihren Tempeln gesehen hatte. Ebenso wurden die mannichfaltigsten Arten von Marmor, Granit und Porphyr für den Bau verwendet und aus den berühmtesten Heidentempeln Aegyptens, Asiens und Griechenlands Säulen herbeigeführt, um damit das christliche Heiligthum der Byzantiner zu verzieren. Nun sind zwar Gold, Silber und Edelsteine verschwunden, auch viele Kunstwerke zerstört worden; aber die architektonische Schönheit des Tempels ist unversehrt geblieben bis auf den heutigen Tag. Die Sophienkirche hat die Form eines griechischen Kreuzes. Der Haupteingang öffnet im Westen, auf welcher Seite zwei Vorhöfe, ein äußerer und innerer, angelegt sind. Der erstere ist von Säulengängen mit Kuppeln umgeben, sonst aber dachlos und einfach gehalten. Derselbe hieß im Alterthume Narthex und war für die Katechumenen und Büßer bestimmt, welche hier zuwarten mußten, jene bis sie getauft waren, diese bis sie ihre Vergehungen abgebüßt hatten. Der innere Vorhof übertrifft den Narthex an Größe und Schönheit. Er hat sechszehn Bronzethüren und ist mit einer Decke überwölbt, welche einst mit kunstvoll gearbeiteten Mosaikbildern ausgestattet war. Man führte uns aus diesem innern Hof durch die Seitenpforte der südlichen Front in ein Vestibulum ein, wo wir die Stiefel ausziehen und an deren Stelle Pantoffeln ansetzen mußten. Von da ging es durch einen finstern Aufgang, welcher gleich jenem im Glockenthurm von St. Marco zu Venedig ohne Treppenstufen spiralförmig aufsteigt. Derselbe öffnete in eine weite Gallerie. Es war die mit dem Namen „Gynaikytes" bezeichnete Empore, auf welcher, nach der Sitte des Orients, beim Gottesdienste die Geschlechter zu sondern, in der christlichen Zeit die Frauen ihre Plätze angewiesen hatten. Hier sahen wir nun plötzlich das ganze Innere des 270 Fuß langen und 245 Fuß breiten Baues vor uns. Der Eindruck war erhebend und wurde noch durch den feierlichen Chorgesang der zahlreich anwesenden Türken gesteigert. Als dominirender Mittelpunkt tritt uns die majestätische Hauptkuppel entgegen. Dieselbe erhebt sich auf vier Pfeilern 180 Fuß über dem Boden und ist so flach gewölbt, daß ihre Höhe nur den sechsten Theil ihres 115 Fuß langen Durchmessers ausmacht. Neben der Hauptkuppel wölben sich im Osten und Westen je eine Halbkuppel empor, denen sich wieder auf jeder Seite drei kleinere Kuppeln anschließen, so daß die Bedachung des Tempels aus neun solcher Kuppeln und Halbkuppeln besteht. Außer diesem harmonisch gestalteten Kuppelsystem ist es die Menge und Pracht der Säulen, welche der Sophienkirche ihre eigenthümliche Schönheit verleihen. Sie dienen, einhundertelf an der Zahl, als Träger der an den Wänden des Haupt- und Querschiffes hinlaufenden Emporen. Das Material besteht aus Granit, Phorphyr und aus Marmor der seltensten Gattungen. Die Schäfte sind mit den feinsten Kannelirungen versehen und die Kapitäler spitzenartig in einer Weise gebildet, daß man sie keiner der fünf klassischen Ordnungen beizählen kann.

Nachdem wir von der Empore einen Ueberblick des Tempels gewonnen hatten, ward uns gestattet, auch das Erdgeschoß zu betreten und in den Hallen herumzugehen. Erst jetzt gelangten wir zur Einsicht der gewaltigen Dimensionen des Baues. Im Uebrigen weiß man, daß der Bilderschmuck aus den mahomedanischen Gotteshäusern verbannt ist. Die Mosaiken, welche einst, wie im venetianischen St. Marco, alle Wände und die Decke verzierten, sind mit Gyps übertüncht und nur an wenigen schadhaft gewordenen Stellen des Anwurfes bemerkbar. Unser Dragoman konnte hier nicht, wie die Cicerone in den italienischen Kirchen zu thun pflegen, uns von Gemälde zu Gemälde, von Skulpturwerk zu Skulpturwerk herumführen. Uns schadlos zu halten, suchte er unsere Aufmerksamkeit durch Vorweisung von Gegenständen mit historischen Reminiscenzen zu fesseln. An einen Pfeiler herantretend, zeigte er auf demselben den blutigen Abdruck einer gewaltigen Hand, welcher nach der Ueberlieferung der Türken von Mahomed, dem Eroberer Konstantinopels, herrühren soll. Die Janitschaaren, — so erzählte der Dragoman, — hätten, als sie in die Kirche eindrangen, den Erzbischof am Altare erschlagen, worauf der Sultan seine

Hand in das Blut des Getödteten eingetaucht und deren Fläche an dem Pfeiler abgedrückt habe. — Mehr als das interessirte uns ein bronzerner Sarkophag, der über dem Innern Hauptportal der Kirche aufliegt. Er umschließt die Gebeine der Tochter Belisars, was durch die auf dem Sarge eingegrabene griechische Inschrift bezeugt ist. Zur Rechten des Haupteingangs steht noch der alte Glockenthurm aufrecht, der indessen, mit den neben ihm aufstrebenden Minarets verglichen, von sehr bescheidener Größe erscheint.

Nach Besichtigung der Kirche wurde das im südlichen Hofe derselben befindliche Mausoleum Selims III., des fünften Sultans seit der Eroberung Konstantinopels, in Augenschein genommen. Es ist eine elegante mit vielen Fenstern versehene Familientodtenkapelle. Die Leiche des Sultans und die seiner Familienglieder sind daselbst in Grüfte versenkt, über welche leere, mit kostbaren Shawls überhangene Sarkophage aufliegen. Ein Geländer aus Cedernholz umgibt jenen Selims III., welcher Sarkophag auch an dem mit Aigretten reich verzierten Turban erkannt wird, der am Kopfende aufgesetzt ist. Arabesken und Koransprüche zieren die Wände der Kapelle, Kronleuchter, Lampen und Straußeneier hängen mit seidenen Quasten von der Decke herab, der Marmorboden ist da, wo er von den Sarkophagen nicht eingenommen ist, mit Teppichen belegt und auf Stühlen liegen mehrere Exemplare des Korans umher.

Es gibt in Stambul noch andere Familiengrabstätten türkischer Herrscher, von welchen wir am heutigen Tag dasjenige Mahomeds II. besichtigen konnten. Dasselbe soll an Pracht alle andern übertreffen. Es besteht aus weißem Marmor, hat die Form eines Achtecks und ist durch sieben große Fenster erleuchtet, vor welchen elegant gearbeitete und reich vergoldete Eisengitter angebracht sind. Das Innere ist mit Sopha's, Armsesseln, weißseidenen Behängen, Glaskandelabern und Uhren überreich ausgestattet. Der Sarg des Sultans, auf welchem sein Fez ruht, ist von ungewöhnlicher Größe. Mehr als all' dieser Luxus erfreute mich der niedliche Blumengarten und das anmuthige Brunnenhaus, welche vor dem Eingang der Kapelle angelegt sind.

Außer der Aja Sophia besuchten wir noch die Moschee des Sultan Achmed's I. oder die Achmedijeh und diejenige Soliman's des Großen oder die Solimanijeh. Beide wurden von den Türken seit der Eroberung erbaut. Sie erreichen die Größe der Aja Sophia, und ahmen deren Plan in so ferne nach, als auch sie sogenannte Centralbauten sind, d. h. in der Mitte eine große Hauptkuppel tragen, um welche sich Halbkuppeln und kleinere Kuppeln symmetrisch gruppiren. Anderseits ist die Kreuzform vermieden und an deren Stelle die Quadrat-Gestalt angenommen. Die Achmedijeh ist die einzige Moschee im ottomannischen Reiche, welche sechs Minarets hat. Ihre Eigenthümlichkeit sind die vier Riesensäulen, welche die Hauptkuppel stützen. Sie bestehen jede aus drei Stücken von weißem Marmor, und haben einen Umfang von nicht weniger als sechsunddreißig Ellen, ein Maas, das zu ihrer Höhe in unschönem Verhältnisse steht. Das Mimbar oder die Kanzel ist kunstvoll gemeißelt und von einer vergoldeten Krone mit darüber funkelndem Halbmonde überragt. Prächtig eingebundene Koranexemplare liegen auf golddurchwirkten Kissen, oder auf Pulten, die mit Mosaik von Perlmutter geschmückt sind. Auch der Vorhof der Moschee verdient namentlich wegen seines herrlichen Portals mehr als eines flüchtigen Blickes gewürdigt zu werden. — Die von Soliman dem Großen um 1550 erbaute Solimanijeh wird für das glänzendste Werk türkischer Baukunst gehalten. An das Tempelquadrat schließt auf der Seite des Eingangs ein Vorhof, auf der entgegengesetzten ein Friedhof sich an. In der Mitte des erstern befindet sich der zu Abwaschungen dienende Brunnen. Der Friedhof enthält die bekuppelten Mausoleen Soliman's des Großen, seiner Gemahlinnen und Kinder. Die Hauptkuppel hat den Umfang der Kuppel der Sophienkirche; ist aber um zwanzig Fuß höher als biese, daher weniger kühn, weniger Bewunderung erregend, obwohl die Türken die größere Höhe als ein größeres Wunder der Baukunst ansehen. Diese Hauptkuppel wird von vier Pfeilern getragen, zwischen welchen sich, als Stützen der um beide Seiten herumlaufenden Doppelgallerien, die vier größten Säulen Konstantinopels erheben. An der Basis dreizehn Fuß im Umfange haltend, steht ihre Höhe im Verhältniß zur Breite. Das Material ist Porphyr. Alle vier Stücke stammen aus altgriechischer Zeit. Von der Hauptkuppel hängen große eiserne Reifen herab, an welchen Straußeneier, Kornähren aus Metall und unzählige Lämpchen befestigt sind.

Wie meine Leser bereits aus dem Vorhergehenden entnommen haben mögen, besteht eine mahomedanische Moschee aus folgenden drei Haupttheilen: erstens dem auf der Eingangsseite liegenden Vorhof, nach dem türkischen Kunstausdruck der „Haram" benannt, zweitens dem eigentlichen Tempelgebäude und drittens dem Friedhof, den die Türken mit dem Namen Bostan, oder Garten bezeichnen. Der Vorhof schließt gewöhnlich ein Brunnenhaus ein, bei welchem der Jünger Mahomed's die Waschungen vollzieht, die er nach den Vorschriften des Korans vor seinem Eintritt in das Gotteshaus vornehmen muß. Ferner sind hier die Minarets angebracht, von welchen herab die Mueddins um die Zeit des Sonnenuntergangs die Gläubigen zum Gebete auffordern. Der Garten enthält die Begräbnißstätten des Erbauers der Moschee und der Glieder seiner Familie. Das Tempelgebäude selber liegt zwischen dem Vorhofe und dem Garten in der Mitte. Dort, nämlich im Innern des Tempelgebäudes, fällt als wesentliche, den Bedürfnissen des Kultus entsprechende Anlage, das sogenannte Mihrab in Betracht. Es ist das eine in die Wand eingelassene Nische, die dem Muselmann die Richtung angibt, nach welcher er sich im Gebete zu wenden hat. Diese Richtung ist diejenige nach der Kibla, d. h. der Kaaba zu Mekka. Da nun Mekka von Konstantinopel südlich abliegt, so müssen die dortigen Moscheen ihr Mihrab im Süden haben, während in den Moscheen Algier's dasselbe nach Osten gestellt ist. Auch steht in denjenigen Moscheen Konstantinopels, welche nicht aus christlichen Kirchen entstanden sind, der Haupteingang dem Mihrab gegenüber, d. h. im Norden. Außer dieser Gebetsnische tritt in den mahomedanischen Tempeln noch das Mimbar oder die Kanzel hervor, auf welcher an den Feiertagen gepredigt wird. Tribünen für den Sultan finden, aus weißem Marmor gefertigt, in den größern Moscheen Konstantinopels sich vor. Eine andere Eigenthümlichkeit der letztern sind die Doppelgallerien, in deren untern Theil man terrassenförmige Steinsophas für die Koranvorleser, oben aber Schatzgewölbe angelegt hat. „Da hinein, sagt Busch (Türkei fol. 153), legen Privatpersonen ihre Kostbarkeiten und Baarschaften nieder, namentlich, wenn sie auf Reisen sich begeben, und wohl auch um ihre Habe vor der Hand des Despotismus zu schützen, welcher in die geheiligten Tempelräume nicht hineingreifen darf." Diese Mittheilung war mir sehr interressant, weil sie mit einen Beweis von der Stetigkeit der Sitten und Ueberlieferungen im Orient abgibt. Wir wissen nämlich aus Stellen des Josephus und des Buches der Makkabäer, daß schon die alten Juden Geldsummen im Tempel deponirten.*) Daß die Moscheen jeglichen Bilderschmuckes entbehren, ist bereits angegeben worden. An den Wänden sind Koransprüche geschrieben, der Boden ist mit Teppichen belegt und kolossale Leuchter hängen von der Decke herab, deren viel tausende von Lämpchen, in den Nächten des Ramadam angezündet, ein zauberisches Strahlenmeer durch die riesigen Tempelräume verbreiten.

Südwestlich von der Aja Sophia liegt der Hippodrom, d. h. der in der byzantinischen Zeit für die Spiele des Wettrennens bestimmte Platz, den die Türken „Atmeian" benennen. Er wurde

---

*) Siehe Stollberg „Geschichte der Religion Jesu Christi" B. IV., S. 228, 229, 346, 352 und B. VII., S. 152.

durch den Bau der Achmedijeh, eines Spitals und in neuester Zeit durch das Gebäude für die Industrieausstellung bedeutend verkleinert. Vor Erstellung des letztern maß es 250 Schritte in der Länge und 150 in der Breite. Diese Arena war einst mit Säulenhallen, Marmorstufen, und den gepriesensten aus den Tempeln Griechenlands und Asiens hieher gebrachten Kunstwerken des klassischen Alterthums ausgeschmückt. Aber all' das ist bis auf zwei Obelisken und die sogeheißene bronzerne „Schlangensäule" spurlos verschwunden. Der eine Obelisk, aus einem einzigen Granitstück bestehend, hat eine Höhe von fünfzig Fuß, ist auf allen vier Seiten mit Hieroglyphen bedeckt und steht auf einem griechischen Piedestal, dessen Inschriften besagen, daß der Kaiser Theodosius den eine Zeit lang am Boden liegenden Obelisken wieder aufrichten ließ. Nicht weit davon steht der andere Obelisk, der aus verschiedenen Stücken zusammengesetzt ist. Er war früher mit Erzplatten überzogen und es müssen auf demselben Darstellungen in getriebener Arbeit von hohem Kunstwerthe gewesen sein, da die Inschrift darunter von dem Obelisken als von einem Wunderwerk spricht. Was die sechszehn Fuß hohe Schlangensäule betrifft, so wird dieselbe von drei Schlangen gebildet, die sich spiralförmig emporwinden und deren emporgestreckte Hälse einen als Kapitäl geltenden Dreifuß darstellten. Einer der Köpfe soll von Sultan Murad abgeschlagen worden sein, die zwei andern kamen später abhanden. Von den eigentlichen Bildhauerwerken ist uns nur Eines erhalten. Dasselbe steht aber nicht mehr auf dem Platze des Hippodrom und nicht mehr in Konstantinopel. Wir meinen nämlich das vielgewanderte Doppelgespann der Rosse, welches man vor dem Eingang der Markuskirche in Venedig aufgestellt sieht. Aus seiner Heimat Athen ist dieses Meisterwerk griechischer Kunst zuerst nach Chios, dann nach Byzanz, später nach Venedig verführt worden, von wo es nach Paris und im Jahre 1814 wieder nach Venedig hin und her reisen mußte.

Es befinden sich in Stambul einige in die Römerzeit hinauf-

reichende Riesensäulen, unter welchen ich die „Marcians-
säule" und die so geheißene „verbrannte Säule" er-
wähne, welch' letztere die Statue Konstantins des Großen getragen haben soll. Wir hatten deren Besuch nicht in unser
heutiges Tagesprogramm aufnehmen können, weil sie zu weit
von unserm Wege ablagen. Dagegen wurde ein anderes, weit
merkwürdigeres Römerwerk, dessen Gleichen im Occident keines
sich vorfindet, noch an diesem Vormittag in Augenschein genommen. Es ist das die unter Kaiser Konstantin von dem
Senator Philoxenes erbaute Cisterne. Dieser kolossale Wasserbehälter, welcher nach einer gemachten Berechnung 1,270,900
Kubikfuß Wasser aufnehmen könnte — eine hinreichende Menge,
um den umliegenden großen Stadttheil während zwei Monaten
mit Wasser zu versehen, — ist aus Backsteinen gemauert und
mit einer gewölbten Decke überspannt. Die letztere wird von
672 Säulen gestützt, welche in drei Reihen in der Weise übereinander gestellt sind, daß der vorspringende Fuß der obern
Reihe das Kapitäl der untern bildet. Jetzt ist die ihrem Zweck
längst entfremdete Cisterne bis zur halben Höhe der mittlern
Säulenreihe mit Schutt angefüllt und wird von einem Armenier zu einer Seidenspinnerei benutzt.

Wir hatten die vorbeschriebene Rundschau vollendet und
befanden uns ungefähr um 2½ Uhr Nachmittags auf dem Platze
vor der Moschee Soliman's des Großen, als der Dragoman sagte:
„Nun, meine Herren, steigen wir zu Pferd." Unser Vorhaben
war nämlich folgendes: zuerst das an der Südwestspitze Konstantinopels gelegene Schloß der sieben Thürme zu besuchen,
dann die ganze Westlinie der Ringmauer Stambuls zu verfolgen und um die Einbuchtung des golbenen Hornes herum
nach Pera zurückzukehren — eine Rundreise, deren Weglänge
etwa dritthalb deutsche Meilen beträgt. An eine Fußwanderung
konnte unter solchen Umständen nicht gedacht werden. Sattelpferde stunden in genügender Zahl auf dem Platze bereit und
sobald Fielowitsch den Miethpreis mit dem türkischen Pferde-

vermiether festgestellt hatte, wurde aufgesessen und von dannen geritten. Der Weg führte durch türkische und griechische Quartiere, welch' letztere sich von jenen nur durch die unvergitterten Fenster unterschieden, sonst aber nicht weniger armselig und unheimlich aussahen. Unsere Pferde schritten und trabten sicher über das glatte, aus ungleichen Steinblöcken bestehende Pflaster, an Rudeln von Hunden vorbei, welche mitten auf der Gasse gelagert, sich durch unsern Heranritt nicht im Geringsten in ihrer Behaglichkeit beirren ließen.

Das Schloß der sieben Thürme liegt am Marmorameer und lehnt sich an die Ringmauer der Stadt an. Von den sieben Thürmen sind nur drei noch erhalten. Der wahrscheinlich sehr alte Bau war unter den Byzantinern ein Fort, den Türken diente er zuerst als Janitschaaren-Kaserne, später als Staatsgefängniß. Ein in demselben befindlicher Hof wird der Platz der Köpfe geheißen, weil man darin die Köpfe der hier Enthaupteten aufschichtete, bis der Haufe über die Mauer hinausschaute. Noch im vorigen Jahrhundert sperrte man hier die Gesandten ein, mit deren Gebietern der Sultan in Krieg verwickelt wurde. Bei den sieben Thürmen traten wir durch das dortige Thor zur Stadt hinaus, bogen rechts und ritten nun die Linie der Ringmauer entlang, welche auf der Landseite Stambul's vom Marmorameer zum goldenen Horn nordwärts sich hinzieht. Durch den Dragoman und den weiten Weg zur Eile, d. h. zu wiederholtem Trab und Galopp genöthigt, konnten wir die historisch merkwürdigen, dreifachen und durch Gräben geschützten Steinwälle nicht mit der gewünschten Aufmerksamkeit in Augenschein nehmen. Jedoch hielten wir einen Augenblick an, um das Thor des hl. Romanus, jetzt Top Kapussi geheißen, wo am 29. Mai 1453 der letzte griechisch-römische Kaiser und Nachfolger der Cäsaren den Tod für das Vaterland starb, eines nähern Blickes zu würdigen. Weiter ward der große Friedhof von Ejub durchschritten, von wo wir eine steile Halde abwärts in die am äußersten

Ende des goldenen Hornes gelegene gleichbenannte Vorstadt gelangten. Der Seebusen wurde umgangen und auf einer Brücke das Flüßchen übersetzt, welches unter dem Namen „die europäischen süßen Wasser" bekannt ist. Das Flüßchen ergießt sich in das goldene Horn. Die Platanenalleen, welche dessen vielgeschlängelte Ufer beschatten, sowie ein dortiger Sultanspalast machen diesen Punkt zu einem Lieblingsausflug der Bewohner Konstantinopels. Ich aber konnte des unbegrasten Sandbodens wegen dieser Anlage keinen Reiz abgewinnen. Von da an war die ganze Landschaft baumlos und öde. Noch durchwanderten wir einen Theil von Pera, und als wir aus den Steigbügeln stiegen, war die Nacht allbereits eingebrochen. Wir hatten beinahe drei deutsche Meilen zu Pferd gemacht, waren am Vormittag zu Fuß in Stambul herumgewandert und hatten seit dem Kaffeefrühstück um 8 Uhr des Morgens außer einiger fabelhaft süßer Trauben nichts mehr genossen. Es mußte daher das mit ungarischen Edelweinen gewürzte Gastmahl, zu welchem unser Wienerherr uns mit einigen deutschen Freunden geladen hatte, dreifach gut schmecken. Am gleichen Abend war der deutsche Gesangverein in unserm Hotel versammelt und studirte unter der Direktion unsers Gastwirths das Lied von Lützow's wilder Jagd ein.

Vierter Tag.
(8. September.)

Der heutige Vormittag ward der Ruhe gewidmet, deren wir nach den gestrigen Strapazen bedurften. Des Nachmittags schauten wir einer äußerst merkwürdigen, islamitischen Religionsceremonie zu. Es war das der mystische Sphärentanz der Mewlewi-Derwische. Das Kloster dieses im vierzehnten Jahrhundert gestifteten mahomedanischen Ordens ist in der Vorstadt Kassim-Pascha, westlich von Pera und Galata gelegen. Das Lokal, wo die Ceremonie statt fand, war eine runde Säulenhalle zu ebener Erde mit einem Parquetboden von Obstbaumholz. Rings um dieselbe lief ein Geländer, das die Zuschauer von den Handelnden trennte. Als wir eintraten, bewegten sich eine Anzahl Derwische langsam und gemessenen Schrittes den Wänden des Saales entlang, während ein greiser, graubärtiger Ober-Derwisch gleich einer Statue wie angenagelt auf dem Boden feststund. Alle trugen weiße Filzmützen, weiße bis auf die Knöchel herabhängende Röcke und darüber einen kurzen, buntgefärbten Mantel. Bald aber legten sie den letztern ab, um den eigentlichen Tanz zu beginnen. Derselbe bestund darin, daß jeder mit ausgestreckten Armen, die eine Handfläche nach oben, die andere nach unten gekehrt, sich um sich selbst herum drehte und zugleich den Umkreis des Saales beschrieb. Es war somit eine doppelte Kreisbewegung, gleich derjenigen der Erde um die Sonne. Die Tänzer bewegten sich in gleichen Abständen und auf der nämlichen Kreislinie, so daß das Ganze einen künstlerisch geordneten, systematischen Reigen darstellte. Ich zählte neunzehn Tänzer und drei andere nicht tanzende Derwische. Einer der letztern schritt langsam und bedächtig neben und zwischen den Tänzern einher, um bei diesen ein Abweichen von der Kreislinie und ein unwillkürliches Aneinanderrennen zu behindern — eine Vorsorge, welche geboten sein mochte, denn den um ihre Axe sich herumdrehenden Männern mußte wohl Hören und Sehen vergehen und die Welt im wirbelnden Kopfe herumkreisen. Der Sphärentanz dauerte ohne Unterbrechung ganze Viertelstunden lang an, um je nach einer kurzen Pause auf's Neue wieder zu beginnen. Ich sah, wie den armen Brüdern der Schweiß von der Stirne herabrann, und niemals wird der Ausdruck schwärmerischer Resignation aus meinem Gedächtnisse schwinden, welcher in ihren unbeweglichen, starren Gesichtszügen ausgeprägt lag. In ihrer Haltung war Würde, in ihren Bewegungen Maß und tiefes Schweigen schwebte auf sämmtlicher Lippen. Einige auf einer vergitterten Tribüne verborgene Zitherspieler begleiteten den Tanz mit einer einfachen Musik, welche sich im ³/₄ Takte bewegte. Zum Schluß küßten die Brüder dem Oberderwisch die Hand. Er erwiederte diese Huldigungen durch den türkischen Gruß, indem er die rechte Hand an seine Stirn emporhielt. Zuletzt küßten sich noch sämmtliche Brüder gegenseitig auf die Wange. Die ganze Ceremonie hatte über eine Stunde gedauert.

Ueber den Sinn und Ursprung dieser mystischen Tänze herrschen unter den Orientalisten verschiedene Meinungen. Hammer behauptet, dieselben seien von den Indiern und Persern, welche durch ähnlichen Sphärentanz den Kreislauf der Planeten um die Sonne nachgebildet hätten, auf die Verehrer des Islam übergegangen. Andere sehen darin die symbolische Darstellung noch höherer Wahrheiten. Die kreisförmige Bewegung der Tänzer bedeute, daß sie die Allgegenwart der Gottheit anerkennen und ihre Nähe allenthalben suchen, die vorschreitende Bewegung dagegen versinnbilde den Gang des Menschen durch das Leben, der schwach und langsam anfängt, sodann mit unaufhaltsamer Geschwindigkeit weiter eilt, bis er durch die Hand des Todes gehemmt wird. Die Ausstreckung der rechten Hand mit der Fläche nach oben bedeute das Gebet um himmlische Wohlthaten, die des linken Armes mit der nach unten gekehrten Handfläche die Verachtung irdischer Güter. Sei dem, wie ihm wolle — jedenfalls machte die ganze Handlung den Eindruck auf mich, daß hier kein heuchlerisches Gaukelspiel aufgeführt wurde, daß vielmehr diese wunderlichen Sphärentänze sehr ernst gemeint und ein aus alter Zeit überlieferter Religionskultus sind, dem irgend ein geheimnißvoller Sinn, d. h. die Symbolisirung religiöser oder philosophischer Geheimlehren zu Grunde liegen müsse.

Von den tanzenden Derwischen verfügten wir uns nach dem Palaste von Dolmabagdsche. Derselbe breitet sich mit seiner Längen-Facade am Ufer des Bosphorus aus und gränzt mit einer andern Seite an einen geräumigen Platz.

Der elegante, steinerne Bau, in welchem korinthische und maurische Formen sich mischen, wurde vor wenigen Jahren aufgeführt und soll 200 Millionen Piaster oder 40 Millionen Franken gekostet haben. Im südlichen Flügel befinden sich die Gemächer des Sultans, im nördlichen der durch seine Gitterfenster kenntliche Harem. Die Mitte der Gebäulichkeit wird durch den großen Audienzsaal und eine Kapelle für die Haremdamen eingenommen. Es war uns nicht gestattet, das Innere des Palastes zu besichtigen. Dagegen wurde uns ein nahe dabei liegendes Privattheater des Sultans geöffnet, welches, in jüngster Zeit erbaut, in Bezug auf Eleganz, Luxus und Komfort mit jedem andern fürstlichen Schauspielhaus wetteifern dürfte. Die Loge des Sultans und die anstoßenden Empfangzimmer glänzen durch ihre prachtvollen Tapeten und schwere damastseidene Vorhänge, die Fußböden sind mosaikartig vertäfelt, Tische mit Perlmutter eingelegt und köstliche Divans bilden das Mobiliar. Eben so reich und geschmackvoll ist das Theater-Appartement der türkischen Damen verziert, welche hier hinter Gittern den Vorstellungen beiwohnen dürfen. Besondere Logen sind für die fremden Gesandten bestimmt, im Parterre sitzen die Offiziere und Beamte. In diesem Theater werden von italienischen Gesellschaften Opern während der Winterszeit aufgeführt.

Fünfter Tag.
(9. September.)

Unsere Wiener Reisegefährten schifften sich diesen Morgen nach Alexandrien ein. Dagegen war schon letzten Samstag ein anderer Wiener Herr über Triest in hier angekommen und in unserm Gasthofe abgestiegen. Mit diesem unternahm ich heute einen Ausflug nach Bujukdere und Belgrad*),

---

*) Nicht zu verwechseln mit der gleichbenannten berühmten Stadt und Festung an der Donau.

vorzüglich zu dem Zwecke, die in letzterm Dorfe befindlichen
berühmten Wasserbecken und Aquaduktten zu besichtigen. Ein
türkisches Dampfboot brachte uns in zwei Stunden nach Bujukdere. Auf der Hinfahrt machten wir die Bekanntschaft eines
italienischen Veterinärs, welcher tief im Innern Arabiens Pferde-
ankäufe für die türkische Regierung besorgt hatte. Aus seinen
interessanten Mittheilungen ging unter anderm hervor, daß durch
die massenhaften Ankäufe der europäischen Fürsten die Anzahl
der Pferde in jenem Lande bereits um ein Bedeutendes gemindert,
und eine ganze berühmte Race ausgerottet worden sei. — In
Bujukdere besuchten wir den österreichischen Gesandtschafts-Sekre-
tär. Der Gesandte selbst, Freiherr von Prolesch von Osten,
war auf Urlaub in Deutschland. Sodann mietheten wir Pferde
nach Belgrad, bei welchem Geschäft uns ein junger Grieche,
der geläufig italienisch sprach und den mein Gefährte um da-
herige Auskunft ersucht hatte, auf sehr gefällige und uneigen-
nützige Art an die Hand ging. Zum Dank luden wir ihn
zum Frühstück und hatten dabei Gelegenheit mit dem liebenswürdigen jungen Manne über manches zu sprechen. Er war
ein Bürger des Königreichs Griechenland. Aus seiner Ab-
neigung gegen die Türkenherrschaft machte er keinen Hehl uns
gegenüber und gab den Hoffnungen seines Volkes Ausdruck,
daß es mit dieser Herrschaft in Bälde zu Ende gehen möge.
Auf meine Frage, warum die Griechen den König Otto vertrieben hätten, antwortete er achselzuckend: „Nemo lo
sa" (Niemand weiß es). Unser Frühstück, das wir bei einem
griechischen Gastwirthe einnahmen, war auf ächt orientalische
Weise bereitet. Fleisch und Seefische schwammen buchstäblich
im Oel. Das letztere war aber aus der Frucht des Oliven-
baums gepreßt, so daß die Speisen keineswegs einen widerlichen
Geschmack hatten. Uebrigens entschädigte der süße, griechische
Wein für die Mängel der Küche. Der Ritt nach Belgrad
machte sich, da wir durch die Fürsorge unseres hellenischen
Freundes treffliche Pferde erhalten hatten, sehr angenehm.

Auch die Mittagshitze belästigte uns nicht, denn wir kamen durch herrliche Wälder, die mich lebhaft an die Heimat erinnerten, obwohl die Bestände aus den verschiedensten Baumarten, als Fichten, Birken, Ulmen, Platanen, Pappeln und Kastanien gemischt waren.

Die großen Wasserbecken, oder besser gesagt, die Wasser sammelnden Schluchten und Thäler von Belgrad, so wie überhaupt das System der Wasserversorgung Konstantinopels gehören mit zu den Merkwürdigkeiten der Hauptstadt und ihrer nähern Umgebung. Der ganze Wasserbedarf Konstantinopels wird durch die Quellen geliefert, welche auf einigen umliegenden Höhen, namentlich auf denjenigen beim Dorfe Belgrad entspringen. Diese Anhöhen erheben sich 500—700 Fuß über die Meeresfläche, während der höchste Punkt in Konstantinopel 410 Fuß nicht übersteigt. Sie sind in einem Umfang von mehreren Quadratmeilen mit Hochwald bedeckt. Auf der ganzen Ausdehnung des Quellengebiets darf kein Baum gefällt, kein Brunnen gegraben, und das Wasser zur Berieselung der Felder nur aus den tiefer liegenden Quellen gezogen werden. Nun wird das gesammte von jenen Hügeln abfließende Quell- und Regenwasser zunächst in den anliegenden Thälern und Schluchten angesammelt, welche zu diesem Ende vermittelst kolossaler Quaderdämme abgesperrt, mit Schleusen versehen und nach allen Seiten mit Mauerwerk eingefaßt sind. Wir sahen in Belgrad drei solcher zu Wasserbecken hergerichtete Thäler oder „Benden", wie sie von den Türken genannt werden. Die Quaderdämme waren haushoch, 18—20 Fuß dick, von Strebepfeilern gestützt und mit Marmor verkleidet. Oben auf dem Damm lief ein breiter, gepflasterter Weg mit Steinsitzen, den wir zu Pferd beschreiten konnten. Aus diesen „Benden" wird das Wasser theils vermittelst über der Erde erbauten Aquädukten, welche, auf 80—100 Fuß hohen Bogen gestützt, ganze Thäler überspannen, theils durch unterirdische gewölbte Kanäle in die großen Behälter Konstantinopels geleitet. Solche Behälter, deren sowohl dieß- als jenseits des goldenen Hornes sich mehrere vorfinden, werden Talsim geheißen. Es sind das stark gemauerte überwölbte Bauwerke, deren Boden mit Ziegeln oder Steinplatten belegt ist. Ihr Umfang ist groß genug, um viele Tausende von Tonnen Wasser aus den Benden aufnehmen zu können. Das Innere ist mit einem Kitt von solcher Undurchdringlichkeit und Zähigkeit überzogen, daß mehrere Talsim, selbst solche, welche ganz unter der Erde angelegt, folglich sowohl dem Drucke nach Innen, als der Einsickerung von Außen ausgesetzt sind, dennoch bis zur Stunde keinerlei Ausbesserung beburften, was um so mehr Staunen erregt, als gerade diese die alterältesten sind. In den Talsim werden zwei Abtheilungen unterschieden: die eigentlichen Behälter und die Vertheilungskammern, aus welch' letztern das Wasser in zahlreiche Cisternen, Bäder, Moscheen und andere öffentliche Brunnen vertheilt wird.

Von der Befürchtung geängstigt, das nach Konstantinopel abgehende Dampfboot zu verfehlen, ritten wir in schnellem Trabe nach Bujukdere zurück. Glücklicherweise stellte sich diese unsere Besorgniß als ungegründet heraus, so daß sich noch Zeit fand, einen Punkt am nahen Gebirge zu ersteigen, der von den Franken „li paradiso" benannt wird. Es ist eine in kühlem Fichtenwald hochgelegene Stelle, wo man sich eines schönen Ausblickes auf den Bosphorus erfreut. Zahlreiche Griechen und Franken saßen daselbst vor einer Gartenwirthschaft bei Kaffee und Sorbet, des Dolce farniente genießend. Gerne hätten auch wir in dem von einer balsamischen See-, Berg- und Waldluft durchströmten „Paradiese" länger verweilt, aber das Dampfboot erlaubte es nicht. — Um die Zeit des Sonnenunterganges befanden wir uns wieder vor Konstantinopel. Ein feenhafter Duft breitete sich über den Bosphorus aus, und als der Dampfer um das Vorgebirg Tophana gebogen, erschien der ganze Umriß von Stambul in das zarteste Hellblau getaucht und so klar sich abhebend, daß auch die fernsten Einzelnheiten des Gesammtbildes deutlich hervortraten.

Sechster Tag.
(10. September.)

Obschon ich bereits die Kapelle des von griechischen Mönchen bewohnten Prinkipoklosters gesehen hatte, wollte ich es nicht unterlassen, eine Kirche dieses Ritus in Konstantinopel selber zu besuchen. Eine solche von sehr bescheidener Größe ward uns heute in Pera geöffnet. Ich fand darin wenig, das der Erwähnung werth wäre. Sie unterschied sich von unsern katholischen Kirchen vorerst durch den Vorhof und zweitens durch jene Vorrichtung, die ich schon auf Prinkipo kennen gelernt hatte, daß nämlich der Choraltar durch eine mit Heiligenbildern reich verzierte Holzwand abgesperrt ist. Der anliegende Friedhof war einfach gehalten und nicht wie die türkischen mit Cypressen bepflanzt. Außer einigen kistenförmigen Leichensteinen nahmen wir daselbst keine anderen Denkmäler wahr.

Des Nachmittags setzten wir auf einem Kail nach Slulari über, um den Kultus der heulenden Kufai-Derwische, das Seltenstück der „tanzenden Derwische" zu betrachten. Slulari ist, wie bereits bemerkt worden, eine ausschließlich türkische Stadt, wo man weit mehr noch als in Stambul sich in eine fremdartige Welt versetzt sieht. Als wir an der asiatischen Küste ausstiegen, ging eben ein türkisches Leichenbegängniß vorüber. Vier Mann trugen den Sarg, aber Niemand folgte demselben. Dieser Mangel irgend welchen Leichenzuges ist mahomedanischer Gebrauch, wird aber durch eine andere rührende Sitte ersetzt. Jeder Moslim nämlich, der dem verstorbenen Gläubigen auf seinem letzten Gange begegnet, ist gehalten, an die Stelle eines der Träger zu treten und den Sarg mitzutragen, bis auch er wieder von einem neuen Vorübergehenden abgelöst wird.

An einem türkischen Kaffeehaus vorbeigehend wurden wir durch einen sonderbaren Anblick überrascht. Unter einer Menge Türken stund ein alter Mann, dessen Hals von einem schuh-

langen Eisen durchbohrt war, welches an dem einen Ende in
eine Lanzenspitze, an dem andern in eine Kugel auslief. Es
sei das ein büßender Derwisch, erklärte uns Jielowitsch, und
fügte bei, daß das fragliche Eisen nicht etwa nur durch die
Haut, sondern auch durch das Fleisch hindurch gehe. Die Erscheinung dieses Prachtexemplars orientalischer Ascetik war geeignet, unsere Erwartungen auf die Ceremonie der heulenden
Derwische noch spannender zu machen.

Die Klostergemeinde war bei unserm Eintritt vollzählig
versammelt. Der Saal lag zu ebener Erde, wie jener der
tanzenden Derwische, bildete aber statt einer Rotunde ein länglichtes Viereck. An den Wänden hingen alle Waffen, Tafeln
mit Koransprüchen, Straußeneier, Aehren aus Mekka, Tam-
burinen, ferner solche Marterinstrumente wie dasjenige war,
welches wir am Halse des so eben erwähnten Büßers wahrgenommen hatten. Um den Saal lief ein Brustgeländer, hinter
welchem den Zuschauern ihre Plätze auf Bänken angewiesen
wurden. Oben befand sich eine vergitterte Gallerie für die
Weiber. Längs der einen Wand saßen vier ernst und schwär-
merisch blickende Marabuts oder Ober-Derwische am Boden,
die mit Turbanen bedeckt und mit einem gefärbten Oberrock
angethan waren. Der Oberste derselben, durch einen langen,
weißen Bart und grünen Turban von seinen Amtsbrüdern erkennbar, hatte eine Löwenhaut unter den Füßen gebreitet, den
andern thaten einfache Schafspelze den nämlichen Dienst. An
der gegenüber liegenden Wand stunden in Einer Reihe zwölf
junge Männer, Arm an Arm gelehnt, in leichte bis auf die
Knöchel reichende Weiberröcke gekleidet, barfuß, die geschornen
Köpfe mit weißen Fezen bedeckt. Das waren die sogenannten
Heuler oder Chorsänger. Vier andere weißgekleidete Sänger,
nebst zwei Knaben hatten sich in der Mitte des Saales auf
Teppichen niedergelassen.

Die Handlung begann mit dem üblichen Gebet, welches
von jedem frommen Moslem täglich fünfmal gesprochen wird.

Dann folgten Hersagungen gewisser Stellen des Korans und verschiedene fromme Ausrufungen, wie z. B. „Gesegnet sei unser Prophet, der Fürst des Gottesgesandten, seine Familie und Gefährten, gesegnet auch Abraham, seine Familie und seine Gefährten." Nachdem dies vorüber war, nahm der eigentliche Chorgesang mit dem Text: „La ilah, illah la" (es ist kein Gott außer Gott), seinen Anfang. Dieser Gesang, aus einem einzigen musikalischen Satze bestehend, bewegte sich zuerst in langsamem Tempo, dann schneller und immer schneller, bis zuletzt statt der erwähnten, arabischen Worte nur noch ein gemeinsam ausgestoßener, einsylbiger Schrei zu den Ohren des Anwesenden drang. Es war allerdings ein wilder, wüster, Schwindel erregender Gesang; aber Geheul möchte ich ihn dennoch nicht nennen. Denn es herrschte darin Rhythmus und eine in Oktaven sich bewegende Harmonie, welche durch die verschiedenen Baß-, Tenor- und Knabenstimmen hervorgebracht wurde. Zuweilen trug ein Tenorsänger mit melodischer Stimme einen Sologesang vor, den der Chor durch eine einzige Baßnote harmonisch begleitete. Mit dem Gesang gingen bei den Choristen gewisse Bewegungen des Körpers zusammen. Bald warfen sie sich vorwärts und rückwärts, bald nach rechts und nach links, bald ward gehüpft, bald der Boden mit den Fußsohlen gestampft, — alles das im Takte mit dem begleitenden Gesang. Diese gewöhnlich lang anhaltenden Chorgesänge wurden durch einzelne Pausen unterbrochen. Während einer derselben sprach ein in einen schneeweißen Talar gehüllter Ober-Derwisch ein feierliches Gebet laut und mit aufgehobenen Händen. Nach jedem Satze sagte die Versammlung: „Amin" — unser Amen, — welches althebräische Wort also auch in die mahomedanischen gleich wie in unsere christlichen Gebetsformeln übergegangen ist.

Zuletzt ging noch eine eigenthümliche Scene vor sich. Es wurden dem greisen Oberpriester kranke Kinder zum Heilen gebracht und zu diesem End' eines nach dem andern vor ihn auf den Boden gelegt. Derselbe setzte zuerst seinen rechten, dann beide Füße zugleich auf das vor ihm liegende Kind, eine Handlung, welche gefährlicher schien, als sie war, indem ich ganz gut bemerkte, daß der Priester während des Auftretens beide Arme auf die Schultern seiner Nachbaren lehnte, somit das Gewicht seines Körpers auf diese letztern ablud. Hernach hoben die Väter ihre Kinder wieder auf, um an denselben noch fernere Manipulationen durch den Ober-Derwisch vornehmen zu lassen. Dieser berührte nämlich die Schläfe, die Stirne, Augen und Nase, so wie die kranken Theile der Kinder. Später stellten sich zum gleichen Zwecke auch erwachsene Männer vor den Ober-Derwisch. Sie begannen damit, ihre Ehrfurcht vor demselben durch Anlegen seiner Hand an ihre Stirn und an ihren Mund zu bezeugen und ließen sich dann auf gleiche Weise betreten und berühren, wie es mit den Kindern geschehen war. Er selbst grüßte in gewohnter türkischer Weise.' — Die Ceremonie endete um 4 Uhr und hatte zwei ganze Stunden gedauert.

Wenn der vorgestrige Sphärentanz der Mewlewi-Derwische bei mir den Eindruck einer zwar düstern, aber poetisch schönen Erscheinung hinterlassen hatte, so waren dagegen die heutigen orgienartigen Gesänge und Körperverzerrungen der Rufai-Derwische nicht dazu angethan, diese Wirkung hervorzubringen. Immerhin stehen beide Ceremonien in religiöser und sittlicher Beziehung um ein Bedeutendes höher, als die gräßliche Nachtscene der Aißa-Brüder in Algier, welche ich am 3. Juli 1867 in Begleit meines Schwagers von Bigler angesehen, und in meinem „Ausflug nach Algier" beschrieben habe.

Es war nothwendig, nach dem aufregenden, in schwüler Zimmerluft stattgefundenen Schauspiel, uns im Freien zu ergehen. Wir verfügten uns auf den Friedhof von Skutari, welcher, eine gute halbe Stunde in der Länge und eine Viertelstunde in der Breite sich ausdehnend, die am Meere gelegenen Hügel mit seinem geschlossenen Cypressenhochwalde bekleidet. Er ist der schönste und ausgedehnteste in der Türkei. Weil nämlich die Türken den Boden Asiens als ihr und ihres Propheten

Stammland für heiliger als den europäischen halten, so lassen sich sehr viele Bewohner Stambuls in Skutari beerdigen. Man nimmt an, daß daselbst über zwei Millionen Türkenleichen begraben sein mögen. Es dürfte hier der Ort sein, einige mir gewordene Mittheilungen über türkische Begräbnißsitten anzuführen. Sechs Stunden nach dem Tode wird die Leiche ohne vorausgegangene ärztliche Untersuchung bestattet. Die Eile hat leider zur Folge, daß hie und da Fälle des Lebendig-Begrabens vorkommen. Auch sollen, weil kein Arzt zu den Sterbenden berufen wird, häufige Vergiftungen statt finden. Der Todte wird in einen gemeinsamen, der Moschee angehörigen Sarg auf das Leichenfeld getragen, daselbst herausgenommen und ohne Sarg in die Erde versenkt. Jeder legt seine Todten hin, wo er will, auf die ältern Leichname, oft nur in sehr geringer Tiefe unter dem Boden. Viele Türken haben Begräbnißstätten in ihren Häusern angelegt. Es ist sich bei solchen Verhältnissen über die frühern Verheerungen der Pest in Konstantinopel nicht zu verwundern, wohl aber darüber, daß diese Geisel seit mehr als zwei Jahrzehnden gänzlich ausgeblieben ist.

Südwärts von Skutari einen ausgedehnten freien Platz überschreitend, wo im Jahr 1854 die britische Armee ihr Lager aufgeschlagen hatte, jetzt aber zahllose Liebhaber der edlen Reitkunst ihre Pferde herumtummelten, gelangten wir zu dem in schöner Lage am Marmora-Meer errichteten englischen Militärfriedhof. Auf demselben sind viele britische Offiziere beerdigt, welche in den Spitälern Konstantinopels an ihren im Krimkriege erhaltenen Wunden gestorben sind. In der Mitte erhebt sich ein Obelisk, dessen Inschrift besagt, daß er von der Königin Viktoria zu Ehren der für ihr Land gefallenen Krieger erstellt worden sei.

Von hier lustwandelten wir dem Meeresstrande entlang nach Kabikoi. Dieses freundliche, an eine halbkreisförmige Bucht seitwärts sich anlehnende Dorf, wo auch eine katholische Kirche sich befindet, ist der Landaufenthalt reicher Griechen und

Franken. Uns aber war es nicht vergönnt, hier Hütten zu bauen. Denn der Tag neigte sich und das letzte Dampfboot nach Konstantinopel war bereits abgefahren. Deßwegen mietheten wir zu unserer Rückfahrt aus Asien nach Europa eine zweirudrige Barke, die von jungen Corfioten bedient wurde, und hatten auf dieser Fahrt Gelegenheit, die wundervolle Gegend bei Beleuchtung eines orientalischen Sonnenunterganges mit Muße zu genießen. Schon das scheidende Kabiloi bot mit seinen Baumgruppen, seinen cypressenbewaldeten Hügeln und den weichen Umrissen des im Hintergrund liegenden Gebirgs ein liebliches Bild. Als wir in die Weite hinausruderten, senkte sich die Sonne eben hinter der Hagia Sophia hinunter. Die Kuppeln dieser und der angrenzenden Moschee Solimans des Großen waren in Goldglanz getaucht, während im Westen die rothbemalten Häuser der asiatischen Dörfer wie ein Flammenmeer leuchteten. Ganz Stambul lag in durchsichtigster Klarheit vor unsern Augen entfaltet. Auf dem Bosphorus bewegten sich zahlreiche Segel, Barken und Kaiks, und im Marmora-Meer war die türkische Kriegsflotte in Schlachtordnung aufgestellt.

Siebenter Tag.
(11. September.)

Der heutige Vormittag wurde von Herrn v. Sury und mir zur Besichtigung einiger katholischen Kirchen in Pera und zum Besuche des in der Nähe unseres Gasthofs befindlichen Klosters der Kapuziner verwendet. Von den letztern wurden uns dankenswerthe Notizen über die katholisch-kirchlichen Verhältnisse Konstantinopels ertheilt. Es gibt in Pera acht lateinische und vier armenisch-unirte katholische Kirchen, von welchen unter den erstern die Kapelle der französischen Gesandtschaft, unter den letztern die nach dem Plan des St. Peter-Doms in Rom erbaute Kirche „San Crisostomo" in architektonischer Beziehung rühmende Erwähnung verdienen. Die Zahl der Pfarreien beträgt vier für die Lateiner und zwei für die unirten Armenier. In Bujukdere besteht eine armenisch-unirte, in Kadikoi eine lateinisch-katholische Pfarrei. Ferner gibt es in Pera Klöster der Kapuziner, Dominikaner, Lazaristen und der barmherzigen Schwestern, und es ist merkwürdig zu sehen, wie die Glieder aller dieser, so wie auch der schismatischen Orden, sich im ganzen Bereiche der mahomedanischen Hauptstadt mit einer Freiheit bewegen, um welche sie von vielen ihrer Genossen im Abendlande beneidet werden dürften. Ein Bischof, zur Zeit in der Person des Hochwürdigen Herrn Burnoll, leitet die katholischen Angelegenheiten des lateinischen und armenischen Ritus. Die Bewegung der Armenier in der Richtung der Wiedervereinigung mit der katholischen Kirche gehört mit zu den Zeichen der Zeit in der orientalischen Welt. Man sagte uns, daß 340 armenisch-unirte Priester in Konstantinopel sich befänden. Daraus mag man, wenn anders jene Ziffer eine thatsächlich richtige ist, auf die Intensität der Bewegung und auf eine bedeutende Anzahl bereits unirter Armenier schließen. Im Hinblick auf diese und andere verwandte Erscheinungen darf man vom katholischen Standpunkt aus die Eroberung der Türkei durch die Russen nimmermehr wünschen. Denn Rußland im Besitz von Konstantinopel würde, wie es in Lithauen gethan, mit eiserner Hand das zarte Band jener Wiedervereinigung zerreißen. Anderseits ist die türkische Regierung nicht nur tolerant, sondern muß auch aus politischen Gründen es lieber sehen, wenn die christlichen Rajah ihre Blicke nach Rom, statt nach Petersburg wenden.

Es war heute Freitag, somit mahomedanischer Sonntag. Das gab Gelegenheit, den Zug des Padischah und seines Gefolges in die Moschee zu betrachten. Wir verfügten uns zu diesem Ende um die Mittagszeit nach dem Palaste Dolmabagdsche, wo bereits ein Bataillon Infanterie in Spalier, daneben Zuaven und Reiterei aufgestellt waren, und viele neu-

Solon bis auf Philipp von Macedonien 272 Jahre, und der Achäische Bund fristete ein kurzes Leben von 137 Jahren. Die Freiheit der meisten italienischen Städte des Mittelalters wurde sehr bald zernichtet. Genua bestund als wahre Republik von 1528—1797; Holland nicht viel über 200 Jahre, und die ältesten unserer schweizerischen Gemeinwesen reichen nicht über sieben Jahrhunderte hinauf. Venedig fiel als Opfer der französischen Revolution. Ueberhaupt ist es eine merkwürdige Ironie der Geschichte, daß grade diese Umwälzung, welche den Umsturz der Throne als Losungswort ausgegeben hatte, die Zernichtung der meisten alten europäischen Freistaaten herbeigeführt hat.

Der Anblick der an den Dogen-Palast angrenzenden St. Markus-Kirche gab meinen Gedanken eine andere Richtung. Denn er mahnte mich im Gegensatz zu der Vergänglichkeit der menschlichen Dinge an die Unvergänglichkeit des Reiches Gottes auf Erden. Es würde an Unbescheidenheit grenzen, wenn ich den zahllosen Beschreibungen des auch bildlich vielfach dargestellten Tempels die meinige anreihen wollte. Der Dom von St. Marco ist in seiner byzantinisch-italienischen Bauart nicht minder schön, als es der Dom von St. Peter, die Basilika des hl. Paulus und der Dom zu Mailand in der ihrigen sind. Die Facade bringt, wenn die Abendsonne ihre horizontalen Strahlen auf die in den Portal- und obern Wölbungen eingelegten Mosaikbilder sendet, eine wahrhaft magische Wirkung hervor.

Außer St. Marco besitzt Venedig jetzt noch über hundert andere Kirchen, von denen die meisten im Laufe der Jahrhunderte von Privaten erbaut worden sind. Wer sich einen Begriff von den Geldmitteln machen will, welche das venetianische Patriciat im Geiste jener gläubigen Zeiten auf Kirchenbauten verwendete, der besehe sich die Kirche „degli Scalzi." Die Facade derselben ist vollständig aus Marmor erstellt, die Zwischenthüren, welche von einer Seitenkapelle zur andern

durch mühsames und kostspieliges Pilotiren Festigkeit zu geben, und gegenwärtig ist der größte Theil der Gebäulichkeiten Venedigs auf einem unterirdischen Walde von eichenen Pfählen gestellt.

Zahllose Kanäle, deren im allgemeinen geradlinige Richtung und rechtwinklichte Durchschnitte auf menschliche Nachhülfe hinweisen, durchziehen nach allen Seiten netzartig die Stadt und sind aller Orten mit Brücken überspannt, welche den Verkehr für die Fußgänger vermitteln.

So viel über die Lagune und Lage Venedigs.

Der Dogenpalast, wie das Regierungsgebäude oder das Rathhaus der alten Republik geheißen wird, ist in seiner jetzigen Gestalt ein Werk der Architektur aus dem vierzehnten und fünfzehnten Jahrhundert. Er bietet nach Außen mit seinen im arabisch-gothischen Stile gehaltenen Säulenhallen und Gallerien einen imponirenden und fesselnden Anblick. Die innern Räume tragen das Gepräge aristokratischer Würde. Als ich im Saale des großen Raths die in chronologischer Reihenfolge angebrachten Brustbilder der sechsundsiebenzig Dogen überblickte, und im goldstrahlenden Audienzsaale alle Wände nebst der Decke mit herrlichen Frescobildern venetianischer Land- und Seesiege übermalt sah, da rollte die ganze glorreiche Geschichte des Freistaats vor meinem geistigen Auge sich auf. Gleichzeitig aber überwältigte mich das Gefühl von der Wahrheit des uralten Satzes, daß die Tage auch der mächtigsten Staaten gezählt sind. Venedig hat unter allen Republiken der alten und neuern Geschichte am längsten gedauert. Von seinem Ursprung, der in die Nacht der Völkerwanderung hinaufreicht, bis zu seinem Untergang im Jahre 1797 mögen an 1400 Jahre verflossen sein. Dagegen währte der römische Freistaat von der Vertreibung der Könige bis zu Julius Cäsar nur 467 Jahre. Carthago soll von der Königin Dido an gerechnet 744 Jahre bestanden haben, und man weiß nicht, wenn eigentlich die Republik angefangen hat. Athen behielt seine Unabhängigkeit von

sich in Sicht von Venedig erstreckt und die dortige Lagune von dem offenen Meere abscheidet. Dieser Lido mißt an keiner Stelle über fünfzig Klafter in der Breite. Trotzdem hat er Dörfer und Kirchen und ist von 30,000 Menschen bewohnt. Frühe schon mußten an der Meeresseite Pfahlwerke u. d. gl. errichtet werden, um der Gewalt der Sturmfluth zu wehren, welche unter anderm im Jahre 1102 das alte Malomocco und später die Inseln Amiana und Costanziaca in der nördlichen Lagune weggeschwemmt hatte. An die Stelle jener Pfahlwerke führte die Republik im Laufe des vorigen Jahrhunderts einen großartigen Quaderdamm auf, den die österreichische Regierung fortgesetzt und dem man mit Recht den Namen „Murazzi" (Riesenmauer) beigelegt hat.

Nicht minder kolossale Arbeiten als auf dem Lido haben die Venetianer auf dem Festlande ausgeführt. Es wurden daselbst alle Flüsse und süßen Gewässer von der Lagune abgeleitet, wodurch man erreichte, daß nicht nur einer allmäligen Versandung der Lagune vorgebeugt, sondern auch die Schädlichkeit der Sumpfluft von der Stadt ferne gehalten und auf ihren äußersten Saum beschränkt ward. Innerhalb der Lagune selber liegen zahlreiche Sand- und Schlammbänke zerstreut. Einige derselben erheben sich als winzige Inselchen bleibend über der Fluth; die meisten dagegen sind nur zur Ebbezeit sichtbar, wo sie als horizontale Flächen einige Zoll über dem Niveau des Wassers erscheinen. Um die Schiffe vor dem Auffahren zu schützen, sind die zwischen jenen Sandbänken durchgehenden Kanäle auf jeder Seite durch Pfahlbüschel bezeichnet, — eine Vorrichtung, ohne welche die Befahrung der Lagune zur Fluthzeit selbst für die kleinsten Gondeln eine Unmöglichkeit wäre.

Auf einer Gruppe von solchen Schlamm- und Sandinselchen ist nun die Stadt Venedig erbaut. Sie liegt mitten in der Lagune und ist gleichweit, d. h. ungefähr eine Stunde vom Lido wie vom Festlande entfernt. Schon zu den Zeiten der Kreuzzüge begann man, dem wankenden Schlammboden

2. Aufenthalt in Venedig und Fahrt nach Triest.

Vier Dinge sind es, die einen Besuch Venedigs aus weiter Ferne her lohnen: seine Lage in der Lagune, der Dogen-Palast, die Markus-Kirche und Titians Meisterwerk, die Himmelfahrt Mariens darstellend.

Die Lagune ist weder Sumpf noch offenes Meer, wie viele irrigerweise sich vorstellen. Sie ist vielmehr ein zwischen dem Festland und einer mit diesem parallel laufenden Inselkette eingeschlossener, untiefer Strandsee, der nur durch wenige schmale Oeffnungen mit dem offenen Meere korrespondirt. Jene Inselkette, deren Bildung im Laufe der Jahrtausende durch den Zusammenstoß der Flußniederschläge mit dem ausgeworfenen Meeressand zu erklären ist, bildet gleichsam eine Reihe natürlicher Dämme, welche im adriatischen Meere Lidi genannt werden, während man die Oeffnungen, weil sie den Schiffen zum Ein- und Auslaufen dienen, mit dem Namen Porti bezeichnet. Die Lagune erstreckt sich der Küste des Flachlandes entlang, welches zwischen dem Po und dem Südfuß der Alpen sich ausbreitet. Sie theilt mit dem offenen Meere regelmäßig Ebbe und Fluth, deren Wechsel bis in den engsten Kanälen Venedigs durch das Steigen und Fallen des Wasserspiegels an den Grundmauern der Paläste ersichtlich ist.

Man begreift unter dem spezifischen Namen „der Lido Venedigs" jenen Bruchtheil der obgenannten Inselkette, welcher

und mehr an Ausdehnung gewinnend, den Uebergang zu den Lagunen-Gewässern bildeten. Bei Mestre unter der Schußlinie der Festung Malghera zweigt sich die Eisenbahn nordwärts nach Triest ab. Wir aber verfolgten die südwestliche Linie, welche auf der 3602 Meter langen Lagunenbrücke nach Benedig hinüberführt. Am Bahnhofe daselbst harrten zahllose Gondeln der ankommenden Reisenden. Auch wir stiegen in eine dieser schwarz bestrichenen Barken hinab und wurden durch einen Theil des großen Kanal-Labyrinths, den schlangenförmigen Canale grande zweimal durchschneidend, in ungefähr einer halben Stunde vor unser Hotel gerudert.

um die Menschheit sittlich zu veredeln, und daß diejenigen, welche das Staats-, Gemeinde- und Familienleben von dem Christenthum abzulösen trachten, dem Zwecke der Humanität, den sie angeblich anstreben, geradezu entgegen arbeiten.

Von Monumenten aus dem Mittelalter werden dem Fremden vor andern die Grabdenkmäler und der Palast der Scaligeri gezeigt, welche Familie von 1262—1389 das damals republikanische Verona beherrschte. Ferner besitzt die Stadt zahlreiche, meist sehr alte Kirchen, von denen wir den Dom und die des heil. Anastasius besuchten. Beide sind im romanischen Stile erstellt und enthalten werthvolle Kunstgegenstände.

Wir blieben in Verona über Nacht. Des andern Morgens wurde vor dem Abgang des Eisenbahnzuges noch der Giardino Ginsti besucht, woselbst sich ein Park von Cypressen befindet, welche jene Konstantinopels an Starkwüchsigkeit übertreffen. Einige derselben sollen nach der Behauptung des Gärtners bis zu 100 Fuß Höhe ansteigen.

Auf der Fahrt nach Venedig besah ich mir, so gut als der rasche Flug der Lokomotive es gestattete, die landwirthschaftliche Physiognomie der großen Po-Ebene. Daß dieselbe zu den fruchtbarsten und best kultivirten Strichen der Erde gehöre, ist Jedermann bekannt. Der hier aus rothbrauner Thonerde bestehende Boden ist in kleine rechteckige Aecker getheilt, welche mit den Hauptprodukten des Landes, als Reis, Waizen, Buchwaizen, Mais oder auch mit künstlichen Wiesenkräutern angepflanzt sind. Auf den vier Seiten der Rechtecke stehen die Maulbeerbäume in gleichmäßigen Abständen. Von je einem Maulbeerbaume zum andern zieht die Rebe ihre doppelten und dreifachen Gehänge. Zahllose große und kleine Bewässerungskanäle durchfurchen in allen Richtungen das Land. So ging es fort, bis wir in die Nähe des adriatischen Meeres gelangten. Da begann das Land sich in Sumpf zu verwandeln. Bald flogen wir an großen Teichen vorbei, welche, je mehr

Daß die Spiele des Cirkus einen Zustand tiefer sittlicher Versunkenheit voraussetzten — diesen Satz wird mir wohl Niemand bestreiten. Rohheit, Grausamkeit und rücksichtslose Menschenverachtung treten in diesen Schauspielen gleichzeitig an den Tag. Nicht nur Verbrecher, sondern auch Kriegsgefangene wurden schaarenweise zu dieser römischen Kurzweil verwendet, von den Christen zu geschweigen, denen man die Weigerung, den Kaiser anzubeten, als todeswürdiges Verbrechen anrechnete. Selbst der als Menschenfreund gepriesene Titus ließ, als er nach der Eroberung Jerusalems die Städte Syriens durchzog, gefangene Juden zu Tausenden den wilden Thieren vorwerfen, oder als gezwungene Gladiatoren sich gegenseitig zerfleischen.*)

Nun aber weiß man, daß die Spiele des Cirkus erst unter Cäsar und Augustus, d. h. gerade in d e r Zeit begannen, als die Civilisation des Römerreichs ihren Culminationspunkt erreicht hatte — eine Civilisation, welche auf den meisten Gebieten der „Intelligenz" der unsrigen nicht nur nicht nachstund, sondern dieselbe in mehr als einer Beziehung übertraf. Von da an dauerten die blutigen Schauspiele dreihundert Jahre lang fort und verbreiteten sich über alle Provinzen der römischen Welt. Ueberall, wo der Römer seinen Fuß hinsetzte, wurden Amphitheater errichtet, was durch die Ruinen bezeugt wird, die wir jetzt noch in den drei Welttheilen vorfinden.

Wann aber hörten diese frevelhaften Ergötzungen auf? Die Antwort gibt die Geschichte. Konstantin, der erste christliche Kaiser, war es, der sie verbot. Dem Christenthum gebührt die Ehre, die Welt von jenen Gräueln gereinigt und die Achtung vor der Menschenwürde hergestellt zu haben, auf welche die Kultur der modernen Völker gegründet ist.

Aus diesen Thatsachen ergeben sich die Folgerungen von selbst: daß erstens die bloße Verstandesbildung keineswegs genüge,

---

*) Siehe Stolberg, Geschichte der Religion J. Ch. B. VII. S. 165.

unterricht gegeben, wobei es mir Spaß machte, den steifen
Sitz und die verzerrten Gesichter der auf Hartttrabern reitenden
Rekruten zu beobachten.
Des Nachmittags brachte uns ein Schnellzug in Zeit von
sechs Stunden nach Verona. Diese in der neuesten Zeitgeschichte
vielgenannte Stadt ist nicht minder reich an Erinnerungen und
Denkmälern aus frühern Epochen. Vor andern verdient die
„Arena" Beachtung, weil sie von allen auf uns gekommenen
römischen Amphitheatern das am besten erhaltene ist. Nicht
nur stehen noch die kolossalen Bogen und Gänge in drei Stockwerken aufrecht; es sind auch die Sitzstufen geblieben; man
blickt in die Zwinger der Raubthiere und in die Gewölbe
hinein, in welchen die zum Fraß der Löwen verurtheilten Unglücklichen aufbewahrt wurden; man sieht die Ein- und Zugänge, Treppen und zahlreichen Vomitorien, durch die das
Meer der Zuschauer sich auf die Sitzreihen ergoß und in Zeit
von wenigen Minuten das ungeheure Oval mit Menschen an-
füllte. Die Arena steht mitten in der Stadt, in einem der
belebtesten Quartiere und machte auf mich gerade in und wegen
dieser Lage den nicht zu beschreibenden seltsamsten Eindruck.
Mit dem einen Fuß schien es mir, als stünde ich in der lebenden Gegenwart, mit dem andern in der grauen Vergangenheit; mit dem einen Auge sah ich die Kirchen, Klöster,
Spitäler und Wohlthätigkeitsanstalten aller Art der modernen
christlichen Stadt, mit dem andern den Schauplatz, wo die
Gladiatoren sich mordeten, wo des Löwen Rachen und des
Tigers Zahn unter dem Hohngelächter des Pöbels und dem
Belfallrufen vornehmer Damen menschliche Leiber zerfleischten.
Wie ein Riesengespenst, das aus zweitausendjährigem Grabe
ersteht, blickt der über die höchsten Häuserfirsten emporragende
Bau in die gänzlich verwandelte Umgebung hinaus. Meiner-
seits konnte ich nicht umhin, in dem schwarzen, verwetterten
Gemäuer eine Lehre in Lapidarschrift zu lesen, welche ich ge-
rade unserer Zeit zum Nachdenken empfehle.

Italien — wie die Südhänge der Alpen überhaupt — zu den schönsten Ländern des Erdballs gehöre.

In Camerlata ward die Eisenbahn bestiegen und um 10 Uhr Vormittags Mailand erreicht. Die Zwischenzeit von einem Bahnzug zum andern wurde zu einem Gange in den Dom und nach der Kirche Sant Ambrogio verwerthet. Wir beide hatten den erstern schon früher gesehen. Dennoch wurden wir auch dießmal durch den Anblick der majestätischen, fünfschiffigen Marmorhalle zur ungetheilten Bewunderung hingerissen. Die Kirche des heiligen Ambrosius läßt nach ihrem romanischen Baustil auf ein hohes Alterthum schließen. Sie ist durch eine große, priesterliche That jenes Bischofs berühmt. Hier war es nämlich, wo Ambrosius dem mit dem Blute der Bürger Thessalonichs befleckten Weltherrscher Theodosius den Eingang für so lange verwehrte, bis er sich durch die Buße von seinem Frevel gereinigt hatte.

Es erübrigte ein Augenblick, um das berühmteste Kunstkleinod Mailands, die Abendmahls-Freske von Leonardo da Vinci zu besichtigen. Das Bild ist an der einen Schmalwand im Refektorium des ehemaligen Klosters St. Maria delle Grazie gemalt. Bekanntlich wurde das Klostergebäude von Napoleon I. als Kaserne benutzt und das Refektorium in einen Pferdestall umgewandelt. Man begreift, wie diese Metamorphose dem Kunstwerke unsäglichen Schaden zufügen mußte. Seit dem Sturze des französischen Kaisers wurde der Pferdestall weggeschafft und das Freskobild wieder gebührend zu Ehren gezogen. Dennoch ist dasselbe wegen der im Saale herrschenden Feuchtigkeit in einem Prozeß fortschreitender Verderbniß begriffen, so daß, wenn keine Abhülfe eintritt, das Kunstwerk nach wenigen Jahrzehnden verschwunden sein dürfte. Mir schien, daß es seit 1838, wo ich es zum letztenmal sah, um ein merkliches abgebleicht sei. Uebrigens ist das Kloster noch jetzt eine Kaserne. In dem an das Refektorium anstoßenden Kreuzgang wurde während unserer Anwesenheit Militär-Reit-

sechs Fuß hohen Schneewänden, stellenweise sogar unter Schneegewölben durch. Dieß, die ringsum starrende Steinwüste und eine eisige Luft gaben zu erkennen, daß auf dieser Höhe der Winter seine bleibende Wohnstätte aufgeschlagen habe. Doch das änderte sich bald, nachdem wir die Paßhöhe überschritten und der Postwagen die jenseitige, in spitzen Winkeln an die Bergwand angelegte Straße hinabrollte. Während an der Nordseite nicht weit über Andermatt jede Spur von Vegetation aufgehört hatte, zeigten sich hier schon wenige Ränke unterhalb des Hospizes Gruppen von Lärchtannen. Die Temperatur ward milder und die nackte Felsmasse überzog sich mit Grün. Stufenweise folgten sich nun Fichten-bewaldete Berghalden, Wiesenplateaux, Laubwald, Korn- und Kartoffelfelder. In wenigen Stunden waren wir in der Zone der Weinrebe und des Maulbeerbaums angekommen. Der Postwagen setzte seine Fahrt, mit kurzer Unterbrechung in Lugano, die Nacht hindurch fort. Am folgenden Morgen sahen wir uns von einer paradiesischen Landschaft umgeben. Der ächte Kastanienbaum, die Wallnüsse, Platanen, Ulmen und Eichen entfalteten die prächtigsten Formen und bildeten mit Eschen, Weiden, Fichten, und Obstbäumen untermischt, parkähnliche Anlagen und malerische Gruppen. Die Rebe wand sich an dem Stamme der Ulmen und Weiden empor, umschlang deren Aeste, mit dem Baumlaub und dem überrankenden Epheu sich gattend, und war von Baum zu Baum in anmuthigen Gehängen gezogen. Alle Töne des Grüns, von dem Silberglanz der Weißpappel bis zu dem Dunkel der Fichte waren in dieser frühlingsfrischen, sonnenbeleuchteten Laubmasse vertreten. Darunter wuchs Waizen und Mais oder breitete sich ein dunkelgrüner Wiesenteppich aus. Dazu die edlen Formen der umliegenden Gebirge, die Waldströme, Wasserfälle und krystallhellen Wiesenbäche, und wenn ich mir dieses Bild im Geiste durch die nicht weit abliegenden herrlichen Luganer- und Langenseen vervollständigte, — ich mußte mir gestehen, daß unser schweizerisches

Griechenlands der Reiseplan verändert und als erstes und hauptsächliches Ziel Jerusalem festgestellt.

Auf dem Hinwege wurden aber auch Alexandrien und Kairo besucht, und da dieser unteraegyptische Abstecher eine reiche Fülle der interessantesten Beobachtungen mit sich brachte, so habe ich denselben in den Rahmen einer besondern Hauptabtheilung meines Reisewerkes eingefaßt und mit dem Titel „an den Nil" überschrieben.

Ein Nachmittagszug beförderte uns am 22. Mai 1864 von Solothurn nach Luzern. Wir übernachteten daselbst und schifften in der Morgenfrische des folgenden Tages, während aus allen Uferdörfern die Kirchenglocken zur Frühmesse läuteten, über den herrlichen Vierwaldstättersee. In Flüelen stand der Postwagen zur Abfahrt bereit. Die zwei Reisenden, welche mit uns einstiegen — der eine ein schlichter Urner Landmann, der andere ein vollblutradikaler, Kirche und Priester hassender Tessiner Großrath — repräsentirten in ihren Persönlichkeiten den tiefliegenden Gegensatz unserer Zeit. Es geschah im Gespräche über das Schulwesen, welches im Kanton Uri meistens von den Landpfarrern besorgt wird, daß die Gedanken des letztern offenbar wurden. „Besser keine Schullehrer als Geistliche," so lautete der Ausspruch des Mazzinisten. Da er jedoch merkte, daß seine Aeußerungen bei uns keineswegs harmonisch anklangen, ward das Gespräch von diesem Gegenstande ab und auf die landläufige Frage der Alpenbahnen umgelenkt. Der heißblütige Tessiner sprach sich mit Entschiedenheit für die Ueberschienung des Lukmaniers aus. Er behauptete, daß dieser Paß die geringsten technischen Schwierigkeiten darbiete und nicht nur von der tessinischen und italienischen Regierung, sondern auch von den Geld spendenden Städten Mailand und Genua befürwortet werde. So der Tessiner. Man weiß, daß sich die Sachlage seitdem geändert hat.

Um die Mittagsstunde passirten wie die Teufelsbrücke. Eine Stunde oberhalb Andermatt fuhren wir bereits zwischen

1. Von Solothurn nach Venedig.

Der erste Einblick in den Orient hatte meinen Erwartungen entsprochen. Ich fand daselbst, was ich gesucht: fremde Völker und Sitten, eine Welt außerhalb des Kreises unserer verflachten Civilisation, herrliche Naturscenen und weltgeschichtliche Stätten. Mächtig angeregt durch die empfangenen Eindrücke, die Phantasie mit neuen originellen Bildern bereichert, war ich in die Heimat zurückgekehrt. Diese Stimmung erzeugte in mir die Sehnsucht, auch noch andere Punkte des Orients zu besehen. Ich hatte auf meiner vorjährigen Rückreise Smyrna und Athen abseits liegen gelassen. Andere, durch heilige Erinnerungen geweihte, entferntere Stätten, welche zu besuchen längst der Gegenstand meiner Wünsche gewesen war, mochten bei dem jetzigen Stande der Verkehrsmittel unschwer erreicht werden. Deßwegen trug ich mich während des ganzen Winters 1863/64 mit dem Gedanken, im künftigen Frühjahr einen zweiten orientalischen Ausflug zu unternehmen. Da mir aber meine damaligen amtlichen Verhältnisse keine allzulange Abwesenheit zuließen, so ward für dießmal bloß eine Reise durch Griechenland in Aussicht genommen. Der Gedanke gedieh zum Entschluß, sobald ich in der Person des Herrn Pfarrer Ludwig einen befreundeten und klassisch gebildeten Reisegefährten gefunden hatte. Erst unterwegs wurde dann in Folge uns gewordener Mittheilungen über die Unsicherheit im Innern

II.

An den Nil.

In Wien wurden zwei Tage zum Besuche von Freunden verwendet. Von München ab gingen meines Neffen Wege und die meinigen auseinander. Nachdem wir uns zum Abschied herzlich die Hand gedrückt hatten, verweilte ich noch einen Tag in der baierischen Hauptstadt und fuhr den 27. September nach der Heimat zurück. Meine ganze Reise hatte nicht über sechs Wochen in Anspruch genommen.

haben die mannigfaltigsten Formationen. Bald bilden sie Ketten konischer Hügel, bald sind es niedere Zungen, bald laufen sie parallel mit dem Kontinent oder gestalten sich zu demselben in verschiedenen Winkeln.

Am Vormittag des 17. befanden wir uns bei Pola, an der Spitze Istriens. Dieser auch durch bedeutende römische Ruinen berühmte Ort ist der österreichische Kriegshafen im adriatischen Meere. Wohl an zwanzig Festungswerke wehren die Zugänge von der See- und Landseite ab. Hier fand die k. k. Flotte während des Krieges von 1859 eine sichere Bergung, während die französische bei Lussin auf der Lauer lag. Lange und aufmerksam betrachtete einer unserer Italianissimi durch sein Fernrohr die Lage, um auszuspähen, ob und wie dem stachlichten Festungsgürtel beizukommen wäre. Um 9 Uhr Abends liefen wir in den Hafen von Triest ein.

Der folgende Tag ward in dieser Hafenstadt zugebracht und unter anderm das nach einem großartigen Plan angelegte Lloydarsenal in Augenschein genommen. Am 19. September beförderte uns die Sömmering-Hauptbahn nach Steinbrücken, von wo wir auf der dortigen Zweigbahn einen Abstecher nach Agram unternahmen, um unsern dort in Garnison liegenden Landsmann, Herrn Ingenieur-Hauptmann Lack, zu besuchen. Das fruchtbare und waldreiche Kroatien machte auf uns beide einen angenehmen Eindruck. Wir blieben den 20. (es war Sonntag) in dem freundlichen Agram. Am 21. kehrten wir nach Steinbrücken zurück und reisten von da auf der Sömmeringbahn weiter bis Gratz. Hier hatten wir seit unserer Abreise zum erstenmal Regen und begannen allbereits, aus der Tropenhitze des Südens heraustretend, die Anfänge der nördlichen Herbsttemperatur zu empfinden. Am 22. die Paßhöhe überschreitend, bewunderten wir die kühne Anlage der Eisenstraße, welche in großen Kurven gleich einer Riesenschlange sich am steilen nördlichen Abfall hinabwindet.

kennen. Bei Sonnenuntergang bekamen wir Navarin in Sicht, und als die Dunkelheit einbrach, ließ der vorsichtige Kapitän unsern Dampfer in die offene See stechen.

Die Südküste des Peloponneses wird mir ebenso wie der Bosphorus und die Insel Prinkipo unverwischbar in der Erinnerung bleiben, obschon die Physiognomie der Landschaften hier und dort sich von einander wesentlich unterscheiden. Die Natur am Bosphorus ist in die weichsten Formen gegossen. Dagegen hatten wir hierorts ein Bergnetz vor uns, dessen schroffe Felswände und hoch in die Wolken aufstrebenden Gipfel mich lebhaft an die schweizerische Heimat erinnerten.

Am frühen Morgen des 16. Septembers war die Insel Santa Maura, später das albanesische Gebirg am östlichen Horizonte ersichtlich. In Corfu, wo wir um 11 Uhr Vormittags anlangten, ward ein mehrstündiger Halt gemacht. Wir begingen die während dieser heißen Tagesstunden sehr stille Stadt und bestiegen die Cimbelle, wo eine weite Rundschau über die langgestreckte, blühende Insel, das Meer und das jenseitige albanesische Festland vor unsern Blicken sich ausbreitete.

Die Griechen auf unserm Dampfboot waren sehr gespannt auf die bevorstehenden Wahlen zum jonischen Parlament, welches über die Frage des Anschlusses an das Königreich Griechenland entscheiden sollte. Sie schienen über das muthmaßliche Ergebniß noch Zweifel zu hegen. Unter der wenig zahlreichen Schiffsgesellschaft erster Klasse befanden sich zwei Nord-Italiener, welche in Nuka am kaspischen Meere Seidenraupen-Eier geholt hatten, um der seit einer Reihe von Jahren durch eine unerklärliche Krankheit der Seidenwürmer in Zerfall gerathenen Seidenzucht in Italien wieder aufzuhelfen.

Am Abend des 16. gelangten wir in den dalmatinischen Inselarchipel. Wer nämlich einen Blick auf die Karte wirft, sieht, daß die ganze lange Küste Dalmatiens durch eine unendliche Menge vorliegender Inseln gedeckt ist. Diese Inseln

Fels, welcher rothbraun, beinahe ziegelartig gefärbt war und die seltsamsten Formen zur Schau trug. So hatte unter anderm ein Felskopf, der mit einer langen, schmalen Zunge in's Meer hinausreichte, täuschende Aehnlichkeit mit dem Kopf und dem Rüssel eines Elephanten. In einzelnen Gebirgskesseln lagen einsame Dörfer, durch die grüne, von Anbau zeugende Einfassung von ferne erkenntlich. Bei Cap Matapan erblickte man auf einem in's Meer vorspringenden Plateau das Dorf Maina. Ueber den hohen Berggipfeln waren Wolken gelagert, deren Reflex auf die benachbarten Kuppen die sonderbare Wirkung hervorbrachte, daß man glaubte, es seien dieselben mit Schnee bedeckt, was doch nicht der Fall war.

Im Hintergrund der Bucht von Kalamata, welche zwischen dem Cap Matapan und St. Gallo sich einbiegt, thürmte sich eine Reihe hoher, unsern Alpen ähnlicher Berggipfel auf. Sie gehörten zur Kette des Taygetes, welche die Mitte des Peloponneses von Norden nach Süden durchstreicht. Gegen Westen konnte man über die Ausläufer des Taygetes hinweg in weiter, blauer Ferne einen andern Gebirgszug verfolgen, dessen höchste in der Mitte aufragende Kuppe die Form einer majestätischen Kirchenkuppel hatte. Es waren das die Berge Arkadiens. Bei Cap St. Gallo, dem westlichsten der drei Vorgebirge, gelangten wir abermals in einen Kanal, der durch die zwei unmittelbar sich folgenden Inseln Cabrera und Sapienza einer- und das feste Land anderseits gebildet wird. Beide kleine Eilande sind nur mit dürftigem Gebüsch, die Sapienza, wie mir schien, mit einer Art Wachholder bewachsen.

Etwas später, um zirka 4 Uhr kamen wir bei Modon vorüber. Es liegt auf dem südwestlichsten Punkte des Peloponneses auf einer niedrigen Sandzunge, deren Endspitze mit einer alten, von den Türken erbauten Festung gekrönt ist. Die hügliche Küste ist mit Olivenbäumen bepflanzt; weiter landeinwärts mochte man die Spuren abgemähter Kornfelder erliche Schiffe, welche aus Europa nach Athen, Smyrna, Konstantinopel und Alexandrien und von jenen Häfen nach dem Abendlande fahren, legen hier an, um Kohlen und Lebensmittel aufzunehmen.

Da unser Halt über zwei Stunden andauern sollte, stiegen wir an's Land und hatten Zeit, wenigstens in der untern Stadt uns etwas umzusehen. Es war heute Sonntag. Die elegante Welt von Syra lustwandelte auf dem großen Promenadeplatz, der mit einer Reihe schmächtiger und hinwelkender Akazien spärlich beschattet war. Unter den Männern trugen viele das griechische Nationalkostüm; die Frauenwelt dagegen war ausnahmslos nach Art der europäischen Damen gekleidet. Wir fanden im untern Syra saubere Gassen, ordentliches Pflaster, niedliche Häuser mit Balkonen, einen Obstmarkt in einem von einer Halle umschlossenen Raume mit einer Cisterne in der Mitte und zwei mit Kuppeln überwölbte stattliche Kirchen.

Die Nacht war bereits angebrochen, beide Stadttheile strahlten in magischer Beleuchtung, als unser Boot die Anker lichtete, um seine Fahrt nach Südwest weiter fortzusetzen.

Am frühen Morgen des 14. Septembers waren wir dem südöstlichen Vorgebirge des Peloponneses „Cap St. Angelo" nahe gerückt. Ein ausgedehnter Strich der Ostküste mit dem rückwärts liegenden Hochgebirg lag vor unsern Blicken entfaltet. Es war ein Stück der Maina, des alten Spartanerlandes — ein Bergchaos, so großartig wie unser schweizerisches Rhätten, aber verklärt durch die griechische Luft und den Nimbus der altgriechischen Erinnerungen. Wir fuhren sodann hart an der Südküste vorbei. Dieselbe streckt drei Vorgebirge, das vorerwähnte Cap St. Angelo, das Cap Malapan und Cap St. Gallo, in's Meer, zwischen denen zwei tiefe und breite Buchten sich einbiegen. Zu unserer Linken hatten wir anfänglich die Insel Cerigo. Die festländische Küste zeigte kahlen, nur hie und da mit dünnen Streifen niedern Gesträuchs bekleideten

bei schlechter Witterung den Kanal für die Schiffahrt ungangbar machen. Schön muß jene Inselwelt gewesen sein in den Zeiten Homer's, als riesiger Eichenurwald ihre Höhen, Thäler und Schluchten bekleidete, schöner noch zur Blüthezeit der griechischen Kultur, als jedes Vorgebirge mit einem herrlichen Tempel oder mit kunstvollen Statuen geschmückt war. Das alles ist nicht mehr. Aber der griechische Himmel, die griechische Luft, die Sonne Homer's sind geblieben. Wir befanden uns hier um drei Breitegrade südlicher als Konstantinopel, weßwegen die Lichteffekte stärker und die drei Farben des Orients, das Dunkelblau des Meeres, das zarte durchsichtige Hellblau des Himmels und der rothbraune Ton des Landes um so energischer und glanzvoller aufgetragen waren.

Um 5 Uhr Abends ward vor Syra geankert. Die an einem steilen Berghange aufsteigende Stadt gewährte mit ihren flachen Dächern und von oben bis unten kreideweiß getünchten Häusern den überraschendsten Anblick, der mich lebhaft an jenen Algier's gemahnte. Man unterscheidet auch hier die obere und die untere Stadt. Die obere, an dem Gipfel eines von dem Hauptgebirgsstock etwas vorstehenden, beinahe perpendikulär ansteigenden Kegels gleichsam angeklebt, bildet ein regelmäßiges Dreieck, dessen Spitze mit einem Kloster gekrönt ist. Die untere, von der obern durch einen schmalen Streifen magern Weidelandes geschieden, dehnt sich dem Meere entlang mehr in die Breite und endigt gegen Norden auf einem Felsenvorsprung, auf welchem sechs Windmühlen angelegt sind. Gleich wie das obere Quartier Algier's vorherrschend von Mahomedanern, das untere von Christen bewohnt ist, so sind auch die beiden Stadttheile von Syra nach Konfessionen geschieden, indem die obere Stadt den Katholiken, die untere den Griechen gehört.

Syra hat einen von der Natur geschaffenen Hafen, der noch durch zwei vorliegende Inseln geschützt ist. Diesem Umstand verdankt es wohl zunächst den Vorzug, die Centralstation der Schiffahrt im östlichen Mittelmeer zu sein. Beinahe sämmt-

Gegen Norden zeigte sich Tenedos am fernen Horizont und hinter jener Insel das Land, wo einst Troja gewesen ist. Wir waren leider an der klassischen Stätte bei Nacht vorbei gekommen. Eine Stunde später fuhren wir an der großen, durch zwei Bergspitzen gekrönten Insel Mytilene (im Alterthum Lesbos) vorüber. Um 8½ Uhr schifften wir zwischen Psara und Antipsara und erblickten jenseits eines Gebirgssattels von Psara die Höhe von Chios, welche Insel im Alterthum Mitanspruch gemacht hatte, der Geburtsort Homer's zu sein, und in unserer Zeit durch die Gräuelscenen des Jahres 1822 eine tragische Berühmtheit erlangt hat. Um 10½ Uhr nach dem Frühstück befanden wir uns zwischen Himmel und Wasser. Aber die heute den ganzen Tag über wehende Tramontana (Nordwind) trieb unser Boot, den Dampf unterstützend, sehr schnell südwärts in das Insellabyrinth des griechischen Archipels. Zauberisch schön ist der Kanal zwischen Tinos und Andros, den wir schon in den ersten Stunden des Nachmittags passirten. Namentlich entfaltet die nördlich gelegene Insel Andros in ihrem Wechsel von Bergketten und Thälern, in ihren malerischen, aus Spitzen, Kuppen und Einsenkungen gestalteten Kämmen, aus deren Mitte eine einzeln stehende Bergpyramide hoch überragend sich aufthürmte, sowie mit ihren zahlreichen Buchten und Vorsprüngen die entzückendsten Bilder. Die Insel ist mit Maulbeerpflanzungen, Weinreben, Getreide und Südfrüchten angebaut. Auffällig war mir die Wahrnehmung, daß die Maisfelder mit Mauern eingefriedet waren. Die Weinreben sind terrassenförmig an den Berghängen angelegt, während Orangen- und Feigengärten die zahllosen Villen umgürten, deren Bewohner ich wegen ihres paradiesischen Klimas beneidete. Anders sah das gegenüber liegende Tinos sich an. Es ist größtentheils kahl. Ein halb Dutzend Dörfer hängen gleich Adlerhorsten an den Gipfeln des Gebirgs. Hart an der Insel ragen riesige Felsenriffe aus dem Meere empor, deren phantastische Formen das Pittoreske der Gegend erhöhen, die aber

6. Rückreise über Triest.

Der Lloydbampfer, auf dem wir uns nach Triest einschifften, hieß „Ferdinand Maximilian", hatte 400 Pferdekraft, 1060 Tonnen Gehalt und 45 Personen an Bord. Um 10 Uhr Vormittags wurden die Anker gelichtet. Unsere Seefahrt bewegte sich heute auf dem Spiegel des Marmorameeres in fortwährender Sicht der europäischen und asiatischen Küste. Etwas außerhalb der sieben Thürme erblickten wir die grünen Zelte eines türkischen Lagers. Gegen Abend schifften wir an der Nordseite der langgestreckten Marmorainsel vorüber, welche beim Sonnenuntergang in violetter Färbung erglänzte. Die Namen „Marmorainsel und Marmorameer" rühren von den Marmorbrüchen her, welche im Alterthum auf jener Insel ausgebeutet wurden. Noch kann man an den vielen kegelförmigen Hügeln und dazwischen liegenden Vertiefungen, die sich schachbrettartig an den Berghalden hinaufziehen, deutlich die Spuren jener seit mehr als einem Jahrtausend erschöpften Brüche erkennen. Im Westen fällt die Insel in Form einer hohen, steilen Felswand in's Meer. Von Gallipoli sahen wir nur die nächtliche Beleuchtung und fuhren selber während der Nacht durch die Straße der Dardanellen. Am folgenden Morgen, den 13. September, verfügte ich mich um 6 Uhr auf das Verdeck. Eben stieg die Sonne hinter einem geradlinigen langgestreckten Gebirgszuge auf, den man mir als die äußerste Westküste des kleinasiatischen Festlandes bezeichnete.

Uebel nicht Einhalt zu thun, weil die Werkzeuge versagen, die denselben ausführen sollten. Ein anderes Uebel „des kranken Mannes" besteht in der fortwährenden Verminderung der herrschenden, mahomedanischen Race, im Gegensatz zu der stetigen Vermehrung der christlichen Bevölkerung. Dieses Mißverhältniß, das für sich allein schon die Herrschaft der Osmanen dem Untergang entgegenführen muß, ist die Folge der Polygamie, somit der mahomedanischen Religion selber. Der Türke darf in jetziger Zeit, nach dem Beispiele des Sultans, vier legitime Frauen besitzen und ist, wie man uns sagte, ferner berechtigt, die Kinder von dreien derselben zu tödten. Das Damoklesschwert, das über dem Haupte des Osmanen schwebt, ist nicht die Eroberung. Dagegen schützt ihn schon die Eifersucht der Großmächte, welche nie und nimmermehr zugeben können, daß der Schlüssel der Weltherrschaft, Konstantinopel, den Händen einer von ihnen überantwortet werde. Vielmehr liegt die nächste Gefahr der Türkei in dem drohenden Abfall der europäischen Provinzen, eben weil in denselben die christlichen Bevölkerungen die der Mahomedaner an Zahl bei weitem überwiegen. Jene, durch die räuberischen Pascha's gedrückt, durch die freiern Zustände ihrer Brüder in Griechenland, Serbien und den Donaufürstenthümern angelockt, werden über kurz oder lang sich erheben und das vierhundertjährige Joch von ihrem Nacken zu schütteln versuchen. Es bedarf, damit der Aufstand gelinge, nur einer günstigen europäischen Konstellation.

schweren Kalibers versehen, theils in Forts oder Schlössern, welche auf den Landvorsprüngen an den schmalsten Stellen des Kanals in der Weise angelegt sind, daß ihr Feuer sich kreuzt. Jene — die Batterien — befinden sich im südlichen Theile des Bosphorus und laufen, ein wenig unterhalb Konstantinopel beginnend, an beiden Ufern bis an die Bucht von Bujukdere fort. Hier nehmen die Forts ihren Anfang. Vier solcher Forts stehen an der Stelle, wo die Meerenge nur 3600 Fuß Breite beträgt und sind mit Paixhans und Sechsunddreißigpfündern aufs beste bewaffnet. Weiter nordwärts liegen noch sechs andere Forts, wovon zwei die Grenzstelle zwischen dem schwarzen Meere und dem Bosphorus beherrschen. Endlich hat man auch außerhalb des Bosphorus an der Südseite des schwarzen Meeres zwei Schlösser zu dem Zwecke erstellt, um eine etwa beabsichtigte Landung zur Erstürmung der im Bosphorus gelegenen Befestigungen unmöglich zu machen. — Ueberhaupt muß man die militärische Kraft der Türkei nicht unterschätzen. Die türkische Armee ist tapfer, disziplinirt, ausdauernd in Strapazen, und wurde in der neuern Zeit durch zahlreiche, in ihr dienende europäische Offiziere taktisch ausgebildet. Nicht in seiner Eigenschaft als Soldat ist der Mann am Bosphorus krank. Das seine Eingeweide aufzehrende Krebsgeschwür ist das gleiche, welches auch seinen Erbfeind, den russischen Riesen, lahm legt. Es ist die Korruption und Dieberei der höhern Beamtenwelt, worüber uns haarsträubende Einzelnheiten mitgetheilt wurden. Daß aber in einem Staat, wo die Unterschlagungen zum förmlichen System geworden sind, das ganze Räderwerk einer geordneten Verwaltung still stehen muß, liegt auf der flachen Hand. Da bleibt die Staatskasse leer, während zugleich das Mark des Landes durch unerschwingliche Abgaben ausgesogen wird. Der Soldat friert und hungert, trotzdem ungeheure Summen für die Armeebedürfnisse ausgeworfen werden. Die Justiz ist käuflich, jeglicher Fortschritt gehemmt, und der beste Wille des Herrschers vermag dem

und rothen Mänteln uniformirt. Ihre Kopfbedeckung ist turbanartig, gleich derjenigen der Zuaven. Die Auszeichnung der Offiziere ist an den Armen durch goldene Streifen angezeigt. Die Muchirs (Feldmarschälle) erkennt man an ihren Sattelpistolen, welche mit rothem Sammt überzogen und schwer goldgestickt sind. An den Enden der Schabraken befinden sich vier goldene Wappen.

Wir machten an diesem Nachmittag einen nochmaligen Gang in den großen Bazar, spiesen wie gewöhnlich in der Teutonia und verbrachten den Abend, den letzten unsers hiesigen Aufenthalts, im oben erwähnten Jardin des fleurs.

Achter Tag.
(12. September.)

Wir haben gestern auf der Agentur des österreichischen Lloyd die Billete zur Ueberfahrt nach Triest für das heute dorthin abgehende Dampfboot gelöst. Bevor ich aber die Beschreibung unserer sechstägigen Seefahrt beginne, halte ich es für angemessen, einige mir von kundiger Seite gemachten Mittheilungen über die **militärischen und politischen Verhältnisse des Türkenreichs** hierorts zu reproduciren.

Konstantinopel ist gegen Angriffe von der See her durch eine Lage geschützt, wie sie vortheilhafter wohl kaum gedacht werden könnte. Zwei schmale Seestraßen, der Bosphorus im Norden, die Dardanellen im Süden, bilden die alleinigen, je 4—5 deutsche Meilen langen Zugänge. Die Werke, welche diese Zugänge schützen, sind gegenwärtig nichts weniger als verfallen, sondern befinden sich in der besten Verfassung. Besonders ist der Bosphorus so gut bewehrt, daß Rußland niemals es wagen wird und auch, wie die Erfahrung lehrt, es niemals gewagt hat, Konstantinopel von der Seeseite anzugreifen. Die Vertheidigungsmittel des Bosphorus bestehen theils in zahlreichen Batterien, die mit 6—10 Geschützen

gierige Fremde den angekündigten Umgang erwarteten. Etwas nach 12 Uhr verließ der Sultan den Palast. Voraus ritt ein zahlreicher, überaus glänzender Generalstab, der aus den ersten Beamten und Offizieren des Reichs bestand. Unter ihnen befand sich auch Omer Pascha, der Besieger der Montenegriner. Alle waren reich uniformirt, Sättel und Reitzeug goldgestickt, Bügel und Gebisse von Gold. Dem Padischah ritt Niemand zur Seite. Er trug einen blauen Waffenrock, den Fez auf dem Kopf und war auf der Brust mit einem großen silbernen Ordenszeichen verziert. Sein Leibpferd — ein weißer, ächter Vollblut-Araber — konnte von meinem Neffen, der ein guter Pferdekenner ist, nicht genug belobt und bewundert werden. Der Sultan ist ein Mann in den Vierzigen mit kohlschwarzem Barte. Seine Haltung zu Pferd war edel und imposant, in den Gesichtszügen glaubte ich neben dem türkischen Ernst einen Ausdruck von Güte herauszulesen. Es läßt sich nicht läugnen, daß dieser allwöchentliche feierliche Zug des Reichsoberhaupts nach dem Tempel, um daselbst dem höchsten Herrn seine Huldigung vor allem Volke darzubringen, eine löbliche Sitte ist, welche wesentlich dazu beitragen muß, den religiösen Sinn im Volke zu erhalten.

Wir hatten bei diesem Anlaß Gelegenheit, die Uniform und Bewaffnung einiger türkischer Waffengattungen zu studiren. Die Infanterie hat dunkelblaue weite Tuchhosen, kurze Jacken von derselben Farbe, um die Lenden einen Gürtel, Patrontaschen zum Schieben, Säbelbajonnet, rothen Fez und Halbstiefel von Naturleder. Die Zuavenkleidung besteht aus blauen Leibchen mit gelbem Besatz. Ihr Fez ist dreifach mit einem Tuche umwunden und gelbe Quasten hängen von demselben herunter, Fußbekleidung und Bewaffnung wie bei der Infanterie. Die Gewehre sind mit Perkussionsschlössern versehen. Die Polizeimannschaft ist ganz schwarz gekleidet und hat Säbel und Patrontaschen zum Schieben. Von der Reiterei sind die einen Korps mit weiten schwarzen Beinkleidern, schwarzen Jacken

führen, sind mit Lapislazuli, Agath, Carniol und Jaspis mosaikartig verziert, und die Altäre aus den kostbarsten Marmorarten zusammengesetzt. Nicht zu gedenken des in der Kirche angehäuften Reichthums an Sculpturen und kostbaren Gemälden.

Wir haben unter den vier Dingen, die den Besuch Venedigs vor andern lohnen, Titians Maria Himmelfahrt genannt. Ich bin ein bloßer Laie in der Kunst; dennoch kann ich nicht umhin, die Eindrücke dieses ergreifenden Hochaltarblatts, das ich für die Perle der zahllosen in Venedig angesammelten Kunstwerke halte, hierorts kurz wiederzugeben. So wie Titian als Stern erster Größe am Kunsthimmel der Lagunenstadt glänzt, so überstrahlt die Assunta die sämmtlichen andern Schöpfungen des Meisters. Sie ist jetzt in der Akademie der schönen Künste ausgestellt, wo unter den 688 Bildern viele ausgezeichnete Werke der berühmtesten italienischen Künstler und von Titian selber sich befinden. Aber keines übte auf meinen Freund und mich eine so überwältigende Anziehungskraft, wie jene Himmelfahrt, aus. Immer und immer wieder kehrten wir zu derselben zurück, um jedesmal längere Zeit davor zu verweilen. Ob wir den obern oder den untern Theil des Bildes, die auffahrende Gottesmutter oder die staunend nach ihr aufschauende Apostelgruppe mehr bewundern sollten, wir wußten es nicht. Auf leichter Wolke, vom Chor der Engel getragen, schwebt die verklärte Gestalt der heiligen Jungfrau zu den himmlischen Höhen empor. In ihren Blicken, die nach oben sich richten, ist ein unbeschreiblicher Zug seliger Ueberraschung und demuthvoller Verwunderung über die vor ihr urplötzlich sich aufrollende himmlische Herrlichkeit ausgedrückt. Aber nicht minder wird man durch den Ausdruck des Staunens, der Verwunderung, der Ehrfurcht und hoher Begeisterung ergriffen, welcher in den männlich schönen Physiognomien der Apostel dargestellt ist. Die geniale Gruppirung, die Stellungen der Gottesmänner, jede von der des andern unterschieden und je die besondere Individualität charakterisirend, das über alle Beschreibung warme Colorit: all das trägt den Stempel der höchsten Vollendung.

Einen Ueberblick der zahlreichen Paläste Venedigs erhält man am besten, wenn man eine Gondelfahrt auf dem großen Kanal macht, der die Stadt in Schlangenwindungen durchschneidet. Bauten der verschiedensten Jahrhunderte und Baustile sind an beiden Ufern ungefähr in gleicher Flucht aneinander gereiht. Rund- und Spitzbogen, klassische Säulenordnungen, Rococo und moderne Architektur gleiten daselbst in buntem Wechsel an den Schiffenden vorüber. Aber bei aller Verschiedenheit zeichnen die sämmtlichen Paläste durch Großartigkeit und den Karakter aristokratischen Ernstes sich aus. Im Uebrigen sind die meisten dieser Bauten verfallen und viele derselben längst schon aus den Händen venetianischer Nobili in den Besitz englischer Lords und jüdischer Bankiers, ja sogar zwei der schönsten in den der Tänzerin Taglioni übergegangen.

Eine eigene Bewandtniß hat es mit dem Palazzo Pesaro, ein im modernen Stil ganz aus Marmor erstelltes Gebäude, dessen innere Einrichtung den geschmackvollsten Luxus und wunderlieblichsten Comfort entfaltet. Der Palast wurde von der Familie Pesaro erst in neuerer Zeit an einen Grafen Pevilaqua veräußert, welcher kinderlos starb und sein Besitzthum an eine einzige Schwester vererbte. Diese ehlichte den Grafen Dalmasi und brachte ihm den Palast als Heirathsgut zu. Dalmasi war aber damals, d. h. im Jahre 1864, aus der Heimat verbannt, weil er als höherer Offizier unter Garibaldi gedient hatte, und man zweifelte, ob der Kaiser ihm jemals die Besitzergreifung des Palastes gestatten werde.*)

Der Garibaldikultus scheint unter der venezianischen Aristokratie mehr als einen Anhänger und eine Anhängerin zu haben. Als ich im September 1862 mich zum erstenmale in Venedig

---
*) Das Verhältniß wird sich in Folge der Abtretung Venedigs an das Königreich Italien geändert haben.

befand, hörte ich einen österreichischen Offizier und Italiener von Geburt in einem Kaffeehaus nachfolgenden Vorfall erzählen: Heute Morgen habe er sich bei einer vornehmen Dame zum Besuch angemeldet und dieselbe wehklagend und händeringend angetroffen. Sein erster Gedanke war der, daß sich irgend ein Familienunglück zugetragen haben möchte. Allein die Antwort, die ihm auf seine Frage, was geschehen sei, zu Theil ward, belehrte ihn eines andern. Die Thränen der Dame galten Garibaldi, weil der Telegraph so eben die Kunde von dessen Niederlage bei Aspromonte und dessen Gefangennehmung hieher gebracht hatte.

Unter der ärmern Bevölkerung Venedigs schien mir eine gedrückte Stimmung zu herrschen. Es läßt sich nicht verkennen: die Trauer um das verlorne Vaterland sitzt auch im Herzen des gemeinen Mannes. Einst, so klagte mir ein alter Gondoliere, als ein zahlreiches und mit Glücksgütern gesegnetes Patriciat seine Einkünfte in der Heimat verausgabte, da hatten alle Klassen des Volkes überreichen Verdienst. Jetzt ist das anders geworden. Das Patriciat ist verarmt oder ausgewandert und der Fremdenbesuch, so sehr er auch durch die neuen Verkehrsmittel zugenommen hat, bietet hiefür nur geringen Ersatz. Ferner ist von der einst im größten Maßstabe betriebenen Glasindustrie nur ein Zweig, die Glasperlenfabrikation, übrig geblieben, welche nicht genügt, um alle dürftigen Hände zu beschäftigen.

Es trifft eben der Wechsel der Geschicke ganze Völker, wie die einzelnen Menschen. Wohl können den Venetianern wieder bessere Tage erblühen, aber kaum in der Weise, daß die Geschichte rückgängig gemacht werde. Mögen die Loose in unserm sturmbewegten Europa so oder so fallen — schwerlich wird die Lagunen-Republik und noch weniger ihre alte Macht und Herrlichkeit aus dem Grabe erstehen.

Wir verlebten in Venedig drei genußreiche Tage. Die Entfernungen wurden meist in der Gondel zurückgelegt und

wenn wir von der Besichtigung zahlloser Kunstwerke müde und
übersättigt heimkamen, so gewährte uns die österreichische Mi-
litärmusik, welche jeden Abend entweder auf dem Platze St. Marco
oder in einem öffentlichen Garten mit allbekannter Meisterschaft
spielte, eine wohlthuende Erfrischung. Das Wetter war seit
unserer Abreise von Solothurn sonnig und warm gewesen.
Aber am Morgen des 27. Mai sahen wir den venetianischen
Himmel mit grauem Gewölk überzogen, aus welchem ein zeit-
weiliger leichter Regen herabfiel. Es war die Witterung eines
Oktobertages in der Schweiz, um so mehr, als ein kalter Wind
aus Nordosten den Thermometerstand um einige Grade herunter-
gebracht hatte. Dieser Nordostwind, welcher in der Seemanns-
sprache des mittelländischen Meeres den Namen „Borea" führt,
nahm allmölig an Heftigkeit zu und stürmte die ganze folgende
Nacht hindurch mit orkansähnlicher Wuth. Wir reisten während
dieser Nacht per Eisenbahn nach Triest, wo wir am 28. Mai
Morgens 8 Uhr ankamen. Der Borea fuhr fort, eiskalt und
heftig zu brausen. Glücklicherweise ist dieser Wind für die
Schiffahrt gefahrlos, und wir vernahmen, daß die Abfahrt des
Lloydsdampfers nach dem Orient auf heute um die anberaumte
Stunde festgestellt bleibe. Demgemäß ließen wir unsere Pässe
visiren, lösten die Fahrbillets und begaben uns um die Mittagsstunde an Bord des „Bullans". Dieser Dampfer war
bestimmt nach Konstantinopel zu fahren, mit kurzem Halt
in Corfu und Syra.

3. Seereise über Corfu und Hyra nach Smyrna.

Genau um 2 Uhr lichtete der Vulkan unter dem Abschieds- rufen und Hutschwenken einer zahlreichen auf dem Hafendamm angesammelten Volksmenge die Anker. Der Steuermann nahm seinen Platz ein, während der Kapitän und der wachhabende Offizier ihre Posten auf der erhöhten Brücke über dem Ver- decke bezogen. Sodann begannen die Schaufelräder sich um ihre Achse zu drehen und ruderten in wenigen Minuten das Schiff aus dem Hafen. Die See war ruhig gegen alle Er- wartung, sei es, daß der Borea sich plötzlich gelegt hatte, oder daß das Ufergebirg von Istrien uns hinreichenden Schutz gegen dessen Andringen bot. Bald zerstreute auch die Sonne das graue Gewölk und führte uns die milde Wärme des Frühlings zurück. Deßwegen machte sich unsere Seereise schon anfänglich sehr angenehm. Der Dampfer hielt sich in mäßiger Entfernung von der istrischen Küste, so daß wir Abends in Sicht von Pola gelangend, das dortige römische Amphitheater mit Hülfe des Fernrohrs ganz gut beobachten konnten. Eine Mövenschaar zog hinter uns her und umschwärmte das Schiff während des ganzen heutigen und folgenden Tages. Als ich zwei Jahre später die gleiche Seereise abermals machte, wandte ich diesen gefiederten Schiffsbegleitern eine eingehendere Aufmerksamkeit zu und konnte dabei die eigenthümlichsten Erscheinungen wahr- nehmen. Die schönen, weißgefiederten Seevögel durchschnitten in den zierlichsten Figuren die Luft, bald hoch in den Wolken sich haltend, bald im Halbbogen den Seespiegel streifend oder in blitzschnellem Sturz nach den Brobstücken fahrend, die wir ihnen vom Hintertheil des Schiffs ins Meer hinaus zuwarfen. Während die einen in scheuer Entfernung dem Dampfer nachfolgten, schwebten die andern in vertraulicher Nähe, ohne daß je eine irgend einen Theil des Fahrzeuges berührt hätte. So ging es den ganzen Tag über fort. Dann aber bei einbrechender Nacht machte die Gesellschaft eine plötzliche Wendung und flog in geschlossenem Zuge nach dem fernen Lande im Westen. Nur eine der Möven blieb lange zurück. Da kam, man weiß nicht wie und woher, eine zweite heran, worauf alsobald beide gleichfalls in westlicher Richtung davon eilen und blitzschnell aus unserm Gesichtskreise verschwinden. Wer möchte bezweifeln, daß jene zweite Möve der Bote gewesen sei, den die geflügelte Gesellschaft entsendet hatte, um den vermißten Gefährten heimzuholen und ihm als Wegweiser durch die Lüfte zu dienen?

Die Schiffsgesellschaft war eine wenig zahlreiche, aber eben deswegen bildete zwischen den Reisenden ein um so freundschaftlicheres Verhältniß sich aus und weil auch die dalmatischen Seeoffiziere, der Kapitän Julowich an der Spitze, sich gegenüber den Passagieren mit anspruchsloser Artigkeit und Gefälligkeit benahmen, so wurde an Bord ein gemüthliches Familienleben geführt, welches die Ueberfahrt ungemein angenehm machte. Dazu kam der Umstand, daß unter den Passagieren ein Mann sich befand, der mit reichen Lebenserfahrungen eine seltene Unterhaltungsgabe vereinigte. Es war ein gewesener, nunmehr als Kanzler bei dem k. k. Konsulate in Konstantinopel angestellter österreichischer Offizier. Derselbe erzählte uns aus seinem Kriegsleben die spannendsten Geschichten, von denen die nachfolgende zu merkwürdig ist, als daß ich sie in diesem Reisewerk stillschweigend übergehen möchte. In der Schlacht von Solferino ward er befehligt, mit seiner Kompagnie einen mit

Zuaven besetzten Hügel zu nehmen. Sogleich läßt er seine Soldaten das Bajonnet fällen und gegen den Hügel anstürmen. Die Franzosen, das Manöver gewahrend, rücken ihrerseits den Oesterreichern entgegen. Da geräth der österreichische Hauptmann mit dem Zuaven-Kommandanten in ein Säbelduell, wie wenn beide auf dem Fechtboden wären. Der Zuave ist eine herkulische Gestalt, der Oesterreicher klein, überdies ausgehungert und von einem vierzigstündigen, der Schlacht unmittelbar vorhergehenden Marsche ermüdet. Unter diesen Umständen sieht er für seine Person nichts gutes voraus. Schon fühlt er seine Kräfte schwinden und vermag kaum noch die Waffe in der Rechten zu halten. Allein in dem Augenblicke, als der Zuave zu einem entscheidenden Hiebe ausholte, seinem Gegner zurufend: „Gare, je te tue," schien es dem letztern, als sei jener wie durch einen Zauberschlag urplötzlich verschwunden. Es hatte die gutgezielte Kugel eines österreichischen Jägers ihn niedergestreckt.

Unter den Passagieren erster Klasse befand sich auch ein junger Professor aus Corfu, der in Triest seine Braut besucht hatte, ferner ein vielgereister Kaufmann aus Syra. Durch beide wurden uns lehrreiche und sich gegenseitig ergänzende Aufklärungen über die Zustände Griechenlands und der jonischen Inseln gegeben. Eine andere interessante Persönlichkeit war eine russische Dame, welche aus Oberitalien nach der Krim zurückkehrte, wo ihr Vater im Civildienste angestellt ist. Dieselbe sprach über die russischen Zustände Ansichten aus, mit welchen sie zu Hause wohlweislich hinter dem Berg halten dürfte. Im Uebrigen bestätigten ihre Aeußerungen lediglich das offene Geheimniß, daß der Brandstoff der Revolution nicht minder im Czarenreiche als in den andern europäischen Staaten angehäuft sei und daß die Empörung schon 1863 in hellen Flammen aufgelodert wäre ohne das Dazwischentreten des polnischen Aufstandes, welcher, weil er auch die altpolnischen Provinzen in den Bereich seiner Thätigkeit zog, das russische

Nationalgefühl herausgefordert und der Vollsstimmung in Rußland eine andere Richtung gegeben habe. Merkwürdig war mir die Behauptung des Fräuleins, daß ganz Rußland für die Raskolniken einstehe, jene kirchliche Partei, welche, den von Peter dem Großen eingeführten Cäsaropapismus verwerfend, an den alten Lehren und Einrichtungen der griechisch-russischen Kirche festhält.

Es ist hier der Ort, einige mir gewordene Mittheilungen über die Verhältnisse der österreichischen Lloydgesellschaft wiederzugeben. Dieses Institut, das in Oesterreichs Handel Epoche machend geworden ist, nahm einen kleinen Anfang. Im Jahre 1833 traten die verschiedenen Versicherungs-Gesellschaften von Triest zusammen und stifteten nach dem Muster des englischen Lloyd einen Verein mit dem Zweck, die Entwicklung des österreichischen Handels und der österreichischen Schiffahrt vermittelst Erhebung umfassender und genauer Nachrichten über die Verhältnisse der vornehmsten Seeplätze zu fördern. Im Jahre 1836 bildete sich eine zweite Abtheilung des Lloyd, welche sich die Hebung der Dampfschiffahrt auf dem adriatischen und mittelländischen Meere zum besondern Ziel setzte. Bis 1837 war dieselbe auf den Dienst zwischen Triest und Venedig beschränkt, gewann aber von da an eine rasche Ausdehnung. Zur Zeit macht der Lloyd regelmäßige Fahrten nach Griechenland, Alexandrien, Smyrna, an die Donaumündungen und in die Häfen des schwarzen Meeres. Früher befuhr er auch die westitalienische und spanische Küste, was aber seit dem Kriege von 1869 aufgehört hat.

Gegenwärtig besitzt der Lloyd 66 Dampfschiffe, ferner Kohlenmagazine in Triest, Corfu, Syra, Konstantinopel, Smyrna, Rhodus und Alexandrien, und hat erst vor wenigen Jahren in Triest ein großartiges Schiffsarsenal erbaut. Die Gesammtzahl seiner Angestellten beträgt an dreitausend, wovon zwei Drittheile, je dreißig auf einem Schiffe, den Dienst auf dem Meere versehen.

Bei all' dem stehen die Finanzen der Gesellschaft keineswegs glänzend, und es würden ohne die Subvention von einer halben Million Gulden, welche die österreichische Regierung alljährlich für Besorgung der Post auszahlt, ihre Einnahmen kaum die Ausgaben decken. Man begreift das, wenn man die enormen Betriebskosten in Anschlag bringt, welche allein für die Beschaffung des Kohlenbedarfs auf jährlich 3 Millionen und im Gesammtbetrag auf zirka 7 Millionen Gulden ansteigen.

Die Lloyd-Schifffahrt zeichnet sich vor andern durch die Sicherheit aus, — ein Vortheil, den sie wohl zum größten Theil der Seegewandtheit ihrer dalmatischen Matrosen, so wie der Vorsicht und den Kenntnissen ihrer Offiziere verdankt. Seit den 28 Jahren ihres Bestandes verlor die Gesellschaft ein einziges Schiff, und es wurden dabei sämmtliche auf demselben befindlichen Passagiere und Angestellte gerettet. Dagegen sind den französischen Messageries nur im Laufe der letzten 5 Jahre acht Schiffe, worunter mehrere mit Mann und Maus, zu Grunde gegangen. Daß die Ursache dieser verschiedenen Geschicke nicht im bloßen Zufall gesucht werden müsse, wird durch einen Vorfall bewiesen, welcher sich im Winter 1862 auf 1863 auf der Rhede von Beirut ereignete. Ein Dampfer des Lloyd und ein solcher der Messageries imperiales lagen an dieser Stelle vor Anker, als plötzlich ein heftiger Sturm sich erhob. Da stach der erstere zeitig in die hohe See und erlitt keinerlei Schaden. Nicht so der französische Dampfer. In allzugroßem Selbstvertrauen auf der Rhede verbleibend, rissen die Anker, worauf das Schiff von der Sturmfluth auf den Sand getrieben ward, wo es in zwei Theile auseinander brach. Glücklicherweise ging kein Menschenleben verloren, weil der Bruch hart am Ufer erfolgte.

Ich komme nach dieser Abschweifung auf unsere Seefahrt zurück.

Am zweiten Tag derselben, den 29. Mai, schifften wir zwischen vier Inselchen durch, von denen das größte, Lissa, seither durch den Seesieg des Admirals Tegetthoff berühmt geworden ist. Etwas mehr südwärts befanden wir uns zum erstenmal zwischen Himmel und Wasser. Der Frühmorgen des 30. enthüllte uns die einsame albanesische Küste. Dieselbe fällt in schroffen Berghalden in's Meer, welche waldlos, nur mit niederm Gestrüppe bewachsen und von wasserlosen Schluchten durchfurcht sind. Ueber das Räuberwesen jenes wilden Gebirgslandes machten uns unsere Seeoffiziere haarsträubende Schilderungen. Sie behaupteten, daß es den Bewohnern der jonischen Inseln davor zu grauen beginne, jetzt da das britische Militär aus denselben abzieht. Um 8½ Uhr Vormittags befanden wir uns auf der Höhe von Otranto und bogen bald nachher in den Kanal zwischen Corfu und dem Festlande ein. Die reichen Pflanzungen von Wein, Getreide und Oliven, welche sich an den Abhängen der Insel heraufzogen, bezeugten, daß hier die Civilisation bereits festen Fuß gefaßt habe.

Die Stadt Corfu liegt in einer weiten Bucht an der östlichen Küste. Der geräumige Hafen ist durch eine quer vorliegende kleine Insel geschützt, welche Vido benannt wird. Die darauf befindlichen Festungswerke wurden jedoch im Laufe des letzten Winters nach beschlossener Abtretung der jonischen Inseln von den Engländern zum großen Verdrusse der Jonier gesprengt. Dagegen steht die Citadelle auf der Hauptinsel noch unversehrt da. Der Vulkan machte vor Corfu einen mehrstündigen Halt, den wir zu einem Gang durch die Stadt und zu einem Ausflug in die Umgebung benutzten. Wir fanden die engen Gassen der Stadt durch eine geschäftige Bevölkerung belebt. Alles trug hier schon ein halb orientalisches Gepräge. Unter den Thoren hatten die Geldwechsler ihr Gewerbe eröffnet. Die Mehrzahl der Waarenhandlungen bestund aus Tabakgewölben, Bäckerläden und Obstbuden. In den letztern glänzten neben reifen Birnen und Aprikosen ungeheure Massen von Pomeranzen, welche die kunstsinnigen Verläufer in geschmackvollster Weise auseinander geschichtet hatten. Die Handwerker arbeiteten, wie in allen südlichen Städten, theils auf der Gasse, theils in offenen Werkstätten zu ebener Erde. Ringsum umschwirrten uns griechische Laute, und wo wir hinsahen, erblickten wir Maueranschläge in griechischer Sprache und griechischem Alphabete geschrieben. Stattliche Popen, an dem langen Talar und der hohen Filzmütze erkenntlich, lustwandelten durch die dichtgedrängte Volksmasse, unter welcher viele Männer bereits das neuhellenische National-Costüm trugen.

Zum Ausflug aufs Land wurde ein Wagen gemiethet und dem Kutscher die Wahl des Zielpunktes anheimgestellt. Der gut gebahnte Weg war mit Hecken der Cactus opuntia eingefaßt. Beidseitig folgten sich Gärten, Felder und Wiesen, deren reiche Südvegetation damals noch in der Farbenpracht des Frühlings erglänzte. Der Baumschlag der Oliven-, Feigen-, Maulbeer-, Orangen-, Limonen-, Kastanien- und Johannisbrodbäume entwickelte eine Höhe und Breite, die ich außer Algier auf meinen bisherigen Reisen nirgends noch wahrgenommen hatte. In solcher Umgebung wurde ungefähr eine Wegstunde südwärts gefahren. Dann ward an einer, von den Corfioten „Kanoni" benannten Stelle, gehalten. Hier rollte sich vor unseren Blicken ein Landschaftsbild auf, dessen ideale Schönheit niemals aus meinem Gedächtnisse entschwinden wird. Wir befanden uns auf einem erhöhten Vorsprung der Insel am Saume eines Olivenwaldes, dessen Millionen Blüthenrispen die von der See her leise bewegte Luft mit wohlriechenden Düften erfüllten. Vor uns hatten wir die Ausschau aufs Meer, während wir zur Rechten und Linken einen weiten Strich des Küstengebirges der Insel überblickten. Zu unsern Füßen bog sich eine stille, untiefe Seebucht in das Bergland hinein, in welcher zwei aus Geröll bestehende Inselchen lagen, deren jedes mit einem Kloster überbaut war. Das kleinere Eiland mochte einen Flächenraum von etwa einem halben tausend Quadratschuh enthalten und ist von dem darauf stehenden Klösterlein vollständig bedeckt. Diese beiden gleichsam auf dem

Waſſer ſchwimmenden Anachoretenſtätten belebten mit einem Hauch chriſtlicher Poeſie die zauberiſche Gegend, an welche die Volksſage überdies Erinnerungen an die Odyſſee knüpft. Aeußerſt befriedigt und um einen herrlichen Eindruck reicher, kehrten wir alle, die den Ausflug mitgemacht, an Bord des Vulkans zurück.

Schon vor unſerm Einlaufen in den Hafen von Corfu hatten wir eine auf der hieſigen Rhede liegende engliſche Flotille erblickt, welche zur Fortführung der britiſchen Truppen beſtimmt war. Sie beſtund aus zwei Dreideckern, mehreren Fregatten, Corvetten und Kanonenbooten. Wir ſahen hierin in Verbindung mit den geſchleiften Feſtungswerken den thatſächlichen Beweis, daß die Abtretung der joniſchen Inſeln an das Königreich Griechenland eine ausgemachte Sache ſei. Man ſagte uns, daß am 2. Juni der Abzug der Truppen erfolgen und am 5. der König von Griechenland ankommen werde, um den feierlichen Akt der Beſitzergreifung der ſieben Inſeln zu vollziehen.

Ob die Ablöſung von der britiſchen Schutzherrſchaft und der Anſchluß an das anarchiſche Neuhellas den Joniern Gewinn oder Verluſt bringen werde? — dieſe Frage wird die Zukunft am beſten beantworten. Von Corfu bis Syra reisten wir in Geſellſchaft des erſten Sekretärs des Lord-Oberkommiſſärs der joniſchen Inſeln. Aus den Mittheilungen dieſes ehrenwerthen Gentlemans erhellte, daß England in den letzten Jahren für ſeine joniſchen Schutzbefohlenen vieles gethan hat. Das Schulweſen wurde beſtmöglich organiſirt, Knaben-Primarſchulen beſtehen in allen Städten und Dörfern. Die Lehrer beziehen einen von der Gemeinde ausgerichteten Gehalt von 60 Fr. per Monat, welche Ausgabe durch ein Schulgeld von 25 Cts. monatlich für jedes Kind theilweiſe vergütet wird. Arme Eltern haben nichts zu bezahlen. Mädchenſchulen gibt es wenigſtens in den Städten. Jede der ſieben Inſeln beſitzt ein Lyceum und in Corfu blüht eine Univerſität, an deren

Unterhalt einer der frühern Lord-Oberkommissärs 1500 Pfund
Sterling jährlich aus seinen Privatmitteln beisteuerte. Der
Landbau und die Industrie wurden so viel möglich befördert.
Man veranstaltete Ausstellungen der einheimischen Produkte,
und daß diese Bemühungen nicht erfolglos geblieben sind, be-
weist der Umstand, daß an der großen Weltausstellung in
London die Jonier zwei Drittheile der für Griechenland aus-
gesetzten Preise davon getragen haben.

Trotzdem jubelte zur Zeit unserer Durchreise alles Volk
in den sieben Inseln über den Abzug der britischen Schutz-
herren. Das behauptete sowohl der junge Professor aus Corfu
als auch der vorerwähnte griechische Kaufmann und ihre Aus-
sagen wurden uns später von andern Joniern und Griechen,
ja selbst von Engländern bestätigt. Der Grund dieser Stimmung liegt nicht allein in dem modernen Nationalitätsgefühl,
welches die Völker von gleicher Sprache und Abstammung an-
treibt, sich zu großen politischen Körpern zu vereinigen, sondern
er muß mehr noch in dem schroffen Karakter-Unterschied gesucht
werden, welcher zwischen den Griechen und Engländern obwaltet.
Dann trug nach dem Zeugniß unserer Gewährmänner auch
der Religions-Unterschied wesentlich dazu bei, das Gemüth des
Volkes seinen nordischen Beherrschern zu entfremden, obschon
diese sich in keiner Weise in die kirchlichen Verhältnisse ein-
mischten.

Eine andere sich uns aufdrängende Frage war die: welche
Beweggründe die britische Regierung bestimmen konnten, sich
des schönen Besitzthums zu entäußern. Hierüber wurden uns
von Joniern und Engländern verschieden lautende Antworten
ertheilt. Die erstern behaupteten, es sei die Abtretung der
Inseln nicht im Willen der englischen Regierung gelegen, sondern es habe dieselbe, getäuscht durch irrige Berichte des schlecht
unterrichteten Lord-Oberkommissärs, die Abtretungsfrage nur
in der Voraussetzung dem Entscheide des jonischen Parlements
unterbreitet, daß das Votum gegen die Abtretung ausfallen

würde. Als nun das Gegentheil erfolgte, konnte England nicht mehr zurücktreten. Es mußte gern ober ungern sein verpfändetes Wort lösen, daß es dem legal sich kundgebenden Volkswillen nachkommen wolle. So die Jonier. Die Engländer dagegen wollten die Abtretung einfach aus dem Umstande erklären, weil die Inseln der britischen Regierung mehr Kosten verursacht, als Ertrag abgeworfen hätten. Der Besitz derselben hatte von Anfang an nur Werth als Seestation, welcher Werth aber durch die allgemeine Einführung der Dampfschiffe in der Kriegs-Marine um ein Bedeutendes gesunken sei. Gibraltar und Malta genügen, um Englands Machtstellung im Mittelmeer zu behaupten und diese letztern Besitzungen werde es um keinen Preis aufgeben, vielmehr dieselben mit Aufopferung des letzten Schillings vertheidigen.

Wir halten dafür, daß die Wahrheit hier ungefähr in der Mitte liegen möchte. Man muß zur Beurtheilung der Sachlage im Auge behalten, daß die jonischen Inseln keine eigentliche Kolonie, sondern eine unter den englischen Schutz gestellte Republik waren, daher England dieselben nicht zu seinem materiellen Vortheile ausbeuten durfte. Uebrigens kam noch ein anderer Beweggrund hinzu, der den Lord Palmerston vermochte, in die Abtretung zu willigen. Es handelte sich bei der damaligen Weltlage darum, den russischen und französischen Einfluß in Griechenland zu schwächen und England zuzuwenden. Dieser Zweck konnte aber ohne das Opfer der jonischen Inseln nicht erreicht werden, weil es seit Jahrzehnden im Wunsche aller Griechen lag, dieselben mit ihrem Königreiche vereinigt zu sehen. Griechenland wird durch die Vereinigung das Meiste gewinnen. Denn es erhält nicht nur eine Beigabe fruchtbaren und guikultivirten Gebiets, sondern auch einen Zuwachs an Bildung und politischer Intelligenz. Beides thut dem jungen Königreiche sehr Noth. Allgemein hofft man, es werden die Jonier den Räthen der griechischen Nation eine Anzahl sittlicher und fruchtbringender Kräfte zuführen, welche, wenn sie als geschlossene Phalanx zusammenstehen, im Stande sein werden, den anarchischen Elementen ein Achtung gebietendes Halt zuzurufen.

Wir fuhren von Corfu in den ersten Stunden des Nachmittags ab. Eine interessante Gesellschaft hatte sich in hier auf dem Vulcan eingeschifft und die ganze Oberfläche des Vorderdecks in Besitz genommen. Es war das eine Schaar von nahe an zweihundert Albanesen, welche die Pilgerreise nach Mekka antraten. Schade ist's, daß kein Maler oder Photograph an Bord sich befand. Denn wahrlich, es dürfte die kräftigste Künstlerphantasie kaum im Stande sein, so ächte Banditen-Typen zu ersinnen, wie wir sie hier in lebendiger Wirklichkeit vor uns erblickten! Neben diesen rohen, verschmitzten, verwetterten, mit dem Griffel der wildesten Leidenschaften gezeichneten Gesichtern, in denen sich vorab die Abwesenheit jeglichen psychischen Lebens ausgedrückt findet, müßten spanische und italienische Räuber-Physiognomien als Heiligenbilder erscheinen. Alle diese Männer waren mit Flinten, Pistolen und Dolchen bis an die Zähne bewaffnet und trugen aus roher Wolle verfertigte Kleider. Einige hatten ungegerbte Ziegen- oder Schafsfelle um die Schultern gehangen, wie die Hirten in der homerischen Zeit. Ich durchschritt mehreremale das ganze Vorderdeck, um das Leben und Treiben dieser Leute zu beobachten. Während die einen ihre aus Pökelfleisch, Ziegenkäs, Gurken und Orangen bestehende Mahlzeit verzehrten, rauchten, Kaffee tranken oder ihre Wasserkrüge aus dem Süßwasser-Vorrath des Schiffes anfüllten, lagen andere schlafend auf Matratzen oder Decken gestreckt, die sie für die lange Reise mitgebracht hatten. Manche Gruppe ergötzte sich mit Kartenspiel, wieder andere sangen eintönige Lieder in albanesischer Sprache. Keiner unterließ, bei Sonnen-Untergang sich auf die Erde zu werfen und das vorgeschriebene Nachtgebet laut zu verrichten. Der Pilgergesellschaft waren einige Derwische beigesellt, in deren unbeweglichen Gesichtszügen der Ausdruck dumpfen Fanatismus zu lesen war. Hinter einem Ladenverschlag hatten sich zwei Weiber mit ihren Kindern gebettet.

Nach Sonnen-Untergang fuhren wir zwischen Cefalonia und Ithaka durch. Unsere homerischen Erinnerungen auffrischend, betrachteten wir mit unverwandten Blicken das klassische Eiland. Zehnjährige Irrfahrten — so sagten wir uns — mußte Odysseus durchmachen, bevor er schlafend auf die heimatliche Erde ausgesetzt wurde. Wir sollten die gleichen Seestrecken in Zeit von wenigen Tagen durchmessen. So sehr haben sich die Zeiten geändert. In diesen und ähnlichen Betrachtungen ergingen wir uns, als schon der griechische Sternenhimmel bomähnlich und hellstrahlend über unsern Häuptern erglänzte.

Am Vormittag des 31. Mai wurde die Südküste des Peloponneses umschifft. Obwohl das Wetter vollkommen schön war, so hatte doch die Luft nicht jene durchsichtige Klarheit wie bei meiner Rückfahrt von Konstantinopel im vorigen Herbst. Es schien, als hätte die damals in Mittel-Europa herrschende nasse Witterung einen Theil ihrer Dunstmasse bis in diesen tiefen Süden entsendet. Bei Cap Malea oder St. Angelo zeigte man uns auf einem Felsenvorsprung die Steinhütte eines griechischen Einsiedlers, der hier seit Jahren in weit größerer Einsamkeit, d. h. viel weiter entfernt von menschlichen Wohnungen lebt, als die einstigen Waldbrüder unserer schweizerischen Alpenthäler.

Wir erreichten Syra in den Morgenstunden des nachfolgenden Tages. Der erste Anblick dieser blendend schneeweißen und sonderbar gestalteten Stadt war ganz dazu angethan, meinen Freund zu überraschen. Auch auf mich machte das schon gesehene Bild dießmal wieder einen überwältigenden Eindruck. Als ich den 13. September 1863 auf der Rückreise von Konstantinopel vor Syra anlam, ging die Sonne zur Neige. Jetzt stand sie hoch am Horizont in tropischer Pracht und sandte ihre Strahlen senkrecht auf die weißgetünchten

Häusermassen und Dachterrassen hinunter. Wir bemerken dem Leser, daß die Berghalde, an welche Syra sich anlehnt, kahl und gegen Osten gekehrt ist. Erwägt er, daß die weiße Farbe die Lichtstrahlen ungetheilt zurückwirft und daß wir uns unter dem 37. Grad nördlicher Breite befanden, so wird er sich die energische Lichtfülle einigermaßen vergegenwärtigen können, welche die Stadt mit ihrer baumlosen Umgebung überströmte. Nur der Himmel und das Meer gewährten Ruhepunkte dem geblendeten Auge, indem sie die feuergetränkte Landschaft mit einem dunkelblauen Rahmen mildernd umschlangen. Wie bereits bemerkt worden, ist die kegelförmige Oberstadt von der untern durch einen leeren Zwischenraum getrennt. Deßwegen verglich Ludwig die erstere mit einem nach unten noch mit seinem grauen Papier umwickelten Zuckerstock — ein Vergleich, der zur Bezeichnung der Form vollkommen paßt. Dagegen ist die Farbe des Zuckers zu matt, um das strahlende Weiß dieser Stadt zu karakterisiren. Meinerseits würde ich die Vergleichung mit einem Gletscher vorziehen, wiewohl dieselbe in anderer Beziehung auch nicht ganz zutreffen mag.

Wir hatten auf der Seefahrt zwischen Corfu und Syra unter anderm auch einen ehemaligen französischen Seeoffizier kennen gelernt, der zur Zeit damit beschäftigt war, die Leuchtapparate in sämmtlichen Häfen der Levante nach einem neuen, zweckmäßigeren Systeme einzurichten. Die Mittheilungen dieses vielgereisten Mannes über das Räuberwesen in Griechenland veranlaßten uns, unseren ursprünglichen Reiseplan, wonach wir einen vierzehntägigen Ritt durch den Peloponnes in Aussicht genommen hatten, aufzugeben. Wir entschlossen uns Jerusalem und von Griechenland nur Athen, und zwar letzteres auf der Rückreise zu besuchen, um der Hitze in dem um wenigstens fünf Breitegrade südlicher gelegenen Palästina, so viel jetzt noch möglich, zuvorzukommen. Hätten wir uns dieses Reiseziel von Haus aus gesteckt, wir würden eine Woche an Zeit gewonnen haben. Denn an demselben Tag, an dem wir uns in Triest eingeschifft hatten, war ein anderer Lloyd-Dampfer direkt nach Alexandrien abgegangen, wohin er in fünf Tagen gelangt und von wo sich häufige Schiffsgelegenheiten nach Jaffa darbieten. Nun konnten wir den letztgenannten Punkt nur auf dem Umweg über Smyrna und mit mehrtägigem Aufenthalt in dieser Stadt und in Alexandrien erreichen. Indessen hatten wir aus den eingezogenen mündlichen Erkundigungen und durch das Studium der gedruckten Anzeiger des Lloyd und der Messageries imperiales herausgefunden, daß uns die Möglichkeit gegeben sei, einen achttägigen Aufenthalt in Palästina zu machen, vier Tage in Athen zu verweilen und Anfangs Juli in Neapel einzutreffen. Demgemäß bewegte sich unser erster Gang in Syra nach dem Bureau des Lloyd, wo wir Fahrbillets bis Jaffa einlösten.

Wir mußten in Syra den Bullan, dessen Bestimmung Konstantinopel war und der, nachdem er Kohlen und Lebensmittel aufgenommen hatte, seine Fahrt fortsetzte, verlassen und von unsern liebenswürdigen Schiffsgefährten Abschied nehmen, in der wahrscheinlichen Voraussicht, sie nie wieder zu sehen. Der Dampfer „Afrika," der uns nach Smyrna bringen sollte, lag bereits im Hafen, sollte aber erst um 4 Uhr Nachmittags abgehen. Wir hatten daher Zeit, uns ein wenig in der Stadt umzusehen.

Die Unterstadt, Hermopolis benannt, wurde erst nach Beendigung der griechischen Insurrektion vor etwa dreißig Jahren gegründet, hat sich aber durch Handel und Schifffahrt so schnell gehoben, daß sie die Ober- oder Altstadt an Größe und Wohlhabenheit weit übertrifft. Gegen das Meer zu haben die reichen Kaufleute ihre nett und elegant aussehenden Villen erbaut. Dieselben sind gewöhnlich an der Eingangsseite mit einer Vorhalle versehen. In den obern, eng und steil ansteigenden Stadtgassen wohnt die ärmere Bevölkerung von Hermopolis in Häusern, deren eigenthümliche, einfache, im Grunde altgriechische Bauart uns sehr überraschte. Es sind aus Erde und Steinen aufgeführte, durchschnittlich etwa zwölf Fuß lange, zehn Fuß breite und neun Fuß hohe körperliche Vierecke, welche nach Außen wie steinere Kisten oder, da das flache Dach gewöhnlich mit einem Kranz eingefaßt ist, wie antike Sarkophage sich ansehen. Diese Bauten bestehen natürlich nur aus einem Erdgeschoß und sind mit sehr kleinen Eingängen und Fenstern durchbrochen. Das Dach ist aus einer dünnen, horizontalen Ballenlage konstruirt, mit einem Guß bedeckt und gleich den Seitenmauern mit einem Gypsanwurf überkleibet.

Syra hatte heute ein festliches Aussehen, weil man für die nächsten Tage den Besuch des jungen Königs erwartete. An vielen Stellen waren Triumphbogen errichtet, auf deren einem nachstehende Inschrift zu lesen war: „χαιρε βασιλευ Ελληνων ισχυε και ευδημονει." Das übersetzte Herr Ludwig ins Deutsche wie folgt: Sei gegrüßt, König der Hellenen, sei kräftig und glücklich.

Gleichwie die gesammte Unterstadt sind auch ihre beiden Hauptkirchen neu und machen eben wegen dieser Neuheit und Nettigkeit einen günstigen Eindruck. Was uns darin — außer der den Choraltar nach griechischem Ritus abschließenden und verdeckenden Querwand — besonders auffiel, waren die vielen krystallenen Leuchter, welche von der Decke herabhingen. Architektonisch keineswegs schön nahmen die viereckigen, denjenigen eines gewöhnlichen Wohnhauses ganz ähnlichen Fenster sich aus. Beide Kirchen haben Kanzeln, was ich deßwegen bemerke, weil in der griechisch-schismatischen Kirche, wenigstens an den gewöhnlichen Sonntagen, selten geprediget wird. Die wenigen Bilder, die sie enthalten, sind ohne Kunstwerth und stellen Heilige dar. Vor dem Eingang der einen Kirche ist ein unbedeckter Vorhof von bedeutendem Umfange angebaut.

Wahrscheinlich geschieht es selten, daß abendländische Reisende diese Kirchen besuchen. Denn der Pope, welcher uns in einer derselben herumführte, schien durch unser Erscheinen freudig betroffen zu sein. Seine Gemüthlichkeit steigerte sich, als mein

Freund mit Hülfe des Alt-Griechischen versuchte, einen kurzen Gedanken-Austausch mit dem Manne zu pflegen. Der Versuch gelang, beide wechselten einige Sätze und freundlich lächelnd rief der Pope sein „bravo" und reichte uns beim Abschied die Hand.

Unsere Absicht war damals, in die Altstadt hinaufzusteigen und das dortige lateinische Kloster zu besuchen. Leider schlugen wir den unrechten Weg ein. Derselbe endete bei einem alten verfallenen Thurm, welchen die gleich einem Adlerhorst an dem spitzauslaufenden Schuttkegel hängende Altstadt noch um ein Bedeutendes überragte. Wir gewahrten, daß um die einzige dort hinanklimmende Straße zu erreichen, eine breite, tiefe und wegen des darin angehäuften Gerölles von Glimmerschiefer beinahe ungangbare Schlucht überschritten werden mußte. Dazu war die Hitze an der schattenlosen Berghalde bereits so stark geworden, daß uns sehnlichst nach der kühlenden Seeluft verlangte. Alle diese Umstände bewogen uns, von dem Besuch der Oberstadt abzustehen und an Bord der Afrika zurückzukehren, woselbst wir in behaglicher Ruhe die Stunde der Abfahrt erwarteten.

Unter den eintreffenden Passagieren hatten wir das Vergnügen, einen Landsmann aus Zürich zu finden, welcher für ein Appenzellerhaus in Seidenwaaren Geschäftsreisen machte. Außer ihm, einem Deutschen und uns fanden keine anderen Abendländer auf dem Schiffe sich ein. Dagegen stiegen viele griechische Familien aus den umliegenden Inseln an Bord, um sich theils in Geschäften, theils zum Besuche von Verwandten nach Chios oder Smyrna zu begeben.

Zur festgesetzten Stunde, um 4 Uhr Nachmittags, wurde Syra verlassen und bald hernach die Straße zwischen Tenos und Mylene befahren. Nördlich der erstbenannten Insel lag Andros in Sicht, während Nagos, Paros, Antiparos, nebst mehreren kleinern, zur Gruppe der Cykladen gehörende Eilande unsern Gesichtskreis nach Süden abschlossen.

Bei Sonnenuntergang erhob sich ein starker Nordostwind, welcher, weil unserm Laufe zuwider, jenes taktmäßige Auf- und Niedersteigen des Schiffsvordertheils bewirkte, das die Seekrankheit viel eher erzeugt als die Schaukelbewegung nach rechts und nach links. Es wurden daher sogar viele der seegewohnten Insulaner und Insulanerinnen von derselben ergriffen. Mein Freund und ich hatten auf der äußersten Spitze des Dampfbootes neben dem jovialen, über die bleichen Kranken mitleidslos lachenden Schiffsdoktor Platz genommen und konnten uns durch das Einathmen der scharfen Seeluft des Uebels so ziemlich erwehren. Dennoch fanden wir zuletzt beide für gut, unser Lager zu beziehen, weil die liegende Stellung das alleinige vorbeugende und heilende Mittel gegen die Seekrankheit ist.

Während der Nacht machte die Afrika einen dreistündigen Aufenthalt im Hafen von Chios. Bei anbrechendem Morgen befanden wir uns bereits im Seebusen von Smyrna und fuhren hart an der Küste der Halbinsel vorbei, welche den großen Golf im Westen einschließt. Die bewaldete Bergkette der Halbinsel zeigte nirgends eine Spur menschlicher Wohnungen. Dagegen soll sie, wie man uns sagte, zahlreiche Panther und Schakals beherbergen. Zu unserer Linken lag untiefes Meer, dessen für die Schiffahrt annahbare Grenzlinie durch sog. Leuchtkutter, d. h. durch an starken Ankern befestigte, roth bemalte und des Nachts leuchtende Schiffe angezeigt ist.

4. Smyrna.

Diese Stadt zieht sich in einem weiten Halbbogen der Küste entlang und deckt den Fuß eines Hügels, dessen Spitze mit einem alten, von den Genuesern herstammenden Kastelle gekrönt ist. Der Anblick ist vom Meere her schön, aber mit demjenigen Konstantinopels nicht zu vergleichen. Im Hafen lagen ordentlich viele Dampfer und Kauffahrer vor Anker. Dennoch kann sich Smyrna auch in dieser Beziehung nicht mit der Weltstadt am Bosphorus messen und muß neben Triest, Marseille und andern großen Häfen des Abendlandes immerhin als ein kleiner Seeplatz erscheinen.

Unser erstes Geschäft in Smyrna bestund darin, auf den zur Fahrt nach Alexandrien bestimmten Dampfer „Stambul" überzusiedeln. Da derselbe erst am Abend des folgenden Tages abgehen sollte, so war die Zeit uns gegeben, die Metropole Kleinasiens zu durchwandern und ihre Hauptmerkwürdigkeiten in Augenschein zu nehmen.

Smyrna unterscheidet sich von Konstantinopel vorzüglich durch die Bodengestaltung, da das erstere größtentheils flach liegt, während Konstantinopel über einer Reihe von Hügeln sich ausbreitet. Sonst aber haben beide Städte vieles mit einander gemein. Hier wie dort findet man enge und schlecht bepflasterte Gassen und sind die Häuser der Orientalen aus Holz, die der Europäer aus Stein aufgeführt. Alle Häuser haben schiefe Dächer, die mit Hohlziegeln bedeckt sind. Die Hauptgasse bildet das Frankenquartier. Sie zieht sich in ziemlich gerader Richtung parallel mit der Küste und mag etwa eine Viertelstunde an Länge betragen. Im Franken-, gleich wie im Griechenquartier, kann man fast durch jede geöffnete Hausthür in einen Garten hinein blicken, welcher mit einer Fontaine geschmückt ist. Der am Ende der Frankengasse befindliche türkische Bazar gleicht in seiner Bauart und inneren Einrichtung dem von Konstantinopel, steht aber dem letztern an räumlicher Ausdehnung um ein Bedeutendes nach. Merkwürdig und mir ganz neu war der persische Bazar. Hier waren die mit prächtigen Shawls und anderen persischen Fabrikaten ausgestatteten Verkaufsbuden rings um einen großen, länglicht viereckigen Hof angelegt. In diesem Hof lagerten die Kameele, welche jene Waaren hergebracht hatten. Unter den Karavanenführern erblickte ich Köpfe von typischer Schönheit, wie ich welche selbst im Orient bisher und seither keine gesehen habe.

Smyrna zeigt in allen seinen Theilen regen Verkehr, aber für die Circulation von Fuhrwerken sind wie in Konstantinopel die Straßen zu enge. Der Waarentransport wird durch Kameele und Esel vermittelt, oder geschieht auf den schwer belasteten Schultern der Hamals. Man wird von Mitleid und Achtung ergriffen, wenn man diese armen orientalischen Taglöhner sieht, wie sie in der Glühhitze des hiesigen Klima, halbnackt, schweißtriefend und tiefgebückten Leibes schwere Quadersteine oder zwanzig Fuß lange Balken auf die oft weit entfernten Bauplätze tragen und dabei durch unausgesetzte, weittönende Rufe die Vorübergehenden zum Platzmachen mahnen. Als Vehikel des Personenverkehrs dienen gesattelte Pferde und Esel. Die letztern werden ohne Gebiß und Zaum, nur mit einer einseitigen Halfter angethan, dem Reiter in die Hand gegeben, so daß derselbe seine schwere Mühe hat, die eigensinnigen Thiere durch das Gedränge zu leiten.

Nach Besichtigung der vorbenannten Bazars begleitete ich meinen Freund auf einem Besuche, den er in dem hiesigen protestantischen Diakonissenhaus erstattete. Zur Hausthüre eintretend gelangten wir in eine kühle Säulenvorhalle und von da in einen Garten, der im südlichen Blüthenschmucke prangte und ringsum von einer Gallerie im Vierecke umzogen war. Hier empfing uns die Vorsteherin mitten unter ihren spielenden Schulkindern. Sie ließ uns in den verschiedenen Theilen der Gebäulichkeiten durch eine Diakonissin herumführen, aus deren Mittheilungen betreffend die Verhältnisse der Anstalt ich mir Nachfolgendes notirte. Das im Jahre 1858 von dem preußischen Pastor Fliedner in Kaiserswerth gegründete Institut ist Waisenhaus, Pension und Schule zugleich und vorzugsweise für Mädchen bestimmt. Gegenwärtig zählt die Schule 212 Kinder. Darunter sind 80 Pensionäre und 132 sog. Externe. Eine Hausmutter steht an der Spitze und ist von zwei Wirthschafts-Diakonissen unterstützt. Das Schulwesen besorgen zehn Lehrschwestern, denen zur Aushülfe vier außer dem Hause wohnende Lehrer und sechs Lehrerinnen beigegeben sind. Der Unterricht wird in der französischen Sprache ertheilt. Im Jahre 1860 wurde das Haus durch ein Pensionsmädchen vermittelst eines in das Bett gelegten Zündhölzchens in Brand gesteckt, dann aber schöner wieder neu aufgebaut. Was die Finanzmittel der Anstalt betrifft, so werden dieselben, insoweit die Pensionsbeträge nicht ausreichen, durch Spenden aus dem protestantischen Europa und durch Beischüsse der preußischen Regierung beschafft. Aehnliche Institute bestehen in Beirut, Jerusalem, Alexandrien und Konstantinopel.

Von da machten wir einen Gang durch das Griechenquartier und ließen uns die dortige, den Namen „San Dimitri" tragende Hauptkirche öffnen. Zwei Säulenreihen theilen sie in drei Langschiffe ein, deren mittleres mit einem Tonnengewölbe überspannt ist. Man bedauert für den stattlichen Bau, daß derselbe, gleichwie die Hauptkirche in Syra, durch die zu ebener Erde angebrachten großen viereckigen Fenster ein spießbürgerlich prosaisches Aussehen erhält. Mehr als die Kirche zog der sonderbar gestaltete Glockenthurm unsere Aufmerksamkeit an, welcher getrennt von derselben, am Eingange des Vorhofes stehend, mich durch seine stufenweise übereinander gebauten Terrassen einigermaßen an den Glockenthurm zu Pisa erinnerte.

Auf dem Rückwege an einem offenen Hofraume vorbeigehend, schien uns, daß darin eine außergewöhnliche Regsamkeit herrsche. Wir traten ein und bemerkten, daß wir es mit dem Geschäfte eines Weinhändlers zu thun hatten. Die Fässer waren daselbst in einer hohen, nach dem Hofe offenen Halle auf Hürden gelagert, die sich nach Art eines Flaschenkellers etagenartig übereinander erhoben. Man gab uns drei Sorten Weine, rothe, weiße und gelbe, zu verkosten. Dieselben standen in Bezug auf Feuer und Gehalt den mir bekannten südeuropäischen im Geringsten nicht nach, unterschieden sich aber durch einen eigenthümlich gewürzartigen Beigeschmack, welcher für den Abendländer etwas fremdartiges hat.

Bevor wir am Bord des Stambuls unser Nachtlager bezogen, verbrachten wir noch eine Stunde im fränkischen Kaffeehause, das am Hafendamm liegt. Hier hatten wir die europäische und europäisirte Griechenwelt von Smyrna um uns, welche bei Eis, Bier und kühlender Seeluft mit Frauen und Kindern sich von den Geschäften des Tages erholte.

Des folgenden Tages (es war der 3. Juni) ließen wir uns um 7 Uhr Morgens ans Land rudern. Das Thermometer zeigte zu dieser Stunde bereits 19° R. in den sonnenlosen Gassen der Stadt. Wir hatten uns als Hauptziel unserer heutigen Wanderungen die sogenannte Karavanenbrücke vorgesetzt. Allein auf dem Wege dahin wurde unsere Aufmerksamkeit durch mehrfache Gegenstände gefesselt und das gestern begonnene Studium der Stadtphysiognomie vervollständigt. Wir kamen nach einander durch fränkische, griechische, armenische, jüdische und mahomedanische Quartiere. Allenthalben herrschte starke Betriebsamkeit und reger Verkehr und es reihten sich Buden an Buden, Werkstätten an Werkstätten an. Andererseits begegneten wir auch zahlreichen türkischen Bettlern. Diese Leute saßen mit ausgestreckten Armen am Boden, den Rücken an die Häuser gelehnt und ließen ihre lauten, wehmüthigen Bittrufe ohne Unterbruch durch die Gassen erschallen. Mehrere derselben zeichneten sich durch klassische Gesichtszüge aus und hätten in ihrer halb primitiven Tracht einem Genremaler die interessantesten Modelle geboten. Eine Eigenthümlichkeit des Türkenquartiers sind die zahlreichen öffentlichen Garküchen oder Restaurationsbuden, bei denen der arme Mann sich um ein geringes Geld eine aus gekochten Speisen bestehende Mahlzeit beschafft. Von den Obsthändlern wurden heute bereits reife Kirschen, Pflaumen und Aprikosen zum Verkauf ausgeboten. Im Griechenquartiere besichtigten wir mit vielem Interesse einen noch im Ausbau begriffenen Spital. Der eben so edel als zweckmäßig aufgeführte Bau schließt nach orientalischer Weise einen Hof im Vierecke ein, um welchen in zwei Geschoßen Säulenhallen herumgehen. Sämmtliche Krankensäle öffnen auf diese luftigen Gallerien. Dadurch werden die Säle bestmöglich kühl erhalten und ist gleichzeitig den Genesenden die Gelegenheit geboten, sich in unmittelbarer Nähe ihrer Lagerstätten in freier Luft und am Schatten ergehen zu können. Der erste Grund der Anstalt ist vor 104 Jahren gelegt worden; dieselbe wurde aber seither und wird eben jetzt um ein Bedeutendes erweitert. Gegenwärtig zählt sie zweihundert, alles eiserne Betten. Ein Pope hat die Direktion unter dem Namen Οἰκόνομος. Legate und jährliche freiwillige Beiträge der hiesigen Griechen waren und sind die Mittel, denen das Institut seine Entstehung, Erweiterung und Erhaltung verdankt.

Der Anblick des schönen und großartigen Monuments christlicher Wohlthätigkeit, welches jeder europäischen Residenzstadt zur Zierde gereichen würde, rief in mir Betrachtungen über die gegenwärtige Stellung der Neu-Griechen im Orient hervor. Ich sah darin ein sprechendes Zeugniß ihres Reichthums und Gemeinsinns zugleich, und erwog dabei, daß der erstere nur durch Intelligenz, Thätigkeit und Sparsamkeit erworben und erhalten wird. Zu diesen beiden Faktoren ihres Fortschritts kommt noch der rasche Zuwachs ihrer Volkszahl hinzu, während diejenige der Türken in stetiger Abnahme begriffen ist — eine Doppelthatsache, welche aus der Bevölkerungsstatistik von Smyrna auf das frappanteste erhellt. Smyrna zählt nämlich im Ganzen 125,000 Seelen. Darunter befinden sich 60,000 Griechen und nur 30,000 Türken. Die übrigen 35,000 vertheilen sich auf Armenier, Juden und Franken. Früher war das Verhältniß ein umgekehrtes. Denn noch vor wenigen Jahrzehnten zählten die Türken 60,000 Seelen und hatten das Uebergewicht nicht nur über die Griechen, sondern über die Gesammtheit der übrigen Einwohner. Jetzt sind sie auf die Hälfte der griechischen und unter den Viertheil der Gesammtbevölkerung Smyrna's herabgesunken. Wenn ich nun anknüpfend an diese Thatsachen bedachte, daß die Neu-Griechen überall im Orient angesiedelt sind, daß sie die ganze große Inselwelt des jonischen und ägäischen Meeres von Corfu bis nach Rhodus und Cypern fast ausschließlich bewohnen und im Königreich Griechenland den Kern eines nationalen Staates besitzen, der dazu bestimmt zu sein scheint, alle stammverwandten Elemente um sich zu sammeln, so muß ich zu dem Schlusse gelangen, daß ihnen, trotz ihrer moralischen Schattenseiten, die ich durchaus nicht verkenne, die Zukunft im Orient beschieden sei.

Noch wurden, bevor wir die Karavanenbrücke erreichten, die Kirche der Armenier und eine Moschee besucht. Jene hatte eine Säulenvorhalle und im Innern drei Schiffe, eine Kuppel und Tonnengewölbe. Merkwürdig ist der vor dem Eingang gelegene, mit Platanen und riesigen Maulbeerbäumen beschattete Friedhof, dessen Grabdenkmäler in Form antiker Sarkophagen verfertigt sind. Der Grundplan der Moschee zeigte eine Hauptkuppel in der Mitte, einen Umgang rings um dieselbe und zwei kleinere Kuppeln jener zur Seite. An einigen Stellen

befinden sich vergitterte Gallerien, wahrscheinlich für die Weiber
bestimmt. In der Gebetsnische war die Kaaba zu Mekka bildlich in Holz dargestellt. Ferner besitzt diese Moschee auch einen
hübsch vergitterten und mit Sammt ausgeschlagenen Sitz für
den Sultan.

Was nun die Karavanenbrücke betrifft, so ist das
eine am Ostende der Stadt über das Flüßchen Meles geschlagene Brücke, worüber die aus dem Innern Kleinasiens
anrückenden Karavanen passiren müssen, um zu den Bazars zu
gelangen. Schon auf dem Wege dahin trafen wir mehrere solcher
aus 40—50 Stücken bestehender Kameelzüge an. In langer
Reihe, eines hinten an das andere gebunden, schwer beladen,
langsamen und gemessenen Ganges, den Kopf nach vornen ausstreckend, schritten diese geduldigen Thiere durch die volksreichen
Gassen einher. Viele derselben trugen Brennholz, andere Eis,
welches man, um das Schmelzen zu verhindern, in Filz eingewickelt hatte. Jeder Zug war von einem Führer zu Pferd
oder zu Esel geleitet. Bei der Brücke selbst sahen wir Hunderte von Kameelen auf dem sandigen Strande des Meles gelagert. Nahe dabei ist der Bahnhof der nach Ephesus führenden
Eisenbahn gelegen. Gerne hätten wir den Abstecher nach der
klassischen Stätte gemacht; aber selber stimmte der Fahrtenplan
nicht mit den Stunden der Ankunft und Abfahrt der Dampfschiffe überein, die uns nach Smyrna gebracht und von da wieder
fortführen sollten. Es geht nämlich nur jeden Morgen um 6 Uhr
ein Zug nach Ephesus ab und kommt Abends um die gleiche
Stunde zurück. Da wir nun gestern erst gegen Mittag in Smyrna
angelangt waren und der nach Alexandrien bestimmte Dampfer
heute um 4 Uhr Nachmittags seine Fahrt antreten sollte, so
war an den Besuch von Ephesus nimmer zu denken.

Schließlich bemerke ich, daß die altgriechische Sage den
Geburtsort Homers an die Ufer des Meles verlegt, welcher
deßwegen Melesigenes genannt ward.*)

*) Herodot V.

5. Seefahrt von Smyrna nach Alexandrien.

Wir trafen auf dem Stambul, welcher um 4 Uhr aus dem Hafen fort dampfte, nur eine kleine Anzahl Mitreisender der ersten und zweiten Klasse, was uns die Bequemlichkeit gewährte, daß jeder von uns eine besondere Kabine erhielt. Dagegen wimmelte es von Passagieren der dritten Klasse oder von sogenannten Deckpassagieren, d. h. solchen, die auf dem Verdeck schlafen und sich selbst verköstigen müssen. Es waren das mit wenigen Ausnahmen lauter Orientalen. Man hatte denselben, weil das Hinterdeck ganz mit Waaren belegt war und dazu noch fünfundzwanzig weiße Kühe beherbergte, zur Bereitung ihrer Lagerstätten die Hälfte des zu diesem Zweck der Länge nach durch einen Verschlag abgetheilten Vorderdeckes eingeräumt. Hinter diesem Verschlag, den man behufs Absonderung der Geschlechter selbst wieder durch einen Querverschlag getrennt hatte, mußten die armen Leute während dreier Tage und Nächte fortwährend in sitzender oder liegender Stellung zubringen, ohne anderes Obdach als den milden, südlichen Himmel des Nachts und zur Tageszeit ein über das Deck gespanntes Tuch zum Schutz gegen die Sonne. Man sagte uns, daß diese Klasse von Reisenden den Lloyd-Schiffen den größten Theil ihrer Einnahmen in den levantinischen Gewässern zuführe. Eine Abtheilung des Weiberverschlags barg eine Scene, welche uns eine schlimme Seite der orientalischen Zustände enthüllte. Etwa ein Dutzend junger Mädchen war darin eingepfercht, um unter der Führung eines Weibes, deren harter Gesichtsausdruck jetzt noch anwidernd mir vorschwebt, in die Lusthäuser Alexandriens spedirt zu werden. Ein gut organisirter weißer Sklavenhandel, der, wie uns mitgetheilt ward, die bedauernswerthen Opfer scheuslicher Habsucht vorzugsweise aus den sittlich verkommenen Donauländern bezieht.

Wir beide unterhielten uns längere Zeit mit einem feingekleideten Herrn, der sich als Sekretär der englischen Gesandtschaft zu Konstantinopel ausgab, der Intimität des Vice-Königs von Aegypten sich rühmte und behauptete, daß er in einer Mission an diesen Fürsten nach Alexandrien reise. Später wurden uns von anderer Seite diese Qualifikationen als Erdichtungen erklärt. Der angebliche Lord sei ein Grieche aus Corfu niedrigen Standes und stehe mit der brittschen Gesandtschaft in keiner Beziehung. Wenn es dem sich also verhält, dann wußte der schlaue Grieche den Gentleman und Diplomaten vortrefflich zu spielen. Besonders frappirte es mich, wie er das Englische, Französische und Italienische mit gleicher Reinheit und Geläufigkeit sprach.

Die Seefahrt des folgenden Tages war eine höchst interessante. Denn wir steuerten mitten durch den Archipel der Sporaden und unweit von der Küste Kleinasiens vorüber. Große und kleine Inseln tauchten in ununterbrochener Reihenfolge aus dem blauen Meere empor und zeichneten in hellen, scharfen Linien am durchsichtigen Horizonte sich ab. Viele derselben trugen klassische Namen. Vor andern richteten wir das Fernrohr auf Samos und Patmos. Jenes war im Alterthum ein mächtiger Freistaat und hatte durch den, seine Hauptstadt zierenden Prachttempel der Juno, so wie wegen seiner durch das Gebirge gehauenen Wasserleitung eine weitreichende Berühmtheit erlangt. Die heutigen Samioten sind durch ihre Fertigkeit im Tauchen bekannt, welche sie zur Beschaffung von Badeschwämmen verwerthen. Auch wissen sie aus Muskat- und Malvasiertrauben einen Wein zu bereiten, der im Morgen- und Abendlande gleich beliebt ist. Die Insel ist im Innern

von einem Marmorgebirge durchzogen, deſſen höchſte, im Winter
oft mit Schnee bedeckte Spitze der ſchwarze Berg genannt wird.
Auf Patmos lebte bekanntlich eine zeitlang der Apoſtel Jo-
hannes und ſoll in einer dortigen Höhle ſeine Offenbarung
geſchrieben haben. Die uns zugekehrte Perſpektive des heiligen
Eilandes zeigte eine niedrige Gebirgskette mit vielfach gebrochenen
Linien. Auf dem Kamme erhebt ſich die Stadt, einen ſtumpfen
Winkel darſtellend, deſſen nach oben gewendeter Scheitel mit
einer Burg gekrönt iſt. Weiter nördlich gewahrte man am
Strande im Grunde einer ſchmalen Bucht eine zweite, kleinere
Stadt. Abends kamen wir bei der Inſel Scarpanto vorbei und mochten mit Hülfe eines guten Fernrohrs das links
gelaſſene Rhodus erblicken. Von da an befanden wir uns
fortwährend zwiſchen Himmel und Waſſer, denn wir ſteuerten
in gerader Linie quer durch das Mittelmeer auf Alexandrien
zu, das wir am Morgen des 6. Juni erreichten. Der Anblick
dieſer Stadt von der See her iſt keinesswegs impoſant. Denn
ſie liegt flach wie ein Schachbrett und der größte Theil derſelben iſt verdeckt durch die Gebäude der Mauth und der Marine.
Dagegen war der weite Hafen mit zahlreichen Schiffen bedeckt,
über welche die großen engliſchen und franzöſiſchen Dampfer
wie Rieſen über die Maſſe der kleinen Kauffahrer emporragten.

Der Stambul war angewieſen, drei Tage vor Alexandrien
zu halten, nach deren Verlauf er ſeine Weiterfahrt an die
Küſten Paläſtina's und Syriens antreten und über Cypern und
Rhodus nach Smyrna zurückdampfen ſollte. Selbſtverſtändlich
wollten wir dieſe Friſt zu einem Einblicke in das Land der
Pharaonen beſtmöglich verwerthen. Sie genügte nicht nur,
um Alexandrien, ſondern Dank der Eiſenbahn auch Kairo
zu ſehen. Es war ungefähr 8 Uhr, als der Stambul die
Anker auswarf. Längſt ſchon hatten die Sperberaugen der
Bootführer unſere Ankunft erſpäht. Blitzſchnell und mit auf-
geſpannten Segeln ruderten ſie von allen Seiten an den Stambul herbei und umzingelten denſelben mit einer Kette von

Barken, die sie an die Schiffswände anlegten. In dieser Stellung harrten sie des Augenblicks der Pratica. Mit diesem Ausdruck wird in der Seesprache der Levante die Erlaubniß zum Landen bezeichnet, welche von der Sanitätsbehörde des jeweiligen Hafens nach eingeholter Bescheinigung der Schiffs-Aerzte, daß keine ansteckende Kranke an Bord sich befinden, ertheilt wird. Als nun jener Augenblick gekommen, d. h. die Pratica verkündet war, erkletterten die braunen Gesellen im Sturme das Deck, um eine wilde Jagd auf die Passagiere zu eröffnen. Urplötzlich war das bisher so ruhige Verdeck zum Schauplatz eines unbeschreiblichen Lärms und Getümmels geworden. Die Araber pflegen bei solchen Anlässen unaufhörlich zu schreien, bewegen sich in den heftigsten Geberden und ringen förmlich miteinander, wie wenn jeder Einzelne die ganze Schiffsgesellschaft in seinen Nachen aufnehmen wollte. Betäubt und außer Fassung gebracht, hat sich der Reisende auch noch gegen handgreifliche Zudringlichkeiten dieser Leute zu erwehren. Sie nehmen, ohne Euch zu fragen, Euer Gepäck in die Hand, der eine den Koffer, der andere den Nachtsack, ein dritter den Schirm und würde man die Zugreifer gewähren lassen, man müßte, am Lande angekommen, seine Gepäckstücke aus einem halben Dutzend Barken zusammenlesen und den Transport jedes einzelnen besonders bezahlen. Dabei werden an den Fremden bei dem Mangel eines amtlichen Tarifs unverschämte Fahrpreise gestellt, die er, wenn er Eile hat, ans Land zu kommen, nicht leicht auf ihr billiges Maß herunterzudrücken vermag. Dennoch machte am Ende alles sich gut. Wir warteten, uns auszuschiffen, bis nach dem Abgang eines großen Theils der Reisenden wieder einige Ruhe auf dem Verdecke sich eingestellt hatte. Dann bestellten auch wir eine Barke und gelangten glücklich und ohne Verlust eines einzigen Gepäckstückes an's Land. Hier mußte vorab das Mauthgeschäft abgethan werden, worauf wir uns zu Fuß nach dem uns anempfohlenen Hotel d'Angleterre verfügten.

MEER

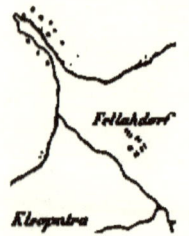

6. Alexandrien.

Die Lage Alexandriens hat etwelche Aehnlichkeit mit derjenigen Venedigs. Wirft man einen Blick auf die Karte, so sieht man, daß hart an der Nordküste Aegyptens eine Reihe großer Salzseen sich ausbreitet, welche von dem offenen Meere durch viele schmale Landzungen abgetrennt sind. Jene Salzseen dürften den Lagunen und die parallel mit der Küste verlaufenden Landzungen den Lidi des venetianischen Seebusens entsprechen. Nun ist Alexandrien auf einer solchen Landzunge zwischen dem Meere und dem Lagunensee Mareotis gelegen, dem Standorte Venedigs insofern ungleich, als das letztere, wie seiner Zeit bemerkt ward, sich mitten in der Lagune selber auf einer Gruppe von Schlammbänken erhebt. Anderseits zeichnet sich die Lage Alexandriens noch durch eine ganz besondere Eigenthümlichkeit aus. Die Stadt ist nämlich zum größten Theile auf einem künstlichem Damme erbaut, welcher zur Zeit der Ptolemäer von der Landzunge aus nach der den weltberühmten Pharos tragenden Insel hinübergeführt wurde. Die Alten nannten jenen Damm das Heptastadium, weil er sieben Stadien an Länge betrug, und haben die von demselben, in Verbindung mit der flügelartig an dessen Ende sich ausbiegenden Insel, beschriebene Figur mit einem macedonischen Mantel oder altgriechischen Kriegskleide verglichen. Mit der Zeit ist dann der schon ursprünglich fest und breit angelegte Damm zu einer einen halben Kilometer breiten Landzunge geworden, auf welcher namentlich die Stadt der Türken und anderer Orientalen sich aufgebaut hat. Durch das Heptastadium wurde und wird jetzt noch der Hafen in ein östliches und westliches Becken geschieden. Bis zu Anfang dieses Jahrhunderts durften die christlichen Schiffe nur in dem östlichen Becken anlegen, welches wegen der vielen daselbst befindlichen Klippen unsicher ist. Erst Mehemed-Ali hat ihnen auch das westliche geöffnet.

Wenige Stätten der alten und neuen Welt haben solchen Wechsel des Schicksals durchgemacht, wie die Stadt Alexanders des Großen. In der ptolemäischen und römischen Zeit das Centrum des Welthandels und der Brennpunkt der griechischen Wissenschaft, zählte sie 300,000 Freie, im Ganzen also wohl eine Million Einwohner und gehörte zu den schönsten Metropolen des Alterthums. Zwei Hauptstraßen, 100 Fuß breit, durchschnitten dieselbe rechtwinklicht und waren der ganzen Länge nach mit Säulengängen geziert. In der Pracht ihrer Paläste, Museen, Theater und Tempel wetteiferte sie mit Rom. Nachdem der Evangelist Markus das Christenthum hier eingeführt und einen Bischof eingesetzt hatte, welcher später zu der Würde eines Patriarchen emporstieg, wurde Alexandria der Hauptsitz der christlichen Gelehrsamkeit und Apologetik, unter deren Vertretern Männer wie Clemens und Origenes glänzten. Ihnen gegenüber arbeiteten die sogenannten Neu-Platoniker, eine aus jüdischen, christlichen und heidnischen Elementen gebildete philosophische Schule, vergeblich, das alte Heidenthum in verjüngter, rationalistischer Form wieder herzustellen.

Noch unter den Arabern, welche im Jahr 651 unserer Zeitrechnung nach sechszehnmonatlicher Belagerung die Stadt einnahmen, blieb Alexandria der vorzüglichste Handelsplatz der afrikanischen Küste, sank aber unter der Türkenherrschaft so tief herunter, daß im Jahre 1770 seine Seelenzahl kaum noch 5,000 betrug. Neu hat es sich durch Mehemed-Ali erhoben. Es zählt jetzt wohl mehr als 60,000 Einwohner, darunter zahlreiche spekulative Juden, Griechen und Franken, welche durch Handel und Spedition sich bedeutende Reichthümer erwerben.

Da ich auf meinen Orientreisen zu verschiedenen Malen Alexandrien berührt und dasselbe in allen Richtungen durchkreuzt habe, so gelang es mir, ein ziemlich deutliches Bild von der Physiognomie der jetzigen Stadt zu gewinnen. Von Konstantinopel schon durch die flache Lage, die Steinhäuser und platten Dächer unterschieden, erscheint das jetzige Alexandrien wesentlich dadurch karakterisirt, daß in ihm und zwar theilweise noch innerhalb des Rahmens der gleichen altarabischen Ringmauern, neben eingestreuten Palmenwäldchen und Tropengärten, d r e i Städte oder Stadtabtheilungen sind, von denen jede in ihrer scharf ausgeprägten Eigenthümlichkeit einen besondern Kulturtypus zur Darstellung bringt. Wir haben oben gesagt, daß auf dem alten Heptastadium die Stadt der Türken und anderer Orientalen sich aufgebaut habe. Da die Landungsplätze in diesem Stadttheile liegen, so sind die ersten Eindrücke, die der aus Europa ankommende Reisende empfängt, durchaus orientalisch. Wenige Schritte trugen uns von der Dogana in Mitten einer Welt, die mich selbst nach Konstantinopel und Smyrna fremdartig ansprach. Wir bewegten uns durch eine dichtgedrängte Volksmenge, die, aus den Nationen dreier Welttheile gemischt, in Kleidung und Hautfarbe alle Abstufungen der Farbenleiter zur Schau trug. Weiße und Neger, halbnackte braune Gestalten, türkische Jacken und arabische Burnus, das blaue Hemd des aegyptischen Fellah, Kaftane von allerhand Farben, die griechische Fustanella, der Turban und der rothe Fez wogten, untermischt mit vermummten orientalischen Frauen, bunt durcheinander oder bildeten stillstehende malerische Gruppen. Dazu die originellen Figuren der Wasserverkäufer, die das kühle Getränk in über die Schulter gehangenen Bocksschläuchen mitführten. Ihren Ausrufungen sekundirte das Geschrei der Eselvermiether und das Wehklagen der meist blinden

Bettler. Die Gassen sind hier breiter als in Konstantinopel und Smyrna. Deßwegen wird der Verkehr nicht nur durch Reitthiere, sondern auch durch Fuhrwerke vermittelt. Mitten durch schreiten in langen Zügen die Kameele, durch Führer geleitet, welche, in braungestrichene Burnus gehüllt, sich durch Haltung und Miene als ächte Söhne der Wüste bekunden. Das laute Leben wird durch die im Süden übliche Sitte gesteigert, daß die Handwerker und Kaufleute in nach der Gasse zu offenen Gewölben ihre Arbeiten und Geschäfte verrichten. Diese kleinen, niedrigen orientalischen Gewölbe folgten sich zu beiden Seiten der Hauptstraßen in ununterbrochener Reihe. Darunter waren die arabischen Kaffeehäuser, Kochlokale und Barbierbuden zahlreich vertreten. Andere Räume strahlten vom Golde der Orangen, die darin zu großen Massen kunstgerecht aufgeschichtet lagen.

Anders sieht es in jenem Theil des Heptastadiums aus, welcher an den östlichen Hafen sich anlehnt. Dieses von vornehmen Türken bewohnte Quartier ist stille und einsam. Die Häuser sind in unsymmetrischer Ordnung erstellt und lassen durch den blendendweißen Gypsverputz oder die Verkleidung mit bunt gefärbten Backsteinen den Wohlstand der Bewohner errathen. Zwischen den Häusern sind Moscheen zerstreut, deren granitene Säulen wahrscheinlich aus altaegyptischen und griechischen Tempeln hergenommen wurden. Hie und da stößt man auch auf vereinzelte Grabsteine. Dieselben sind durch den Turban erkenntlich, der am obern Ende des Monumentes angemeißelt ist.

Wie wird nun der ankommende Fremde überrascht, wenn er aus der Stadt der Orientalen auf den Consularplatz gelangt und sich hier plötzlich in Mitten der europäischen Civilisation hineinversetzt sieht! Diese von Nordwest nach Südost sich hinziehende Anlage würde unsern schönsten abendländischen Hauptstädten zur Zierde gereichen. Sie bildet ein Rechteck und mag ungefähr einen halben Kilometer an Länge auf eine

Breite von etlichen hundert Schritten betragen. Doppelalleen aegyptischer Akazien ziehen sich an den Langseiten hin, während zwei große Marmorbecken mit sprudelndem Nilwasser die Schmalseiten zieren. Palastähnliche Gebäulichkeiten rahmen den Raum ein. Sie enthalten in den obern Stockwerken die Wohnungen der Consuln, die Agenzien der Dampfboote nebst den Versammlungslokalen fränkischer Zirkel und in den Erdgeschossen reich ausgestattete europäische Kaufläden und Kaffeehäuser, in welch' letztern man die bedeutendern französischen Zeitungen aufgelegt findet. Etwas rückwärts der nordöstlichen Langseite erhebt sich aus einer zierlich gehaltenen Palmenanlage die protestantische Kirche. Der Platz ist äußerst belebt und zu jeder Minute des Tages von den elegantesten Fuhrwerken befahren. Kutscher, meistens von schwarzer Hautfarbe, aber in schneeweiße, bauschige Mäntel gehüllt, leiten auf hohem Sitze die norddeutschen oder englischen Pferde. In den Wagen sitzen europäische Damen, reiche Kaufleute oder türkische Pascha's. Es befindet sich hier die Hauptstation der Miethdroschken, deren gewöhnlicher, nicht tarirter Fahrpreis sich auf einen Thalero oder 5 Frk. für eine Fahrt innerhalb der Stadtmauern beläuft. Wer denselben zu hoch findet, mag sich aus einer zunächst stehenden Reiteselgruppe ein weit billigeres Transportmittel miethen.

Der Consularplatz bildet gewissermaßen die Grenzscheide zwischen der orientalischen und europäischen Stadt. Denn die Gassen der erstern münden in denselben auf der nordwestlichen Schmalseite ein. Dagegen zeigen die in gerader südöstlicher Fortsetzung oder rechtwinklicht vom Platze auslaufenden Straßen eine durchweg europäische Physiognomie. Jene führen zu einer breiten Querstraße hin, in welcher man die Richtung des Bruchium, d. h. jener Hauptverkehrsader des alten Alexandria's erkennen will, welche die Stadt in ihrer ganzen Länge von Osten nach Westen durchschnitt. Ich sah daselbst mehrere Fußgestelle antiker Säulen am Rande des Trottoirs aufgestellt.

Die vom Consularplatz im rechten Winkel ausgehenden Gassen leiten nordöstlich nach dem östlichen Hafen, südwestlich auf einen geräumigen Platz. Hier fiel die andere antike Hauptstraße, welche vom Heptastadium ausging, rechtwinklicht in das Bruchium ein. Jetzt steht daselbst die katholische Kirche, an welche die Klostergebäude der Franziskaner und der christlichen Schulbrüder angebaut sind. Vor der Kirche breitet ein herrlicher Südpark sich aus, wo Palmen, Bananen, Orangen- und Limonenbäume, Oleander- und Granatensträuche ihren Blätter- und Blüthenschmuck mischen.

Mit den vorigen Schilderungen haben wir die türkischarabische und die europäische Stadt des modernen Alexandriens gezeichnet. Wir haben aber oben gesagt, daß innert desselben drei Städte konzentrirt sich befinden, deren jede einen besondern Kulturtypus zur Anschauung bringe. Was ist nun die von uns noch nicht beschriebene dritte Stadt? Wir antworten, daß wir darunter die Hüttengruppen der aegyptischen Fellah's begreifen, welche theils in der Nähe der pompejanischen Säule, theils noch innerhalb der Ringmauern auf dem Wege nach dem Bahnhofe gelegen sind. Diese Hütten gehören nach Plan und Material zu den primitivsten Bauten der Welt. Sie bestehen aus vier etwa zehn Fuß hohen Mauern, die aus Steinen von Meerkalk oder auch aus abwechselnd aufeinander folgenden Schichten von Ziegeln und Palmblättern aufgeführt sind. Darüber ist vermittelst einiger dünnen Baumstämme und darauf gelegten Binsen ein Flachdach errichtet. Nach Außen zeigen sie die Form von körperlichen Vierecken, deren Größe diejenige einer unserer kleinern Zimmer nicht übertrifft. Das Innere, in dem eine ganze Familie nebst zubehörigen Hausthieren in ungetrenntem Raume beisammen wohnt, ist leer und mit keinem Fußboden belegt. Etwelches Kochgeschirr bildet das einzige Geräthe; als Schlafstätten dienen einige auf dem Erdboden ausgebreitete Strohmatten. Die Lichtlöcher und Eingänge sind ohne Verschluß, letztere aber durch Hunde bewacht.

Merkwürdig ist, daß diese Hütten nach dem Plan eines Zeltlagers mit dazwischen hinlaufenden, geradlinigen und sich rechtwinklicht durchkreuzenden Gäßchen neben einander gestellt sind. Das mag daher kommen, weil diese Bauten meistentheils Soldatenfamilien als Wohnungen dienen. Jeder Fellah nämlich, der in die Armee eingereiht ist, muß eine Frau halten und dieselbe sammt den Kindern in den Garnisonen mit sich führen — eine Anordnung, welche Mehemed-Ali getroffen hat, um die in den Dreißiger Jahren durch Pest und Cholera stark gelichtete Bevölkerung rascher zu erneuern. — Nach dieser vorgreifenden, allgemeinen Beschreibung Alexandriens kehre ich zur Chronik unserer Reise zurück.

Es war uns am heutigen 6. Juni 1864 nur der Vormittag zu einer ersten Umschau in Alexandrien anberaumt, weil wir, wollten wir Kairo sehen, noch mit dem Abendzuge dahin abgehen mußten. Um Zeit zu gewinnen und mehr noch der sehr starken Hitze wegen mietheten wir einen Wagen und bestellten einen Führer in der Person eines französisch sprechenden Türken aus Algier. Ein erster Zielpunkt war die berühmte Pompejussäule. Wir ließen aber den Wagen mehreremale anhalten, um verschiedene, auf unserm Wege sich darbietende Merkwürdigkeiten in Augenschein zu nehmen. So unter anderm eine arabische Schule und ein türkisches Schwitzbad. Ich fand diese beiden Institute denjenigen ähnlich, die ich vor sieben Jahren in Algier beobachtet hatte. Die Schule wurde gleich wie dort in einem auf die Gasse öffnenden, fensterlosen Gemache gehalten. Eine große Zahl von Knaben war in dem engen, finstern Raume zusammengebrängt, alle auf dem Fußboden sitzend, der mit Strohdecken belegt war, während der mit einem Kommandostab bewaffnete Lehrer aufrecht stund. Von Schulbänken und Schultischen ist nämlich in diesen Schulen niemals die Rede, so daß die praktischen Orientalen der Mühe enthoben sind, sich über die zu Erhaltung des geraden Wuchses ihrer Kinder zweckdienlichste Konstruktion jener Mobilien den Kopf zu zerbrechen. Jeder Schüler hielt eine, mit einer weißen Tinktur bestrichene Tafel in der Hand, auf welcher Sprüche des Korans geschrieben waren. Während unseres Besuchs waren die Schüler eben mit dem lauten Beten oder Schreien dieser Koransprüche beschäftigt. Dieß, arabisch lesen und schreiben und etwas Arithmetik bilden die Lehrgegenstände der arabischen Primarschulen.

Die Babanstalt theilte sich wie alle sogenannten türkischen Bäder in Schwitzsäle und Ruhkabinete. In den erstern war die Luft durch Wasserdampf auf einen solchen Grad erhitzt, daß wir schon beim Eingang erstickt zu werden befürchteten und augenblicklich zurückwichen. Jedoch hat mich meine Erfahrung in Algier gelehrt, daß diese erste Empfindung eine täuschende sei und sehr bald durch einen behaglicheren Zustand abgelöst werde, in Folge des Schweißes, der schon nach wenigen Minuten Aufenthalt in den Schwitzräumen stromweise über den entkleideten Körper hinabrinnt. Die Ruhkabinete, in welchen die Patienten von den Strapazen des Schweißbades und der damit verbundenen Knetoperationen durch einen gewöhnlich darauf eintretenden starken Schlaf sich erholen, waren hier mit Eleganz ausgestattet, die Fußboden mit Marmor belegt und hellfließende Brunnen verbreiteten da und dort willkommene Kühlung.

Die Pompejussäule machte auf uns beide einen großartigen Eindruck. Sie erhebt sich unmittelbar über einem mahomedanischen Friedhof auf einem vereinsamten Sandhügel, welcher Angesichts des See's Mareotis außerhalb der südlichen Stadtmauern liegt. Ihre Totalhöhe beträgt nicht weniger als 99 Fuß, die Höhe des aus einem einzigen rothen Granitstücke gehauenen Schaftes 73, der Umfang desselben 30, der Durchmesser des korinthischen Kapitäls 16½ Fuß. Das Fußgestell und das Kapitäl zeigen eine andere mehr gräuliche Granitart, als diejenige des Schaftes. Ueber den Ursprung und den Zweck dieses Denkmals sind die Archäologen verschiedener

Meinung. Arabische Gelehrte nennen als dessen Ersteller den Kaiser Severus. Clarke suchte es wahrscheinlich zu machen, daß Julius Cäsar der lange vor ihm errichteten Säule die Bestimmung gegeben habe, in einer noch jetzt sichtbaren Eintiefung unter zwei Blättern des Kapitäls die Urne zu tragen, die das Haupt des Pompejus umschloß, woher der Name „Pompejussäule" herrühre. Dagegen soll eine in neuerer Zeit aufgefundene griechische Inschrift besagen, daß die Säule zu Ehren des Diokletian aufgerichtet worden sei und eine Hauptzierde des Serapium bildete, jenes im Alterthum vielgenannten Gebäudes, welches, ursprünglich ein aegyptischer Tempel, später der Sitz der Alexandrinischen Bibliothek und Wissenschaft ward. Wie dem auch sei — jedenfalls muß dieser Säulenmonolith den imposantesten Ueberresten des römischen Alterthums beigezählt werden. Er überragt die Trajans- und Antoninssäule zu Rom um ein bedeutendes und wird unter den modernen Monumenten dieser Art nur durch die Alexandersäule vor dem Winterpalast zu St. Petersburg an Höhe übertroffen.

Hart neben der Poesie lag die hausbackene Prosa, neben dem Denkmal der Geschichte ein Bild des aegyptischen Alltagslebens. Am Fuße des Sandhügels nämlich, dessen Gipfel die Pompejussäule krönt, waren Haufen von Mist der Kameele und anderer Hausthiere ausgelegt, welcher an dieser heißen Sonne gedörrt wird, um hernach als Brennmaterial zu dienen. Der hiesige Friedhof glich in der Form der Grabsteine denjenigen von Smyrna und Konstantinopel. Aber es fehlte ihm der grünende Cypressenwald, und das Aloeengebüsch, welches den kahlen Boden sparsam bekleidete, war seiner schlanken Blüthenstengel und kronleuchterartigen Blumenkronen durch die vorgerückte Jahreszeit längstens verlustig geworden.

Von hier fuhren wir südwärts an den nahen Nilkanal Mahmubieh, welcher von Mehemed-Ali zum großen Vortheil der Alexandriner erstellt worden ist. Daselbst regten mannigfache neue Erscheinungen unsere Aufmerksamkeit an. Auf dem Kanal lagen mehrere jener seltsam alterthümlich gebauten und getakelten Nilbarken vor Anker, welche hier zu Lande den Verkehr zu Wasser vermitteln. Nach jenseits blickten wir in einen mannshohen, am Strande des Mareotissee sich ausbreitenden Schilfwald, der meinen bibelkundigen Freund lebhaft an die Scene vom gefundenen Knaben Moses erinnerte. Neben der mit Sandelbäumen eingefaßten Straße am diesseitigen Ufer zeigte sich im Grün der Palmenwäldchen und im Blumenschmuck der mannigfaltigsten Südgewächse eine Reihe von Villen, die theils europäischen Kaufleuten, theils türkischen Beamten gehören. Jene Prachtvegetation ist eine Frucht der künstlichen Nilbewässerung. Diese letztere wird durch Schöpfräder bewerkstelligt, die vermittelst einer durch Pferde in Bewegung gesetzten Kammrad-Mechanik das Wasser aus dem Kanal in Behälter heraufholen, von wo zahllose Kanäle und Rinnen es nach allen Richtungen fortleiten.

In neuerer Zeit wurde am Kanal Mahmudieh von einer französischen Gesellschaft eine hydraulische Anstalt zu dem Zwecke errichtet, Alexandrien mit Trinkwasser zu versehen. Wir unterließen nicht, das Werk zu besichtigen. Dasselbe besteht aus einer mit Dampfkraft getriebenen Saugpumpe, welche das Nilkanalwasser vorerst in ein mit einem Filtrirapparat versehenes Becken beschafft. Von da wird es durch unterirdische Röhren nach Alexandrien geleitet und in einen großen Behälter gesammelt, aus welchem man es den verschiedenen Brunnen, Bädern und Gewerben je nach Bedarf und Bezahlung zutheilen läßt. Ueber die finanziellen Verhältnisse der Anstalt machte uns ein dortiger Beamter nachfolgende Mittheilungen: Die Gesellschaft bezieht von der Regierung eine fixe Subvention von 1000 Frk. per Tag. Ferner zahlen die Besitzer von Privatbrunnen für die Beschaffung ihres Wasserbedarfs monatlich für je einen Hausbewohner 1 Frk., für Dienstboten ½ Frk. und von Pferden und Rindvieh 2 Frk. per Stück. Die Gewerbe sind nach

Verhältniß ihres größern oder kleinern Wasserbedarfs taxirt. Die Brutto-Einnahme soll sich auf 3000 Fr., die Netto-Einnahme auf 2000 täglich belaufen. Wenn es mit dieser Zahlenangabe seine Richtigkeit hat, so darf die Rentabilität des Geschäfts eine brillante genannt werden.

Wir verließen den Kanal Mahmudieh, um in gerader nördlicher Richtung an den östlichen Hafen zu fahren. Es befinden sich dort die beiden Obelisken, welche man mit dem Namen „die Nadeln der Kleopatra" bezeichnet hat. Nur der eine derselben steht zur Stunde noch aufrecht, der andere liegt am Boden und ist theilweise unter dem Schutte begraben. Es sind vierkantige, oben zugespitzte Säulen, die aus einem einzigen Stücke gearbeitet und auf jeder Seite mit drei Reihen Hieroglyphen beschrieben sind. Das Material ist Sienit — eine rothe Granitart, welche sich nirgendswo als in dem, etliche hundert Stunden von der Küste entfernten Assuan vorfindet. Der ursprüngliche Standort der beiden Obelisken war die berühmte Priesterstadt Heliopolis gewesen, wo sie zu einer Zeit aufgerichtet worden sind, welche hoch in das zweite Jahrtausend vor Christus hinaufreicht. Erst zur Römerzeit wurden sie nach Alexandria gebracht und stunden daselbst vor einem Tempel, der dem Cäsar geweiht war. Der aufrechtstehende Obelisk ist 70 Fuß hoch, der andere hat eine Länge von 66 Fuß. Jener wurde von Mehemed-Ali den Franzosen, dieser den Engländern geschenkt. Jedoch verhinderte der große Kostenaufwand der Fortschaffung den Transport nach Europa. Diese Unterlassung ist merkwürdig genug. Sie beweist, daß unsere Zeit an technischer Thatkraft den alten Römern immer noch nachstehe, indem dieselben größere Obelisken als die Nadeln der Kleopatra nach ihrer Hauptstadt verführt haben. Dafür zeugen unter andern die Obelisken, welche auf den Plätzen des Laterano, del Popolo und vor St. Peter zu Rom aufgestellt sind, von denen der erste 108, der zweite 112, der letzte sogar 135 Fuß an Höhe beträgt.

Man überblickt von diesem Standpunkt den östlichen Hafen und sieht die Stelle, wo der berühmte ptolemäische Pharos gestanden ist. Dieselbe wird durch einen neuen Leuchtthurm sammt einigen Festungswerken bezeichnet. Das große halbrunde Hafenbecken wäre so gut wie das westliche geeignet, ganze Flotten zu bergen, wenn es wegen der vielen darin befindlichen Klippen nicht unsicher wäre. So aber ist dasselbe von der Schifffahrt verlassen und kann nur von Barken und kleinen Küstenfahrern benutzt werden.

Die vor Abgang des Bahnzuges uns zubemessene Nachmittagszeit wollten wir zum Besuch der Katakomben verwenden, welche westwärts von Alexandrien auf eine weite Strecke in die Uferfelsen eingehöhlt sind. Unser Kutscher führte uns zum Stadtthore hinaus in eine Gegend am Meere, wo die Straße sich im tiefen Sande verlor. Wir erstaunten, als wir die seltsame Gestaltung der dortigen Küste überschauten. Das Terrain bestund aus Meerkalk mit darüber gelagerter mächtiger Sandschichte und bildete ein wildes Chaos von Hügeln, trichterförmigen Becken, Klüften und Höhlen — all das ohne irgend welche Spur von Vegetation, eine kreideweiße afrikanische Wüstenei, welche die afrikanische Mittagssonne mit ihrer Glühhitze und augenblendender Lichtfülle tränkte. „Aber wo sind denn die Katakomben?" so riefen wir aus, als wir gewahrten, daß der Kutscher seine Rosse ziellos durch den Sand hin und her jagte. Weder jener noch der Dragoman wußten Bescheid auf die Frage. Zudem war der Ausblick durch die Sandhügel und Felsenvorsprünge gehemmt und Niemand war da, der uns den Weg weisen konnte. Unter diesen Umständen trat an uns die Befürchtung heran, wir möchten den Bahnzug versäumen, von dessen Benutzung es abhing, ob wir Kairo sehen oder nicht sehen sollten. Deßwegen ertheilten wir dem Kutscher die Weisung, umzukehren und direkt nach dem Bahnhof zu fahren. Glücklicherweise ward derselbe rechtzeitig erreicht. Wir lösten die Fahrbillets nach Kairo und harrten, wie bei uns üblich, im Wartsaale des Rufes zum Einsteigen. Es vergingen einige Viertelstunden, ohne daß dieser Ruf gehört ward. Auffälliger schien uns, daß wir uns während dieser Zeit ganz allein im Wartsaale befanden. Wir gingen hinaus, um zu sehen, was vorgehe und waren nicht wenig verwundert, beinahe sämmtliche Waggons allbereits mit Reisenden besetzt zu sehen. Natürlich, daß wir dem Beispiele folgten und gleichfalls einstiegen. Die uns später gewordene Lösung des Räthsels werde ich gehörigen Orts meinen Lesern mittheilen.

7. Von Alexandrien nach Kairo.

Ein erster flüchtiger Umblick innert den Wänden unseres achtplätzigen Wagens ließ uns die Wahrnehmung machen, daß sich daselbst die Repräsentanten mehr als einer Nationalität und die verschiedenartigsten Karaktere zusammengefunden hatten. Ludwig gegenüber saß ein orangenfarbiger, langschenklichter Baumwollenhändler, der in der Hoffnung sich spreizte, bei den noch nicht allzu sachkundigen Fellah's im Trüben fischen zu können. Vor mir leuchtete das wohlgenährte, schlaue Gesicht eines in Kairo angesessenen Italieners. Dieser Mann war während der ganzen Reise äußerst gesprächig, that sich vieles auf seine Kunst- und Geschichtskenntniß zu gut und machte mir einen umständlichen Tagesplan zur Besichtigung Kairo's. Neben uns hatten ein französisirter Türke und ein europäisch gekleideter Grieche ihre Plätze eingenommen. Eine ziemlich schmutzig aufgeputzte Dame von nicht üblem Aeußern, welche sich in unsern elenden Waggon erster Klasse gedrängt hatte, wurde noch vor der Abfahrt etwas unsanft in die zweite Klasse gewiesen.

Wir müssen, um das Bild unserer heutigen Eisenbahnfahrt dem Leser anschaulicher zu machen, eine übersichtliche Beschreibung der topographischen Beschaffenheit des Landes vorangehen lassen.

Aegypten ist — wie ein neuerer französischer Geograph

ebenso präcis als erschöpfend sich ausdrückt*) — ein nach rechts und links von unermeßlichen Wüsten eingeschlossenes Thal, das der Nil befruchtet, nachdem er es theilweise gebildet hat. Bei Assuan tritt der Strom mit einem 4—5 Fuß hohen Sturzfall in das Land ein, und fließt von da in einer durchschnittlich fünf Stunden breiten Thalfläche auf eine Strecke von nahe an zweihundert Stunden zwischen zwei Bergketten durch, deren eine nach dem rothen Meere sich ausstreckt, die andere in die lybische Wüste hineingreift. Bei Kairo hören die Gebirgszüge auf, so daß das Land sich zu einer ungeheuren, Holland ähnlichen Fläche gestaltet, die man unter dem Namen Unter-Aegypten von dem gebirgigen Ober-Aegypten unterscheidet. Etwas unterhalb Kairo theilt sich der Nil in zwei große Arme. Der rechte Arm verfolgt die nordöstliche, der linke die nordwestliche Richtung. Das durch die beiden Flußarme gebildete Landbreieck wurde schon im Alterthum mit dem Namen „Delta" bezeichnet, nach der Benennung des vierten Buchstabens des griechischen Alphabets, welcher bekanntlich die Form eines Dreieckes hat. Weiter unterhalb verästeln sich die gedachten Nilarme zu verschiedenen Malen und münden in mehreren, nach Zahl und Ort im Laufe der Zeiten wechselnden Ausflüssen in das Meer aus. Zwischen und neben diesen natürlichen Strombahnen ist ein ungeheures Netz großer und kleiner Kanäle ausgebreitet, welche das befruchtende Nilwasser in alle Theile der großen Ebene leiten.

Durch dieses untere Nilgebiet bewegte sich unsere heutige Eisenbahnfahrt. Die Bahn durchschreitet anfänglich auf einem breiten Erddamme den See Mareotis und wendet sich dann südostwärts dem westlichen Nilarme zu. Sie übersetzt denselben bei Kafr-Bayad auf einer eisernen, auf zwölf Jochen ruhenden Brücke und gelangt in das Delta. Nachdem sie vermittelst

---

*) Géographie universelle de Malte-Brun, revue, rectifiée et complétement mise au niveau de l'état actuel des connaissances géographiques par E. Cortambert. Paris 1850. Tome VIII., pag. 202.

einer großen Kurve den Handels- und Marktplatz Tantah berührt, zieht sie sich eine Strecke weit das Delta hinauf, bis sie bei Bena den östlichen Nilarm erreicht. Denselben auf einer zweiten eisernen Brücke überschreitend, verzweigt sie sich jenseits in eine östliche und südliche Linie. Jene führt nach dem am Ursprung des Suez-Süßwasserkanals gelegenen Baggazig hin, diese läuft in gerader südlicher Richtung nach Kairo. Die Bahnstrecke von Alexandrien bis Kairo hat eine Länge von 210 Kilometer, die man mit den Schnellzügen in 5½ Stunden zurücklegt. Die Fortsetzung bis Suez beträgt 135 Kilometer. In technischer Beziehung weist diese Bahn, deren Bau im Jahre 1855 vollendet wurde, die Merkwürdigkeit auf, daß die Schienen statt hölzerner Schwellen, eiserne Halbkugeln zur Unterlage haben, eine Vorrichtung, welche die Natur des hiesigen Terrains zur Nothwendigkeit machte.

Von Alexandrien bis Kairo lag vor unsern Blicken eine nach allen Richtungen der Windrose endlose Ebene ausgebreitet. Dieselbe prangte, sobald wir das Lagunen- und Sumpfgebiet hinter uns hatten, überall im Schmucke der reichsten Kultur. Die Leichtigkeit, vermittelst der ins Unendliche verzweigten Kanäle, den Boden zu bewässern, ist nächst der aegyptischen Sonne die Ursache, daß besonders der Reis in sehr großer Menge gebaut wird und vortrefflich gedeiht. Auch an Hirs- und Maisfeldern flogen wir vorüber und namentlich fielen uns die ausgedehnten Pflanzungen von Baumwolle auf. Der Waizen und die Gerste waren im April bereits eingeheimst worden. Man könnte dieses untere Nilland die Lombardei Nordafrika's nennen. Nur fehlen demselben die Hecken von Weinreben und die Maulbeerbäume, welche in der norditalienischen Tiefebene alle Aecker umkränzen und der ganzen Landschaft ein parkähnliches Aussehen geben. Hier ist der Blick nur hie und da durch einzelne Palmgruppen gehemmt. Auf den abgemähten Aeckern sahen wir zahllose Ziegen, Schafe, Büffeln und Kameelheerden weiden.

Längs der Eisenbahn ist auf einem circa sechs Fuß hohen Damme eine Straße erstellt, welche zwar nicht mit Wagen befahren war, auf welcher aber Reiter und Reiterinnen, schwerbeladene Maulthiere und Kameele in beinahe ununterbrochenem Zuge sich kreuzten.

Im Frühjahre 1866 machte ich auf meinen Hin- und Herfahrten zwischen Alexandrien und Kairo noch nachfolgende Wahrnehmungen: Die ganze Landschaft hatte zu jener Zeit ein grünendes Aussehen. Neben den vorgenannten Kulturen breiteten sich die üppigsten Klee- und Repsäcker aus. Auch eine Anlage von Weinreben bemerkte ich damals, die nach Art der Weinberge im Südtyrol und im Kanton Tessin über Dächer von Latten sich aufrankten und Laubgänge bildeten. Die Pflanzung war mit Palmen umgürtet — eine Vorsorge, ohne welche die Trauben von der allzu heißen aegyptischen Sonne ausgebrannt und ausgetrocknet würden. Mit Interesse beobachtete ich, wie das Nilwasser behufs der Bodenbewässerung aus den größern und tiefern Kanälen in die kleinern und untiefern Rinnen heraufbeschafft wird. Es geschieht das entweder durch Schöpfräder, die durch Menschen oder Thiere in Bewegung gesetzt werden, oder durch Balanciers, an deren einem Ende ein Eimer angebracht ist, welch' letzterer in das Wasser niedergelassen, in die Höhe geschnellt und umgeworfen wird. An einem Orte machte sich dieses Geschäft noch auf primitivere Weise, indem ein Mann lediglich mit einem Schöpfer das Wasser aus dem einen Kanal in den andern schüttete.

Wir müssen zur Behelligung unserer Leser hierorts noch Einiges über die Nilbewässerung im Allgemeinen bemerken. Außerdem, daß der Nil alljährlich in der Periode der Anschwellung einen großen Theil des anliegenden Landes befruchtend überschwemmt, ergießt sich derselbe sowohl bei höherem als bei niedrigerem Wasserstand in eine Unzahl von Kanälen, künstlichen Teichen und Seen, die den verschiedenen Wasserständen entsprechend angelegt sind. Diese meist aus hohem

Alterthum stammenden Kanäle und Wasserbehälter dienen dazu, einerseits das innerhalb des Bereiches der periodischen Ueberschwemmung gelegene Land während **jeder Jahreszeit** zu bewässern, anderseits das befruchtende Nilwasser auch solchen Gebieten zuzuführen, welche von jenen Ueberschwemmungen nicht erreicht werden. Man nennt jene Kulturgründe, die der Nil direkte überzieht „**Rei-Ländereien**," die andern nur künstlich bewässerten „**Scharaki-Ländereien**." Es ist aus dem Vorhergehenden ersichtlich, daß, wenn die Bestellung der Aecker dem aegyptischen Bauer wenig zu thun gibt, er dagegen mit dem Unterhalt der Kanäle, sowie mit dem Schöpfen und Begießen Arbeit genug hat, ohne welche an einen Ertrag des Landes durchaus nicht zu denken wäre.

Man weiß, daß der Nil Ende Juni zu steigen beginnt, im September seine Maximalhöhe erreicht und die Thalfläche überrieselt, sodann wieder allmälig abnimmt und im Dezember in sein Bett zurücktritt.*) Ein seit zwei Jahren in Aegypten ansäßiger deutscher Handwerker, mit welchem ich den 14. März 1866 die Rückfahrt von Kairo nach Alexandrien machte, theilte mir mit, daß der Strom zur Ueberschwemmungszeit über die Eisenbahn hinwegschreite. Er bestätigte mir auch, was ich bereits aus Büchern wußte, daß die Vegetation in Aegypten das ganze Jahr hindurch andaure, daß aber die Hauptvegetation in die Zeit vom Oktober bis zum April, also gerade in **unsern Winter** einfalle.

Doch kehren wir zu unserer Reise von 1864 zurück.

Fremdartiger noch als die Landschaft waren hier die Wohnungen der Menschen. Man denke sich kegel- oder vielmehr flaschenförmige Bauten ohne Fenster und mit sehr kleinen Eingängen versehen. So gestaltet sind die Hütten der Fellah's, d. h. des aegyptischen Landvolkes. Von ferne gesehen ist man

---

*) Siehe das obenangeführte Werk: Géographie de Malte-Brun etc. etc. Tome VIII., pag. 295.

geneigt, sie für Maulwurfshügel zu halten. Zwanzig bis
dreißig derselben, bunt durcheinander gewürfelt, bilden ein Dorf.
Einzelne Gebäulichkeiten von viereckiger Form zeichneten sich
durch die Sonderbarkeit aus, daß das flache, mit Erde belegte
Dach als Rumpelkammer zur Aufbewahrung häuslicher Geräthschaften diente — eine Einrichtung, wie sie nur in einem
beinahe regenlosen Klima Platz greifen konnte. Viele Fellah-
Dörfer waren mit Ringmauern umgeben, die größern mit
Moscheen versehen und hinter Palmenanlagen anmuthig verborgen. Außerhalb der Ortschaften sah man da und dort ver-
einzelt stehende bekuppelte Kapellen, die man uns als Grabmäler
mahomedanischer Heiliger bezeichnete. In den südlichen Theilen
des Delta, wo das ganze Jahr hindurch kein Regen fällt, sind
die meisten Bauten, ja selbst ganze Städte, deren wir bei dem
weitreichenden Gesichtskreis eine ziemliche Menge wahrnehmen
konnten, aus getrocknetem Nilschlamme erstellt. Dagegen darf
man in Alexandrien denselben nicht zu baulichen Zwecken verwerthen, weil dort die Ausdünstungen des Meeres zeitweilige
Niederschläge bewirken, deren Einflüssen jenes Material nicht
widerstände.

In Tantah, ungefähr in der Mitte Weges zwischen
Alexandrien und Kairo, wurde ein längerer Halt gemacht.
Auf dem Bahnhof befindet sich eine Restauration. Allein
unsere Reisegefährten mißriethen uns, davon Gebrauch zu
machen, weil man daselbst einen einfachen Imbiß mit acht
englischen Schillings per Kopf bezahlen müsse. Dagegen wurden
von Fellah's beiderlei Geschlechts verschiedene Eßwaaren, als
Eier, Brod, Orangen, gebratene Tauben mit darin enthaltener
Reisfüllung zu billigen Preisen feilgeboten. Die meisten Passagiere kauften sich bei diesen Leuten ihre Abendmahlzeit und
legten sich im Waggon den Eßtisch auf bestmögliche Weise zurecht. Ich benutzte den Anlaß, um die Gestalten und Trachten
der Fellah's etwas näher mir anzusehen. Es sind kleine, aber
starkgebaute Männer von dunkelbrauner Hautfarbe mit dem

Ausdruck der Verschlagenheit in den tiefliegenden Augen und in dem bärtigen Gesicht. Ihr Hauptkleid ist ein blaues, bis an die Kniee reichendes Ueberhemd, das sich von den sogenannten Burgunderhemden unserer Arbeiter nur durch die Oeffnung vorn auf der Brust und die weiten Aermel unterscheidet. Dazu eine rothe Escharpe und kurze, weite Beinkleider. Den Kopf deckte häufig ein kunstreich verschlungenes Tuch. Auch die Frauen trugen blaue Kleider und über die Schultern ein Tuch von gleicher Farbe, das nach Art der spanischen Mantillen ihnen zugleich als Kopfbedeckung diente. Die Gesichtsverhüllung war praktischer, weil den freien Gebrauch der Arme nicht hemmend, als bei den Türkinnen hergerichtet, vermittelst eines schmalen Schleiers, oder besser gesagt, eines zipfelförmigen meist schwarzen Tuches, welches unmittelbar unter den Augen beginnend, Nase und Mund bedeckte und bis an das Kinn hinabreichte. Dieses Tuch war an der Kopfbedeckung nicht nur durch zweiseitlich angebrachte Bändchen, sondern auch in der Mitte mit Hülfe einer durch eine Metallröhre gezogenen Spangschleife befestigt. Jene eigenthümliche kleine Metallröhre, welche bei den Reichen aus Gold, bei den Armen aus Kupfer besteht, gleicht einem Pistolenlauf und füllt den Raum zwischen den Augen vollständig aus. Mein Freund machte mich auf die merkwürdige Thatsache aufmerksam, daß von einem derartigen Toilettenstücke schon im alten Testament öftere Erwähnung gethan sei.*) So sehr scheint das Blau die Lieblingsfarbe dieser Aegyptierinnen zu sein, daß Manche sogar die Arme, das Kinn und andere Theile des Gesichts damit tätowirt hatten. Alle trugen Arm- und Ohrenringe, sowie mehr oder weniger kostbare Halsbänder, welch' letztere mit den verschiedenartigsten Münzen behangen waren.

Von Taniah weg fuhren wir über eine Menge größerer Kanäle hinüber. Die Nähe von Kairo kündet sich durch zahl-

---

*) I. Buch Mosis, Cap. 24, 47.

reiche Villen und herrliche Baumgruppen an. Im Südwesten kamen die Pyramiden von Gizeh in Sicht, welche in mehrstündiger Entfernung sich wie Lagerzelte ausnahmen. Später glichen sie den Gletscherspitzen unserer Alpen, wenn man die letztern von irgend einer Stelle am Fuße des Jura betrachtet.

Es war 11 Uhr Nachts, als wir in den Bahnhof von Kairo einfuhren. Wir theilten mit dem vorerwähnten Italiener den gleichen Zweispänner, welcher uns nach wenigen Minuten vor dem Hotel „Shepherd" abstellte. Für die kurze Fahrt wurden sechs Franken gefordert, und als ich mir über diese unverhältnißmäßig hohe Fahrtaxe einige Bemerkungen erlaubte, erwiederte unser Reisegefährte lächelnd und unter dem den Italienern eigenthümlichen Achselzucken: „E cosi," das heißt, daß es eben hier zu Lande so und nicht anders sei. Diese Antwort gab uns einen Vorgeschmack dessen, wie man in Kairo die Fremden auszubeuten verstehe, worüber uns die nachherigen Erfahrungen noch besser belehrten. Im „Shepherd" fanden wir einen grandiösen, auf englischem Fuße eingerichteten Gasthof, dessen massive Bauart mit seinen hohen Zimmern und Gängen dem hiesigen Klima entsprach.

Wir hatten hinter uns einen interessanten, erlebnißreichen Tag. Aber der folgende sollte uns noch merkwürdigere Erscheinungen vorführen. Wir befanden uns in der Metropole der arabischen Welt, am Fuße der Pyramiden und am Rande der Wüste. Unweit lagen die Ruinen von Memphis, wo die Pharaonen residirt hatten. Kairo selbst war der Sitz der Kalifen, der Mittelpunkt der maurisch-arabischen Kunst und jener phantasiereichen Poesie des Orients gewesen, welche in den Mährchen der „Tausend und eine Nacht" ihren typischen Ausdruck gefunden hat. Alle diese Dinge beschäftigten unsern Geist, als wir uns mit dem Entschlusse zur Ruhe legten, unsere morgigen Wanderungen so früh möglich zu beginnen.

8. Ein erster Tag in Kairo.
7. Juni 1864.

Kairo stammt nicht wie Alexandrien aus griechisch-römischer Zeit, sondern ist eine Schöpfung der Araber. Die Stadt wurde im Jahr 969 nach Christus, nachdem die aegyptische Statthalterei sich längst von dem Kalifat zu Bagdad losgetrennt hatte, durch Moez, den Begründer der Dynastie der Fatimiten, erbaut. Er gab ihr den Namen El-Kahirah, d. h. die „siegreiche," und machte sie zu seiner Residenz. Von da an wurde Kairo die Hauptstadt Aegyptens und behielt diesen Vorrang bis auf den heutigen Tag.

Die Stadt ist zur Rechten des Nils, etwa eine halbe Stunde abseits des hier noch ungetheilten Stromes gelegen. Im Osten grenzt sie hart an die Wüste, deren Sandmeer die Stadtwälle bespült, wogegen nach Westen Baumgärten, Aecker und Palmenhaine bis an den Nil und jenseits desselben noch eine Stunde weiter sich ausbreiten. Dann beginnt die lybische oder westliche Wüste. Man ersieht hieraus, daß die Breite des fruchtbaren Terrains bei Kairo nicht viel über anderthalb Stunden beträgt.

Will der Leser einen irgendwie richtigen Begriff von Kairo gewinnen, so muß er dasselbe als eigentliche Weltstadt sich denken. Am Knotenpunkt der Verbindungen liegend, welche zu Wasser und zu Land den Verkehr zwischen Ostafrika und Arabien einerseits und den Küsten des Mittelmeeres anderseits

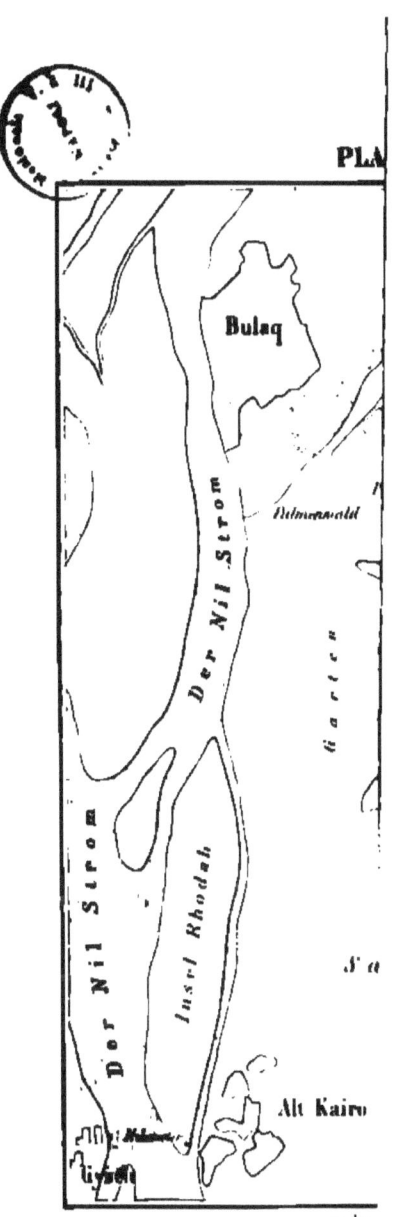

vermitteln, bildet sie als eminenter Stapelplatz, wie auch als Hauptsitz der mahomedanischen Religion und Wissenschaft, das Centrum des arabischen Lebens. Sie zählt jetzt, trotzdem die Pest im Jahre 1835 beinahe einen Drittheil der Bevölkerung hinweggerafft hatte, bei 360,000 Seelen, wovon die Muselmänner mit 260,000 die überwiegende Mehrzahl ausmachen, die übrigen 100,000 sich auf Kopten, Griechen, Armenier, Juden und Franken vertheilen. In der Stadt befinden sich über 300 Brunnen, 70 öffentliche Bäder und 1300 sogenannte Khans, welch' letztere sowohl zur Aufnahme der von den Karavanen eingebrachten Waaren als zur Beherbergung der Kaufleute und Kameele bestimmt sind. Bei 400 Moscheen ragen mit ihren schlanken Minarets über das Häusermeer auf. Außerdem gibt es 10 Synagogen und 30 Christenkirchen von verschiedenen Konfessionen.

Die Stadt stellt auf dem Plan die Form eines mit dem Nil parallel laufenden länglichten Viereckes dar, dessen Längenausdehnung vier Kilometer auf eine Breite von zwei Kilometer beträgt. Sie ist in ihrer ganzen Länge von einem etwa zehn Meter breiten Kanal durchschnitten, über welchen zahlreiche Steinbrücken erstellt sind. Unter den vier großen Plätzen verdient die Ezbekieh, nahe am Bahnhof und gerade vor dem Hotel Shepherd gelegen, spezielle Erwähnung. Es ist ein orientalischer Square, der aus einem nahen Nilkanal vermittelst eines durch Ochsen getriebenen Schöpfrades bewässert wird. Von außen macht diese von hochwipfeligen Nilakazien eingefaßte Parkanlage einen günstigen Eindruck. Sieht man sich aber in derselben des Nähern um, so wird man enttäuscht. Schmutzige Wege, der Rasen aus Melden und Labtraut bestehend, Schutthaufen, Scherben und Unrath — diese Unzierden stachen mir unangenehm in Augen und Nase, und damit die Staffage nicht fehle, so war dafür durch die auf dem Bauch liegenden menschlichen Schläfer und die schnarchenden Hunde gesorgt. Im Uebrigen ist der Baumschlag der Akazien,

Terebinthen, Oliven-, Maulbeer- und anderer mir unbekannter
Südbäume ein schöner; man genießt unter ihrem Laubdache
des hier zu Lande so unentbehrlichen Schattens und mit etwas
europäischer Polizei würde sich dieser Gartenpark sehr angenehm
herrichten lassen.

Acht breite und fahrbare Hauptstraßen durchziehen als
Pulsadern des Handels und Verkehrs die Stadt. Davon
laufen drei in der Richtung ihrer Längenausdehnung, die fünf
andern quer durch die Breite. Die Straße der Muslieh
oder des Frankenquartiers, welche vom Platze Ezbekieh ostwärts
sich hinzieht, hat eine etwas europäische Physiognomie. Die
andern führten in neuer und vermehrter Auflage alle jene
Bilder uns vor, die bereits in den orientalischen Stadttheilen
von Alexandrien uns vorgeschwebt hatten.

Außer diesen Hauptverkehrsadern gibt es zahllose, theilweise in einen Sack auslaufende Gassen und Gäßchen, in denen
wegen der Höhe der Häuser und der oben vorspringenden
Stockwerke ewiges Halbdunkel und kellerartige Kühle obwalten.
Wo noch ein Sonnenstrahl durchbringen könnte, wird derselbe
durch ausgespannte Tücher oder Strohmatten abgesperrt. Ja, es
gibt sogar Gassen, die zu dem gleichen Zwecke mit einer Ballenlage zugedeckt sind. Daß die nicht mahomedanischen Nationen
und Religionsgenossenschaften je in besondern Quartieren von
der übrigen Bevölkerung abgetrennt wohnen, diese Sitte hat
Kairo mit allen orientalischen Städten gemein. Dagegen ist
ihm die Einrichtung eigenthümlich, daß viele Gassen an beiden
Enden ein besonderes Thor haben, das von einem Thorhüter
bewacht und des Nachts abgeschlossen wird.

Sämmtliche Häuser haben flache Bedachung. Die meisten
sind unten aus kleinen, etwa einen Quadratschuh messenden
Quadern, oben aus Backsteinen erstellt. In den obern Stockwerken treten zahlreiche hölzerne Erker hervor. Die Fenster
sind ohne Ausnahme mit Holzgittern verschlossen, welche statt
der einförmigen Rechtecke Konstantinopels arabeskenartig ver-

schlungene Bilder zur Schau stellen. Viele Häuser zeigen an der Außenseite, gleich den Moscheen, eine aus horizontalen Streifen von abwechselnd rother und weißer Farbe bestehende Bemalung. Was mir aufftel, waren die vielen im altarabischen Baustyl aufgeführten und ornamentirten Häuserportale. Wahrscheinlich stammen die meisten derselben aus sehr früher Zeit. Ueberhaupt gewährt der Reichthum an Ueberresten jener altarabischen oder sarazenischen Kunst die anziehendste Erscheinung, welche Kairo dem gebildeten Reisenden bietet. Wir werden hierauf bei der Beschreibung der einzelnen von uns besichtigten Denkmäler zurückkommen. Schade, daß überall Ruinen, Schutt und Unrath — diese wesentlichen Züge in der Physiognomie orientalischer Städte — den ästhetischen Eindruck verkümmern.

Daß Kairo eine Weltstadt sei, zeigt schon der ungeheure Verkehr in den Straßen, der demjenigen in den bevölkertsten Quartieren von Paris im geringsten nicht nachsteht. Das Völkergemisch ist hier noch größer, die Mannigfaltigkeit der Trachten und Gestalten bunter, das Gedränge der Wagen, Reiter und Fußgänger noch verwirrender als in Alexandrien. Oft stößt man mitten in der Stadt auf ganze Heerden von Ziegen oder Schafen. Jeden Augenblick ist man durch Kameele gehemmt, welche Bausteine tragen oder mit Bauhölzern, Laden und Latten in der Art belastet sind, daß das eine Ende am Boden nachgeschleppt wird. „Jede Minute ein anderes Bild" — sagte mein Freund — und bezeichnete damit in treffender Weise das reiche ungewohnte Leben, das vor unsern erstaunten Blicken vorüberzog.

Unter den Tausend und ein, das Volksleben karakterisirenden Genrebildern, hebe ich zum Ergötzen des Lesers nachfolgende aus: Zwei Männer saßen am Boden, deren einer die Stirn an das Kinn des andern lehnte. Als ich mir dieselben des Nähern besah, gewahrte ich, daß dieser jenem das Haupthaar rasire. Dort hockten vier andere im Kreise um eine blecherne Platte herum, mit dem Essen von Kuchen beschäftigt. Anderswo hatten zwei Fellahweiber an einer Straßenecke häuslich sich eingerichtet, indem das eine den Reis kochte, das andere der Pflege ihres Kindes oblag. Die von allen Reisenden erwähnte Erscheinung von Frauen, auf deren linken Schulter rittlings ein Kind sitzt, konnten wir jeden Augenblick wahrnehmen. Da und dort sammelten Mädchen den Kameel- und Pferdemist auf. Man sagte uns, daß dieser Mist, mit einer Mischung von Stroh zu Ballen zusammengedrückt, an der Sonne gedörrt und den Bäckern verkauft werde, die sich desselben als Brennmaterial zum Backen des Brodes bedienen. Auffällig ist auch die große Zahl von Blinden, denen man in Kairo und überhaupt in Aegypten begegnet. Die blendende Sonnengluth, der Wind der Wüste und der feine Staub der Nilerde wirken zusammen, um das Licht der Augen zu zerstören. Noch andere Scenen aus dem Volksleben werde ich später dem Leser vorführen.

Durch die vorhergehende Schilderung glaube ich dem Leser das Bild von Kairo im Großen und Ganzen veranschaulicht zu haben und lasse nun die Erzählung unserer heutigen Kreuz- und Querfahrten in der Stadt und Umgegend folgen. Selbstverständlich wurden dieselben im Wagen gemacht; denn an eine Fußwanderung konnte hier am Rande der Wüste und unter dem dreißigsten Breitegrade in dieser Jahreszeit nicht gedacht werden. Dem Wagen rann ein Fellahknabe als Läufer oder sogenannter Sais voraus, der durch seine immerwährenden Rufe: „guarda, guarda" die vorübergehende Menge zum Ausweichen mahnte. Zum Führer und Dolmetscher hatte uns der Wirth einen jungen Neger bestellt, der, wie es bei den hiesigen Dragomanen Sitte ist, gut englisch sprach, dagegen der französischen und italienischen Sprache unkundig war.

Unser erster Besuch galt der Citadelle. Sie erhebt sich südöstlich außerhalb Kairo, während das Hotel Shepherd im Nordwesten liegt. Demgemäß bewegte sich unsere Fahrt in der angedeuteten Richtung beinahe diagonal durch die Stadt, deren phantastisches, ja wahrhaft mährchenhaftes Bild damals zum erstenmal vor meinen erstaunten Blicken vorbeizog. Ich habe dieses Bild weiter oben umrißlich gezeichnet. Zu einer umständlichen, lebenswarmen Schilderung desselben würde es einer gewandteren Feder als der meinigen bedürfen. Mein Freund hat in einer zu Biel gehaltenen Vorlesung eine solche entworfen, und wenn er seine Eindrücke in den Satz zusammenfaßt: „Kairo sei ein lebendiges, ungeheures ethnographisches Museum, ein Allerweltstheater im vollen Sinn des Worts," so bin ich überzeugt, daß, so wie ich, auch jeder andere Besucher der Kalifenstadt dieses Urtheil mit unterschreiben wird.

Die Citadelle ist ordentlich hoch auf einem Ausläufer des Mokattam gelegen, eine Gebirgskette, welche sich ziemlich steil und überall in gleicher Höhe am Ostufer des Nil bis zu den ersten Kataralten hinaufzieht. Es war natürlich, daß wir unsere Betrachtung vor anderm der hier sich darbietenden Aussicht zuwendeten. Denn die Gegend, welche der weite Rahmen unseres Gesichtskreises umschloß, darf in Bezug auf Natur und Geschichte unstreitig zu den allermerkwürdigsten der Welt gezählt werden. Zu unsern Füßen lagen die zwei mit den schönsten Moscheen Kairo's geschmückten Plätze Rumeilieh und Gurameydan. Darüber hinaus die von zahllosen Minarets starrende Stadt, eine blendendweiße rechteckige Figur, in welche da und dort Palmengruppen einzelne grüne Felder einflochten. Zwischen der Stadt und dem Nil breitete der schon erwähnte, mit der reichsten Vegetation gesegnete Landstrich sich aus. Den Nil selber sahen wir in breitem Bett, grünumsäumt dem Delta zufließen. Den Hintergrund bildete die rothgelbe lybische Wüste, auf deren endlosen, am weiten Horizont sich verlierenden Fläche als einzige erhöhte Punkte die Gruppen der Pyramiden gespensterisch sich abhoben. Gerade gegen Westen uns gegenüber glänzten, vom hellsten Strahle der Sonne beschienen, weiß wie Schnee, die drei großen Pyramiden von Gizeh. Obschon die direkte Entfernung immerhin dritthalb Stunden betrug, so waren uns durch die durchsichtige Luft Aegyptens diese Monumente so nahe gerückt, daß wir vermittelst des Fernrohrs ihre riesigen Quaderstufen deutlich zu unterscheiden vermochten. Zu unserer Linken südwärts stunden die vier weniger bedeutenden von Abusir und weiter nach Süden traten aus großer Entfernung die acht bis zehn Pyramiden von Saffarah und Dachur noch scharf und entschieden hervor.

Daß vor allem andern diese kolossalen Wunderbauten der Vorzeit eine magnetische Anziehung auf unsere Blicke ausübten, mag Jedermann sich denken, der je etwas von den Pyramiden gehört oder gelesen hat. Man weiß jetzt, daß dieselben Grabeskammern der aegyptischen Könige waren. Die drei großen Pyramiden von Gizeh sollen nach Herodot von den Königen der vierten aegyptischen Dynastie erbaut worden sein. Wir hatten somit Werke der Baukunst vor uns, welche nahe an 1000 Jahre über Moses in eine Zeit hinanfreichen, über welche die Weltgeschichte in ein gänzliches Schweigen gehüllt ist. Kaum daß anderswo einige armselige Pfahlbauten und in Schuttlegeln aufgefundene Steingeräthe von dem Vorhandensein einer gleichzeitigen europäischen Menschheit Zeugniß ablegen. Die Pyramiden von Gizeh sind aber nicht nur die ältesten, es sind auch die größten aller Bauwerke, welche jemals in der Welt existirt haben und noch existiren. Die zu dieser Gruppe zählende Pyramide von Cheops mißt in ihrer jetzigen Gestalt, wo sie längst schon ihrer Verkleidung von polirtem Marmor beraubt ist, an jeder ihrer Grundseiten 232 Meter, was eine Basis von 53,824 Quadratmeter ergibt.[*]) Ihre senkrechte Höhe beträgt 156, die Höhenausdehnung ihrer schiefen Seitenflächen 173 Meter. Wir erinnern hier daran, um dem Leser sogleich die nöthigen Vergleichungspunkte zu bieten, daß der Thurm von Straßburg 142, die Peterskuppel

---

[*]) Siehe Géographie universelle de Malte-Brun etc. etc. Tome VIII. pag. 340.

in Rom 132, die Spitze des Invalidenthurmes in Paris 105, die Säule auf dem Bendome-Platze dortselbst 43 Meter hoch sind.*)

Der Anblick der räthselhaften Bauten einer räthselhaften Urzeit erweckte in mir die seltsamsten Betrachtungen. Die Pyramiden stehen da als stumme Prediger in der Wüste, welche bereits anderthalb hundert Generationen die Lehre verkünden, daß ganze Völker, Reiche und Civilisationen ebenso gut wie der einzelne Mensch untergehen und spurlos von der Erde verschwinden. Die Pyramiden haben die altaegyptische, die persische, griechische, römische, byzantinische und arabische Kulturepochen überlebt. Wohl mögen sie auch unsere hochstrebende Civilisation überdauern und noch aufrecht stehen, wenn längst neuer Urwald unsere Städte und Eisenbahnen bedeckt. Zuletzt aber dürften auch sie dem Loose alles Menschlichen verfallen. Vielleicht daß einst ein Gelehrter aus irgend einem Lande der Erdkugel im Wüstensande nach Bruchstücken sucht, um die Stelle zu bestimmen, wo die Pyramiden sich erhoben. Oder sind etwa diese großen Grabeskammern dazu bestimmt, so wie sie an der Wiege der Menschheit gestanden, sie bis zu jenem Tage des Weltunterganges zu begleiten, den uns Christus mit eben so bestimmten als erschütternden Worten vorhergesagt hat?

Doch wir mußten die Pyramiden verlassen, um den Sehenswürdigkeiten im Innern der Citadelle unsere Aufmerksamkeit zuzuwenden. Begründer dieser Burg ist der in der Geschichte der Kreuzzüge vielgenannte Sultan Saladin. Allein von den durch ihn aufgeführten Gebäulichkeiten ist außer einer kleinen Moschee, welche wegen mangelndem Unterhalt dem Verfalle entgegengeht, Nichts mehr vorhanden. Dieselben wurden theilweise abgetragen, theilweise durch die Pulverexplosion vom Jahre 1824 zerstört. Die jetzigen Bauten sind Werke von Mehemed-Ali, unter denen seine Grabesmoschee und der oige-

---

*) Siehe „Itineraire de l'Orient par Adolphe Joanne et Emile Isambert," Seite 999.

königliche Palast die vorzüglichsten sind. Außerdem ließ er auch die Münze, die Buchdruckerei, eine Waffenfabrik, eine Kanonengießerei und sonst verschiedene Verwaltungen innert die Ringmauern der Citadelle verlegen.

Man führte uns durch verschiedene Räume des Palastes. Das schönste, was wir darin wahrnehmen mochten, war ein alabasternes Badzimmer. Die übrigen Gemächer enthielten jene üppige Ausstattung an Spiegeln, Bodenteppichen und damastseidenen Divans, wie ich sie auch im Sultanstheater zu Konstantinopel gesehen hatte. Dagegen war merkwürdigerweise im Palast kein einziges Kunstwerk vorhanden.

In weit größerm Maße nahm die Grabmoschee Mehemed-Ali's unser Interesse in Anspruch. Allerdings ist dieselbe nicht im phantasiereichen Styl der ersten Jahrhunderte des Islam, wie er z. B. an den sogenannten Kalifengräbern hervortritt, sondern im byzantinischen von Konstantinopel erstellt. Aber in ihrer Art ist die Moschee ein herrlicher, die Bewunderung jedes Beschauers erregender Bau, der besonders durch das an ihm mit Verschwendung angewendete kostbare Material von Marmor und Alabaster sich auszeichnet. Bevor man uns das Seitenthor öffnete, welches in den an die Frontseite des Tempels im Nordwesten anschließenden Vorhof hineinführt, wurden uns von den unter der Vorhalle wachehabenden Soldaten die Stiefel mit Pantoffeln umwickelt. Früher mußte man die erstern ausziehen, wie ich denn noch im Jahre 1857 zu Algier die dortigen Moscheen nur baarfuß betreten durfte. Zweifelsohne rührt diese Vorschrift des Korans, daß man in das Gotteshaus nicht den Staub und Koth der Straße mittragen soll, aus althebräischer Anschauung her. Wir lesen in der Bibel, daß der Herr dem Moses Angesichts des Dornbusches und dem Josue vor Jericho anbefahl: „Zeuch deine Schuhe von deinen Füßen, denn der Ort, wo du stehest, ist heiliges Land." *) Aehnliche Anklänge heutiger orientalischer

---

*) Siehe II. Buch Moses V, 5. und Josue V, 6. Apostelgeschichte VII, 33.

Sitten an die hl. Schrift sind uns im Verlauf unserer Reise noch manche begegnet.

Der obgedachte Vorhof bildet ein geräumiges Rechteck und ist an allen vier Seiten mit Arkaden umrahmt, deren tragende Säulen aus Alabaster bestehen und worüber als Bedachung eine zusammenhängende Reihe von Kuppeln sich wölben. Der Boden des Vorhofs ist in seiner ganzen Ausdehnung mit Marmor belegt. In der Mitte erhebt sich ein achteckiges Brunnenhaus von purem Alabaster, während die Nordwestseite des Vorhofs von einem buntbemalten Thurme als Träger einer Uhr überragt wird, welche der König Ludwig Philipp dem Mehemed-Ali zum Geschenk gemacht hatte.

Lange betrachteten wir die mit Alabaster verkleidete Facade des Tempels. In das Innere eintretend, begrüßte uns ein tausendstimmiger Chor befiederter Sänger, welcher, durch die weiten Räume wiederhallend, das Gemüth ebenso heiter als feierlich stimmte. Der Tempel hat wie jene von den Türken erbauten Moscheen Konstantinopels die Form des Quadrats. In der Mitte ragt die gewaltige Hauptkuppel empor, an welche sich vier Halbkuppeln und in weiterm Umkreise vier kleinere Kuppeln mit entsprechenden Halbkuppeln anschließen. Man ist von vornherein überrascht durch die Größe der Dimensionen, staunt über den kühnen Schwung des Gewölbesystems und sieht auch hier im Innern den gelben aegyptischen Kalkalabaster in Menge verwendet. So sind die Säulen der Frauengallerie ganz aus diesem prachtvollen Bausteine gefertigt und die Sockel der die Kuppeln tragenden Pfeiler damit überkleidet. Auch das bis an den Fries hinaufreichende Mihrab zeigt massiven Alabaster, wogegen die Kanzel und das Gestelle für den Koranvorleser aus blendend weißem Marmor gearbeitet sind.

Im Uebrigen ist nicht zu verkennen, daß die Neuheit und Frische des Baues und die allüberall herrschende musterhafte Reinlichkeit wesentlich zu dem günstigen Totaleindruck beitragen. Alle Kuppeln, Halbkuppeln und Oberwände sind mit farbigen

Arabesken auf Goldgrund geschmückt, und um die Trommeln
ziehen sich farbige Glasfenster in Kreisen oder Halbkreisen
herum, durch welche allein ein gebrochenes Licht in die halb-
dunkeln Räume einfällt.

Die Alabastermoschee ist das Grabmonument Mehemed-
Ali's. Er ließ sie, wie einst die altaegyptischen Herrscher die
Pyramiden, zu diesem Zwecke erstellen. Rechts vom Eingang
erblickt man den reich drapirten Sarkophag, der die irdischen
Ueberreste des gewaltigen Herrschers umschließt.

Noch wurde ein anderes im Bereiche der Burg liegendes
höchst interessantes Werk in Augenschein genommen. Wir meinen den sogenannten Josephsbrunnen. Es ist das ein
300 Fuß tief senkrecht durch den Kalkfelsen getriebener, ziemlich
weiter Schacht, welcher bis auf den mit dem Nil das gleiche
Niveau einhaltenden Grund hinabreicht und dazu bestimmt ist,
das Horizontalwasser des Nil in die Höhe zu beschaffen. Er
ist durch einen breiten im Felsen ausgehauenen Absatz in eine
obere und untere Abtheilung geschieden. Geleitet von unserm
Dragoman und einem Araber stiegen wir auf einer im Innern
des Schachts angelegten Gallerie bis zu diesem Absatz hinunter.
Hier sahen wir, wie das Wasser vermittelst einer über Rollen
geschwungenen Kette, an welcher irdene Krüge in gleichen Abständen angebracht sind, aus dem Grunde des untern Schachtes
heraufgeschöpft und in ein Becken gegossen wird, von welchem
aus man es durch eine zweite Vorrichtung an das Tageslicht
schafft. Der untere Schacht ist von geringerem Durchmesser
als der obere. Man machte uns das Anerbieten, uns auch in
diesen letztern hinabzuführen, was wir aber ablehnten. Der
Name „Josephsbrunnen" hat zu der Volkssage Anlaß gegeben,
daß der Schacht die Grube sei, in welche nach der Genesis
37, 24. Joseph von seinen Brüdern geworfen ward. Allein
diese Ansicht ist grundlos, insofern sich für dieselbe keine historischen Anhaltspunkte anführen lassen. Der Brunnen heißt
eigentlich Jußufbrunnen und erinnert mit dieser Bezeich-

nung an den Vornamen Salabins, der ihn von dem Sande, unter welchem er Jahrhunderte, vielleicht Jahrtausende lang begraben lag, reinigen ließ. Das Werk selbst schreibt sich sehr wahrscheinlich aus altaegyptischer Zeit her.

Die Citadelle von Kairo hat in neuerer Zeit durch ein blutiges und folgenreiches Ereigniß eine tragische Berühmtheit erhalten. Hier in einem an seine Grabmoschee anstoßenden Hofe geschah es, daß Mehemed-Ali am 1. März 1811 die Häuptlinge der Mameluken meuchlings zusammen schießen ließ. Er hatte diese Männer zu einer großen Feierlichkeit in seinem Palaste geladen. Sie fanden in großer Menge harmlos sich ein, wurden freundlich empfangen und aufs trefflichste bewirthet. Nach beendigtem Feste zieht der Pascha sich in seine Gemächer zurück, worauf die Bei's im Hofe ihre Pferde besteigen, um die Heimreise anzutreten. Aber siehe da! Alle Thore der Burg sind verschlossen und plötzlich beginnt es aus allen Fenstern von Flintenschüssen zu krachen. Die Fürsten, denen jede Möglichkeit der Flucht oder des Widerstandes abgeschnitten ist, werden sammt ihren Rossen von dem mörderischen Kreuzfeuer darniedergestreckt, bis zuletzt 430 Leichen auf dem blutgetränkten Sandboden liegen. Nur einem einzigen der Fürsten, Emir Bei, gelang es, durch einen kühnen Sprung mit dem Pferde sich aus diesem Gemetzel zu retten. Entschlossen setzte er über die Brustwehr des Platzes die Felswand hinab und entrann, von keiner der ihm nachgesandten Kugeln getroffen, glücklich nach Oberaegypten. Man hat uns die Stelle gezeigt, wo der kühne Reiter sein Roß in die Tiefe hinabgespornt habe.

Die Mameluken, ursprünglich aus den Kaukasusländern eingeführte Sklaven, wurden durch die arabischen Sultane kriegerisch eingeübt und bildeten ihre Leibwache. Bald aber lehnten diese neuen Prätorianer gegen ihre Gebieter sich auf, ermordeten im Jahr 1254 den damaligen Sultan und bemächtigten sich der Herrschaft des Landes, die sie Jahrhunderte lang zu behaupten wußten. Sie waren es, welche nach langwierigen Kämpfen die Franken aus dem Lande vertrieben. Selbst nach der Eroberung Aegyptens durch die Türken blieben die Mameluken die machthabende Aristokratie des Landes, deren Willen sogar die Pascha's, d. h. die Statthalter des Sultans von Konstantinopel, sich beugen mußten.

Mehemed-Ali aber — ein Mann, der die Traditionen des alttürkischen Despotismus mit den Ideen modern europäischer Staatsomnipotenz in sich zu Einem politischen Systeme harmonisch verarbeitet hatte — war nicht dazu angethan, diese Lage zu acceptiren. Denn es stund dieselbe allen seinen hochstrebenden, civilisatorischen Plänen hemmend im Wege. Er griff, um das lästige Hinderniß zu beseitigen, zu dem Mittel des Barbaren, das ganz einfach darin besteht, seine Feinde zu tödten. Es ist das nicht das einzigemal, daß barbarische Mittel die Zwecke der Civilisation haben fördern müssen. Hat doch Sultan Mahmud mit den Janitschaaren es nicht anders gemacht und haben die Franzosen in Algier ganze Stämme über die Klinge springen lassen und damit den civilisatorischen Zweck, der den verbrecherischen Mitteln als heiligender Deckmantel dienen sollte, bis zur Stunde doch nicht erreicht.

Mittlerweile war die Mittagsstunde herangerückt und die Hitze auf einen Grad angestiegen, den wir wegen Mangels eines Thermometers nicht ausmitteln konnten, der aber, wie ich meine Leser versichern darf, die Temperaturhöhe der heißesten Sommertage in der Schweiz sehr bedeutend überstieg. Wir verließen daher die Citadelle, besuchten den Bazar, der sich von jenen zu Smyrna und Konstantinopel nur wenig unterscheidet, kauften bei einem deutschen Kunsthändler eine Anzahl Photographien und fuhren nach dem Hotel Shepherd zurück.

Hier fanden wir das ganze Haus in beinahe nächtliche Dunkelheit eingehüllt. Kein Sonnenstrahl durfte in die hohen Säle und Korridors des Gasthofs eindringen. Die Gesellschaft an der Mittagstafel war, obwohl nicht zahlreich, insofern inte-

reffant, als der eine Gaft foeben aus Indien, der andere aus
Nubien, ein dritter von den Oafen angelangt war, und ein
jeder allerneuefte Nachrichten von jenen Orten zu hinterbringen
wußte.

An eine Siefta war nicht zu denken, da jede Stunde des
heutigen Tages, des einzigen, den wir in Kairo zubringen
durften, ausgenutzt werden mußte. Unfer Wagen fuhr um
2 Uhr Nachmittags vor und wir fäumten nicht, denfelben zu
befteigen. Als hauptfächlichften Zielpunkt hatten wir die Nil-
infel Rhobah in Ausficht genommen, weil uns diefelbe als
ein Paradies tropifcher Vegetation gefchildert worden war und
in der Hoffnung, von dort aus die Pyramiden in größerer
Nähe betrachten zu können.

Vorher jedoch machten wir einen nochmaligen Abftecher
nach dem Südoften der Stadt, um die berühmte Sultan-
Haffan-Mofchee in Augenfchein zu nehmen. Sie liegt
unmittelbar am Weftfuße des Citadellenhügels auf dem Ru-
meillehplatze, deffen Zierde fie ift. Der Bau wurde
auf Befehl des Sultans Haffan in den Jahren 1356—1358
unferer Zeitrechnung aufgeführt. Man wird fchon durch den
äußern Anblick des Tempels, feine hochgefchwungene Kuppel,
fein über den höchften Punkt der Citadelle emporragendes Minaret und namentlich durch die bis zum oberften Rande der
Mauer reichende, riefenhafte Portalnifche, über die fich ein
prächtiges Tropfengewölbe zufammenzieht, höchlichft überrafcht.
In das Innere eingetreten, wunderte ich mich über den felt-
famen Plan des Gebäudes. Um einen in Form eines Rechtecks erftellten Hof erheben fich vier halbkuppelförmige Kapellen,
je eine auf jeder Seite, die nach dem Hof zu offen, d. h.
wandlos find, fomit nach dem technifchen Sprachgebrauch als
koloffale Nifchen bezeichnet werden müffen. Der Hof, in deffen
Mitte zwei Brunnen für die Abwafchungen fprudeln, bildet alfo
den eigentlichen innern Mittelraum der Mofchee, zu welchem
fich die vier Koloffalnifchen wie die Seitenfchiffe zu dem Centrum

einer byzantinischen Kirche verhalten, nur mit dem Unterschied, daß hier der Mittelraum von dem blauen Himmel statt von einer steinernen Kuppel überwölbt ist. Das ganze erinnert merkwürdigerweise an die Gestalt eines griechischen Kreuzes. Die gen Mekka gerichtete Kapelle ist bedeutend größer als die drei andern und durch eine mit zwei Portalen versehene Mauer in zwei Räume getheilt. In ihr befinden sich der Mihrab, die Kanzel, das Gestell für den Koranvorleser und im Hintergrund gegen Osten das Grabmal des Sultans Haſſan, weßhalb man diese Ostnische füglich für das eigentliche Heiligthum oder die Moschee im engeren Sinne des Wortes ansehen mag. Die Wölbungen aller vier Kapellen sind von grandiösem Effekt und in ächt sarazenischer Weise mit Stalaktiten ausgeschmückt.

Von hier ab südwärts zum Stadtthore Bab-el-Gorafah hinausfahrend, wie waren wir erstaunt, als wir uns urplötzlich in die leibhaftige Wüste versetzt sahen! Wir hatten das Thor keine paar Schritte hinter uns, so rollte unser Wagen fußtief im Sande. Vor und neben uns, zu unserer Rechten und Linken, blickten wir, so weit das Auge reichte, auf Sandflächen und Sandhügel hin. Nach links, d. h. nach Osten war der Ausblick durch den Mokatam begränzt, an dessen Fuß und Abhang ein arabischer Friedhof sich weitete. Ein Komplex von Kuppelgebäuden und Minarets tauchte in einiger Entfernung blendendweiß aus dem blendendweißen Sandmeer empor. Das waren die nach dem berühmten Imam Es Schaffei benannten Gräber der spätern Mamelutenbey's. Ein Blick in dieselben zeigte uns eine Reihe goldverzierter und buntbemalter Sarkophage. Die viel merkwürdigern Gräber der alten Mamelukenkönige, irrthümlich Kalifengräber benannt, lagen zu viel abseits unseres Weges, als daß wir sie hätten besuchen können. Dagegen befindet sich ganz nahe bei Schaffei's Grab, gleichfalls mitten im Sandmeer das Familienbegräbniß des vizeköniglichen Hauses. Es ward uns gestattet, in dasselbe einzutreten. Man gelangt durch einen langen Korridor in zwei Säle, von denen jeder mit einer besondern Kuppel überwölbt ist. Der eine war ursprünglich bestimmt, die Gebeine Mehemed-Ali's aufzunehmen, die dann aber auf seine Anordnung in der Alabastermoschee beigesetzt wurden. In dem andern Saal ruhen seine Kinder und Verwandten. Namentlich ist daselbst sein berühmter Stiefsohn Ibrahim-Pascha, der Besieger der Morea und Syriens, unter einem aus blauem Marmor gefertigten Denkmal begraben. Eine Fülle von hellen Farben, Mosaik und andern Ornamenten schmückt diese Räume. Ueberzüge bedecken das Pflaster des Bodens und persische Teppiche fallen in Falten über die Sarkophage der Fürstensöhne herab.

Nachdem wir im Wagen wieder Platz genommen hatten, hieß unser Dragoman den Kutscher westwärts abschwenken. In dieser Richtung umfuhren wir die Südspitze der Stadt und gelangten, indem wir aus dem Sande herauskamen, auf eine gut gebahnte Straße, welche uns in etwa einer Viertelstunde nach Fostat oder Alt-Kairo führte. Diese Stadt wurde im Jahre 640 unserer Zeitrechnung bald nach der arabischen Eroberung von Amru, dem Feldherrn des Kalifen Omar, erbaut. Sie blühte in kurzer Zeit mächtig empor und blieb die Hauptstadt des Landes, bis sie diesen Vorrang an das im Jahre 969 gegründete Neu-Kairo abtreten mußte. Als dann die Kreuzfahrer 1168 Unter-Aegypten überzogen, zündeten die Mahomedaner Alt-Kairo eigenhändig an, damit es nicht von den Christen in Besitz genommen werde. Der Brand dauerte 54 Tage und ließ außer zahlreichen Trümmern einzig die berühmte Amru-Moschee und das durch seine römischen Umfassungsmauern geschützte Koptenquartier übrig.

Wir stiegen aus, um einen Gang durch das letztere zu machen. Es liegt innert seiner hohen Ringmauern dergestalt verborgen und eingesenkt, daß wir von Außen her gar Nichts davon wahrnehmen konnten. Als wir dann durch ein schmales, niedriges Thor in das Innere gelangten, sahen wir uns in

eine so seltsame Stadt versetzt, wie auf unsern Reisen uns
keine zweite je vorgekommen ist. Wir bewegten uns in einem
etwa vier Schuh breiten, buchstäblich finstern Gang, welcher
zwischen thurmhohen massiven Mauerwänden eingeschlossen war.
Ich wußte anfänglich nicht, wo wir eigentlich wären, ob man
uns in die Kasematten einer Festung oder in den Korridor
einer alten, unheimlichen Teufelsburg hineingeführt habe. Erst
als ich beim Weiterschreiten Hausthüren, vergitterte Fenster und
Erker gewahrte und hie und da ein Stück blauen Himmels
senkrecht über meinem Haupte erblickte, ward es mir klar, daß
der schmale Gang nichts Anderes als eine der Gassen von Alt-
Kairo sei. Jene Hausthüren waren theilweise verschlossen,
theilweise offen, im letztern Fall Einblicke in einsame Hofräume gewährend.

Aus diesem Gäßchen bogen wir in mehrere andere ein,
welche alle ebenso enge und finster und von festungsartigen
Häusern, wie jenes erste, umzogen waren. Wenige menschliche
Gestalten huschten an uns schweigend vorüber. Mir kam dieses
Alt-Kairo wie eine wahre Katakombenstadt vor, welche
sich die armen koptischen Christen zum Schutz gegen den muselmännischen Fanatismus, gegen die Raubgier der Beduinen
und wohl auch gegen den Sand der östlichen Wüste erbaut
hatten.

Nachdem wir, je Einer hinter dem Andern, mehrere jener
Gäßchen durchschritten hatten, wurden wir von dem Dragoman
einige Stufen abwärts in einen Hofraum geführt. Es war
der Vorhof der koptischen Kirche. Hier wurden wir von
einem Manne begrüßt, welcher wahrscheinlich das Amt eines
Küsters verwaltete. Wir ließen demselben unsern Wunsch mittheilen, die Kirche zu besichtigen, worauf er alsogleich die
Schlüssel hervorholte und das Innere aufschloß.

Das kleine Gotteshaus nahm unser Interesse in hohem
Grade in Anspruch. Die eigenthümliche Bauart, das merkwürdige Holzwerk, die sonderbare Abtheilung der Räume ließen

auf ein hohes Alterthum schließen und die Armuth und Schmucklosigkeit des Ganzen machten den Eindruck, als wäre es an solchen Orten gewesen, wo die ersten Christen ihren Gottesdienst hielten. Das Kirchlein war in Apsis und Langhaus, das letztere durch eine doppelte Reihe von Steinsäulen in ein breites Mittelschiff mit zwei schmalen Seitenschiffen geschieden. Die Säulen hatten korinthische Kapitäler und trugen ein dunkelbraunes Holzgebälke, über welchem die beidseitigen, aus gleichem Material bestehenden Oberwände bis zum offenen Dachstuhl hinaufreichten. In der Apsis stund ein einfacher hölzerner Altar und der Mauer entlang zogen sich im Halbkreise die Stühle der Priester. Die größte Eigenthümlichkeit des Gotteshauses bestand aber darin, daß dasselbe vermittelst fünf durchbrochener Querwände oder Verschläge in sechs parallele Räume der Breite nach abgetheilt war — eine wahrscheinlich uralte Einrichtung, die den Zweck hat, während des Gottesdienstes den celebrirenden Priester von den Altardienern und Chorknaben, diese wieder vom Volke und das letztere nach Geschlechtern zu sondern. Die vorderste Querwand, die den Altarraum abschloß, war mit sehr alterthümlichen Holzschnitzereien verziert. Ferner fiel uns auf, daß an den Wänden nebst einigen werthlosen, aber wahrscheinlich sehr alten Heiligenbildern auch eine Anzahl Krücken aufgehängt waren. Dieselben werden, wie man uns sagte, zu dem Zwecke hier aufbewahrt, um sich bei dem 3—4 Stunden andauernden, meist nächtlichen Gottesdienste, dem stehend beigewohnt werden muß, in etwas zu erleichtern.

Merkwürdiger noch als die Kirche selber war die Krypte oder die unterirdische Kapelle, wo nach der Sage die heilige Familie während ihres Aufenthaltes in Aegypten eine Zeit lang gewohnt haben soll. Diese Krypte ist durch drei Säulenreihen in vier schmale Schiffe getheilt. Sie enthält das Baptisterium und einige Nischen, auf welchen zu gewissen Zeiten das heilige Meßopfer dargebracht wird. Wahrscheinlich war dies die ursprüngliche Kirche, die vielleicht schon bestund, als das

christliche Aegypten sich noch nicht von der Einheit der Gesammtkirche losgetrennt hatte.

Es ist unzweifelhaft, daß man in den Kopten die Ab-
kömmlinge der alten Aegyptier, d. h. jenes Volkes zu suchen
hat, welches das Nilland bewohnte, ehbevor Perser, Mace-
bonier, Griechen, Römer und Araber dasselbe unter ihre Herrschaft gebracht hatten. Sie sind zur Zeit auf etwa 140,000
Seelen zusammengeschmolzen, weil die Gesammtheit der nach der
mahomedanischen Eroberung zum Islam übergetretenen Kopten
in die arabische Nationalität aufgegangen ist. Als Religionspartei bekennen sie sich zu der durch das vierte ökumenische
Konzil verworfenen Lehre der Monophysiten, welche in Christo
nur eine Natur, statt deren zwei in dem einen Gottmenschen
annahmen. Seit Jahrhunderten halten sie sich von allen andern christlichen Gemeinschaften mißtrauisch ferne und haben
in ihrem Hasse gegen die byzantinische Herrschaft sogar die
Eroberung des Landes durch die Mahomedaner begünstigt.

Ihr Gottesdienst unterscheidet sich von dem der griechischen
Kirche wesentlich dadurch, daß die Liturgie, die Psalmen und
ein Theil der Gebete in koptischer Sprache geschrieben sind.
Diese uralten Urkunden bilden gleichsam die geheiligte Kapsel,
in welcher die Reliquien jener alt-aegyptischen Sprache aufbewahrt werden. Denn das Volk spricht nur arabisch und
selbst den meisten Priestern ist das Koptische unverständlich.
Die Taufe wird von den Kopten durch dreimaliges Eintauchen
vollzogen. Mögen sie sich für diese Form auf den Ritus der
Urkirche berufen, so hat es mit zwei andern, bei ihnen üblichen
Gebräuchen, eine andere Bewandtniß. Wir meinen: die Be-
schneidung und die Enthaltung von Schweinefleisch, welche Ge-
bräuche sie offenbar von den Juden und Mahomedanern
adoptirt haben. An der Spitze der koptischen Kirche steht
der zu Kairo residirende Patriarch, welcher sich den Besitzer
des Stuhles und geistlichen Stabes des Apostels Markus be-
titelt und seine kirchliche Machtvollkommenheit selbst über Abys-

finien ausdehnt. Er und die ihm untergebenen Bischöfe sind aus der Zahl der Klostermönche genommen, daher unverheirathet, wogegen es den Weltpriestern gestattet ist, sich einmal, jedoch vor der Weihe, zu verehlichen.

Schubert entwirft ein düsteres Bild von dem harten Loose der Armuth, welches diesen merkwürdigen Ueberresten eines uralten Volkes beschieden sei. Ihre Priester leben von Almosen und niedrigem Gewerbe, ihre Klöster darben im Elende und ihre Kirchen zeichnen sich im ganzen Orient durch die höchste Armseligkeit aus. Anderseits besitzen die Kopten Gewandtheit und Bildung und wissen sich durch diese Eigenschaften mancherlei Vortheile zuzuwenden. Namentlich werden sie von den Mahomedanern als Notare und öffentliche Schreiber gebraucht — eine Auszeichnung, die sie dem in ihren Primarschulen erhaltenen Unterricht im Lesen, Schreiben und Rechnen verdanken.*)

Daß übrigens diese uralten, von der Welt abgeschlossenen Christengemeinden, deren Trennung von dem römischen Stuhle schon im fünften Jahrhundert, lang vor dem großen griechischen Schisma erfolgte, dennoch das Institut des Episkopats, das Meßopfer, die Beichte und klösterliche Gemeinschaften besitzen, daß sie an die Verehrung der Heiligen glauben, und die Fasten mit einer Strenge üben, in welcher ihnen keine der christlichen Parteien noch selbst die Mahomedaner gleichkommen: ist eine überaus lehrreiche Thatsache, welche mitunter beweist, daß jene Glaubenssätze und Disciplinen an die Quelle des Christenthums hinaufreichen müssen.

Ein eigenthümlich gemischtes Gefühl von Freude und Unbehagen überkam uns, als wir aus der kühlen Nacht der Koptenstadt urplötzlich wieder an die helle und heiße aegyptische

---

*) G. Schubert, Reise in das Morgenland in den Jahren 1836 und 1837. B. II. S. 141—147.

Sonne hinaustraten. Wir fuhren nun rasch dem Nile zu, den wir ungefähr in einer Viertelstunde erreichten. In dem Maße, als wir demselben uns näherten, schmückte sich die Gegend wieder mit der reizendsten Vegetation. Zahllose Palmen, Bananen, Tamarisken, aegyptische Akazien waren in lieblichen Gruppen bunt durcheinander gemischt und um die geräumigen Gärten gürteten sich Einfriedungen von mannshohem Schilfrohr. Ein reges Marktleben bewegte sich am Ufer des Flusses im Schatten einer langgezogenen Laube. Während wir uns in dem fremdartigen Treiben umsahen, kam die niederschlagende Kunde, daß die Nilinsel Rhodah, welche zauberisch schön, mit dichtem Tropenwald bekleidet, in nächster Nähe uns gegenüber lag, nicht betreten werden dürfe, weil die Haremsdamen eines Sohnes des Vice-Königs ihre Villegiatur daselbst hielten. Dagegen war nun freilich Nichts einzuwenden und noch weniger auszurichten. Wir beschlossen, eine Barke zu miethen, um den altbiblischen Strom zu befahren und wo möglich einen Ausblick auf die uns hier näher gerückten Pyramiden zu gewinnen. Bevor wir jedoch unser Vorhaben auszuführen vermochten, ging eine Scene vor sich, die man erlebt haben muß, um sich von derselben eine richtige Vorstellung machen zu können. Als wir nämlich abwärts dem Strande zugingen und hiedurch unsere Absicht, eine Barke zu besteigen, erkennbar wurde, sahen wir uns alsobald von einem Dutzend arabischer Kahnführer umringt, von denen Jeder uns haben wollte. Sie alle drangen sich mit einem wüthenden Ungestüm auf, stießen, rissen, schleuderten sich gegenseitig von dem unterhandelnden Dragoman fort, holten mit Rippenstößen und Faustschlägen aus und erhoben dabei ein kannibalisches Geschrei, das uns um so mehr betäubte, als wir natürlicher Weise von ihren Reden und Flüchen keine Silbe verstunden. Es war eine förmliche Konkurrentenschlacht und hätten wir uns nicht in dem strengen Polizeistaat Aegypten befunden, so mochte man einen Augenblick befürchten, daß es Todte und Verwundete absetzen würde.

Unser Dragoman bewahrte inmitten der ihn umzingelnden Rotte eine klaſſiſche Ruhe, nur daß er hie und da drohend den Stock hob, um ſich handgreifliche Zudringlichkeiten zu verbitten. Ich für meine Perſon war von der Ungefährlichkeit des ganzen Spektakels zum Voraus überzeugt, ſo daß ich mir die wilden Gebärden, das Zähneknirſchen, die blitzenden Augen und die rohen Kehllaute der heißblütigen Männer zum Gegenſtand kaltblütigen Studiums machte. Die Geſchichte nahm erſt dann ein Ende, als wir in einer der Barken uns niedergelaſſen hatten und uns ein Strich Waſſer von der tollen Rotte abſchied.

Unſere Bootsleute ruderten ſtromaufwärts, das Südkap der Inſel umſchiffend. Hier erſt ſahen wir den gelben Strom in ſeiner ganzen majeſtätiſchen Breite vor uns. Dieſelbe ſchien mir ungefähr eine Viertelſtunde zu betragen, mag aber, weil bei der durchſichtigen Luft Aegyptens alle Gegenſtände ſich viel näher ſtellen, noch bedeutender ſein. Jedenfalls mußte aus der anſcheinenden Kleinheit der Palmen, welche, ſtatt der Weiden und Erlen unſerer Flußgeſtade, das jenſeitige Ufer beſäumten, auf eine ziemlich große Entfernung des letztern geſchloſſen werden. Hier an der Südſpitze der Inſel ſahen wir auch den berühmten Nilmeſſer, eine ſteinerne, mit vielen Strichen verſehene Säule inmitten eines viereckigen Gemachs, in welches das Waſſer von unten hineinſtrömt. Dieſes Obſervatorium wurde von dem Kalifen Motawakel im Jahre 800 nach Chriſtus errichtet. An der Säule beobachten Regierungsbeamte das Steigen und Fallen des für den Ackerbau des Landes ſo überaus wichtigen Stroms und ihre Berichte werden zur Zeit der Ueberſchwemmung der Bevölkerung Kairo's durch Ausrufe kundgethan. Achtzehn Ellen iſt das geringſte Maß, welches die Wohlfahrt des beinahe regenloſen Landes erfordert, zwanzig Ellen ſind das Mittelmaß, zweiundzwanzig die höchſte Erfüllung aller Wünſche. Mehr als das gilt als ein Unglück, da man auf ſo reichen Waſſerſegen nicht eingerichtet iſt und die erhöhte Lage der Dörfer, ſowie die Dämme zwiſchen den

Feldern nicht mehr gegen die Gewalt der Fluthen zu schützen vermögen. Ein Nilometer bestund übrigens schon vor der arabischen Eroberung, aber an einer andern Stelle.

In der Nähe des jetzigen Nilmessers befanden sich einige Schöpfräder, vermittelst welcher das Flußwasser über die Umfassungsmauern der Insel zur Bewässerung der dortigen Tropenvegetation heraufbeschafft wird. Schade, daß der Anblick dieser Vegetation, welche nach den vorhandenen Bildern und Beschreibungen von wunderbarer Ueppigkeit sein muß, uns durch jene Umfassungsmauer größtentheils entrückt war. Zwar die Königin des Tropenwaldes, die Dattelpalme, war in ihren hochstrebenden Wipfeln ersichtlich, ebenso streckte die Banane ihre zehn Fuß langen, glänzend grünen Blätter über die Umwallung hinaus. Dagegen blieben die Alleen von Kautschukbäumen, die Theebäume, Kaffee- und Zimmetsträuche, die Orangengärten, Bambusrohre und das mit zahllosen Schlingpflanzen durchflochtene Unterholz unsern Blicken verborgen. An diesem Inselgestade soll die Tochter Pharao's den Knaben Moses gefunden haben — eine Tradition, die nach der ganzen Lage viele Wahrscheinlichkeit für sich hat. Denn in der Nähe stund die Königsstadt Memphis und gewiß mochte das schöne, schattenreiche Eiland die damaligen Herrscher nicht minder wie die jetzigen verlockt haben, sich daselbst Villen und Sommerpaläste zu errichten.

Für die Rückfahrt nach Kairo erhielt der Kutscher die Weisung, einen andern Weg als auf der Herreise einzuschlagen und uns zunächst nach dem durch den jetzigen Vice-König angelegten antiquarischen Museum zu führen. Als wir aber vor dem stattlichen Gebäude anlehrten, kam der Bescheid, daß das Museum geschlossen sei. Es verdroß uns das einigermaßen, weil die Sammlung sehr merkwürdige Funde enthalten soll. Indessen gewährte eine Fülle anregender Gegenstände, welche die Weiterfahrt mit sich brachte, uns für jenes Mißgeschick vielfältigen Erſatz. Zum erſtenmal ſahen wir die Dattelpalmen nicht nur einzeln oder gruppenweiſe, ſondern zu geſchloſſenen Waldbeſtänden vereinigt. Uns verlangte, auch einmal, wie man zu ſagen pflegt, unter Palmen zu wandeln. Deßwegen hießen wir den Kutſcher anhalten, ſtiegen aus, überſetzten einen ſchmalen Kanal, in welchem das künſtlich hergeleitete Nilwaſſer wie ein ſchweizeriſcher Wieſenbach luſtig einherrauſchte und drangen einige hundert Schritte weit in die Waldestiefe ein.

Wohl war er ſchön dieſer Palmenwald! Wohl mochte ich die edlen Formen der ſchlankwüchſigen Bäume mit ihren von dem tiefblauen Himmel Aegyptens wunderſchön ſich abhebenden, federbuſchartigen Blattkronen bewundern! Eines vermißte ich doch. Ich hatte das gleiche auch ſchon in den Cypreſſenhainen der türkiſchen Friedhöfe zu Konſtantinopel und Smyrna vermißt. Es fehlte nämlich die grüne Decke des Bodens, ohne welche auch die ſchönſte Baumvegetation nie ganz befriedigt.

Ueberhaupt habe ich mich auf meinen Reiſen öfters gefragt, ob der uns nähere Süden, worunter ich die Küſtenländer des Mittelmeers begreife, in Bezug auf die Schönheit der Vegetation den Preis vor unſerm Norden verdiene? Ich bin geneigt, dieſe Frage zu verneinen. Eigentliche Palmenwälder werden erſt bei Kairo getroffen. Weiter nördlich kommt dieſer Tropenbaum nur ſporadiſch mehr vor, und wir finden als Hauptrepräſentanten der dünngeſäeten Waldungen den Oelbaum, deſſen falbes Laub unſchön, deſſen Höhe nur ſelten diejenige unſerer Laubhölzer erreicht. Auch der Johannisbrod- und der Feigenbaum haben geringere Dimenſionen. Die Korkeichen im Atlas und in den Gebirgen Paläſtina's würden neben den deutſchen Steineichen als winzige Sträuche erſcheinen. Man mag den hohen Wuchs und das Dunkelgrün der Cypreſſen bewundern, aber ich ſehe nicht ein, was ſie in dieſen Beziehungen vor unſern Nadelhölzern voraus haben, denen überdieß der buntfarbige Flechtenüberzug und das ihren Fuß umhüllende

Moospolster einen Reiz verleihen, den jene entbehren. Das Vaterland der Platane sind die griechischen Inseln. Unsere Exemplare stehen jedoch den dortigen an Großartigkeit des Wuchses und malerischer Rundung der Formen im Geringsten nicht nach. Ebenso können unsere Wallnußbäume mit den südlichen in allen Theilen wetteifern.

Schön sind die Orangengärten des Südens, wenn Blüthen und goldene Früchte gleichzeitig im dunkeln Laube sich bergen. Allein der Träger der Goldorangen ist an und für sich ein unansehnlicher Baum. Und wenn mich in den Schluchten des Atlasgebirgs die Blüthenpracht der Oleanderhaine entzückte, — ich stelle mir dennoch die Frage, ob nicht auch dieses Bild südlicher Pflanzenwelt durch die Erscheinung einer Schweizerwiese im Mai, wenn das Gold der Ranunkel und des Löwenzahns den bunkelgrünen Grund durchwirken und der Blüthenschnee der Obstbäume darüber sich bacht, wohl mehr als aufgewogen werde? Was der Süden gegenüber dem Norden voraus hat, ist nicht die Vegetation, es ist der unveränbert heitere Himmel, das blaue Meer und jene Energie der Sonnenbeleuchtung, welche die warmen Töne der Luft erzeugt und die ganze Natur in eine unbeschreibliche Lichtfülle taucht.

Zu Hause wieder angelangt, wartete unser ein letzter Hochgenuß. Nachdem wir nämlich nicht ohne Gefahr vermittelst einer Leiter uns durch eine Lucke auf das platte Dach unseres Hotels emporgearbeitet und auf der durch die Hitze ganz erweichten Asphaltdecke einen festen Standpunkt gefunden hatten, bot sich uns da oben ein Anblick dar, der uns die Pracht und Eigenthümlichkeit Kairo's und seiner Umgebung noch einmal wie in einem einzigen herrlichen Gemälde zusammenfaßte. Rings um uns zierliche, von Palmen und Bananen beschattete Hofräume, in welche so selten der Blick eines Fremden dringen kann. In weiterer Ferne dehnte sich die Stadt und um sie her die aegyptische Landschaft: der Mokatam, die gelbe Wüste, die schneeweißen Pyramiden und im Westen die feurigen Strahlen der untergehenden Sonne und um Alles und über Alles die aegyptische Abendluft mit all' ihrem unaussprechlichem Zauber. Der Goldgrund des Abendhimmels erblaßte. Es war, als ob ein Gewitter sich ansammeln wollte, aber die Wolken waren nicht gräulich und dunkel, wie bei uns, sondern halb ins Violette, halb ins Karmosinrothe spielend. Und bis spät in die Nacht hinein wehte ein wahrer Glühwind uns entgegen. Das war der Samum, der über den Sand der Wüste strich und vielleicht manch' einem armen Pilger Schrecken und Verderben brachte.

Ich schließe die Chronik dieses erlebnißreichen Tages durch die Erzählung einer gemüthlichen Episode, welche in uns beiden einen wohlthuenden Eindruck zurückgelassen hat. Es ist oben erwähnt worden, daß ein Fellahknabe in den Gassen von Kairo als Läufer vor unserm Wagen herlief, um die Auf- und Abgehenden zum Ausweichen zu mahnen. Die Löhnung desselben war einbedungen in den Miethpreis des Wagens. Da kam uns beim Aussteigen der Gedanke in Sinn, es möchte wohl der arme Knabe für sein in dieser heißen Jahreszeit doppelt mühevolles Handwerk wenig oder gar Nichts von seinem Prinzipalen erhalten, wohl wissend, wie schamlos gerade in dem heutigen Aegypten das System der Ausbeutung des Armen durch den industriellen Reichen betrieben wird. Deßhalb Bedauern mit dem Knaben empfindend, drückten wir demselben ein mäßiges Trinkgeld in die Hand. Da hätte man sehen sollen, wie sein schönes Antlitz urplötzlich vor Freude strahlte, wie seine Augen funkelten, wie er rasch und wiederholt nach muselmännischer Art die rechte Hand an die Stirn hinauflegte, um uns seinen heißen Dank für den Bakschisch zu bezeugen. Und als wir den folgenden Morgen reisefertig zur Hauspforte hinaustraten, war er schon wieder da und dankte nochmals durch die ausdrucksvollsten Gesticulationen für das gestrige Geschenk. Ach! der arme Kleine mochte wohl wenige Bakschisch in seinem Leben gesehen haben. Vielleicht ist ihm auch von Seite der civilisationsstolzen Franken selten eine freundliche Begegnung geworden. Uns aber freute die Freude und rührte der Dank des Fellahknaben, so zwar, daß der unbedeutende Vorfall sich als ein liebliches und unverwischbares Lebensbild in unsere Erinnerungen eingezeichnet hat.

9. Ritt nach den Pyramiden.
12. März 1866.

Wenn der Hauptbeweggrund zu meiner zweiten oder vielmehr dritten Orientreise darin bestund, daß ich Jerusalem und seinen Umgebungen 'ein eingehenderes Selbststudium zuwenden wollte, so wirkte' zu meinem Entschlusse nicht viel minder das Mißgeschick mit, daß es mir im Jahre 1864 nicht vergönnt gewesen war, die Pyramiden zu besuchen. Auf drei Stunden Entfernung diesen Weltwundern nahe gekommen und doch nicht an dieselben herangetreten zu sein, — ich konnte diesen Gedanken unmöglich verwinden. Diesmal nun, d. h. im Jahre 1866, da ich im Ganzen drei und einen halben Tag in Kairo zubrachte, ward mir beschieden, das damals Unterlassene nachholen zu können und außer den Pyramiden noch' andere, bis jetzt unbesehene Merkwürdigkeiten in den Kreis meiner Betrachtungen zu ziehen.

Es war am 11. März 1866, daß ich in Begleit der österreichischen Pilgerkaravane zum zweitenmal in Kairo anlangte. Die Besteigung der Pyramiden stund auf dem Programme der Gesellschaft und man beschloß, jenen Ausflug gleich des folgenden Tages zu unternehmen. Zu diesem Behuf wurden noch an diesem Abend die Vorbereitungen getroffen, der Führer bestellt und die Reiseesel gemiethet. In Aegypten wird nämlich meistens auf Eseln geritten, im Gegensatz zu Palästina, wo man sich hiefür ausschließlich der Pferde bedient.

Der Sonnenaufgang des 12. März brachte uns einen aegyptischen Frühlingsmorgen, wie er schöner nicht gedacht werden kann und wie er hier in dieser Jahreszeit sich jeden Tag wiederholt. Dieser Umstand erzeugte in uns allen die heiterste Stimmung und voll der spannendsten Erwartung der Dinge, die wir heute zu sehen bekommen sollten, ritten wir um 6 Uhr Morgens von unserm, „Hotel Vittoria" betitelten Gasthofe fort. Es ist oben gesagt worden, daß die Pyramiden südwestlich von Kairo auf der linken Seite des Nilstromes liegen. Demgemäß führte unser Weg anfänglich westwärts zu einem der westlichen Stadtthore hinaus. Dort hieß der Führer uns links schwenken und die südliche Richtung verfolgen. Wir ritten nun auf einer gutgebauten Chaussee zwischen der Stadt und dem Nil, zuerst durch eine Prachtallee von Nilakazien, welche bereits ihre goldgelben Fruchthülsen entfalteten. Weiter ging es an Getreide- und drei Fuß hohen Kleeäckern vorüber. Es folgten Pflanzungen von Zuckerrohr, Bananengruppen, Orangengärten und alle die Erscheinungen der aegyptischen Pflanzenwelt, wie ich sie bei andern Anlässen bereits schon skizzirt habe. Noch betrachteten wir eine oberirdische, in altrömischer Weise angelegte Wasserleitung, durch welche das Nilwasser nach der Citadelle geführt wird und gelangten, nachdem wir die Vorstadt von Alt-Kairo passirt hatten, an die gewöhnliche Nilfähre.

Hier wiederholten die Nilschiffer haarklein die ganz gleiche Scene, die sie vor zwei Jahren an der gleichen Stelle aufgeführt hatten. Aber eben diese Wiederholung, diese getreue Kopie der damaligen Darstellung, machte mir die seither gewordene Mittheilung wahrscheinlich, daß der ganze Spektakel nichts Anderes sei als ein Kunstgriff, den jene Leute anwenden, um durch Erweckung des Mitleides bei den treuherzigen Reisenden ihren anscheinend mißhandelten Kameraden einen höhern Bakschisch zu erwirken — das um so mehr, als ich wahrnahm, daß auch dießmal, wie im Jahre 1864, sämmtliche Mitkämpfer der wilden Konkurrentenschlacht am Schlusse sich ganz gut vertrugen.

•

Nun! Ich meinerseits kann es diesen ohnehin genug geplagten aegyptischen Proletariern unmöglich verübeln, wenn auch sie sich zu einem brüderlichen Bunde vereinigen, um in ihrer Weise eine Lohnerhöhung in ihrem Gewerbe zu erzielen. Diese Weise, durch Aufführung eines Drama's und pathetischen Effekt den angedeuteten Zweck zu erreichen, ist gewiß origineller, poetischer, gemüthlicher, als die Strikes der europäischen Arbeiterassociationen. Denn das mögen mir meine Leser unbedingt glauben: solche Schauspieler wie diese Nilschiffer (angenommen', daß ihr Gebahren wirklich nur Schauspielerkunst war) würde man auf allen europäischen Bühnen vergebens suchen. Deßwegen ist ihnen auch die Entrée, die sie in Form eines gesteigerten Bakschisch von dem zuschauenden Reisenden erheben, gar wohl zu gönnen.

Nachdem der Sturm unter den Schiffsleuten ausgetobt hatte, wurde zuerst die Einschiffung der Esel vollzogen, was in der Weise geschah, daß je einer nach dem andern, durch einen Peitschenhieb angetrieben, sprungweise vom Ufer in die Barke übersetzte. Uns andern menschlichen Passagieren wurde der Eingang durch eine aus rohen Baumstämmen gefertigte Brücke vermittelt. Als wir, jenseits gelandet, die Gassen des dort gelegenen Dorfes Gizeh durchzogen, improvisirte uns die arglistige Habgier unseres Mukir eine abermalige Scene, die aber nicht den dramatischen Karakter jener der Nilschiffer hatte und weil allzu plump angelegt, ihres Zweckes verfehlte. Mit lauter Stimme kommandirte er Halt und trat an den Präsidenten der Gesellschaft mit der Forderung um Geld zur Fütterung der Reitesel heran. Diese Forderung war eine unberechtigte, weil der Vermiether der Thiere keine Fütterung derselben auf unsere Kosten stipulirt hatte. Deßwegen verweigerte unser Präsident, dem Begehren zu entsprechen. Nun erklärte der Bursche in hochfahrendem Tone, daß er die Esel zurückbehalten und uns nicht weiter das Geleit geben werde. Wir aber unbeirrt fliegen vom Sattel, ihm rundweg bedeutend, daß,

wenn er die Uebereinkunft nicht halte, wir uns ebenfalls von
derselben entbunden erachten und weder den Miethpreis noch
den ausbedungenen Führerlohn ihm auszahlen würden. Gleichzeitig schickten wir uns an, den Weg nach den Pyramiden
per pedes Apostolorum zurückzulegen. Als der Mukir uns
fortgehen sah, fügte er sich. Wir durften wieder aufsitzen und
ritten unter seiner fernern Führung weiter unserm Ziele entgegen.

Unser Weg führte nun in direkt westlicher Richtung durch
eine Reihe von Landschaften, die ich im Jahre 1864 noch
nicht gesehen hatte. Etwa eine Viertelstunde außerhalb Gizeh
traten wir in den Schatten eines Hochwaldes ein, der anfänglich aus Akazien, Terebinthen und Palmen gemischt war, dann
aber in einen reinen Bestand von Dattelpalmen überging.
Dieser Palmenhain war um so schöner, als in der jetzigen
Jahreszeit auch der Boden mit frischgrünem Graswuchse bekleidet war. So hatte ich zu meinen Füßen eine Schweizer-
Waldwiese, um mich herum strebten die Palmenschäfte säulen-
artig empor und hoch über meinem Haupte wölbten sich ihre
Riesenblätter zu einer majestätischen Naturkuppel, durch deren
Lucken da und dort ein Stück blauen Tropenhimmels zauberisch
hinunterleuchtete.

Leider ward das paradiesische Naturbild durch eine düstere
Begegnung getrübt. Es war das eine Schaar von zwölf
jungen Männern, welche mit enggeschlossenen Händen, alle zwölf
aneinander gekettet, schnellen Schritts durch einen Polizeimann
nach Kairo geführt wurden. Ob diese Leute Verbrecher,
ob Deserteurs oder auch nur Rekruten waren, die man auf
russische Weise in die Sklaverei des aegyptischen Militärdienstes
schleppte, ist mir nicht mitgetheilt worden. Aber diese Begegnung
an diesem Orte stellte mir so recht lebhaft den großen Gegensatz vor Augen, der zwischen dem Elend der gefallenen Menschheit und der Herrlichkeit der Weltschöpfung obwaltet.

Aus dem Walde hinaustretend gelangten wir abermals in

eine Gegend, die mit Klee, Reps, Waizen und andern Kulturpflanzen überreich angebaut war. Luftig mähten an bestimmten Stellen Pferde, Rinder, Schafe und Kameele die üppigen Kleeäcker ab. Das fruchtbare Land reichte bis an eine Linie, welche ungefähr eine halbe Viertelstunde von den Pyramiden abliegt und wo das Nilwasser noch einen Teich bildet, in welchem zahlreiche wilde Enten herumschwammen. Durch jene Linie ist der künstlichen Nilbewässerung das „bis hieher und nicht weiter" gezeichnet. Deßwegen beginnt hier auch plötzlich die Sandwülste in so scharfer Abgränzung, wie in unsern schweizerischen Flußthälern die Novembernebel von den Regionen der Sonne sich abscheiden.

Nun noch einige Schritte unserer Reitthiere und wir kamen an den Fuß einer Böschung, die das Plateau abschließt, auf welchem die Pyramiden von Gizeh erstellt sind. Nachdem wir diese tief mit Sand zugedeckte Böschung erklommen hatten, stunden wir am Fuße der Pyramide des **Cheops** oder **Chufu**, welche alle andern Pyramiden, nicht nur der Gruppe von Gizeh, sondern sämmtliche Pyramiden Aegyptens an Größe übertrifft.

Der Weg von Kairo hieher mag etwa drei Stunden betragen und ist durch den Nil in zwei ungefähr gleich große Hälften getheilt. Wir hatten von unserm Austritt aus dem Palmenwalde die Pyramiden beständig in Sicht gehabt. Dort, d. h. in etwa anderthalb stündiger Entfernung, zeigten sie sich immer noch klein, nicht anders als wie die Zelten eines militärischen Lagers. Später, ja selbst bis zu dem vorbenannten Nilteiche, glaubte ich die Giebelfacaden größerer Gebäulichkeiten vor mir zu sehen. Dann schienen sie allmälig höher zu steigen. Aber jetzt erst, als ich die größte der Pyramiden mit meinen Händen anfaßte und an mir selbst einen Vergleichungspunkt hatte, jetzt erst war alle optische Täuschung verschwunden, und wurden mir auf einmal die ungeheuren Dimensionen des Bauwerkes anschaulich. Der Eindruck war wirklich erschütternd. Ich wähnte einen riesigen Bergkegel vor mir zu haben, hätten mich die regelmäßigen Linien und gehauenen Quader der Steinmasse nicht überzeugt, daß der Berg von Menschenhänden aufgethürmt sei.

Ich wiederhole hierorts die bereits gemachte Angabe der Maßbestimmungen dieser größten Pyramide, wie sie in der revidirten Geographie von Maltebrun*) auf Grund der Messungen des Obersten Grobert angeführt werden. Darnach erhebt sich die Pyramide 150 Meter in senkrechter Höhe, während der Münsterthurm von Straßburg nur auf 142, der Dom von St. Peter auf 132 Meter ansteigen. Jede ihrer gleich großen Grundlinien hat 232 Meter und 75 Centimeter Länge nach der nämlichen Messung, womit die dreihundert und etliche Schritte, die ich selbst im Vorbeigehen an einer jener Grundseiten zählte, approximativ übereinstimmen. Man hat berechnet, daß die Pyramide einen Flächenraum von mehr als 21 preußischen Morgen bedeckt. Man könnte, wenn sie hohl wäre, die ganze Peterskirche von Rom bequem in sie hineinstellen, und auf der Grundfläche den Plan der sechs großen Kathedralkirchen Europa's verzeichnen.**) Was uns ferner noch einen Begriff von ihrer Größe verschafft, ist die mehrfach erprobte Thatsache, daß keine menschliche Wurfkraft im Stande ist, einen Stein von ihrer Höhe nach ihrem Fuße zu schleudern.

Die Cheops-Pyramide übertrifft aber nicht nur an Größe, sondern auch an Massenhaftigkeit alle jetzt stehenden Monumente der Welt. Dieselbe ist nämlich, wie alle Pyramiden, nach Abzug der im Innern angelegten Gallerien und Grabkammern, welche im Verhältniß zum Ganzen einen sehr geringen Raum einnehmen, durchweg massiv. Man hat den Gesammtinhalt der Steinmasse auf circa 90 Millionen Kubikfuß veranschlagt und ausgerechnet, daß man mit derselben eine sechs Fuß hohe und einen Fuß dicke Mauer um ganz Frankreich

---

*) Tome VIII., pag. 340.
**) Siehe „Sepp, Jerusalem" ꝛc. II. Band, Seite 729 u. 738.

aufführen könnte. Und dieses ungeheure Material wurde aus den Steinbrüchen des rechten Nilufers gebrochen und mußte also fünf Stunden weit über den Nil herbeigeschafft werden. Nach Herodot hätten hunderttausend Arbeiter, welche alle Vierteljahre durch andere hunderttausend abgelöst wurden, zwanzig Jahre lang an dieser Riesenbaute gearbeitet.

Die Pyramide, deren Material aus dem Nummuliten-Kalkstein des Mokattam besteht,*) war ursprünglich mit einem Mantel von polirtem Marmor verkleidet, welcher ihren Seitenflächen den Karakter geglätteter Wände verlieh. Herodot fand 460 v. Chr. diesen Mantel mit all den tausenden von Hieroglyphen und Schriftzeichen noch unverletzt vor. Aber schon unter den Römern und später von den Arabern wurde er zerstückelt und vollständig ausgebrochen, so daß nunmehr die gewaltigen Kalksteinquader sichtbar sich abheben und jede Seite der Pyramide das Bild einer nach oben schmaler werdenden Treppe von 206 Stufen darbietet.

Der Pyramide von Cheops kommt an Größe am nächsten die Pyramide von Chefrem oder Chafra, im Südwesten der erstern liegend. Sie mißt 135 Meter lothrechte Höhe und 210 Meter Länge an jeder der Grundseiten. Noch ist an ihrer Spitze ein Rest ihrer ehemaligen Verkleidung von glasirten Ziegeln erhalten. Die Pyramide gilt deßwegen als unbesteigbar. Nur den leichtfüßigen Arabern gelingt es, an die Spalten sich anstemmend, mit Lebensgefahr die Spitze zu erklimmen. Oestlich dieser Pyramide liegen die Ruinen eines Tempels. Hier war es, wo im Jahre 1860 der Franzose Mariette sechs Statuen des Königs Cheops nebst einer Tafel ausgrub, auf welcher die Namen von vierzig Königen Aegyptens verzeichnet waren. Diese Statuen, wahrscheinlich die ältesten in der Welt, und die Tafel sind zur Zeit im Museum von Kairo deponirt.

Die dritte oder sogenannte Mykerinus-Pyramide ist in

---

*) Sepp „Jerusalem" Band II. S. 732.

gleicher Richtung und Entfernung von der zweiten, wie diese von der ersten gelegen, aber unverhältnißmäßig kleiner als die vorigen zwei, da ihre Vertikalhöhe nur 66 Meter beträgt und ihre Grundlinien sich nicht über 107 Meter erstrecken. Dennoch würde diese Pyramide, deren Dimensionen jene des Cestius in Rom um mehr als zwei Drittheile übertreffen, wenn allein stehend, noch Aufsehen genug erregen, wogegen sie neben den beiden größern nur wenig beachtet wird. Sie ist aus Blöcken von 14 Fuß Länge und 6 Fuß Breite zusammengefügt und auch deßwegen sehenswerth, weil sie noch den größten Theil ihrer ursprünglichen Bekleidung von Granitquadern hat. Weiter nach Süden befinden sich noch einige ganz kleine Pyramiden. Es sind die Anfänge oder Reste von größern, die sich neben den drei Hauptpyramiden wie Zwerge neben Riesen ausnehmen.

Wir hatten am 7. Juni 1864 von der Citadelle zu Kairo noch andere Pyramidengruppen außer jener von Gizeh erblickt. In der That ziehen sich die Pyramiden in einer fortlaufenden Kette zehn Stunden weit am Saume der Westwüste hin. Nördlich mit denen von Aburoach gegenüber Kairo beginnend, folgen sich die Gruppen von Gizeh, Abusir, Sakkarah, Dachur, Matanyeh und Meidun von Norden nach Süden. Wir wissen nicht, ob die Pyramiden jemals gezählt worden sind, wohl aber, daß Lepsius ihrer bis auf siebenundsechzig untersucht hat.

Die Form der Pyramiden ist Jedermann bekannt. Sie haben mit sehr wenigen Ausnahmen ein gleichseitiges Viereck zur Basis, über welcher vier gleich großse Dreiecke in schiefer Ebene aufsteigen und sich oben zusammenschließen. Die meisten sind aus Blöcken von Kalkstein, nur wenige aus Backsteinen verfertigt. Alle sind genau nach den vier Weltgegenden gerichtet. Interessant ist die Entdeckung, welche Lepsius bezüglich der Technik der Pyramidenbauten gemacht haben will. Er behauptet, daß durchschnittlich kleine Pyramiden den Krystallisationskern gebildet hätten, um welchen sodann, in der Weise, wie die Jahresringe an dem Baum sich herumlegen, immer neue horizontale Steinschichten angebaut wurden, so daß die Pyramide mit jeder neuen Steinschichte an Höhe und Breite gewann. Diese Bauweise hatte ihren geschichtlichen Grund. Jeder König ließ nämlich gleich bei seinem Regierungsantritte eine kleine Pyramide als sein künftiges Grabmal erstellen, und baute dieselbe bis zu seinem Tode immer breiter und höher, wo sie dann als vollkommen erachtet, noch mit einem polirten Marmor- oder Granitmantel versehen ward, der die Stufen verschwinden ließ und zugleich den Eingang zu der königlichen Grabkammer zudeckte. Das erklärt die sehr große Ungleichheit in der Größe der Pyramiden. Je nachdem ein König ein längeres oder kürzeres Leben erreichte, mochte die Grabpyramide zu riesigen Dimensionen erwachsen oder in embryonenartiger Kleinheit verbleiben.

Frägt man nach dem Alter dieser wunderbaren Bauwerke, so ist von vornherein klar, daß dasselbe ein verschiedenes sein muß, weil eben jeder König sein eigenes Pyramidengrab aufführte und in den Verzeichnissen des Manethon, der zur Zeit der Ptolemäer als Sonnenpriester in Heliopolis lebte, von der Urzeit bis zur persischen Eroberung sechsundzwanzig Dynastien aufgezählt sind.

Zwar schütteln wir unserseits ungläubig den Kopf, wenn Geschichtsschreiber der Neuzeit jenen sechsundzwanzig Dynastien einen Zeitraum von 4000 Jahren einräumen und die von den Königen der vierten Dynastie errichteten Gizeh-Pyramiden in das vierte Jahrtausend vor Christus hinaufsetzen wollen. Wohl wissend, welche Schwierigkeiten es mit der Chronologie jener alten Zeiten auf sich hat, halten wir dafür, man gehe am sichersten, wenn man die aegyptische Urgeschichte in den Zeitrahmen der Bibel sich einfügen lasse. Ist doch die Richtigkeit der Verzeichnisse des Manethon keineswegs eine erwiesene Sache und überdies wahrscheinlich, daß, wie Marsham gezeigt hat, dieselben nicht die successiven Dynastien eines einheitlichen Reiches, sondern die gleichzeitigen der vier Reiche enthalten, in welche Aegypten während einer langen Reihe von Jahrhunderten getheilt war.*) Immerhin aber reichen die ältesten Pyramiden in das dritte Jahrtausend vor Christus und einige Jahrhunderte vor Abraham hinauf, und die jüngste nicht über 500 Jahre vor Christus hinab, indem weder die Perser, noch die Ptolemäer und Römer Pyramiden erbauten.

Der Komplex der Pyramidengruppen bildet nebst den zahlreichen, unter dem Wüstensande verborgenen Grabmonumenten den Friedhof der alten Königsstadt Memphis. Diese selbst war, wie die dortigen Trümmer und namentlich der von Mariette im Jahre 1850 aufgedeckte Serapistempel, das sogenannte Serapeum, beweisen, zwischen Sakkarah und dem Nilstrome gelegen. Zwei kleine aegyptische Dörfer, Mitrahin und Bedrechein, ersteres eine halbe Stunde, letzteres eine Stunde von Sakkarah entfernt, erheben sich über den Trümmern der Weltstadt, welche im übrigen von dichtem Palmenwalde bedeckt sind.

Wir kehren nach dieser Abschweifung wieder zur Pyramide des Cheops zurück. Geleitet von Arabern, die sich schon anfänglich an uns herangemacht hatten, gingen wir die östliche Seite entlang und gelangten, um die Ecke herumbiegend, an die nördliche Wand. Hier befindet sich nahe an jener Ecke, in einer Höhe von 45 Fuß über der Grundfläche, der Eingang zu den innern Räumen. Dieser Eingang ist mit 10—12 Fuß langen Granitblöcken eingerahmt und mit einem Portale versehen, über dessen Querbalken zwei andere Steinblöcke giebelförmig wie Dachsparren gegeneinander sich stemmen. Gerne hätte ich mit eigenen Augen die geheimnißvollen Tiefen des Quaderberges durchforscht. Als wir aber etliche zwanzig Schritte weit in den Schacht eingedrungen waren, welcher in einer Höhe von 4 und in einer Breite von 3½ Fuß auf den Grund hinabführt, da strömte ein so heißer Dampf uns entgegen, daß

---

*) Siehe Stollberg, Geschichte der Religion Jes. Chr. I. Band S. 289.

meine Gefährten von weiterm Vorgehen abgeschreckt wurden, während ich selbst es nicht für räthlich hielt, ganz allein mit raubsüchtigen Beduinen den Gang in diese Unterwelt zu unternehmen.

Nach glaubwürdigen Berichten führt der obbemeldete Schacht unter einem Neigungswinkel von 25 Grad, eine gerade Linie von 102 Meter Länge verfolgend, in eine unterirdische Kammer hinab, welche 32 Meter unter der Basis der Pyramide in den Felsboden eingehöhlt ist. Nichts zeigt die Bestimmung dieser Felskammer an. Anderseits zweigt sich etwas oberhalb des Punktes, wo der Schacht die Grundfläche der Pyramide durchschneidet, ein aufwärts steigender Gang ab, von welchem zwei horizontale Gallerien nach Süden ausgehen, deren untere in die Grabkammer der Königin, die obere in jene des Königs hineinleitet. Man hat durch die Vergleichung der betreffenden Maße herausgefunden, daß die Grabkammer der Königin sich gerade in der Vertikalachse der Pyramide, 22 Meter ob der Grundfläche und 118 Meter unter der Plattform befindet. Diejenige des Königs ist um 21 Fuß höher und es sind über derselben noch mehrstöckige, auf eine Gesammthöhe von über 17 Meter ansteigende Enterfols angelegt, zu dem wahrscheinlichen Zwecke, die flache, aus Granitblöcken hergerichtete Decke gegen die Gefahr des Eindrückens durch die obern Steinmassen zu schützen.*)

In jener königlichen Grabkammer nun, deren Maße 10,³³ Meter Länge auf 5,⁸¹ Meter Breite und 5,¹ Meter in der Höhe betragen, befindet sich jetzt noch der Sarkophag aus rothem Granit, der die Mumie des Königs Cheops enthalten hatte. Sein Name wurde auf einer Steinbruchmarke oberher der Kammer gefunden. Dreitausend Jahre lang ruhte der alte Pharao unberührt und unbekannt im Innern des gigantischen

---

*) Siehe Itinéraire de l'Orient par Joanne et Isambert. Pag. 999—1001.

Grablegels. Weder Perser und Macedonier, noch Römer und Byzantiner wußten um ihn; sie wußten nicht, was der Quaderberg in seinem Bauche verberge. Es bedurfte der unersättlichen Goldgier der Araber, um dem Berge das Geheimniß zu entlocken. Der Kalife Mamum war es, der im Jahre 820 n. Chr. in der Meinung, zu der Schatzkammer zu gelangen, zuerst vergebens die Pyramide zu durchbrechen versuchte, dann aber zufällig den Eingang entdeckte, und nachdem er, den Tunnel verfolgend, bis zu den Grabkammern vorgedrungen war, in der Wuth der Enttäuschung, das vermeinte Gold nicht gefunden zu haben, den königlichen Leichnam aus dem Sarge herausreißen ließ.

Die Gegenwart des Sarkophags in der Cheopspyramide mag die Richtigkeit der jetzt allgemein gültigen Annahme beglaubigen, nach welcher diese Hochbauten nichts anders als die Grabmonumente der Könige waren, während man sie früher bald für Sternwarten und Sonnenzeiger, bald für die Kornhäuser des Pharao, für Reserven des Nilwassers, für Leuchtthürme zur Orientirung der Nilschiffer und der Reisenden in der Wüste oder, wie in neuerer Zeit, für Schirmwehren gegen das Vordringen des lybischen Sandmeeres ausgab. Jene Annahme haben ferner die Funde in den Pyramiden des Chafra und Mykerinus erhärtet. Beide Pyramiden wurden, nachdem arabische Kalifen sie früher erbrochen, aber sogleich wieder zugemacht hatten, erstere am 2. März 1818 durch den Paduaner Belzoni, die letztere im Jahre 1837 durch den Obersten Wise aufs neue eröffnet. Jener fand einen alabasternen Sarkophag, der seines Inhalts beraubt war, dieser entdeckte einen solchen von braunem Basalt und sah daneben am Boden die königliche Mumie ausgestreckt liegen. Die letztere ist ins britische Museum gewandert, wogegen der für dasselbe gleichfalls bestimmte Sarkophag in Sturmesgefahr an der spanischen Küste ins Meer versenkt wurde.

Uebrigens wird die jetzt geltende Ansicht von der Bestimmung der Pyramiden auch durch die sprachliche Ableitung dieses Wortes begründet. Man führte es sonst auf das griechische „πυρ", d. h. Feuer, wegen der Aehnlichkeit der Pyramiden mit der dreieckigen Gestalt einer Flamme zurück. Wahrscheinlicher aber dürfte es von dem koptischen „Pirama" abstammen, welches durch „hohes Denkmal" übersetzt wird. Ja, nach Sepp*) soll das Wort „Piramit" wörtlich Pharaons-grab bedeuten. Anderseits macht Cortambert**) die triftige Bemerkung, daß es mißlich sei, eine Frage endgültig entscheiden zu wollen, die von Herodot und andern griechischen Schriftstellern nicht gelöst worden ist.

Ich weiß nicht, wie es kam, aber es wiederholte sich heute am Fuße der großen Pyramide dasselbe Ereigniß, das beim Thurmbau von Babel sich zugetragen hatte. Urplötzlich stieben die Mitglieder unserer Gesellschaft nach allen Richtungen auseinander, so daß keiner etwas mehr um den andern wußte. Ehe ich mich versah, stund ich mit zwei jungen Arabern allein, die mir ihre Dienste zur Besteigung der Pyramide aufdrangen. Wahrscheinlich waren auch meine Gefährten, jeder einzeln von diesen Leuten gepackt und der eine dahin, der andere dorthin entführt worden.

Es war nicht in meiner Absicht gelegen, die Pyramide zu ersteigen. Allein in meiner vereinsamten Lage, nicht wissend, wohin ich mich wenden solle, entschloß ich mich, die Besteigung zu versuchen. Mit Hülfe meiner beiden Araber, von dem einen gezerrt, von dem andern gestoßen, klimmte ich ohne große Mühe die tischhohen Quaderstufen hinan. Als ich aber auf eine gewisse Höhe gelangt war und ausruhend herabschaute, da trat ein, was ich voraus geahnt hatte. Es überfiel mich der Schwindel in der Weise, daß ich das Weitergehen aufgeben

---

*) Sepp „Jerusalem" ꝛc. Bd. II. S. 729.
**) Géographie universelle de Malte-Brun rectifiée par Cortambert. Tome VIII. p. 341.

mußte, trotzdem ich von der gänzlichen Gefahrlosigkeit der Sache
vollkommen überzeugt war. Somit ersuchte ich meine Begleiter
mich hinunter zu führen und beschenkte sie, um mich ihrer
Dienste bis zur Wiedervereinigung mit meinen Gefährten zu
versichern, mit einem goldenen Bakschisch, ihnen gleichzeitig bedeutend, daß ich mit dieser Gabe sie des gänzlichen abfinden
und von weitern Betteleien verschont bleiben wolle. Die Jünglinge waren über meine Freigebigkeit höchlichst entzückt, streich-
elten mich, nannten mich „buono Signore", leisteten mir beim
Hinabgehen treuliche Hülfe und entschädigten mich für die ent-
behrte Höhenaussicht dadurch, daß sie mit mir einen Rundgang
zu den andern, rings um die Pyramiden gelegenen Monumenten unternahmen.

Unsere ersten Schritte galten der Sphynx, die wir nach
einem halbstündigen, mühsamen Marsche durch den bis an die
Knöchel reichenden Wüstensand erreichten. Das kolossale Stein-
bild — bekanntlich einen ruhenden Löwen mit dem Kopf eines
Mannes darstellend — ist etwa einen Kilometer südöstlich der
Pyramide des Cheops in den Felsen der Böschung gehauen,
welche das Pyramidenplateau, resp. die Wüste von dem Nil-
thale abschließt. Nur der Kopf und ein Theil des Halses sind
sichtbar, der Löwenleib liegt mehrere Schuh tief im Sande
gebettet. Von der Ferne gesehen erscheint das Sphynxbild
dem Auge noch klein, weil die himmelanstrebenden Pyramiden
den Maßstab abgeben. Tritt man aber näher an dasselbe heran, so erstaunt man, sich vor einem Skulpturwerk
von riesenhafter Größe, vor einem ganzen in ein Kunstwerk
umgeschaffenen Felskegel zu finden. Man glaubt es den Reise-
handbüchern, wenn sie die Länge des Kopfes auf 9 und die
des Leibes von dem äußersten Ende der Vordertatzen bis zu
der Schwanzwurzel auf 57 Meter angeben.

Vor einigen Jahren wurde zwischen der Brust und den
Vordertatzen ein jetzt wieder im Sande verborgenes Tempelchen
aufgedeckt. Aus den an dessen Rückwand angebrachten Hiero-

glyphen erhellte, daß die Sphynx unter dem Pharao Chafra, dem Erbauer der zweiten Pyramide, verfertigt, und daß sie ein Bild des Sonnengottes war. Sepp hält das Gesicht für das jenes Pharao selber.

In der That hat dieses Antlitz, trotzdem einige Theile der Nase und der Wangen verstümmelt sind, einen Ausdruck von Majestät und klassischer Ruhe. Der den aegyptischen Tempelfiguren nachgeahmte Kopfputz ist trefflich gearbeitet, so wie auch die Ohren, der Mund und der Schnitt des Gesichtes die Kunstfertigkeit jener alten Zeiten bekunden. In den der aufgehenden Sonne zugewendeten Augen möchte man eine Ahnung der Auferstehung herauslesen.

Von der Sphynx südwärts fortschreitend gelangten wir zu zweien, in der jüngsten Zeit stattgefundenen Ausgrabungen, deren, so viel mir bekannt, noch kein Reisebeschreiber Erwähnung gethan hat. Die erste zeigte einen aus dem Felsboden gehauenen, haustiefen und quadratförmigen Raum, in dessen senkrechten Seitenwänden Grablammern eingehöhlt waren. Ich zählte, eine der Kanten des Viereck's durchgehend, 25 Schritte, was eine Seitenlänge von 50, und für den Gesammtraum einen Flächeninhalt von 2500 schweizerischen Fußen ergibt. In zweien jener Grablammern befand sich je ein Sarkophag, beide jedoch ohne Deckel und Leiche. Ferner lag auf dem Grunde des Felsensaales ein dritter Sarkophag, welcher noch mit seinem altaegyptischen, bekanntlich eine menschliche Figur darstellenden Deckel verschlossen war und somit eine noch uneröffnete Mumie enthielt.

Die zweite Ausgrabung, südlich der vorigen, erregte mein Interesse in weit höherem Grad. Ich hatte hier nicht einen in die Tiefe eingesenkten Felsensaal vor mir, sondern stand vor einem prachtvollen Hochbau, der bis vor kurzem unter einem Sandhügel geborgen lag. Er war nach Art der griechischen Tempel und altchristlichen Basiliken in Form eines länglichten Vierecks erstellt. Seine Einfassungsmauern bestunden aus

Quadern von Porphyr von 7 Fuß Länge und 4½ Fuß Breite. Zwei Reihen von Granitsäulen theilten den Raum in drei Langschiffe ein. Offenbar hatte ich es mit einem alt-aegyptischen Tempel zu thun, der in vielen seiner Theile noch ganz gut erhalten war. Zwar fehlten das Dach und die Decke; aber die herrlichen Säulen stunden mit ihren eleganten aegyptischen Kapitälern noch unversehrt da, während die einst sie verbindenden Architrave zerbrochen am Boden herumlagen. An der südwestlichen Ecke des Tempels führte eine Thüröffnung in eine Reihe von Grabkammern ein. Diese waren jedoch ihres Inhalts allbereits zu Handen der Museen entleert worden. Auch fand ich in den Kammern weder Nischen noch Bänke. Wahrscheinlich lagen hier die Todten in jenen kolossalen alt-aegyptischen Sarkophagen verschlossen, wie man sie in den Museen unserer Hauptstädte zu sehen bekommt, indem die Räumlichkeiten der Kammern zur Aufnahme je eines solchen Sarges entsprechend angelegt scheinen. Meine Führer bemerkten mir, daß diese Todtenräume ihnen und ihren Kamaraden als Nachtquartier dienen. Wahrlich! das haben die Priester dieses Tempels und die Ersteller der Grabkammern gewiß nicht geahnt, daß einst ihre vornehmen Leiber als Objekte neugierigen Vorwitzes in ferne, unbekannte, nordische Länder verführt, und die Grabeskammern selber zu Schlafgemächer armer Proletarier metamorphosirt werden würden.

Von hier führten mich meine Araber nach den Pyramiden zurück, um mir einige der Grabstätten zu zeigen, welche man westlich der Cheopspyramide in großer Zahl aufgedeckt hat, und in denen, wie man glaubt, die höheren Beamten der Pharaonen bestattet worden sind. Diese in ihrer Größe sehr verschiedenen Anlagen tragen mit wenigen Ausnahmen die gleichen architektonischen Formen zur Schau. Es sind rechteckige Quaderbauten mit etwas geneigten Wänden und flacher Bedachung. Alle sind in zwei Räume, einen obern und untern, abgetheilt. Der erstere bildet die dem Kultus des Verstorbenen geweihte Kapelle, letzterer umschloß die Mumie desselben. Der Eingang ist stets gegen die aufgehende Sonne gewendet, der Sarg auf der Westseite liegend. Das Innere fand ich mit Hieroglyphen und Bildern in Relief geschmückt. Gerne hätte ich diesen viertausendjährigen Bildern eine längere Betrachtung gewidmet, als die Zeit es mir erlaubte. Denn man würde hier überreiches Material zum Studium der Kunst und der Lebensweise des urältesten Kulturvolkes finden. Lepsius hat hundertdreißig jener Gräber untersucht, die Hieroglyphen entziffert und die Bilder beschrieben.

Mittlerweile waren meine Gefährten von der Pyramide hinuntergestiegen. Wir begaben uns gemeinschaftlich in den obgedachten Tempel südlich der Sphynx, wählten uns daselbst einen schattigen Platz aus und nahmen, indem die alten Architraventrümmer uns als Bänke und Tische dienten, den von Kairo mitgebrachten Mittagsimbiß ein. Unsere Araber lauerten ringsum am Boden, die Abfälle unserer Speisen belauernd. Wenn nämlich einer von uns einen halb abgenagten Knochen oder ein ungenießbares Fleischstück von sich legte, so stürmten jene armen Teufel blitzschnell darauf, gleichwie die Hunde auf die Bissen sich stürzen, die der Jäger während des Halts seinen Lieblingen vorwirft. Ich darf meine Leser versichern, daß ich nicht übertreibe. Aber die Scene, so komisch sie war, mochte eher Weinen als Lachen erregen, weil sie die Sittenrohheit, das Elend und den Sklavensinn der aegyptischen Proletarier in einer konkreten Erscheinung zur Darstellung brachte.

Nach dem Mittagessen erfolgte ein abermaliges Auseinandergehen der Karavanenmitglieder. Auch einige Reiteseln hatten sich im Sande verirrt und mußten aufgesucht werden. Begleitet von den um mich gebliebenen Gefährten wählte ich mir einen geeigneten Standpunkt, um einen Ueberblick über die Umgegend zu gewinnen. Diese Umgegend war nichts Anderes als die Todtenstadt eines Kulturvolkes, welches tausend Jahre zuvor lebte, ehe Athen und anderthalbtausend, ehe die Sieben-

Hügelstadt an der Tiber gegründet worden war. Die Pyramiden zeugten mir von einer Genialität der Gedanken und einer Thatkraft in der Ausführung, welche unsere Zeit kaum mehr zu fassen vermag. Jener Säulentempel da unten zeigte in seiner Formenschönheit die Ursprünge der griechischen Kunst. Die Riesensphynx schien uns ein ungeheures Räthsel aufgeben zu wollen. War es das Räthsel der Weltgeschichte, des Daseins und der Schicksale der Menschheit, des Ursprungs des Uebels? Jenes Räthsel, das keine menschliche Wissenschaft jemals zu lösen im Stande ist, das aber die Bibel schon längstens gelöst hat. Dazu kam das Schweigen der Wüste, der tiefblaue stille Horizont, von dem keine Wolke ihren Schatten hinabwarf — das alles hätte dem leiblichen und geistigen Auge Stoff genug zu längerer Betrachtung geboten.

Allein diese Betrachtung wurde mir durch die Anbringlichkeit und Bakschischbettelei der Araber verunmöglicht. Wohl ein halbes Dutzend dieser Bursche umstanden mich fortwährend, folgten mir auf jedem Schritt, den ich that, und drangen mir ihre ungebetenen und unnützen Dienste unter unaufhörlichem Geschrei in drei europäischen Mundarten auf. Der eine wollte meinen Sonnenschirm tragen, der andere mir sogar die Last meines Carnet abnehmen. Ein dritter machte Miene, mich dahin, ein vierter dorthin zu führen. Andere boten mir Steine zum Verkauf an. Und als ich mein Reitthier bestieg, um nach meinen Gefährten zu suchen, hielt mir dieser den Steigbügel, jener den Zaum. Natürlich wollte jeder für seine Dienste bezahlt sein. Leider hatte ich in der Meinung, daß Alles durch den Kaffier der Gesellschaft würde abgemacht werden, mich nicht mit ausreichender Münze versehen. Allein, wenn auch die Zahl meiner Franken- und Halbfrankenstücke zur Befriedigung der Umstehenden ausgereicht hätte, — ich würde alsogleich von einem neuen Schwarme dieser Quälgeister ausumt worden sein, und die zweite Plage wäre ärger als die erste geworden.

Die Bakschischbetteleien der Araber gehören mit zu den

Schattenseiten einer Reise im Orient. Es hatten mich in der vorigen Nacht, obschon wir erst im März waren, die Moskitos heftig gepeinigt. Dennoch halte ich diese Insekten für das kleinere Uebel gegenüber den obgedachten menschlichen Stechfliegen. Die Moskitos quälen den Leib und hindern den Schlaf, die arabischen Bakschischbettler dagegen martern den Geist, rauben ihm Ruhe und Idealität und bringen den Reisenden um den Hochgenuß der herrlichsten Dinge.

Ich dankte Gott, als die wieder besammelte Karavane ungefähr um 2 Uhr Nachmittags die Rückreise antrat. Es war so heiß, wie bei uns mitten im Sommer. Deßwegen ließen wir es uns nicht nehmen, in der Vorstadt von Alt-Kairo bei einem bairischen Gastwirthe einzukehren. Das Bier, das er uns unter dem Schatten seines Orangengartens credenzte, schmeckte vortrefflich und hätte mit dem besten deutschen die Probe bestanden. Während dieses Halts machte ich einen Gang durch die Gäßchen der Vorstadt, um die Bauart der dortigen Häuser oder Hütten mir anzusehen. Es sind kubische Rechtecke von 6—7 Fuß Höhe, zirka 10 Fuß Länge und entsprechender Breite, deren Mauern aus mit kleinen Steinen vermischtem Nilschlamme aufgeführt sind. Der flache Dachstuhl ist mit einer Lage von Nilschlamm oder durch einfaches Gestrüpp von Palmenzweigen und Zuckerrohrhalmen belegt. Der Eingang ist niedrig und schmal, und außer demselben sind noch zwei andere kleine Oeffnungen in die Mauer gebrochen zu dem doppelten Zweck, dem Lichte den Eingang und dem Rauche den Ausgang zu verschaffen. Ich blickte durch eine solche Oeffnung in das Innere eines jener Häuschen hinein und war erstaunt, in demselben weder einen Verschlag noch häusliches Geräth zu sehen. Der nackte Erdboden diente diesen armseligen Fellah's als Heerd, als Tisch, als Sitz und zum Lager. Aehnliche Hütten hatte ich in Alexandrien gesehen, nur daß dort die Seitenwände aus Meerkall statt wie hier aus an der Sonne getrocknetem Nilschlamme construirt sind.

Angesichts dieses Lebens der Armuth und Entbehrung sprach Alban Stolz die ahnungsvolle Ueberzeugung aus, daß, wenn die Erlösungsstunde dieses Aegyptervolkes komme und Christus mit dem Hauche seines Wortes dieses Land segne, das ganze Volk wie Nilerde sein werde, auf welches man Frucht säet. Sechzig und hundertfältig möge es aufgehen, wie es in den ersten Jahrhunderten einmal aufgegangen war. Denn bei der wunderbaren Genügsamkeit dieses Volkes finde die Religion der Selbstverläugnung ein ganz anderes Fundament zubereitet, als dies anderwärts der Fall sei. *)

Auf dem Heimwege die ganze Stadt von Süden nach Norden durchschreitend begegneten wir einer mahomedanischen Brautprozession. Voraus ging eine Schaar von Männern in wunderlichem Aufzug, die mit Trommeln und Flageoletten eine wildlustige Musik aufspielten. Hierauf kam die Braut, unter einem von vier Männern getragenen scharlachrothen Baldachin in züchtiger Verhüllung einherschreitend. Den Schluß bildete ein langer Zug von Weibern, wahrscheinlich die Verwandten und Freundinnen der Braut.

Während des Nachtessens im Hotel Vittoria erzählten sich die Mitglieder der Karavane gegenseitig ihre persönlichen Erlebnisse während der heutigen Tagfahrt. Dadurch konnte Jeder, indem er seine selbsteigenen Beobachtungen durch die Mittheilungen der Andern ergänzte, sich ein um so vollständigeres und abgerundeteres Bild von den Pyramiden aneignen. Mit einstimmiger Begeisterung wurden von den Besteigern der Cheopspyramide die Wunder der da oben vor ihnen aufgerollten Rundschau geschildert.

---

*) Siehe „Besuch bei Sem, Cham und Japhet" von Alban Stolz. Seite 477.

10. Ritt zu den sog. Kalifengräbern und in die östliche Wüste.

13. März 1866.

Da das heutige Tagesprogramm der Pilgergesellschaft Dinge enthielt, die ich bereits vor zwei Jahren gesehen hatte, so beschloß ich, dießmal meine eigenen Wege zu gehen. Ich bestellte einen Dragoman, winkte einem Eselnaben, mir zwei Reitthiere vorzuführen, und bedeutete dem erstern, mich in erster Linie zu den Kalifengräbern, dann nach dem versteinerten Wald und, wenn die Zeit es erlaube, nach den Ruinen von Heliopolis zu geleiten.

Die sogenannten Kalifengräber liegen etwa eine Viertelstunde östlich von Kairo am Rande der Wüste. Ich sage: die sogenannten Kalifengräber, weil dieser Name ein irriger, weil die Nekropolis oder Todtenstadt, von der hier die Rede ist, keineswegs die Gräber der ursprünglichen arabischen Kalifen aus dem neunten bis zum zwölften Jahrhundert, sondern jene der tscherkessischen Sultane umfaßt, welche von 1382—1517 Aegypten beherrschten. Die Gräber der eigentlichen Kalifen nehmen die Stelle des jetzigen Bazars Chan-Chali in der innern Stadt ein, sind aber bis auf ein einziges, das des Kale-Ejub, verschwunden. Möglich ist auch, daß die Ueberreste einzelner jener alten Kalifen in gewissen, den Europäern schwer zugänglichen Moscheen der Stadt beigesetzt sind. Uebrigens wird der falsche Name „Kalifengräber" für die obgedachte

Nekropolis nur von den Europäern gebraucht, wogegen die Einwohner sie richtiger El-Kaibbal benennen — ein Name, der von dem schönsten und größten der dortigen Mausoleen, der Grabmoschee des neunzehnten Sultans der Mameluken-Dynastie hergenommen ist.

Ich weiß nicht, warum der Dragoman, anstatt mich auf dem kürzesten Wege ostwärts nach El-Kaibbai zu führen, die Richtung nach Süden einschlug. Der Eselbube lief hinter uns her, die Reitthiere fortwährend mit dem Stachel antreibend. Dadurch geschah es, daß dieselben inmitten der Stadt und durch das dichteste Gedränge in gestrecktem Galopp sich bewegten. Glücklicherweise ließen die Esel wie gut dressirte Reitpferde sich leiten. Denn die Gefahr, an der steinernen Bürde eines Lastträgers oder an einem auf den Rücken eines Kameels gebundenen Holzballen anzurennen, lag in diesen schmalen Gassen nahe genug. Als wir zum Thor Bab-el-Ouezhr heraus auf den Rumelileh-Platz traten, kamen eben zwei Leichenprozessionen, eine hinter der andern, ihres Weges daher. Beide wurden durch einen Zug von laut betenden Männern eröffnet. Je vier Männer trugen die mit Teppichen bunt behangene Bahre, der eine Derwischfahne vorgetragen ward. Auf der Bahre lagen die Turbane der Verblichenen. Den Schluß beider Leichenzüge bildeten die Klageweiber, deren trillerndes Geheul demjenigen ganz ähnlich war, das ich in Algier bei der famosen Nachtceremonie der Aißabrüder angehört hatte. Eigenthümlich war, daß die Klageweiber der zweiten Prozession auf Pferden einherritten, während die der ersten zu Fuß gingen.

Weil hier die Citadelle ganz nahe lag, so ritten wir hinauf und ich hatte Gelegenheit, die dortigen sehr merkwürdigen Dinge zum zweitenmale zu sehen. Von da ging es die Ostseite der Stadt entlang nordwärts den obgedachten Sultansgräbern zu. Bevor wir aber diese erreichten, ereignete sich ein unglücklicher Zwischenfall, der mein Mitleiden erregte und nebst dem Abstecher auf die Citadelle die Schuld daran trug, daß ich mein heutiges Tagesprogramm nicht vollständig durchführen konnte. Links von unserm Wege zog sich ein verfallenes Gemäuer, in welches stellenweise höhlenartige Gewölbe gebrochen waren. Der Eseltreiber bemerkte, es seien in denselben menschliche Gebeine geborgen, und wollte, um mich von dieser Thatsache zu überzeugen, in eine jener Höhlen hineinkriechen und einen Todtenkopf herausgreifen, der nach seiner Aussage darin sich befand. Plötzlich aber schnellte er rückwärts, „Araba, Araba" schreiend, drückte seine Wade mit beiden Händen krampfhaft zusammen und zeigte in seinen verzerrten Gesichtszügen den Ausdruck des heftigsten Schmerzes. Ich befragte den Dragoman, was da geschehen sei und was das Wort „Araba" bedeute. Er erwiederte: Skorpion. Dieses Wort sagte genug. Der arme Junge war in dem Augenblicke, als er nach dem Todtenkopf griff, von einem Skorpion in die Wade gestochen worden. Ich überreichte ihm mein Taschentuch, womit er sich die Bißwunde so fest als möglich zuschnürte. Bald ließ der Schmerz etwas nach, aber der Knabe konnte sich nur hinkend bewegen. Unter diesen Umständen hielt ich es für eine Pflicht der Menschlichkeit, in die Stadt zurückzukehren, damit der Junge sich pflegen und durch einen Heilsverständigen besorgen lassen könne. Jedoch besah ich mir zuvor die Kalifengräber, welche ganz nahe waren.

Diese Grabdenkmäler bilden einen Komplex größerer und kleinerer Moscheen, die in einer ausgedehnten Sandebene liegen. Obwohl seit langer Zeit verlassen und zerfallen, erregen sie dennoch bei dem ersten Anblicke die Bewunderung des Beschauers. Wer den altsarazenischen Baustil in seiner Vollendung, wer die mährchenhafte Kunstphantasie der Araber kennen lernen will, der muß hieher kommen. Herr Alban Stolz hat vollkommen Recht, wenn er die Kalifengräber als das Schönste bezeichnet, das in Kairo sich befindet. So eine Grabmoschee zeigt beim Eintritt einen rechteckigen Vorhof, den auf der Innenseite ein von Säulen getragener Kreuzgang umgibt. Hufeisenbögen spannen sich von Säule zu Säule. Die Hinterseite des Rechtecks bildet das Tempelhaus — gewöhnlich ein oblonger, bekuppelter Bau, neben welchem vier bis sechs Minarets, in mehreren Stockwerken sich verjüngend, emporsteigen. Die in Form einer Bischofsmütze gestaltete Kuppel ist mit steinernen Arabesken in Relief verziert. Allenthalben stößt man auf Nischen, Rosetten, Säulenbündel, Freitreppen und andern architektonischen Schmuck. Die Mauerwände bestehen abwechselnd aus schwarzen und weißen Quaderlagen von Kalkstein. Die Portale sind ebenso großartig, als mit verschwenderischem Kunstreichthum ausgestattet. Ich besuchte eine ziemliche Anzahl dieser merkwürdigen Bauten, namentlich sah ich mir die drei berühmtesten derselben, die Grabmoscheen der Sultane El-Achraf, El-Barkul und Kaitbey sehr genau an. Jede ist von der andern in der Anlage verschieden, jede verkörpert ihr eigenthümliche architektonische Gedanken; aber alle haben die nämlichen Grundformen, über allen schwebt der Genius der mittelalterlich arabischen Kunst. So stellen diese Denkmäler in ihrer Gesammtheit ein harmonisches Ganzes zur Schau, wo Mannigfaltigkeit in der Einheit und Einheit in der Mannigfaltigkeit herrschen.

In die Stadt zurückgekehrt, trat ich bei einem arabischen Speisewirth ein, konnte aber von den buchstäblich im Oel schwimmenden Speisen nur so viel genießen, als zur Erhaltung meiner Kräfte mir unumgänglich nothwendig schien. Den Eselknaben hatte ich mit einem guten Bakschisch für sein Mißgeschick entschädigt. Während wir aßen, ließ er sich durch einen Barbier seine Wunde besorgen; allein es war ihm nicht möglich, den nachmittägigen Ausflug mit uns zu machen. Er stellte daher an seiner Statt einen andern Eseltreiber, den wir unweit des Restaurationshauses zugleich mit den Reitthieren vorfanden.

Mein Ziel war nunmehr der sogenannte versteinerte Wald. Man bezeichnet mit diesem Namen eine Gegend in der Ostwüste, etwa zwei Stunden von Kairo beginnend, wo der Boden meilenweit mit Bruchstücken petrificirter Baumstämme bedeckt ist. Diese Baumstammbruchtheile haben die Farbe von röthlich grauem oder bläulichem Achat und sind von dem über sie hinstreifenden Sande der Wüste glatt abgeschliffen. Man hält sie im Allgemeinen für versteinertes Dattelbaumholz. Jedoch sollen mikroskopische Untersuchungen gelehrt haben, daß sie einem Laubholze aus dem Geschlechte der Malvaceen angehören, welches in Aegypten jetzt nicht mehr vorkömmt. Viele solcher Baumstümpfe liegen tief im Sande begraben. Als man vor einigen Jahren in jener Gegend nach Steinkohlen suchte, stießen die Arbeiter beim Graben auf Tausende aufrecht stehender Stämme, die dicht ineinander standen, und so das Aussehen von Basaltlagern oder riesigen Orgelpfeifen hatten. Uebrigens hat man ähnliche Naturerscheinungen auch in andern Theilen des Nilthales und am Westufer des rothen Meeres entdeckt.

Ich erinnere mich nicht mehr genau, welchen Weg wir einschlugen, um das obgedachte Ziel zu erreichen. Nur so viel ist mir noch klar, daß wir außerhalb der Stadt die direkt östliche Richtung verfolgend, über den Höhenzug des Mokattam ritten, an dessen jenseitiger Abdachung uns die eigentliche Wüste im vollen Sinn des Wortes umfing. In der That die vollständige, leibhaftige Wüste. Jegliche Vegetation hatte aufgehört und im ganzen weiten Umkreise des Horizonts war keine Gebäulichkeit mehr, noch irgend welche andere Spur von menschlichem Dasein ersichtlich. Ich will es versuchen, das Bild dieser Wüste, so wie ich sie sah, mit einigen Strichen zu zeichnen. Die Terraingestaltung war anfänglich stark accidentirt, insoweit wir uns nämlich im Bereiche des Bergzuges bewegten. Es folgten sich Hügel und Thäler, Tiefschluchten, Kessel oder Mulden, und die felsige Bodenfläche war hier noch mit verschiedenartigem, eisenhaltigem Steingerölle bedeckt. Erst als wir uns aus dem Schluchtenchaos herausgewunden hatten, traten wir in die eigentliche Sandregion ein. Wir gingen in derselben

14*

ungefähr eine Stunde weit südostwärts vor, bei fortwährend
beschränktem Horizont, weil das Terrain sich wellenförmig senkte
und hob. Die Natur zeigte nur noch zwei Farben: das Gelb-
grau des Sandbodens und das Dunkelblau des wolkenlosen
Himmels. Hie und da mochte eine Pflanze aus der Familie
der Crassulaceen einzelne kümmerliche Blätter und Blüthen
entfalten. Daneben lagen gebleichte und halbversteinerte Kameel-
knochen im Sande gebettet. Kein Vogel flog durch die Luft.
Rings um uns das tieffte, nur durch die Tritte unserer Reitthiere unterbrochene Schweigen. Der Eindruck ist ein feierlich
ernster, demjenigen ähnlich, den man in der Schneeregion unserer Hochalpen empfindet. Aber wehe dem Wanderer, der
hier einsam umherwandeln wollte! Der Schrecken der Ver-
lassenheit würde ihn packen, wie es auch gewiß ist, daß man
bei sehr kurzem Eindringen in dieses Wüstenlabyrinth den Aus-
weg verlöre, weil eben nirgend ein Punkt zur Orientirung sich
darbietet. Nur der Kompaß und die Sonne können hier als
Wegweiser dienen. Was mich betrifft, so fühlte ich mich in
der heitersten Stimmung. Es war das die Wirkung der reinen, weil trockenen und nervenstählenden Luft, wie ich sie so
mild und erfrischend zugleich niemals in meinem Leben einge-
haucht hatte. Frug ich meine Begleiter, wo und wie weit
der versteinerte Wald läge, so wiesen sie mit der Hand auf
irgend eine Höhenlinie eines Sandhügels hin, welche Höhenlinie aber beim Herannahen immer weiter und weiter zurück-
zuweichen schien. Endlich erkannte ich zweierlei Dinge: erstens,
daß der Okularmaßstab zur Schätzung der Entfernungen auf
diesem Terrain und in dieser Luft ein täuschender sei, und
zweitens, daß meine Begleiter den Weg verfehlt hätten und
über die Lage des versteinerten Waldes im Unklaren schwebten.
Als ich nun, auf dem Sattel mich umwendend, das Tagesgestirn nahe am Rande des Horizonts herangerückt sah und
bedachte, wie plötzlich nach Sonnenuntergang unter diesem Breite-
grad die Dunkelheit einbreche, da glaubte ich von weiterem

Vorgehen absehen zu sollen. Denn die Nacht hindurch mit zwei blutjungen Arabern, von deren Verläßlichkeit ich durchaus keine Gewähr hatte, in der Wüste herumzuirren, war eine Perspektive, die mir keineswegs zusagte. Somit ertheilte ich die Weisung zum Rückzug. Im Grunde hatte ich wenig verloren. Denn von den versteinerten Holzblöcken mochte ich mir leicht eine Vorstellung machen, zumal ich schon vor zwei Jahren einige Stücke jener Petrefakten geschenkweise erhalten und nach Hause mitgebracht hatte. Als Hauptzweck einer Wanderung nach dem versteinerten Wald gilt der Anblick der Wüste, und diesen Zweck hatte ich vollständig erreicht.

Meine Führer kannten den Rückweg nach Kairo besser als den Hinweg nach dem versteinerten Wald. Anstatt den Höhenzug, über den wir gekommen waren, nochmals zu überschreiten, ritten wir, denselben umgehend, anfänglich nordwärts, dann durch ein Querthal westwärts stetsfort auf ebenem Wege. War es die Freude der Heimkehr oder der Stachel des Eselknaben oder beides zugleich, das unsere Reitesel antrieb? Genug! sie jagten im gestreckten Galopp über die Sandfläche hin, so daß wir in kurzer Zeit aus dem Bereiche der Wüste gelangten. Am Ausgang des Querthales ließ mich der Dragoman halten. Er selbst stieg ab, um sich nach einem Kalksteinbruch zu begeben, der links von unserm Wege ablag, und brachte mir von da mehrere werthvolle Petrefakten zurück, die ich bei meiner Nachhausekunft in das Museum von Solothurn abgab.

Jener Halt fiel gerade in die Zeit des Sonnenuntergangs. Ich will es nicht versuchen, das wunderbare Farbenspiel mit der Feder zu schildern, das der aegyptische Abendhimmel ungefähr eine Viertelstunde lang vor meinen bewundernden Blicken entfaltete. Diese Töne — orangengelb mit gold und rosenroth harmonisch untermischt, zart und glühwarm zugleich — hatte ich außerhalb Aegypten, selbst im Süden, noch nirgends gesehen. Dabei war die Luft so durchsichtig klar, daß man die wohl noch eine kleine halbe Stunde entfernten Kalifengräber nicht nur in ihren allgemeinen Umrissen, sondern selbst mit den Details ihrer architektonischen Verzierungen deutlich wahrnehmen konnte. Es gewährte mir hohe Freude, als ich zwei Jahre später in Rom im Atelier des leider zu früh verstorbenen Malers Frei, nebst andern aegyptischen, griechischen und römischen Oellandschaften, ein Bild von Kairo mit den Kalifengräbern ausgestellt fand, das mir durch sein naturgetreues Kolorit meine Anschauungen am heutigen Abend vor die Phantasie zurückzauberte. So sah der Himmel während meines Haltes beim Steinbruche am Mokattam aus — dieser Gedanke war der erste, der in mir bei Betrachtung des meisterhaften Oelbildes aufflieg. Keiner, wie Frei, hat in so hohem Grade das Geheimniß besessen, die Luft des tiefern Südens auf die Leinwand zu fesseln. Bekanntlich brachte er eine reiche Ausbeute von seiner gefahr- und strapazenvollen Reise im Pharaonenlande heim, wo er alle die herrlichen Tempel Oberaegyptens und die Schrecken der Wüste mit seinem Pinsel reproducirt hatte. Frei bildet mit Calame und Leopold Robert ein Kleeblatt hochbegabter schweizerischer Künstler, deren auf ihr Vaterland rückstrahlender Ruhm Jahrhunderte andauern wird. Alle drei malten mit vollendeter Technik und legten ihren Landschaften jene Idealität der Auffassung zu Grunde, welche der bildenden Kunst ihre höhere Würde verleiht.

Die Dunkelheit legte sich bald über die Erde, nachdem der letzte Bogen der Sonnenscheibe vom Horizonte verschwunden war, und als wir durch das Siegesthor Bab en Nasr in Kairo einritten, war es völlige Nacht. Obschon die Stadt weder Gas noch irgend welche andere öffentliche Beleuchtung besitzt — weil der Orientale sein Geld lieber in der Tasche behält, als es für ihm unbekannte Bedürfnisse steuerweise zu verausgaben — waren dennoch die Gassen durch die in den offenen Buden und Werkstätten brennenden Oellampen genugsam erhellt. Wenigstens führte mich mein Begleiter wohlbehalten nach dem Hotel Vittoria zurück, wo auch meine Pilgergefährten allbereits eingetroffen waren. Sie hatten heute die vicekönigliche Villa von Schubra, Heliopolis und die uralte Sylomore besucht, unter welcher, nach der Sage, die heilige Jungfrau mit dem göttlichen Kinde und seinem Pflegevater Joseph auf ihrer Flucht nach Aegypten geruht haben sollen.

11. Ein letzter Tag in Kairo.

Schubra. — Das antiquarische Museum.

17. April 1866.

Meine Gefährten hatten mir das von Mehemed-Ali angelegte Schubra als besonders sehenswerth angerühmt. Als ich daher auf meiner letzten Heimreise aus Palästina zum drittenmal Kairo besuchte, glaubte ich vor anderm diesem Winke nachkommen zu sollen. Damit konnte dann noch die Besichtigung des anno 1864 verschlossenen antiquarischen Museums in Verbindung gebracht werden.

Um Zeit zu gewinnen, machte ich die Ausflüge im Wagen, dem jedoch diesmal kein leichtfüßiger Saisknabe vorausrann. Schubra ist ungefähr eine Stunde nördlich von Kairo am Nilufer gelegen. Der Weg dahin führte durch eine breite Allee schattengebender Sykomoren und Nilakazien und an wohlangebauten Fluren mit weißschimmernden Landhäusern und dunkelgrünen Palmgruppen vorüber. Auf der gutangelegten Straße kreuzten sich Equipagen, europäisch gekleidete Reiter, verschleierte Frauen zu Esel, Kameelzüge und andere Gestalten des Orients in buntestem Wechsel. Der Wagen machte vor einem stattlichen Gitterthor Halt, das am Eingange des vicekönigliche Parkes sich befand. Kaum hatte der Thorhüter den ihm bekannten Dragoman und meine Wenigkeit erblickt, als er in der frohen Hoffnung auf einen ordentlichen Bakschisch schnellen Laufes herankam, den

Schlüsselbund aus der Tasche herauslangte und, die Thorflügel aufschließend, unter freundlichem Schmunzeln uns eintreten hieß. Wenige Schritte trugen uns im Dufte der Orangen zu dem königlichen Lustschloße hin. Daselbst erblickte ich einen geräumigen Behälter, welcher 4½ Fuß tief mit krystallhellem Wasser gefüllt war und den eine Säulenhalle nach allen vier Seiten umrahmte. Vier Marmorlöwen spieen das Wasser in den Behälter hinein. In der Mitte desselben trugen vierundzwanzig steinerne Krokodille eine künstliche Insel. An der Hinterwand der Säulenhalle öffneten goldgeschmückte Thüren in Kiosks oder Salons, die mit seidenbekleideten Divans, fein gewobenen Teppichen und Spiegeln reich verziert waren. Bilder, von französischen Malern herrührend, stellten Landschaften aus Italien und Spanien und Scenen aus der Ritterzeit dar. Auch ein lebensgroßes Portrait von Mehemed-Ali war da zu sehen. All' das, obwohl im Roccocogeschmack gehalten, muthet uns wie ein Mährchen aus „Tausend und eine Nacht" an. Es ist der Typus eines orientalischen „Sans-Souci," dessen Comfort jedoch durch das aegyptische Klima bedingt wird.

Dieses Landhaus liegt mitten in einem Parke von subtropischen Gewächsen, der sich über vierzehn Morgen Landes erstreckt. Hier kann man von einem eigentlichen Orangenwald sprechen, in welchem Feigen- und Granatenbäume, Palmen und Sykomoren, ja selbst indische Limonensträuche malerische Abwechslung einweben. Auch für Rosen-, Geranien-, Verbenen- und andere Blumenbeete haben die angestellten europäischen Gärtner gesorgt. Das in Rinnsalen nach allen Richtungen hingeleitete Wasser bringt im Verein mit der Sonne Afrika's einen Trieb in die Pflanzenwelt, der sie doppelt so rasch wachsen läßt, als in unsern Breiten. In dieser Villa herrscht während unseres Winters der Sommer und ist die Hitze des aegyptischen Sommers durch den Waldschatten und die Nähe des Nilstromes gemildert.

Bevor wir von Schubra nach dem antiquarischen Museinm abfahren, mußte ich mit dem Kutscher noch eine gleiche Fehde ausfechten, wie diejenige gewesen war, welche die Pilgerkaravane am 12. März in Gizeh zu bestehen gehabt hatte. Er behauptete, daß für die Fahrt nach Schubra eine besondere Taxe bestimmt sei, und verlangte, daß ihm dieselbe sofort solle ausbezahlt werden. Ich erwiderte, daß, da ich den Wagen für den ganzen Tag gemiethet hätte, ich außer dem hiefür ausbedungenen Preise, nichts Weiteres schulde. Der schlaue Araber wußte das wohl. Sein Vorgeben war lediglich ein Versuch, von einem der Verhältnisse unkundigen Franken einen Mehrbetrag zu erpressen, den er, statt dem Prinzipalen abzuliefern, in seine selbstgelegene Tasche gesteckt haben würde. Glücklicherweise wurde ich von dem Dragoman unterstützt, so daß der Bursche von seiner unberechtigten Forderung abstehen mußte.

Das Museum liegt außerhalb der Stadt in der Nähe des Nils. Die darin aufbewahrten aegyptischen Sarkophage mit Mumien, die kolossalen Statuen der Götter aus Granit, die Stelen und Manuskripte machen hier im Lande der Pharaonen einen ganz andern Eindruck als in unsern europäischen Museen. Außerdem enthält die hiesige Sammlung noch eine Menge von Statuetten aus Eisen, altaegyptisches Frauengeschmeide, demjenigen ähnlich, das die heutigen Aegyptierinnen tragen, ferner viele Thonlämpchen von der nämlichen Form, wie sie in den römischen Katakomben gefunden werden. Mehrere dieser Lämpchen trugen christliche Zeichen.

Es erübrigte mir nach meiner Rückkehr in die Stadt noch etwelche Zeit, die ich zu einer Fußwanderung in den Gassen und Bazars benutzte. — Unter andern Wahrnehmungen machte ich die, daß in den wohlhabendern Quartieren der Holzbau der vorherrschende sei, im Gegensatz zu Palästina, wo beinahe ausschließlich aus Stein gebaut wird. In Kairo sind alle die zahllosen Erker, die Thüreinfassungen, die Decken der Buden und Bazars aus Holz konstruirt. Diese Bauart erklärt sich einerseits durch die bequemen Transportmittel, die der

Nil und die Eisenbahn bieten, und anderseits aus den um Kairo und in ganz Unter-Aegypten in großer Zahl angelegten Wäldchen von Nilakazien, Terebinthen und andern Bäumen, deren Holz ein gutes Baumaterial abgibt.

Um 6 Uhr Abends saß ich mit einem halben hundert englischer Herren und Damen im Hotel Shepherd zu Tisch. Diese Insulaner machten sich aus der weiten Reise von London nach Kairo nicht mehr und nicht weniger als aus einer Lustfahrt von Blois nach Genf. Der Hang zum Comfort artet bei den Engländern nicht in thatenloses Phlegma und Stillhocken aus. Sie fürchten das Meer nicht und ihre Wanderlust läßt sie über die Entbehrungen und Strapazen einer Reise in uncivilisirten Ländern mit Gleichmuth hinwegsehen. So machte ich auf meiner letzten Seefahrt von Jaffa nach Alexandrien die Bekanntschaft eines sechzigjährigen Gentleman, der mit seiner Frau und zween Töchtern die sinaitische Wüste und ganz Palästina durchwandert hatte. Der Umstand, daß die Engländer in großer Zahl den Orient und das Land der Bibel besuchen, zeugt für eine gewisse Idealität der Gesinnung, die theilweise eine Frucht ihrer klassischen und im Großen und Ganzen immer noch positiv christlichen Erziehung sein mag.

12. Rückkehr nach Alexandrien. Ball des Vicekönigs.

8. Juni 1864.

Ich habe in der Vorrede dieses Reisewerkes bemerkt, daß ich die Beschreibung meiner beiden aegyptisch-palästinischen Ausflüge in den einen Rahmen jenes von 1864 zusammenfassen wolle. Demgemäß führe ich meine Leser zum Frühmorgen des 8. Juni 1864 zurück, da der arme Saisknabe uns seine wiederholten Dankesbezeugungen und herzinnigsten Abschiedsgrüße entgegenbrachte. Wir, nämlich mein Freund Ludwig und ich, traten in jenem Augenblick auf den Perron des Hotel Shepherd hinaus, um uns zur Rückreise nach Alexandrien auf den Bahnhof zu begeben. Dort trafen wir eine Menge türkischer Offiziere und Beamten versammelt. Sie alle waren an den heute Abend in Alexandrien stattfindenden Ball des Vicekönigs geladen und wurden von dem hohen Gastgeber kostenfrei an den Ort des Festes befördert. Noch eine andere viel merkwürdigere Persönlichkeit fuhr mit unserm Zuge ab. Es war der berühmte Abbellader. Leider wurden wir von dessen Anwesenheit erst auf der Fahrt durch unsere Waggonsgefährten in Kenntniß gesetzt, so daß der Augenblick, ihn zu sehen, verpaßt war. Der ernste Mann reiste nicht auf den Festball, sondern zu dem Kanal von Suez, weßwegen er in Bena unsern Zug verließ, um auf der dort einmündenden Zweigbahn nach Zagazig zu fahren.

Wir kamen nach etwa achtstündiger Fahrt in Alexandrien an. Nachdem wir noch in der Stadt einige Geschäfte abgethan hatten, verfügten wir uns an Bord unseres Dampfbootes, um die heißen Nachmittagsstunden in der kühlen Seeluft zuzubringen. Mittlerweile wurden uns durch die gütige Vermittlung unseres Kapitäns Einladungskarten zum vicekönigliche Balle verschafft. Um 9 Uhr Nachts ruderten uns einige Matrosen des Stambul an eine Vorhalle des Palastes, welcher, an der nordwestlichen Ausbiegung des Heptastadiums gelegen, uns in glänzender Beleuchtung entgegenstrahlte. Dort aber wurde uns bedeutet, daß der Zutritt von der Meerseite her untersagt sei. Somit kehrten unsere Bootführer um, steuerten quer durch den Hafen und setzten uns nach einer ziemlich langen Fahrt an einer uns unbekannten Stelle ans Land. Hier war nun anfänglich guter Rath theuer. Wir befanden uns des Nachts in einem unbeleuchteten Stadttheile, wohl eine gute halbe Stunde vom Festlokale entfernt, und Niemand war da, uns dorthin zu geleiten. Sämmtliche Wagen Alexandriens waren bereits in Miethe genommen, abgesehen davon, daß ein solcher an diesem Abend nur um einen enormen Preis erhältlich gewesen wäre. Da sahen wir in der Nähe zwei Eselknaben mit ihren Reitthieren stationiren. Sie wurden unsere Retter in der Noth, indem wir in ihnen das allerdringendste, nämlich Wegweiser, fanden und gleichzeitig ihre Sattelthiere ein billiges Transportmittel boten, mittelst welches wir mit unbeschmutzten Stiefeln an den Ballsaal gelangen mochten. Wir besannen uns daher nicht lange, die Esel zu miethen. Das italienische Wort „ballo," das die Knaben wahrscheinlich heute zum erstenmal erlernt hatten, genügte, sie über unsern Bestimmungsort zu verständigen. Kaum hatten wir uns in den Sattel geschwungen, so jagten unsere langohrigen Bucephalen in scharfem Trabe von dannen. Hinter ihnen die treibenden Knaben. Als wir anfänglich einige menschenleere, stockfinstere und unheimliche Gäßchen durchritten, beschlich mich der Gedanke, ob die beiden

Jungen, denen wir in einer fremden, von Gesindel aus allen Herren-Ländern bevölkerten Seestadt anheimgegeben waren, uns nicht eben so gut in eine Mörderhöhle als an den Ball führen dürften? Glücklicherweise hatten wir es mit ehrlichen Burschen zu thun. Nach einiger Zeit bogen wir in eine breite Hauptstraße aus, in welcher Pechpfannen brannten und zahllose Wagen dem vicekönigliechen Palaste zurasselten. Hier galt es Augen und Ohren unentwegt offen zu halten, wenn man nicht mit seinem unlenksamen Esel überrannt werden wollte. Es scheint, daß diese Thiere von Sr. Majestät dem Vicekönig nicht als hoffähig anerkannt sind. Wenigstens durften wir nicht in den Hofraum einreiten, sondern mußten seitwärts des Einganges absteigen. Unter der Thorhalle wurden uns die Einladungskarten abverlangt. Dann durchschritten wir den geräumigen Hof und erreichten endlich nach langen Irrfahrten zu Wasser und zu Land glücklich das Ziel, d. h. wir durften in das Innere der hoheitlichen Festräume eingehen.

Die ersten Wahrnehmungen zeigten, daß hierorts Reichthum und Geschmack sich die Hände gereicht hatten, um das Fest in einer des hohen Gastgebers würdigen Weise zu gestalten. Aus der Hausflur wurden wir in eine Gallerie eingelassen, deren Spiegelwände den darin verlegten mannigfachen Blumenflor vervielfältigten, so daß man in einen großen Garten versetzt zu sein wähnte, während ein scharlachrother Seidenüberzug die hochgelegene Decke verkleidete. Diese Gallerie führte in eine Rotunde hinein, in deren Mitte ein Springbrunnen plätscherte, und von da aus wurden Herren und Damen, jene rechts, diese links, je durch eine besondere Gallerie in das ihrem Geschlecht zugewiesene Toilettenzimmer geleitet. So war das Erdgeschoß beschaffen. Die eigentlichen Festlokale lagen im ersten Stock. Der Tanzsaal war kreisförmig und mit einer hohen Kuppel überwölbt. Von einem Punkte der Peripherie aus zog sich eine Reihe kleinerer und größerer Zimmer, alle mit Musseline und Seide drapirt, mit den kostbarsten Mobilien ausgestattet, blumengeschmückt und von Rosenöl duftend. Da und dort verbreitete ein krystallheller Springbrunnen willkommene Kühlung.

Die zahlreiche Gesellschaft bestand, mit Ausnahme einiger höhern Offiziere und Beamten des Vicekönigs, aus lauter Europäern und europäisirten Griechen. Der Ball war eine Gegenhöflichkeit, die der Vicekönig der fränkischen Kaufmannschaft in Alexandrien erwies, weil dieselbe einige Monate vorher ein ähnliches Fest zu seinen Ehren veranstaltet hatte. Außer diesen Colonistenfamilien waren auch viele der zur Zeit in Alexandrien anwesenden Fremden und die Seeoffiziere der vor Anker liegenden Dampfboote zu dem Balle geladen. Unter der glanzvoll geschmückten Damenwelt wurden einige Griechinnen mit klassisch schönen Gesichtszügen bemerkt. Man tanzte meistens Quadrillen. Die Hitze, obwohl stark, war doch durch die aller Orten zuströmende Seeluft in etwas gemildert. Den zum Empfang seiner Gäste gleich anfänglich anwesenden Vicekönig sahen wir mit seinem Gefolge durch den Tanzsaal einherschreiten, wobei die dichtgedrängte Menge zu beiden Seiten ausweichend, eine Gasse öffnete, die sich hinter ihm, wie die Wellen hinter einem Schiffe, sogleich wieder schloß. Er ist ein kleiner, etwas nach der Seite geneigter Mann, ohne prägnanten Ausdruck in seiner Physiognomie. Seine Kleidung bestand aus einem dunkelblauen Rock nach europäischem Schnitt, weißen Beinkleidern und dem Fez auf dem Kopf. Als einzige Auszeichnung trug er einen großen goldenen Stern auf der Brust.

Wenn man eine Reihe von Zimmern durchwandert hatte, gelangte man in einen länglich viereckigen Saal, wo ein Büffet hergerichtet war. Daselbst flossen Eis und Champagner in Strömen, während man sonderbarerweise in den Tanzsaal nur Zucker- und Backwerk, aber keine durststillenden Erfrischungen trug — eine Unachtsamkeit, welche auf eine mangelhafte Organisation des Dienstes schließen ließ. Aus dem Büffetsaal öffnete eine kleine Thür in den Rauchsaal. Hier konnte man, auf schwellenden Divans sitzend, von der kühlen Seeluft gefächelt, Havannahcigarren rauchen, welche in großen Maßen aufgelegt lagen. Um 11 Uhr drängte sich plötzlich die Menge an die Fenster, um das Schauspiel eines auf dem Meer abgebrannten, großartigen Feuerwerkes zu sehen.

Am lustigsten ging es in dem eigentlichen Speisesaal zu, wo um Mitternacht das Nachtessen den Gästen nach der Karte servirt wurde. Wie in einer Pariserrestauration stunden eine Menge gedeckter Tischchen im Saale, auf welchen je zwei Karten aufgelegt waren, deren eine das Verzeichniß der ausgesuchtesten Leckerbissen des Landes und Meeres, die andere das der kostbarsten süd- und nordeuropäischen Weine enthielt. Sobald man sich an eines der Tischchen gesetzt hatte, erschien ungerufen ein Diener, um euere gastronomischen Bestellungen entgegen zu nehmen, und es wurden dieselben pünktlich und in kürzester Zeitfrist besorgt. Zu uns gesellte sich ein Herr, der, wie mir schien, die Weisung hatte, die speisenden Gäste durch sein Gespräch zu unterhalten. Er war jedenfalls ein Europäer, sprach sehr gut französisch und machte uns einige interessante Mittheilungen über aegyptische Zustände.

Unser gefällige Schiffskapitän hatte uns versprochen, das Schiffsboot um 1 Uhr nach Mitternacht an die obermähnte, ins Meer hinaus gebaute Säulenhalle zu senden, durch welche uns der Eintritt in den Palast verweigert worden, der Austritt aber gestattet war. Wir stellten uns zur Stunde ein und waren kaum auf dem Platze, als wir schon die Ruderschläge der braven Dalmatiner Matrosen gewahrten, die mit seemännischer Pünktlichkeit das Wort ihres Kapitäns einlösten. Unter glänzendem Sternenhimmel fuhren wir durch den nächtlich stillen Hafen auf den Stambul zurück, der dann um 4 Uhr Morgens die Anker lichtete, um die Fahrt nach dem heiligen Lande anzutreten.

13. Neuaegyptische Wirthschaft.

Es sind uns über diesen Gegenstand Mittheilungen geworden, welche größtentheils neu und dermaßen pikant sind, daß ich nicht umhin kann, bevor ich den Leser aus Aegyptenland herausführe, einige derselben als Beitrag zur Kenntniß der dortigen Zustände hierorts wiederzugeben. Ich habe oben erzählt, wie wir am 6. Juni 1864 auf dem Bahnhof zu Alexandrien sämmtliche Eisenbahnwagen mit Reisenden besetzt gefunden hatten, eh'bevor der Ruf zum Einsteigen gehört worden war. Der Grund dieser Abweichung von den gewöhnlichen Eisenbahnregeln lag ganz einfach darin, daß die meisten Passagiere keine Fahrbillets lösen, sondern sich durch ein Trinkgeld mit dem Konbukteur abfinden. Das wurde uns von einem deutschen Geschäftsreisenden gesagt und durch sein selbsteigenes konkretes Beispiel erhärtet. Er fragte uns, ob wir auf der aegyptischen Eisenbahn auch Billets gelöst und die gesetzliche Taxe bezahlt hätten? — Selbstverständlich antworteten wir: „Allerdings haben wir bezahlt, 31 Franken hin und 31 Franken wieder zurück per Person erster Klasse." Da lachte er gemüthlich und erzählte was folgt: auch er habe 31 Franken für seine Person und noch weitere 90 Franken für seine zwanzig Collis von Alexandrien nach Kairo entrichten müssen. In Kairo angekommen beklagte er sich bei einem Freunde über die enormen Preise. Der aber sagte ganz erstaunt: „Wie! Du hast bezahlt? Hier bezahlt Niemand. Laß es gut sein. In acht Tagen kehre ich mit Dir zurück und dann werden wir schon sehen." Gesagt, gethan. Die Herren lassen ihr zahlreiches Gepäck sofort in einen der angehängten Gepäckwagen bringen, sie selbst nehmen, ohne Billets gelöst zu haben, in einem Waggon erster Klasse Platz und machen es sich bequem. Der Conducteur kommt, fordert die Billete, hat aber den Augenwink und die ausgestreckte Hand sofort verstanden, findet jedoch, daß der gespendete Napoleon für zwei Herren mit soviel Bagage doch etwas zu wenig sei. Es werden weitere 5 Franken beigelegt und Alles ist in Ordnung. Statt daß unser Erzähler 121 Franken hätte entrichten sollen, fährt er nun zusammt seinem Freunde um 26 Franken nach Alexandrien zurück.

Die gleiche Thatsache, daß man nämlich auf den aegyptischen Eisenbahnen gewöhnlich keine Fahrtaxe bezahlt, wird auch von Hrn. Casimir Leconte, dem Verfasser einer interessanten Broschüre über den Kanal von Suez, bestätigt. Eine europäische Händlerin rühmte sich in seiner Gegenwart, wie sie noch keinen Kreuzer an die aegyptische Regierung bezahlt habe, trotzdem sie beständig auf Reisen sei. Der nämliche Verfasser erzählt dann noch eine andere Eisenbahngeschichte, die zu drollig ist, als daß ich sie meinen Lesern vorenthalten möchte. Ein Freund desselben befand sich auf der Fahrt von Kairo nach Alexandrien, als plötzlich in der Mitte zwischen zwei entlegenen Stationen der Zug sich zuerst langsam bewegte und dann stille stund. Sämmtliche Reisende steckten die Köpfe zu den Waggons heraus in der Meinung, es sei etwas an der Maschine gebrochen. Dem war jedoch nicht so. Der Zug fuhr langsam bis zu einer ziemlich entfernten Stelle zurück. Dort wurde eine kurze Weile Halt gemacht, sodann wieder umgekehrt und weiter gefahren. Auf der nächsten Station vernahm man die Ursache des räthselhaften Zwischenfalles. Es mußte nämlich die Kappe eines Conducteurs, welche dieser auf die Bahn hatte fallen lassen, wieder aufgehoben werden. Wer hätte gegen solche Gefälligkeit des für seine Untergebenen wohlwollenden Zugführers etwas einwenden wollen? *)

Weniger gemüthlich sind die Diebereien, die an den durch die Eisenbahn versendeten Waaren täglich und ungestraft verübt werden, so daß die Kaufleute genöthigt sind, ihre Sendungen durch selbstbestellte Hüter begleiten zu lassen.

Die Eisenbahn ist Eigenthum des Vicekönigs, der darüber nach Belieben schaltet und waltet. Wenn er als erster Baumwollenhändler des Landes Speditionen zu machen hat, so muß alles Übrige warten. Nach den seinigen kommen die Speditionen seiner Günstlinge, und die Waaren der gewöhnlichen Kaufleute, namentlich die Baumwollenballen der armen Fellah's, bleiben unterdessen in Tantah, Benah oder Zagazig stecken, wo sie unter freiem Himmel schutzlos den Sandwolken des Wüstenwindes preisgegeben sind.

Diese Mißbräuche wurzeln tief in den Zuständen des Orients überhaupt und des heutigen Aegyptens insbesondere. Erpressungen und Unterschleife gelten hier nicht als Ausnahme, sondern bilden die allgemeine Regel. Der Vicekönig, dem nach der Erbfolgeordnung von 1841 nicht der älteste Sohn oder in Ermanglung eines Sohnes der nächste Verwandte, sondern der älteste, ihm vielleicht sehr fernstehende, Verwandte auf den Thron nachzufolgen hat,**) sieht sich gleichsam nur als Nutznießer an und trachtet, seine Stellung so viel möglich für sich und die Seinigen auszubeuten. Wie das bewerkstelligt wird, dazu liefert das seiner Zeit von Mehemed-Ali in Anwendung gebrachte Finanzsystem die beste Illustration. Er befragte seinen Khasnader oder Finanzminister: „Wie viel mag das Land Aegypten jährlich rentiren?" „Hundertzwanzig Millionen

---

*) Promenade à l'isthme de Suez, par Casimir Leconte. Page 28, 29, 34.

**) Durch seitherige Verfügung des Sultans wurde dem Vicekönig von Aegypten die direkte Thronnachfolge zugesichert.

ungefähr," lautete die Antwort. „Gut, versetzte der Vicekönig, rufe die Stallhalter der Provinzen und laß die Summe unter die letztern vertheilen." Das geschieht. Die Statthalter aber berufen ihrerseits die Vorsteher der Bezirke, diese die Scheikhs oder Gemeindevorsteher, und es werden die Quoten je einer Provinz auf die Bezirke, die des Bezirks auf die Gemeinden vertheilt. Dabei hafteten die Provinzen solidarisch für das Ganze, ebenso die Bezirke für das Betreffniß der Provinz und die Gemeinden für dasjenige des Bezirkes. Am Schluß jeden Jahres war die Totalsumme in die Kasse des Vicekönigs abgeliefert.*) Man ersieht hieraus, daß die Finanzminister unserer geldbedürftigen europäischen Staaten bei Mehemed-Ali in die Schule gehen könnten.

Leider wird das arme Volk nicht nur durch die Regierung und ihre Beamten, welch' letztere sich für die Ausstände ihrer Gehalte durch Erpressungen nach unten und Betrügereien nach oben im stillen Einverständnisse mit der Regierung schadlos zu halten wissen, sondern auch noch durch eine gewisse Klasse europäischer Spekulanten gebrandschatzt. Es ist eine vielleicht nicht allgemein bekannte Thatsache, daß der moderne Schwindel in dem heutigen Aegypten ein noch ergiebigeres Feld seiner Thätigkeit als in Amerika gefunden hat. Seit der denkwürdigen französischen Expedition von 1799 zogen von Jahr zu Jahr mehr Fremden in das zukunftreiche Land, um daselbst durch Handel und Gewerbe ihr Glück zu versuchen. Ferner wurden europäische Offiziere, Gelehrte, Aerzte, Industrielle, Banquiers von dem Vicekönig berufen. Jedoch erst seitdem in Folge des amerikanischen Bürgerkriegs der aegyptische Baumwollenhandel enorme Gewinnste abwirft, hat die Zahl der Einwanderer die jetzige bedeutende Höhe erreicht. Unter ihnen befinden sich viele ehrenwerthe Englische-, Französische-, Deutscheund Schweizerhäuser. Andererseits aber tummelt sich in dem

---

*) S. Promenade à l'isthme de Suez par Casimir Leconte. Page 36.

Lande auch eine Legion von Abenteurern, Glücksrittern, Charlatans und Schwindlern jeder Art, die dasselbe zu ihrem Vortheile auszusaugen trachten. Diese schamlosen Blutsauger treiben ihr Geschäft in den Palästen wie in den Lehmhütten der Fellah's, dem sie seine Baumwolle abschwindeln, in öffentlichen und privaten Verwaltungen, am kolossalsten aber am Hofe, wo sie durch die Fahrlässigkeit und den Uebermuth der Vicekönige vollends begünstigt werden. Wir wollen hievon ein paar Beispiele anführen.

Auf der Rückfahrt von Kairo nach Alexandrien am 8. Juni 1864 saß in unserm Wagen mir gegenüber und zur Seite meines Freundes ein wohlgenährter und wohlgekleideter fränkischer Herr. Er war der französischen Sprache mächtig, rühmte seine Pferde, Wagen, Diener, und ließ gelegentlich seinen Brillantenring und seine schwergoldene Uhrkette blinken. Sein gewöhnlicher Wohnsitz war Alexandrien. Im Laufe der Unterhaltung kamen mein Freund und er auf die arabische Sprache und ihre Verwandtschaft mit der hebräischen zu sprechen. Als der erstere einige hebräische Wörter hersagte, um zu vernehmen, wie sich dieselben zu den arabischen Synonimen verhalten, schien unser Mann hochentzückt zu sein, zeigte ein in einem kleinen Gläschen bewahrtes Stückchen Pergament, auf welchem die zehn Gebote in hebräischer Sprache geschrieben standen, und versicherte, daß er ohne dieses heilige Amulet keine Reise unternehme, damit er im Fall eines plötzlichen Todes als Israelit erkannt werde. Wie nun aber dieser eifrige Sohn des Moses das siebente der zehn Gebote für seine Person sich auslege, gab er durch folgende Geschichte, die er uns mit sichtlichem Behagen erzählte, zu verstehen: Eine aegyptische Prinzessin hatte ihn mit dem Ankauf einer Dampfmaschine an der Londoner Ausstellung beauftragt. Noch war er in Unterhandlung wegen der Maschine, so erhielt er eine Depesche, daß die Prinzessin von dem Ankauf abstrahire. Er benachrichtigt hievon den Fabrikanten, läßt aber durchblicken, daß er trotzdem die

Maschine anlaufen würde, insofern man sie ihm mit einem erheblichen Rabatt ablassen wolle. Sein Wunsch wird erfüllt und die Maschine verpackt. Aber noch auf dem Schiff kann er sie mit reichem Gewinn an einen Dritten veräußern. In Aegypten wieder angekommen, weiß er die ihm nicht mehr gehörige Maschine auf's neue zu verwerthen. Er gibt vor, daß die Depesche zu spät angelangt, daß der Kauf bereits abgeschlossen gewesen sei, will aber aus Gefälligkeit für die Prinzessin die Maschine für sich behalten, wenn ihm jene eine ordentliche Entschädigungssumme biete. Die Prinzessin williget ein, dankt ihrem getreuen und uneigennützigen Diener und läßt ihn für seine Reise und Mühewalt glänzend honoriren. Er aber rühmte sich uns gegenüber, daß er an dem Ankauf, Verkauf, an der Entschädigungssumme und dem Reisegeld einen Profit von 50,000 Franken eingestrichen habe.

Eine noch grandiösere Betrügerei wurde jüngst von einem Franzosen an dem Vicekönig selber verübt. Der Fürst hatte zwölf große Spiegel nöthig, und der Franzose entbot sich, ihm dieselben von Paris kommen zu lassen. Die Kisten langen an, aber beim Oeffnen ist alles zu Scherben zerschlagen. Gleichwohl zahlt der Vicekönig den auf eine Million festgestellten Preis. Bald hernach stellt sich heraus, daß der Franzose in Paris nur Rahmen und Scherben angekauft habe. Der Vicekönig wuthentbrannt läßt den Betrüger zum Zimmer hinauswerfen. Jedoch dieser steigt hurtig durch ein offenes Fenster wieder herein und fleht um Gnade. Das amüsirt den Vicekönig, er lacht und reicht dem Schurken die Rechte. Dem Konsul, der den Fürsten auf die Betrügerei aufmerksam gemacht hatte, soll er geantwortet haben: „Glauben Sie, daß ich nicht reich genug bin, um zu bezahlen?"

Die letztere Geschichte wurde uns durch einen mit den aegyptischen Verhältnissen vertraut scheinenden deutschen Reisenden mitgetheilt. Der gleiche Gewährsmann erzählte uns sodann in weiterer Ausführung der Karakteristik des in Rede stehenden Abenteurers noch nachfolgende Anekdote, um zu beweisen, wie sehr derselbe trotz seiner Spitzbübereien sich die Gunst des Vicekönigs zu erschmeicheln wußte und mit welcher Pfiffigkeit er dieselbe auszubeuten verstehe.

Nachdem jener Franzose durch ein übelberüchtigtes Geschäft und allerlei Kniffe einiges Vermögen sich erschwindelt hatte, baute er sich in der Nähe von Alexandrien eine Villa auf einem Platze, der ihm von dem Vicekönig geschenkt worden war, hatte aber kein Geld mehr, um dieselbe zu meubliren. Da weiß er sich durch ein geniales Manöver zu helfen. Rasch geht er zum Fürsten, der sich einmal sehr anerkennend über den Bau ausgesprochen hatte, und bittet ihn um die Gnade, diese Villa als ein kleines Geschenk der Dankbarkeit annehmen zu wollen. Der Fürst entschließt sich, der Bitte zu willfahren, und läßt die Villa mit kostbarem Ameublement ausstatten. Im folgenden Sommer begegnet er der Frau des Genannten und befrägt sie, warum sie den Sommer nicht auf dem Lande zubringe. Die Dame, eine gewesene Schauspielerin, seufzt, fächelt und gibt zu verstehen, sie würde es sehr gern thun, aber die leidigen Finanzen erlauben es ihr nicht. Der Vicekönig hat verstanden und verordnet augenblicklich, daß die erwähnte Villa sammt Ameublement dem Freunde zurückgegeben werde.

Gegenwärtig trägt der Mann sein Haupt höher als je. Wir selbst haben ihn fett und fest durch den Speisesaal im Palaste einherschreiten gesehen. Dagegen sind seine Anstrengungen, vermittelst seines Geldes sich eine Deputirtenstelle in Frankreich zu erkaufen, bis jetzt erfolglos geblieben.

Man sagte uns, daß der Ball dem Vicekönig 19,000 Pfund Sterling oder nahe an 500,000 Franken gekostet habe. Der Lieferant soll unter andern 20,000 Flaschen Wein und 50,000 Cigarren in Rechnung gebracht haben. Ich aber bezweifle, ob nur der zehnte Theil davon verbraucht worden sei.

Es muß ein reiches Land sein, das eine solche Wirthschaft zu ertragen vermag. Wir glauben dem Wunsche unserer Leser entgegen zu kommen, wenn wir in der Absicht, ihnen die Quellen jenes Reichthums zum Verständniß zu bringen, im Folgendem einige Notizen über die agronomischen Verhältnisse des Landes reproduciren, die wir vorzugsweise dem mehrerwähnten klassischen Werke von Maltebruns revidirter Geographie entnommen haben.*)

Es ist bereits auf die allgemein bekannte Thatsache hingewiesen worden, daß Aegypten seine Fruchtbarkeit dem Nilstrom verdankt, indem derselbe nicht nur dem regenlosen Lande die nothwendige Feuchtigkeit zuführt, sondern auch einen Schlamm zurückläßt, der sich nach kurzer Zeit in den ergiebigsten Humus verwandelt.

Nun muß man die aegyptischen Kulturpflanzen nach zwei Gebieten unterscheiden, insofern sie nämlich in den sogenannten Rei-, d. h. in den durch den Nil direkt überschwemmten Ländereien, oder aber in den durch Kanäle künstlich bewässerten, mit dem Namen „Scharaki" bezeichneten Gegenden angebaut werden. Zu den Kulturen der erstern Klasse gehören vor allem der Waizen und die sechszeilige Gerste, ferner der Klee, der Lein, das Sesamkraut und der Senf, wozu noch Kürbisse, Kukummern und Melonen nebst zahlreichen Hülsenfrüchten kommen. Unter den Kulturpflanzen der zweiten Kategorie nenne ich den Reis, das Zuckerrohr den Indigo und den Holcus spicatus, der die Hauptnahrung des oberaegyptischen Landvolkes bildet. Dann gehört hieher die Baumwolle, deren Production sich seit dreißig Jahren verzehnfacht und besonders seit dem Beginne des amerikanischen Bürgerkrieges enorme Verhältnisse angenommen hat.

Man erhält ein abgerundetes Bild der aegyptischen Landeskultur, wenn man den Jahreskreislauf der dortigen agronomen Arbeiten betrachtet. Mit Beginn des Januars werden in

---

*) Géographie universelle de Malte-Brun, revue etc. par Cortambert. Tome VIII. p. 309 u. 310.

Unteraegypten die Hülsenfrüchte und der Kümmel gesäet. Gleichzeitig werden die Reben, die Aprikosen und die Palmbäume beschnitten und, ehe dieser Monat zu Ende geht, kann man schon den ersten Raub der Kleeäcker gewinnen und den Saft des Zuckerrohrs einsammeln. Im Februar erhält man eine erste Ernte der Gerste und es treten der Kohl, die Kukummern und Melonen in die Periode der Reife. Im März, wo allbereits sämmtliche Bäume mit Ausnahme der Buche und des Maulbeers belaubt sind, wird der im Oktober gesäete Waizen geerntet. Im Laufe des Aprils pflückt man den Rosenflor ab, erntet Getreide, säet anderes und erhält von dem Klee einen zweiten Ertrag. Während der Monate Mai und Juni wird die Einsammlung der Winterfrüchte beendigt. Der Juli ist der Erntemonat der Baumwolle, der Klee wird zum drittenmal geschnitten und gleichzeitig der Reis und das Türkenkorn angepflanzt. Im August liest man die Trauben und Datteln, im September die Oliven, Bananen, Citronen und Orangen. Zu dieser Zeit und mehr noch im Oktober werden die zahlreichen Getreidearten gesäet, während das Gras so hoch steht, daß das darin weidende Vieh sich den Blicken der Menschen entzieht. Die Saaten werden im Laufe des Novembers, je nachdem die Gewässer des Nils sich zurückziehen, fortgesetzt und die letzten Datteln sowie die Früchte des Brustbeerbaums eingeheimst. Im Dezember verlieren die Bäume allmälig ihr Laub. Allein das ist nur ein scheinbares Wintersymptom, weil die grünenden Saaten und Wiesen allbereits einen neuanbrechenden Frühling verkünden. — So ruht in Aegypten niemals die Erde; jeder Monat bringt seine Blüthen, jede Jahreszeit ihre Früchte hervor.

III.

An den Jordan.

1. Jaffa.

Am Vormittag des 10. Brachmonats 1864 sahen wir nach einer dreißigstündigen Seefahrt von Alexandrien her gegen Osten ein weites Sandgestade aus dem Meere auftauchen. Das war die erste Erscheinung der Küste von **Palästina**. Später ward ein wellenförmiger Hügel sichtbar, und nachdem unsere Dampfräder noch einige Hundert Umdrehungen vollzogen hatten, lagen wir vor **Jaffa**, wo wir uns ausschiffen sollten.

Die Stadt ist an dem steilen Westabhang des Hügels erbaut und hat von der Seeseite besehen die Form eines weitgeschweiften Bogens, dessen Sehne die Quai-Mauer bildet. Gerade über der Mitte der Bogensehne erheben sich, durch eine schmale Gasse von einander geschieden, das griechische und das lateinische Kloster, beide mit hohen Mauerwällen umschlossen, in welche einzelne enge Fensteröffnungen gebrochen sind. Links, d. h. nördlich vom lateinischen Kloster sieht man, an den Flaggen erkenntlich, die Agentien des österreichischen Lloyd und der kaiserlich-französischen Postdampfer. In der gleichen Richtung liegt auch jenes armenische Kloster, welches durch die bekannten Vorgänge während des napoleonischen Feldzuges eine weltgeschichtliche Berühmtheit erworben hat. Die Stadt selbst, den ganzen isolirt stehenden Hügel bedeckend, zeigt eine eintönige Masse von Steinhäusern, deren terrassenförmig übereinander aufsteigende Plattdächer mit weißgetünchten Kuppeln überwölbt sind. Auf der Landseite ist dieselbe mit Befestigungen versehen. Einzelne Palmen ragen aus den hinter dem Stadthügel liegenden Gärten hervor, während dem Meere entlang gelbliche Sandbünen sich weithin erstrecken. Im fernen Hintergrund zieht sich die hellblaue Horizontallinie des judischen Gebirges.

Das ganze, in allen seinen Theilen durchaus orientalische Bild, worüber die Junisonne des 32. Breitegrades ihr blendendes Lichtmeer ergoß, kann als ein Seltenstück zu Sytra und Algier hingestellt werden. Dazu kam noch ein besonderer, von der Physiognomie anderer, selbst orientalischer Seestädte abweichender Zug, der uns ahnen ließ, daß wir an der Schwelle eines dem Kulturleben der Gegenwart entrückten Landes von hochernster Vergangenheit stünden. Es war das die über Land und Meer ausgebreitete Einsamkeit und sabbathliche Stille. Unser Schiff war das einzige auf der Rhede und mußte weit entfernt vom Ufer auf offener See die Anker auswerfen. Denn weder bildet die geradlinige Küste eine schützende Bucht, noch hat es die türkische Sorglosigkeit und Finanznoth bis jetzt über sich vermocht, einen künstlichen Hafen zu erstellen. Weil nun eine Reihe scharfkantiger Klippen parallel mit dem Strande aus dem Meere aufragen, so ist die Landung auf den arabischen Booten bei hochgehender See gefährlich, manchmal unmöglich, und viele Menschenleben sind schon auf der viertelstündigen Kahnfahrt vom Dampfer bis zur Küste zu Grunde gegangen.

Glücklicherweise waren Luft und Meer an jenem Tag, wie überhaupt zur Sommerszeit, vollkommen ruhig. Sobald die Pratika ertheilt war, betraten wir die herangekommene Barke. Dieselbe war von zwei halbnackten Burschen bemannt, welche herzhaft die von der Brandung gepeitschte Klippenreihe durchschifften und uns an eine Stelle hinführten, wo eine kleine Sandbank die Weiterfahrt verhinderte. Zwischen dieser und dem Ufer breitete sich eine zwei Fuß tiefe Wasserlache aus, die übersetzt werden mußte, um an das Land zu gelangen.

In jedem irgendwie civilisirten Seehafen hätte man jene Bank längst ausgehoben oder eine Landungsbrücke erstellt. Hier aber machte sich die Sache auf primitivere Weise. Eine Schaar halbwilder Männer war am Ufer versammelt, den beiden ankommenden Franken ihre Dienste zu leihen. Einige derselben wateten sofort durch die Lache und zerrten an uns so lange herum, bis es je dem Stärkeren gelang, uns in die Höhe zu heben und wie kleine Kinder aufs Trockene zu tragen. Kaum waren diese Beiden und die Bootführer für ihre Dienste bezahlt, so drangen sich die sämmtlichen Uebrigen unter unaufhörlichem Geschrei als Führer und Packträger auf. Ungebeten griff ein jeder nach irgend einem Stück unserer Habseligkeiten, so daß wir nach rechts und nach links, nach vorn und nach hinten unsere Augen auf die Wache stellen mußten, wollten wir nicht unsere sämmtlichen Effekten nach allen vier Richtungen der Windrose davonfliegen sehen. Jedoch mit etwas Energie und Kaltblütigkeit kann der Franke diesen Leuten leicht imponiren. Es gelang uns, die zudringliche Schaar auseinander zu halten und die Gepäckträgerzahl auf zwei zu beschränken, welche auch sofort unsere Stücke auf die Schultern luden und uns eilenden Schrittes in das nahe gelegene lateinische Konvent geleiteten.

Das citadellenartige Gebäude kann als ein typisches Exemplar des palästinischen Baustils gelten. Es sind nämlich vier Stockwerke nicht über, sondern hinter einander in der Weise aufgebaut, daß das flache Dach des untern zugleich den Zugang zu den Zimmern des obern bildet. Außentreppen vermitteln die Verbindung zwischen den Dächern, welch' letztere treppenförmig am Stadthügel ansteigen.

Gastfreundlich von den Vätern empfangen, wurden wir zuvörderst in ein hochgelegenes Empfangszimmer geführt, wo wir eine Gesellschaft von englischen Herren und Damen vorfanden, die so eben aus Jerusalem zurückgekehrt waren. Dann wurde uns ein Zimmer zur Mittagssiesta angewiesen und nach einer kleinen Weile von einem Klosterbruder Speise und Trank aufgetragen.

Unsere erste Sorge nach unserer Ankunft in Jaffa war dahin gerichtet, auf den Agentien der Dampfschiffsgesellschaften sichere Erkundigungen über die Fahrgelegenheiten für die Rückreise einzuziehen. Es ergab sich aus den daselbst erhaltenen Mittheilungen, daß, wenn unsere Reise innert der uns von Hause aus anberaumten Zeitdauer beschränkt bleiben sollte, wir von heute in acht Tagen wiederum in Jaffa zurückgekehrt sein mußten, um den auf diesen Tag angesagten Lloydbampfer nicht zu verfehlen. Die Dampfschiffe der Lloydgesellschaft sind nämlich die einzigen, welche allwöchentlich die hiesige Rhede berühren. Jeden Freitag geht eines derselben von Smyrna ab, um abwechselnd in der einen Woche direkt nach Alexandrien, von da der syrischen Küste entlang, bei Cypern und Rhodus vorüber, zurück nach Smyrna zu fahren, und in der andern die gleiche Rundfahrt in umgekehrter Richtung zu machen.

Unserer Pilgerreise im heiligen Lande war somit nur diese eine Woche zugetheilt, und diese mußte so viel möglich auf Jerusalem verwendet werden. Weil nun die Entfernung von Jaffa nach Jerusalem wenigstens vierzehn Stunden beträgt und bei der vorgerückten heißen Jahreszeit nicht daran zu denken war, den Weg in einem Tage zurückzulegen, so beschlossen wir, heute Abend noch nach dem Kloster Ramleh zu reiten, um morgens vor Sonnenuntergang Jerusalem zu erreichen.

Es war uns von Herrn N., unserm obenerwähnten Reisegefährten zwischen Corfu und Syra, ein junger Araber als Dragoman empfohlen worden, der ihn im letzten Frühjahr nach Jerusalem geleitet und seine unbedingte Zufriedenheit erworben hatte. Derselbe hieß Selim Finan, war katholischer Christ und als solcher ein Vertrauensmann des Klosters. Wir ließen ihn herbeirufen. Seine Erscheinung machte auf uns einen günstigen Eindruck, indem Biederkeit sowohl als Intelligenz sich in seinen schönen Gesichtszügen ausprägten. Zudem sprach er geläufig französisch. Leider aber erklärte er uns alsogleich, daß seine Geschäfte ihm dermalen nicht erlaubten, uns nach Jerusalem zu führen. Dagegen stellte er an seiner Statt seinen Bruder und unternahm es, die Miethe der Reitpferde zu besorgen. Dieses Geschäft mochte bei dem Geiz und der Schlauheit der Araber kein leichtes sein. Da aber in dieser Jahreszeit die Zahl der Pilger eine sehr kleine ist, gelang es dem gewandten, mit dem Karakter und den Schlichen seiner Landsleute wohlvertrauten jungen Manne, uns vier Reitpferde zu dem äußerst billigen Preise von vierzig Piastern (acht Franken) per Pferd für die Reise bis Jerusalem zu beschaffen.

Auf dem Gange zu den Schiffsagentien hatten wir einen Einblick in das Innere der Seestadt gewonnen. Die engen und winklichten Gassen, die wir durchschritten, fliegen steil, sogar theilweise in Treppengestalt an. Die Plattdächer der hohen Steinhäuser waren mit kleinen Kuppeln überhöht und mit seltsam geformten Brustwehren umzogen. Diese Brustwehren waren nämlich durchbrochen und in die Oeffnungen musterartig über einander gelegte Ziegelröhren eingelassen, deren Mündungen, Reihen von Dreiecken bildend, den Luftzug vermitteln und zugleich den Tauben als Wohnungen dienen.

Nach Besichtigung der Stadt besuchten wir die Klosterschule und die Kapelle St. Petri. Die Schule wurde in einem geräumigen, kühlen Lokale durch einen Ordensgeistlichen gehalten. Etliche zwanzig arabische Christenknaben saßen daselbst, nicht, wie in den mahomedanischen Schulen, auf dem Boden, sondern auf europäisch konstruirten Bänken, während für den Lehrer eine Art von Kanzel hergerichtet war. Statt des betäubenden Geschrei's jener mahomedanischen Schule, die wir in Alexandrien besucht hatten, herrschte hier wohlthuende Stille. Dieß, das muntere Aussehen der Zöglinge, sowie das gemüthliche Wesen des Lehrers zeugten dafür, daß das rechte Verhältniß zwischen beiden — Autorität auf der einen, Hochachtung und Gehorsam auf der andern Seite und liebevolle Anhäng-

sichtlich beidseitig — in dieser Lehranstalt obwalte. Während unserer Anwesenheit las ein Knabe aus dem Evangelium die Leidensgeschichte des Erlösers in italienischer Mundart. Diese Sprache wird nämlich neben der arabischen in den katholischen Primarschulen des Orients vorzugsweise gelehrt. Die Betrachtung dieser von der Kirche in die Wüste der Barbarei angelegten Pflanzstätte christlicher Kultur hat mich lebhaft angeregt. Sie ist übrigens nicht die einzige in Jaffa. Denn eine katholische Mädchenschule, deren Kosten gleichwie die der Knabenschule von dem Franziskanerkloster bestritten werden, wird durch französische Schwestern vom Orden des hl. Joseph versehen. Bekannt ist, daß nordamerikanische Protestanten seit Jahrzehnden in hier eine Freischule eröffnet haben.

Was die Kapelle St. Petri betrifft, so bildet dieselbe einen kleinen Vorbau zum lateinischen Pilgerhospiz und ist nicht zu verwechseln mit der eigentlichen, weil geräumigern Klosterkirche. Der Boden der zu ebener Erde befindlichen Kapelle wird für die Dachterrasse über dem Hause des Gerbers Simon gehalten, wo der Apostel Petrus die im zehnten Kapitel der Apostelgeschichte erzählte Vision der reinen und unreinen Thiere erlebt haben soll.

Vom baulichen Standpunkte betrachtet würde dieser Annahme nichts widerstreiten. Denn die Räume des Hauses waren nach der in diesem Lande üblichen Bauweise wahrscheinlich gewölbt und so mochte leicht geschehen, daß das über die Wölbungen gelegte flache Dach in Folge der allmäligen Terrainerhöhung auf den Niveau des jetzigen Bodens zu stehen kam. Wir werden später sehen, wie das ganze jetzige Jerusalem über den schichtenweise auf einander gewölbten Räumen seiner Vorgänger erbaut ist. Anders verhält es sich mit der Frage, ob die Tradition, nach welcher das Haus des Gerbers Simon am Platze der St. Peterskapelle gestanden wäre, historisch beglaubigt sei. Diese Frage ist kaum zu bejahen. Nach Tobler soll die Tradition erst im Jahre 1674 entstanden sein.*) Auch Sepp schüttelt ungläubig den Kopf und will jenes Haus eher außerhalb der Stadt verlegt wissen, wo die Gerberei jetzt noch betrieben wird.**) Sei dem, wie ihm wolle, mich störten diese Zweifel in meinen Betrachtungen nicht. War doch schon die Aussicht auf das blaue, sonnenbeleuchtete Meer, das hier, weil durch keine Küstenvorsprünge und Schiffsmasten verdeckt, in unendlicher Großartigkeit vor unsern Blicken sich ausbreitete, so recht dazu angethan, eine gehobene Stimmung hervorzurufen. Diese wurde unterhalten und gesteigert durch einige treffliche, auf den klassischen Ort bezügliche Gedichte, die mein Freund aus Gerols „Pfingstrosen" vorlas.

Wir stunden jedenfalls auf dem Boden des alten Joppe, allwo der Apostel Petrus die mildthätige Jüngerin Tabitha vom Tode erweckt hatte. Hier in Joppe, wenn auch nicht gerade auf der Stelle, wo wir eben unsern Fuß hingesetzt hatten, sah er, wie schon angedeutet, in einem großen an den vier Enden des Himmels herabgelassenen Leintuche „allerlei vierfüßige und kriechende Thiere und Vögel des Himmels" und hörte die Stimme, durch welche alle diese Thiere vor Gottes Auge als rein erklärt wurden. Während Petrus über den geheimen Sinn dieser Erscheinung nachdachte, kamen die Boten des Römertribunen Cornelius, den Apostel zu ihrem Herrn zu entbieten. Petrus von dem Geiste getrieben, der Bitte zu entsprechen, ging mit ihnen nach Cesarea. Erst als er dort aus dem Munde des Cornelius die diesem gewordene Engelserscheinung und Weisung erfuhr, ihn, den Petrus zu berufen und dessen Gebote zu befolgen, erkannte er den Sinn seines eigenen räthselhaften Gesichts auf dem Dache zu Joppe. Er erkannte darin die Aufforderung, auch die Heiden in das neue Gottesreich einzuführen.***) Hier in Joppe oder Jaffa geschah

---

*) Tobler, Topographie, Bd. II. S. 628.
**) Sepp, Jerusalem und das hl. Land. Bd. I. S. 11.
***) Apostelgeschichte 10. Kapitel.

es also, daß das Christenthum, welches bis dahin auf die jüdische Nation beschränkt geblieben war, sich der Weisung seines göttlichen Stifters gemäß zur Weltreligion entfaltet hat. Wer hätte damals gedacht, daß diese Lehre des Kreuzes den Sieg über das üppige, durch die römische Staatsallmacht getragene griechisch-römische Heidenthum davontragen werde? Petrus und Paulus haben den Kampf begonnen und mitten in das Centrum des Feindes, in die römische Weltstadt selber hinein verpflanzt. Beide und nach ihnen Millionen Gleichgesinnte erlitten den Zeugentod für die von ihnen verkündete Lehre. Aber ihr Wort ist geblieben, wurde fortverkündet von Geschlecht zu Geschlecht und von Volk zu Volk, weit über die Grenzen des alten Römerreiches hinaus, und zur Zeit dürfte kaum noch ein Land auf dem Erdball sich vorfinden, wo dasselbe nicht bereits hingedrungen wäre.

Auf meiner zweiten Palästinareise im Jahr 1866 vervollständigte ich meine Umschau in Jaffa. Im Bazar fand ich nichts, das der Erwähnung werth wäre, nur daß zur damaligen Pilgerzeit eine dichtgedrängte Menschenmenge verschiedener Nationen daselbst hin- und her wogte. Größeres Interesse boten mir die geschichtlich berühmten Räumlichkeiten im armenischen Kloster. Der Pestkrankensaal der französischen Krieger war theilweise verbaut. Dagegen besteht das einfache Wohnzimmer Napoleons noch unverändert in seiner damaligen Gestalt und es ist die Stelle seines Lehnstuhls durch eine halb in die Wand eingemauerte, zwei Fuß hohe Denksäule bezeichnet. In der kleinen, unansehnlichen Kapelle des Klosters bemerkte ich einige schlechte, aber wahrscheinlich sehr alte Gemälde.

Um jene Zeit trieb mich einmal die Neugierde, mit einem Gefährten in eine Bäckerei einzutreten. Das Lokal war ein hohes, massives Gewölbe, der Backofen sehr groß und stark konstruirt. Der orientalische Bäcker, emsig seines Handwerks pflegend, machte lauter Galetten, d. h. plattgedrückte runde, den Zwiebackbroden ähnliche Kuchen, wie sie in der Levante überall üblich sind. Er legte fortwährend je ein Dutzend in den Ofen und während der wenigen Minuten, die zum Ausbacken derselben benöthigt waren, verfertigte er auf einem großen Steintische ein anderes Dutzend. Doch das ist es nicht, weßhalb ich dieser geringfügigen Episode gedenke. Als wir aber eine Weile beobachtend da gestanden waren, ohne daß der Mann unsere Gegenwart zu bemerken schien, wandte er sich plötzlich gegen uns mit der Frage: „Christiani?" Seid ihr Christen? — und als wir die Frage bejahten, machte er das Zeichen des Kreuzes. Ich ward gerührt durch diesen sympathetischen Gefühlsausdruck religiöser Zusammengehörigkeit und konnte nicht umhin, den die Denkweise der orientalischen Christen kennzeichnenden Vorfall in meine Reisenoten einzutragen.

Auf einer Wanderung außerhalb der Stadt fand ich den Meeresstrand mit kleinen Muscheln buchstäblich übersäet, so daß sich mir die Vermuthung aufdrängte, daß die Hauptmasse des Dünensandes aus der Zerbröckelung jener Muscheln gebildet und diesem Umstande die gelbliche Farbe der Düne zuzuschreiben sei. Hart an die nördlich der Stadt gelegene Düne erstreckt sich ein mahomedanischer Gottesacker. Da mein dortiger Spaziergang an einem Freitag stattfand, so war der Friedhof mit einer Menge weißgekleideter Frauen besetzt, welche auf den Gräbern ihrer dahingeschiedenen Verwandten ihre Gebete verrichteten.

Jaffa gehört zu den ältesten Städten der Welt. Es war ein phönicischer Hafen und Handelsplatz, was schon der Name „Joppe" bezeugt, der im phönicischen Hafen bedeutet.*) Die Stadt bestund, als die Hebräer in Palästina eindrangen. Hieher versetzt die hl. Schrift die Geschichte von Jonas. Im Hafen von Joppe wurden die vom Libanon herbeigeschafften Cedern für den ersten und zweiten Tempelbau ausgeschifft. Daß die Stadt vorzugsweise heidnisch blieb, lehrt die Eroberung

---

*) Sepp. Jerusalem, Bd. I. S. 2.

durch Jonathan und später wieder durch Simon den Makkabäer. Pompejus schlug Joppe zur Statthalterschaft Syrien, Cestius unter Nero äschert es ein, Vespasian schleifte die Stadt und ließ an deren Stelle eine Festung errichten. Gleichwohl erhob der Platz sich auf's Neue, wurde durch Konstantin zum Bischofssitze erhoben und behielt diesen Vorrang, bis die Araber im Jahre 636 der Stadt sich bemächtigten.

Als die Kreuzfahrer im Jahre 1099 zum erstenmal vor Jaffa ankamen, fanden sie dasselbe von den mahomedanischen Einwohnern verlassen. Gottfried von Bouillon verordnete den Neubau und die Befestigung der Stadt, um dieselbe zu einem sichern Ladungsplatze für die Pilger herzurichten. Nun kamen auch Kaufleute von allen Seiten herbei, so daß Jaffa, durch Balduin I. verschönert, zu einer blühenden und wohlbevölkerten Stadt sich erhob. Nach der unglücklichen Schlacht bei Hibbin wurde es durch Saladins Bruder, Malek-el-Hadel, eingenommen und von Grund aus zerstört. Nachdem die Kreuzritter es wieder aufgebaut hatten, ward es 1192 von Saladin belagert, durch Richard Löwenherz entsetzt, 1197 von den Mahomedanern zum zweitenmal erobert, dann im Frieden von 1204 den Franken zurückgegeben, von Ludwig dem Heiligen befestigt und ging 1268 für die Christen auf immer verloren.

Von da an blieb Joppe Jahrhunderte hindurch ein armseliger Trümmerhaufen, so daß die Pilger in mit Schilf bedeckten Zelten oder unter alten unsaubern Gewölben sich herbergen mußten. Erst an den neuen Kastellbau im zweiten Decennium des siebenzehnten Jahrhunderts schlossen sich wieder Waarenmagazine und Fremdenquartiere an. Der Bazar erhob sich allmälig und Häuser von Stein wurden errichtet. Genau 700 Jahre nach Gottfried von Bouillon, den 3. März 1799, erschien Napoleon Bonaparte vor Jaffa und nahm es mit Sturm ein. Wie er daselbst 1200 Türken, die er in El-Arisch gefangen genommen und auf Ehrenwort entlassen hatte, auf einen Haufen zusammenschießen ließ, wie er einerseits in dem zum Spital hergerichteten armenischen Kloster seine pestkranken Soldaten besuchte, anderseits vor dem Rückzug nach Aegypten die Verwundeten mit Opium vergiftet haben soll — eine Thatsache, die von vielen geläugnet, jedoch selbst von seinem Anhänger Savary zugegeben wird, — das ist jedem Kenner der Zeitgeschichte bekannt.

Jetzt zählt die Stadt eine Bevölkerung von nahe an 6000 Seelen, die aus Arabern, Türken, Griechen, Armeniern, Maroniten, Franken, Kopten und Juden gemischt ist. Die Zahl der römischen Katholiken übersteigt 1200. Die Bewohner stehen im Handelsverkehr mit Aegypten, wohin von Jaffa Seife, Oel, Limonen und Orangen geliefert und woher Getreide, Reis, Zucker und Leinwand eingeführt werden. Der Küste entlang südlich gewahrt man plattdächige, von Staudwerk umgebene Hütten. Sie enthalten Gerbereien, deren Fabrikat nicht zu den besten gehören soll.

2. Von Jaffa nach Jerusalem.

Um die festgesetzte vierte Stunde des Nachmittags standen unsere Reitpferde vor dem Konventthore zum Fortreisen bereit. Es waren, wie ich glaube, Schimmel von ächt arabischer Race, deren Tüchtigkeit wir im Laufe unserer Reise zu erproben Gelegenheit hatten. Nicht so gut war es mit dem Reitzeug bestellt, dessen lederne Bestandtheile sehr kurz bemessen, dürftig und abgebraucht waren. Der Zaum bestund aus einer bloßen Trense und von der Unbequemlichkeit der kurzen, vorn und hinten hoch aufgebogenen türkischen Sättel mußten wir uns bald genugsam überzeugen. Wir waren unserer vier Reiter, denn neben unserm Dragoman Finan machte natürlich auch der Pferdevermiether die Reise nach Jerusalem mit. Jener, der achtzehnjährige Dragoman, erwies sich auf der ganzen Reise als einen grundehrlichen Burschen, der aber wegen seiner Schüchternheit und Unerfahrenheit seinen ältern Bruder in höchst ungenügender Weise vertrat. Dabei sprach er das Französische mangelhaft, das Italienische gar nicht. Er war Katholik wie der Bruder, während der Pferdebesitzer, ein Mann von etwa vierzig Jahren, sich zu dem Glauben Mahomeds bekannte.

Nachdem wir das östliche Stadtthor hinter uns hatten, kamen wir zuerst durch eine Vorstadt, wo reges Leben herrschte, weil zahlreiche unter Zelten und Laubwerk improvisirte Kaffeehäuser auf beiden Seiten die Straße einrahmten. Nach einer halben Viertelstunde bogen wir in einen Hohlweg, der zur

Rechten und Linken von gewaltigen Kaktushecken eingeschlossen war. Hochstämmige Granatbäume ragten, blüthenbeladen, hinter jenen Kaktushecken empor und weiter einwärts sah man durch das Laubwerk einzelne Goldorangen im Sonnenstrahl glänzen. Diese Anzeichen einer Gartenanlage machten mich aufmerksam. Ich erhob mich in den Bügeln, um über die Kaktushecken hinausblicken zu können. Da erkannte ich, daß wir uns durch einen geschlossenen Park der mannigfaltigsten Südgewächse bewegten. Wie in allen Gärten des Südens bildeten die Orangen-, Limonen- und Citronenbäume die Hauptmasse der Vegetation. Aber neben denselben waren beinahe sämmtliche kultivirte Baum- und Straucharten des Südens vertreten. Man nannte mir den Sandel- und Johannisbrodbaum, ich gewahrte Pfirsich-, Aprikosen- und Mandelbäume in zahlreichen Exemplaren, der Maulbeer hatte den Umfang und die Höhe unserer Eichen, das helle, schmale Olivenlaub vermengte sich in malerischen Kontrasten mit den dunkelgrünen, großen Blättern der Feigenbäume. Da und dort rankte sich die Weinrebe an den Hochstämmen auf. Aus der dichten, mit dem Purpur der Granatblüthen durchstrahlten Laubmasse strebten einzelne Palmen und Cypressen zu bedeutender Höhe empor. Auch die in Wuchs und Blätterform den Palmen ähnelnden Bananen fanden zahlreich sich vor und waren gerade jetzt mit ihren ovalen, zartschmeckenden Früchten behangen. Wir ritten wohl eine gute halbe Stunde zwischen diesen Hesperiden-Gärten durch, deren Tiefe nicht viel unter einer schweizerischen Wegstunde mißt. Man mag hiernach ihre Ausdehnung annähernd schätzen. Ich habe in Südeuropa nichts Aehnliches gesehen und selbst die Gärten bei Blida in Algerien stehen den hiesigen in Bezug auf Größe und Mannigfaltigkeit der Gewächse um ein Bedeutendes nach. Als ich im Frühlinge 1866 nochmals hier durchreiste, stund der Orangenwald in der vollen Pracht seiner Blüthen und Früchte. Jene erfüllten die Luft mit aromatischem Wohlgeruch, diese waren in so unbeschreiblicher

Menge vorhanden, daß sie an vielen Orten eine goldene Decke über dem geschlossenen Laubwerke wölbten. Wahrlich! wenn das Innere Paläftina's demjenigen entspräche, was man hier an deſſen Schwelle erblickt — es würde den Namen des „Gelobten Landes" jetzt noch verdienen.

Beim Ausgang der Gärten öffnete ſich die Ebene Saron. Dieſe in der jüdischen Geschichte berühmte Tiefebene bildet nur einen Abschnitt der weiten Küftenniederung, welche, in ihrer Breite vom Meer bis zum Gebirg Juda durchschnittlich acht Wegſtunden meſſend, nach Norden bis zum Vorgebirg Karmel, ſüdlich bis in die aegyptische Wüſte ſich ausdehnt. Mein Freund bezeichnete die Gegend als den Schauplatz der Thaten des hebräischen Herkules Samson. Den aus einer röthlichen Sanderde beſtehenden Boden bedeckten abwechselnd abgemähte Gerftenfelder und große Weideplätze. Von dem Lilien- und Anemonenschmuck, der im Frühling die letztern bekleidet, war natürlich zur jetzigen Jahreszeit Nichts mehr zu ſehen; dagegen zeigten ſich von Zeit zu Zeit weidende Kameele, auch Schaf- und Rinderheerden, welche von Beduinen heimwärts oder zur Tränke getrieben wurden. Längſt der Straße, wenn man den ſandigen Reitpfad ſo nennen will, erhoben ſich in gewiſſen Abſtänden maſſiv gebaute Thürme. Man ſagte uns, daß in denſelben Militärpoſten zur Sicherheit der Reiſenden ſtationiren. Vor uns her ritt eine arabiſche Familie, aus vier Gliedern beſtehend, dem Mann, der Frau, einer Magd und einem kleinen Kinde, welches letztere man in einem am Sattel angehängten Korbe gebettet hatte. Unſer Pferdevermiether ließ uns durch den Dragoman bedeuten, daß dieſe Familie die kommende Nacht hindurch nach Jeruſalem reiſe, und den Rath ertheilen, das Gleiche zu thun. Selbſtverſtändlich lehnten wir dieſe Zumuthung von der Hand. Denn abgeſehen von der Unſicherheit waren wir nicht gewillt, den vierzehnſtündigen Ritt in einem Athem zu machen, ſondern vielmehr entſchloſſen, in Ramleh einige Stunden nächtlicher Ruhe zu pflegen, was auch im Kontrakt mit dem Pferdevermiether ausbedungen war. Der Mann bestund jedoch mit Hartnäckigkeit auf seinem kaum gutgemeinten Ansinnen, so daß wir unsere ganze, von dem furchtsamen Knaben, unserm Dragoman, schlecht unterstützte Energie zur Durchführung unseres Willens aufbieten mußten.

Wir kamen neben drei, aus zuckerhutförmigen Hütten bestehenden, hinter Kaktushecken und Olivenhainen mißtrauisch versteckten Dörfern vorüber. Finan gab ihnen die Namen: Jasur, Betacha und Sariate. Das evangelische Lydda, wo Petrus den Gichtbrüchigen heilte, wurde uns in einiger Entfernung nordwärts gezeigt. Ungefähr auf halbem Wege zwischen Jaffa und Ramleh lag eine kleine, mit sechs Kuppeln überwölbte Moschee, die man uns als die Begräbnißstätte der Familie Jasur bezeichnete.

Der Weg war als Reitpfad ziemlich gut; aber die Sonne Palästina's brannte glühend heiß über unsern Häuptern und setzte meinem Freunde, der von Aegypten her unpäßlich war, ziemlich hart zu. Ich selbst, obwohl die Sonne, der Sattel und die Luftveränderung mir bestens zusagten, glaubte bereits etwas von den Einflüssen des Klima's zu verspüren. Als aber die Sonne untergesunken war, dann nach kurzer Dämmerung die Nacht hereinbrach, der Mondschein vor den Füßen unserer Reitpferde spielte und eine unbeschreiblich mildkühlende Luft uns schmeichlerisch umfing, da war mit einemmal alles Unbehagen verschwunden und eine heitere, ideale Stimmung wiedergekehrt. Mir ist jene orientalische Mondnacht als ein träumerisch schönes, poetisches Moment unverwischbar in der Erinnerung geblieben.

Etwas nach 8 Uhr hatten wir das Franziskanerkloster zu Ramleh erreicht. Unser Pferdevermiether zog die Hausglocke an, worauf nach kurzer Pause ein kleines Pförtchen an dem massiven Hofthore sich öffnete und ein davorstehender Franziskanerbruder uns eintreten ließ. Wir stiegen ab und gelangten gebückt in den Hofraum. Hier wurden die Pferde unter einem

Gewölbe untergebracht, das an die Umfassungsmauer der Klostergebäulichkeiten angebaut war. Uns aber führte der Bruder in einen geräumigen Empfangsaal, der bei sehr einfacher Ausstattung doch einen Divan enthielt, wo wir unsere ermüdeten Glieder ausstrecken konnten. Man brachte uns Limonade, den brennenden Durst zu löschen. Beim Nachtessen leistete uns ein spanischer Pater Gesellschaft. Er war ein Mann in den Dreißigen, hatte die edelsten Gesichtszüge, große, schöne, ausdrucksvolle Augen und einen kohlschwarzen Bart. Das Italienische sprach er rein und geläufig. Lebhaft erkundigte er sich über den Stand der europäischen Politik und es ging ihm namentlich das Schicksal Polens zu Herzen. Als politisches Ideal, dessen Verwirklichung ihm leicht schien, schwebte ihm die Vereinigung der katholischen Großmächte vor. Ich bedauerte, dem geistreichen, aber in der Diplomatie unerfahrenen Manne die Schwierigkeiten auseinandersetzen zu müssen, die der Erfüllung seines frommen Wunsches entgegenstünden.

Ramleh ist ein stattlicher Ort, der zur Zeit 3000 Einwohner zählt. Neben dem lateinischen besteht daselbst auch ein griechisches Kloster. Die Hauptmoschee, eine ursprüngliche Kreuzfahrerkirche, wird als ein sehenswerthes romanisches Bauwerk geschildert, zu dem es aber schwer hält, den Zutritt zu erhalten. Das jetzige Ramleh wurde von den Mahomedanern gegründet, aber nach der Sage soll an dessen Stelle das alte Arimathea gestanden sein.

Als ich 1866 Ramleh im Frühlinge sah, ward ich angenehm überrascht durch den grünen Anblick des Landes und die sorgfältige Bodenkultur rings um das Städtchen. Die Fruchtbarkeit des Bodens wird durch den kräftigen Baumschlag bezeugt. Ein von mir gemessener Olivenbaumstamm hatte etwas oberhalb der Wurzel sieben Meter im Umfang. Am 17. März 1866 entfalteten die Wickenfelder ihre vollesten Blüthen, während die Gerste die ihrigen allbereits abgestreift hatte. Die Tabakpflanzungen schossen üppig empor und die unter den Kaktushecken gezogenen Melonen waren schon zu einer ansehnlichen Größe gediehen. Selbstverständlich sind die Orangen-, Limonen-, Feigen-, Bananen-, Granat- und andere Südobstbäume mit den dazwischen aufragenden Palmen auch in den Gärten bei Ramleh vorhanden. Ueberhaupt darf dieser Ort mit seiner Umgebung zu den freundlichsten Landschaftsbildern im heiligen Lande gezählt werden.

Ungefähr zehn Minuten vom Städtchen entfernt befinden sich zwei merkwürdige Ruinen, welche ich auch erst auf meiner zweiten Durchreise im Jahr 1866 besichtigen konnte. Die eine zeigt einen im Viereck umschlossenen Raum von 600 Schritten Länge und Breite, an dessen Nordseite ein Thurm sich erhebt, während im Süden Reihen ganz oder halb erhaltener Spitzbogen von einstigen Kreuzgängen zeugen. Das Merkwürdigste aber ist das, daß ganz gleiche Kreuzgänge unter der Erde, gleichsam als Doppelgänger der oberirdischen umlaufen. Ich konnte mich von dieser seltsamen Thatsache überzeugen, ohne die dreißig Stufen tiefe Treppe hinuntersteigen zu müssen, weil die Erdoberfläche über den Gewölben und diese selbst zahlreiche Risse enthielten, durch die man ganz gut in die zweischiffigen Grüfte hinabblicken mochte. Was den Ursprung und die Bestimmung dieser Bauanlage betrifft, so behaupteten die mich begleitenden Franziskaner, daß dieselbe ein Konvent der Johanniter gewesen sei. Möglich, daß die Gebäulichkeit während der Herrschaft der Kreuzritter zu diesem Zwecke gedient hat. Sepp aber hält den Bau für älter als die Kreuzzüge und will in demselben die von dem Kalifen Soliman 717 n. Chr. erbaute sog. weiße Moschee erkennen, worin die vierzig Gefährten Mahomeds beigesetzt wurden.

Die andere Ruine ist eine riesenhafte Cisterne, die mir die großen antiken Wasserbehälter zu Konstantinopel und die sog. piscina mirabilis bei Baja ins Gedächtniß zurückrief. Wir gelangten auf einer Treppe in den unterirdischen Raum.

Der Wasserbehälter ist durch zweistöckige Kreuzgewölbe in sechs Schiffe getheilt und mag einen Flächenraum von nahezu 10000 Quadratfußen einnehmen. Das Werk trägt den Namen „Helena-Cisterne," obwohl keine historischen Beweise für die Annahme vorliegen, daß die Mutter Konstantins die Gründerin gewesen sei. Man kann die Cisterne nur insofern als eine Ruine bezeichnen, als sie wegen Durchlöcherung des Gewölbes und dem Mangel an Zuflußkanälen ihren Zweck zur Zeit nicht mehr erfüllt. Sie könnte aber mit leichter Mühe wieder brauchbar gemacht werden. Daß es nicht geschieht, ist ein Beweis mehr unter hunderten von der Fahrlässigkeit der türkischen Verwaltung.

Unser Aufbruch von Ramleh am folgenden Tag erfolgte noch beim Mondschein um 4 Uhr des Morgens. Denn es galt, der Hitze so viel möglich zuvorzukommen und unter allen Umständen Jerusalem vor Sonnenuntergang zu erreichen. Als es Tag ward, deckte dichtes Gewölk den Horizont und senkte sich in schweren, zerrissenen Massen auf die Berge herab. Die ganze Atmosphäre hatte jene Beschaffenheit, wie sie bei uns als der sichere Vorläufer eines anhaltenden Landregens gilt. Diese Perspektive war eine schlimme für uns Reisende zu Pferd, da auf dem ganzen Wege bis Jerusalem nirgends ein Haus zur Anlehr sich findet. Besorgt frugen wir unsern Dragoman, ob es Regen geben werde? Er antwortete mit einem ruhigen, entschiedenen: Nein. Bald darauf fielen bereits einzelne starke Tropfen uns auf Hände und Gesicht. Wir frugen nochmals und erhielten die gleiche, verneinende Antwort. Der junge Mann war seiner Sache sicher. Er wußte, daß Regenwetter und der Sommer Palästina's sich gegenseitig unbedingt ausschließen. In der That, die Sonne hatte kaum eine gewisse Höhe am Horizont erreicht, so war auch die Wollendecke verschwunden und der Himmel wieder von einem Ende bis zum andern blau.

Die Entfernung von Ramleh bis zum Fuß des Gebirgs beträgt ungefähr vier gute Stunden. Zu zwei Drittheilen des

Weges liegt die Ebene flach, dann steigt das Terrain in sanften Wellenhügeln unvermerkt an. Weideland und Gerste bildeten wie gestern den landwirthschaftlichen Karakter der Gegend. Wurde man beim Anblick der großen Kameelheerden, welche in friedlicher Gemeinschaft mit Schafen und Rindern das dürre Haidegras abmähten, in die altteftamentliche Hirtenzeit verfetzt, so gewahrte man in den Gerftebezirken die Anfänge der Kultur. Man war hier eben mit der Ernte dieser Fruchtgattung beschäftigt. Theilweise lag dieselbe allbereits zum Dörren am Boden, theilweise fahen wir, wie fie mit Hülfe der halbzirkelförmigen Handfichel abgeschnitten ward. Das brachte etwas menschliches Leben in die vereinfamte Landschaft. Dagegen waren die schweigsamen arabischen Schnitter, welche uns fremde Wanderer feines Blickes noch Grußes würdigten, nicht dazu angethan, eine Vergleichung mit unfern heimatlichen Erntebildern wachzurufen.

Nach etwa zwei Stunden kamen wir bei dem Dorfe el Biryeh, später bei el Kubab vorbei, welch' letzteres mit feinen Olivenpflanzungen eine erfte kleine Erhöhung des Terrains bedeckte. Dann folgten drei höhere Hügel. Auf der Spitze des dritten erblickten wir Latrun, wo fich zur Römer- und Kreuzritterzeit Kastelle zum Schutze der Reifenden erhoben. Ein anderes zu unserer Rechten von ferne fichtbares Dorf wird von den Arabern Amwas oder Emmoas geheißen — ein Name, aus welchem man, in Verbindung mit den topographischen Angaben des Cufebius, die Annahme folgert, daß das Dorf die Stelle des altteftamentlichen Emmaus Nikopolis einnehme, nicht zu verwechseln mit dem Emmaus der Auferftehungsgeschichte.

Wenn ich die benannten Ortschaften als Dörfer bezeichnete, so stelle man fich darunter keine schweizerischen oder sonst europäisch civilifirte Ortschaften vor. Jene Ortschaften, den aegyptischen ähnlich, beftunden aus Gruppen von Stein- oder Lehmhütten, welche entweder die Geftalt eines Zuckerhuts zeigten oder auf viereckigem Unterbau kegelförmige Aufsätze tragen. In diesen Hütten wohnen Menschen und Vieh mit unsäglichem Ungeziefer beisammen. Die Dörfer und theilweise auch einzelne Wohnungen waren mit 10—12 Fuß hohen Kaktusumzäunungen umschlossen. Die Pflanzenart „Kaktus-opuntia" — auch ficus-indica, auf deutsch ostindische Feige benannt, — die man bei uns winzig klein in Töpfen zieht und während acht Monaten des Jahres in Treibhäuser verschließen muß, ist hier ein üppig wucherndes, den Bewohnern dieser Himmelsstriche wesentlich zum Zwecke der Sicherheit gegebenes Gesträuch. Ihr nach allen Richtungen in vielfach gebrochenen Linien sich ausbreitender und auszweigender Stamm, dessen Glieder aus blattähnlichen, fleischigen und mit stechenden Haarbüscheln versehenen Scheiben bestehen, bildet ein undurchdringliches Riesengeflecht, das kein Raubthier übersetzen, kein menschlicher Räuber durchbrechen kann. Mit Recht nennt daher Sepp diese Kaktusart den Drachen des Pflanzenreichs. Denn besser als Riegel und Mauern eignet sie sich, um Gärten und Hausflur vor Eindringlingen zu wahren. Ich habe solche Kaktusumzäunungen nicht nur im Orient, sondern auch in Algier und Sicilien überall gefunden. Nebenbei trägt die Pflanze eßbare Früchte und bietet, weil sie auf dem dürrsten, wasserlosesten Boden gedeiht, den Kameelen in der Wüste ein erfrischendes Labsal.

Nach etwa vier Stunden erreichten wir den Fuß des Gebirgs. Hier steht seit wenigen Jahren ein Kaffeehaus, das ein betriebsamer Araber zur Erfrischung der Pilger an den ersten vorspringenden Felsenkopf angebaut hat. Finan nannte es: „le cafe des mille colonnes." Wahrscheinlich hat ein durchreisender launiger Pariser es also getauft, dem die zwei Reihen Steinstübe auffielen, die das Laubdach der Vorlaube tragen. Das Kaffeehaus selber — ein primitiv einfacher Bau — ist aus rohen Steinwänden aufgeführt, mit darüber gelegten Baumstämmen als Dach, und hat zur Rückwand den Absturz des Felsenkopfes. Eine Grotte, die sich seitlich der Rückwand in den Felsenkopf einhöhlt, war vermittelst einiger, mit Matratzen ausgestatteter Bettgestellen zur kühlen Schlafkammer hergerichtet. In nächster Nähe gewährten vier hochstämmige Feigenbäume dem Auge einen wohlthuenden Ruhepunkt. Wir machten an dieser Stelle einen einstündigen Halt. Der blinde Kaffeewirth reichte uns in kleinen Tassen Kaffee. Außerdem waren daselbst Eier, Kuchen und etwas Limonade zu bekommen. Das so beschaffene, einfache Frühstück schmeckte nach dem vierstündigen Morgenritt vortrefflich, zumal uns die vorsorglichen Väter in Ramleh von ihrem kräftigen Chpertwein auf die Reise mitgegeben hatten. Interessant war es, das Treiben der arabischen Standgäste dieses cafe des mille colonnes zu beobachten. Einige lagen im Innern der Gebäulichkeit auf dem Boden hingestreckt, andere rauchten schweigend ihre Narguillets, wieder andere nahmen gerne und dankbar die Bedäycigarren an, die wir ihnen aus unserm Vorrathe darreichten.

Ein Blick auf die Karte lehrt, daß das ein längliches Viereck darstellende Land Palästina in seiner ganzen Länge von Nord nach Süd von zwei parallelen Bergketten durchzogen ist, zwischen welchen der Jordan in gleichfalls ununterbrochen nord-südlicher Richtung dahinfließt. Die wesentliche Eigenthümlichkeit des Landes besteht bekanntlich in der tiefen Senkung dieses Jordanthales, da schon der obere See Genezareth 625 Fuß, das todte Meer 1300 Fuß unter dem Wasserspiegel des Mittelmeeres liegt. Den westjordanischen Höhenzug unterbricht im Norden des Karmel das breite Querthal Jesreel, welches Galiläa von Samaria scheidet. Südlich dieses Querthales beginnt das so geheißene Gebirg Juda oder Ephraim, ein labyrinthisches Gebirgshochland, welches Fallmeräher, um ein auschauliches Bild davon zu geben, einem plötzlich zu Stein gewordenen Meersturme vergleicht. Vom Westen her ziemlich sanft bis zu einer Höhe von 2500 Fuß über das Mittelmeer und 3800 über das todte Meer aufsteigend, stürzt es im Osten steil und rasch zum Jordanthale ab. Auf dem Rücken dieses Gebirges

Juda war das Ziel unserer Reise „Jerusalem," in einer Höhe von 2494 Fuß über dem Mittelmeere gelegen. Das Bergsteigen begann, sobald wir uns wieder in den Sattel geschwungen hatten. Der in der Ebene und im Hügelgebiet ziemlich breit gewesene Weg gestaltete sich vom Kaffeehaus an zu einem engen, steinigen, manchmal durch Felsblöcke halbgesperrten Bergpfad, den jedoch unsere Araberpferde zwar umsichtig, aber sicher erklimmten. Anderseits wurden wir hier durch einen Anflug von Waldesgrün und Waldesschatten angenehm überrascht. Allerdings deckte den Bergabhang kein forstmäßig geschlossener Waldbestand; aber es waren doch bedeutende Bodenstrecken mit mannshohen Gesträuchen, meist Terebinthen, bekleidet; die Pistazien, Johannisbrod- und Feigenbäume bildeten häufige Gruppen und die im Steingerölle und zwischen nackten Kalksteinplatten wurzelnden Oelbäume erhoben sich zu mäßiger Höhe. Wir konnten hier während einiger Zeit im Schatten reiten und genoßen da und dort je nach den Windungen des Weges wundervolle Rückblicke auf das Tiefland und Meer. Nicht lange nach unserm Aufbruch vom Cafe des mille colonnes begegneten wir einer Gesellschaft englischer Herren und Damen. Selbstverständlich, daß wir uns gegenseitig freundlich begrüßten. Denn zu dieser Jahreszeit sind in diesem Lande fränkische Reisende und vollends fränkische Damen eine seltene Erscheinung.

Nach ungefähr dreistündiger Steigung hatten wir die Paßhöhe des ersten Bergzuges erreicht. Der Weg bog aus dem Waldgebüsch plötzlich nach links und führte uns in eine große Thalmulde hinab, auf deren südlichen Ueberhöhung ein aus gewaltigen Steinhäusern erstellter Flecken uns unheimlich entgegenstarrte. Es war Abugosch oder Kiriath-El-Enab — ein im Munde der christlichen Pilger doppelt verrufener Ort. Denn einmal wohnen daselbst lauter argwöhnische Mahomedaner und ferner rührt der Name Abugosch von einem Räuberhäuptling her, der einst in hier seinen Sitz aufgeschlagen hatte und noch im Anfang dieses Jahrhunderts der Schrecken der Umgegend war. Mit seinen Brüdern, Söhnen und Neffen fünfundachtzig männliche Familienglieder zählend, plünderte er die Reisenden aus, preßte den Pilgern schweren Tribut ab und nöthigte sogar einst einen tausend Mann starken türkischen Truppenkörper, beim Durchzug durch sein Gebiet die Waffen niederzulegen und auf Kameele zu packen. Erst Mehemed-Ali machte dem Unwesen ein Ende; aber zur Stunde noch herrschen die Nachfolger des Wegelagerers im Städtchen.

Unten an der Westseite der Thalmulde erhob sich, als stummer Zeuge einer bessern Zeit, die Ruine einer ansehnlichen christlichen Kirche. Daß sie von den Kreuzrittern herstamme, zeigte der Spitzbogen an den Fenstern, so wie am vermauerten Portal. Aber weder über den Gründer, noch über die Zeit der Erbauung ist irgend welche Kunde auf uns gekommen. Ebenso so wenig ist zu bestimmen, von wem ihr der Name „Jeremiaskirche" beigelegt wurde. Der Schweizer Tschudi ist der erste, der im Jahr 1519 des verlassenen Tempels gedenkt. Nach ihm (1547) wurde derselbe durch den Franzosen Belon beschrieben und gleichzeitig des dabei gestandenen Mönchklosters erwähnt, dessen noch zu Ende des siebenzehnten Jahrhunderts sichtbar gewesene Trümmer jetzt gänzlich verschwunden sind. Einsam trauert seit sechs Jahrhunderten der in seinen Ruinen noch ehrwürdige Dom über der einsamen Stätte, den Eingang dem Abendlande zugekehrt. An dieses Abendland, an die Nachkommen der geharnischten Männer, die ihn aufgerichtet haben, ergeht sein stummer Weheruf, ihn von seinem Falle zu erheben und seiner heiligen Bestimmung wiederzugeben. Dazu bedürfte es heut zu Tag nur einer diplomatischen Verwendung in Stambul und daß die Eifersucht der Großmächte für einen Augenblick im Interesse eines gottgefälligen Werkes in den Hintergrund träte.

Ein lichtes Wäldchen hochgewachsener Olivenbäume beschattete den Nordabhang der Thalmulde. Wir hatten uns an dieser Stelle, wo die Pferde etwelche Weide fanden, zum Ausruhen niedergestreckt. Allein unser Pferdevermiether, welcher, wie uns schien, ein Interesse hatte, recht bald in Jerusalem anzukommen, gönnte uns keine lange Rast. Nach kaum einer Viertelstunde hieß er uns aufsitzen und fortreiten. Sobald wir zum Olivenwäldchen herauskamen, öffnete sich uns der Ausblick nach Osten. Im Hintergrunde lag eine Bergkette, über welcher zwei rundliche Gipfel in etwas emporschwellten. Der eine — er wird mit dem Namen Joba bezeichnet — trug ein Gebäude, von dem man uns sagte, daß es das Schloß der Makkabäer gewesen sei. Der andere, Kustul geheißene, Gipfel, war mit einem altrömischen Kastelle gekrönt. Der Weg führte nun einige Zeit abwärts in eine breite Thalfläche hinunter, woselbst ich mit Ueberraschung einen Faden lebendigen Wassers quer über die Straße hinströmen sah. Es war das erste, das wir in Palästina gewahrten, von einer Quelle herrührend, welche unterhalb des Fleckens aufspringt und Jeremiasquelle geheißen wird. Diesem Wasser mag wohl die Fruchtbarkeit der mit zahlreichen Obstbäumen bewachsenen Thalfläche zugeschrieben werden. Ein mit Mauerwerk eingefaßter Weinberg zog sich an dem nördlichen Gebirgsabfall hin. Die Weinstöcke waren etwa 4—5 Fuß hoch beschnitten und an Stäbe gelehnt. Es kann keinem Zweifel unterliegen, daß hier, wie überhaupt in Palästina, wo die beiden Hauptfaktoren einer zuckerstoffhaltenden Traube — der Untergrund von Kalkstein und eine glühende Sonnenwärme — zusammentreffen, ein ausgezeichneter Wein erzeugt werden müsse.

In dieser Thalfläche ging es etwa eine halbe Stunde lang fort. Dann mußte ein zweiter Berg erstiegen werden. Auf der Paßhöhe angelangt, entfaltete sich vor unsern Blicken eine seltsame Gegend. Vor uns gähnte ein riesenhafter Gebirgstrichter, der sich in eine unabsehbare Tiefe hinabzusenken schien. Der Trichter war durch einen geschlossenen Kreis von Bergen gebildet, welche in beinahe gleichmäßigen Absätzen des Kalkfelsens terrassenartig anstiegen und sich oben zu breiten Kuppen und Rücken ausrundeten. Merkwürdiger noch als die Formation war die schauberhafte Entblößung der Gebirgsmasse von jeglicher Vegetation. So weit das Auge reichte, erblickten wir Nichts als kahles, bis auf den Grund abgenagtes Felsengerippe. Da und dort blinkten in der grauen Steinwüste weiße Punkte, d. h. Ortschaften, an welche man irgend welche biblische Erinnerungen angeknüpft hat. Unten im Bergtrichter lag Kolonieh. Dahin, in diesen Schlund hinab mußten wir reiten. Denn dort durch führt der einzige Weg nach Jerusalem. Aber welch' ein Weg! Er bestand theilweise aus Geröll, theilweise aus abschüssigen Steinplatten und war manchmal durch Felsenblöcke gesperrt, so daß kaum eine Fußbreite zum Durchgang offen blieb. Wir hatten hier Gelegenheit, die Tüchtigkeit der arabischen Pferde zu erproben. Ich ließ meinem Schimmel die Zügel frei, mich ganz seiner Erfahrung und Umsicht überlassend, und hatte keine Ursache, mein Vertrauen zu bereuen. Mit Interesse beobachtete ich, wie klug das Thier sich seinen Weg auswählte, wie es suchte und versuchte, wo es mit Sicherheit den Fuß auf- und absetzen konnte. Keinen einzigen Fehltritt hat es auf diesen gräßlichen Bergpfaden gethan und, so viel ich weiß, konnten meine Gefährten das gleiche von ihren Reitthieren rühmen.

Als wir uns Kolonieh näherten, ertönte plötzlich ein lauter und lustiger Gesang aus der Tiefe hinauf. Es klang das seltsam inmitten dieser ernsten Natur und war etwas so Gegensätzliches zu dem Wesen des Orients, daß wir einen Augenblick zweifelten, ob wir uns wirklich im alten Hebräerlande befänden. Denn der Gesang klang heimelig und allbekannt wie ein Chor deutscher Handwerker oder Studenten. Das Räthsel löste sich in origineller Weise, als wir vor dem zu unterst im Thalkessel befindlichen arabischen Kaffeehause anhielten. Eine Gesellschaft russischer Popen und Laien war daselbst unter einem Laubdache um einen Tisch herum in der gemüthlichsten Stimmung vereinigl. Sobald sie uns anrücken sahen, luden sie uns mit freundlichem Gruße zum Platznehmen ein und einer der Popen reichte meinem Freunde und mir je ein volles Champagnerglas dar. Sodann fuhren sie fort, mit reiner und klangvoller Stimme im Chore zu singen. Ihre Gesänge hatten griechischen Text, während die Melodien deutschen oder französischen Volksliedern entnommen waren. Nach einer Weile stunden alle Anwesenden auf und umarmten einen der Brüder, welcher bitterlich weinte. Sofort schwangen sie sich insgesammt aufs Pferd, der Weinende ritt abendwärts, die andern schlugen den Weg nach Jerusalem ein. Offenbar hatte hier eine Abschiedsscene stattgefunden. Die im russischen Hospiz zu Jerusalem angestellten Priester und Beamten hatten einen nach Europa rückreisenden Landsmann bis hieher geleitet. Das Vorkommniß, dem die umstehenden Araber ernst und neugierig zusahen, zeugte für die Gutmüthigkeit des altrussischen Nationalcharakters, wie sie von allen Reiseberichten aus Rußland übereinstimmend behauptet wird.

Im angenehmen Gegensatz zu der Kahlheit der einschließenden Berghalden zeigt der Thalkessel von Kolonieh eine üppige Vegetation, die er einer in der Nähe befindlichen Quelle verdankt. Der Name „Kolonieh," offenbar von dem lateinischen Colonia stammend, läßt der Vermuthung Raum, daß hier eine Ansiedlung römischer Veteranen bestanden habe. Für diese Annahme zeugen auch die bereits erwähnten, jetzt noch „Kastell" benannten Festungsruinen auf dem Gipfel eines anliegenden Bergs, so wie die Ueberreste römischen Mauerwerks, welches man unten im Thal hart an der Straße nach Jerusalem wahrnimmt. Wenn aber Sepp in Kolonieh das Kastellum Emmaus des Evangelisten Lukas erkennen will, wo der auferstandene Christus den zwei Jüngern am Osterabend sich offenbarte, so ist er von Herrn Tschotte, dem Vorsteher des österreichischen Pilgerhospizes zu Jerusalem, in seiner Schrift „das neutestamentliche Emmaus" gründlich widerlegt worden.

Von Kolonieh weg ging es einen steilen Hohlpfad zwischen glühend erhitzten Steinhalden aufwärts. Ich dachte mir, was es sein müsse, diesen Weg in dieser Jahreszeit zu Fuß zurückzulegen. Wahrlich! der Pilger, der das thäte, dürfte mit Recht von sich sagen, daß er auf dem Kreuzweg zur Kreuzigungsstätte des Erlösers emporgestiegen sei. Links von uns erblickten wir Lifta. Dieses Dorf liegt rittlings über der Rippe eines Bergvorsprungs und kaum vermag man die nackten Steinhäuser von der felsigen Umgebung zu unterscheiden. Wie es in den Bergen zu geschehen pflegt, glaubten wir mehrmals, dem Rande des Hochrückens, auf welchem Jerusalem liegt, nahe zu sein. Allein es war nur optische Täuschung. Hatten wir den anscheinenden Hochrücken erstiegen, so erhob sich vor unsern Augen eine neue Berghöhe. Es folgte eine dritte und vierte, und so ging es etwa britthalb Stunden lang fort, während unser Herz vor Ungeduld brannte, das heißersehnte, heilige Reiseziel zu erblicken. Endlich wehte ein frischer Hauch aus Osten uns an. Wir hatten das Hochplateau erreicht und der Dragoman ließ den Ruf: „Jerusalem" erschallen.

Wir waren beide von der langen Reise ermattet, auch wußte ich, daß die Stadt, die vor mir lag, nicht das alte Jerusalem sei. Nichts besto weniger würde ich der Wahrheit wohl nicht gemäß schreiben, wenn ich behaupten wollte: es hätte in jenem Augenblicke keine außergewöhnliche Erregtheit mich angewandelt. Christ und Katholik aus Ueberzeugung konnte ich die Stätte, wo der Weltheiland wirkte und litt, nicht mit kaltem Gemüthe betrachten. Es bemächtigte sich meiner eine tiefernste Stimmung, die mich während meines Aufenthaltes in Jerusalem nicht mehr verließ. Der Stempel tiefen Ernstes lag aber auch der ganzen vor uns ausgebreiteten Gegend aufgedrückt. Ernst starrten die vierzig Fuß hohen Steinwälle mit ihren Zinnen und Thürmen, hinter welchen die geheimnißvolle Stadt sich verbarg. Tiefer Ernst lag auf der wüsten Hochebene, auf der wir einherritten. Es ist schwer, den Anblick dieser Steinwüste wiederzugeben. Nach allen Seiten lagen kolossale Felsblöcke umher, alle von kreidenweißer Farbe, theilweise von Löchern durchbohrt oder sonst in phantastischer Weise durch die Auswaschungen der Jahrtausende zerklüftet. Die ganze Hochfläche hatte das Aussehen eines großen Todtenfeldes versteinerter Riesenknochen — wahrlich! ein merkwürdiger Zugang nach der Stadt, über deren vorausgesehenes tragisches Geschick der Gottmensch blutige Thränen geweint hat. Mich gemahnte diese Steinwüste in etwas an die Paßhöhe des Gotthard und der lau wehende Westwind trug dazu bei, diese Vergleichung zu vervollständigen. Nur muß man sich die Schneefelder und die jene Paßhöhe überragenden höheren Bergspitzen hinwegdenken.

Einige Minuten vor dem Stadtthor kamen wir an einem im europäischen Stil erbauten Häuserkomplex von sehr großen Dimensionen vorüber. Man bezeichnete uns denselben als das russische Hospiz, welches der Czar erst vor wenigen Jahren zur Beherbergung seiner nach Jerusalem pilgernden Unterthanen hatte aufführen lassen. Mir schien der monumentale Prachtbau mit der von mehreren Kuppeln überragten Kirche in der Mitte noch zu dem weitern Zwecke angelegt zu sein, dem ankommenden Abendländer in augenfälliger Weise zu zeigen, welche der europäischen Mächte und welche der christlichen Konfessionen das Uebergewicht im heiligen Lande besitzen.

Zum Jaffathor eintretend, kamen wir durch einige enge, schweigsame Gassen und hielten vor dem neuen Pilgerhause „Casa nuova" des lateinischen Franziskanerkonvents an. Wir fanden daselbst gastfreundliche Aufnahme. Ein älterer Franziskanerpater unterhielt uns in italienischer Sprache, bis das aus Fastenspeisen (es war Samstag) bestehende Mittagsmahl zubereitet war. Nach dem Essen wies man uns unser gemeinsames Schlafzimmer an. Es war ein mit ascetischer Einfachheit ausgestattetes Gemach von so geringem Flächeninhalt, daß es neben den zwei Betten, dem Tischchen und dem einsamen Strohstuhl, die darin sich befanden, kaum noch unser Reisegepäck hätte aufnehmen können. Nicht sowohl diese Unbequemlichkeit, die für einen Aufenthalt weniger Tage außer Betracht kam, als vielmehr seine etwas angegriffene Gesundheit und das Geheiß eines hiesigen deutschen Arztes bewogen meinen Reisegefährten, das Franziskanerkloster zu verlassen und im preußischen Hospize sich einzuquartieren. Er fand daselbst sorgsame Pflege, während mir der Vortheil erwuchs, mich in meiner Zelle etwas häuslich einrichten zu können.

Ich befand mich nun während anderthalb Stunden allein und hatte Muße, dem Strome meiner Gedanken und Gefühle mich hinzugeben. Denn das Pilgerhaus war zu dieser Stunde stille und menschenleer. Daß der Traum meiner frühesten Jugendjahre, die Sehnsucht, Jerusalem zu sehen — Jerusalem, die Stätte, an dessen heilige Geschichte die Erinnerungen unserer Kindheit sich knüpfen, das Centrum der Weltgeschichte, den Erdfleck, wo das menschenerlösende Opfer des Gottmenschen sich vollzog, — nun zur wirklichen Thatsache geworden sei, das kam mir im ersten Augenblicke selbst wie ein Traum vor. Jedoch die Thatsache stand fest, der Traum war zur Wirklichkeit geworden. Vor mir lag nichts als der innere Hof der Gebäulichkeit, auf welchen in orientalischer Bauweise sämmtliche Zimmerthüren, sowie auch sämmtliche, meist über den Thüren in Lunettenform angebrachten Fenster sich öffnen. Um den Hof war im Erdgeschoß eine Säulenhalle, im ersten Stock eine hölzerne Laube gezogen, welch letztere den Zugang zu den obern Gemächern ermöglichte. Außentreppen vermitteln die Verbindung von einem Stockwerk zum andern.

Um einen freien Ausblick zu gewinnen, stieg ich auf das Dach des Gebäudes, wo sich mir bei der hohen Lage der Casa nuova zum erstenmal eine Uebersicht Jerusalems darbot. Die schon zu Jaffa beobachtete, Palästina eigenthümliche Baumanier — die Anlage von weißgetünchten Kuppeln über der flachen Bedachung — sah ich hier in ausgedehnterem Maßstabe durchgeführt, so daß das Stadtbild sich zu einem schneeweißen Kuppelwalde gestaltete, aus welchem der große Dom der Grabeskirche wie eine tausendjährige Eiche mitten in einem jüngern Bestande majestätisch emporragte. Wahrlich! eine edle, originelle, der heiligen Stadt ziemende Physiognomie! Es schien, als bestünde sie als lauter Kirchen und Kapellen. Hätte die Abendsonne in ihrem vollen Glanze über dem Bilde geleuchtet, die Wirkung wäre zauberisch gewesen. Dem war aber nicht so; vielmehr war der Himmel heute Abend düster und die Temperatur so anormal, daß wir an unsern Vorstellungen und Erfahrungen vom Südklima irre zu werden anfingen. Graues Gewölk jagte am Horizont und ein heftiger Nordwestwind wehte über das Hochplateau, so eisig kalt, daß wir uns bei unserer Ankunft in Jerusalem heute den 11. Juni ordentlich lu unsere Mäntel einhüllen mußten. Diese Kälte, die um so empfindlicher war, als sie mit der Glühhitze, die wir in Jaffa erlebt hatten, scharf kontrastirte, hinderte mich, längere Zeit des interessanten Ausblickes zu genießen. Ich stieg von dem Dache der Casa nuova in meine Zelle hinunter, wo bald darauf mein Freund mich aufzusuchen kam, um mich in seine neue Herberge, die er mir zeigen wollte, zu geleiten.

Das preußische Hospiz wurde gleichzeitig mit dem protestantischen Bisthum durch den König von Preußen in einem eigens dafür angekauften und hergerichteten Hause vorzugsweise zur Aufnahme der deutschen Protestanten gegründet. Seit vierzehn Jahren und noch zu der damaligen Zeit (1864) leitete Herr Thiel die Oekonomie der Anstalt, wogegen ich denselben im Jahre 1866 als Besitzer eines Gasthauses wiederfand, das Hospiz aber in die Verwaltung der Herren Gürtman von den Johanniterbrüdern übergegangen war. Man findet in diesem Laienhaus allerdings bessere Wohnung und Kost als in den Klöstern. Doch ist auch hier die Ausstattung einfach und wird gleichwie in den Klöstern keine Zeche gemacht, sondern von den Gästen je nach eines Jeden Vermögensumständen beliebige Zahlung geleistet.

Wir verbrachten mit Herrn Thiel und seiner Gattin bei einer Tasse Thee eine gemüthliche Stunde, wobei wir manches Interessante über die hiesigen Zustände erfuhren. Dann, nach schon eingebrochener Nacht, bestiegen wir die Dachterrasse des Hauses, über welcher das Zimmer des Hrn. Ludwig nebst einigen andern erbaut war. Der kalte Wind hatte sich gelegt, der Sternenhimmel seine Wolkendecke abgestreift, der Mond warf sein bleiches Licht auf die stille, unerleuchtete Stadt; aber unsere Blicke waren diesmal nicht auf die Stadt, sondern darüber hinaus nach dem Oelberge gerichtet, welcher als östlicher Hintergrund das nächtliche Rundgemälde abschloß. Welche Gefühle uns anwandelten beim Anblicke des geheiligten Hügels, wo einst in einer ähnlichen Mondnacht der Herr seinen bittern Leidensgang anhob — das sich zu denken, will ich dem christlichen Leser überlassen.

3. Vier Tage in Jerusalem.

Erster Tag.
12. Juni.

Bei Tagesanbruch trat ich zu meiner Zelle auf die Laube heraus. Der Morgen war prächtig, der Himmel wolkenlos, die Luft balsamisch und lustig sangen Tausende von Vögeln ihr Sonntagsmorgenlied. Alles verkündete einen schönen, warmen, orientalischen Sommertag. Mein erster Gang richtete sich nach der Kapelle der Franziskaner, um daselbst einer hl. Messe beizuwohnen. Wie wunderte ich mich, als ich das Gotteshaus von arabischen Männern und Frauen angefüllt sah, deren Andacht während der hl. Handlung mich innig erbaute. Ich wußte noch nicht, daß Jerusalem auch eine eingeborne katholische Bevölkerung zähle. Mehrere Frauen, züchtig verschleiert und vom Kopf bis zu den Füßen schneeweiß gekleidet, hatten ihre unmündigen Kinder bei sich, was sie jedoch nicht hinderte, zu beichten und die hl. Kommunion zu empfangen. Nach beendetem Gottesdienste kehrte ich in die Casa nuova zurück, ließ mir durch den Küchenbruder Kaffee geben und traf dann wieder mit meinem Reisegefährten zusammen. Es galt jetzt, unsere Zeit rasch zu verwerthen, wenn wir anders während der uns anberaumten vier Tage die wichtigsten Punkte in und um Jerusalem uns ansehen wollten.

Unser erster Besuch war ursprünglich und selbstverständlich der hl. Grabeskirche zugedacht gewesen. Allein es war uns

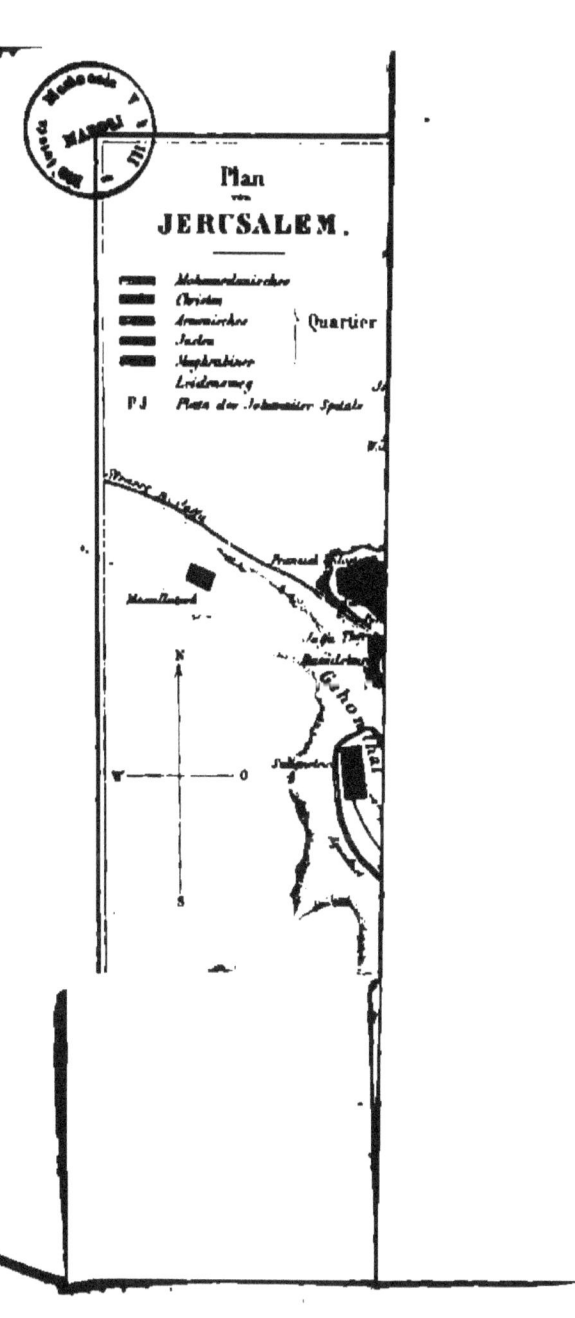

unmöglich, diese Priorität einzuhalten, weil die Grabeskirche nicht zu jeder Zeit zugänglich, sondern gewöhnlich verschlossen ist und der Schlüssel in den Händen des Pascha's sich befindet, von dem er für einen jeweiligen Besuch durch die Vermittlung einer ihm bekannten Persönlichkeit herausbegehrt werden muß. Hiefür hatten wir nicht vorgesorgt und waren somit genöthigt, unsere ersten Gänge in Jerusalem anders wohin zu lenken. Ehe ich aber mit der Erzählung dieser Tageswanderungen beginne, halte ich es zur Orientirung des Lesers für unumgänglich nothwendig, eine gedrängte topographische Beschreibung Jerusalems und seiner Umgebungen vorausgehen zu lassen.

Jerusalem, von den Arabern El-Kods, d. h. die Heilige benannt, ist, wie bereits gesagt worden, auf einem der höchsten Punkte des Gebirges Juda, 2494 Fuß über dem Mittelmeer gelegen. Es erhebt sich auf einer Gruppe von Hügeln, welche nach drei Seiten, nach Westen, Süden und Osten steil in gähnende, bei 300 Fuß tiefe Thalschluchten abfallen, im Norden dagegen in eine Hochebene verlaufen. Jene Thalschluchten tragen allbekannte biblische Namen. Die östliche ist das Kidron- oder Josaphatthal, an dessen Ostseite sich der Oelberg erhebt. Dasselbe senkt sich schroff von Norden nach Süden. Die andere, zuerst süd-, dann ostwärts abstürzende Schlucht, welche die Stadt im Westen und Süden umschlingt, wird dort das Gihon-, hier das Hinnom- oder Gehennathal geheißen. Wenn ein Fluß diese Thäler durchrauschte, so würde Jerusalem als eine auf steiler Höhe thronende Halbinsel erscheinen und wäre in dieser Beziehung mit Bern zu vergleichen. Beide Thäler treffen im Südosten an einer Stelle zusammen, wo noch ein drittes, das die Stadt mitten durchschneidende sogenannte El-Wab, oder Tyropäon ausmündet, von wannen alle drei als vereinigtes „Kidronthal" dem todten Meere sich zuwenden. Wie der Oelberg das Ostthal Josaphat jenseitig einrahmt, so der Berg des bösen Raths das Südthal Gehenna. Im Winkel zwischen beiden steigt der sogeheißene **Berg des Aergernisses** empor. Uebrigens sind diese Berge nach schweizerischem Maßstabe nur mäßige Hügel, indem ihre durchschnittliche Höhe nicht mehr als 600 Fuß über der Thalsohle mißt.

Wenden wir uns nun zu der Bodengestaltung im Innern der Stadt, so nimmt man von vornherein wahr, daß die Hügelgruppe, über welcher die letztere aufgebaut ist, in zwei Reihen oder Ketten, in eine westliche und östliche sich scheidet und daß zwischen beiden eine Thalzunge streicht. Diese Thalzunge ist das vorbenannte El-Wad, was auf deutsch die Thalgasse heißt. Sie läuft vom Damaskusthor im Norden zum Mistthor im Süden und von da weiter bis wo sie sich mit den beiden Außenthälern vereinigt. Beide Hügelreihen haben ihre höchsten Punkte im Norden. Während aber der Westkamm von Norden nach Süden bis zu seinem jähen Absturz ins Gehennathal nur wenig an Höhe verliert, stuft sich der östliche zu dreimalen ab und spitzt sich im Süden in eine langgestreckte niedrige Landzunge aus. Somit wird die Ostgruppe von der westlichen um ein bedeutendes überragt, zumal schon das nordwestliche Hochplateau höher als das nordöstliche liegt.

Durch Vergleichung dieser Bodengestaltung der jetzigen Stadt mit den Angaben des Flavius Josephus hat man von dem alten Jerusalem nachfolgendes topographisches Bild im Großen und Ganzen entworfen. Vor allem steht fest, daß die alte Stadt größtentheils an der Stelle der jetzigen lag, nur daß die erstere sich weiter nach Süden ausdehnte. In der westlichen Hügelreihe haben wir den biblischen **Zion**, im Mittelplateau der Ostkette den **Moria** oder **Tempelberg**, in dem Hügel nördlich des letztern den **Bezetha** *) und im südlichen Ausläufer der Ostgruppe den **Ophel** des Josephus und der hl. Schrift **) zu erkennen. Wenn ferner der jüdische Geschichts-

---
*) Siehe Josephus V. Buch, Kap. V., 8.
**) II. Chronik, Kap. 27, V. 3; und Kap. 33, V. 14. — II. Esras, Kap. 3, V. 26 und Kap. 11, V. 21.

ſchreiber ſagt, daß das Thal „Tyropäon" die beiden gegenüberliegenden Stadthügel ſchied, daß die Häuſer ſich beidſeitig
in daſſelbe hinabgeſenkt hätten, daß der eine, der Burghügel,
höher als der andere war, ſo trifft dieſe Schilderung mit der
Lage und Richtung des heutigen El-Wad ſo gut zuſammen,
daß die Identität dieſer Thalgaſſe mit dem alten Tyropäon
in die Augen ſpringt. Im Weſten läuft die, heutige Stadtmauer mit der Kante des ſchroff in das Gihonthal abſtürzenden
Zion zuſammen. Nicht ſo im Süden, wo das Hochplateau
noch eine halbe Viertelſtunde weit über die Mauer hinausreicht.
Da hinaus lag ein großer Theil des alten Jeruſalem, indem
daſſelbe ſich ſüdlich der heutigen Südmauer bis an den Rand
des Thales Gehenna erſtreckte. Den Zion krönte bekanntlich
die Burg, welche, ſchon durch die Jebuſiter erſtellt, nach der
Eroberung durch David die Davidsburg hieß, und worin
bis zur Erbauung des Tempels die Bundeslade aufbewahrt
wurde. Die aus rieſigen Quadern gefügten Grundmauern
der jetzigen Citadelle mögen wohl die Ueberreſte der Davidsburg ſein, wiewohl das Einige wegen des Umſtandes bezweifeln,
weil die Citadelle nicht auf dem Gipfelpunkt des Zions gelegen,
vielmehr von der das Franziskanerkloſter tragenden Kuppe im
Norden überhöht iſt. Man weiß, daß Salomo die Burg zu
einem prachtvollen Palaſte aus Cedernholz erweiterte. Später
erhob ſich auf der Stelle der Palaſt der Makkabäer, dem Herodes Agrippa II. einen Anbau beifügte. Zwiſchen dieſem
agrippiniſchen Anbau und der Südweſtecke des Tempels lag
der Xyſtus, ein mit Säulenhallen umgebener Platz, der zur
Abhaltung von Volksverſammlungen diente. Derſelbe war
durch eine über das Tyropäon geſpannte Brücke mit dem
Tempel verbunden. Südlich an den Makkabäerpalaſt anſtoßend
ſtund ein neueres Königsſchloß, das, von dem Stifter der hero-
diſchen Dynaſtie nach den Muſterwerken der griechiſchen Architektur aufgeführt, alle andern Bauten Jeruſalems, ſelbſt den
Tempel, an Schönheit und Pracht überſtrahlte.

Fassen wir jetzt auch die Osthügelgruppe näher ins Auge. Hier tritt uns von vornherein eine frappante Erscheinung entgegen. Wir sehen den mittlern Hügel zu einer immensen, in Form eines länglichten Rechteckes angelegten Plattform künstlich verebnet, welche ringsum von hohen Mauern umschlossen ist, deren Ostseite zugleich die Stadtmauer bildet. Ein erster Blick auf diese 466 Meter lange und 282 Meter breite Terrasse,*) — sie wird von den Arabern der Haram-ech-Cherif geheißen — läßt den Eindruck zurück, daß daselbst etwas Großes gewesen sein müsse. Wir wissen aus II. Chron. III., daß Salomo den Tempel auf dem Berge Moria aufführen ließ, und aus Flavius Josephus (Jüd. Krieg V. Buch, Kap. V. 1), daß der Berg, theils durch Salomo, theils später geebnet worden ist. Nun ist es aber über allen Zweifel erhaben, daß jener geebnete Moria, mit andern Worten, die von Salomo dem Berge zum Bau des Tempels und der anliegenden Hallen abgewonnene Area mit dem jetzigen Haram-ech-Cherif eines und dasselbe sei. Nicht nur sprechen die constanten Traditionen der Juden, Christen und Mahomedaner einstimmig dafür, es gibt auch stumme Zeugen über und unter der Erde, welche den Beweis der Identität zur völligen Gewißheit erbringen. So findet man unter dem Haram jene unterirdischen Gänge, Cisternen und lebendigen Quellen, deren der Geschichtsschreiber Tacitus erwähnt;**) und es sind an vielen Stellen die untern Lagen der Umfassungsmauer aus Quadern von solcher Größe und eigenthümlicher Beschaffenheit aufgeführt, daß man wohl berechtigt ist, in denselben die Ueberbleibsel der ursprünglichen Umwallung des Tempelplatzes zu erkennen. Das gleiche gilt

---

*) Nach dem Itinéraire de l'Orient par Joanne et Isambert pag. 790.
**) Templum in modum arcis, propriique muri, labore et opere ante alios; ipsae porticus, quis templum ambiebatur, egregium propugnaculum. Fons perennis aquae, cavati sub terra montes; et piscinae cisternaeque servandis imbribus. Tac. Libri historiarum V., 12.

von den erst in neuester Zeit zugänglich gewordenen Stützungsgewölben im Südosten des Platzes. Alles Dinge, auf die
wir später ausführlicher zurückkommen werden.*)

An der Nordwestecke des Platzes, den jetzt zwei der schönsten Moscheen des Orients zieren, erhob sich im Alterthum die
von den Asmonäern erbaute Beste Antonia. Aus einem
Komplex von Thürmen bestehend, bildete sie gleichsam die Akropolis des Tempels, der von hier aus von der römischen Besatzung überwacht wurde. (Joseph. Jüd. Krieg V. Buch Kap. V. 8.)

Die Tempelterrasse, beziehungsweise der Berg Moria,
tritt nach Osten schroff und hoch über das Thal Josaphat vor,
wogegen er im Westen nur wenig höher als das Tyropäon
liegt. Nördlich des Tempelplatzes wird von Josephus der
Hügel Bezetha verlegt.**) Dieser Hügel, der in der Jetztzeit
einen Theil des Mahomedanerquartiers trägt, ist nicht zu verkennen. Er überragt den Moria und von drei Seiten, vom
Süden, Osten und Westen, steigen die Gassen ziemlich steil an
demselben hinauf, bis er nach Norden in die Hochebene ausläuft. Weniger als der Bezetha ist der Ophel im Süden
des Moria ersichtlich. Es ist ein schmaler, langgezogener, wenig erhabener Grath, der sich außerhalb der jetzigen Stadtmauer
keilförmig in die Tiefe hinabstreckt, wo die Thäler Gehenna
und Josaphat zusammentreffen. Man würde diesen Ausläufer

---

*) Der frühere preußische Konsul für Palästina, Dr. Georg Rosen,
hat in seiner Schrift: „Das Haram von Jerusalem und der Tempelplatz des Moria, eine Untersuchung über die Identität beider Stätten, mit einer Terrainkarte ꝛc., Gotha 1866," diese Identität über-
zeugend nachgewiesen. Zwar hält er nur die ursprüngliche Anlage
der beiden aus der Haramarea hervorragenden Terrassen, d. h. der
Plattform des Felsendoms und der durch die Sachra angedeuteten,
nicht mehr vorhandenen höhern, für salomonisch. Aber er ist überzeugt, daß der Tempelplatz zur Zeit des Herodes bereits den vollen
Umfang des jetzigen Haram eingenommen, und daß der Tempel
auf dem nördlichen Theile dieses Platzes gelegen habe.

**) Jüd. Krieg V. Buch Kap. V. 8.

des Moria kaum als besondern Berg unterschieden haben, wenn in demselben nicht der Ophel der Schrift erkannt werden wollte.*)

Nach Flavius Josephus zerfiel die Stadt zu Christi Zeit in vier Theile: die **Akropolis** oder **Oberstadt**, auch **Burg David** genannt, die **Unterstadt** oder **Akra der Syrer**, das **Tempelviereck** und die **Neustadt Bezetha**. Die Lage des ersten, dritten und vierten dieser Quartiere haben wir im Vorhergehenden bezeichnet. Bezüglich derselben sind die Angaben des jüdischen Geschichtschreibers klar, so daß hierüber keine erheblichen Meinungsdifferenzen unter den Gelehrten obwalten. Dagegen ist die Akra bis zur Stunde ein archäologisches Räthsel geblieben. Josephus nennt Akra den Hügel, der die Unterstadt trug, und sagt von demselben, daß er von dem andern viel **höhern Hügel** durch das **Thal Tyropäon** geschieden gewesen sei. Nimmt man nun das jetzige El-Wad für das Tyropäon an, so finden wir, jenes Thal überschreitend, links den Bezetha, rechts den Ophel und in der Mitte den Moria oder die Tempelterrasse. Es liegt nahe, die Akra an den Ophel zu verlegen und es haben zwei deutsche Gelehrte, **Unruh** und **Olshausen**, diese Meinung adoptirt. Andere aber wollten aus einer andern, wie wir glauben, mißverstandenen Stelle des Josephus entnehmen, daß die Akra sich nördlich des Zion und westlich des Tempels erstreckt haben müsse, was den im Südosten gelegenen Ophel unbedingt ausschlöße. Offenbar ist es jene Stelle des Josephus — wir werden sie weiter unten anführen, — welche die Akrafrage zu einem Knoten unlösbarer Schwierigkeiten geschürt hat. Denn der Augenschein lehrt, daß jenb. h. ostseits des Tyropäons in der eben angedeuteten Lage kein Raum erübrigt für ein drittes Quartier neben dem Bezetha und dem Tempelbezirk, welche beide Josephus als besondere Stadttheile unterscheidet. Diesen Knoten zu zerhauen, nahm der

---

*) S. die Anführung der betreffenden Bibelstellen auf S. 270 dieses Werkes.

amerikanische Professor Robinson ein anderes oberes Tyropäon als das gewöhnliche an. Er läßt dasselbe statt beim Damaskusthor im Norden, beim Jaffathor im Westen beginnen, von da in der Linie der jetzigen Davidsstraße westostwärts abfallen und an der südwestlichen Ecke des Tempelplatzes in den El-Wad einmünden. Demgemäß wäre der Akrahügel nichts anders als die Nordhöhe des Zion gewesen und die Unterstadt hätte sich über jene Gegend seines östlichen Abhanges, wo jetzt die Grabeskirche steht, hinuntergezogen. Daß die Hypothese ihre Spitze gegen die Aechtheit der heil. Orte in der Grabeskirche richtet, mag wohl der Grund sein, weßhalb sie in gewissen Kreisen zahlreiche Anhänger gefunden hat. Die Hypothese ist aber schlechtweg unhaltbar aus nachfolgenden zwei entscheidenden Gründen.

Erstens ist das Nordplateau des Zion höher als das südlich gelegene. Da nun Robinson seine Akra nach Norden verlegt, so würde sein Akrahügel den Burghügel an Höhe übertreffen, in direktem Gegensatz zu der Angabe des Josephus, welcher ganz bestimmt sagt, daß der Burghügel bedeutend höher als der Akrahügel gewesen sei.

Zweitens fehlt dem System des amerikanischen Professors die Grundlage, nämlich das Thal. Der Zion bildet nicht zwei, sondern nur Einen Hügel mit zwei Stufen oder Plateaux, die sich von Norden nach Süden abdachen. Das südliche, tiefer gelegene, ist jenes, wo das Jaffathor und die Citadelle sich erheben. Es kann daselbst wohl von einer Böschung, nicht aber von einem Thale die Rede sein. Auch weiter abwärts nach Osten habe ich auf der ganzen Linie des angeblichen, von Robinson gezogenen obern Thyropäons nirgends eine Einsenkung wahrnehmen können, während die vom Damaskusthor ausgehende Thalgasse Jedermann bei der ersten Begehung auffält.

Was nun jenen andern Passus des Josephus betrifft, aus welchem hervorgehen soll, daß die Akra nördlich des Zion und westlich des Tempels gelegen habe, so glauben wir, daß derselbe sich gar nicht auf den benannten Stadttheil beziehe. Josephus sagt nämlich, indem er die Tempelthore beschreibt, daß das letzte derselben, das nördlichste, in die „andere Stadt" (εις αλλην πολιν) vermittelst in das Thal absteigender und jenseits wieder aufsteigender Treppen geführt habe. Jene „andere Stadt" soll nun nach der Meinung der meisten Ausleger die Akra gewesen sein. Wir sehen den Grund dieser Deutung nicht ein und glauben vielmehr, daß der jüdische Geschichtschreiber unter dem Ausdruck „die andere Stadt" lediglich die außer dem Tempelbezirk gelegenen Stadttheile im Gegensatz zu jenem verstanden haben dürfte.

Fällt aber die erwähnte Stelle außer Betracht, so würde der Ophel als Träger der Akra allen hierauf bezüglichen Angaben des Josephus entsprechen. Der Ophel steht dem Zion gerade gegenüber, er ist bedeutend niedriger als dieser und von demselben durch einen augenfälligen Einschnitt geschieden, welcher allseitig als das untere Tyropäon anerkannt wird. Man darf nicht vergessen, daß die Gegend des Ophel zur ursprünglichen, von der ersten Mauer umschlossenen Davidsstadt gehörte, und daß möglicherweise Josephus in der Stelle, wo er Jerusalem in zwei Theile, die Ober- und Unterstadt, ausschied, unter der Benennung „die Stadt" nur jene ursprüngliche Davidsstadt verstanden wissen wollte. Es ist das sogar wahrscheinlich, weil er anderwärts noch zwei andere Quartiere, nämlich den Tempelbezirk und Bezetha unterscheidet. Wenn endlich der jüdische Geschichtschreiber beifügt, daß die Asmonäer den Gipfel der Akra abgetragen hätten, damit der Tempel den letztern überrage, so ist diese Angabe gerade beim Ophel und nur beim Ophel zutreffend, als dem einzigen Hügel, welcher niedriger als der Tempelberg ist.

Wir bitten unsere Leser um Entschuldigung, daß wir sie in den Irrgängen dieser unerquicklichen Polemik herumgeführt haben, wohl wissend, daß dieselbe nur solche interessiren kann, welche selbst in Jerusalem waren oder sich die Archäologie der heiligen Stadt zum Gegenstand eines besondern Studiums gemacht haben. Wir konnten jedoch bei der Darlegung der dürftigen Notizen, die uns über die Gestalt des alten Jerusalem überliefert worden sind, die Ultrafrage nicht übergehen und wollen nun, jene Notizen ergänzend, auch noch die Frage der alten Stadtmauern einer kurzen Besprechung unterwerfen.

Zur Zeit als der Erlöser lebte, war die Stadt durch zweifache Mauern befestigt. Eine dritte wurde von Herodes Agrippa neun Jahre nach Christi Tod erbaut. Die älteste bildete die Umwallung der Altstadt, die zweite und dritte umschlossen die nördlichen Vorstädte. Die erste Mauer nahm ihren Anfang am Davidsthurm, zog sich im Westen und Süden am Rande des Gihon-Gehennathals hin und endete, das Tyropöon überschreitend, an der Südostecke des Tempels. Ihre Nordseite lief in gerader westöstlicher Richtung, die jetzige Davidsstraße entlang, von der Davidsburg zur westlichen Tempelmauer. Merkwürdigerweise ist man über den Lauf gerade dieser ältesten Mauer im Wesentlichen einig, während die Meinungen hinsichtlich der zweiten und dritten Mauer weit auseinander klaffen.

Ueber die zweite Mauer, welche von den Königen Hippias und Manasse 728—644 v. Chr. erbaut wurde, sagt Josephus: „sie begann bei dem Thore, welches man Gennath nannte, und das noch zur ersten Mauer gehörte, und erstreckte sich, die nördliche Gegend umkreisend, bis zur Antonia." Aus dieser Stelle und im Hinblick auf die Lage der Antonia im Nordosten der Stadt kann so viel entnommen werden, daß die zweite Mauer an die erste sich anschloß, vorerst nordwärts sich hinzog, und sodann, irgendwo nach Osten umbiegend, bis zur Antonia fortlief. Dabei bleibt ungewiß, an welcher Stelle der langen Nord-Altmauer jenes Gennaththor gestanden sei. Ebensowenig kann aus den Worten des Josephus festgestellt werden, wie weit die zweite Mauer nach Norden auslief, wie und wo sie ostwärts zur Antonia hingebogen habe.

Was vorerst die erste der angedeuteten Fragen betrifft,

so muß die Unterscheidung betont werden, welche Josephus bezüglich des Ausgangspunktes der drei verschiedenen Ringmauern macht. Während er als den der zweiten Mauer das Gennathtthor nennt, läßt er die erste und dritte am Hippikus beginnen. Mit dem römischen Namen **Hippikus** hat Herodes Agrippa den Hauptthurm der alten Davidsburg belegt. Da nun dieser in seinem Unterbau noch erhaltene Thurm am Rande des Gihonthales, somit am westlichen Endpunkte der alten Nordmauer stund, so ist die Lage des Gennathhores jedenfalls östlich jenes Thurmes zu suchen. Ferner darf aus der Unwahrscheinlichkeit, daß alle drei Mauern beinahe vom gleichen Punkte ihren Anfang genommen hätten, auf eine erhebliche Entfernung vom Hippikus zum Gennathhor geschlossen werden. Demgemäß wird das letztere von Williams, Schulz, Krafft, Mislin, Sepp, Bovet u. a. m. in die Mitte der alten Nordmauer, ungefähr in die Gegend des heutigen Bazar verlegt, im Gegensatz zu Robinson und Tobler, welche das Thor dicht an den Hippikus stellen. Es ist diese Frage in Bezug auf den Streit wegen der Aechtheit des heil. Grabes von Wichtigkeit, weil es lediglich auf die Art ihrer Lösung ankommt, um die heutige Grabeskirche innerhalb oder außerhalb der alten Stadt fallen zu lassen. Wir werden deßhalb auf die Frage zurückkommen.

Hinsichtlich des Laufes der Mauer lag es den Vertretern der letztern Anschauung nahe, denselben bis östlich des Damaskusthores mit der jetzigen Stadtmauer zu identificiren. Hinwieder mußten die Anhänger der erstern Ansicht zu dem Ergebniß gelangen, die Mauer in der Linie der heutigen Damaskusstraße zu ziehen. Wie weit aber die Mauer diese südnördliche Richtung verfolgt, wo und wie sie zu der östlich gelegenen Antonia umgebogen habe, darüber herrschen unter den Forschern verschiedene Meinungen, die wir hierorts nicht anführen wollen.

Der Bau der dritten Mauer wurde, wie bereits erwähnt, durch Herodes Agrippa im Jahre 42 n. Chr., also neun Jahre nach Christi Tod begonnen, um die im Norden der

Stadt allmälig entstandenen Vorstädte zu decken. Das Werk gerieth jedoch aus Furcht vor der Einsprache des Kaisers Claudius sehr bald in Stocken, bis im Jahr 64 n. Chr. der jüngere Agrippa dasselbe wieder aufnahm, aber nicht zur Vollendung brachte. Aus der ziemlich ausführlichen Beschreibung des Josephus ergibt sich, daß diese dritte Mauer in einem großen, vom Hippikus zur Cedronschlucht weit über die heutige Umwallung ausgreifenden Halbbogen sämmtliche nördliche Vorstädte einschloß. Sie war 25 Ellen hoch, 10 Ellen dick und durch 90 koloffale Thürme verstärkt.

Wir kehren nach dieser nothwendigen Abschweifung zu unserer Tageschronik zurück. Als ein unsern beidseitigen Wohnungen nächstgelegenes Objekt der Besichtigung wurde uns das armenische Kloster auf dem Zion bezeichnet. Wir lenkten unsere Schritte dorthin, warfen aber im Vorbeigehen einen Blick auf die Citadelle. Diese Citadelle zeigt in ihrem jetzigen Zustande ein Trapez von 500 Fuß Länge auf 340 durchschnittliche Breite, dessen Hauptmasse aus fünf festen Thürmen besteht. Ringsherum zieht sich ein hauptiefer, wasserloser Graben mit einer Mauer als Contrescarpe, welche nach der Stadtseite mit einer Brüstung versehen ist. Der Oberbau der platten Thürme stammt aus neuerer, wahrscheinlich sarazenischer Zeit. Dagegen weiset der aus gewaltigen Quadern mit Fugenränderung erstellte Unterbau, namentlich des nordöstlichen Thurms, entschieden auf hebräischen Ursprung zurück. Wenn man nun in Betracht zieht, was Josephus berichtet, „daß der König Herodes die drei Hauptthürme der alten (vor ihm bestandenen) Burg, nach Freund, Bruder und Gattin, Hippikus, Phasael und Marianne benannt habe, daß ferner die Römer diese Thürme stehen ließen, um der Nachwelt zu zeigen, wie fest die Stadt gewesen sei, die ihrer Tapferkeit unterlag," so kann man nicht umhin, in jenem nordöstlichen Thurme den Hippikus und in den fünf Thürmen die Ueberreste der Davidsburg zu erkennen. Das ist auch wirklich die allgemeine Meinung. Die Burg führt seit den Kreuzzügen den Namen Davidsburg und die Straße, an der sie steht, wird die Davidsstraße geheißen. Wir hatten somit einen Bau vor uns, der seit drei Jahrtausenden dasteht und wohl dazu angethan ist, noch fernern Jahrtausenden zu trotzen. Denn er ist, wie das hadrianische Grabmal in Rom, vollständig massiv. Dagegen findet sich keine Spur von dem Palaste mehr vor, den der erste Herodes an die alte Burg angebaut hatte.

Südlich der Davidsburg zwischen dieser und dem Zionsthore lag nun das armenische Kloster, von welchem das ganze, größtentheils von Armeniern bewohnte Stadtviertel seinen Namen hat. Wir wurden daselbst höflichst bewillkommt und durch einen Dollmetscher in den Räumen herumgeführt. Das Kloster, gleichsam eine kleine Stadt für sich bildend, besteht aus einem umfangreichen Gemenge von Häusern, Höfen und Gärten, welche alle eine gemeinsame Ringmauer umschließt. Außer den Zellen für das mehr als hundert Mann starke Mönchpersonal sind in demselben die Wohnungen des Patriarchen und mehrerer Bischöfe, das Priesterseminar, ein Spital, und ein altes Archiv nebst genügenden Räumen zur Unterkunft für mehr als 2000 Pilger enthalten. Auch wurde uns ein in neuester Zeit errichteter Schulsaal gezeigt, welcher als ein besonderer Kuppelbau gleich einem immensen Pavillon sich inmitten eines geräumigen Hofes erhob.

Sämmtliche Räume, die wir durchwanderten, waren musterhaft reinlich und zierlich gehalten. Die weitläufigen Baum- und Gemüsegärten des Klosters dehnen sich der westlichen Stadtmauer entlang wahrscheinlich über das gleiche Terrain aus, auf welchem vor zwei Jahrtausenden die Lusthaine des Herodes angelegt waren. Die Klosterkirche soll auf dem Platze erbaut sein, wo der Apostel Jakobus enthauptet wurde und wird auf Grund dieser Tradition die Jakobskirche geheißen. Sie hat eine Vorhalle, die mit schlechten Freslogemälden verziert ist. Das Innere ist dreischiffig und von einer Kuppel

überragt, von welcher an einem reich verzierten Baude ein
großer Leuchter herunterhängt. Die Decke des Hauptschiffes
ist nach Art der Moscheen mit Lampen, gläsernen Kugeln und
Straußeneiern behangen. Kostbare Teppiche bedecken den Boden,
Kanzel und Thüren sind mit Perlmutter und Schildkroten-
schalen ausgelegt. Abgesehen von diesen orientalischen Zier-
rathen hat das Gotteshaus so ziemlich das Aussehen unserer
abendländisch-katholischen Kirchen, weil der Hauptaltar nicht
wie bei den Griechen durch eine Wand abgeschlossen ist. Auch
dämmert in den, das Licht nur von oben durch die Kuppel
empfangenden Räumen jenes mystische Halbdunkel, welches als
wesentliches Moment unserer romanischen und gothischen Kirchen
mit dazu beiträgt, eine andachtsvolle Stimmung hervorzurufen.

Von dem armenischen Männer- oder St. Jakobskloster
wurden wir nach dem der gleichen Religionspartei angehörigen
Frauenkloster geleitet. Es liegt im Südosten des Quartiers
und soll die Stelle einnehmen, wo das Haus des Hohenpriesters
Annas gestanden sei. Man nennt dasselbe gewöhnlich das
Oelbaumkloster, weil gemäß einer alten Sage Christus
in hier an einen Oelbaum gebunden ward, bis er zum Verhör des Hohenpriesters vortreten mußte. In der kleinen, aber
niedlichen Kirche wird eine Seitenkapelle als das Gefängniß
des Heilands verehrt.

Noch befindet sich im Nordosten des armenischen Stadttheils ein Konvent von syrischen Nonnen, deren Kirche ich
während meines zweiten Aufenthalts in Jerusalem besichtiget
habe. Man zeigt darin ein angeblich von dem Evangelisten
Lukas gemaltes Bild der hl. Jungfrau, demjenigen Madonna-
bild ähnlich, das in Rom, als von der nämlichen Hand gefertigt, aufbewahrt wird. Selber kann die Aechtheit dieser
Autorschaft weder hier noch dort durch historische Anhaltspunkte
beglaubigt werden. Nur so viel ist gewiß, daß die Sage,
kraft welcher der Evangelist Lukas ein Maler gewesen sein
soll, weit hinauf in das christliche Alterthum reicht.

Jedermann weiß, daß seit Jahren eine zur Wiedervereinigung mit der katholischen Kirche treibende Bewegung unter den Armeniern herrscht. Ueberall im Orient und in den Hafenplätzen Italiens finden wir armenisch-schismatische und armenisch-unirte Kirchen nebeneinander bestehen. Auch in Jerusalem hat sich vor Kurzem eine unirte Gemeinde dieses Ritus gebildet, und wie gerade die Spitzen der getrennten armenischen Kirche sympathetisch zu den abendländischen Katholiken sich hingezogen fühlen, darüber konnte ich auf meiner zweiten Reise eine denkwürdige Wahrnehmung machen. Es war am 20. März 1866, als ich in Begleitung der österreichischen Pilgergesellschaft zum zweitenmal die Kirche des hl. Jakobus besuchte. Eben wurde daselbst armenischer Nachmittagsgottesdienst gehalten. Die Männer stunden mit abgezogenen Schuhen unten in der Kirche, die Weiber hatten ihren Platz auf einer vergitterten Gallerie, welche über der Eingangsseite angebracht war. Der harmonische Gesang und die andächtige Haltung des Volkes machte auf uns einen günstigen Eindruck. Auch wir müssen, wie es scheint, auf die Armenier einen guten Eindruck hervorgebracht haben. Denn kaum waren wir zur Kirche wieder herausgetreten, als man an uns in höflichster Weise die Anfrage stellte, ob wir geneigt wären, ihrem Patriarchen einen Besuch abzustatten. Wir antworteten bejahend und wurden in einen großen Saal eingeführt, an dessen einen Schmalseite ein Divan angelehnt war. Leider war der Patriarch nicht zu Hause. Aber an seiner Statt erschien einer der Bischöfe, ein schöner, in einem violetten Talar gekleideter Mann, der uns mit der größten Herzlichkeit bewillkommte. Nachdem er der hiesigen Sitte gemäß Kaffee, Konfekt und Liqueurs hatte auftragen lassen, führte er mit uns zuerst in italienischer Sprache, dann durch einen geläufig französischsprechenden Dollmetscher ein bedeutungsvolles Gespräch, dessen Grundton darin bestund, wie sehr es ihn freue, abendländische Pilger in Jerusalem zu sehen. Er betonte, daß durch diese Pilgerschaften

eine erbauliche Wirkung auf die hiesigen Christen und Nicht-
christen ausgeübt würde und bat uns, wir möchten andere er-
mahnen, unserm Beispiele nachzufolgen. Dann wies er auf
die höhere Einheit hin, die uns in der Liebe zu Jesus Christus
verbände. Es lag eine ungeheuchelte Demuth in dem Wesen
des Mannes, dessen edle Gesichtszüge Geist und Offenheit
kund gaben.

Doch ich kehre zu unserm Gange von 1864 zurück. Nach
dem Hause des Annas mußte selbstverständlich auch das Haus
des Kaiphas besichtiget werden. Der Standort des letztern
wird von der Legende außerhalb der Stadtmauer in die Nähe
des Zionthores verlegt und ist durch die gleichfalls armenische
Kirche San Salvador bezeichnet. Man zeigte uns auch hier
wieder in einer unterirdischen Kapelle das Gefängniß des
Herrn. Ebenso wollte man die Stelle wissen, wo Petrus
seinen Meister verläugnet hat. Im Uebrigen gleicht die Kirche
nach Bauart und innerer Ausschmückung derjenigen des hl.
Jakobus und ist, weil außerhalb der Stadt- und Kloster-
mauern gelegen, zum Schutze gegen die Beschädigungen fanatischer Mahomebaner durch eine besondere Mauer umfriedet.

Auf dem Wege von Annas zu Kaiphas waren wir bei den
Hütten der Aussätzigen vorbeigekommen. Dieselben liegen,
sechszehn an der Zahl, innerhalb und nahe der Stadtmauer,
einige Schritte östlich vom Zionthore und bestehen, ähnlich den
Wohnungen der Fellah's in Alexandrien, aus vier nackten
Steinwänden mit Eingangsöffnungen gegen Mittag oder die
Stadtmauer. Ihre Höhe beträgt 6—8 Fuß, ihre Länge und
Breite nicht viel darüber. In diesen elenden Häuschen finden
nun, so weit der Raum es gestattet, die Aussätzigen ohne Unter-
schied des Geschlechts und der Religion ein dürftiges Obdach.
Sie bilden einen kleinen Staat für sich, stehen unter einem
Scheikh und einer Scheikhin und heirathen untereinander. Die
aus diesen Ehen entsprossenen Kinder pflegen gesund zu sein,
bis sie das Alter der Mannbarkeit erreichen, dann aber werden

sie schonungslos von der gräßlichen Krankheit ergriffen. Uebrigens ward ich damals und an diesem Ort keiner Aussätzigen ansichtig; wohl aber sah ich später diese Jammergestalten sehr häufig in der Gegend des Stephansthores, wo sie den ganzen Tag über an einer Straßenecke saßen und ihre abgedorrten, durchlöcherten Hände den Vorübergehenden nach Almosen ausstreckten. Blickt man den Unglücklichen in das scheußlich verunstaltete Gesicht, so wird man von Ekel und innigem Mitleid gleich sehr ergriffen. Wie begreiflich, daß die Allmacht und Liebe des Herrn gerade an diesen Elendesten der Elenden auf ganz besondere Weise sich verherrlichet hat. Uebrigens ist zu bemerken, daß unter dem Namen „Jesus-Hilf" die christliche Barmherzigkeit in neuester Zeit in der Nähe Jerusalems ein Spital für Aussätzige errichtet hat.

Durch das Zionthor ins Freie hinausstretend erblickten wir etwa zehn Minuten weiter nach Süden eine Gruppe von Gebäulichkeiten, aus deren Mitte ein Minaret aufstrebte. Dorthin verfügten wir uns, indem wir den Schritten unseres, aus dem armenischen Kloster mitgenommenen Dragomans folgten. Wir wußten damals noch nicht, daß gerade die uns in Sicht liegende Moschee zwei der denkwürdigsten Erinnerungsstätten einschlöße, nämlich: das Grab des Königs David und den Saal des hl. Abendmahls. Die jetzige Moschee ist aber nichts anderes als jene Abendmahlskirche, welche die Franziskaner im Anfange des vierzehnten Jahrhunderts auf den Trümmern einer früher bestandenen, gleichbenannten Kirche aufgebaut haben. Das den Christen unzugängliche Erdgeschoß des zweistöckigen Gebäudes ist in zwei gewölbte Räume getrennt. Der eine wird der Saal der Fußwaschung geheißen, der andere birgt einen von dem Juden Montefiore im Jahre 1839 beschriebenen Marmorsarkophag, den die Mahomedaner als das Grabmonument Davids verehren. Das Werk stammt aber kaum aus althebräischer Zeit, dagegen soll von jenem Gemach eine Treppe in eine noch tiefere Gruft hinabführen und da unten iu einer Felsenkatalombe des Berges Zion mögen wohl die Gebeine des großen Judenkönigs beigesetzt sein.

Auch der obere (erste) Stock des Gebäudes ist in zwei Räume gesondert, wovon der östliche, weil über dem Grabmale Davids sich erhebend, so wenig als das letztere selbst von den Christen betreten werden darf. Der westliche Raum ist das Coenaculum, d. h. der Abendmahlssaal. Wir gelangten dahin auf einer aus dem Hofe hinaufführenden Außentreppe von siebenzehn Stufen und erblickten einen zweischiffigen Saal, dessen spitzbogiges Kreuzgewölbe von zwei freistehenden Granitsäulen in der Mitte und je zwei Wandsäulen an den Schmalseiten getragen war. An der östlichen Mauer befand sich ein steinerner Baldachin, unter welchem die Treppe zum Grabe Davids hinabführt. Das Mihrab ist durch eine Mauerblende im Süden bezeichnet. Sonst war der Saal vollständig leer. Wir maßen denselben und fanden dreiundzwanzig Schritte in der Länge zu zwölf in der Breite.

Nicht ohne tiefere Erregung betrachtete ich den geheiligten Raum. Allerdings ist der Saal baulich nicht mehr der gleiche, wie er zu den Zeiten Christi bestand. Denn schon der gothische Stil des Gewölbes deutet auf mittelalterlichen Ursprung und zudem wissen wir aus der Geschichte, daß die frühere Abendmahlskirche 1244 durch die Charesmier zerstört worden ist. Das jetzige Coenaculum ist, wie bereits gesagt worden, ein Werk der Franziskaner aus dem vierzehnten Jahrhundert. Daß aber dasselbe die Stelle des Hauses einnehme, in welchem das letzte Abendmahl stattfand und der hl. Geist auf die Jünger herabstieg, ist eine alte Tradition, die sich wenigstens in Bezug auf das zweite der vorbenannten evangelischen Ereignisse bis auf die Urzeit des Christenthums hinaufführen und an der Geschichte des hiesigen, nun zur Moschee umgewandelten Heiligthums nachweisen läßt. Wir werden diese Behauptung mit Nächstem zu begründen suchen, wollen aber vorangehend noch die auf die andern Sanktuarien des Berges Zion bezüglichen Sagen einer kurzen Beleuchtung unterziehen.

Viele unserer Leser mögen ungläubig den Kopf geschüttelt haben bei der Mittheilung, daß man jetzt noch die Stelle der Häuser zu kennen vermeine, wo die berüchtigten Hohenpriester Annas und Kaiphas zu Gericht über den Welterlöser saßen. Dennoch schweben auch diese Meinungen nicht in der Luft, sondern gründen sich auf uralte Tradition, welche durch Zeugnisse alter Schriftsteller bewahrheitet wird. So viel steht fest, daß die Häuser der beiden Hohenpriester auf dem Berge Zion gelegen waren. Dasjenige des Annas wird von Josephus in seiner Beschreibung des jüdischen Krieges neben die Davidsburg versetzt, an welche das armenische Frauenkloster heute noch angrenzt. Von dem Hause des Kaiphas berichtet der Pilger von Bordeaux, dessen Reisebeschreibung vom Jahr 333 unserer Zeitrechnung datirt, daß dasselbe außerhalb der Stadtmauer an einem Orte gestanden sei, wohin man gelange, wenn man vom Siloah her den Zion ersteige. Diese Ortsangabe stimmt mit der von der Tradition bestimmten Stelle des Kaiphashauses oder der jetzigen Salvatorkirche überein. Denn das Dorf Siloah liegt südöstlich von dieser am Fuße des Zionhügels.

Was das Grabmal Davids betrifft, so sagt die hl. Schrift, (III. Kön. 2, 10): „Er legte sich zu seinen Vätern und man begrub ihn in der Stadt Davids," — unter welch' letzterm Ausdruck nach dem biblischen Sprachgebrauch die Oberstadt auf dem Zion verstanden ist. Das gleiche wird von Salomo und mehreren seiner Nachfolger durch die Bücher der Könige gemeldet. Der Ort, wo jenes königliche Erbbegräbniß nach altjüdischer Art in den Felsen des Berges Zion ausgehöhlt war, mußte bis zu den Zeiten des Josephus in Jerusalem allgemein bekannt gewesen sein. Denn Nehemias fand dasselbe beim Neubau der Stadt wieder vor, (II. Esdras, III, 16 u. f.) und sehr bezeichnend und bestimmt äußert sich der Apostel Petrus in seiner Pfingstrede wie folgt: (Ap. II, 29.)

„Männer, Brüder! es sei mir erlaubt mit Freimüthigkeit vom Patriarchen David zu euch zu reden. Er ist gestorben und begraben und **sein Grab ist bis zu dem heutigen Tag bei uns.**" Ferner berichtet Josephus, daß der Makkabäer Hirkan dreitausend Talente, Herodes Schmuck und Kostbarkeiten aus der Grabkammer der Könige entnommen haben. — Dagegen scheint es, daß nach den Tagen Konstantins der Faden der Tradition über das Davids-Grab verloren gegangen ist, da man dasselbe, wie Hieronymus und der Pilger von Bordeaux bezeugen, eine Zeit lang in Bethlehem suchte. Raymund von Agile ist der erste, welcher 1099 in seiner Hist. Hier. 174 die Gräber Davids und Salomons wieder unter den Sanktuarien der Zionskirche aufführt. Wesentlich wurde aber die jetzige Meinung durch ein Ereigniß gefördert, welches uns Benjamin von Tudela nachstehend erzählt: Um die Mitte des zwölften Jahrhunderts war eine Mauer der Zionskirche eingestürzt. Als nun beim Neubau einige Werkleute den Schlußstein von der Höhle wegnehmen wollten, erblickten sie einen prächtigen, mit Gold und Silber ausgelegten Sarkophag, der auf Marmorsäulen gestützt war. Vor demselben stund ein Tisch mit goldener Krone und Szepter. Zur Linken befand sich ein anderes Grab und weiterhin glaubten sie die Särge der übrigen Könige zu sehen. Da blies der Wind das Licht aus, sie meinten Stimmen zu hören und eilten hinaus. Sofort setzten sie den Patriarchen von dem Vorfall in Kenntniß, woraufhin der Befehl ertheilt wurde, die Oeffnung sogleich wieder zu verschließen.*)

Was nun das Coenaculum anbelangt, so hat uns der Kirchenlehrer Epiphanius eine merkwürdige, aber bis jetzt wenig beachtete Stelle hinterlassen.**) Sie lautet wörtlich wie folgt: „Kaiser Hadrian (welcher 46 Jahre nach Jerusalems

---

*) Sepp, Jerusalem, Bd. I. S. 406 u. flg.
**) „De pondere et mensura." Cap. 14 u. folg.

Zerstörung dahin kam) fand die Stadt dem Erdboden gleich, den Tempel verwüstet und zertreten, mit Ausnahme weniger Gebäude und der kleinen christlichen Kirche, welche am Orte bestund, wohin die Jünger nach der Himmelfahrt des Heilandes vom Oelberge aus sich zurückzogen, in das Coenaculum hinaufsteigend. Sie erhob sich an dem Theile Zions, welche die Stadt überragt, nebst einigen Nachbarbauten und den sieben Synagogen, die auf demselben Hügel, wie Zellhütten aufrecht stunden, indem eine darunter bis auf die Zeiten des Bischofs Maximonas und Kaisers Konstantin, wie eine Laube im Weinberge, übrig geblieben schien."

Epiphanius war im Anfang des vierten Jahrhunderts in Palästina von jüdischen Eltern geboren, brachte seine Jugend in Aegypten zu, trat daselbst zum Christenthum über, lebte später als Einsiedler in seiner Heimath, ward Bischof von Konstantia in Cypern und starb 90 Jahre alt auf einer Rückreise von Konstantinopel auf offener See. Von seinen Zeitgenossen seines heiligen Wandels und seiner ausgebreiteten Kenntnisse wegen hochgeehrt, gehört Epiphanius zu den namhaften Kirchenvätern. Seine Schriften zeichnen sich besonders durch Sammelfleiß aus und haben das schätzbare Verdienst, daß in ihnen eine Menge von Nachrichten zusammengestellt sind, von denen wir ohne sie gar keine Kenntniß erhalten hätten.

Nach den Aufzeichnungen dieses Gewährsmannes bestund also zu Hadrians Zeiten im Anfange des zweiten Jahrhunderts eine christliche Kirche an dem Orte, welcher durch die Ausgießung des hl. Geistes eine besondere Weihe empfangen hatte. Aus der Apostelgeschichte II, 1. geht nämlich hervor, daß die Ausgießung des hl. Geistes am gleichen Orte stattfand, wohin sich die Jünger nach der Himmelfahrt zurückgezogen hatten. Dagegen bleibt es nach der Apostelgeschichte zweifelhaft, ob jener Ort der Abendmahlssaal gewesen sei. Allerdings besagt die von Epiphanius reproducirte Stelle der Apostelgesch. I, 13, es seien die Jünger nach der Himmelfahrt des Herrn in das Coenaculum hinaufgestiegen. Allein abgesehen davon, daß der Ausdruck Coenaculum nur in der lateinischen Uebersetzung der Vulgata enthalten ist, während der griechische Urtext sich des Wortes ὑπερῷον (Obersaal) bedient, so bedeutet das lateinische Coenaculum überhaupt Speisesaal und es liegt in der heil. Schrift kein Anhaltspunkt zu der Annahme vor, daß hier gerade der Speisesaal gemeint sei, in welchem das hl. Abendmahl eingesetzt wurde.*) Was die Bezeichnung der Lage der Kirche durch Epiphanius anbelangt, als an dem Theile Zions sich erhebend, welcher die Stadt überragt, so trifft diese Bezeichnung in Bezug auf das heutige Coenaculum zu.

Von dieser Zeit an kann die Geschichte der von Epiphanius erwähnten Kirche durch alle Jahrhunderte verfolgt werden. Cyrillus (Catech. 16, 4) gedenkt ihrer zweimal unter dem Namen der obern Kirche, „in welche der hl. Geist in Gestalt feuriger Zungen auf die Gläubigen herabkam." Hieronymus meldet, daß die hl. Paula die Basilika auf Zion besuchte und man ihr daselbst die Stelle vorwies, „wo der hl. Geist sich über hundertzwanzig Gläubige herabgelassen hatte." Arkulf liefert I., 13 um 670 Plan und Beschreibung derselben und wird ihrer unter dem Namen *Ayia Σιων*, von Willibald 728, von Bernard dem Weisen 865 Erwähnung gethan. Säwulf, zu dessen Zeit (1102—1103) sie unter den ersten Kreuzrittern restaurirt ward, nennt sie Ecclesia Spiritus sancti.

Mit der Kirche stund damals ein Augustinerstift in Verbindung. Saladin ließ die Gebäulichkeiten bestehen, trieb je-

---

*) Wahrscheinlich lag bei den alten Juden der Speisesaal gewöhnlich auf der Dachterrasse des Hauses. Das ist der Grund, warum die Vulgata das Wort ὑπερῷον mit Coenaculum übersetzt. Der Sinn der angeführten, etwas unklaren Stelle des Epiphanius ist nach unserer Ansicht der: es bestund eine kleine christliche Kirche am Platz des Hauses, in dessen Speisesaal die Jünger sich nach der Himmelfahrt begeben hatten.

doch die Christen aus denselben hinaus und sein Bruder Malek el-Abel ermangelte nicht, den **Abendmahlssaal** durch ein wüstes Gelage zu entweihen. Gründlich wurden die Heiligthümer erst im Jahre 1244 durch die Charesmier zerstört. Mittlerweile hatten die Franziskaner, kraft päpstlicher Bulle vom 29. Januar 1230, im hl. Lande sich festgesetzt und ihrerstes Hospiz zu Jerusalem an der via dolorosa errichtet. Da kaufte der König Robert von Sicilien nebst seiner Gemahlin Sancia von dem aegyptischen Sultan das Coenaculum ab. Er baute Zellen daran, welche sofort von den Franziskanern bezogen wurden. Ferner ward 1335 zwischen dem Papst Clemens VI. und dem Sultan von Aegypten eine Uebereinkunft geschlossen, kraft welcher das von dem sicilischen Herrscherpaar erworbene Coenaculum auf ewige Zeiten den Franziskanern überlassen bleiben sollte. 1333 nahmen dieselben den Neubau der Kirche und des Klosters in Angriff. Johannes von Marignola schreibt darüber im Jahre 1350: „An der Stelle, wo **Christus das letzte Abendmahl einsetzte und den Jüngern die Füße wusch**, steht jetzt ein Franziskanerkloster mit der Aussicht auf das todte Meer."

Zweihnndert Jahre lang blieben die Väter im Besitze des Klosters und der Kirche auf Zion, bis es den Santons oder Derwischmönchen gelang, den Sultan Soliman II. zu überzeugen, daß das Grab Davids durch die Nähe der „Christenhunde" entheiliget werde. 1561 ließ derselbe trotz des feierlichen Kaufvertrags die Franziskaner aus ihren klösterlichen Hallen hinauswerfen. Der Orden bezog nun das Kloster und die Kirche des hl. Johannes, wo er sich jetzt noch befindet. Immerhin aber führt der jeweilige Präsident des hl. Landes den Titel „Guardian vom Berge Zion," um die Erinnerung an den rechtmäßigen Besitz des Ordens wach zu erhalten. Ihrerseits wandelten die Mahomedaner die Kirche des hl. Abendmahls zur Moschee um und hundert Jahre später nahmen fünfzig Santons mit ihren Weibern von den Klosterräumen Besitz. In neuerer Zeit hatte Ibrahim-Pascha die hiesigen Gebäulichkeiten zu seiner Residenz erkoren und zur Stunde haust darin ein arabischer Scheikh.

Aus dieser geschichtlichen Skizze des Heiligthums auf Zion, die wir dem mehrerwähnten Werke Sepps „Jerusalem und das hl. Land" entnommen haben,*) erhellt, daß die Annahme, gemäß welcher das heutige Coenaculum am Orte der Ausgießung des hl. Geistes sich erhebe, durch eine nachweisbar bis in die Urzeit des Christenthums hinaufreichende Ueberlieferung beglaubiget ist. Dagegen scheint uns die Identität des Orts mit dem Abendmahlssaal weniger erwiesen zu sein, weil die von Sepp angeführten Stellen aus den der Kreuzritterzeit vorangehenden Berichterstattern über die Zionskirche den Abendmahlssaal noch unerwähnt lassen. Auch konnten wir aus der Darstellung Sepps nicht mit Sicherheit entnehmen, von welcher Zeit an das Heiligthum auf Zion die Kirche zum hl. Abendmahl benannt worden ist. Indessen ist es wahrscheinlich, daß auch die auf den Abendmahlssaal bezügliche Tradition aus dem christlichen Alterthum herstamme. Sei dem wie ihm wolle, wir stunden jedenfalls auf hochheiligem Boden. Es muß in dieser Angelegenheit schließlich noch die innere Wahrscheinlichkeit, die dem Zeugniß des Epiphanius zu Grunde liegt, ins Auge gefaßt werden. Die ersten Christen zu Jerusalem, deren es nach der ersten Predigt des Petrus schon dreitausende gab, mußten einen Raum zu ihren gottesdienstlichen Versammlungen haben. Es liegt nun nahe zu folgern, daß der gleiche Saal, in welchem die ersten Versammlungen der Apostel und Gläubigen stattfanden, auch später und bis zu der Zerstörung Jerusalems als eigentliche Urkirche der Christen zu jenem Zwecke gedient habe. Diese Urkirche und ihre Lage konnte bei den Tausenden von Christen, welche sich während der Belagerung von Jerusalem nach Pella geflüchtet hatten,

---

*) Bd. I. S. 409 u. ff.

nicht in Vergessenheit gerathen. Bekannt ist, daß sie nicht lange in Pella verweilten, sondern bald wieder nach Jerusalem zurückkehrten und daselbst unter den Trümmern sich niederließen. Hier fanden sie die Ruinen ihres Gotteshauses leicht wieder vor und war es die natürlichste Sache von der Welt, daß sie dasselbe neuerdings zu ihrem Gottesdienste herrichteten.

Mit dem Coenaculum hatten wir unsere Umschau auf Zion vollendet. Man führte uns nun ostwärts den Hügel hinunter, hart die südliche Stadtmauer entlang. Da es gerade Mittag war, hatten wir Gelegenheit, auf dem schattenlosen Fußpfade einen der höhern Wärmegrade des hiesigen Klima an unsern Leibern zu messen. Schade, daß uns kein Thermometer zu Gebote stund, das Quecksilber wäre an dieser Gluthsonne hoch in die Vierzige gestiegen. Aber so viel ist gewiß, daß uns die auf diesem Gange empfundene Hitze zeitlebens in der Erinnerung bleiben wird.

Wir traten durch ein kleines Thor — die Araber nennen es das Mogrebiner-, die Christen das Mistthor — welches ich jeweilen nur an den Sonntagen geöffnet fand, wieder in die Stadt ein. Unser Heimweg führte zunächst durch das untere Tyropäon. Rechts lag in mäßiger Erhebung die Tempelterrasse, links stieg der Zion in schroffer Abdachung auf, an welcher die Häuser des Mogrebinerquartiers aufgebaut waren. Die Thalsohle bedeckte ein dichter Kaktuswald mit einzelnen Palmen. Dann drangen wir wieder in das Häuserlabyrinth ein, passirten die kühlen Räume des Bazar und trennten uns für einige Zeit, indem ein Jeder sich in seine besondere Herberge verfügte. Als ich ungefähr um halb ein Uhr in der Casa nuova ankam, wurde gerade die gemeinsame Pilgermahlzeit aufgetragen. Ich setzte mich an den mir offen belassenen Platz. Das Essen bestund aus Hammelfleisch und Backwerk und war nach Art der Klosterküchen schlecht zubereitet. Aber die christliche Freundlichkeit des aufwartenden Bruders und das interessante Tischgespräch würzten das Mahl. Meine

Tischgenossen waren nämlich zwei Franzosen, ein Italiener, ein polnischer Arzt und ein polnischer Priester, alle fünf gläubige katholische Männer, welche die vorige Nacht in der Grabeskirche zugebracht hatten. Mit dem letztbenannten kam ich überein, am heutigen Nachmittag die via dolorosa zu begehen, zu welchem Behuf der belgische Franziskanerbruder El-Livio, der speziell mit der Geleitschaft der Pilger betraut ist, zur bestimmten Stunde uns abholen sollte.

Via dolorosa, auch via crucis und via sancta nennt man den Weg, den der Herr ging, als er nach dem Verhör vor Pilatus zur Kreuzigung geführt wurde. Der Frater El-Livio, in dem ich einen gebildeten und mit der Archäologie Jerusalems wohl vertrauten Mann kennen lernte, kam wirklich um die anberaumte Zeit und führte uns geraden Wegs an die Stelle der Antonia. Wir haben oben gesagt, daß die Antonia eine Burg war, von welcher aus die Römer den Tempel überwachten. Die Tradition nimmt an, daß in derselben die römischen Prätoren über Syrien gewohnt haben, wenn sie von Cäsarea, ihrer gewöhnlichen Residenz, nach Jerusalem kamen, um während der Osterzeit Gericht abzuhalten. Hier war es also, wo Pilatus, zögernd und von einem innern Schauer ergriffen, den von ihm selbst als unschuldig erklärten Christus den wüthenden Juden zur Kreuzigung überließ. Jetzt steht daselbst das Haus des türkischen Platzkommandanten, welches Haus Serai benannt wird, nebst einer türkischen Kaserne. Die Grabeskirche, resp. Golgatha liegt etwa eine Viertelstunde westlich davon. Demgemäß geht die Hauptrichtung der via dolorosa von Morgen gegen Abend mit einer einzigen Abbiegung gegen Mittag. Ihrer ganzen Ausdehnung nach durch die Gassen der heutigen Stadt sich bewegend, fällt sie auf ihrem ersten Drittheil zum El-Wad oder Thyropäon ab, macht hier als Thalweg die erwähnte kurze Abbiegung nach links oder Süden, und steigt hernach, die ursprüngliche Richtung wieder aufnehmend, ziemlich steil zur Grabeskirche auf.

Vierzehn Stationen erinnern an die denkwürdigsten Vorkommnisse, welche bei dem Todesgang des Erlösers sich zutrugen. Die erste Station ist das römische Prätorium selber, in der Pilgersprache auch Haus des Pilatus genannt. Ein großes, in die Nordmauer des Serai gemauertes Kreuz mit zur Hälfte abgebrochenem Querstück bezeichnet die Stelle, wo die jetzt in Rom befindliche hl. Treppe zu den Hallen des Gerichtssaales aufstieg. Ihr gegenüber auf der andern Seite der Gasse liegt als zweite Station die Kapelle der Geiselung. Diese niedliche Kapelle gehörte bis 1838 den Türken, in welchem Jahre der Herzog Maximilian von Baiern dieselbe käuflich erwarb und den Franziskanern als Eigenthum abtrat. Sie enthält fünf Altäre, von denen vier aus weißem Marmor durch die neapolitanische Signora Carmela Sinopoli erstellt worden sind. Etwa fünfzig Schritte weiter westlich wölbt sich über die Gasse ein steinerner Bogen, welcher unter dem Namen Ecce-Homo-Bogen die dritte Station repräsentirt. Derselbe soll nämlich zu der Säulenhalle gehört haben, unter welcher Pilatus den gegeißelten Heiland mit den Worten: „Sehet welch' ein Mensch!" dem Volke zur Schau ausstellen ließ — eine Annahme, die vielleicht nicht so ganz aus der Luft gegriffen sein dürfte. Denn der Bogen verräth in seinem untern Theile römischen Ursprung. Auch wurde jüngst in dem anstoßenden Kloster der Schwestern von Zion ein kleinerer, unzweifelhaft altrömischer Bogen aufgedeckt, welcher an den Ecce-Homo-Bogen seitlich sich anschließt. Würde man auf der andern Seite einen gleichen entsprechenden ausgraben, so wäre der Beweis hergestellt, daß der Ecce-Homo-Bogen eine altrömische Thorhalle gewesen sei.

Die drei vorbenannten Stationen sind noch in der von Ost nach West laufenden Gasse Tariksitti-Miriam gelegen. Da wo dieselbe in das Tyropäon mündet, liegen nahe beim österreichischen Pilgerhospiz zwei geröthete Säulenstümpfe am Boden als Merkzeichen der vierten Station oder des Orts, wo der Heiland zum erstenmal unter der Bürde des Kreuzes zusammenfiel. Weiter unten im Tyropäon finden sich die **fünfte** und **sechste** Station, an die Begegnung der Mutter des Herrn und die Uebernahme des Kreuzes durch Simon von Cyrene erinnernd. Nachdem der Leidensweg sich neuerdings wieder nach westwärts gebogen, gelangen wir zur Stelle, wo nach der Sage die heil. Veronika dem göttlichen Dulder die Schweißtropfen abwischte und einen Abdruck des Gesichtes in dem Schweißtuch erhielt. Es bildet das die **siebente** Station, die durch eine quer über dem Boden liegende Säule gekennzeichnet ist. An der **achten** soll das Haus des irreuden Juden gestanden sein. Die **neunte** Station bezeichnet den Ort der Gerichtspforte (Porta judiciaria), welchen Namen das hier in die zweite Mauer gebrochene Stadtthor getragen hat. Durch dasselbe trat also der Heiland auf seinem Gange nach Golgatha zur Stadt hinaus. Während aber von jener alten Stadtmauer nichts mehr zu sehen ist, erhebt sich an dieser Stelle eine neue Mauer, welche Saladin zu dem Zwecke errichten ließ, um die Fortsetzung der Leidensstraße abzusperren. Seit dieser Zeit ist die **zehnte** Station, wo Christus zu den wehklagenden Weibern Jerusalems die Worte sprach: „Weinet nicht über mich, sondern über Euch und Euere Kinder," den Pilgern unzugänglich geworden, und es müssen diese einen andern Weg zur Grabeskirche einschlagen.

Diesen nach der ältesten Tradition ächten Leidens- und Todesweg des Gottmenschen beging ich also am Abend des 12. Brachmonats 1864 mit meinen obgedachten Begleitern. Es war ein ernster Gang und ein schwerwiegender Moment in meinem bereits an die Schwelle des Greisenalters vorgerückten Leben: denn mich beschlich das Gefühl der Unwürdigkeit und schien mir bei dem Gedanken, ich gehe da, wo der Herr das Kreuz auch für mich getragen, der Boden unter den Füßen zu brennen. Wir hielten bei jeder Station an und beteten Jeder für sich, bald knieend, bald stehend, ein stilles Gebet. Keiner

der vorübergehenden Türken oder Araber spottete unser. Sind
ja doch die Mahomedaner selber gewöhnt, vor allem Volke,
am Bord der Schiffe und auf offenem Markte in den Städten
zu beten. In das Innere der die vier letzten Stationen einschließenden Grabeskirche konnte uns El-Livio heute Abend nicht
hineinführen, weil er den hiezu erforderlichen Erlaubnißschein
des Pascha nicht bei der Hand hatte.

Schließlich wollen wir unsern Lesern die Bemerkung nicht
vorenthalten, daß Tobler und Sepp diese beschriebene Schmer-
zensgasse nicht für die ächte erklären. Der Letztere hält mit
Bestimmtheit die Annahme fest: nicht die Antonia, sondern der
Herodespalast sei die Residenz der Prätoren gewesen. Da nun
der Herodespalast südwestlich, die Antonia aber nordöstlich von
Golgatha lag, so ergibt sich, wenn man den erstern als Ausgangspunkt annimmt, nothwendigerweise eine andere via dolorosa als jene, die wir so eben begangen hatten. Sepp beruft
sich für seine Meinung auf gewisse, nach unserm Dafürhalten
keineswegs maßgebende Stellen des Josephus und Philo. Merkwürdig ist, daß die ersten Kreuzritter den Standpunkt des Prä-
toriums neben dem Thurme Davids erkannten, wogegen man
in den spätern Zeiten des fränkischen Königreichs auf die Antonia zurückkam.*)

Zweiter Tag.

13. Juni 1864.

Der heutige Vormittag war zu einem Umrüt in der Umgebung Jerusalems unter der gefälligen Geleitschaft des Herrn Thiel
bestimmt und in erster Linie hatten wir die Besteigung des Oelbergs in Aussicht genommen. Wir ritten in früher Morgenstunde
quer durch die schweigsame Stadt, kamen an dem österreichischen
Pilgerhause vorbei, warfen einen Blick auf den am Weg lie-

---

*) Sepp, Jerusalem, Bd. I. S. 156 u. flg.

genden **Bethesdateich** und traten durch das **Stephansthor** ins Freie, d. h. auf einen mahomedanischen Friedhof hinaus, der sich hart an die östliche Stadtmauer anlehnt. Von hier führte uns ein rauher Steinpfad in das Thal des **Kidron** hinunter. Das Bett des so geheißenen Baches lag vollständig trocken. Auch im Frühjahre 1866 fand ich es nicht anders vor. Was der Bach Kidron geheißen wird, ist nichts als die enge Thalsohle, durch welche das von den einschließenden Hügeln sich ansammelnde Regenwasser zur Winterszeit so reichlich abströmt, daß man es für nöthig befunden hat, darüber eine Brücke zu schlagen. Nachdem wir diese Brücke überschritten hatten, stiegen wir von den Pferden, um drei nahe beisammen liegende Sanktuarien — **die Grabkapelle der heiligen Jungfrau, die Kapelle der Blutschwitzung und den Garten Gethsemane** — zu besuchen. Beide erstgenannten Kapellen sind unterirdische, in den Felsen des Oelbergs eingehauene Grotten, zu welchen man auf Treppen hinabsteigt. Die erste, den Griechen gehörend, soll außer der Grabstätte der heil. Jungfrau auch diejenige ihrer Eltern und des hl. Joseph enthalten. Was die Kapelle der **Blutschwitzung** betrifft, so ist es ein uralter Glaube, daß in dieser Felsengrotte das Geheimniß der Todesangst des Herrn in der Vornacht seines Todes sich vollzogen habe. Die Kapelle ist Eigenthum der Katholiken und mit drei gegen Osten angebrachten Altären versehen. Vier Pfeiler, worunter zwei aus dem Felsen gehauene, tragen die natürliche Felsdecke. Aus dem doppelten Umstand, daß in der Mitte der Decke eine Oeffnung gelassen und auf dem Boden der Grotte in senkrechter Richtung unter der Deckenöffnung eine künstliche Vertiefung wahrnehmbar ist, hat man gefolgert, daß die Grotte seiner Zeit als Oelkelter gedient haben müsse. Ich betete hier ein kurzes, aber inbrünstiges Gebet. Denn von jeher habe ich jene erste der Leidensstunden des Erlösers für die entsetzlichste gehalten. Die kurze, aber Mark und Bein erschütternde Erzählung der Evangelisten läßt in einen Abgrund von Seelenangst hineinblicken, deren Tiefe kein endlicher Geist zu ergründen im Stande ist.

Beiläufig einen Steinwurf*) südlich der Blutschwitzungskapelle breitet sich hart am Fuße des Oelberges der **Garten Gethsemane** aus. Dieser durch die evangelische Geschichte geheiligte Erdenfleck stellt in seiner heutigen Gestaltung einen viereckigen Gartenraum dar, welcher von einer acht Fuß hohen Mauer umhegt ist. Von einem Franziskanerbruder freundlich gepflegt, ist er in regelmäßige Gartenschilde abgetheilt, in welchen unsere abendländischen Gartenblumen zu jeder Jahreszeit blühen. Eine Cisterne in der Mitte liefert denselben das unentbehrliche Wasser. Das Karakteristische des Gartens bilden aber die darin befindlichen acht mächtigen Oelbäume, deren zerklüftete, umfangreiche Stämme in eine sehr alte Zeit hinaufreichen müssen. Die Ueberreste eines neunten, aus vier noch ausschlagenden Wurzelstöcken bestehend, hat man aus zarter Pietät durch eine Mauer geschützt. An der Innenseite der Umfassungsmauer des Gartens sind in Email gebrannte Bilder des Leidens Christi eingelegt, welche den Ueberschriften nach wohl aus Spanien herstammen dürften.

Es kann kaum einem Zweifel unterliegen, daß hier wirklich der im neuen Testamente berühmte Garten Gethsemane lag. Denn die Lage trifft im Hinblick auf die evangelischen Texte (Matth. XXVI, 30, 36; Mark. XIV, 26, 32; Johannes XVIII, 1) vollständig zu. Wahrscheinlich aber hat sich die alte Anlage über den jetzigen, zu 160 Fuß Länge auf 150 Fuß Breite eingefriedigten, Gartenraum ausgedehnt, da auch das Terrain ringsum noch mit zahlreichen Oelbäumen bedeckt ist. In stiller Betrachtung ritten wir den **Oelberg** hinan. Man wird auf diesem Wege von um so tiefer gehenden Empfindungen ergriffen, weil der Oelberg von allen evangelischen Gedenkstätten seit den Zeiten Christi die wenigsten Veränderungen er-

---

*) Lukas XXII, 41.

liuen hat. Der Hügel, ungefähr 500 Fuß über dem Kidron-
thale sich erhebend, hat eine wellenförmige Gestalt und ist von
drei langgezogenen, sanft geschwellten Kuppen überhöht, deren
höchste und mittlere die Kirche der Himmelfahrt krönt.
Drei Wege, sämmtlich von Gethsemane ausgehend, steigen zu
der letztern hinauf, während ein vierter um den Südhang des
Hügels herum nach Bethanien führt. Am heutigen Tage war
der steinige Boden des Graswuchses völlig entkleidet. Aber
die Bäume, die dem hl. Berge den Namen verleihen, bildeten
mehrfache grünende Gruppen und wohl möchte man beim Anblick der uralten, zerklüfteten Stämme sich dem Glauben hingeben, als hätte schon der Erlöser unter denselben geruht, wüßten
wir nicht aus der Geschichte des jüdischen Krieges, daß die
Römer sämmtliche Bäume in der Umgebung Jerusalems um-
gehauen haben.

Auf der Höhe angekommen, stiegen wir abermals vom
Pferd, um die an der Stelle der Auffahrt des Heilandes erbaute Himmelfahrtskirche zu betreten. Sie liegt nur
wenig unter dem höchsten Punkt des Berges gegen Osten.
Diese ursprünglich von der Kaiserin Helena im Anfang des
vierten Jahrhunderts gegründete Kirche ist nicht mehr, was sie einst
war. Aus einer noch vorhandenen Beschreibung derselben vom
Jahr 670 erhellt, daß sie ein Rundbau gewesen ist, um welche
drei gedeckte Säulenhallen herumführten. Die Mitte des Daches
war offen und der ungepflasterte Boden glich einem grünenden
Rasen, auf welchem die Fußstapfen des zum Himmel aufge-
stiegenen Heilandes gezeigt wurden. Diese hl. Fußspuren umgab eine eherne Einfassung mit einem gleichfalls geöffneten
Dache. An der Westseite waren acht Glasfenster angebracht,
durch welche ebenso viele brennende Lampen des Nachts einen
hellen Lichtglanz über den ganzen Westabhang des Oelberges
verbreiteten. Im Zeitalter des fränkischen Königreichs gestaltete
sich dann jener eherne Einfassungsbau über den Fußspuren zur
eigentlichen Kapelle und um dieselbe wurde, analog der Gra-

beskirche, ein großer, die Form eines Achtecks darstellender Kuppelbau auf Pfeilern und Wandsäulen aufgeführt. Diesen Umbau zerstörten die Schaaren Salabins im Jahr 1187, während die Kapelle selber unversehrt blieb. Nach mehrfachen Veränderungen wurde auch diese Kapelle im Jahr 1834 durch ein Erdbeben zerstört, aber kurz darauf von den Armeniern nach dem alten Grundrisse wieder hergestellt. Somit repräsentirt die jetzige Himmelfahrtskirche nur jene fränkische Kapelle über den Fußstapfen des Herrn. Sie bildet gleichfalls ein Achteck, über welchem sich ein kurzer Cylinder mit einer in eine stumpfe Spitze endenden Kuppel erhebt. Das Aeußere enthält an den Ecken acht alte graue Marmorsäulen mit gemischten Kapitälern, zwischen welchen alten Bestandtheilen die neue Mauer eingefügt ist. Das Innere ist leer und erhält das Licht durch die Thüre.

Was nun die weltberühmte Fußspur des Heilandes betrifft, so ist an einer Stelle der Kirche der künstliche Steinboden ausgehoben, und habe ich in dem bloßgelegten Kalkfelsen allerdings eine darin ausgeprägte nach Norden gerichtete Fußsohle gesehen, welche mit einem Marmorviereck umschlossen war. Ob aber dieselbe wirklich von dem Fußeindruck des zum Himmel auffahrenden Heilandes herrühre — diese Frage lasse ich, der ich weder zu den Leichtgläubigen noch zu den Wunderungläubigen gehöre, meinerseits dahingestellt sein. Der gelehrte Sepp glaubt nicht an die Aechtheit und äußert die Meinung, daß die Fußsohle zu dem Zwecke in den Felsboden eingemeißelt wurde, um die Ueberlieferung von dem Orte der Himmelfahrt unabweisbar an die bestimmte Stelle zu fixiren. So viel ist in dieser Sache gewiß, daß die jetzigen Fußstapfen sich an dem gleichen Platze befinden, wo dieselben schon im dritten und vierten Jahrhundert gezeigt worden sind.

Die Himmelfahrtskirche ist zur Zeit Eigenthum der Türken und ihr durch die Gebetsnische an der Südseite der Karakter der Moschee aufgedrückt. Dagegen ist es den Franziskanern seit längerer Zeit, so wie seit 1852 auch den Griechen, gestattet, in derselben am Himmelfahrtsfeste auf tragbaren Altären das hl. Meßopfer zu feiern. Um die Kirche zieht sich nach hiesiger Art ein ummauerter Hof, in welchem noch einzelne Bruchstücke der alten Kirchenbaute wahrgenommen werden. Außerhalb dieses Hofes erhebt sich ein Gebäude mit doppelter Kuppel. Es ist das einstige Augustiner- und jetzige Dervischkloster, woran die Mahomedaner ein Minaret angebaut haben. Wir durften das letztere besteigen und hier breitete in einer Höhe von 2556 Fuß über dem Mittelmeer und 500 Fuß über der Sohle des Kidronthales ein Panorama sich aus, das zu den schönsten und herrlichsten Erinnerungen meiner orientalischen Reisen gehört. Im Süden über die blauen Hügelwellen von Bethlehem schweifend, im Norden durch einen Ausläufer des Oelberges gehemmt, wurden unsere Blicke vornehmlich durch die Aussichten nach Westen und Osten gefesselt. Das Bild im Westen war Jerusalem selber, welches, sanft an den uns gerade gegenüberliegenden Zion angelehnt, innerhalb seiner hohen beginnten Umfassungsmauern die Form eines länglichten Vierecks darbot. An der untern Langseite dieses Vierecks erstreckte sich die beinahe einen Drittheil der Gesammtstadt einnehmende Tempelterrasse. Auf ihr erhoben sich die Prachtmoscheen Omar und Aksa. Weiter hinten sahen wir die Kuppel der Grabeskirche, den Davidsthurm, nebst mehreren Klöstern und Moscheen aus der weißen Häusermasse auftauchen, und im Hintergrund des Stadtbildes zeichneten die Berggipfel von Judäa und Samaria am fernen Horizonte sich ab. Nach Osten lag ein ausgedehnter Strich der hierseitigen Gebirgsabdachung vor unsern Blicken gebreitet. Den Vordergrund bildeten die grünen Baumgärten Bethaniens. Zu unterst im Thalkessel in einer Tiefe von 3792 Fuß unter unserm Standpunkte und in gerader Linie etwa sechs Stunden von demselben entfernt, schimmerte ein Streifen des todten Meeres sammt einem grünumsäumten Faden des einmündenden Jordans, jenseits durch die schroffen

Felsenkämme des Moabitergebirgs eingefaßt. Ein zarter, rosenrother Duft war über jene ferne Bergkette hingehaucht und über das ganze große Rundgemälde wölbte sich ein wolkenloser Himmel und hatte die orientalische Sonne jenen Licht- und Farbenglanz ergossen, dessen Kraft und Schönheit die Feder nur anzudeuten, nicht aber zu beschreiben vermag.

Ergreifender noch als die äußere Erscheinung waren die weltgeschichtlichen Erinnerungen, welche der von uns überblickten Gegend Leben und Seele einhauchten. Dort auf jenem Berg im Südosten überschaute Moses zum ersten- und letztenmal das gelobte Land. Im Norden war die Mizba oder die Grabstätte des Propheten Samuel ersichtlich. Das todte Meer und der Moria gemahnten an die urältesten biblischen Geschichten. Die Geburts- und Todesstätten des Welterlösers, der hauptsächlichste Schauplatz seines Wirkens, — sie waren sämmtlich innerhalb unsers Gesichtskreises gelegen. Man zeigte uns im Norden und Westen die Hügel, wo Titus und Gottfried von Bouillon ihre Kriegslager aufgeschlagen hatten. Und zur Stunde standen wir ja auf der geheiligten Stätte, von wo der Welterlöser nach vollbrachtem Tagewerk seine Menschennatur in die ewige Herrlichkeit aufgeführt hat.

Ungern entfernten wir uns von dem herrlichen Standpunkt und ritten nun ungefähr eine Viertelstunde lang am Ostabhang des Oelberges abwärts, um das Dorf **Bethanien** zu erreichen. Der steinige Fußpfad führte durch einen Park von Oliven-, Mandel-, Pfirsich-, Feigen- und Johannisbrodbäumen, welche mitten in zur Zeit abgemähte Getreidefelder hineingepflanzt waren. Das Dorf selbst besteht aus ärmlichen Steinhütten und ist seit Jahrhunderten nur von Mahomedanern bewohnt. In einer kürzlich von den Franzosen käuflich erworbenen Ruine eines großen Gebäudes, dessen fugengeränderte Quadermauern auf ein hohes Alterthum zurückweisen, will man die Wohnung der Maria und Martha erkennen. Ein anderer Mauerrest wird als das Haus Simon des Aussätzigen ausgegeben. Während wir aber an diesen zweifelhaften Sanktuarien einfach vorbeiritten, unterließen wir nicht, in die Grabstätte des Lazarus einzugehen. Wir stiegen, Jeder eine brennende Wachskerze in der Hand, siebenundzwanzig schmale Stufen nordsüdwärts herab und gelangten zuerst in ein oberes Gewölbe, wo ein kleiner Maueransatz in einem Winkel die Stelle eines Altares versieht. Von da führten noch vier weitere, sehr hohe Stufenabsätze von Süden nach Norden in einen etwa sieben Fuß langen und eben so breiten Raum, welch' letzterer für die eigentliche Grabkammer des Lazarus gilt. Der unterirdische Raum zeigte beim Lichte der Wachskerzen eine in den Kalkfelsen eingehauene Höhle und man weiß, daß die Todtenwohnungen der alten Hebräer aus solchen künstlichen Felshöhlen bestunden. Die Höhle lag in Bethanien, wo nach der Erzählung des hl. Johannes die Auferweckung des Lazarus stattfand. Auch kann es im Hinblick auf die bezüglichen Ortsangaben der Evangelisten keinem Zweifel unterliegen, daß das heutige Bethanien an der Stelle der alten, gleichbenannten Ortschaft erbaut sei. (Markus (XI, 1) und Lukas (XIX, 29) verlegen den Flecken Bethanien ausdrücklich an den Oelberg. Nach des Letztern Erzählung war Jesus, als er zum letztenmal nach Jerusalem reiste, von Jericho her, also am Ostabhang des Oelberges aufwärts nach Bethanien gekommen, und der 18. Vers im 11. Kapitel des Johannesevangelium lautet wörtlich wie folgt: „Bethanien aber war nahe bei Jerusalem ungefähr fünfzehn Stadien." Diese Distanzangabe trifft vollständig zu. Denn fünfzehn Stadien oder ungefähr drei Viertelstunden ist auch das heutige Bethanien von Jerusalem entfernt.

Schon diese Umstände lassen mir die Aechtheit des Lazarusgrabes als wahrscheinlich erkennen. Dazu kommt, daß die Tradition von diesem Grabe hoch hinauf in das christliche Alterthum reicht. Schon der Pilger von Bordeaux hat 333 desselben gedacht und Hieronymus spricht von einer darüber

errichteten Kirche, welche ein späterer Schriftsteller als eine
Basilika mit der Krypte des Lazarus im Chor und einem anstoßenden Kloster beschreibt. Unter der Herrschaft der Kreuzfahrer war die Kirche im Besitz zuerst der Augustiner, später
der Benediktinerinnen. Im Jahr 1291 ging das Besitzthum
an die Sarazenen verloren. Diese machten die Lazaruskirche
zur Moschee, und von da an war der Besuch der Gruft — weil
der Eingang im Innern des Tempels angelegt war — den
Christen gewehrt, bis am Schlusse des sechszehnten Jahrhunderts der Franziskaner-Guardian Jeremias von Brescia Thüre
und Treppen in den Felsen hauen ließ, um den Zutritt von
Außen her zu ermöglichen. Es ist das der jetzige, also nicht
ursprüngliche, Eingang. Im Uebrigen stößt jetzt noch eine in
Ruinen liegende mahomedanische Kapelle, über deren flachem
Dache ein bekuppeltes Thürmchen erbaut ist, östlich an das
Lazarusgrab.

Mit Bethanien hatten wir den östlichsten Punkt nicht nur
unseres heutigen Ausfluges, sondern unserer ganzen diesjährigen
Reise berührt. Von da wieder umwendend, ritten wir über
den Kamm des Oelberges, sowie seines nordwestlichen Aus-
läufers, des Scopus, und hielten im Norden von Jerusalem
auf einem Geröllhügel an, von welchem wir die Stadt in
allen ihren Theilen überschauten. Herr Thiel bezeichnete uns
diese Stelle als den Ort, wo Titus sein Hauptquartier aufgeschlagen habe. Unser weiteres Ziel waren die so geheißenen
Königs- und Richtergräber. Die erstern näher gelegenen für die Rückkehr versparend, verfügten wir uns zuerst
zu den Richtergräbern, welche etwa eine gute Stunde nordwestwärts von Jerusalem entfernt sind. Diese Seite der Stadt-
umgebung zeigte im Gegensatz zu der Westseite einen Anflug
von Vegetation. Zwar war der Boden weit und breit von
kleinen Steinen, wie von einem Hagel, übersäet, — ein Phänomen, dessen Ursache ich mir nicht genügend erklären kann.
Allein zwischen dieser Steinsaat wuchs die Gerste empor oder

war etwelche Naturwiese aufgesproßt. Einzelne Oliven- und Johannisbrodbäume luden zum Ausruhen unter ihrem Schattendach ein. Doch wir durften der karg zugemessenen Zeit wegen der Einladung nicht folgen, sondern beeilten uns zu den Richtergräbern zu kommen.

Neugierig aber ehrfurchtsvoll betraten wir diese breitausend Jahre alten Todtengemächer, welche wahrscheinlich berühmten hebräischen Männern als letzte Ruhestätte gedient hatten. Was wir da sahen, war geeignet, unser Interesse im höchsten Grade zu erregen. Bevor ich aber zur Beschreibung des Gesehenen schreite, halte ich es zum Verständniß meiner Leser für nothwendig, einige allgemeine Notizen über die altjüdischen Grabstätten vorangehen zu lassen.

Diese Grabstätten, deren es um Jerusalem eine Menge gibt, waren, wie wir bereits gesagt haben, in künstlich ausgehauenen Felshöhlen angelegt. Man hieb, gewöhnlich an einer Abdachung, zuerst eine senkrechte Wand aus, öffnete in dieselbe einen viereckigen Eingang und höhlte sodann die Felsmasse zu einer beliebigen Zahl größerer oder kleinerer Grabkammern aus. Von den aus einem Netz schmaler, labyrinthischer Gänge bestehenden römischen Katakomben wesentlich verschieden, bilden die jüdischen Grabstätten gleichsam unterirdische Häuser mit Reihen von Zimmern, die durch Thüren verbunden und symmetrisch aneinander gereiht sind. Daß die Aushöhlung derartiger Todtenhäuser eine ganz andere und mühevollere Arbeit erforderte als die Anlage der Katakomben, kann man sich denken, zumal wenn man den harten palästinensischen Kalkstein mit dem weichen Tof der römischen Campagna vergleicht.

Die dem Eingang zunächst liegende Kammer bildet die Vorkammer (Atrium), worin die Leichenträger beim Abstellen des Leichnams ihren Platz hatten. Erst von da gelangte man in die eigentlichen Grabkammern, welche je die Einzelgräber mehrerer Verstorbenen enthielten. Diese Einzelgräber lassen sich in folgende vier Hauptformen unterscheiden:

Orientalische Ausflüge.

1) **Senkgräber.** Der Leichnam wurde in den Boden der Grabkammer, somit wie bei uns in die Erde versenkt.

2) **Schieb- oder Ofengräber**, d. h. rechtwinklicht circa sechs Fuß tief in die Felswand eingehauene Nischen von anderthalb Fuß Breite und Höhe mit backofenartigem Eingang in welche die Leichen meist mit den Füßen voran hineingeschoben wurden. Solcher Grabnischen konnten in den Wänden der Kammer ziemlich viele angebracht werden, da die größte Dimension der Leiche, nämlich die Länge, in die Tiefe der Felswand hineinfiel.

3) **Bank- oder Aufleggräber.** Es sind das aus der Wand herausgearbeitete Bänke, auf welche die Leichen in entgegengesetzter Richtung von den Schiebgräbern, d. h. ihrer Länge nach parallel mit der Wand hingelegt wurden.

4) **Einleg- oder Troggräber.** Sie unterscheiden sich von der vorigen Art lediglich darin, daß die Felsbank an ihrer obern Fläche ausgehöhlt ist. Diese Art Gräber hatten also die Form eines Trogs und konnten mit einer Steinplatte zugeschlossen werden. Wir bemerken vorgreifend, daß das **Christusgrab** ein solches Trog- oder Einleggrab ist.

Dies vorausgeschickt gehen wir zu der Beschreibung vorerst der Richtergräber über. Wir durchschritten einen aus dem Fuße des Hügels ausgeschnittenen, offenen Vorraum. Vor uns stund ein Portal, dessen strahlenartig verzierter Giebel das Todtenhaus in der Weise kenntlich machte, wie der Eingang zum Hauensteintunnel durch das darüber angebrachte Giebelfeld angezeigt ist. Wir traten durch das Portal zunächst in die Vorkammer ein. Es war ein quadratförmiger Felsensaal von 6½ Meter Länge und Breite, an dessen Nordwand ich bereits zwei übereinander gestellte Reihen von Schiebgräbern gewahrte, worüber, je eine Gruppe derselben überwölbend, die Felswand bogenförmig nach Art der römischen Arco Solien ausgehauen war. Von hier gelangten wir durch einen dem Portal gegenüberliegenden niedrigen Eingang in die

Hauptgrabkammer. Sie bildet einen gleichfalls quadratförmigen Raum, dessen Dimensionen ich ungefähr auf 3½ Meter Länge und eben so viel Breite anschlug. In den vier Wänden waren je acht Schiebgräber in Doppelreihen, somit im Ganzen zweiunddreißig, sämmtlich ihres Inhalts entleerte Schiebgräber ausgehauen. An diese Hauptkammer schloß sich in gerader Fortsetzung dem Eingange gegenüber eine kleinere an, die jedoch, so meine Erinnerungen mich nicht trügen, keine Grabnischen enthielt. Eine dritte war seitlich der Vorkammer auf der rechten Seite des Eingangs angelegt. Alle diese innern Räume waren unter sich durch so niedere Zugänge verbunden, daß man in gebückter Stellung durchschlüpfen mußte.

Ob hier wirklich die Leiber der Richter Israels beigesetzt wurden, darüber bieten die geschichtlichen Quellen keinen Anhaltspunkt dar. Immerhin reichen diese Felskammern hoch in das hebräische Alterthum hinauf und sind um so merkwürdiger, als die Ausgrabungen in Karthago vor einigen Jahren ähnliche Aushöhlungen zu Tage gefördert haben.[*] Auf dem Rückwege nach der Stadt wurden dann auch die Königsgräber besichtigt. Man hat bei dieser Benennung nicht an die Könige von Juda zu denken, da diese nach Angabe der Bibel auf Zion beerdigt wurden. Sepp hält die Königsgräber für das Familiengrabmal der Königin Helena von Adiabene, welche mit ihrem Sohne Izates zum Judenthum übergetreten war und sechzehn Jahre nach Christi Tod in Jerusalem sich niedergelassen hatte. Diese so geheißenen Königsgräber unterscheiden sich von den meisten andern Judengräbern wesentlich dadurch, daß sie, nicht an einer Abdachung, sondern senkrecht in die Ebene ausgehauen, somit ganz eigentlich mit Vorhof und Kammern in den Felsboden hinabgesenkt sind. Eine Felsentreppe führte uns in jenen offenen, jüngst

---

[*] Sepp, Jerusalem. B. 1, S. 249 und Fouilles à Carthage par M. Beulé. Paris 1861, Pl. VI.

von einem Franzosen vollständig aufgedeckten Vorhof hinunter. Er war von quadratischer Form, ungefähr eine Viertel-Juchart messend, und auf allen vier Seiten von den durch die Aushauung künstlich erhaltenen Felswänden umschlossen. Die Facade an der Westwand zeigte eine ursprüngliche Vorhalle (Porticus), deren Säulen und Eckpfeiler verschwunden waren, während das aus der Felswand ausgeschnittene und an beiden Endpunkten mit derselben cohärirende Gebälke sich in gut erhaltenem Zustande befindet. Ueber dem glatten Architrav entfaltet sich ein dorischer Fries, welcher mit kunstreichen, die Blätter der Palmen und des Lorbeers, so wie die Früchte der Weinrebe darstellenden Skulpturen ausgeschmückt ist. Ein krönendes Gesims mit darüber hängendem Felsdach schließt die Facade. Statt daß man nun aber aus dieser Vorhalle gerade aus in die innern Räume gelangt, tritt uns hier als Rückwand die unburchbrochene Felsmasse entgegen. Das kommt daher, weil das königliche Todtenhaus nicht wie die Gräber der Richter in gerader Linie vom äußern Vorhof, sondern rechtwinklicht zu demselben gestellt ist. Nachdem wir also von Ost nach West in die Vorhalle getreten waren, bogen wir links und schlüpften von Nord nach Süd in die Vorkammer ein. Seitlich des Eingangs zur letztern liegt eine steinerne Rollscheibe in Form eines Mühlsteines am Boden, welche erst vor einigen Jahren aufgedeckt wurde. Sie mißt im Durchmesser etwa 3½ Fuß bei 1½ Fuß Dicke und diente wahrscheinlich dazu, das Schlupfloch zu einer Cisterne oder zu noch weiter hinten verborgenen Gräbern zu verschließen. Was nun das Innere der sogenannten Königsgräber betrifft, so bemerkte ich, daß in der viereckigen Vorkammer rings an den Wänden Steinbänke angebracht waren. Von der Vorkammer gingen drei gleichfalls in regelmäßigen Vierecken angelegte Grabkammern aus, zwei davon nördlich dem Eingang gegenüber, die dritte nach rechts oder westwärts. In der westlichen der beiden erstgenannten Kammern sahen wir eine Treppe in noch tiefere Grabhöhlen hinabführen, woraus hervorgeht, daß die Königsgräber gleich den Katakomben in Rom und Neapel in mehreren unterirdischen Stockwerken angelegt sind. Wir stiegen jedoch nicht in diese Tiefen hinab, sondern begnügten uns, die obern Kammern in Augenschein zu nehmen. Sie enthielten nebst Reihen von Schiebgräbern auch mehrere Auf- und Einleggräber mit darüber gewölbten Arcosolien. Die Schiebgräber waren breiter und höher als diejenigen in den Gräbern der Richter und je in der Mitte von einer Rinne oder Schale durchzogen — eine Vorrichtung, deren Zweck ich nicht anzugeben weiß. Ich schlüpfte während meines zweiten Besuchs in eines dieser Schiebgräber hinein und fand, daß es, eine Zwischenwand durchbrechend, jenseits in eine andere kleinere Grabkammer ausmündete. Noch sahen wir in diesen Königsgräbern eine Steinthüre, die am Boden lag, nebst einem zerbrochenen Sarkophag. Ein anderer hier gefundener Sarkophag ist in das Louvre zu Paris weggeführt worden. Schließlich hole ich nach, daß wir auf dem Wege von den Richter- zu den Königsgräbern fünf andere in die Böschung der östlichen Hügelgruppe eingehauene Grabhöhlen wahrgenommen hatten, von denen ich im Jahre 1866 einige näher in Augenschein nahm. Ueberhaupt sind alle Berge und Hügel um Jerusalem von Grabstätten unterhöhlt.

Mittlerweile war es Mittag geworden. Die Sonne stund beinahe senkrecht über unsern Häuptern und strahlte eine so energische Lichtfülle aus, daß daneben der lichthellste schweizerische Sommertag wie Oktobersonnenschein sich ausnehmen würde. Wir trugen beide blaue Brillen, hatten unsere weißen Sonnenschirme aufgespannt und unsere breitberänderten Strohhüte mit weißen Seidentüchern turbanartig umwunden. Die beiden letztgenannten Vorsichtsmaßregeln waren uns von dem niederländischen Konsul in Smyrna, der daselbst auch die schweizerischen Interessen vertritt, dringend empfohlen worden. Auch möchte ich bei diesem Anlaß jedem Orientreisenden rathen, diese Vorsichtsmaßregeln ja nicht außer Acht zu lassen. Denn gefährlicher als das Fieber ist in diesen Ländern der

Sonnenstich. Er bringt gewöhnlich sichern Tod und hat schon zahlreiche Europäer dahingerafft. Die allerdings außerordentliche Hitze belästigte mich wenigstens nicht allzusehr, weil die Luft trocken, d. h. mit keinen feuchtwarmen oder elektrischen Dünsten geschwängert war. Am peinlichsten waren mir auf dem heutigen sechsstündigen Ritte der schmale türkische Sattel und die Kürze der Bügel, wodurch mir jede Veränderung der Körperlage, jedes Ausstrecken der Schenkel, mit einem Worte jede Abspannung der Glieder verunmöglicht wurde.

Wir hielten bei der so geheißenen Jeremiasgrotte an, woselbst nach der Meinung der Christen der Prophet seine Klagelieder gesungen, nach der der heutigen Juden aber sein Grab gefunden haben soll. Es ist eine tief in den Kalksteinhügel eingehauene Felsengrotte, deren bedeutende Dimensionen die Meinung wahrscheinlich machen, daß sie ein alter Steinbruch gewesen sei. Die hohe Wölbung wird durch einen mächtigen Pfeiler gestützt. Als das Grab des Propheten wird eine acht bis zehn Fuß hohe Felsenbank weiter im Innern bezeichnet. Sepp hält dafür, daß hier der Maffabäer Jannäus beigesetzt wurde.

Vor der Grotte hatte ein Araber unter dem Schatten einiger Obstbäume ein Kaffeehaus improvisirt. Wir genossen daselbst einen Augenblick willkommener Ruhe, trockneten den Schweiß ab und ermangelten auch nicht, unsere erschöpften Lebensgeister durch eine Tasse Mokka und ein halbes Glas Mastix aufzufrischen. Vor der Nachhausekunft erübrigte noch eine letzte, gleichfalls unterirdische Merkwürdigkeit zu besuchen. Unweit des Damaskusthores befindet sich in der Felswand, über welcher die Stadtmauer erbaut ist, eine kleine Oeffnung zu ebener Erde, die wir, weil sie durch den rings angehäuften Schutt und durch Dünger verschlossen war, von selbst nicht wahrgenommen hätten. Die Oeffnung war aber dem Hrn. Thiel bekannt. Er führte uns an dieselbe heran, ließ durch zwei herbeigeholte Männer den Dünger wegräumen, und sofort uns niederbückend, schlüpften wir Einer hinter dem

Andern in die geheimnißvolle Oeffnung hinein. Nach einigen Schritten konnten wir uns wieder in aufrecht stehender Stellung bewegen. Wie waren wir erstaunt, als wir beim Scheine der Fakeln uns in eine breite und hohe Felsenkatakombe versetzt sahen, welche, anfänglich ziemlich steil abfallend, etwas weiter einwärts beinahe horizontal in der Dunkelheit verlief. Beim Eintritt wurden wir durch das Geräusch eines neben uns aufspringenden Thieres unheimlich betroffen. Unwillkürlich durchbebte mich im ersten Augenblick der Gedanke, ob wir vielleicht in der Wohnung einer Hyäne Einkehr genommen hätten, da bekanntermaßen diese Raubthiere in der Umgebung Jerusalems keine Seltenheit sind. Glücklicherweise war es nur ein Hund, der in diesen Räumen eine Zufluchtsstätte gegen die Mittags-Tropenhitze gesucht hatte und durch unsere Ankunft aus seiner Ruhe aufgeschreckt ward. Wir drangen nun unter Vorantritt des Hrn. Thiel etwa hundert Schritte weit in diese, unter dem Namen „Baumwollgrotte" bekannte Berghöhle vor. Dieselbe soll nach den Messungen europäischer Reisender auf eine wechselnde Breite von sechszig bis dreihundert Fuß sich in einer Länge von siebenhundert Fuß bis zu dem österreichischen Konsulatsgebäude auf Bezetha erstrecken. Cyklopische Pfeiler und Felspyramiden stützen die Felsdecke, deren Höhe ich an dem Fuße der anfänglichen schroffen Senkung auf 10—12 Fuß beiläufig erachtete. Breite Felsentreppen führen in die tiefern Grotten hinunter. Daß diese Katakomben ursprünglich zu Steinbrüchen dienten, wird durch zurückgebliebene, noch auf dem Felsen aufsitzende Quader und durch viele Merkzeichen der Steinbrecher bekundet. Das Gestein ist ein leicht zu durchhöhlender Kreidefels, wie er am Montmartre sich vorfindet. Uebrigens ist dieser unterirdische Tunnel nicht der einzige in Jerusalem. Man hat vor einigen Jahren beim Bau des Klosters der Schwestern von Zion einen andern aufgedeckt, den ich selbst im Jahre 1866 beging und später beschreiben werde.

Aus der Unterwelt an das Tageslicht zurückgekehrt, bestiegen wir aufs Neue unsere Schimmel und ritten durch das Damaskusthor ein Jeder nach seiner Herberge zurück. Der gute Franziskanerbruder hatte mein Mittagsmahl längst schon gekocht. Ganz allein speisend erzählte ich demselben meine heutigen Erlebnisse und willig folgte ich seinem liebevollen Rath, nach der siebenstündigen Strapaze einer gründlichen, doppelt gebotenen Siesta zu pflegen.

Am heutigen Abend bot sich uns nun endlich die Gelegenheit dar, die heilige Grabkirche zu besuchen. Es hatte der Bruder El-Livio die hiezu nöthige Erlaubniß erwirkt und holte in der Casa nuova mich ab, als ich eben aus einem erquickenden Schlafe erwachte. Wir verfügten uns nach dem preußischen Hospiz, meinen Freund mitzunehmen, und befanden uns ungefähr um 5 Uhr vor dem Eingang des allerheiligsten Tempels. Dieser Eingang ist auf der Südseite auf einem mäßig großen, viereckigen Platze gelegen. Wir stunden daselbst einen Augenblick still, um die schöne gothische Facade, ein Werk der Kreuzritter, zu betrachten. Links erhebt sich der Glockenthurm, aus der gleichen Zeit stammend. Hinter der Facade sieht man die Kuppel des Grabdomes und rechts die Kuppel des den Griechen gehörigen Theiles der Grabkirche in die Höhe sich wölben. Von den Thüren des Doppelportals ist die eine verschlossen, während der Schlüssel zur andern sich in den Händen der türkischen Behörde befindet. In das Innere eintretend, fiel uns der türkische Wachposten auf, welcher links vom Eingange aufgestellt war. Die Soldaten machten sich hier auf einem Divan bequem, tranken Kaffe, rauchten den Tschibuk, verhielten sich aber im Uebrigen auf anständige Weise. Es ist traurig zu sagen, daß diese mahomedanischen Krieger mit der Aufgabe betraut sind, die Ordnung im allerheiligsten Tempel der Christen aufrecht zu erhalten und Streitigkeiten zwischen den christlichen Konfessionen zu hindern. Noch trauriger stellt sich die Thatsache der Unentbehrlichkeit jener militärischen Vorforge heraus, wie sie durch die Erfahrung bezeugt und mir von katholischer Seite mehrfach verbürgt worden ist.

Die Kirche wiederhallte von dem Gesang der Franziskaner, welche ihren nachmittägigen Gottesdienst abhielten. Bald hernach begann die Prozession, der ich mich anschloß, während mein protestantischer Freund sich auf Golgatha in stillen Betrachtungen erging. Die Prozession bewegte sich nach den vorzüglichsten Leidensstationen des Heilandes, auf Golgatha hinauf und von da zu den Stätten der Salbung, Begräbniß und Auferstehung. An jeder Station wurde niedergekniet, gebetet und ein ergreifender Chorgesang angestimmt. Welche Empfindungen dieser Gang in diesen Räumen, dieser harmonische Männergesang, der Gedanke an den Stellen zu sein, wo das große Werk der Welterlösung sich vollzogen hat — das sich auszudenken, will ich dem gläubigen Leser überlassen. Kein Katholik, der diese Stationen mitbegangen und mitgebetet hat, wird die hier empfangenen Eindrücke jemals vergessen. Nach der Prozession konnten wir unter der Geleitschaft des Bruders El-Livio die Kirche mit den darin eingeschlossenen Sanktuarien etwas näher uns ansehen. Selbstverständlich war es mir nicht möglich, auf diesem ersten Gange in der aus verschiedenen Abtheilungen und zahlreichen Kapellen bestehenden Kirche mich zu orientiren und eine richtige Anschauung des unregelmäßigen Baues zu gewinnen. Allein während meines zweiten Aufenthalts zu Jerusalem habe ich die Kirche vielmal besucht, so daß sich das Bild derselben, sowohl was die Gesammtanlage, als die einzelnen Theile betrifft, klar und fest meinem Gedächtnisse eingeprägt hat. Ich halte es deswegen für angezeigt, wenigstens einen gedrängten Umriß dieses mir vorschwebenden Bildes hierorts zu entwerfen.

Vor allem hat man sich die Grabkirche als eine Vereinigung dreier besonderer Kirchen oder Kirchenabtheilungen, einer westlichen, mittleren und östlichen zu denken, welche in ungleicher Bodenhöhe erstellt und mit einer gemeinschaftlichen Bebachung verſehen ſind. Alle drei zuſammen meſſen etwa 75 Meter in der Länge auf 60 in der Breite. Von der weſtlichen Abtheilung hat die ganze Kirche ihren Namen erhalten. Denn dieſe iſt es, welche in Form einer Rotunde mit der darüber gewölbten majeſtätiſchen Hauptkuppel die **Grabes-kapelle** des Heilandes umſchließt. Den Mittelraum des Geſammtbau's nimmt die Kirche von **Golgatha** ein. Dieſelbe iſt ſelbſt wieder in zwei Unterabtheilungen, das ſogenannte **Katholikon** und das eigentliche **Golgatha** geſchieden. Jenes, aus einem länglicht viereckigen Raum mit halb kreisförmigem Abſchluß im Oſten beſtehend, dient den Griechen als gottesdienſtliches Lokal und wird deßhalb von den Lateinern der **Griechenchor** geheißen. Golgatha oder die Kreuzigungsſtätte iſt durch drei aneinander ſtoßende Kapellen bezeichnet. Sie liegen ſüdlich des Griechenchors auf einem ummauerten Felſenplateau, zu welchem von drei Seiten Treppen emporſteigen. Als die dritte, die öſtliche, Hauptabtheilung der Geſammtkirche wird die **unterirdiſche Kapelle der Kreuzfindung** angenommen. Faſſen wir nun jede der drei benannten Kirchenabtheilungen etwas näher ins Auge.

Sechzehn im Kreiſe aufgeſtellte mächtige Pfeiler, zwiſchen welchen in zwei Reihen Gallerien eingebaut ſind, bilden als Träger der hohen Kuppel den eigentlichen, 20 Meter im Durchmeſſer haltenden Grabdom. Die Kuppel iſt aus Holz konſtruirt, mit Cement verkleidet und hat eine bleierne Bedachung; aber beim erſten Hinaufblick ward ich der Schäden gewahr, die ſeit Jahrzehnten vergebens der Ausbeſſerung harren.*) Sie läßt in der Mitte des Daches eine mit einem Drathgitter überzogene Oeffnung, durch welche allein ein ſpärliches Dämmerlicht in die Räume einfällt. Es würde in der Kirche beinahe vollſtändige Dunkelheit herrſchen, wäre ſie nicht den Tag über

---

*) Man weiß, daß ſeither in Folge Uebereinkunft zwiſchen Rußland und Frankreich die Reparatur ſtattgefunden hat.

durch zahllose brennende Kerzen und Lampen erhellt. Gerade unter jener Kuppelöffnung befindet sich die freistehende, gleichsam eine Kirche in der Kirche darstellende Grabeskapelle. Es ist ein länglich viereckiger, nach der einen, der Westseite, abgerundeter Marmorbau von 8 Meter Länge und 5,10 Meter Breite mit flachem Dach und einem im Moskoviterstil gehaltenen Kuppelaufsatz. Der Bau ist von drei Reihen silberner Lämpchen an Kettchen wie mit einem dreifachen Diadem von Silber und Lichtflämmchen umzogen. Vor demselben stehen auf zwei Marmorbänken zwei große silberne Candelaber und von dem Dache breitet sich gleich einer Siegesfahne ein großes Tuch mit dem Bilde des Auferstandenen über dem Eingange aus.

Das Innere dieser Grabkapelle ist in zwei Räume getheilt. Der vordere, östliche Raum stellt die Vorkammer dar, wo man den Todtenanzug besorgte und die Salbung des Leichnams vornahm. Er ist unter dem Namen der Engels-Kapelle bekannt, weil hier der Engel die beiden Marien ansprach, als sie am Auferstehungsmorgen das Grab des Gekreuzigten besuchten. Aus dieser mit silberdurchwirktem rothem Damast behangenen Engelskapelle tritt man gebückt durch einen niedern Eingang in den hintern westlichen Raum. Es ist das die eigentliche Grabkammer selber. Die von zahlreichen Lampen erleuchtete Gruft mag etwa acht Fuß an Höhe, sieben an Länge und sechs Fuß in der Breite betragen. Das Grab des Herrn ist rechts vom Eingange auf der Nordseite gelegen. Es besteht aus einer sechs Fuß langen, drei Fuß breiten und eben so hohen Felsbank und ist mit einer weißen Marmorplatte zugedeckt. Das Grab dient als Altar, worauf täglich von den Lateinern, denen die Stelle gehört, und abwechslungsweise von den Griechen das heilige Meßopfer dargebracht wird. An die westliche Schmalseite der Grabeskapelle haben die Kopten ein armes Bretterhäuschen mit einem Altar angebaut, wo sie ihren Gottesdienst feiern.

Unsere Leser werden aus dieser kurzen Beschreibung unschwer entnommen haben, daß von dem Vorhandensein der wirklichen Grabkammer des Heilandes nicht mehr die Rede sein kann, da die jetzige Grabkapelle lediglich ein der ursprünglichen Felshöhle künstlich nachgebildeter Marmorbau ist. Wie das gekommen sei, werden wir später aus der Geschichte der Grabkapelle (resp. der Grabeskirche) darzulegen versuchen. Jedoch ist der Ort, wie wir fest glauben, der ächte und das eigentliche Grab, b. h. die Felsbank, worauf der Leichnam des Gekreuzigten lag, wahrscheinlich noch in seinem ursprünglichen Bestande erhalten. Denn die Bodenerhöhung unter dem marmornen Grabdeckel zeigt puren Naturfels und ist auf der Oberfläche mit einer zolltiefen Einsenkung versehen. Diese Gestaltung entspricht einem Einleg- oder Troggrab, von welcher Kategorie wir in den sog. Königsgräbern mehrere Exemplare gesehen hatten. Wir haben bereits oben diese Einleggräber beschrieben. Sie bestunden aus einem Absatz der Felswand, welcher 2½ Fuß über dem Boden und 1½ Fuß tief in die Wand hineingreifend, künstlich aus derselben heraus gearbeitet war, und worauf die Leiche ihrer Länge nach parallel mit der Wand hineingelegt wurde. Uebrigens ist nach Toblers genauer Untersuchung die Grabkapelle jedenfalls auf Felsgrund erbaut. Und daß überhaupt die hiesige Stelle zu Grabstätten gedient habe, dessen konnte ich mich bald nach unserm Heraustreten aus der Grabkapelle mit eigenen Augen überzeugen. Wir sahen nämlich wenige Schritte vom Christusgrabe entfernt unter der westlichen Umfassungsmauer der Kirche sehr merkwürdige Felsenkammern mit Schiebgräbern, die, vielleicht ohne hinreichenden Grund, für die Gräber des Nikodemus und Josephs von Arimathea ausgegeben werden, ohne Zweifel aber althebräische Grabstätten waren.

Wir betrachten nun die zweite Abtheilung der Gesammtkirche und sehen uns vorerst in dem sog. Katholikon um. Ein prachtvoller Kronleuchter, an dem die Insignien des Czarenthums prangen, nebst unzähligen Lampen beleuchten diesen etwa 25 Meter langen und 10 Meter breiten Mittelraum, den die Griechen durch hölzerne Wände als eine besondere Kirche für sich abgeschlossen haben. Wurde durch diesen Abschluß der Totaleindruck der Gesammtkirche abgeschwächt, so hat dagegen das Katholikon als solches auf mich einen angenehmen Eindruck hervorgebracht. Es ist ein salonähnlicher, zierlicher, in sich harmonischer Bau, der schon durch seine wohlerhaltene Eleganz von den dem Verfall preisgegebenen Partien der übrigen Kirche vortheilhaft absticht. Die Jkonostasis im Osten, die Längenwände im Norden und Süden sind durch vergoldete Pilaster mit darüber ruhenden Rundbogen in Felder getheilt, auf welchen die Bilder der Apostel und vieler anderer Heiligen dargestellt sind. Die nicht über zehn Fuß hohe Westwand, worüber ein hoher Triumphbogen sich schwingt, ist von drei Portalen durchbrochen, die den Zugang aus der Grabesrotunde vermitteln. Ein in der Mitte auf dem Fußboden eingezeichneter Kreis soll nach einer sehr ungeographischen Legende der Griechen den Mittelpunkt der Erde bezeichnen. Ueber dieser Weltmitte steigt auf vier starken Pfeilern die Kuppel empor, jene der Grabeskirche überragend. Zwei reichverzierte Thronhimmel, wahrscheinlich für die Bischöfe bestimmt, erheben sich vorn bei der Jkonostasis, während der noch prachtvollere Thron des Patriarchen hinter dem durch die Jkonostasis verdeckten Choraltar aufgestellt ist.

Besteigen wir nun den **heiligen Golgatha**. Er erhebt sich vierzehn Fuß über dem Boden der hl. Grabkirche als Plattform, zu welcher von Norden, Süden und Nordwesten achtzehnstufige Treppen emporsteigen. Drei aneinander stoßende Kapellen nehmen diesen zu einem Quadrate von zweiundvierzig Fuß Länge und achtzehn Fuß Breite*) ummauerten Höhenraum ein. Es sind die Kapellen der Kreuzerhöhung, der An-

---

*) Nach Sepp, Jerusalem 2c. B. I, S. 215.

nagelung und jene der Agonie, letztere den Standpunkt der Mutter des Herrn und der andern Frauen während der Kreuzigung bezeichnend. Die erste der drei Kapellen ist im Norden, die zweite in der Mitte, die dritte im Süden gelegen. Architektonisch betrachtet stellen sich das nördliche und mittlere Sanktuarium nicht als zwei gesonderte Räume, sondern als die zwei Schiffe Eines und desselben Kirchleins heraus, da sie beide nur durch ein Säulenpaar von einander getrennt sind. Allein man erkennt an der griechischen Ikonostasis zur Linken und an dem freistehenden Altartisch zur Rechten, daß die beiden Schiffe zwei konfessionell geschiedene Kapellen bedeuten. Hier liegen die zwei feindlichen Brüder, Rom und Byzanz, der Occident und der Orient friedlich neben einander im Staube vor dem gekreuzigten Erlöser. Born der Ikonostasis wurde uns die Bertiefung gezeigt, in welcher das Kreuz Christi eingesenkt war. Dieselbe ist mit einem verschiebbaren Silberbleche verschlossen, worauf die Worte des Psalmisten griechisch geschrieben sind: „Hier hat Gott unser König das Heil im Mittelpunkt der Erde bewirkt." Die beiden, weniger zugänglichen, weil unter dem Altare verborgenen, Löcher der Schächerkreuze bilden mit jenem des Kreuzes Christi ein gleichseitiges Dreieck. So oft ich in diese durch fünfzig Lichter feierlich beleuchtete Kapellen hinauf mich begab, fand ich dieselben selten oder nie leer von Betern. Christen aus allen Nationen des Erdbodens liegen hier auf den Knieen, um dem Gekreuzigten das Opfer der Anbetung darzubringen, und schwerlich dürfte hier Jemand vorübergehen, ohne in seinem tiefsten Innern erschüttert zu werden.

Noch gibt es da oben ein Phänomen zu betrachten, das um so merkwürdiger ist, als schon Cyrillus im vierten Jahrhundert und seither zahllose Pilger desselben Erwähnung gethan haben. Wir meinen den Felsenriß, der nach Matth. 27, 51. beim Verscheiden des Erlösers entstund. Dieser Felsenriß gewährte mir, abgesehen von seiner höhern Bedeutung, den Vor-

Theil, daß ich, in denselben hinabblickend und mit der Hand hineinlangend, die Ueberzeugung von der Existenz des Naturfelsens unter dem an dieser Stelle durchbrochenen Marmorfußboden der Kapelle gewann. Die Untersuchung der Kreuzesvertiefung lieferte das gleiche Ergebniß. Es steht fest, daß die Golgathahöhe in der hl. Grabeskirche zu Jerusalem kein künstlicher Hochbau, sondern ein natürlicher Felshöcker ist. Andererseits scheint die Erhöhung durch das Werk der Menschen bedeutende Veränderungen erhalten zu haben. Nach Sepps wahrscheinlicher Hypothese hätte man, in der Absicht, für den Bau der konstantinischen Basilika eine Ebene zu gewinnen, den ursprünglich zum hl. Grab und weiter westwärts sich abdachenden Hügel in der Weise abgehauen, daß dadurch der Golgatha isolirt worden sei. Im Süden wurde der Golgatha ausgehöhlt, wodurch man eine Krypta erhielt, welche unter den drei Kapellen im Niveau der Gesammtkirche liegt. Die Krypta trägt den Namen der Adamskapelle, weil nach einer althebräischen Sage daselbst der Schädel des Adam begraben sein soll. Vor dem Eingang bezeichnen zwei nackte Mauerbänke die einstigen Grabstellen Balduins und Gottfrieds von Bouillon. Nachdem die wilden Charesmier im Jahre 1244 die Leichname der Helden verbrannt hatten, schafften die Griechen nach dem Brande von 1808 die von jenen Barbaren belassenen Särge noch fort, obschon dieser Theil der Kirche von dem Feuer verschont geblieben war. Uns wundert, daß Frankreich in einer Zeit, wo man allen möglichen Berühmtheiten Denkmäler errichtet, nicht längst daran dachte, die Grabmonumente jener glorreichen Ahnen an Ort und Stelle wieder neu zu erstellen.

Verlassen wir jetzt den Hügel von Golgatha und sehen uns in den noch nicht beschriebenen Theilen der Grabkirche um. Wir haben oben gesagt, daß der Chor der Griechenkirche nach Westen in einem Halbkreise sich abschließe. Zwischen diesem Abschluß und der parallelen äußern Umfassungsmauer läuft ein halbrunder Gang, auf welchen mehrere in die Mauer eingreifende Stationskapellen sich öffnen. Von da steigt man durch eine Thüre in der Mauer auf achtundzwanzig Stufen in die Helenakapelle und auf weitern dreizehn Stufen in die Felsengrotte des Kreuzfundes hinab. Die letztere, wo man die drei Kreuze gefunden haben soll, ist ein wirklicher Felsenraum, die obere dagegen zeigt einen von vier röthlichen Marmorsäulen getragenen Gewölbebau, der von einer Kuppel überragt wird und, wie man glaubt, über dem Orte errichtet wurde, wo die heil. Helena während des Aufsuchens der Kreuze gebetet habe. Beide Kapellen zusammen werden als die dritte Hauptabtheilung der Gesammtkirche betrachtet. Im Grunde sind sie nur ein äußerer Anbau derselben, da sie außerhalb der das Katholikon und den Grabdom gemeinschaftlich einschließenden Umfassungsmauer angelegt sind.

Noch müssen wir zum Schlusse unserer Beschreibung eines andern bemerkenswerthen Anbaues erwähnen. Nördlich des Grabdoms liegt die Frauen- oder Magdalenakapelle, ihren Namen der Ueberlieferung verdankend, daß an dieser Stelle der auferstandene Christus der Magdalena als Gärtner erschien. An diese Kapelle, die einzige der Gesammtkirche, die eine Orgel besitzt, stößt gleichfalls nördlich eine andere etwas höher gelegene an, welche, mit Chorstühlen versehen, den Franziskanern zum Versammlungs- und Ausgangspunkt ihrer täglichen Umgänge dient. Beide Kapellen sind ausschließlich katholisch. Von der letztern führt ein dunkler Gang zu einem fernern Anbau hinauf, der aus wenigen feuchten und finstern Gemächern besteht. Hier wohnen Jahr aus Jahr ein, alle drei Monate gegenseitig sich ablösend, je zwölf Franziskaner zu dem Zwecke, das Mitanrecht der katholischen Kirche an der Grabkirche zu wahren, und mit der Verpflichtung, bei Tag und bei Nacht den Dienst des Chorgesangs, den Besuch der Stationen und die kirchlichen Funktionen zu versehen. Wie weit dieser Kultus in das christliche Alterthum hinaufreichen müsse, geht daraus hervor, daß die griechischen, armenischen und koptischen Mönche ihrerseits dasselbige thun. Es ist eine allseitige, unausgesetzte Wache am Grabe des Erlösers, eine permanente Anbetung des Gottmenschen, die beinahe buchstäbliche Befolgung und Verkörperung jener inhaltsschweren Worte, welche einst der große Völkerapostel an die Thessalonicher schrieb.*)

Wir halten es für angezeigt, dieser unserer Beschreibung der Grabeskirche noch eine übersichtliche Skizze ihrer Geschichte hierorts nachfolgen zu lassen.

Als der Kaiser Konstantin im Anfang des vierten Jahrhunderts die Christusreligion annahm, war es eine seiner ersten Sorgen, über den Todes- und Auferstehungsstätten des Erlösers ein würdiges Gotteshaus zu errichten. Damals war das Grab mit Erde und Schutt überdeckt, es stand über demselben eine Statue des Jupiter und über der Kreuzigungsstätte eine solche der Venus, welche beide Kaiser Hadrian hatte aufstellen lassen.**) Wo also diese Götterbilder stunden, hatte man nach dem Grabe und den Kreuzen zu suchen. Konstantin ließ jene entfernen und den Schutthügel wegheben. Da kam auf einmal die ehrwürdige Felsengruft, augenscheinlich aus dem Felsen gehauen, zu Tage und allgemeines Erstaunen erregte ihre vollständige Erhaltung.***) Gleichzeitig wurden die drei Kreuze gefunden — und man wird auch über diese Thatsache weniger ungläubig den Kopf schütteln, wenn man erwägt, daß, wie Sepp aus dem babylonischen Talmud erweist, es Sitte bei den Juden war, das Werkzeug der Hinrichtung in der Erde zu verscharren.

Der Bau begann im Jahr 326 bald nach dem Schlusse des Concils von Nicäa und wurde 334 vollendet. Gleich

---
*) „Betet ohne Unterlaß." 1. Theſſal. V, 17.
**) So meldet Hieronymus. Siehe die Stelle auf Seite 338 dieses Werkes.
***) Siehe die hierauf bezüglichen Stellen des Eusebius auf Seite 339 und 340 dieses Werkes.

Orientaliſche Auszüge.

viele Zeit hatte Herodes für den Tempelbau auf Moria gebraucht, Salomo für den seinen sieben Jahre.

Die konstantinische Kirche war eine Basilika, d. h. in jenem urchristlichen, den gleichbenannten römischen Gerichtshallen entnommenen Baustile erstellt, deren großartigsten Typus die Paulskirche zu Rom in der Gegenwart darstellt. Die Grundform der Basiliken bestund aus einem länglichten Vierecke, welches an der einen Schmalseite mit einer großen halbrunden Nische abschloß. Während diese Nische (die sog. Apsis) in den Gerichtshallen zur Tribüne der Richter, in den christlichen Basiliken zum Sitze des Bischofs und der assistirenden Priesterschaft diente, war das durch Säulenreihen gegliederte Langhaus dort für den Geschäfts- und Handelsverkehr, hier für die Aufnahme der christlichen Gemeinde bestimmt. Auf der Grenze zwischen Apsis und Langhaus stund in den Kirchenbasiliken der Altar, meist über dem Grabe eines Märtyrers, und bildete, vom säulengetragenen Baldachin überdacht, allen Blicken zugänglich, den feierlichen Schlußpunkt des Ganzen. Die Eingänge hatte man an der der Apsis gegenüber liegenden Schmalseite angebracht. An dieselben schloß sich eine Vorhalle an, welche als Aufenthaltsort für die Katechumenen und Büßer während der heiligen Handlungen diente, denen sie noch nicht anwohnen durften.

Nach den Berichten von Augenzeugen gehörte die in den großartigsten Dimensionen angelegte Basilika zu Jerusalem unter die herrlichsten Bauwerke der damaligen Zeit. Die Apsis oder das Hemisphärium lag im Westen und umschloß das Grab des Erlösers, welches von zwölf Säulen zu Ehren der Apostel im Kreise umstellt war. Nach Osten durch eine Mauer abgeschlossen, bildete der große Halbkreis gleichsam eine Kirche für sich, die den Namen „Anastasis", auf deutsch Auferstehung, erhielt. Zwischen ihr und dem Langhause breitete ein auf drei Seiten durch Säulenreihen begränzter offener Hof oder Garten sich aus. Das Langhaus wurde, weil auf der Stätte von

Golgatha erbaut, das Martyrion geheißen. Es war fünfschiffig, wie die gleichzeitigen Peter- und Paulskirchen in Rom und die Kirche zur hl. Jungfrau in Bethlehem. Vier Säulenreihen trennten die Schiffe, von denen das mittlere auf Säulen von erstaunlicher Höhe und Mächtigkeit über die Seitenschiffe emporragte. Diese letztern trugen erhöhte Gallerien, sog. Emporen — eine Anlage, die der Orient mit Begierde ergriff, um die Absonderung des weiblichen Geschlechtes zu ermöglichen. Buntfarbiger Marmor verkleidete die Wände und ein kunstreiches Mosaikpflaster belegte den Boden, während die reich vergoldete Decke einen wahren Lichtglanz über das Innere des Tempels verbreitete. Oestlich an das Langhaus anstoßend erhob sich die Vorhalle, zu welcher man durch prachtvolle Propyläen auf Stufen emporstieg.

Wenn man — sagt Tobler — unten auf dem Markte stund und gegen Abend durch die Propyläen zu der hoch aufragenden Basilika aufblickte, mochte man von Erstaunen ergriffen werden. Und wie entzückend mußte der Niederblick vom Oelberge sein, wenn die Morgensonne ihren Goldglanz über den spiegelglatten Marmorbau ergoß! Wie ist es zu beklagen, daß das erhabene Denkmal altchristlicher Baukunst dahin ist!

Es ist aber ferner auch das zu beklagen, daß durch den Bau Konstantins die evangelischen Gedenkstätten ihre ursprüngliche Gestalt eingebüßt haben. Wir erwähnten der Veränderungen, welche nach Sepps wahrscheinlicher Vermuthung der Golgatha erlitt. Noch größere Umgestaltungen wurden damals an dem hl. Grabe vollzogen. Es melden Eusebius und Cyrillus, daß auf Konstantins Befehl die Vorkammer rasirt, die eigentliche Grabkammer dagegen erhalten, jedoch durch Wegarbeiten des umgebenden Felsens zu einem Monolithe isolirt worden sei. Auf diese Weise machte man das Grab Christi zu einer Felsenkapelle, welche mit Marmor verkleidet und zu einem kunstreichen Denkmal verarbeitet ward.

Die Basilika Konstantins stund gegen drei Jahrhunderte

aufrecht. Während dieser Zeit war die Weltlage eine andere geworden. Das Römerreich, durch Konstantins Söhne in eine Ost- und Westhälfte getheilt, hatte aufgehört, der alleinige Weltherrscher zu sein. Den Westen hatten die germanischen Völker erobert, während das Ostreich, durch Belisars Siege momentan wieder erstarkt, in einen nie enden wollenden Krieg mit den Persern gerieth, deren junges Reich aus den Trümmern der Macht der Parther erstanden war. Diese Perser erstürmten im Jahre 614 Jerusalem und warfen, aufgestachelt, wie es scheint, durch die Juden und Magier, Feuerbrände in die Kirchen der Christen. Da stürzte der majestätliche Säulenwald der Anastasis und Kreuzigungsstätte donnernd zusammen. Gleiches Schicksal erlitten die Kirchen auf dem Oelberge und die Gotteshäuser im Thale Gethsemane. Das hl. Kreuz wurde fortgeschleppt und der Patriarch Zacharias nach Persien abgeführt.

Allein die Idee, die im Wunderbaue Konstantins verkörpert war, die heilige Begeisterung für jenen Erdenfleck, wo die größte That der Weltgeschichte sich vollzogen hatte, konnte durch die versengende Flamme nicht ausgetilgt werden.

Schon zwei Jahre nach dem Brande begann der Vice-Patriarch Modestus den Neubau und führte denselben unter finanzieller Beihülfe des Patriarchen von Alexandrien im Laufe eines Decenniums zu Ende. Dieser Neubau richtete freilich die alte Basilika nicht wieder auf, sondern bestund aus vier gesonderten Kapellen, welche innert der alten Grundmauern über den geheiligten Stätten aufgeführt wurden. Man hieß sie je nach ihrem Standorte die Auferstehungs- und Golgathakirche, die Konstantinskirche, über dem Orte des Kreuzfundes, und die Marienkirche über der jetzt noch gezeigten Stelle im Süden erbaut, wo der Leichnam Christi in Gegenwart der Gottesmutter zur Begräbniß vorbereitet und gesalbt worden sein soll.

Das geschah während noch die Perser in Jerusalem herrschten. Bald hernach wendete sich das Kriegsglück zu

Gunsten der Griechen. Nachdem Chosroes von seinem eigenen Sohne ermordet worden war, lieferte der Kaiser Heraklius den Persern eine siegreiche Schlacht. Es erfolgte ein vortheilhafter Friede, kraft welchem die hl. Stadt wieder an das Byzantinerreich zurückfiel. Da kam Heraklius in Person nach Jerusalem und trug am 14. September 629, allen fürstlichen Schmuckes entkleidet, baarfüßig, das einst von den Persern entführte, aber wiedergewonnene hl. Kreuz in die Kirche zurück.

„Angst und Noth währt bis in Tod," so las ich einst unter dem lebensgroßen Bilde eines alten Schweizermannes, welches in einem Privathause zu Solothurn aufbewahrt wird. Dieser Kernspruch paßt vollkommen auf die Lage der Christen im hl. Lande. Kaum war das Joch der Perser gebrochen, als urplötzlich aus den Steinwüsten Arabiens eine Macht hervorbrach, welche der Schrecken der Christenheit wurde und das Oströmische Reich in seinen Grundfesten erschütterte. Mahomed war aufgetreten, hatte die kriegerischen Nomadenstämme der großen Halbinsel um sich gesammelt und denselben das Gebot aufgegeben, die Welt dem neuen Glauben mit dem Schwert zu erobern. Ihr erstes Angriffsobjekt bildete das nachbarliche Syrien, weßwegen Jerusalem sich schon im Jahre 637 an Omar, den nachherigen Kalifen, ergeben mußte. Glücklicherweise war der arabische Eroberer eine edlere Natur als weiland der Perser. Er nannte Jerusalem „das Haus des Heiligthums," weil die Ereignisse, deren Schauplatz es gewesen, auch von den Mahomedanern für theuer und bedeutungsvoll gehalten wurden. Deßwegen schonte er die christlichen Gotteshäuser und erbaute für den mahomedanischen Kultus eine Moschee auf dem Platze, wo der Tempel Salomo's gestanden war.

Eine schöne Zeit trat für das Morgenland ein, als Harum-Al-Raschid den arabischen Weltstaat regierte. Dieser geniale Kalife handhabte die Gerechtigkeit, pflegte Künste und Wissenschaften, schützte die Christen vor jeglicher Unbill und reichte dem großen Karl im Abendlande zum Friedensbunde die Hand.

Nicht nur ließ er demselben kostbare Geschenke morgenländischer Künstler überbringen, sondern sendete ihm auch einen Ferman, kraft welchem er ihm die Grabeskirche als Eigenthum abtrat. Dadurch wurde Karl der Große Schutzherr des Heiligthums und verordnete sofort, daß eine Bibliothek nebst einem Pilgerhaus zu Jerusalem errichtet werden solle. Von daher datiren die Ansprüche der Abendländer auf die Sanktuarien des hl. Landes — Ansprüche, welche um so bedeutungsvoller werden sollten, als bald hernach Konstantinopel durch das Schisma des Photius von der Einheit der Gesammtkirche sich losriß.

Anders gestalteten sich die Dinge, als die milde Herrschaft der Abassiden in Syrien und Aegypten durch die Dynastie der Fatimiden verdrängt wurde. Denn von da an begann eine Periode fanatischer Bedrückung der paläftinenfischen Christen. Die Grabeskirche wurde in dem Zeitraum eines halben Jahrhunderts zweimal durch Feuer zerstört: das erstemal im Jahre 969 durch Moez den Kalifen und das zweitemal, nachdem sie mit Hülfe reicher Kaufleute theilweise wieder erstellt worden war, 1010 durch Hakem, den Stifter der Drusensekte, wobei auch das heil. Grab eine gründliche Zerstörung erlitt. Allein trotz dieser Schicksalsschläge erhielt sich der altüberlieferte Gedanke, daß der Auferstehungs- und Leidensort des Herrn durch ein Gotteshaus geehrt werden müsse, ungebrochen im Gemüthe der Christenheit fort. Nachdem der griechische Kaiser Romanus II. von dem Sohne Hakems die Erlaubniß zum Neubau ausgewirkt hatte, wurde binnen wenigen Jahren die Grabrotunde auf Grund des alten Planes wieder aufgeführt und innert derselben eine, die ursprüngliche Grabeshöhle nachahmende Auferstehungskapelle aus Quadern errichtet. An den Stätten der Kreuzigung und Salbung erhoben sich Kapellen von mäßiger Größe.

Im Jahre 1077 wurde Jerusalem von den turkomanischen Seldschulen erobert. Dieses Ereigniß hatte keinen Einfluß auf den Bestand der Gebäude, wohl aber auf die Lage der dortigen Christen, sowie der eben damals in großer Zahl aus dem Abendlande herströmenden Pilger, welche nun vielfachen Gefahren und Mißhandlungen ausgesetzt waren. Zu den Pilgern zählte auch der Einsiedler Peter von Amiens. Zurückgekehrt in sein ritterliches Frankreich, schilderte derselbe seinen Landsleuten die Leiden der Christenheit im heil. Lande mit glühenden Farben und wurde durch seine begeisternden Vorträge zum Urheber der Kreuzzüge. Wohl mag es dem ascetischen Manne nicht all zu schwer geworden sein, die ohnehin für Krieg und Abenteuer schwärmenden Heldennaturen jener Zeit für seinen Zweck zu entflammen. Bekanntlich wurde Jerusalem den 6. Juni 1099 durch Gottfried von Bouillon erstürmt. Mit diesem Tage beginnt ein neuer Abschnitt in der Geschichte der Grabeskirche. Denn die Kreuzfahrer säumten nicht, die von ihnen befreiten heiligen Stätten durch einen neuen, schönern Tempelbau zu verherrlichen, da derjenige, den sie vorfanden, den Anforderungen des mittelalterlichen Kunstsinns in keiner Weise genügte.

War die Säulenbasilika Konstantins ein Meisterwerk der antiken Baukunst gewesen, so zeigte die Kirche der Franken ein Prachtexemplar des gothisch-romanischen Stils. Ueber der Grabkapelle erhob sich wie früher eine in Rundbogen aufgeführte Rotunde, getreu der altüberlieferten Gestalt. Dann kam, östlich an dieselbe anstoßend, das Kreuzschiff, deren mittleres, auf Spitzbogen sich erhebendes Quadrat den vier Himmelsgegenden zugekehrt war. An dieses lehnte weiter östlich das Langschiff sich an, welches seinem Grundplane nach noch in dem heutigen Katholikon erhalten ist. Die Ostseite des Langschiffes war vermittelst eines Halbkreises zu einem zweiten Chore konstruirt, so daß die Gesammtkirche analog den meisten Kathedralen jener Epoche im Osten und Westen zwei korrespondirende Chöre einschloß. Der ganze Bau war von schlanken, durch Säulenbündel gegliederten Säulen getragen, während spitzbogige Emporen um den Ostchor und die anschließenden Seitenwände herumliefen.

Nebst der Kirche wurde von den Franken auch die Grabkapelle neu aufgebaut. Sie bildete eine künstliche Höhle aus Quadern, welche den heiligen Felsentrog einschloß. Darüber erhob sich ein zierlicher Söller, von wo aus ein rundgestaltetes Thürmchen emporragte, welches mit einer Silberstatue des auferstandenen Christus in Lebensgröße gekrönt war.

Bekanntlich fiel Jerusalem trotz heldenmüthiger Vertheidigung 1187 in Saladins Hände, ward 1229 an Kaiser Friedrich II. durch Vertrag wieder abgetreten und ging 1244 für die Christen auf immer an die Charesmier verloren. Hatte Saladin, der persönlich die tapfern Männer des Abendlandes hochachtete, gleich seinem Vorgänger Omar die christlichen Heiligthümer geschont, so folgten die letztgenannten Eroberer nicht diesem Beispiele. Diese kehrten ihre Wuth vornehmlich gegen das hl. Grab, zertrümmerten die Kapelle und zerschlugen sogar die Marmortafeln, womit der Grabestrog des Erlösers umkleidet war. Die nach einiger Zeit neu errichtete Kapelle hatte zwar nicht wie die frühern von der Gewaltthätigkeit der Menschen zu leiden; aber der Zahn der Zeit setzte ihr dermaßen zu, daß sie im Anfang des sechszehnten Jahrhunderts mit dem gänzlichen Einsturz bedroht war. Als man nun im Jahre 1555 den alten Bau abtrug und bis auf den Boden niederlegte, um ein neues, dauerhafteres Werk auszuführen, da geschah es, daß das in Fels gehauene Grab des Herrn wieder aufgedeckt ward. Zahlreiche morgen- und abendländische Christen waren Zeugen der Erscheinung und wurden bei dem Anblicke zu Thränen gerührt. Man sah in dem Grabe zwei gemalte Engel, deren einer auf einem Spruchbande die Worte zeigte: „Surrexit, non est hic," der andere auf den Spruch hinwies: „Videte locum, ubi positus erat." Die Bilder verschwanden aber sofort beim Hinzutritt der Luft. Ferner wurde in dem offenen Grabtroge ein in ein kostbares Schweißtuch gehülltes Holz vorgefunden. Allein auch jenes Tuch zerfiel bei der ersten Berührung und die Inschriften am Holze waren dermaßen verdorben, daß man nur noch die Worte, „Helena magni" zu lesen vermochte.

Immerhin betrafen die seit den Kreuzzügen eingetretenen Verwüstungen lediglich die eigentliche Grabkapelle, während die Kirche selber sich bis zu Anfang des gegenwärtigen Jahrhunderts in dem Zustande erhielt, in welchem sie aus der Hand der Kreuzritter hervorgegangen war. Chateaubriand, der im Jahr 1807 Jerusalem besuchte, hat dieselbe zum letzienmal beschrieben. Denn in der Nacht vom 12. Oktober 1808 brach, durch heftigen Nordwind gefördert, ein Brand aus, welcher, fünf Stunden lang andauernd, den ganzen westlichen Theil des Tempels, d. h. den eigentlichen Grabdom zerstörte. Wie durch ein Wunder blieb jedoch die Grabstätte in ihren wesentlichen Bestandtheilen erhalten, eine Thatsache, die durch damals anwesende Europäer, worunter englische Protestanten, bezeugt worden ist. Der jetzt bestehende, von uns anfänglich beschriebene Neubau der Grabeskirche wurde von den Griechen errichtet. Er ist im Großen und Ganzen geschmacklos und kann sich in Bezug auf Reichthum und architektonische Schönheit weder mit der Basilika Konstantins noch mit dem Bau der Kreuzfahrer messen.

So ist also die hl. Grabeskirche viermal zerstört und sechsmal erbaut worden. Immer wieder verjüngt aus der Asche emporsteigend, sinnbildet sie in ihrer Geschichte einerseits die Thatsache der Auferstehung und anderseits die Geschichte des Christenthums selber, das die Weltstürme hie und da beugen, aber niemals zernichten können.

Es erübrigt uns am Schlusse dieses Abschnittes der Polemik zu gedenken, die sich in neuerer Zeit in Betreff der Frage entsponnen hat, ob die heutige Grabkirche wirklich über den wahren Stätten der Kreuzigung und Auferstehung Christi errichtet sei. Unbestritten ist, daß die Grabkirche an der Stelle der Basilika Konstantins stehe, unbestritten ferner, daß die

Tradition von der Aechtheit der in der Kirche eingeschlossenen Gedenkstätten seit Konstantin keine Unterbrechung erlitt. Die Frage dreht sich somit nur um den Punkt, ob Konstantin selber bei Erbauung seiner Basilika den richtigen Standort jener Gedenkstätten getroffen habe. Der erste Zweifel gegen die Aechtheit wurde von dem Buchhändler Korte in Halle erhoben. Nach ihm haben Clarke, Robinson, Tobler, John Wilson, Tischendorf dieselbe bestritten, während sie von Chateaubriand, Williams, dem verstorbenen preußischen Konsul in Jerusalem, Dr. Schultz, Wislin, Sepp und in neuester Zeit von dem Neuenburger Bovet vertheidiget wurde. Auch der in der Archäologie Jerusalems viel bewanderte Dr. Rosen, zur Zeit preußischer Konsul daselbst, glaubt an die Aechtheit. Unentschieden wird die Frage von Raumer, Wolf und Ritter belassen. Da dieselbe eine zarte Saite des christlichen Gemüthes berührt, so erlauben wir uns, auch unsern Standpunkt zur Sache in nachfolgender Erörterung darzulegen.

Zwei Einwürfe werden gegen die Aechtheit der Gedenkstätten in der Grabeskirche vorgebracht. Der eine geht von der Voraussetzung aus, als sei der Platz, wo die Grabeskirche steht, zu Christi Zeit innerhalb der Stadt gelegen gewesen. Da nun Christus nach Joh. XIX, 20. außerhalb der Stadt gekreuzigt und begraben worden ist, so können, insofern jene Voraussetzung sich als richtig erweist, die wahren Stätten seiner Kreuzigung und Begräbniß nicht von jener Kirche umschlossen sein. Der andere Einwurf leitet aus dem Umstande, daß wir wenig oder gar keine Zeugnisse aus den ersten drei Jahrhunderten über die Sache besitzen, die Schlußfolgerung ab, daß die Tradition bezüglich jener Gedenkstätten nicht weiter als bis in die Zeiten Konstantins hinaufreiche.

Was die erste Einwendung betrifft, so stehen vor allem folgende zwei, von Niemanden bezweifelte Thatsachen fest: der Ort, wo die Grabkirche steht, lag jedenfalls außerhalb der ersten Mauer und wurde die dritte, welche ihn einschloß, erst neun Jahre nach dem Tode des Heilandes erbaut. Somit kommt hier nur die zweite Mauer in Betracht und fällt die Frage, ob die Baustelle der Grabkirche inner- oder außerhalb der Stadt, wie sie zu Christi Zeit bestanden hat, versetzt werden müsse, mit der Frage zusammen, wie man den Lauf dieser zweiten Mauer zu ziehen hat.

Wir haben oben gesagt, daß hierüber eben zwei Meinungen herrschen. Die Einen lassen die Mauer nahe am Hippikus beginnen und weisen ihr ungefähr den Lauf der heutigen nordwestlichen und nördlichen Stadtmauer an. Diese Linie schließt die Grabkirche ein. Nach den Andern hätte die zweite Mauer ihren Anfang mehr östlich ungefähr in der Gegend des jetzigen Bazars genommen, von wo sie in der Linie der heutigen Damaskusstraße nordwärts verlief und die westlich gelegene Grabkirche ausschloß.

Diese letztere Meinung wird nun von ihren Anhängern durch nachfolgende gewichtige Gründe unterstützt:

1) Aus der früher citirten Stelle des Josephus geht jedenfalls so viel hervor, daß die zweite Mauer nicht an den Hippikus ansetzte. Der jüdische Geschichtsschreiber unterscheidet genau. Während er als Anfang der ersten und dritten Mauer den Hippikus nennt, läßt er die zweite vom Gennaththor ausgehen. Wir haben nachgewiesen, daß das Gennaththor östlich vom Hippikus lag, und angedeutet, daß man eine ordentliche Entfernung zwischen den beiden Standpunkten annehmen müsse. Denn hätten die zweite und dritte Mauer nahe aneinander begonnen, so würde sich, da beide direkt nach Norden ausliefen, das unwahrscheinliche Ergebniß herausstellen, daß man zwei Parallelwälle in nächster Nähe erbaut hätte.

2) Man dürfte kaum allzusehr fehlgreifen, wenn man mit Sepp das Verhältniß zwischen der Anzahl der Thürme der ersten und zweiten Mauer als Maßstab annimmt, um den Umfang der letztern approximativ zu bestimmen. Nun zählte die erste Mauer sechzig, die zweite nicht über vierzehn Thürme.

Jene hatte nach den ziemlich übereinstimmenden Angaben der Gelehrten einen Umfang von zwanzig römischen Stadien oder fünfzig Minuten. Daraus ergibt sich, wenn man die Gleichheit der Abstände zwischen den Thürmen in beiden Mauern voraussetzt, daß die zweite Mauer keine Viertelstunde an Länge betrug, und weil sie nach Josephus den nördlichen Stadttheil umschloß, so ist es geradezu unmöglich, dieselbe so weit nach Westen zu verlegen, daß dadurch der Ort der Grabkirche eingeschlossen worden wäre.

3) Einige behaupten, daß das alte Gennathlhor noch existire, und es wurde mir dasselbe in einem nahe beim Bazar versunkenen Thorbogen vorgewiesen, über welchem eine Hausmauer aufgebaut ist. Allein ich möchte hierauf nicht zu viel geben, da ich viele solcher versunkener Thore und Gewölbe zu Jerusalem wahrgenommen habe. Wichtiger sind die Ueberreste einer südnördlichen Mauer auf dem an die Damaskusgasse westlich angrenzenden Platze des ehemaligen Johanniterspitals, von denen selbst Tobler erklärt, daß, wenn man sie als Bestandtheile der zweiten Mauer gelten lassen wolle und diese von da, wo die Richtung jener Reste hinweist, gegen Mitternacht zieht, der Tempel des Christusgrabes ausgeschlossen wäre. Auf die bezeichnete Linie würden dann auch die Säulenreste zu stehen kommen, welche im Bazar und bei dem sog. Gerichtsthor gesehen werden.

4) In der illustrirten Monatsschrift wurde seiner Zeit durch Westermann nachfolgende Thatsache mitgetheilt: man sei bei der Grundlegung zum russischen Konsulatsgebäude im April 1860 an der vom Damaskusthore hereinlaufenden und mit der via dolorosa einen rechten Winkel bildenden Sul es Semani-Gasse in der Tiefe von 20—30 Fuß auf eine Mauer gestoßen, welche 20 Fuß weiter gegen Westen strich, dann aber plötzlich gegen Süden umbiegend, die hl. Grabeskirche westlich liegen ließ.*)

---

*) Westermann, Illustr. Monatsschrift 1860 Mai S. 233.

5) Den triftigsten Grund für die Meinung, der gemäß die zweite Mauer den Ort der Grabkirche ausschloß, dürfte man mit Bovet aus der Ortslage entnehmen. Man erkennt auf dem ersten Gang durch Jerusalem, daß in der Mitte des östlichen Abhangs der Westhügelkette eine breite Stufe sich vorfindet, wovon die Damaskusstraße die östliche Grenzlinie bildet, während die Grabkirche an deren Westseite steht. Es lag nahe, die zweite Mauer auf dieser Stufe zu bauen, wenn man sie nicht über die Berghöhe längst dem obern Theile des Gihonthales durchführen wollte. Der Grund, warum man von dem letztgenannten Trace absah, mag darin gelegen sein, daß zur damaligen Zeit der nordwestliche Erdrücken noch nicht bewohnt war und man der Mauer keine unnütze Ausdehnung geben wollte. Es ist nicht anzunehmen, daß die Mauer sich an dem Abhange hinzog, denn in diesem Fall würde irgend eine Ebnung, Senkung oder Bodenerhöhung ihre Spur beurkunden, wovon aber nichts wahrzunehmen ist.

Gegen diese Gründe wird nun von den Gegnern des heutigen Golgatha vor Allem der strategische Gesichtspunkt hervorgehoben. Es sei unwahrscheinlich, daß die zweite Mauer den dominirenden Höhepunkt im Nordwesten ausgeschlossen und einen großen Theil der Nordseite der Altmauer bloß gelegt hätte. Auch führt Robinson als Beweismittel seine Akra ins Feld. Dieser Stadttheil wäre außerhalb der zweiten Mauer zu stehen gekommen, wenn man dieselbe allzusehr nach Osten verlegte. Und gerade die Akra zu schützen sei, meint Robinson, der Hauptgrund der Erbauung der zweiten Mauer gewesen.

Uns scheint, es seien diese beiden Einwürfe leicht zu entkräften. Was vorerst den strategischen Gesichtspunkt betrifft, so darf man nicht außer Acht lassen, daß die zweite Mauer schon 728—644 v. Ch. zu einer Zeit erbaut wurde, wo die antike Kriegs- und Belagerungskunst noch wenig ausgebildet war. Die damaligen Israeliten hatten nur gegen die rohen Horden der Philister und arabischen Stämme zu kämpfen, welche mit den spätern Wurfmaschinen der Römer noch unbekannt waren. Es schien daher unnöthig, die Höhen zu schützen, sondern genügte, den vorhandenen Häuserkomplex außer der Altstadt mit einem Walle zu umgeben. Robinson seinerseits vergißt, daß die Burg Akra, von welcher der sie umgebende Stadttheil den Namen erhielt, wohl nahe an 500 Jahre nach Erbauung der zweiten Mauer erstellt worden ist. Wahrscheinlich legte jener Stadttheil sich erst um die Burg an und hat zur Zeit der Erbauung der zweiten Mauer gar nicht existirt. Uebrigens ist dem Argumente des amerikanischen Professors der Boden entzogen, wenn seine Hypothese bezüglich der Lage der Akra, resp. des Thales Tyropöon, eine unrichtige ist. Daß sie es sei, haben wir in einem frühern Abschnitte nachzuweisen versucht.

Ein anderes Argument wurde gegen die Zeichnung der zweiten Mauer östlich der Grabkirche aus dem sog. Patriarchenteiche hergeholt, welcher westlich der Grabkirche liegt. Man wollte nämlich in demselben den Teich des Königs Hiskias erkennen. Da nun der letztere den Angaben der Bibel gemäß innerhalb der Stadt sich befand, somit von der Westmauer eingeschlossen war, um so mehr müßte dies bei dem noch mehr östlich gelegenen Standorte der Grabkirche der Fall gewesen sein. Diese Schlußfolgerung wäre nicht zu bestreiten, insofern man die Identität beider Teiche als eine erwiesene Thatsache voraussetzt. Allein der bibelkundige Bovet hat diese vermeintliche Identität gründlich widerlegt und gezeigt, daß der Hiskiasteich eher in dem heutigen Birket-es-Sultan im Thale Gihon gesucht werden müsse. *)

Wir geben zu, daß durch die vorhergehenden Erwägungen die Frage wegen des Laufes der zweiten Stadtmauer noch nicht vollständig gelöst sei. Sie wird es erst dann sein, wenn umfassende Ausgrabungen die Fundamente der Mauer werden

---

*) S. Felix Bovets Reise ins gelobte Land. Note I.

aufgedeckt haben. Jedenfalls ist zur Stunde so viel gewiß, daß die Meinung, welche die hl. Grabkirche durch jene zweite Mauer einschließen läßt, am allerwenigsten erwiesen ist. Und wäre sie es auch — es würde daraus die Unächtheit der von der Kirche umschlossenen Erinnerungsstätten noch nicht gefolgert werden dürfen. Denn es ist leicht möglich, daß die evangelischen Erzähler der Leidensgeschichte Jesu nach einem damals üblichen Sprachgebrauch unter dem Ausdrucke „Stadt" lediglich die von der ersten Mauer umschlossene Alt- oder Zionstadt verstanden haben. Diese Vermuthung wurde unter andern von Fallmerayer ausgesprochen und könnte durch analoge Sprachweise aus andern Städten gerechtfertigt werden. So wird z. B. jetzt noch eines der Quartiere in London die City geheißen.

Wir betrachten nun den zweiten Einwurf, welcher gegen die Aechtheit des heutigen Golgatha und hl. Grabes angebracht wird, darin bestehend, daß man, gestützt auf den Mangel an Zeugnissen aus den ersten drei Jahrhunderten, die Tradition als eine später entstandene ausgeben will. Dieser Schluß ist durchaus nicht gerechtfertigt. Wenn jede Thatsache durch gleichzeitige Schriftsteller beglaubigt sein müßte, so könnte man drei Viertheile aus der Geschichte hinwegstreichen und im vorliegenden Fall kann jener Mangel um so weniger maßgebend sein, als namentlich in Folge der Vernichtung der „Alexandrinischen Bibliothek" überhaupt wenige Quellen aus der christlichen Urzeit auf uns gekommen sind. Daß wir keine Zeugnisse aus den ersten drei Jahrhunderten über die Fortdauer der Tradition bezüglich der Leidens- und Begräbnißstätten des Heilandes besitzen, beweist nicht, daß auch die Männer des vierten Jahrhunderts keine solche besaßen, und hätten sie auch keine besessen, so würde das noch nicht beweisen, daß die Tradition nicht schon vor ihnen bestanden habe.

Gewichtige innere und äußere Gründe sprechen dafür, daß die Kenntniß der Orte, wo der Weltheiland am Kreuze verblutete, begraben ward und vom Tode erstund, nimmer verloren gehen konnte. Die ersten Christen hatten nichts gemein mit jenen modernen Puritanern, welche alle gemüthlichen Beziehungen aus der Religion verbannt wissen wollen. Wie die ersten Christen zu Rom die Gräber der Märtyrer ehrten, ist aus den dortigen Katakomben ersichtlich. Und die gemüths- und phantasiereichen orientalischen Gläubigen zu Jerusalem hätten das Felsengrab des ersten und höchsten der Märtyrer nicht bleibend sich merken und hochhalten sollen? Sie hätten den Ort der Auferstehung vergessen, der Auferstehung, die der Kernpunkt ihrer Lehre, das Fundament ihres Glaubens, die Gewähr ihrer Hoffnung auf eine selige Unsterblichkeit war? Das anzunehmen hieße dem innersten Wesen der Menschennatur widersprechen. Ueberall und zu allen Zeiten wurden und werden die Orte, wo wichtige Begebenheiten sich zugetragen haben, in der Erinnerung der Menschheit fixirt. Es ist daher ein kindisches Raisonnement, aus dem Schweigen der neutestamentlichen Bücher folgern zu wollen, als hätten die Apostel und ersten Gläubigen die durch die großen evangelischen Thatsachen geheiligten Stätten keiner besondern Beachtung gewürdigt — wie wenn die Evangelisten alles Geschehene hätten aufschreiben können und in solchen Dingen der Spruch gelten müßte: „Quod non est in actis non est in mundo."

Die ganze Urgeschichte des Christenthums zeigt, daß die Tradition bezüglich der heil. Stätten eine ununterbrochene gewesen sein mußte. Schon wenige Tage nach der Himmelfahrt Christi empfingen dreitausend Neubekehrte die Taufe. (Apstg. II, 41.) Bald hernach zählte die Gemeinde an fünftausend Männer (Apstg. IV, 4) und vermehrte sich seither in steigender Progression. (Ebend. VI, 7.) Alle diese Neubekehrten, sämmtlich zu Jerusalem wohnhaft, kannten die Richtstätte des Herrn und haben gewiß diese Kenntniß ihren Kindern überliefert. Das Grab lag auf Golgatha selber nahe der Stätte der Kreuzigung. (Joh XIX, 41 und 42.) „Es war ein neues Grab, wohin noch Niemand gelegt worden war," daher leicht zu erkennen.

(Luk. XXIV, 53.) Vierzig Jahre nach der Kreuzigung Christi wurde Jerusalem durch Titus zerstört. Bekanntlich waren aber die Christen, eingedenk der vom Herrn erhaltenen Mahnung (Lukas XXI, 20, 21 u. Matth. XXIV, 6), vor dem Beginn der Belagerung nach Pella jenseits des Jordan entflohen. Sie kehrten aber bald nach dem Abzug der Römer zurück und ließen sich unter den Trümmern Jerusalems nieder*), eine Ansiedelung, die Niemanden befremden wird, der gesehen hat, wie jetzt noch die gemeinen Orientalen in den Gewölben verlassener Bauten und in elenden Steinhütten ihre Wohnungen herrichten. Unter den Heimgekehrten mochten Viele sich vorfinden, welche zu den Zeiten Christi gelebt hatten, und diese unschwer die Stätte von Golgatha wieder erkennen.

Träger der Tradition waren unter andern die Bischöfe, die sich in ununterbrochener Reihe von dem im Jahre 60 nach Chr. als Märtyrer verstorbenen Jakobus Alphäus bis auf Konstantin folgten. Unter ihnen glänzte im Anfange des dritten Jahrhunderts der kappadocische Alexander, der eigens nach Jerusalem gekommen war, um die Geschichte der Evangelien an Ort und Stelle zu studiren. Er war ein Freund des Clemens von Alexandria und Begründer der Bibliothek, welche Eusebius zu seiner Kirchengeschichte und Hieronymus zu seiner Schrift „de viris illustribus" benützt haben. Wie wäre es denkbar, daß dieser hochgebildete und wißbegierige Mann nicht auch Kenntniß von dem Orte gehabt haben sollte, wo das Werk der Erlösung vollbracht worden ist? Ferner dürfte hierorts auch die Thatsache ins Gewicht fallen, daß der Evangelist Johannes, welcher neben der Gottesmutter unter dem Kreuze stund, das erste christliche Jahrhundert noch überlebt hat.

In den Jahren 132—136 n. Chr. erbaute der Kaiser Hadrian über den Trümmern Jerusalems eine neue Stadt, der er den Namen „Aelia Capitolina" verlieh. Er ließ

---

*) Euf. Hist. eccl. III, V.

über dem Orte der Kreuzigung eine Statue der Venus, über dem hl. Grabe eine solche des Jupiter aufstellen, in der Absicht, den Glauben der Christen an die Auferstehung des Herrn zu erschüttern. Diese Thatsache, durch Hieronymus bezeugt*), wird durch den Umstand bestätigt, daß der Ort während einiger Jahrhunderte den Namen Venerarium führte.**) Hieronymus bemerkt dabei ausdrücklich, daß die beiden Götterbilder von Hadrian bis auf Konstantin 180 Jahre lang aufgestellt blieben. Dadurch gerade wurden aber die Stätten für Jedermann kenntlich gemacht, und konnte sich die Tradition um so eher in der auch in der Aelia Capitolina fortbestehenden christlichen Gemeinde erhalten.

Es gibt nur Ein Moment in den auf die vorliegende Frage Bezug habenden kirchengeschichtlichen Quellen, welcher einigen Zweifel erregen könnte, ob die Kenntniß der Lage von Golgatha sich bis zu Konstantin unter den Christen Jerusalems forterhalten habe. Es haben nämlich nachkonstantinische Schriftsteller, wie Sozomenus und Gregor von Tours, die Geschichte der Aufdeckung des hl. Grabes in nachfolgender Weise erzählt: „Es sei die Kaiserin Helena im Jahre 326 nach Palästina gewandert. Nachdem sie zu Bethlehem und auf dem Oelberge prächtige Kirchen erbaut, sei ihre fromme Sorge darauf gerichtet gewesen, das Grab und das Kreuz des Er-

---

*) Die Stelle des Hieronymus lautet wie folgt: „Ab Adriani temporibus usque ad imperium Constantini per annos circiter centum octoginta in loco resurrectionis simulacrum Jovis, in crucis rupe statua ex marmore Veneris a gentibus posita colebatur, existimantibus persecutionis auctoribus, quod tollerent nobis fidem resurrectionis et crucis, si loca sancta per idola polluissent." Hier. ad Paulin. p. 102 Epist. XIII. — Nach Eusebius wäre über dem Grabe eine zu Ehren der Venus errichtete Höhle (Opferstätte, Tempelchen??) gestanden. Siehe hienach S. 339 u. 340.

**) Ambrosius in Ps. XLVII. Dominus secundum eccli tractum in *Venerario* (ac Calvario) passus est, qui erat locus in latere aquilonis.

Ufers wieder aufzufinden. Allein obgleich sie bei den Einwohnern (nach einigen Berichten sogar bei den Juden) fleißige Erkundigungen einzog, seien ihre Nachforschungen lange erfolglos geblieben, weil durch die Hindernisse der Heiden erschwert, welche das hl. Grab mit Erde überschüttet hätten. Endlich habe eine göttliche Eingebung ihr die Stellen gezeigt und sofort wurden durch die daselbst vorgenommenen Nachgrabungen sowohl das hl. Grab als die drei Kreuze zu Tage gefördert. Hierauf habe sie im Auftrage ihres Sohnes eine prächtige Kirche über der Stelle erbauen lassen."

Aus der vorgehenden Darstellung hat man nun nachstehendes gefolgert: wenn es zur Auffindung der hl. Orte längerer Nachforschungen oder sogar einer göttlichen Eingebung bedurfte, so beweise das, daß die Tradition über die Lage jener Orte zur damaligen Zeit nicht mehr bestanden habe. Wir läugnen nicht, daß diese Schlußfolgerung eine berechtigte sei, insofern man die Richtigkeit der Prämissen zugibt, d. h. wenn man die obgedachten Berichte über die Nachforschungen der Kaiserin Helena als historisch erwiesene Wahrheit annimmt. Wir aber glauben die Richtigkeit jener Prämissen bestreiten zu müssen. Wir halten die angeblichen Nachforschungen der hl. Helena für Erdichtungen einer spätern Zeit aus dem einfachen Grunde, weil die zur Zeit des konstantinischen Kirchenbau's schreibenden Berichterstatter, namentlich Euseb, Nichts davon wissen, vielmehr die Kenntniß der Lage der mehrbenannten hl. Orte voraussetzen. Denn offenbar sind die Zeugnisse der Zeitgenossen vor andern zu beachten und beanspruchen um so größere Glaubwürdigkeit, als dieselben an Ort und Stelle gewesen sind, während die spätern Kirchenväter fern vom Schauplatze schrieben. Wir lassen hier die Stelle des Euseb über die Bloßlegung des hl. Grabes in wörtlichem Auszuge folgen. Er sagt: „Von dem Wahne befangen, als könnte das Geheimniß der Auferstehung des Herrn gleichzeitig mit dem Grabe versenkt werden, hätten die Heiden eine ungeheure Masse von Erde und anderm

Material auf die Stelle geschleppt, dadurch das Grab des Heilandes verdeckt, sodann den Boden gepflastert und darüber eine Denkstätte der Venus errichtet. Längere Zeit sei der Ort in diesem Zustande geblieben, bis Konstantin, durch die Entweihung empört, denselben reinigen und die heidnischen Bauten abbrechen ließ. Hierauf habe der Kaiser Nachgrabungen an dem Orte vornehmen lassen. Als man auf das alte Bodenniveau gekommen sei, habe man plötzlich wider alles Erwarten das Grab des auferstandenen Christus erblickt." Anläßlich der Worte „wider alles Erwarten" machen Schafter und Sepp die Bemerkung, daß das Erstaunen sich nicht auf den Fund, sondern auf die vollkommene Erhaltung des Grabes bezog.

„Sofort — schreibt Eusebius weiter — gab der Kaiser den Befehl zur Erbauung einer prachtvollen Kirche nahe dem Grabe und wies die Statthalter der Provinzen zur Beschaffung der nöthigen Geldmittel an." *)

Man sieht: es ist in diesem Bericht des Kirchengeschichtschreibers keine Rede davon, daß man über die Lage von Golgatha hätte nachforschen müssen. Vielmehr spricht Euseb von einem heidnischen Denkmal, welches über dem hl. Grabe gestanden sei. Dadurch war die Lage des letztern erkennbar geblieben. Wir bemerkten bereits, daß auch Hieronymus, der wie jener im vierten Jahrhundert gelebt hat, das Vorhandensein jenes Denkmals bezeugt. Ferner sagt Kaiser Konstantin selber in seinem noch erhaltenen Briefe, den er in Sachen der Kirchenbaute an den Bischof von Jerusalem Makarius schrieb: „es habe das am hl. Orte gestandene Götterbild auf seinen Befehl entfernt werden müssen." Endlich gedenkt auch der älteste abendländische Pilger, der Ungenannte von Bordeaux, des „monticulus Golgatha" und der beiden Standbilder des Hadrian. So viel steht fest: daß sich in diesen Zeugnissen das zweifel-

---

*) Eusebius Vita Const. III. 26. 33. Abbé Mislin hat die ganze Stelle in französischer Uebersetzung wiedergegeben in seinem Reisewerke: Les saints lieux. Tom. II. pag. 225, 226.

lose Bewußtsein der Zeitgenossen Konstantins abspiegelt, die Leidens- und Grabstätte des Erlösers zu kennen, und der Wille, gerade über denselben die neue Kirche zu bauen. Hieher gehört noch ein bereits erwähnter Ausspruch des Cyrillus. Dieser Kirchenlehrer war im Jahre 315 geboren und hielt 347 in der konstantinischen Basilika zu Jerusalem eine Reihe von Predigten, die uns theilweise erhalten sind. In einer derselben weist er auf den noch heute augenfällig hervorragenden Golgatha hin, der Zeugniß von der Thatsache ablege, daß im Todesmoment Christi die Felsen geborsten seien.

Angesichts dieser Zeugnisse vermögen wir schwer zu begreifen, wie Tobler die Behauptung aufstellen konnte, man habe den Bauplatz nur deßwegen gewählt, weil man die Kirche nicht außerhalb der (hadrianischen) Stadt an einem unsichern, nicht durch Mauern geschützten Orte aufführen wollte. Abgesehen davon, daß man gleichzeitig andere Gedenkkirchen, z. B. die Himmelfahrts- und Marienkirche, außer der Stadtmauer aufführte, und der Kaiser Konstantin Macht und Geld genug besaß, seine Basilika durch eine besondere Umwallung zu schützen, so drängt sich in dieser ganzen Angelegenheit die Frage als maßgebend auf: ob es möglich gewesen wäre, das christliche Publikum zu täuschen und die Täuschung auf die Nachkommen zu vererben, ohne daß von irgend einer Seite sich Widerspruch erhoben hätte? Es dürfte schwer sein, diese Frage zu bejahen und die Bejahung zu begründen.

Schließlich wollen wir noch einen letzten, nach unserm Dafürhalten beinahe entscheidenden Beweis für die Aechtheit des heutigen Golgatha beibringen. Wenn man allerdings speziell für diesen Ort keine vorkonstantinische Zeugnisse aufweisen kann, so liegen dagegen welche und wichtige zu Gunsten der Geburtsgrotte in Bethlehem und des Ortes der Himmelfahrt vor. So führt Justinus der Märtyrer in der Mitte des zweiten Jahrhunderts die Höhle bei Bethlehem als des Heilandes Geburtsstätte an. Origenes meldet im Anfang des dritten, daß nach dieser Höhle gepilgert und dieselbe selbst von den Heiden als die Geburtsstätte Christi betrachtet werde. Cyprian, der im Jahre 258 gestorben ist, spricht in einem seiner Briefe von der Wallfahrt einer Frau nach Aella Capitolina, und Eusebius schreibt i. J. 315: „Von allen Enden der Welt pilgern die Christen nach Jerusalem, um ihre Andacht an den Orten der Geburt und der Himmelfahrt des Erlösers zu verrichten." Hatten nun — so fragen wir — die Todes- und Auferstehungsstätten des Erlösers weniger Bedeutung für die Christen als die Orte der Geburt und der Himmelfahrt? Und wenn diese bekannt waren, ist es denkbar, daß man nicht auch um jene gewußt hätte? Der Grund, warum die angeführten Kirchenschriftsteller über die Verehrung des Golgatha mit Stillschweigen hinweggehen, liegt wahrscheinlich darin, daß es den Pilgern benommen war, an dieser Stätte zu beten, weil dieselbe durch die Bildnisse der Götter entweiht war, um den Schein zu vermeiden, als würde das Gebet den letztern gelten.

Es geht übrigens aus den eben angeführten Stellen des Origines, Cyprian und Eusebius auch noch die allgemeine Thatsache hervor, daß die Beachtung und Verehrung der durch die evangelische Geschichte geheiligten Stätten nicht erst unter Konstantin urplötzlich in der Christenwelt aufgetaucht ist, sondern früher bestund. Schon deßwegen ist es eine eminente Wahrscheinlichkeit, daß die Tradition betreffend den Golgatha über Konstantins Zeiten hinaufreichen müsse.

Der Golgatha war kein Berg, sondern lediglich ein Felshöcker, wie man solche in dem vielgestaltigen Terrain der Umgebungen Jerusalems mehrere wahrnimmt. Die höchste Kuppe hatte wahrscheinlich die Form eines Schädels, daher der Name Golgatha, der auf hebräisch die Schädelstätte bedeutet. Beim Bau der Kirche wurde der Felsen geebnet, jedoch die Kuppe der Kreuzigung so wie die eigentliche Grabkammer stehen belassen und beide isolirt. Während aber die letztere im Laufe der Zeiten der Zerstörung der Perser, Juden, Sarazenen und Charesmier anheimfiel und durch eine künstliche Marmorkapelle ersetzt werden mußte, ist uns die Felshöhe der Kreuzigung, 14 Fuß über den Boden der Grabkirche aufragend, noch heute erhalten. Denn daß diese Erhöhung aus Felsen bestehe, dessen kann sich Jeder überzeugen, der mit der Hand in die Felsenspalte hineinlangt. Ferner kann die einstige Abdachung nach Westen hin in deutlichen Spuren verfolgt werden. Wir haben bereits von den Gräbern des Joseph und Nikodemus gesprochen, bei welchen der Naturfels um wenigstens 4 Fuß über das Niveau der Grabkirche aufragt. Ebenso tritt derselbe an der Nordseite der Kirche zu Tage, so in der Frauenkapelle und in mehreren Gemächern des anstoßenden Franziskanerkonvents, indem daselbst der Fels senkrecht behauen zu einer bedeutenden Höhe die Wand bildet.

Die Strecke vom Grabe Christi bis zur Stätte der Kreuzigung beträgt 110 Fuß — eine Entfernung, die mit Johannes XIX, 41 und 42 übereinstimmt. Der Abstand von der Kreuzigungsstätte zum Orte des Kreuzfundes mißt 148 Fuß.

Ich habe außerhalb des Damaskusthores der Baumwollgrotte gegenüber, westlich an die Jeremiasgrotte anstoßend, einen Felshügel gesehen, der, in Form eines Schädels gestaltet, mir den ursprünglichen Golgatha plastisch vergegenwärtigte. Sämmtliche oben gedachte Wahrnehmungen weisen darauf hin, daß am Orte der Grabkirche ein ähnlicher Felsrücken stand, dessen Ueberrest die Anhöhe bildet, auf welchem die drei Kapellen der Kreuzigung, Annagelung und des Standpunktes der Mater Dolorosa erstellt sind. So liefert also auch die Lokalität einen Beitrag zu der Beweisführung, daß die hl. Grabkirche über den Stellen des Leidens Christi erbaut sei.

Doch es ist Zeit, daß wir diese längere Abhandlung schließen. Der Zweck derselben war der, den Leser durch unparteiische Darlegung der Gründe und Gegengründe über den Stand der für jedes Christengemüth hochwichtigen Frage zu

orientiren. Unſerſeits haben wir aus der Unterſuchung die feſt-
ſtehende Ueberzeugung gewonnen, daß die Aechtheit der in der
Grabeskirche zu Jeruſalem eingeſchloſſenen Kreuzigungs- und
Grabesſtätten des Erlöſers eine mehr als wahrſcheinliche That-
ſache ſei.

Dritter Tag.
14. Juni.

Ausflug nach den ſalomoniſchen Teichen und Bethlehem.

Als ich mich bei Tages Anbruch nach dem preußiſchen
Pilgerhauſe verfügte, um mit Herrn Thiel und meinem Freunde
zum Behufe des heutigen Ausfluges zuſammenzutreffen, hatte
der arabiſche Miethsmann die beſtellten Reitpferde allbereits
vorgeführt. Allein zu meinem Schrecken gewahrte ich, daß das
meinige abermals mit dem unbequemen türkiſchen Sattel umgürtet war, trotzdem ich mir geſtern ausdrücklich einen euro-
päiſchen ausbedungen hatte. Ich war nicht gewillt, mir dieſen
Wortbruch gefallen zu laſſen, und weil Herr Thiel meine
Forderung durch kräftige arabiſche Reden unterſtützte, mußte
der Burſche, wollte er anders die heutige Miethe nicht verlieren,
gern oder ungern einen engliſchen Sattel herbeiſchaffen. Beinahe eine Stunde war mit dieſem läſtigen Gezänke verſtrichen.
Endlich ungefähr 6 Uhr traten wir die Tagreiſe an unter
Vorausritt des Herrn Thiel, der in ſeinem langherabwallenden,
ſchneeweißen Mantel uns lebhaft an die Zeiten der Kreuzritter
erinnerte. Unſer Weg führte dießmal durch das Jaffathor ins
Freie hinaus. Das Wetter war herrlich, wie immer, eine
kühle Briſe von Nordweſten mäßigte die Hitze und brachte eine
mir um ſo nothwendigere Erfriſchung, als mich während den
beiden letzten Nächten die Mosflitos aus Schlaf und Bett auf-
geſcheucht hatten. Beim Jaffathor wurde die dort nur ſchmale

und untiefe Schlucht Gihon überschritten, worauf wir links, d. h. südwärts abschwenkend, am Westrande der Schlucht hinabritten. Hier erblickten wir die uralten neun Bogen, auf welchen die sogenannte salomonische, eigentlich pilatische Wasserleitung die Schlucht übersetzt. Durch diese wohl fünf Stunden lange Leitung, auf welche wir später zurückkommen werden, wurde das Wasser der sogenannten versiegelten Quelle bei Etham den Brunnen des Tempelplatzes zugeführt. Etwas weiter kamen wir an dem Sultans-Teiche (Birket-es Sultan) vorüber. So wird er von den Arabern benannt. Der Teich stammt aber jedenfalls aus hebräischer Zeit und wurde im Alterthum der untere Teich geheißen im Gegensatz zu dem am Ursprung des Gihonthales gelegenen obern Teich (Birket-Mamilla), aus welchem der erstere früher sein Wasser erhielt. Jetzt ist der Sultans-Teich Jahr aus Jahr ein trocken und wird zur Zeit als Tenne benutzt. Um so besser konnten wir die Konstruktion des 556 Fuß langen, 220 breiten, oben 35, unten 42 Fuß tiefen Behälters beobachten. Derselbe ist einfach durch Abdämmung der Gihon-Schlucht vermittelst zweier die Thalsohle sperrenden Quer-Mauern gebildet, während er auf beiden Seiten durch die abschüssigen Felsabhänge eingefaßt wird, in welche zur Ermöglichung des Zuganges Stufen gehauen sind. Der Boden ist Fels und mit wasserdichtem Cement überzogen.

Noch warfen wir einen Blick auf den rechts am Wege liegenden neuen Judenspital und traten sodann aus der Thalschlucht heraus, welche sich hier im stumpfen Winkel gegen Osten umbiegt, während wir, die direkt südliche Richtung verfolgend, links vom Berge des bösen Raths zur Ebene Rephaim aufstiegen. Diese ausgedehnte Hoch-Fläche, im Süden sich bis zum Hügel von Bethlehem erstreckend, im Osten und Westen durch niedere Bergzüge besäumt, trug so ziemlich den Charakter einer europäischen Landschaft, zumal sie von einer ordentlichen Straße durchzogen war, welche mit Einspännern ganz gut befahren werden könnte, wenn nicht die Fuhrwerke zu den unbekannten Dingen im heutigen Palästina gehörten. Das letztere ist so ausnahmslos wahr, daß hier sogar der Pflug ohne Räder konstruirt ist. Auch die uns begegnenden, auf den Markt von Jerusalem gehenden Fellahweiber mochten — insofern man von den fremdartigen Trachten und Gesichtszügen absehen wollte — in etwas an das heimatliche Leben gemahnen. Die meist mit Baumwolle bepflanzte Ebene hatte selbst in dieser heißen Jahreszeit ein ziemlich grünes Aussehen. Noch frischer und üppiger traf ich dieselbe zwei Jahre später im Frühlinge wieder, als die Gerste noch stund, der Maulbeer noch unentlaubt war und große Wicken-Aecker ihre schmetterlingsförmigen Blüthen entfalteten. Herr Thiel machte hier beiläufig die Bemerkung, daß der Boden Palästina's trotz der dünnen Humusschichte überhaupt ein fruchtbarer sei, daß aber die Arbeiter und die nöthige Sicherheit fehlen.

Wie es mit der letztern selbst in dieser Gegend beschaffen sei, zeigte der kastellartige Anblick des Klosters Mar Elias, welches, von einem schöngepflegten Olivenhaine umkränzt, links der Straße auf halbem Wege zwischen Jerusalem und Bethlehem liegt. Tobler will den Namen des Klosters von dem Patriarchen Elias von Jerusalem † 538 herleiten. Die griechischen Mönche sind jedoch nicht dieser Meinung. Nach ihnen wäre das Kloster zu Ehren des Propheten Elias erbaut, der hier auf der Flucht vor Achab geruht haben soll und vom Herrn erweckt ward, obwohl die hl. Schrift diesen Vorfall eher in die Gegend von Bersabee verlegt.*) Wie dem auch sei, wir finden das Bild des alttestamentlichen Propheten neben dem des hl. Georgs, des Drachenbesiegers, an einer Innenwand der Kirche in Fresko gemalt. Die Kirche ist dreischiffig, von einer stattlichen Kuppel überwölbt und hat im Osten einen halbrunden Abschluß mit einem großen Christuskopfe als einziges Bild. Wohl mag dieses, in steifer byzantinischer Manier

---

*) III. Kön. XIX, 3 flg.

gehaltene Haupt des Erlösers von geringem Kunstwerthe sein, macht aber dennoch hier in der stillen halbdunklen Nische einen wahrhaft erbauenden Eindruck.

Als eine besondere Eigenthümlichkeit mag hervorgehoben werden, daß im Innern der Kirche neben dem Taufbecken eine Cisterne angelegt ist, um das vom Dache hergeleitete Regenwasser behufs der Taufhandlung zu sammeln und in frischem Zustande zu erhalten.

Ungefähr eine halbe Stunde weiter von hier treten wir an das von Christen, Juden und Mahomedanern hochverehrte Grab der Rahel heran. Dieses Monument zeigt in seiner jetzigen Gestalt, wie es im Jahre 1841 von dem Juden Montefiore hergestellt wurde, einen Kuppelbau mit anstoßendem Vorhof. Im erstern ist ein oval gestalteter Steinsarkophag von 3½ Meter Höhe enthalten, den man für den Sarg der Rahel ausgibt. Mir schien jedoch derselbe zu gut erhalten, als daß er aus jener uralten Zeit herstammen könne. Dagegen ist es gar nicht so unwahrscheinlich, daß wir da wirklich, wenn nicht vor dem Grabmonumente, doch vor dem Grabe der liebenswürdigen Gattin des Jakobs gestanden sind. So viel ist gewiß, daß das Grab der Rahel zu den Zeiten des Moses bestund, daß es 700 Jahre später durch Samuel dem Saul vorgezeigt wurde, daß der hl. Hieronymus im vierten Jahrhundert, Arkulf im siebenten desselben gedenken und der arabische Geograph Edrisi im zwölften Jahrhundert der zwölf Steine erwähnt, welche über dem Monumente zum Andenken an die zwölf Stämme Israels aufgestellt waren. Im Allgemeinen bleibt die Aechtheit der Stätte selbst von den neuern Kritikern unangefochten. Aber warum — so fragen wir mit Sepp — muß denn das Grab des Heilandes beanstandet werden?

Das Rahelgrab steht gerade an dem Punkte, wo die Straße nach Bethlehem und Hebron sich abzweigt. Wir schlugen die Richtung nach letzterm ein, weil wir, das von hier bereits sichtbare Bethlehem für den Rückweg versparend, vorerst die salomonischen Teiche besichtigen wollten. Hart am Wege lag eine alte Cisterne, die mit Menschenschädeln und Knochen bis oben angefüllt war. Ein dunkles Geheimniß schwebt über diesen menschlichen Resten. Nach den Einen rühren sie von massenhaften Hinrichtungen her, welche Ibrahim-Pascha unter den aufständischen Fellah's vollziehen ließ. Nach den Andern sollen fromme Juden ihre Verstorbenen dahin bringen, um sie neben ihrer Stammesmutter ruhen zu lassen. Noch Andere meinen, daß umwohnende Moslims daselbst ihre Todten bestatten. Diese Meinung scheint uns die wenigste Wahrscheinlichkeit für sich zu haben, da man nicht einsieht, warum die Mahomedaner nicht eher einen ordentlichen Friedhof nach ihrer Weise hergerichtet hätten.

Fortwährend die südliche Richtung verfolgend, gelangten wir in ein allmälig ansteigendes Thal, das im Westen und Osten von mäßig hohen Bergzügen eingefaßt war. Rechts thronte der ansehnliche Christenort Beitdjalah, wo in jüngster Zeit der lateinische Patriarch Valerga ein Priesterseminar errichtet hat, das ich im Jahre 1866 besuchte.

Von da an wurde die Gegend öde und unbebaut. Nur abgedorrtes Gras nebst etlichem Thymian bekleidete den Boden. Nach ungefähr anderthalb Stunden vom Grabe der Rahel weg erreichten wir das Kastell Kalat-el-Boral, bei welchem die salomonischen Teiche gelegen sind. Dieses Fort, das den Charakter mittelalterlichen Ursprungs trägt, soll an der Stelle erbaut sein, wo die Feste Etham des Königs Rehabeam gestanden ist. In demselben ist eine Abtheilung türkischer Gensd'armes stationirt, theils zum Schutze der Reisenden, theils zur Beaufsichtigung der Teiche so wie der nahe gelegenen sogenannten versiegelten Quelle. Einige Araber lagen am Schatten der Gebäulichkeiten auf dem Boden ausgestreckt, daneben weideten Kameele, Pferde und Esel. Wir aber waren froh, nach dem vierstündigen Ritte von den Pferden zu steigen und für einen Augenblick der Ruhe zu pflegen. Denn die paläſtiniſche Sonne, obwohl etwas milder als geſtern, hatte uns auch heute heiß genug auf den Rücken gebrannt. Leider wurde die Raſtzeit uns kurz zubemeſſen, weil das für heute angeſetzte Tagewerk nur erſt zum kleinern Theile durchgeführt war. Somit ſchwangen wir uns aufs neue in den Sattel und ritten, indem wir die ſüdwärts nach Hebron ſich fortſetzende Straße verließen, direkt gegen Oſten die drei ſalomoniſchen Teiche entlang, die wir ſo im Vorbeireiten ganz gut beobachten konnten. Dieſe großen, jetzt noch wohl erhaltenen und ihrem urſprünglichen Zwecke dienenden Waſſerbehälter erinnern an Salomons Worte (Prediger II, 6): „Ich errichtete mir Teiche zu wäſſern den Wald der grünenden Bäume." Die ſchöne Thallandſchaft unterhalb derſelben ſtimmt zu der Stelle, daher es gar nicht unwahrſcheinlich iſt, daß die koloſſalen Werke wirklich von Salomo herrühren. Der Anlage liegt der gleiche hydrauliſch-architektoniſche Gedanke zu Grunde, den ich bereits in den ſogenannten Bends bei Konſtantinopel verwirklicht ſah, darin beſtehend, vermittelſt zwiſchen Bergen gezogenen Kunſt-Mauern ganze Thäler zu Sammlern des Regen- und Quellwaſſers herzurichten. Die drei ſalomoniſchen Teiche liegen in dem von Weſt nach Oſt abfallenden Thale terraſſenförmig übereinander und ſind unter ſich durch Schleußen verbunden, vermittelſt welchen das Waſſer ſo von dem obern in den untern geleitet werden kann. Das oberſte Baſſin iſt nach Sepp 380 Fuß lang, 230 breit und 25 Fuß tief. Das mittlere, welches 160 Fuß vom erſtern abliegt, hat 423 Fuß Länge auf 250 Fuß untere und 160 Fuß obere Breite und 39 Fuß Tiefe. Der unterſte Behälter übertrifft die beiden andern bedeutend an Größe. Seine Länge beträgt 582 Fuß, ſeine Breite am Oſtende 207, am Weſtende 148 Fuß. Derſelbe iſt 248 Fuß vom mittlern entfernt. Da die einſchließenden Höhen nicht wie am Sultansteiche in ſchroffen Felsabhängen, ſondern ſanft geneigt zur Thalſohle abfallen, ſo mußten hier die Wandungen aus mächtigen Quadern künstlich erstellt werden. Bei unserm Besuche hatten die beiden obern Teiche einen niedrigen Wasserstand, so daß man die Aushauung der felsigen Thalsohle von West nach Ost in großen Absätzen wahrnehmen konnte. Dagegen war der unterste wasserreich, nicht nur, weil ihm zeitweilig das Wasser von den obern zufließt, sondern weil er erst vor wenigen Jahren neu mit Cement überzogen und eingefaßt ward. Auch bemerkte ich, wie an der Berghalde, welche diesen untern Teich im Süden begränzt, tiefe mit rohen Steinen ausgefütterte Gräben gezogen waren, offenbar um demselben die Platzregen des Winters in reichlicherem Maße zuzuleiten.

Uebrigens werden die salomonischen Teiche nicht nur durch den Regen gespiesen; sie beziehen auch das überflüssige Wasser von der in der Nähe des Schlosses befindlichen Quelle, welche von den Arabern Ras-El-Ain benannt wird, sonst aber im Hinblick auf eine Stelle des hohen Liedes (IV, 12) unter dem Namen der versiegelten Quelle bekannt ist. Es war uns damals nicht vergönnt, dieselbe zu sehen, weil der Zugang noch mit bedeutenden Schwierigkeiten verbunden war. Nach der Beschreibung anderer Reisenden bestand nämlich der Eingang aus der kreisförmigen Mündung eines Gewölbes, welche mit einem schweren Steine zugedeckt war, nach dessen Behebung man über Steintrümmer in die Tiefe hinabklettern mußte. Seit 1864 ist aber in dem Gewölbe eine bequeme Steintreppe angebracht worden, so daß ich auf meiner zweiten Palästinareise 1866 mit meinen dazumaligen Begleitern die Quelle besuchen konnte. Wir stiegen sechsundzwanzig Stufen herab und gelangten zu zwei nebeneinander liegenden Felskammern, in welchen eine überraschend reiche Fülle lebendigen Quellwassers sprudelte. Ich bemerkte ganz gut, wie in der hintern, rechts gelegenen Kammer das Wasser aus drei verschiedenen Klüften hervorquoll, um zunächst das dortige Stein-Bassin zu füllen, von wo es rauschend in die vordere Brunnstube abfließt. Hier strömt noch eine vierte Quelle aus dem Felsen heraus. Dann wird das so gesammelte Wasser durch einen unterirdischen Felsenkanal zunächst nach dem Schloße geleitet, welches etwa 270 Schritte von der Quelle entfernt und tiefer als diese gelegen ist. Dort sich verzweigend läuft eine Ader direkt in den Teich, und dient eine andere dem Bedarfe des Schloßes, während die Hauptmasse sich in die nach Bethlehem, früher bis Jerusalem führende Leitung ergießt. An dem Punkte der Abzweigung hat man zum Bedarfe der Reisenden zwei gemauerte Schachte in den Wassertunnel getrieben, durch welche das Quellwasser in Eimern heraufgeholt wird. Als ich auf dem heutigen Ausflug in einen jener Schächte hineinblickte und das Rauschen des Wasserstromes hörte, glaubte ich irrthümlich, daß die Quelle an diesem Orte selber entspringe.

Unterhalb des dritten oder untersten Teiches bekommt das Thal plötzlich eine schroffere Neigung und wird, durch die gleichfalls steiler abfallenden Seitenhalden schluchtenartig verengert. Da unten aber in der Tiefe grünt ein reiches vegetabilisches Leben. Dichtgedrängte Obst- und Gemüsegärten lassen errathen, daß daselbst ein fleißiges Völklein von Ackerbauern das Terrain bebaue und die von den Teichen zufließende Bewässerung sich nutzbar zu machen verstehe. Man sagte mir, daß diese Ackerbauer aus (anglikanisch) getauften Juden bestehen, welche seit 1849 in dem Thal sich angesiedelt hätten. Das Dorf, wo sie ihre Wohnsitze haben, heißt Artas, nach Einigen Ortas, vielleicht von dem lateinischen hortus, der Garten, gebildet. Denn hier sollen einst die im Hohenliede so wie bei Prediger II, 5 u. 6 hochgepriesenen salomonischen Gärten geblüht haben, zu deren Bewässerung die gleich benannten Teiche angelegt wurden.

Unser Weg stieg am nördlichen Thalhange aufwärts und zog sich einige Zeit dem mehrerwähnten Aquadukte entlang, dessen Anlage Josephus dem Landpfleger Pontius Pilatus zuschreibt, welcher die hiezu nothwendigen Geldmittel aus dem Tempelschatze entnommen habe. Der Aquadukt ist aus Stein hergerichtet, etwa ein Fuß hoch und ein Fuß breit, aber schlecht unterhalten, so daß das Waſſer an vielen Stellen auſtral und Lachen bildete, was mit der allgemeinen Trockenheit der Landſchaft ſeltſam kontraſtirte. Merkwürdig war die Begegnung einer eigenthümlichen Eidechſenart, wie ich ſie auf meinen Reiſen noch nirgends geſehen habe. Sie waren ungefähr ſo lang und breit wie die Kröten und ſchienen ſich auf dem ſteinigen Wege zu ſonnen, ſchoßen aber raſch in ihre Schlupfwinkel zurück, wenn die Hufe unſerer Pferde ſich nahten.

Gegen Süden umbiegend gelangten wir aufs neue in die bei dem Grabe der Rahel verlaſſene Straße, welche von Jeruſalem nach Bethlehem führt. Indem wir daſelbſt zwiſchen Weinreben und abgemähten Gerſtenfeldern einherritten, hätten wir uns in irgend eine Gegend Italiens hineinträumen können. Doch wurden wir bald in den Orient zurückverſetzt, als wir das im paläſtinenſiſchen Stile erbaute Städtchen betraten. Ausſchließlich aus Stein erſtellt, liegen die Stockwerke der Häuſer in terraſſenförmiger Abſtufung übereinander und werden die Verbindungen zwiſchen denſelben durch Außentreppen vermittelt. Spärliche, viereckige Maueröffnungen ohne Glas dienen dazu, etwas Licht und Luft in das Innere einzulaſſen. Gleich wie in Jaffa ſind die flachen Dächer mit aus Hohlziegeln verfertigten Brüſtungen eingefaßt, in welchen hier die Honig ſehnenden Bienen ihre Wohnſtätten bauen.

Im Uebrigen macht Bethlehem nach Innen und Außen einen freundlichen Eindruck. Die Lage auf einem dominirenden Hügel 2538 Fuß über dem Mittelmeer iſt herrlich. Nach Norden war der Fernblick durch die ſonnebeleuchteten Kuppeln und Minarets Jeruſalems begränzt; im Süd-Oſten ſchimmerten die Gebirge Arabiens in unbeſchreiblichem Dufte. Durch ſeinen ſchönen landwirthſchaftlichen Anbau ſtellt der bethlehemitiſche Hügel eine Oaſe in der Steinwüſte dar. Man erkennt beim erſten Blick, daß hier eine geiſtig aufgeweckte, betriebſame, chriſtliche Bevölkerung lebt. In Form von durch Mauern begränzten und geschützten Terrassen ziehen sich die Weinreben, Gersten- und Wicken-Aecker an den Abhängen hinauf und sind mit zahlreichen Kulturbäumen gemischt, welche das Städtchen mit einem zu jeder Zeit grünenden Laubkranze umschlingen. Neben den Trägern der Oliven, Feigen, Aprikosen und Mandeln werden hier auch Aepfel- und Birnbäume gezogen, was vielleicht noch von den Zeiten der Kreuzritter herrühren mag. Dagegen vermißte ich die Orangen- und Limonen-Bäume, wohl weil sie den wegen der hohen Lage allzu strengen Winter nicht zu ertragen vermögen.

Im Städtchen ist mir die vor andern orientalischen Ortschaften rühmlich abstechende Reinlichkeit aufgefallen. Die Einwohner, ein schöner und kräftiger Menschenschlag, grüßen freundlich den ankommenden Franken. Wohl mögen sie durch das Bewußtsein der Racen-Verwandtschaft — wenn es wahr ist, daß die jetzigen Bethlehemiten von einer Kolonie der Kreuzfahrer herstammen — und mehr noch der religiösen Zusammengehörigkeit zu den meist der katholischen Konfession angehörigen abendländischen Pilgern sympathetisch sich hingezogen fühlen. Denn die Mehrzahl der Bethlehemiten sind lateinische Christen, während die Griechen und Armenier etwa den Drittel, die Mahomedaner nur einen verschwindend kleinen Bruchtheil der auf 3000 Seelen ansteigenden Gesammtbevölkerung ausmachen. Anderseits kommt hier auch das Interesse ins Spiel. Die industriösen Bewohner Bethlehems wissen nämlich ihren hochheiligen Wallfahrtsort zu ihrem zeitlichen Vortheile gut zu verwerthen. Sie sind es vornehmlich, welche aus dem Holz der Oliven und Feigen, aus Asphalt und Perlmutter jene ziemlich kunstreichen Arbeiten als: Rosenkränze, Kruzifixe, Tabaksdosen und anderes verfertigen, die von den Pilgern reißend gekauft und als Andenken mit in die Heimat gebracht werden. Ferner suchen diejenigen Bethlehemiten, welche hiezu durch Kenntniß der italienischen oder französischen Sprache befähigt sind, sich als Dragomanen und Pilgerführer Verdienst zu verschaffen.

Zu diesem Behufe drängen sie sich dem ankommenden Fremden manchmal mit einer unabtreibbaren Hartnäckigkeit auf. Wenn sie in dieser Beziehung den Bergführern des Berner-Oberlandes im geringsten nicht nachgeben, so beweist das nur, daß in Sachen des Gelderwerbes die Menschen unter gleichen Umständen überall die gleichen sind.

Um die Pferde unterzubringen, stiegen wir in einem kleinen, von einem Würtemberger gehaltenen Gasthofe ab. Der Name des Mannes ist Schäfer. Seit Jahren mit seiner Frau in Bethlehem angesiedelt, betreibt er etwelchen Kleinhandel und führt eine bescheidene Wirthschaft, in welcher der Reisende mit Wein, Brod, Käse und Honig bedient wird. Es war interessant, hier an einem ganz orientalischen Orte den südbeutschen Dialekt in seiner Reinheit sprechen zu hören. Aus einem wohl zweihundertjährigen altlutherischen Buche, das auf dem Tische lag, hatte ich sehr bald herausgefunden, wessen religiösen Geistes Kind der treuherzige Mann sei. Ob er aber zu der Spittlerischen Mission oder zu der Thätigkeit des evangelischen Bischofs Gobat in Beziehungen stehe, wußte ich nicht anzugeben. Eine Flasche unverfälschten Landweins bot uns nach dem heißen Morgenritte willkommene Erquickung. Dann, nachdem meine Gefährten noch einen Besuch bei dem protestantischen Missionär Müller abgestattet hatten, eilten wir, das breittheilige Kloster zu erreichen, welches das Ziel des christlichen Pilgers, die Geburtsstätte des Heilandes, birgt. Ich sage: das breittheilige Kloster, weil eine gemeinsame Mauer die drei Konvente der griechischen, armenischen und der katholischen Franziskaner-Mönche umschließt. Wir überschritten einen geräumigen Platz, welcher das Städtchen von dem östlich gelegenen Kloster abscheidet, und wurden durch ein enges Pförtchen in den großen Gebäude-Komplex eingelassen. Ein dunkler Gang führte uns nach dem lateinischen Konvent. Hier uns anmeldend, erschien ein schwarz bebarteter spanischer Bruder, um uns als Führer nach den verschiedenen Sanktuarien zu dienen. Unsere erste Betrachtung galt der berühmten

Kirche der hl. Jungfrau, auch Marien-, Nativitäts-Kirche oder Kirche der hl. Krippe benannt. Unstreitig von Konstantin aufgeführt, gehört dieselbe zu den wenigen Bauten, welche aus jener Zeit noch erhalten sind, und bringt als einer der reinsten und großartigsten Typen des Basiliken-Stiles eine imponirende Wirkung auf den Beschauer hervor. Ihre Länge beträgt 180 Fuß ohne die Vorhalle, die Breite im Querschiff 85 Fuß. Vier Reihen korinthischer Säulen, je zu eilf Stück, und jede Säule aus einem einzelnen, rothgeäderten Marmorblocke von 20 Fuß Höhe und circa 7 Fuß Umfang bestehend, theilen das Langhaus in fünf Schiffe. Das Mittelschiff ist mehr denn zweimal höher und bedeutend breiter als die vier Seitenschiffe. Die Säulen sind nicht wie bei den spätern Basiliken durch Rundbogen, sondern in antik-griechischer Weise durch Architraven verbunden, über welchen die mit zehn Bogenfenstern auf jeder Seite des Mittelschiffes durchbrochene Obermauer zu dem offen liegenden Dachstuhle aufsteigt. Diese Oberwände strahlten einst von Mosaikbildern auf Goldgrund, welche die wichtigsten Momente der Kirchengeschichte bis zu dem jüngsten Gerichte und namentlich auch den Stammbaum Christi zur Darstellung brachten. Noch sind sparsame Reste davon an einzelnen Stellen vorhanden. Größtentheils aber hat der prosaische Pinsel des neugriechischen Gipsers die alte Kunstherrlichkeit ersetzt oder zugedeckt. Marmorplatten belegen den Boden, sind aber vor Alter verwittert und aus dem ursprünglichen Niveau versunken. Eine Bedachung aus Blei schützt die Balken und Sparren des aus Cedernholz verfertigten Dachstuhls. Die Kirche, deren Eingang sammt Vorhalle an der Westseite liegt, läuft nach Osten in eine Apsis oder Halbkuppel aus. Ebenso sind die über die Breite des Langhauses hinausreichenden Flügel des Transepts oder Querschiffes im Norden und Süden durch Apsiden geschlossen. Sechs Säulen, je drei auf jeder Seite, die in gerader Fortsetzung der Säulenlinien der Langschiffe gestellt sind, trennen das Transept von dem eigentlichen Chor.

Hier erhebt sich der prächtige Hochaltar, den Griechen gehörig, welche zugleich das nördliche Transept als Eigenthum ansprechen, während die Armenier das südliche besitzen. Dagegen sind wir Katholiken wenigstens zur Jetztzeit Fremdlinge im Tempel der Jungfrau und es muß der katholische Gottesdienst in der so geheißenen St. Katharina-Kapelle des lateinischen Konvents gehalten werden.

Uebrigens haben die mißgünstigen Griechen sich nicht damit begnügt, ihre abendländischen Mitchristen von dem gottesdienstlichen Gebrauche der Geburtskirche auszuschließen; sie haben die letztere auch auf die unverantwortlichste Weise entstellt, indem sie zwischen Transept und Langhaus eine bis zur halben Höhe der Kirche reichende Quer-Mauer aufführen ließen. Das geschah, um den ihrem Gottesdienste zugewiesenen Raum zu isoliren, weil die Lateiner wenigstens das Durchgangsrecht im Langhause besitzen. Dadurch wurde nicht allein der Eindruck des Ganzen beeinträchtigt, sondern auch die herrliche Säulenhalle entweiht, d. h. dem Kultus entzogen, nur daß bei dem an der Südseite befindlichen porphyrnen Taufsteine gelegentlich getauft wird. Das Langhaus dient somit nur noch zum Durchgange, früher sollen die Araber sogar ihre Viehherden in dasselbe getrieben haben.

Die Jungfrauen-Basilika zu Bethlehem ist das Seitenstück derjenigen von Maria Maggiore in Rom, mit der sie am meisten architektonische Aehnlichkeit hat und in welcher bekanntlich die Krippe Christi und der Leib des hl. Hieronymus aufbewahrt werden.

Doch es war Zeit, daß wir unsere Schritte nach dem Allerheiligsten in Bethlehem lenkten. Auf beiden Seiten des Choraltars führt je eine halbrunde Marmortreppe, deren nördliche dreizehn, die südliche sechzehn ziemlich hohe Stufen enthält, in eine durch 32 Silberlampen beleuchtete Krypta hinab. Der unterirdische Raum mag ungefähr 38 Fuß in der Länge auf 16 in der Breite und 9 in der Höhe betragen.

Die Wände der Krypta sind mit Marmor verkleidet und da und dort mit kostbaren Seidenstoffen behangen. Diese jetzt so reichlich ausgestattete Kapelle gilt für die Grotte, in welcher der Weltheiland geboren worden ist.

Sobald wir da unten angekommen waren, hieß uns der Klosterbruder vor Allem eine acht Fuß hohe und vier Fuß breite Nische an der Ostwand betrachten. Hier, sagte er, sei die eigentliche Geburtsstätte gewesen. Der in der Nische angebrachte Altar gehört den Armeniern; doch ist es den Katholiken gestattet, auf demselben einmal des Jahres, zu Weihnachten, das unblutige Opfer zu feiern. Unter dem Altar prangt auf einer Marmorplatte ein silberner Stern mit der Inschrift: „hic de virgine Maria Jesus Christus natus est." Zwei ziemlich hübsch gemalte Bilder auf Goldgrund bedecken die Rückwand der Nische. Das eine ob dem Altartische stellt die Vermählung der hl. Jungfrau, das andere unter demselben mehrere Apostel und Heilige dar.

Eine andere Nische oder in die Felswand hinein sich vertiefende Höhle ist an der Südwestecke der Grotte gelegen. Man erblickt hier einen marmorverkleideten Steintrog, der erkennen läßt, daß man sich an der Stelle der Krippe befinde. Dieser Steintrog wurde an den Platz der ursprünglich hölzernen Krippe gesetzt, nachdem die letztere 642 nach Rom in die Basilika Maria Maggiore fortgeführt worden war, um sie vor den Mahomedanern sicher zu stellen. Unweit davon steht der den Lateinern ausschließlich angehörende Altar der drei Könige mit einem Gemälde von Palma, durch welches die hier stattgefundene Anbetung der Weisen aus dem Morgenlande veranschaulicht wird.

Auch wir, die wir unserer vier uns zur Stunde ganz allein in der geheimnißvollen Kapelle befanden, brachten Jeder in seiner Weise ein kurzes Opfer der Anbetung dem göttlichen Christkinde dar. Das um so mehr, als die Identität der Geburtshöhle zu Bethlehem von allen Gedenkstätten des heiligen

Landes am wenigsten bestritten, vielmehr mit beinahe völliger Gewißheit historisch erwiesen ist. Wir könnten, um diese Behauptung zu stützen, uns einfach auf den kritischen Tobler berufen, der nach der genauesten Untersuchung sich zu der unumwundenen Erklärung hingerissen findet: „daß, wer an den historischen Christus, an den Christus der Bibel glaube, gerade hierhin die Stätte seiner Geburt setzen müsse." Allein wir glauben dem Wunsche manches sympathetischen Lesers entgegenzukommen, wenn wir die Wahrheit der Tradition über den Ort der Geburt, gleichwie früher jene über die Todes- und Grabesstätte Christi, durch eine kurze historische Erörterung nachfolgend zu begründen versuchen.

Von den vier Evangelisten erzählen einzig Matthäus und Lukas die Geburt des Erlösers. Beide verlegen dieselbe nach Bethlehem, aber Lukas allein deutet die speziellere Räumlichkeit an mit den Worten: „Und sie gebar einen Sohn, wickelte ihn in Windeln und legte ihn in eine Krippe, weil für sie kein Platz in der Herberge übrig war."*) Die Bezeichnung „Krippe" läßt auf einen Stall für Hausthiere schließen. Nun muß man wissen, daß noch heut zu Tag die paläftinischen Ställe in Felsgrotten, oder wo keine solche sich vorfanden, unter hohen Mauer-Gewölben angelegt sind. Es ist das ganz natürlich in dem holzarmen Lande. Auch bieten die allüberall im judäischen Kalkstein-Gebirge befindlichen Höhlen den nomadisirenden Hirten die bequemste Gelegenheit dar, ihre Kameele, Pferde und Esel zur Regenzeit unterzubringen. Sepp hat auf seiner Reise nach Nazareth bemerkt, daß die Grotten am Berge bei Endor zu Ställen für Kameele benutzt werden. Gleiches sah er in den zahlreichen Berg-Grotten bei Nazareth.**) Tobler schreibt von Bethlehem selber: „In irgend einem Gewölbe oder Keller oder einer Höhle der Häuser ist der Aufenthaltsort der Kameele

---

*) Lukas II, 7.
**) Jerusalem und das hl. Land II, 67, 87.

und anderer Hausthiere, und wen die Neugierde nicht treibt, weiter hinein zu blicken, wird die Ställe nicht ahnen." Ich selbst sah in der Davids-Straße zu Jerusalem ein altes Gewölbe, dessen vordere Hälfte als Korn-Magazin diente, die hintere zu einem Pferdestall hergerichtet war. Und wie die einfachen Orientalen sogar Herbergen für Menschen in natürlichen Berg-Grotten anlegen, davon hatte uns auf unserem Wege von Ramleh nach Jerusalem das früher beschriebene, sog. Cafe des mille colonnes ein frappantes Beispiel vor Augen gestellt.

Es entspricht somit vollkommen den Gebräuchen des Landes, wenn schon die ältesten Zeugen der Tradition als: Justinus, Origenes, Epiphanius, Euseb und Hieronymus die hl. Stallung zu Bethlehem eine Berghöhle nennen. Demgemäß handelt es sich hierorts in erster Linie darum zu wissen, ob die heutige Geburts- und Krippen-Kapelle eine wirkliche Berghöhle sei? Der bloße Augenschein genügt nicht, diesen Punkt zu ermitteln, weil die Kapelle über und über mit Marmor verkleidet, die Decke mit Gyps überzogen ist. Sepp aber meldet,*) es habe ihm der Pater Franziskaner Präsident in einer späten Nacht die Ehre erwiesen, ihn durch Ablösung einer Marmorplatte von der Wand beim Krippenaltar von dem Bestande der Felshöhle zu überzeugen. Ebenso hat Schubert den natürlichen Fels wahrgenommen.**) Ferner wurde, als man unter Ibrahim-Pascha die Konstruktion der Geburtskapelle näher untersuchte, ein altes Felsengrab bloß gelegt — ein Umstand, aus welchem dann vorwitzige Kritiker den Beweis zu leiten vermeinten, daß hier an einer Begräbnißstätte an keinen Stall oder Herberge zu denken sei. Allein die so argumentirenden Herren beurtheilen die Dinge von ihrem abendländischen Schreibtische aus. Wer in Palästina gereist ist, der weiß, daß die

---
*) Jerusalem und das hl. Land, Bd. I. S. 462.
**) S. Reise in das Morgenland. B. III. S. 19. 20.

alten, verlassenen Felsengrabkammern ebenso gut wie die natürlichen Grotten zu Viehställen, menschlichen Behausungen oder andern haushälterischen Zwecken benützt werden. Ich habe hierüber selbsteigene, merkwürdige Wahrnehmungen in dem Dorfe Siloam bei Jerusalem gemacht, auf die ich später zurückkommen werde. — Das in der Kapelle der Nativität aufgefundene Grab beweist also nichts gegen die Aechtheit des Heiligthumes, beweist aber schlagend, daß die Kapelle eine wirkliche Felshöhle sei.

Dies vorausgesetzt bleibt nur noch die Frage zu prüfen: ist diese zur Kapelle umgewandelte Felsgrotte die gleiche, in welcher der Heiland geboren ist? mit andern Worten: kann die hierauf bezügliche Tradition als eine ursprüngliche, konstante, historisch beglaubigte nachgewiesen werden? Nun haben wir bereits früher gesagt, daß gerade bezüglich der Geburtsgrotte Zeugnisse aus den ersten, den Zeiten Konstantins vorangehenden Jahrhunderten vorliegen. Schon Justinus der Märtyrer, der im Jahre 100 n. Chr. zu Sichem geboren ward, sagt in seinem Dialog gegen die Juden*): „Joseph und Maria hätten in einer Höhle nahe beim Dorfe Unterkunft gefunden." Aus dieser allerdings nur allgemein gehaltenen Stelle kann doch mit Wahrscheinlichkeit entnommen werden, daß man damals um die Geburtsstätte des Heilandes wußte. Viel bestimmter aber lautet das Zeugniß des Origenes aus dem dritten Jahrhundert. In seiner Antwort an Celsus reproducirt er aus der Schrift dieses Heiden gegen das Christenthum — welche Schrift aus dem zweiten Jahrhundert datirt — nachfolgende merkwürdige Stelle: „in Bethlehem zeigt man die Grotte, die ihn (Christus) zur Welt kommen sah, und die Krippe, die ihn aufgenommen hat. Dieses Ereigniß ist dort zu Land so überaus berühmt, daß der Ruf und Name selbst unter die Un-

---

*) Trypho, c. 78.

gläubigen gedrungen, in jener Höhle sei ein gewisser Jesus geboren worden, den die Christen anbeten und bewundern."*)

So meldet ein Heide des zweiten Jahrhunderts. Gehen wir nun über zu den Zeugnissen der spätern Zeit, so beansprucht vor andern dasjenige des hl. Hieronymus eine eminente Bedeutung, weil dieser Kirchenvater die letzten achtunddreißig Jahre seines Lebens, von 382—420 in Bethlehem zugebracht hat. Er mußte wohl die Geschichte der Geburtsgrotte kennen und er ist es, welcher uns die Entweihung der Grotte durch Hadrian meldet.**) Diese auch durch Paulinus Nolanus***) berichtete Thatsache der Entweihung beweist, daß zur Hadrianischen Zeit die Geburtsstätte bekannt war und daß sie auch seither bekannt bleiben mußte. Eusebius gedenkt der Geburtshöhle lange vor dem Auftreten der Kaiserin Helena†) und konstatirt, daß die Kirche Konstantins über jener Höhle erbaut worden sei.††) Gleiches bezeugen seine Nachfolger in der Kirchengeschichtsschreibung, die Kirchenväter Socrates†††) und Sozomenos.*†) Seither erhielt sich die Tradition ununterbrochen und zweifellos bis auf den heutigen Tag, wofür man unzählige Zeugnisse aufführen könnte.

Sepp glaubt: es sei erst durch den Bau der Basilika der Zugang zur Grotte erhöht und die Krippe umbaut worden. Der Hügel zu Bethlehem ist so weit abschüssig, daß, wenn man demselben die Fläche für die Kathedrale abgewinnen wollte, die hl. Grotte nothwendig den unterirdischen Raum im Chore einnehmen mußte.

Während wir noch schauten und beteten, zog unser Geleits-

---

*) Orig. contra Celsum.
**) Hier. Epist. 49 ad Paulinam.
***) Epist. 2 ad Severam.
†) Demonstr. Evang. VII. 2.
††) Vita Const.
†††) Socr. hist. eccles. I, 13.
*†) Sozomenos II. 2.

mann einen Schlüssel hervor, öffnete eine Thür im nordwestlichen Winkel der Grotte und ließ uns in einen dunkeln Felsengang eintreten. Dieser Gang läuft von Süden nach Norden, mit einer Abzweigung nach Westen. Denselben verfolgend kamen wir an nachfolgenden traditionellen Gedenkstätten vorüber. Zuerst an der St. Josephskapelle, um 1621 von Franziskus von Navarra an dem Orte errichtet, wo der Engel dem Nährvater Christi im Traume die Weisung zur Flucht nach Aegypten ertheilte. Dann an jener der unschuldigen Kindlein, in welcher man durch ein vergittertes Loch unter dem Altar eine Grube erblicken kann, woselbst man die durch Herodes hingemordeten Säuglinge begraben habe. Hernach folgten Altar und Grabschrift des heiligen Euseblus von Cremona, ferner, mit schöner Malerei und klassischer Gedenktafel versehen, die Grabmäler der hl. Paula und Eustochium. Man weiß, daß zu jener Zeit des Zusammensturzes der altrömischen Welt viele edle Römer und Römerinnen nach dem hl. Lande auswanderten, um alida in stillem Frieden und heiligem Wandel ihre Tage zu beschließen. So auch die aus dem Geschlechte der Grachen und Scipionen stammende hl. Paula. Sie kam nach dem Tode ihres Gatten im Jahre 385 mit ihrer Tochter Eustochium nach Bethlehem und führte daselbst unter der Geistesleitung des großen Hieronymus 19 Jahre lang ein der Ausübung guter Werke und dem Studium der hl. Schrift gewidmetes gottseliges Leben. Als ich vor einigen Jahren in dem aufgehobenen Kloster zu Pfäffers ein Bild jener Paula erblickte, das mich damals durch den vereinigten Ausdruck altrömischer Willenskraft und christlicher Demuth in den klassischen Zügen begeisternd ergriff und mir tief in der Erinnerung haften blieb, da ahnte ich nicht, daß ich einst an ihrem Grabe zu Bethlehem stehen würde. Eustochium überlebte als Vorsteherin eines Nonnenklosters ihre Mutter um mehrere Jahre und gründete zu Bethlehem das erste Pilgerhospiz. Unweit der Ruhestätte dieser heiligen Frauen zeigte man uns den Grabstein des heiligen

Hieronymus selber und zuletzt noch die Grotte, in welcher derselbe seine Bibelübersetzung ausgearbeitet habe. Von dieser Arbeitshöhle aus ging früher eine Treppe nach dem Kreuzgang des lateinischen Klosters; sie wurde aber 1590 vermauert und so mußten wir auf dem gleichen Wege bis beinahe an den Eingang des Felsganges zurückkehren. Erst von da führte uns eine andere, ausschließlich den Franziskanern eignende, lange geheim gehaltene Treppe von dreiundzwanzig Stufen hinauf nach der St. Katharinenkapelle. Vermittelst dieser Treppe haben sich die Väter einen Zugang zu der Geburtsgrotte gebahnt, ohne den von den Griechen eifersüchtig bewachten Chor der großen Kirche durchschreiten zu müssen.

Wir hatten nun unsere Rundschau vollendet. Sofort wurde uns von dem hiezu bestellten Klosterbruder ein reichliches Mittagsmahl aufgetragen, an dem Nichts auszusetzen war als der leider trübe und halb abgestandene Wein. Der geräumige, reinlich gehaltene Eßsaal hatte eine einfache Ausstattung. Einige Landkarten und Pläne nebst den Portraits europäischer Fürsten zierten die Wände, an welche ringsherum Divans sich anlehnten. Nach Tisch wurden uns in einem Nebengemache Betten zum Ausruhen angewiesen. Allein Herr Thiel ließ uns nicht eine lang unbauernde Siesta genießen. Denn noch mußten verschiedene Merkwürdigkeiten außerhalb des Klosters besichtiget werden und wir unter allen Umständen vor dem bei Sonnen-Untergang stattfindenden Thorschluße in Jerusalem zurückgekehrt sein — wollten wir anders die kommende Nacht nicht unter den Sternen oder in einer alten Grabkammer zubringen.

Somit verabschiedeten wir uns von den gastlichen Vätern, zahlten eine freiwillige Zeche und wanderten, bevor wir zu Schäfer zurückkehrten, etwa 100 Schritte ostwärts nach der sogeheißenen Milchgrotte, allwo die Madonna nach einer wenig beglaubigten Sage den göttlichen Säugling genährt haben soll. Diese 19 Fuß lange, 9 Fuß breite und 6 Fuß hohe Grotte, zu der man auf dreizehn Stufen hinabsteigt, zeigt insofern ihre ursprüngliche Gestalt, als der natürliche Kreidefels hier durch keine architektonischen Verkleidungen zugedeckt ist. Das gypsweiße Gestein wird, zerrieben und in Wasser aufgelöst, von den hiesigen Müttern getrunken, weil nach dem Volksglauben dasselbe zum Stillen förderlich sei.

Bei Schäfer stiegen wir aufs Neue zu Pferd und ritten ostwärts auf steilem Felspfade in eine anmuthige Thalfläche hinunter. Rechts vom Wege breitete sich ein reifes Gerstenfeld aus. Links, ungefähr eine kleine halbe Stunde von Bethlehem entfernt, befand sich ein geräumiger, von einer Mauer umfriedeter Platz, über welchem hochstämmige Oelbäume und Terebinthen ein grünes Schattendach ausbreiteten. Hier — so lautet die alte Tradition — hätten die Engel in der Weihnacht die frohe Botschaft den armen Hirten verkündet, — weßwegen der Ort die „Hirtenau" oder „i pastori" geheißen wird. Wir steigen ab, übergeben die Pferde der Obhut eines zufällig anwesenden Knaben und treten durch eine offene Pforte in den Baumgarten ein. Ein Fußpfad leitet uns zu den Ruinen einer Kirche, von wo eine zehnstufige Treppe abermals in ein unterirdisches Gewölbe hinabführt. Wir finden da unten eine ärmliche Kapelle des griechischen Ritus. Der Altar, aus einem alten, von zwei korinthischen Säulen-Kapitälern getragenen Architravstücke hergerichtet, ist an der Ostwand gelegen, während eine Nische im Westen die Stelle der Engelerscheinung kennzeichnen soll.

Wohl ist auf solche allzu spezielle Lokal-Fixirungen wenig zu halten. Dagegen bin ich mit Rücksicht auf Lukas II, 8 gerne zu der Annahme geneigt, daß die hiesige Thalebene der Schauplatz des beregten evangelischen Ereignisses gewesen sein könne, zumal die bezügliche Tradition sich bis auf Hieronymus hinaufführen läßt. Wie dem auch sei — immerhin war die liebliche und friedliche Gegend, deren saftiges Baumgrün von den nackten Felshügeln der Umgegend wohlthuend abstand, ganz dazu angethan, jenen seligen ewigen Frieden ahnen zu

laſſen, den die Engel in der Weihnacht allen denen, die guten
Willens ſind, verkündiget haben. Von hier ſchlugen wir, an-
ſtatt nach Bethlehem zurückzukehren, die Richtung nach Norden
ein, um, in gerader Linie die Hügel überſchreitend, Mar-Elias
zu gewinnen. Dieſe Kalkfelſenhügel waren trotz ihrer runden Geſtaltung ſo ganz von Humus entblößt, daß wir mehrmals vom
Sattel ſteigen und die Pferde am Zaume über die glatten Fels-
platten nachführen mußten. Dennoch lag eine ideale Schönheit
auf dieſer felſigen Landſchaft. Denn die Südſonne wob um
die kahlen Scheitel einen goldenen Schleier, Licht und Schatten
wechſelten in mir bis jetzt unbekannten Kontraſten und nie und
nirgends ſah ich den Himmel ſo tief- und dunkelblau wie zu
dieſer Stunde auf den Höhen um Bethlehem. Einige Hirten,
die in der Ferne ihre Schaf- und Ziegenheerden hüteten,
bildeten eine idylliſch-bibliſche Staffage zu dem warmen, orien-
taliſchen Bilde.

Vorübergehend kann ich nicht umhin, hier die Bemerkung
zu äußern, daß, wer die Schönheit der Luft und der Sonnenbeleuchtung des Orients in ihrem vollen Glanze kennen lernen
will, denſelben im Sommer bereiſen muß. Wenigſtens habe
ich die heute und geſtern bewunderten Lichteffekte um die Oſter-
zeit 1866 nicht in gleich intenſiver Weiſe wieder gefunden. Bei
Mar-Elias erreichten wir wieder die Jeruſalem-Bethlehemſtraße.
Als wir Jeruſalem uns näherten, begegneten wir einem Knaben,
welcher einige Kameele vor ſich hertrieb. Nicht lange hinten-
drein kam keuchend und ſchluchzend ein arabiſches Mädchen
und bedeutete uns, daß jener Junge ihm ſeine Thiere verjage.
Raſch hatte Herr Thiel ſein Reitpferd gewandt, holte in wenigen
Sätzen den Burſchen ein und zwang ihn durch eine drohende
Geberde, die Beute fahren zu laſſen. Es war gegen 6 Uhr,
die Sonne neigte ſich zum Niedergange, als wir vor dem Jaffathor anhielten, um eine Abtheilung türkiſcher Soldaten, meiſt
junge und kräftig ausſehende Leute, welche hinter ihrer ſchril-
lenden Muſik im Schnellſchritte dahinzogen, vor uns befiliren

zu lassen. Dann nach einem kurzen Aufenthalt bei Spittler zog ich mich in meine Zelle zurück, um die Erlebnisse des heutigen Tages nochmals im Geiste zu überschauen. Wahrlich! das war einer jener Tage gewesen, die zählen im menschlichen Dasein, Tage, die Jahrzehnde des Stilllebens aufwiegen und von denen die Worte Chateaubriands gelten, welche er bei den Ruinen von Sparta in sein Tagebuch schrieb: „Solche Momente entschädigen für Vieles im Leben." Aber ach! dieser an hohen Geistesgenüssen so überreiche Tag — auch er war nun in das grundlose Meer der Vergangenheit niedergesunken, um nimmermehr wiederzukehren. Fast wollte mich bei diesem Gedanken eine unendliche Wehmuth über die Vergänglichkeit alles menschlichen Glückes beschleichen. Doch das durfte nicht das Ergebniß der Wallfahrt nach Bethlehem sein. Vielmehr sollte durch dieselbe das Bewußtsein der Erlösung und die Hoffnung auf eine selige Unsterblichkeit aufgefrischt werden. Wohl ziemte es sich daher, diesen Tag mit einem Gloria in excelsis zu beschließen und dabei der heimgegangenen Lieben im Gebet zu gedenken.

Vierter Tag.
15. Juni.

Wir haben oben gesagt, daß die durch Salomo aus dem Berge Moria künstlich erstellte Tempelterrasse unter dem Namen „Haram-ech-Cherif" jetzt noch besteht. Der salomonische Tempel, um das Jahr 1000 v. Chr. errichtet, stund beiläufig in Mitte derselben und an der gleichen Stelle haben Esra um 500 den zweiten, und Herodes um 15 vor Christi Geburt den dritten Tempelbau aufführen lassen. Wie dieser letztere 70 n. Chr. durch Titus gründlicher noch, als der salomonische durch die Assyrer, zerstört worden ist, weiß jeder Kenner der Geschichte. Weniger bekannt dürfte sein, daß Hadrian eine Aedes des Jupiter Capitolinus auf dem Platze erbauen ließ. Der julianische

Versuch der Wiederaufrichtung des altjüdischen Tempels und die Vereitlung aller dahin zielenden Anstrengungen durch die Mächte der Tiefe — diese Thatsache wird zwar von den modernen Zweiflern bestritten, ist aber durch den Heiden Marcellinus bezeugt *) und nach Sepp sogar durch die Rabbiner bestätigt. **) Von da an blieb die Tempelstelle öde, bis zuerst der arabische Eroberer Jerusalems Omar 637 ein mahomedanisches Bethaus, dann fünfzig Jahre später der Kalife Abdel-Melek die unter dem Namen „Kubbet-es-Sachra" oder Felsenkuppel bekannte, jetzt noch bestehende Moschee darüber errichtete. Sie wird von den hiesigen Christen die Omar-Moschee geheißen. ***)

---

*) Hist. XXIII, 1.
**) Sepp. Jerusalem und das hl. Land. Bo. I, S. 101.
***) Die Annahme, daß die Felsenkuppel von den Arabern, dagegen die gleichfalls auf dem Haram gelegene Aksa-Moschee, die wir später beschreiben werden, von den Byzantinern herrühre, ist die gewöhnliche, der wir folgen. Sie wird von Sepp (Jerusalem B. I, S. 296 und 297) und von dem französischen Grafen Bogüé in seinen beiden Werken: „les églises de la terre sainte, Paris 1860" und „le temple de Jérusalem, monographie du Haram-ech-Cherif. Paris 1801—1805, ferner von Robinson, Porter und Bonar vertheidigt. Umgekehrt halten Fergußon (an essay on the ancient topography of Jerusalem, London 1847) und der Göttinger Professor der Kunstgeschichte, Unger, die Felsenkuppel geradezu für die eigentliche Graftkirche Konstantins, die Aksa dagegen für einen sarazenischen Bau. Die Argumentation der beiden letztgenannten Kritiker stützt sich jedoch auf rein architektonische Gründe, während für die erstere gewöhnliche Meinung historische Zeugnisse streiten. Von dem gleichen architektonischen Standpunkte ausgehend, hat Sepp seine frühere Meinung geändert, indem er in seinem neuesten Werk: „neue architektonische Studien und historische Forschungen in Palästina" nun die Omarmoschee auf christlichen, die Aksa auf mahomedanischen Ursprung zurückführt. Siehe sieben Artikel über Jerusalem von Dr. Philipp Wolf. S. 75. Stuttgart 1869. — Was die Frage betrifft, ob die Omarmoschee den Platz des altjüdischen Tempels einnehme, so wird dieselbe von den

Es war uns Dank der Fürsorge des Herrn Thiel vergönnt, dieses nach dem Tempel zu Mekka berühmteste Heiligthum des Islam am heutigen Morgen zu besichtigen. Bis vor wenigen Jahren war dasselbe den Christen unzugänglich geblieben. Ausnahmen von der Regel wurden nur zu Gunsten fürstlicher Personen gestattet, im Anschluß an welche dann auch andern zufällig in Jerusalem anwesenden Franken der Eingang ermöglichet ward. Seitdem hat man die frühere Ausschließlichkeit in etwas gemildert, und wird die Erlaubniß zur Besichtigung der Omar-Moschee auch konsularisch empfohlenen Privaten ertheilt. Immerhin kann es nur in Begleit eines Kavassen geschehen, ohne dessen Schutz jeden den Haram betretenden Christen oder Juden ein Steinhagel träfe, der geeignet sein dürfte, ihm den Dämon der Neugier für immer aus dem Leibe zu treiben.

Beides, sowohl die Erlaubniß als der Kavaß, wurden uns durch die Vermittlung des preußischen Konsuls erwirkt. Somit wanderten wir in früher Morgenstunde nach dem Haram-Esch-Cherif. Voran schritt der Kavaß gravitätlichen Ganges, eine Pistole im Gürtel, einen Stab mit eiserner Spitze und silbernem Griff in der Hand und machte durch kräftige, taktmäßige Schläge auf das Pflaster die schweigsamen Gassen erdröhnen. Ein gewölbter Gang an der durch die türkische Kaserne theilweise begrenzten Nordseite führte uns in die weltgeschichtliche Area hinein. Man wird beim ersten Betreten in frühere Jahrtausende zurückversetzt. Die in unregelmäßigem Vierecke angelegte Plattform ist von so großer Ausdehnung, daß man den Umfang kaum in einer halben Stunde umschreitet. Die schmalste, die Südseite, mißt 927, die Nordseite 1020, die Ostlinie 1520,

---

meisten Forschern bejaht. Siehe Sepp, Jerusalem Bd. I, S. 101 und 293; Mislin: les saints lieux II, 394; Itinéraire de l'Orient par Joanne et Isambert p. 785. Dagegen lassen Fergußon und Unger diese Meinung nicht gelten, weil sie nicht in ihr System paßt.

die westliche 1617 englische Fuß, und es wird der Gesammtflächenraum auf 1½ Millionen Quadratfuß berechnet.

Schon anfänglich an der Nordwestecke des Platzes mochten wir die Spuren der Arbeiten wahrnehmen, die erforderlich waren, um den Berg in eine Fläche zu verwandeln. Der Boden der Area besteht hier nämlich aus purem Naturfels und darüber erhebt sich die den Kasernenbau tragende Felswand in senkrechter Richtung — eine Terraingestaltung, die offenbar nicht durch die Natur, sondern künstlich durch Abschrägung des Felsrückens bewirkt worden ist.

Indem wir uns nun unserm hauptsächlichsten Zielpunkte zuwandten, stiegen wir eine fünfstufige Treppe hinan und gelangten durch einen dreifachen Triumphbogen auf einen Hochplatz, in dessen Mitte die Kubbet-es-Sachra am Platze des alten Jehovatempels in erhabener Herrlichkeit prangt. Der Boden des Hochplateau ist mit blauweißem Marmor bepflastert und theilweise unterhöhlt, indem ich auf einem Flächenraum von kaum einer Jucharte acht Cisternenmündungen zählte.

Die Moschee bildet ein mit Spitzbogenfenstern durchbrochenes Achteck. Dasselbe trägt eine kreisrunde Trommel, über welcher sich in leichter Ogivalform die Kuppel erschwingt. Darüber erglänzt der vergoldete Halbmond, dem mahomedanischen Pilgrim weithin sein Reiseziel zeigend. Weißer Marmor verkleidet bis zu einer Höhe von ungefähr zwei Meter den Unterbau, während dessen oberer Theil so wie die Trommel mit glänzend grün und azurblau glasirten Töpferplatten überzogen sind. Vier Portale öffnen sich nach den Weltgegenden. Das östliche heißt die Davidspforte. Vor derselben steht ein kleiner, 35 Fuß im Durchmesser haltender Kuppelbau, welcher von zwei im Achteck gestellten, je aus acht Stück bestehenden Säulenkreisen getragen wird. Diese Rotunde wird von den Arabern Kubbetel-Berateh oder Kettenkuppel geheißen und soll nach ihrer Ueberlieferung die Stelle einnehmen, wo der König David seinen Richterthron aufgeschlagen habe. Mich hat der elegante, maurische Miniaturbau angenehm angesprochen. Die Säulenschäfte sind von Verde antico und die spitzenartig durchbrochenen Kapitäler tragen eine phantastische Mannigfaltigkeit der Formen zur Schau.

In das Innere des Haupttempels eintretend wurden wir eben so sehr von der Harmonie des Ganzen als durch die reiche Ornamentirung aller einzelnen Theile überrascht. Was den Grundplan betrifft, so muß man die Moschee als eine große achteckige Rotunde sich denken, innerhalb welcher zwei Rundgänge oder Rundschiffe den von der Kuppel überragten Centralraum conzentrisch umschließen. In der Mitte des letztern befindet sich die Sachra oder der hl. Fels, auf den wir später zurückkommen werden. Die Rundgänge sind durch zwei Kreise von Pfeilern mit dazwischen gestellten korinthischen Säulen gebildet. Halbkreisbogen spannen sich von Säule zu Säule und von der Säule zum Pfeiler. Da der hl. Fels auch noch von einem Holzgeländer eingefaßt ist, so kann man im Ganzen drei Rundgänge und vier Kreisbauten zählen, deren Radien sämmtlich auf jenen Felsen hinweisen. Die Umfassungsmauer als die äußerste Kreislinie hat im Innern 480, nach Außen 536 Fuß Umfang. Die Höhe der Kuppel soll 110 Fuß über der Es-Sachra betragen.

Sämmtliche Wände sind mit weißlich blauem Marmor verkleidet. Von der flachen Decke der Rundschiffe hängen zahlreiche Lampen herab. Zierliche Arabesken schlingen sich an der Trommel bis zu der in reicher Vergoldung glänzenden Kuppel hinauf. Die Säulen sind aus den werthvollsten Marmorarten gearbeitet. Schlanke Spitzbogennischen zieren die acht Ecken der Hauptmauer. Die glänzend colorirten, freilich keine bildlichen Darstellungen enthaltenden Glasfenster gleichen durch die Mannigfaltigkeit ihrer Farben und die Kleinheit ihrer Abtheilungen einer durchsichtigen Mosaik. Durch diese Glasfenster wird das eindringende Licht so temperirt, daß das ganze Innere der Moschee in ein magisches Halbdunkel gehüllt ist.

An einem der Dompfeiler hängt Mahomeds Schild. Er besteht aus einem runden Steine von solcher Größe und Schwere, daß es mit wunderbaren Dingen zugegangen sein muß, wenn der Prophet sich desselben in der Schlacht bedient hat. Auch sein grünes Banner und dasjenige Omars werden in der Nähe gezeigt. Mehr als durch diese apokryphen Reliquien wurde unsere Aufmerksamkeit durch ein eigenthümliches Denkmal gefesselt. Es war ein fein skulptirter Marmorblock auf Bogen ruhend, die von schlangenartig gewundenen Säulchen gestützt waren. Die Bedeutung des kleinen Monuments ist ungewiß, aber ich habe von kompetenter Seite die Vermuthung aussprechen gehört, daß namentlich die Säulchen Bruchstücke des altjüdischen Tempels gewesen sein möchten.

Wir kommen nun zu der schon erwähnten **Es-Sachra** oder dem hl. Felsen, von dem die Moschee, als ihrem Hauptheiligthum, den Namen Felsenmoschee oder Felsenkuppel führt. Dieser heilige Fels liegt, wie bereits gesagt worden, im Mittelpunkte des Tempels gerade unter der Kuppel und besteht aus einem unregelmäßigen Kalksteinblock von beiläufig 60 Fuß Länge und 50 Breite; die Höhe mag nach augenfälliger Schätzung etwa 12 Fuß betragen. Der Fels füllt den Raum innert des Holzgitters vollständig aus; er ist von rothem Damast überdeckt und von einem goldburchwirkten Baldachin aus karmosinrother Seide überdacht. Die Augen der Moslim erblicken an dem Felsblocke die Fußspur des Cherubs, auf welchem Mahomed von hier aus zum Himmel geritten sei, ferner des Henoch und Ben-Aissa, mit welch' letzterm Namen sie den von ihnen als Propheten verehrten Christus bezeichnen. Auch die Handeindrücke Gabriels wollen sie wahrnehmen, der den Stein, als er von der Höhe fiel, aufgehalten und schwebend in der Luft festgemacht habe. In dieser, einige Fuß über dem Erdboden erhabenen Lage soll der riesige Felsblock dem Gesetze der Schwerkraft zum Trotz Jahrhunderte lang hängend geblieben sein, bis Sultan Selim, weil Frauen bei dessen Anblick vor

24*

Schrecken zu früh niederkamen, denselben an den vier Ecken künstlich untermauern ließ.

Doch lassen wir diese mahomedanischen Mährchen. Andererseits leuchtet dem Reisenden beim geringsten Nachdenken ein, daß dem Steine irgend welche religiös-geschichtliche Bedeutung zukommen müsse. Es ist dieses Felsstück das einzige, welches auf der großen Terrasse des Tempels hervortritt. Offenbar wurde dasselbe nicht von Außen hieher transportirt, sondern bei der Verebnung des Moria durch Salomo stehen belassen. Das konnte nicht ohne wichtige Gründe geschehen sein; irgend welche urgeschichtliche und religiöse Ueberlieferung mußte an diesem letzten Ueberreste des Felshügels haften.

In der That sind die bewährtesten Forscher der Neuzeit: Robinson, Porter, Bona, Bogue, Tobler und Sepp durch das vergleichende Studium der Daten der Bibel und anderer Quellen des Alterthums so wie der arabischen, der Kreuzritter- und rabbinischen Schriften übereinstimmend zu nachfolgendem Ergebniß gelangt:

Der heilige Fels wäre nichts anderes als die Tenne Aravna, wo David, nachdem er dieselbe von dem Jebusiter Areusa erkauft, auf einem darüber errichteten Altar ein Brandopfer darbrachte, um von dem Herrn das Aufhören der Pest zu erbitten*), und wo nachher Salomo den Tempel aufführte**).

Wir müssen hierorts zum Verständniß des Lesers bemerken, daß jetzt noch in Palästina das Korn auf solchen Felsentennen gedroschen wird, und daß sich deren mehrere in der Umgebung Jerusalems vorfinden. Es sind das kreisförmige, an den Bergabhängen roh geebnete Flächen des natürlichen Felsens, die gewöhnlich der Neigung des Flötzes folgen, und nach der einen Seite durch das höhere abgeschlagene Gestein, nach der andern durch einen Damm von Felssteinen einge-

---

*) II. Buch Samuels XXIV, 16, 25; I. Chron. XXI, 15, 26.
**) II. Chron. III, 1.

schloffen sind. Weil sich nun an jene Felsentenne Aravna uralte gottesdienstliche Erinnerungen knüpften, weil es hier war, wo schon Noe nach der großen Fluth einen Altar aufgerichtet hatte, wo der Engel Gottes dem Abraham in den Arm fiel, als er den Isaak hinopfern wollte und wo David den Pestengel auf dem Felsen erblickte*) — wurde der Fels bei Verehrung des Moria unversehrt belassen, in den Tempelbau eingeschlossen und zum Boden des Allerheiligsten gemacht.

Wir stunden also hier an der Stätte des Brandaltars oder der Stätte des Allerheiligsten des altjüdischen Tempels.**) Man erkennt das auch aus der Höhle, die sich unter der Es-Sachra vertieft. Wir stiegen in dieselbe auf sechszehn natürlichen Felsstufen hinunter. Sie mag bei 7 Fuß Höhe durchschnittlich 25 Fuß Länge und 20 Fuß Breite betragen. Zwei darin befindliche Nischen werden von den Moslim für die Gebetsstätten Abrahams und Davids erklärt, in welchen Nischen wir abermals jene obberührten schlangenartig gewundenen Säulchen gewahrten, die hier noch mit Palmblättern gekrönt waren, was namentlich auf althebräischen Ursprung hinweisen soll. Das Merkwürdigste aber in dieser Krypta des gewesenen Jehovatempels ist das, daß unter derselben ein geheimnißvoller Felsengang in die Tiefe hinabläuft. Zwar ist die Mündung mit einem Deckstein verschlossen. Da aber nicht nur der Deckstein, sondern auch seitwärts es beim Anschlagen hohl klingt, so kann über das Vorhandensein einer Höhlung nicht wohl ein Zweifel obwalten. Insofern nun die rabbinischen Traditionen besagen, daß das Blut der Opferthiere durch einen unterirdischen Kanal in den Cedron abfloß, ist es uns nahe gelegt, die vorerwähnte Höhlung für jenen Kanal und rückschließend den Felsen Es-

---

*) Siehe Sepp Jerusalem I. 103.
**) Siehe Sepp „Jerusalem" I, 100 und Itinéraire de l'Orient par Joanne et Isambert pag. 785.

Sachra für die Stätte des Brandaltars des alten Tempels zu erkennen.

Daß übrigens die Ueberlieferung von der Bedeutung des hl. Felsens sich auch nach Christus fortwährend erhalten habe, beweist das Wort Mahomeds: „Der vornehmste Ort ist Jerusalem und der erste unter den Felsen der Sachra," — beweist ferner der Ausruf Omars, als er den wieder aufgedeckten Felsen erblickte: „Wohlan der Tempel Davids."

So viel über die Kubbel-es-Sachra oder Omarmoschee. Man führte uns von da zu der zweiten Moschee des Tempelplatzes, die unter dem Namen Medscheb-el-Alsa bekannt ist. Sie bildet einen nach Art der Basiliken gehaltenen Langbau, dessen Endseite an die Südmauer des Haram sich anlehnt, während der durch die Vorhalle kenntliche Eingang gen Norden sich kehrt. Erbauer war um 530 n. Chr. der Kaiser Justinian,*) welcher den Bau der hl. Jungfrau im Andenken an eine altkirchliche Ueberlieferung weihte, dergemäß Maria mit drei Jahren unter die den Vorhang des Allerheiligsten webenden Tempeljungfrauen aufgenommen worden sei. Die Kirche blieb christlich, bis Omar Anfangs des siebenten Jahrhunderts sie zum Tempel des Islam herrichten ließ. Gottfried von Bouillon gab sie ihrer ursprünglichen Bestimmung, Saladin 1187 neuerdings dem mahomedanischen Kultus zurück.

Das Innere stellte uns ein siebenschiffiges Langhaus mit Querschiff und einer über der Kreuzung emporschwellenden Kuppel vor Augen. Der prachtvolle Bau hat 272 Fuß Länge und 189 Breite. Früher bestund im Süden die Apsis. Sie wurde aber von den Mahomedanern weggebrochen und an der nunmehr geradlinig abschließenden Chorwand die Gebetsnische angebracht. Das erhöhte und breitere Mittelschiff wird durch zwölf, aus antiken Tempeln entnommenen Säulen, je sechs zu

---
*) Siehe Sepp „Jerusalem I, 308" und Mislin: „les saints lieux II, 405 u. ff. Vergl. auch die Note auf S. 367 dieses Werkes.

jeder Seite, getragen. Diese Säulen sind durch Spitzbogen verbunden, über welchen sich die Obermauer mit zwei Reihen Fenstern bis zu der aus Holz gezimmerten Decke erhebt. Dagegen sind die Seitenschiffe durch Pfeiler getrennt und die zwei äußersten Schiffe mit Kreuzgewölben überspannt. Im Uebrigen fällt wie in allen mahomedanischen Tempeln die Leerheit der Räume, so wie die weiße Uebertünchung der Wände unliebsam auf. Doch sind an den Eckpfeilern der Kuppel noch schöne Mosaiken auf Goldgrund enthalten.

Nach Besichtigung des oberirdischen Baues mußten auch die unterirdischen Konstruktionen in Augenschein genommen werden. Eine achtzehnstufige Treppe führt aus der Vorhalle zu denselben hinunter. Wir befanden uns hier in einer gewölbten, durch eine Reihe gewaltiger Pfeiler in zwei Bogengänge getrennten Gallerie, welche 150 Schritte lang und 14 breit gerade unter der Alsa-Moschee von Nord nach Süd zu einem alten Doppelthor in der Südmauer des Tempelplatzes hinleitet.

Ueber Zweck und Ursprung dieses Gewölbganges sind die Ansichten getheilt. Die einen, unter ihnen Sepp, halten denselben lediglich für eine unter Justinian aufgeführte Substruktion der oberirdischen Kirche. Andere dagegen schließen aus der Form der Kapitäler und Thore, so wie aus den riesigen, aber ungleichen Dimensionen der Quader auf ein weit über Justinian hinaufreichendes Alter und sind geneigt, die Erstellung dem Herodes, wo nicht dem Salomo zuzuschreiben. Uebrigens geht schon aus dem Anfangs- und Endpunkte des Ganges mit Wahrscheinlichkeit hervor, daß wir es hier mit einem unterirdischen Zugang zum Tempel zu thun hatten, und in dem Fall müßte der Gang schon zu der Zeit des Bestandes des Tempels erstellt worden sein.

Mit diesem Gewölbgang unter der Alsa-Moschee sind die Stützungsgewölbe nicht zu verwechseln, welche im Südosten des Haram unter dem Boden sich hinziehen. Da nämlich der Moria nach Süden und Südosten bedeutend sich senkt, so mußte, wollte man die Tempelterrasse nach dieser Seite ausdehnen, eine künstliche Erhöhung und Verebnung des abschüssigen Terrains hergestellt werden. Das geschah dort durch Errichtung von Gewölben, die an die südliche und östliche Ringmauer anschließen. Der Besuch dieser Gewölbe war bis auf die letzte Zeit strenge verboten und heute auch uns nicht gestattet. Erst auf meiner zweiten Reise war mir vergönnt, dieselben zu besichtigen, was ich meinem Anschlusse an die deutsche Pilgerkaravane verdankte, für welche das österreichische Konsulat die Erlaubniß ausgewirkt hatte. Ich halte es für angezeigt, die Beschreibung dieser interessanten Substruktionen hierorts folgen zu lassen.

Sie bestehen — wenn mich meine Erinnerungen und in der Eile an Ort und Stelle geschriebenen Notizen nicht trügen — aus dreizehn von Süd nach Nord parallel laufenden Tonnengewölben, den Schiffen einer Kirche vergleichbar. Diese Tonnengewölbe ruhen auf Reihen von je zwölf Halbkreisbogen, die durch Quaderpfeiler gestützt sind. Die Bogen haben eine Spannweite von 12 Fuß, die Schiffe eine ungleiche Breite von 12—24 Fuß. Da das Terrain gegen Norden allmälig ansteigt, so vermindert sich nach dieser Richtung die Höhe der Pfeiler in gleichem Verhältniß, bis zuletzt das Gewölbe den Boden berührt. Das ganze bildet ein Rechteck von 180 Fuß südnördlicher Länge und 120 ostwestlicher Breite, und ist im Süden und Osten durch die Mauer des Haram, im Westen durch eine besondere Mauer geschlossen. An der Südostecke will man in einigen halbzerbrochenen Riesenkalksteinquadern die Reste des salomonischen Eckthurms erkennen.

Schon aus der Bestimmung der so beschriebenen Stützungsgewölbe, das Plateau des Tempels zu erweitern, darf füglich geschlossen werden, daß dieselben von Herodes oder Salomo herrühren. Will man den Bau dem letztern zuschreiben, so würde das beweisen, daß nicht erst die Römer den Reißschnitt erfunden haben. Uebrigens können diese Gewölberäume auch als Sammler des Regenwassers gedient haben. Dieselben werden von Juden und Sarazenen die Stallungen Salomo's geheißen — eine Benennung, wohl von der historisch beglaubigten Thatsache herrührend, daß die Kreuzritter-Könige, welche in der Zeit nach der Eroberung Jerusalems einen mit dem Namen des salomonischen Tempels bezeichneten Palast in der Nähe der Alsa bewohnten, in den erwähnten Gewölben ihre Pferde untergebracht hatten. Als die Könige später auf dem Sion sich ansiedelten, räumten sie ihre frühere Residenz dem weltberühmten Ritterorden ein, welcher von diesem seinem ersten Sitze den Namen der Templer erhielt.

Doch kommen wir auf die Reisechronik von 1864 zurück. Nach Besichtigung der Alsa den Rückweg antretend, wanderten wir nordwärts der Ostmauer des Haram entlang. Wir bemerkten, daß die Oelbäume ihre Aeste über die Mauer hinwegstreckten, während diese letztere gegen das Josaphatthal in eine schwindelnde Tiefe hinabstürzt. Ungefähr der Felsenmoschee gegenüber sahen wir ein jonisches Säulenstück wagrecht gleich einem Kanonenlauf aus der Mauer hervorragen. Es wird Et-Tarik, „der Weg" geheißen und haftet daran der sonderbare Glaube der Mahomedaner, daß Mahomed auf demselben zu Gericht sitzen werde. Größeres Interesse bot uns einige hundert Schritte weiter gegen Norden das sog. goldene Thor: eine imposante antike Thorhalle, die zwar durch den Kalifen Omar vermauert, aber in späterer Zeit vermittelst eines kleinen Eingangs von der Westseite her zugänglich gemacht worden ist. Noch sind auf der Ost- und Westseite die Doppelthorbogen sammt den Säulenkapitälern erhalten, auf die neue Vermauerung sich stützend, wogegen die Schäfte der Säulen nicht mehr bestehen. Das Innere, jetzt zur Moschee hergerichtet, zeigt zwei durch ein prachtvolles korinthisches Säulenpaar gesönderte Schiffe, über welche vier Kreuzgewölbe, je zwei über jedem Schiffe, sich spannen. Diese Kreuz- oder Kuppelgewölbe verrathen byzantinische Arbeit, während die 11 Fuß dicken Mauern, der reine Stil der Kapitäler und die mit Pflanzenornamenten reich verzierten Friese auf jüdisch-römischen Ursprung hinzuweisen scheinen. Demgemäß wird der Bau von den einen dem Justinian, von den andern dem Herodes Agrippa zugeschrieben. Ist die letztere, am meisten verbreitete Meinung die richtige, so hätten wir hier ein Bauwerk vor uns, das der Zerstörung unter Titus entgangen wäre. Es wäre das Ostthor des Tempels gewesen, und würde die Annahme, daß der von Jericho und Bethanien rückkehrende Christus durch diese Thorhalle seinen Triumpheinzug zum Tempel gehalten habe, durch die Lage vollkommen gerechtfertigt sein.

Hiemit hatten wir unsern Gang auf der Area des Tempels beendet. Von meinem Freunde mich trennend, wollte ich noch einmal die Blutschwitzungsgrotte besuchen, fand aber dieselbe leider geschlossen. Als ich auf dem Rückweg die Brücke des Cedrons passirte, ward ich von Schäfer, unserm gestrigen Schenkwirthe zu Bethlehem, eingeholt. Indem wir zusammen bei tropischer Hitze den rauhen, schattenlosen Steinpfad hinaufgingen, auf welchem man einst den hl. Stephanus zum Tode hinabgeführt hatte, fiel unser Gespräch auf die Authenticität der hl. Orte und die dagegen erhobenen Zweifel. Da sagte der ehrliche lutherische Schwabe: „Irgendwo müssen doch die Dinge geschehen sein." Allerdings eine einfache Wahrheit, welche aber von denjenigen übersehen wird, die sich nun einmal in den Kopf gesetzt haben, sämmtliche evangelische Traditionen des hl. Landes negiren zu müssen. Schäfer hatte die Gefälligkeit, mich heim zu geleiten, was mir erwünscht kam, da ich, weil in Jerusalem noch zu wenig orientirt, die Casa nuova schwerlich ohne Wegweiser gefunden hätte.

Des Nachmittags führte mich der Bruder El-Livio in den Räumen des Franziskanerklosters San Salvador herum. Es liegt 2610 Fuß über dem Mittelmeer auf dem höchsten Punkte der Stadt, so daß man daselbst den Vortheil reinerer Luft und von der Terrasse aus eine imposante Aussicht genießt. Das Kloster enthält außer den zahlreichen Zellen nebst Speise- und Empfangsaal auch noch Werkstätten zum Betrieb aller jener Gewerbe, die den wesentlichsten Bedürfnissen des geistigen und physischen Lebens entsprechen. Ich sah vor andern die Mühle, welche durch ein im Kreise herumgehendes Maulthier in Bewegung gesetzt ward. Man zeigte mir die Bäckerei, die Schmiede, die Buchdruckerei, Buchbinderei und Schriftgießerei. In der letztern wurden arabische, griechische, lateinische und italienische Lettern verfertigt. Endlich besitzt der Convent sogar sein eigenes Schlachthaus.

Die Franziskaner zählen zur Zeit in Palästina, Syrien und Aegypten einundbreißig Convente, welche zusammen durchschnittlich dreihundert Ordensmänner beherbergen. Vier jener Convente befinden sich in Jerusalem mit zusammen siebenzig Mitgliedern. Der Vorsteher aller dieser Klöster ist der infulirte Pater custos terræ sanctæ. Derselbe wird gemäß der demokratischen Verfassung des Ordens je auf sechs Jahre gewählt und für so lange sind auch die gewöhnlichen Patres und Fratres im hl. Lande auszuharren verpflichtet.

Seit langer Zeit stehen die Väter im wohlverdienten Rufe der Gastfreundschaft, welche sie an den Pilgern und Reisenden ausüben. Weniger bekannt dürfte sein, daß sie auch den einheimischen Armen in großartigster Weise Verdienst und Almosen spenden. Sie besitzen zu Jerusalem außer den Conventsgebäuden noch dreiundbreißig Häuser, in welchen arme Christenfamilien unentgeltlich oder zu sehr geringen Miethzinsen wohnen. Tausend sechshundert Brode werden wöchentlich an die Armen vertheilt. Zahlreiche Gewerbsleute, als Schmiede, Schlosser, Schuhmacher, Schneider und Schreiner finden Beschäftigung in der Klosterökonomie. Auch haben die Väter überall, wo sie im hl. Lande sich ansiedelten, Schulen eröffnet. In denselben wird nicht nur der Unterricht unentgeltlich ertheilt, sondern den Kindern noch die Kost verabreicht, um sie, weil kein Schulzwang besteht, zum fleißigen Schulbesuch zu vermögen.

Die Frage liegt nahe: wo die Franziskaner die Mittel hernehmen, allen diesen Bedürfnissen zu genügen, zumal sie alljährlich noch bedeutende Summen für Steuern und Geschenke an den Pascha, so wie zur Verzinsung einer durch die Unbill der Zeiten hoch angelaufenen Kapitalschuld verausgaben müssen. Früher flossen den Vätern regelmäßige Beisteuern Seitens der katholischen Großmächte zu. Allein diese Quelle versiegte, so wie die Revolution ihren Gang durch die Welt machte, das Kirchengut verschlang und trotz dessen die Finanzen der katholischen Staaten zerrüttete. Es mußte daher die Opferwilligkeit der gläubigen Katholiken in den Riß treten, um den Ausfall zu decken. Wir wissen, daß in dieser Richtung Vieles geschieht. Die Steuer für das heilige Grab bildet ein Glied in der Kette jener zahllosen organisirten Liebeswerke, welche in der Jetztzeit über einen großen Theil des katholischen Europa netzartig sich ausbreiten. Sie wird wesentlich gefördert durch das Kommissariat für das heilige Land in Wien, welches schon früher bestandene, später aber aufgehobene Institut am 21. Februar 1842 wieder hergestellt worden ist.

Die Franziskaner im heiligen Lande verdienen es wohl, daß wir ihnen unsere Fürsorge zuwenden. Seit mehr als sechs Jahrhunderten stehen sie als Vorposten der katholischen Kirche mitten in der mahomedanischen Welt und hüten ihr Miteigenthum an den heiligen Stätten. Viele sind als Märtyrer unter den Streichen der Ungläubigen gefallen. Andere unterlagen der Pest, dem Aussatze, den Einflüssen des Klima's, der fremden, für die Europäer beinahe ungenießbaren Kost und den Beschwerden des Dienstes. Man hat berechnet, sagt Sepp, daß je der vierte Ordensmann jenseits des Meeres sein Grab findet.

4. Die Osterzeit 1866.

a. Landung in Jaffa. Pilgerzug nach Jerusalem.

Bei stiller See und Sonnenschein waren wir am 10. Juni 1864 im alten Joppe gelandet. Ganz andere Witterungsverhältnisse begleiteten mich, als ich den 16. März 1866 auf dem gleichen Schiffe, dem „Stambul", und unter dem gleichen Kapitän, der uns vor zwei Jahren von Smyrna bis Jaffa geführt hatte, zum zweitenmale in Sicht der palästinensischen Küste gelangte. Schon Tags zuvor hatte unser Dampfer gegen einen heftigen Levante oder Nordostwind mühsam gerungen. Am 16. fiel Regen, die See ging hoch und überzog sich weit und breit mit schneeweißen Schaumflocken. Die Seekrankheit wüthete schrecklich unter den armen Frauen der dritten Klasse, welche auf dem dichtbesetzten Verdecke keinen Platz fanden, sich niederzulegen. Schon hieß es, daß der Stambul vor Jaffa nicht anlegen werde. Weil nämlich Jaffa, wie wir schon bemerkt haben, weder eine natürliche Rhede noch einen künstlichen Hafen besitzt, so ist die Landung auf den arabischen Booten schon bei mäßig stürmischem Wetter mit Gefahren verbunden, denen ein gewissenhafter Kapitän seine Passagiere nicht aussetzen darf. Um ¼4 Uhr Nachmittags die Höhe von Jaffa erreichend, schüttelte der Kapitän anfangs bedenklich den Kopf. Er ließ zuerst kreuzen, gewärtigend, ob das Wetter sich bessern werde; dann später, obschon wir wenigstens keine solche Besserung wahrnehmen konnten, in ziemlich bedeutender Entfernung von der Küste die Anker auswerfen. Ich frug ihn, ob die Ausschiffung möglich sei? Er antwortete bejahend, denn der Wind sei günstig, nur müsse beim Einsteigen in die Barken Obacht genommen werden. — Es währte aber eine ziemliche Zeit, bis eine Barke sich blicken ließ. Zuerst erschien die Sanita. Von derselben stieg ein Bote des Franziskanerkonvents an Bord unsers Dampfers, dem Präsidenten unserer Gesellschaft zu melden, daß eine eigene Barke uns abholen werde. — Während wir diese erwarteten, kamen andere Barken herangerudert und legten hart an die Wände des Stambul sich an. Die ersten Passagiere, welche sich auf einer solchen in das stürmische Meer hinauswagten, waren die Herren und Damen einer Berliner Gesellschaft, die in Zeit von sechs Wochen Kairo, Jerusalem, Konstantinopel und Athen zu besuchen sich vorgesetzt und daher keine Zeit zu verlieren hatten.

Dieses Beispiel ermuthigte die andern Passagiere, welche in Jaffa ausschiffen wollten. Ihre Zahl mochte sich auf mehrere hundert belaufen. Denn außer den vielen Pilgern war auch eine Menge Kaufleute an Bord, welche sich nach Jaffa, wo eben Jahrmarkt gehalten wurde, oder nach Jerusalem begaben, um daselbst während der Pilgerzeit Geschäfte zu machen. Alles drängte die Schiffstreppen hinunter. Kühn wagten die jungen Männer den Sprung auf die hin- und herschwankenden Boote, während die ältern sich, wie billig, der Handreichung der arabischen Bootsführer bedienten und die Frauen wie kleine Kinder von den letztern gepackt und in die Barken hinein versetzt wurden.

Hatte sich eine Barke vom Schiffe entfernt, so wurde sie alsbald von den hochgehenden Wogen auf- und abwärts getragen, so daß es schien, wenn man derselben vom Verdecke aus nachblickte, als sänke sie zeitweilig ganz unter Wasser, und tauchte dann nach einigen Sekunden wieder aus der Tiefe empor. Glücklicherweise hatte ich die Bedenken erregende Erscheimung schon anderwärts gesehen und wußte, daß sie auf optischer Täuschung beruhe.

Endlich war auch die für uns bestimmte Barke herangekommen. Anstatt aber, wie wir zu erwarten berechtigt waren, nur uns aufzunehmen, ließen die Bootführer einsteigen, wer wollte, bis die Barke buchstäblich vollgepfropft war. Es ließ sich das vom Standpunkt dieser Leute begreifen. Denn die Pilgerzeit ist ihre Erntezeit und, da sie den Fahrpreis zu 10 Fr. per Kopf taxirt hatten, ergaben die vierzig bis fünfzig aufgenommenen Passagiere einen prächtigen Gewinn. Uebrigens gewährte die starke Belastung den Vortheil, daß die Barke der Gefahr des Umschlagens weniger ausgesetzt war.

Kaum hatten unsere vier Bootsleute ihre Ruderschläge begonnen, als die Wogenhügel von zwei Seiten an uns heranrollten und uns gleichsam in eine Thalmulde einschlossen, aus der wir außer der ringsum sich aufthürmenden Wasserwände nichts mehr erblickten. Jede Woge drohte uns in ihrem Bauche begraben zu wollen. War sie aber hart bis an das Boot gerückt, so sank sie plötzlich wie durch ein Wunder zusammen, jedoch nicht ohne die gesammte Kahngesellschaft mit einer tüchtigen Portion Salzwasser zu begießen. Dann fanden wir uns schnell wieder in die Höhe gehoben. Das Dampfboot und die Küste traten an unsern Gesichtskreis für so lange heran, bis zwei neue an unser Boot anstürmende Wogen uns abermals in die Tiefe versenkten. So ging es abwechselnd fort von der Höhe zur Tiefe und von der Tiefe zur Höhe. Das majestätische Rauschen des Meeres und das Heulen des Sturmwindes wurden durch das unaufhörliche gelle Geschrei unserer Ruderer disharmonisch begleitet. Wie mir mein arabisch verstehender Nachbar erklärte, verlangten diese Leute von den nicht zu unserer Gesellschaft gehörenden Passagieren die Vorausbezahlung des Fahrgeldes und drohten, als diese nicht zahlten, bald uns zu den Klippen zu führen, bald nach dem Dampfboote zurückzukehren. „Andiamo al Vapore," sagte einer der mir nahestehenden Ruderer in anscheinend entschlossenem Tone. Ich aber dachte: bange machen gilt nicht. Denn daß sie aus Habsucht ihr Leben mit dem unsrigen aussetzen würden, war nicht zu erwarten, und hätten sie uns nach dem Dampfboote zurückgeführt, so würden sie gar nichts bekommen haben. Immerhin trug dieses wüste Gezänk viel dazu bei, das Unheimliche der Fahrt zu vermehren. Dieselbe dauerte wenigstens eine Stunde; denn es mußte ein bedeutender Umweg gemacht werden, um die Klippen zu umgehen, an welche die Brandung fürchterlich anschlug. Endlich erreichten wir das Ufer bei einbrechender Nacht und dankten Gott, als wir wieder festen Boden unter den Füßen verspürten. Denn gefahrlos war diese Landungsfahrt gewiß nicht gewesen. Der Kapitän des Stambul hat sich später — wie man mir sagte — geäußert, es werde ihn sein leblang gereuen, die Ausschiffung an jenem Tage gestattet zu haben, obwohl kein einziges Unglück vorgefallen war.

Am Landungsplatze stand eine dichtgedrängte Menschenmenge, die sich als Paktträger aufdrängen wollte, so daß man nur mit schwerer Mühe sich der ungebetenen Zugreifer zu erwehren vermochte. Trotz meiner und meines Dieners Wachsamkeit wurde mir ein Stück gleichsam unter den Händen eskamotirt. Während ich aber bereits in den Verlust mich ergeben hatte, ward mir das Stück in das Kloster zurückgebracht. Der Mann, der es genommen, war also kein Dieb gewesen, sondern hatte lediglich einen Trägerlohn verdienen wollen. Achtzig Personen übernachteten heute im lateinischen Kloster, wohl dreimal so viel waren in den Conventen der Griechen und Armenier abgestiegen.

Unter den Gästen des lateinischen Klosters, zu denen selbstverständlich auch wir gehörten, befanden sich Katholiken und Protestanten, so wie Angehörige der verschiedenen europäischen Nationalitäten und alle fanden wir bei den Franziskanern ordentliche Herberge und wurden für die ausgestandenen

Strapazen durch ein reichliches Faſten-Nachtmahl mit Seefiſchen und ungeſälſchtem Cyperwein entſchädigt.

Des folgenden Nachmittags ritten wir in 3½ Stunden nach Ramleh. Ich ward überraſcht, längs des Weges die Drähte des Telegraphen zu ſehen, welcher zur Zeit meiner erſten Reiſe noch nicht beſtund und erſt vor 1½ Jahren von Jaffa nach Jeruſalem erſtellt worden iſt. Wie man mir ſagte, halten die Araber denſelben für ein Produkt der Zauberei. Auch bemühte ſich der uns von Alexandrien her begleitende Franziskaner-Pater Wenceslaus, unſern Dragoman zu belehren, daß es dabei mit natürlichen Dingen zugehe. Ein anderes Beiſpiel arabiſchen Aberglaubens nahmen wir in folgendem wahr:

Eine Geſellſchaft junger Araber ritt auf Eſeln vor uns her. Da machte ſich einer unſerer Leute den Spaß, ſich rücklings im Sattel zu ſetzen. Plötzlich wurden jene ſtutzig, drängten ſich zuſammen und glotzten mit unwilliger Miene den verkehrt ſitzenden Reiter an. Man erwiederte mir auf meine Anfrage über die Urſache dieſes Benehmens, daß die Araber das Rücklingsſitzen zu Pferd für eine böſe Vorbedeutung anſehen.

Ein langer und bunter Pilgerzug bewegte ſich am folgenden Morgen, den 18. März, in der Richtung nach dem judäiſchen Gebirge. Denn ſämmtliche Reiſende, die zu Ramleh übernachtet, waren gleichzeitig aufgebrochen. Den Kern des Zuges bildeten wir und die Preußen. Aber außer dieſen beiden Geſellſchaften machten noch andere Europäer, ſo wie auch viele orientaliſche Pilger und Kaufleute den Ritt nach Jeruſalem mit. Unter den Europäern befanden ſich zwei preußiſche Diakoniſſinnen, ferner zwei öſterreichiſche Bürgerfrauen, ein junger franzöſiſcher Arzt und ein engliſcher Herr, wahrſcheinlich ein Geiſtlicher. Unſer Dragoman, ein ſchöner junger Mann und brillanter Reiter, den man an ſeinem mit einem ſchwarzweißen Kameelſtrick um den Kopf gewundenen Seidentuch von weitem erkannte, ſprengte zeitweilig die lange Reihe auf und ab, um ſich zu vergewiſſern, ob Niemand zurückbleibe. Einige arme Pilger und Pilgerinnen gingen zu Fuß neben der Reiterkarawane her, den langen Pilgerstock in der Hand und mit einem Stück Brod in dem umgehängten Reisesack, als einzigem Proviant, versehen. Es waren fromme, gemüthliche, herzgute Landleute aus Steiermark und Altbaiern, welche, von einer unnennbaren Sehnsucht getrieben, das Land des Erlösers zu sehen, sich trotz ihres vorgerückten Alters den Strapazen einer solchen Fußreise unterzogen, die um so beschwerlicher war, weil die Fußgänger als des Weges unkundig und um nicht etwa Räubern in die Hände zu fallen, den schnellen Schritt unserer Pferde einhalten mußten.

Bei Latrun, wo die ersten Ausläufer des Gebirges beginnen, sahen wir den Rasen und sämmtliche Gebüsche mit blaßgelben Flocken bedeckt. In der Nähe besehen wurden diese Flocken plötzlich lebendig, einige flogen auf und umschwirrten die Hälse unserer Pferde. Wir erkannten, daß wir es mit einem Heuschreckenschwarm zu thun hatten, der auf seiner weiten Reise von Osten her in hier einen Rasttag hielt. Seine Länge mochte etwa eine halbe Viertelstunde Weges betragen; wie weit er sich zu unserer Rechten und Linken in die Breite ausdehnte, vermochte ich nicht zu ermessen.

Der Bergwald prangte dießmal und mehr noch einen Monat später bei meiner Rückkehr im herrlichsten Blüthenschmuck. In seinem untern Theile war ein zu der Familie der Leguminosen gehörender Dornstrauch mit goldgelben Blüthen zahlreich vertreten. Oberhalb breitete der Narzissus poeticus über dem Boden einen schneeweißen Teppich, in welchem Malven, blaue Cyklamen, Tulpen, mehrere Orchisarten und vor andern eine purpurne Anemonenart ihre glanzvollen Farben einwoben. Diese letztere wunderschöne Blume, welche ich während dieses Frühlings auch an dem Oelberge und anderswo um Jerusalem fand, ist vielleicht jene Lilie des Feldes, welche Christus nach dem Evangelium Matth. VI, 29 und 30 über alle Pracht und Herrlichkeit Salomo's stellte. Sie ist die Osterblume des hl. Landes, gleich wie ihre nordische Schwester, die in unsern Wäldern blühende Anemone nemorosa, durch den Volksmund mit diesem Namen belegt wird.

Wir hielten unsern Mittagshalt in einer Lichtung des Waldes unter uralten Oelbäumen. Als Tisch diente der grasreiche Boden, auf welchem die Couverts, aus je einem zinnernen Teller und Becher, einem Brod und einer großen Orange aus Jaffa bestehend, in Kreisform aufgelegt waren. Die Mitte der Kreise nahmen Hammelfleisch, Hühner, Eier und Wein ein. Während wir am Boden hingestreckt diesen Imbiß verzehrten, grasten um uns her die Pferde und Esel und wurde das malerische Gesammtbild noch durch die Kameelzüge belebt, welche, mit Laden und Lasten befrachtet, bergaufwärts gen Jerusalem schritten. Im Moment unseres Wieder-Aufbruches begann ein ziemlich starker Regen zu fallen, der etwa eine kleine halbe Stunde lang andauerte, dann aber plötzlich der Sonne und dem Himmelsblau den Platz wieder einräumte. So ist die Witterung des orientalischen Frühlings beschaffen. Der Sonnenschein bildet die Regel, der Regen die Ausnahme, während in unsern traurigen nordischen Frühlingen und Sommern das umgekehrte Verhältniß obwaltet.

Beim Hinabritt nach Kolonieh fand ich die Gegend weniger wild, als sie mir das erstemal vorgekommen war. Das hatte seinen Grund in dem Doppelumstande, daß jetzt von dem Winterregen Alles noch grün war und man seit jener Zeit den Weg in etwas verbessert, d. h. die absperrenden Felsstücke fortgeschafft und die Neigung um etliche Prozente vermindert hatte. Zu Kolonieh hielten wir in der gleichen Laubhütte an, wo vor zwei Jahren die russische Abschiedsscene stattgefunden hatte, und erfrischten uns daselbst mit einer Tasse Kaffee, wobei der Präsident der preußischen Karavane die Menschenfreundlichkeit hatte, solchen auch unsern armen müden Fußpilgern auf seine Kosten verabreichen zu lassen.

Wir hatten die Höhe von Jerusalem noch nicht erstiegen, als uns ein Reiter entgegenkam, dessen Haltung und Armatur einen amtlichen Charakter verrieth. Er trug in der Hand einen langen Stab mit eiserner Spitze und silbernem Griff und eine gleichfalls silberbeschlagene Pistole im Gürtel. Wir vernahmen: es sei der Kavaß des österreichischen Konsuls, der, von unserer Ankunft avisirt, uns bewillkommen ließ. Ihm folgten bald hernach in gleicher Absicht der Kavaß des österreichischen Pilgerhauses und zuletzt die beiden Vorsteher dieses letztern selber. Als wir bei dem ersten türkischen Wachthurm angelangt waren, hieß man uns absteigen, um Angesichts Jerusalems, das man hier zum erstenmal zu sehen bekommt, ein kurzes Gebet zu verrichten. Da sah ich die deutschen Fußpilger knieend ihre Arme ausstrecken und mit unverwandten verzückten Blicken die hochheiligen Mauern betrachten. Man erkannte: eine unbeschreibliche Freude habe diese braven Männer und Frauen ergriffen, das heißersehnte Ziel endlich einmal erreicht, das Ideal ihres Lebens verwirklicht zu sehen. Mir aber kam bei ihrem Anblick der trostreiche Gedanke, daß die Zeit des Untergangs des katholischen Christenthums für unser Europa noch nicht gekommen sei. Mögen die Weisen der Zeit und die Mehrzahl der gebildeten und halbgebildeten Philister dasselbe mißkennen, es wird fortleben in dem Herzen des armen Mannes, der in ihm den einzig wahren und überreichen Ersatz für die ihm beschiedenen Leiden und Entbehrungen findet. Wie seiner Zeit arme, ungebildete Fischer die Lehre des Kreuzes verkündeten, so sehen wir, daß heut zu Tag vorzugsweise das Landvolk es ist, welches den Glauben bewahrt hat und gegenüber den Angriffen einer entchristlichten Staatsgewalt mit zäher Ausdauer festhält. Es entspricht diese Thatsache dem merkwürdigen Ausspruche Christi, welchen uns Matthäus im XI. Kap. 25. Vers seines Evangeliums aufbewahrt hat. Der Ausspruch lautet: „Ich preise Dich, Vater, Herr Himmels und der Erde, daß Du dieses vor den Weisen und Klugen verborgen, den Kleinen aber geoffenbaret hast."

Vom Jaffathor pilgerten wir zu Fuß nach der Grabkirche, beteten an den heiligen Stätten und verfügten uns nach dem österreichischen Pilgerhaus, wo uns Erfrischung und gastfreundliche Aufnahme ward.

b. Höflichkeits-Besuche. Kloster Zion.

Da die Mehrzahl der Mitglieder unserer Gesellschaft aus österreichischen Unterthanen bestund und überdies wir Alle die österreichische Gastfreundschaft genossen, so ziemte es sich, daß wir in erster Linie dem hiesigen Vertreter Sr. k. k. Majestät unsere Aufwartung machten, um so mehr, als seine Wohnung nahe der unsrigen lag. Wir statteten diesen Besuch gleich am ersten Morgen nach unserer Ankunft in Jerusalem ab. Der Konsul empfing uns in einem kleinen, elegant ausgestatteten Salon, dessen Deckenwölbung mit einem Tuche unterspannt war, was dem Zimmer ein zeltartiges Aussehen gab, ließ nach orientalischer Sitte Kaffee und Liqueur auftragen, sprach über die hiesigen Verhältnisse und verabschiedete uns mit der üblichen diplomatischen Formel: „es werde ihn freuen, wenn er etwas zu der Annehmlichkeit unseres hiesigen Aufenthaltes beitragen könne."

Von da stiegen wir in das obere Stadtquartier auf, um den P. Custos der Franziskaner und den katholischen Patriarchen zu besuchen. Der erstere, eine großgewachsene Figur mit geistreichem Auge, zeigte in der braunen Mönchskutte die Haltung und Formen eines hochstehenden Weltmannes, dem man es ansah, daß er in seiner Stellung als Vorsteher sämmtlicher Franziskanerklöster des heiligen Landes sich fühle. Der Patriarch Valerga hat einen klassischen Kopf, namentlich eine hochgebogene Adlernase, und es gibt ihm sein bis an die Brust herabreichender weißer Bart ein ehrwürdiges, vielleicht etwas theatralisches Aussehen. Er ist übrigens ein Mann von gesundem Urtheil, der das Französische und seine italienische Muttersprache mit gleicher Geläufigkeit spricht. Ich traf mit demselben später noch mehrmals zusammen. Aus seinen Mittheilungen über die hiesigen kirchlichen und politischen Zustände mochte ich unschwer entnehmen, daß der Patriarch von Jerusalem in Bezug auf ungehemmte kirchliche Bewegung günstiger gestellt sei als weitaus die meisten katholischen Bischöfe Europa's. Nicht nur gründet er Klöster, welche und so viele er will, errichtete und leitet nach seinem Ermessen das Priesterseminar zu Bettjalah, correspondirt mit Rom und läßt das katholische Schulwesen durch die geistlichen Korporationen besorgen, sondern es sei auch — sagte mir der Patriarch — gesetzliche Regel, daß alle Streitigkeiten, welche nur entfernt mit der Religion zusammenhängen, durch die Bischöfe der betreffenden Konfessionen, somit die in das römisch-katholische Kirchengebiet einschlagenden durch ihn, den Patriarchen, entschieden werden. In den seit Kurzem errichteten Provinzial- und Munizipal-Räthen — ein Institut, aus welchem nach der Meinung des Patriarchen Gutes hervorgehen könne, wenn die christlichen Parteien zusammenhalten, — sei den Bischöfen Sitz und Stimme von Rechtswegen eingeräumt." — Eine fernere Behauptung des Monsig. Valerga, daß unter den Griechen eine wachsende Zuneigung zum Katholizismus sich kund gebe, stimmt mit anderweitigen mir gewordenen Mittheilungen nicht überein.

Am 20. März besuchten wir die Schwestern unserer lieben Frau vom „Berge Zion." Der sogenannte Orden wurde vor ungefähr zwanzig Jahren durch den berühmten Konvertiten Maria Ratisbonne zum Zwecke der weiblichen Erziehung in Paris gegründet, wo das Mutterhaus ist, und 1856 auf den Wunsch des Patriarchen nach Jerusalem verpflanzt. Das hiesige Ordenshaus steht nicht auf dem Zionhügel, wie man durch den Namen des Ordens zu glauben versucht werden möchte, sondern am Fuße des Bezetha in der Gasse Tarik-Sitti-Miriam, welche wir als die Anfangslinie des Leidensweges schon früher genannt haben. Wir wurden von P. Ratisbonne selber empfangen und in den Räumlichkeiten des Klosters herumgeleitet, den Zufall begrüßend, der uns Gelegenheit gab, die auch in ihrer äußern Erscheinung imponirende, geistig begabte Persönlichkeit kennen zu lernen. Das Ordenshaus ist ein schöner, aus Jerusalemer Steinwürfeln aufgeführter Neubau mit zwei übereinander liegenden Dachterrassen, von welchen aus, namentlich von der obern, man einer malerischen Aussicht auf den Oelberg und in das Josaphatthal sich erfreut. Die noch nicht völlig ausgebaute, dreischiffige Klosterkirche beansprucht ein besonderes Interesse durch den bei der Fundamentirung aufgefundenen, an den Eccehomobogen anschließenden Seitenbogen, dessen wir anläßlich der Beschreibung der Via dolorosa bereits Erwähnung gethan. Dieser sehr schöne Seitenbogen trägt eine Attika und verräth durch seinen Baustil unzweifelhaft altrömischen Ursprung; auf demselben ist noch das Wort „tolle" zu lesen. Er soll, an der Stelle belassen, wo er aufgedeckt wurde, den Platz hinter dem Hauptaltar einnehmen, und die Attika mit einer Statue gekrönt werden, Christus in dem Momente darstellend, als derselbe von Pilatus mit den Worten „Ecce homo" dem Volke vorgezeigt ward. Wir haben jene in Rom gefertigte Statue in der Krypta der Kirche gesehen, wo sie bis zu ihrer Aufstellung aufbewahrt wird. Sie ist aus weißem Marmor gemeißelt und von sehr hohem Kunstwerthe. In jener Krypta hat man für die künftig absterbenden Schwestern Grabstätten hergerichtet. Dieselben sind den altjüdischen Schiebgräbern nachgebildet mit dem Unterschied, daß sie nicht in den Felsen gehauen, sondern aus Quadersteinen aufgeführt wurden. Beim Bau des Klosters ist man auf eine Quelle gestoßen — anläßlich welcher eine Scene stattfand, die ich, weil sie den Muth und das National-Bewußtsein der französischen Frauen charakterisirt, nicht umhin kann, meinen Lesern wieder zu erzählen. Als der neue Militär-Pascha von der Auffindung der Quelle gehört hatte, wollte er dieselbe besichtigen, von der Absicht geleitet, sie nach seinem Residenzschlosse abzuleiten. Er verfügt sich ins Kloster und gibt seinen Wunsch zu erkennen. In jenem Augenblick war die Oberin krank; eine Schwester eilt zu der letztern, sie zu fragen, was in der Sache zu thun sei, und erhält augenblicklich folgende Weisung: „Gebet dem Pascha sämmtliche Schlüssel, aber sagt ihm, daß er wegen seines Einbringens in das Ordenshaus sich bei der französischen Regierung werde verantworten müssen, weil das Kloster französisches Eigenthum sei." Nach Erhalt dieser Antwort stand der Türke von seinem Vorhaben ab.

Ich aber dachte mir bei Anhörung dieser Geschichte, wie viel besser unsere liberalen?? europäischen Regierungen in derartigen Dingen es haben. Ihnen, den glücklichen Inhabern der Staatsomnipotenz, den blindgläubigen Anhängern der Lehre ihrer Professoren, nach welcher die Rechtlosigkeit der geistlichen Vereine von selbst sich versteht, ihnen — denen es jeden Augenblick frei steht, Mönche und Nonnen aus ihren Zellen zu verjagen — müßte es ein leichtes gewesen sein, den Schwestern von Zion, auch ohne Anwendung eines Expropriationsgesetzes ihre Quelle zu entziehen. Anderseits wie müssen die in unsern Kulturstaaten noch übrig gebliebenen klösterlichen Genossenschaften ihre unter dem Scepter Mahomeds lebenden Schwestern ihrer Rechtssicherheit wegen beneiden!

Die Auffindung der Quelle führte zur Entdeckung des von uns bereits erwähnten unterirdischen Tunnels. Dank der Gefälligkeit des Pater Ratisbonne war es uns vergönnt, einen Blick in diese während zwei Jahrtausenden verborgen gebliebene Anlage zu werfen. Nachdem wir einunddreißig Stufen abwärts gestiegen waren, befanden wir uns auf der Oberfläche der Schuttmasse, mit welcher der Tunnel angefüllt ist. Von da bis zum Niveau desselben gehen vielleicht noch eben so viele Stufen hinunter. Der Tunnel, worin wir etwa fünfzig Schritte weit vorgingen, ist aus Bausteinen gewölbt. Man hat dessen Länge und Ausgang noch nicht bestimmen können, weil der in seinem Verlaufe immer mehr ansteigende Schutt den Durchgang verhindert. Ich vernachläßigte es, seine Breite zu messen, schätze sie aber nach oberflächlichem Okularmaß nicht über zwanzig Fuß. Dagegen habe ich mit Hülfe meines Kompasses die Richtung des Tunnels ermittelt. Er geht von Norden nach Süden oder vielmehr ein wenig nach Südwesten, und diente wahrscheinlich dazu, die Verbindung zwischen den Thürmen der Antonia zu vermitteln.

Acht Schwestern wohnen in dem hiesigen Kloster. Ferner besitzt der Orden eine Filiale zu St. Johann mit zwölf andern Schwestern. Die Zahl der den Ordensfrauen zur Erziehung übergebenen Mädchen betrug zur Zeit meines Aufenthaltes 105, worunter sich viele Waisen der Maroniten befanden. Auch schismatische, ja sogar mahomedanische Kinder werden in diesem Kloster erzogen. Auf meine Anfrage an eine der Schwestern, welche Lebensstellung allen diesen Mädchen beschieden sei, ward mir zur Antwort: daß weitaus die meisten sich beim Austritt aus der Schule verheirathen. Die Araberinnen heirathen gewöhnlich schon im zwölften Altersjahr und werden im vierten verlobt. Mehrere zur Zeit in der Anstalt befindliche Mädchen seien Verlobte.

c. Die Thäler Josaphat und Gehenna. Klagemauer.

Wir hatten im Jahre 1864 das Josaphatthal nur in seinem obern Theile begangen und von dem Besuche des untern absehen müssen. Da nun das letztere des Merkwürdigen vieles enthält, so mußte das damals Versäumte vor anderm nachgeholt werden. Deßwegen machte ich während meines dermaligen Aufenthalts wiederholte Gänge in die dortige Gegend und fasse die Ergebnisse meiner Umschau in nachstehenden Beschreibungen zusammen.

Einige hundert Schritte südwärts vom Garten Gethsemane finden sich jene berühmten Grabstätten vor, welche in den Pilgerbüchern als die **Gräber des Josaphat**, Abfolon, Jakobus und des Propheten Zacharias angeführt werden. Sie liegen im Osten des Kidron dem Thalwege entlang, in der angedeuteten Ordnung von Norden nach Süden sich folgend. Von diesen vier Grabstätten nahmen das zweite und vierte mein besonderes Interesse in Anspruch. Denn während das Jakobs- und Josaphatgrab beide die Form der früher beschriebenen Gräber der Richter und Könige, d. h. in die Bergmasse eingehöhlte Gruppen von Felskammern zeigen, bilden das Absolon- und das Zachariasgrab isolirte Monumente, im wesentlichen aus ausgehöhlten, von dem Berghange abgeschrägten Felswürfeln bestehend, über welchen verschieden gestaltete Aufsätze gemauert sind. Wir wollen die vier Monumente etwas näher betrachten.

Die Grabhöhle des Josaphat ist in die Rückwand des Felshofes eingehauen, welche durch die Abschrägung des zu dem Denkmale Absolons bestimmten Blockes entstund. Der Eingang ist dermaßen verschüttet, daß er ohne das aus der Schuttmasse auftauchende Giebeldreieck kaum mehr erkenntlich wäre. Das Innere soll von den heutigen Juden zur Bestattung von Todten benutzt werden und aus den Fresfomalereien, welche die Hauptkammer schmücken, will man den Schluß ziehen, daß sie einst als christliche Kapelle gedient habe.

Das Absolon-Denkmal nimmt die Mitte des bezeichneten Felshofes ein. Es besteht in seinem Unterbau aus einem einzigen Felswürfel von 20 Fuß Höhe und 19 ins Gevierte. Dieser Unterbau trägt eine Attila, aus Quadern erstellt, welch' letztere 6 Fuß in der Länge und 5 in der Höhe betragen. Darüber erhebt sich ein Cylinder, der in einem ausgeschweiften Kegel gegen oben abschließt. Das Innere des Würfels ist hohl und der Zugang verschüttet. Aber man kann durch gewaltsam eröffnete Löcher in das Innere schauen. Ich gewahrte, daß dasselbe mit einer Unmasse von Steinen angefüllt sei. Sie rühren, wie man mir sagte, von den Moslemin her, welche das Grabmal nach Außen und Innen mit Steinen bewerfen, um dadurch ihren Abscheu gegen den wider den Vater rebellirenden Sohn zu bezeugen.

Etwa hundert Schritte weiter nach Süden gelangt man zur Grabstätte des Apostels Jakobus. Sie ist, wie gesagt, in die Bergmasse eingehöhlt, vor dem Eingange aber ein von zwei dorischen Säulen mit dorischem Gebälke und zwei seitlichen Halbpfeilern getragenen Portikus ausgehauen. Das Innere zeigt eine Reihe von Kammern, in welchen zahlreiche Schiebgräber und in der obern dunklern Kammer Aufleggräber mit Wölbung sich vorfinden.

Hart an das vorige stößt das Zachariasgrab, einen Felswürfel darstellend von 17 Fuß im Quadrat, über welchem eine 12 Fuß hohe, vierseitige Pyramide sich aufthürmt. Würfel und Pyramide sind ein Monolith, der, wie das Denkmal des Absolon, aus dem Berghange abgeschrägt wurde.

Es ist unwahrscheinlich, daß diese Gräber wirklich die Gebeine der Männer enthalten, deren Namen sie tragen. Immerhin deutet die Form des sog. Absolon- und Zachariasgrabes auf ein sehr hohes vorchristliches Alter. Man hat ähnliche Würfelmonumente mit pyramidal- oder kegelförmigen Aufsätzen auch bei Karthago und an andern unter punischer Herrschaft gestandenen Orten gefunden. Ferner sollen die sehr merkwürdigen architektonischen Verzierungen am Felswürfel des Absolongrabes nach dem Urtheil von Kennern der Kunstgeschichte auf die uralt aegyptischen und phönicisch-assyrischen Dekorationsformen zurückweisen.

Etwas weiter südlich vom Zachariasgrab fand ich noch ein fünftes Monument, das aber im Westen bis an die Pilasterkapitäler, im Osten selbst über die Bedachung hinaus so ganz mit Schutt und Erde zugedeckt war, daß ich die Form desselben nicht zu erkennen vermochte. Ostwärts, d. h. oberhalb an der südlichen Vorkuppe des Oelberges liegen die sogeheißenen Gräber der Propheten. Man nennt sie auch das kleine Labyrinth, weil die Gräber in sich durchkreuzenden Gängen angelegt find, welche von einer großen Rotunde als Vorkammer ausgehen.

Hart an die vorgenannten, althebräischen Grabstätten haben die Neu-Juden ihren Friedhof Bet-Haim angelegt. Dieser Friedhof bildet keinen regelmäßig abbegrenzten Raum und ist so wenig wie die mahomedanischen Gottesäcker durch irgend welche Umfriedung geschützt. Hügel und Thal sind nach allen Richtungen mit verwitterten Grabsteinen bepflastert, die man, weil sie sich nicht über das Niveau des Bodens erheben, und das Gräberterrain sich unvermittelt an das anliegende Felsenland anschließt, für den Hervortritt des natürlichen Felsbodens hält, bis man, sich bückend, dieselben an den hebräischen Inschriften als Grabsteine erkennt. Ihre Form ist viereckig oder oval, die Größe aller ungefähr gleich, 1—2 Fuß im Quadrate betragend. Außer diesen Grabsteinen haben die Gräber keinen andern, weder künstlerischen noch vegetabilischen Schmuck. Auch werden die Todten ohne Sarg nur 2—3 Fuß tief in die Erde bestattet. Aber welche tiefernste, weltlhistorische Poesie schwebt über diesem einfachen Todtenacker, wo die Gebeine der Enkel sich liebend zu denen ihrer vor 4000 Jahren heimgegangenen Väter versammeln. Die Neu-Juden glauben, daß, wenn ihre Leichen hier im Thale des einstigen Weltgerichtes ruhen, ihrer eine selige Auferstehung warte.

Etwa eine halbe Viertelstunde weiter thalabwärts sprudelt die Quelle Siloa aus einem Felsenschachte des Moria auf. Sie wird auch der Marienbrunnen oder die Quelle der Jungfrau benannt. Man gelangt auf neunundzwanzig Stufen zu dem 20 Fuß unter der Thalsohle liegenden, umfangreichen Wasserbecken hinunter. Der Wasserspiegel hatte zur Zeit meines Besuches eine Höhe von 3 Fuß, soll aber zur Sommerzeit auf ein Minimalmaß von 1 Fuß herabsinken. Die Quelle hat eine Art unregelmäßiger Ebbe und Fluth, indem das Wasser zeitweilig in Zeit von zehn Minuten einen halben Fuß höher anschwillt, dann aber eine Stunde braucht, um auf sein voriges Niveau zurückzufallen — ein Proceß, der sich bald zwei- bis dreimal des Tages, bald wieder in zwei bis drei Tagen nur einmal vollzieht.

Merkwürdig ist der unterirdische Felsenkanal, durch welchen das Quellwasser in den südlich gelegenen Teich Siloa abgeführt wird. Dieses Werk stammt wahrscheinlich aus uralter Zeit. Der Franziskanerbruder Julius war der erste, welcher im siebenzehnten Jahrhundert von der Quelle bis zur Mündung sich durchwand. Robinson wiederholte den Versuch, mußte aber auf halbem Weg wieder umkehren, wogegen 1845 Tobler das Durchschlüpfen gelang. Durch ihn wurde der in einer Schlangenwindung sich bewegende Tunnel zu 1750 Fuß Länge gemessen, obwohl der Teich nur 1100 Fuß von der Quelle abliegt. Die Breite beträgt 1½—2 Fuß, die Höhe nicht über 4 Fuß, so daß man auf allen Vieren und gestützt auf den Ellbogen durchkriechen muß. Erst nahe am Ausgang erhebt sich der Felsengang bis zu 20 Fuß und darüber. Das durchfließende Wasser soll eine Tiefe von 4—6 Zoll und bei der Fluth von 1 Fuß enthalten.

Der Teich Siloa liegt am Ausgange des Thales Tyropäon, und ist ein künstlich im Rechteck angelegtes Becken von 53 Fuß Länge und 18 Fuß Breite. Bevor das Quellwasser in den Teich sich ergießt, wird es an der Mündung des Tunnels in eine felsgehauene Brunnstube gesammelt, welche Vorrichtung die irrige Meinung veranlaßte, daß hier eine zweite Quelle aus dem Felsen entspringe, der man zum Unterschied von der obern Siloaquelle den spezifischen Namen „untere Quelle Siloa" beigelegt hat. Ein Säulenstrunk in der Mitte und andere an den Seiten des Teiches rühren wahrscheinlich von der Basilika her, welche im vierten oder fünften Jahrhundert über demselben aufgeführt wurde. Sie stehen als stumme Zeugen der Thatsache da, daß man damals schon den Teich für den nämlichen hielt, bei welchem Christus den Blindgebornen heilte, und seither hat sich die Ueberlieferung von der

Übrigens schon durch den Namen beglaubigten Identität un-
getrübt bis auf unsere Tage erhalten.

Früher bestand noch ein zweiter, unterer Teich, in welchen
das Wasser des obern abfloß. Zwar ist derselbe seit Jahrhunderten mit Erde verdeckt, aber man vermag die Spuren
des Querdammes noch zu erkennen, durch welchen man zum
Zweck der Erstellung des Teiches das Tyropäon abgesperrt hatte.

Bei meiner Anwesenheit war das Siloabecken so ziemlich mit
Wasser versehen, und als ich, das ausfließende Bächlein verfolgend, die steile Halde des Ophel zu dem durch die Vereinigung
der beiden Thäler Josaphat und Gehenna gebildeten Thalkessel
niederstieg, da sah ich vor mir einen vegetationsreichen Landstrich, der mich bald wie ein Bild aus der Heimat, bald wie
eine Landschaft aus einem norbitalienischen Gebirgsthale anheimelte. So schweizerisch grün waren die Matten, so frucht-
bar die mit Artischoken und andern Gemüsesorten angebauten
Gärten, so schwellenden Blätterschmuck entfalteten die zahlreichen auf dem Wiesengrund hingestreuten Feigenbäume, ringsumher willkommenen Schatten verbreitend. All' diese Fruchtbarkeit verdankt der Ort dem Faden lebendigen Wassers von
Siloa, der, in die hiesigen Gründe hinabfallend, daselbst durch
Schwellen in kleine Kanäle vertheilt wird und zuletzt sich spurlos verliert.

Ich lustwandelte hier in einem der ältesten Gartenreviere
der Welt. Denn an diesen Ort müssen nach Nehemias III, 15
die im alten Testamente mehrfach berührten Königsgärten
verlegt werden. Leider wurde der von Gott gesegnete Erdenfleck durch die Gräuel der Menschen entweiht. Man zeigte mir
in der Nähe des Teiches einen uralten Maulbeerbaum, den
man an der Stelle gepflanzt habe, wo der Prophet Isaias
seinen qualvollen Tod erlitt. Südlich davon, am Ausgange des
Thales Gehenna, soll der Opferhügel gestanden sein, wo die
von dem lebendigen Gott abgefallenen Juden ihre Kinder dem
Moloch hinopferten.

Indem ich noch einige hundert Schritte weiter nach Süden vorging, gelangte ich zu jenem allbekannten Brunnen, der von den Hebräern der Rogel und Nehemias-Brunnen, von den Arabern Bir-Eyub oder Hiobs-Brunnen benannt worden ist. Derselbe liegt an der Straße nach Marsaba, nicht weit vom Punkte, wo die drei Thäler Josaphat, Gehenna und Thropäon zusammen treffen. Der Brunnen ist nach Art der Cisternen, d. h. in der Weise angelegt, daß ein senkrechter, oben gemauerter, unten durch den Felsen getriebener Schacht 113 Fuß tief zu der Quelle hinabführt, deren Wasser in Eimern vermittelst eines über eine Rolle geschlagenen Seiles heraufgeholt wird. Ich selbst fand jedoch weder Rolle noch Seil, sondern nur einen über dem Schacht befestigten Baumstamm als Querbalken vor, um gelegentlich an demselben die benannten Gerätschaften anbringen zu können. Es scheint, daß der Brunnen nicht mehr gebraucht werde, wahrscheinlich weil die Quelle in Folge mangelhaften Unterhalts des Schachtes theilweise versiegt ist. Vier Steintröge stehen umher zum Tränken des Viehes. Auch ist über dem Schachte ein Brunnenhaus mit gewölbter Bedachung erstellt, um das heraufgeschöpfte Wasser vor den Einflüssen der Sonne zu schützen. Dieser Oberbau stammt von den Kreuzrittern her, welche den von den Saracenen verschütteten Brunnen wiederfanden, aufräumten und reinigten.

Wir haben früher gesagt, daß an den Oelberg der sogenannte Berg des Aergernisses südlich sich anschließe. Am westlichen Abhang des letztern ist das sehenswerthe Dorf Siloam oder Silvan mitten in die Gräber der Vorzeit hineingebaut. Einige Reisebeschreiber haben den Ort, als von Räubern bewohnt, für verrufen erklärt. Wohl wissend aber, daß die Reisebeschreiber in solchen Dingen gerne übertreiben und daß es seit einigen Jahren mit der Sicherheit besser bestellt sei, unterließ ich es nicht, immerhin mit zwei Pistolen in der Tasche und den Degenstock in der Hand, in Begleit meines Dieners nach dem Dorfe zu wandern. Anfänglich wurden wir von Niemanden bedroht, nur die Hunde bellten wüthend uns an, während eine Schaar „Bagschisch" schreiender Kinder uns fortwährend umschwärmte. Als wir dann den Bettlern wegen Mangel an Münze nicht gerecht werden konnten, schleuderte ein Bube einen Stein gegen uns, der jedoch, ohne zu treffen, an unsern Köpfen vorbeischwirrte.

Trotz dieser störenden Begebnisse gelang es uns, unsern Augenschein in Siloam bestmöglich abzuhalten. Die theilweise aus Neubauten bestehenden Häuser des Dorfes sind in drei Reihen am Berge übereinander gestellt. Darunter befinden sich einstöckige und zweistöckige Häuser, oder besser gesagt, solche mit einer oder zwei Dachterrassen. Jene haben die Gestalt rechteckiger Kisten, diese sind, von Außen besehen, breiten, zweistufigen Treppen zu vergleichen. Einige lehnen sich in der Weise an den Bergabhang an, daß man von dem flachen Dache unmittelbar und ebenen Weges ins Freie hinausgehen kann. Aus dieser Bauweise mag man sich die sonst unverständlichen Worte des Heilandes erklären, die er vom Oelberge herab, das Dorf Siloam zu seinen Füßen, gesprochen hat: „Und wer auf dem Dach ist, der steige nicht hernieder, etwas aus seinem Hause zu holen." (Matth. XXIV, 16 u. 17.) Manchmal bildet der mit antiken Gräbern durchhöhlte Felsen die Rückwand des Hauses, und ich sah mit eigenen Augen, wie man jene zweitausendjährigen Grabhöhlen zu Aufbewahrung häuslicher Geräthschaften und die einzelnen Schiebgräber zu Backöfen benutzte. Leider habe ich das von Sepp erwähnte Würfelmonument — muthmaßlich das Grab des aegyptischen Kebsweibes Salomo's, vielleicht auch das Tempelchen, worin die Prinzessin ihren Göttern diente — nicht auffinden können.

Hiemit schließen wir unsere Beschreibung des Thales Josaphat ab. Vom Brunnen Rogel bog ich in das nicht viel minder interessante Gehenna-Thal ein und durchwanderte dasselbe von unten nach oben oder von Osten nach Westen. Es ist im Norden von den steilen Berghalden des Zion, im

Süden von jenen des Berges des bösen Rathes umschlossen. Die in der untern Hälfte ziemlich breite Thalsohle verengt sich allmälig nach oben und ist mit zahlreichen Oelbäumen angepflanzt. Gleichwie am Oelberge und am Berge des Aergernisses finden sich auch am Berge des bösen Rathes zahllose Grabhöhlen vor, unter welchen nachfolgende besonders berühmt sind: Vorerst das Grab des Hohenpriesters Annas. An demselben führte, nach dem Berichte des Josephus, der Belagerungswall des Titus vorüber. Es zeigt einen Giebel über dem Portale und hatte noch zu Sepp's Zeiten eine im Zapfen sich drehende Steinthüre, welche aber seither abhanden kam. In den Grabkammern sind Bank-, Schieb- und Versenkgräber enthalten. Aus der mehrfach angebrachten Inschrift „της αγιας Σιων" ist gefolgert worden, daß diese ursprünglich hebräischen Gräber in späterer Zeit den Mönchen auf Zion als Grabstätten dienten.

Die zweite bemerkenswerthe Grabstätte ist die **Höhle der Apostel** (Latibula Apostolorum). Der Name rührt daher, weil nach einer wahrscheinlich erst im vierzehnten Jahrhundert entstandenen Sage die Apostel nach der Kreuzigung Christi sich in dieser Höhle aus Furcht vor den Juden verborgen gehalten hätten. Man erkennt dieselbe an dem über dem Eingange gemeißelten Fries, dessen acht Metopen mit Rosetten, Weintrauben und Blumengehängen ausgeschmückt sind. An der Decke der Vorkammer gewahrt man einige gemalte byzantinische Bilder. Eine untere Kammer wird durch die noch lesbare griechische Inschrift als Ruhestätte des Kreuzritters Amarulfs aus Deutschland bezeichnet.

Endlich ist an dem Berghange des bösen Rathes auch Hakeldama oder der Blutacker gelegen, welcher aus dem Blutgelde des Judas zum Begräbniß der Fremdlinge angekauft wurde. In seiner heutigen Gestalt stellt das Hakeldamagebäude einen an die Felswand sich anlehnenden Vorbau zu Grabhöhlen dar. Das Innere ist durch einen kolossalen Pfeiler in zwei Gänge getrennt und mit 35 Fuß hohen Kreuzgewölben überspannt. Die Identität des Orts wird durch eine konstante Ueberlieferung beglaubigt, welche, bis auf Hieronymus hinaufreichend, durch den Umstand Unterstützung erhält, daß jetzt noch einige Thonlager in der Nähe sich vorfinden. Sämmtliche Grabhöhlen des Thales sind altjüdischen Ursprungs; nur haben sie im Laufe der Zeiten ihre Todten gewechselt und wurden mitunter von christlichen Einsiedlern zu Wohnstätten hergerichtet. Der Besuch dieser Grabhöhlen ist noch in einer speziellen Beziehung belehrend, weil mehrere derselben vollständig rein erhaltene Troggräber einschließen, bei welchen man sich das Christusgrab in seiner ursprünglichen Gestalt sehr deutlich veranschaulichen kann.

Ich hatte das Gehennathal am Nachmittage des 23. März 1866 in Begleitung meiner Gesellschaft begangen. Es war ein Freitag, als an welchem Wochentage die Juden Angesichts der sog. Klagemauer den Untergang ihres Tempels und Volkes bejammern. Da wir dieser Trauerscene anwohnen wollten, die gewöhnlich um vier Uhr beginnt, durften wir nicht allzulange bei den Gräbern verweilen. Somit stiegen wir vom Berge des bösen Rathes hinunter, überschritten die Thalsohle, kletterten den steilen Abhang des Zion hinan, drangen durch das gleichnamige Thor in die Stadt und gelangten durch einen Theil des Tyropäon zur südwestlichen Seite der Tempelplatzmauer, d. h. zum Klageplatz. Wir standen vor einer Quadermauer von 60 Fuß Höhe, welcher schon das felsenhaft verwitterte und massenhafte Aussehen den Stempel des Alterthums aufprägte. Man hat aus der tiefen Fugenränderung und den riesigen Dimensionen der untern Werkstücke, deren einzelne 14 Fuß Länge und 3 Fuß Höhe betragen, auf salomonischen Ursprung geschlossen, während die minder tief geränderten Quader der obern Steinschichten den herodischen Aufbau bekunden. Hier bei diesem antiken Ueberrest der Tempelringmauer, der sich etwa auf 158 Fuß Länge erstreckt, fanden wir die jüdische Gemeinde verſammelt. Die Zahl der Anweſenden mochte etwa ein halbes Hundert betragen und beſtund aus Perſonen von jeglichem Alter und Geſchlecht. Die Männer ſtunden da mit vorgebeugtem Kopf und Oberleib, taktmäßig nach Art der Koranleſer vor- und rückwärts ſich wiegend, und murmelten Gebete aus hebräiſchen Büchern. Doch blieben ſie im Ganzen ruhig und kalt. Die Weiber dagegen weinten und ſchluchzten, rangen die Hände und küßten die heilige Mauer, indem ſie die glatten Quader mit ausgebreiteten Armen anfaßten.

Ergreifender noch als dieſe Trauergeberden iſt der Text der hier recitirten Gebete. Bald werden die Klagelieder des Jeremias, bald wieder nachfolgende Litanei unter einem Vorſänger im Chore geſungen:

„Wegen des Palaſtes, der wüſte liegt.
Wegen des Tempels, der zerſtört iſt.
Wegen der Mauern, die zerriſſen ſind.
Wegen unſerer Majeſtät, die dahin iſt.
Wegen unſerer großen Männer, die darnieder liegen.
Wegen der koſtbaren Steine, die verbrannt ſind.
Wegen der Prieſter, die geſtrauchelt haben.
Wegen unſerer Könige, die ihn verachtet haben.“

Reſp: da ſitzen wir einſam und weinen.

Darauf erhebt der Vorſänger ſeine Stimme von Neuem:
„Wir bitten Dich, erbarme Dich Zions.“
Das Volk intonirt: Sammle die Kinder Jeruſalems.
„Eile, eile, Zions Erlöſer!“
Volk: Sprich zum Herzen Jeruſalems.
„Schönheit und Majeſtät möge Zion umgeben!“
Volk: Ach wende Dich gnädig zu Jeruſalem.
„Möge bald das Königreich über Zion wieder erſcheinen!“
Volk: Tröſte, die trauern über Jeruſalem.
„Möge Friede und Wonne einkehren in Zion!“
Volk: Und der Zweig (Jeſſe) ausſproſſen zu Jeruſalem! —

Alſo wehklagen die Juden an den Trümmern des ſteinernen Tempels, deſſen Wiedererſtellung ſie vergebens erhoffen. Den

Verblendeten bleibt es verborgen, daß der von ihren Propheten
verkündete neue, geistige Tempel längst schon in der Kirche des
Gekreuzigten aufgebaut sei. Die Trauerceremonie erhält da-
durch eine eminente Bedeutung, daß sie sich bis auf die Zeiten
Hadrians zurückführen läßt. Dieser Kaiser hatte nämlich die
Juden aus seiner neu erbauten Aelia capitolina verbannt, ihnen
aber dennoch die Gnade gestattet, alljährlich am Tage der Zer-
störung Jerusalems auf den Trümmern wehklagen zu dürfen.
So berichtet Sophon und der Kirchenlehrer Hieronymus.*)
Seither ward auch durch den Pilger von Bordeaux, durch
Benjamin von Tudela und Andere der wehklagenden Juden
gedacht. Es ist, wie Sepp sagt, als ob der Untergang des
Heiligthums mit eben soviel Thränen beweint werden sollte,
als einst Blutströme in demselben vergossen worden sind.

d. Mein Gang um die Stadtmauern.

Am Palmsonntage Nachmittags 1/2 3 Uhr machte ich mich
ganz allein auf den Weg in der Absicht, hart am äußern Fuße
der Ringmauern die Stadt zu umgehen. Wenige Schritte
trugen mich zum nördlichen Thor, von wo ich meine Rund-
wanderung anheben wollte. Diese mit zwei Thürmen flankirte,
von den Europäern das Damaskus-Thor benannte Thorhalle
bot mir ein erstes Objekt interessanter Besichtigung dar. Vorzüglich wandte ich meine Aufmerksamkeit einer halb in Schutt
versunkenen antiken Gewölbekammer zu, über welcher der östliche Nebenthurm aufgeführt ist. Ich sah darin fugengeränderte Werkstücke von ähnlicher Mächtigkeit, wie sie an den
Tempelmauern vorgefunden werden. Einzelne derselben maßen
nach meiner selbstgegenen Messung 8 Schuh in der Länge auf
6 Schuh in der Breite. Offenbar hatte ich hier die Thurmkammer eines alten Wallthurmes vor Augen, und mit vollem

---

*) Siehe Stolberg Gesch. der Rel. J. Chr. B. VII, S. 476.

Recht hat man aus diesen unzweifelhaft altjüdischen Substruktionen auf das Vorhandensein eines einstigen Stadtthores an der Stelle des jetzigen Damaskusthores geschlossen. Einige halten es für das altteſtamentliche Ephraimthor, das zu der zweiten Mauer gehörte.

Das jetzige Thor iſt ein ſchöner ſarazeniſcher Bau, den die zahlreichen Zinnen maleriſch krönen. Durch dasſelbe hinaustretend begann ich damit, einen Blick auf die Umgegend zu werfen. Während ſich vor den anderen Thoren das Terrain in Thäler hinabſenkt, ſteigt es hier ſanft zu einer Hochfläche auf. Ein friſch grünendes Oliwenwäldchen ſchloß meinen Geſichtskreis gegen Norden hin ab. Nordöſtlich hatte ich den durch die Jeremiasgrotte ausgehöhlten Hügel in Sicht, deſſen Scheitel und Abhänge mahomedaniſche Gräber bedeckten. An dieſen Hügel lehnte ſich weſtlich ein Felshöcker an, der durch ſeine Schädelform ganz dazu angethan war, den urſprünglichen Golgatha plaſtiſch vor das geiſtige Auge zu ſtellen, weßwegen auch einige Gegner des Golgatha der Grabeskirche die Kreuzigungsſtätte hieher verlegt haben.

Nach dieſem Umblick machte ich eine halbe Wendung nach rechts und bewegte mich oſtwärts dem Zuge des Stadtwalles entlang. Die Mauer, mit vielen vorſpringenden Thürmen verſtärkt, iſt über der ſenkrechten Felswand erbaut, die den nördlichen Abſturz des Bezetha bildet. Ich merkte wohl, daß ich hier auf dem Schutt der Jahrtauſende wandele. Dennoch mochte ich an einigen Stellen den uralten Stadtgraben erkennen, der auf dieſer, durch keine natürliche Thalſchlucht geſchützten Seite Jeruſalems mit unſäglicher Mühe erſtellt werden mußte. Man hat zu dieſem Zwecke den Felſen des Bezetha förmlich zerſchnitten, was daraus erſichtlich iſt, daß ſowohl der Hauptwall als die Contre Escarpe aus ſenkrecht gehauenen Felſen beſtehen.

Ich kam an dem Eingange der ſog. Baumwollgrotte, d. h. jenes unterirdiſchen Tunnels vorbei, in welchen uns Hr. Thkl vor zwei Jahren hinuntergeführt hatte. Unweit davon erhob sich der die Stadtmauer tragende Felsrücken zu beträchtlicher Höhe, senkte sich dann aber von da ab allmälig wieder so tief herab, daß das jetzige Niveau des Stadtgrabens beinahe an den Fuß der Mauer hinaufreichte. Gegenüber der südöstlichen Ecke des Hügels Jeremias gewahrte ich ein vermauertes Thor. Es war das Blumenthor, von den Franken „Herodesthor" geheißen. Weiter ostwärts im Stadtgraben vorgehend, kam ich zu einem kleinen, mit Wasser angefüllten Teich, dem bald darauf ein zweiter größerer folgte. Bei näherer Untersuchung stellte sich heraus, daß die beiden Teiche nur des Einen und nämlichen Wasserbehälters Bruchstelle waren, deren überwölbten Zwischenraum der Graswuchs verdeckte. Der ganze Teich maß nach meiner oberflächlichen Messung 22 Schritt in der Länge auf 26 Breite. Er wird „Birket-el-Hibsch" oder der „Pilgerteich" geheißen und ist eigentlich eine eingestürzte Cisterne.

Von hier ab hatte ich in wenigen Minuten die mit einem Thurm bewehrte Ecke erreicht, wo die nördliche und östliche Seite der Stadtmauer sich rechtwinklicht treffen. Auch die Ostseite ist bis unweit des Stephansthores auf dem Felsrücken des Bezetha aufgeführt und die Fortsetzung des felsgehauenen Stadtgrabens noch ganz gut erkenntlich. Als ich in dem letztern langsam und beobachtend vorschritt, kamen zwei junge Muselmänner oberhalb auf dem ehemaligen Glacis ihres Weges daher, und schoßen im Vorbeigehen zürnende Blicke auf den einsam wandelnden Franken hinunter. Ich sah ihnen nach, ob sie etwa von hinten mich anfallen würden. Plötzlich hielten sie still, kehrten sich gegen mich, brüllten mir Verwünschungen und Schimpfworte nach, und als ich meinen Reisestock gegen sie aufhob, faßte der eine einen gewaltigen Stein und machte Miene, mir denselben an die Ohren zu schleudern. Glücklicherweise ließ er es bei der bloßen Drohung bewenden. Die beiden Bursche entfernten sich und andere mir begegnende Muselmänner ließen mich ungekränkt. Somit konnte ich in aller Ruhe den bald hernach sich mir darbietenden Marien- oder Schafteich betrachten, welcher etwa 100 Schritte nordwärts des Stephans- oder Schafthores liegt. Dieser zu 95 Fuß oftwestlicher Länge, 75 Fuß Breite und 14 Fuß Tiefe bemessene Teich kennzeichnet sich durch die Eigenthümlichkeit, daß seine vier Seiten genau den vier Himmelsftrichen zugewendet sind. Das nach allen Seiten festgemauerte Becken war zur Zeit mit dem Winter-Regenwasser angefüllt, welches ihm vermittelst steinerner Kanäle zugeführt wird.

Ich gelangte nun zu der vorbenannten Stephanspforte, von wo an die in schnurgerader Linie über den Moria gezogene Ostmauer des Tempels zugleich auch die Stadtmauer bildet. Daß jene Linie die ursprügliche und der Unterbau der Mauer der uralte sei, wird durch die ungeheuer großen Werkftücke verbürgt, deren Lagen stellenweise bis zur halben Höhe der Mauer hinaufreichen. Ich habe mehrere dieser Stücke selbsteigen gemessen. Das eine derselben noch nordwärts des goldenen Thores belegene maß auf eine Höhe von 3 Fuß 15 Fuß Länge, ein zweites, das ich an der Südostecke der Tempel- und Stadtmauer vorfand, hatte 18 Schuh Länge und ³/₄ Höhe. Andere Reisende maßen noch größere Stücke, so Schulz, der eines solchen von 25 Schuh Länge erwähnt.

Wer möchte es läugnen, daß diese Riesenquader zu denjenigen gehörten, bei deren Anblick die Apostel bewundernd ausriefen: „Meister, sieh' welche Steine!" Marc. XIII, 1. — Mit Recht bemerkt Bovet, man müsse sehr weit in die Altzeit zurückgehen, um zur Periode zu gelangen, wo mit solchem Material gebaut worden ist. Ohne Vermessenheit dürfe man behaupten, daß diese Unterbauten als die Ueberreste der Stützungsmauern des Moriaberges aus den Zeiten Salomo's herstammen. Der Oberbau und stellenweise die ganze Mauer wurden zu wiederholten Malen durch die Eroberer Jerusalems gestürzt; aber einzelne Theile des Unterbaues blieben unerschüttert wie der Felsen des Moria selber, mit dem sie gleichsam verkörpert

zu sein scheinen. Und immer wieder hat man auf diese Grundlage gebaut, die so fest wie Felsengrund ist.

Alle diese Riesenquader tragen den altjüdischen Typus der
mehrerwähnten geränderten Fugen an sich, d. h. die in der
Mitte roh belassenen Steine sind am Rande mit einem zwei
bis drei Zoll breiten, sorgfältig gemeißelten Streifen in der Art
behauen, daß sie, wenn über und neben einander gestellt, möglichst genau zusammenschließen müssen. Im Uebrigen überzeugt
man sich beim ersten Blick auf das dortige Terrain, das aus
losem Gerölle besteht, daß die jetzt sichtbar unterste Quader-
lage der Mauer keineswegs die Grundlage oder der Mauer-
fuß sei, sondern daß die Mauer noch tief in den durch die
Jahrhunderte angehäuften Schutt hinabreichen müsse. Diese
Vermuthung wurde dann auch durch die Nachgrabungen der
beiden englischen Ingenieure, Warren und Wilson, in den
Jahren 1865 und 1867 bestätigt. Sie erreichten den Felsboden und den Grund der Harammauer erst in einer Tiefe
von 53 Fuß. Da nun die jetzt über dem Boden sich erhebende Mauer 76 Fuß hoch ist, so erhält man, wenn man die
Schachttiefe von 53 Fuß und dazu noch die 8 Fuß hinzufügt,
welche der unterste Stein tiefer als der Felsboden im Schacht
liegt, eine Gesammthöhe der Harammauer von 137 Fuß.
Bedenkt man, daß dann oben noch Portilen von beträchtlicher
Höhe waren, so dürfte der von Flavius Josephus gebrauchte
Ausdruck, daß das Hinabsehen von dem Dache in das Thal
etwas Schwindelerregendes gehabt habe, als nicht zu stark
hyperbolisch erscheinen.

Beiläufig bemerken wir, daß die Nachforschungen der beiden Ingenieure auch an der Westseite der Tempelmauer ähnliche merkwürdige Resultate zu Tag gefördert haben. Darnach
scheint es erwiesen, daß dieser Westmauer entlang einst eine
tiefe Schlucht bestanden habe, die nun ganz mit Erde ausgefüllt ist, und an deren östlichem Abhange die Tempelmauer
weit über 100 Fuß hoch errichtet worden war. Ueber den

ungefähr 40 Fuß breiten Burggraben führten zwei Brücken auf die Vorstufe des Zion hinüber.*)

Längs der ganzen Ostmauer des Tempelbezirkes wandelte ich zwischen den weißen Grabsteinen eines mahomebanischen Friedhofs. Diese Grabsteine haben meist eine sargähnliche Form und sind auf einem viereckigen Sockel gebettet; zu Häupten und Füßen steht je eine Steinsäule, welche beide mit einem roth oder grün angestrichenen Turbane gekrönt sind. Bekanntlich kennzeichnet die letztgenannte Farbe jene glücklichen Muselmänner, denen Allah das Glück beschieden hat, aus der Familie des Propheten zu stammen.

Hart vor dem Stephansthor erhebt sich eine zerbrochene Kuppel über dem Grab eines Heiligen und unweit davon sieht man eine Gräbergruppe von einer gemeinsamen Mauer umschlossen. Mehrere weißgekleidete und vom Kopf bis zu den gelben Pantoffeln in einen weißen Schleier gehüllte Frauengestalten lauerten schweigend auf den Gräbern herum, als wären sie eben selbst aus denselben erstanden.

Doch mehr als das alles fesselte mich der gegenüber liegende Oelberg. Was denselben landschaftlich vor andern auszeichnet, das ist die schöne Bogenform der Kuppen, die sich zu dreien wie drei sanft gekräuselte Wellen über dem Scheitel emporrunden. Auf der mittlern Kuppe erhebt sich die Kirche der Himmelfahrt. Drei Wege, von Gethsemane ausgehend, klimmen zu derselben empor; ein vierter umgeht die südliche Bergflanke und gelangt nach Bethanien. Den fünften, die Thalstraße, konnte ich mit meinen Blicken bis hinab in die königlichen Gärten verfolgen. Mit aller Kraft und Lebendigkeit vergegenwärtigte ich mir den Gedanken, daß auf diesen, wahrscheinlich auf diesen ganz gleichen Wegen der Heiland gewandelt sei. Dort am Oelberge versammelte er öfters seine Jünger um sich und lehrte das Volk. Am Oelberge war es,

---

*) S. Ausland 1868 Nr. 11.

wo er das Weltgericht und das über Jerusalem hereinbrechende Verhängniß verkündete. Und jene grüne Gruppe uralter Oelbäume da unten, was sagte sie mir? Das war der Garten Gethsemane. Von da aus ging der von unsäglicher Seelenangst gepeinigte Gottmensch zu der Felsgrotte hin, die ich gleichfalls erblickte, warf sich auf sein Angesicht nieder, betete, daß der Kelch an ihm vorübergehen möge, und wurde, als bereits Blutstropfen von seiner Stirn herabrannen, durch einen Engel getröstet. Von diesem gleichen Baumgarten Gethsemane aus wurde er in Banden, anfänglich thalabwärts, dann die untere Brücke des Kidron überschreitend, den steilen Osthang des Zions hinauf zu den Hohenpriestern Annas und Kaiphas geführt. Der größte Theil des Schauplatzes jenes ersten nächtlichen Leidensganges lag vor mir gebreitet.

In der Nähe des goldenen Thores, durch welches der Heiland wenige Tage vor seiner Gefangennehmung seinen triumphirenden Einzug gehalten hatte, setzte ich mich nieder auf einen mahomedanischen Grabstein und betrachtete lange das tiefergreifende Bild. — Endlich stund ich auf und ging weiter der Mauer entlang. Zwei mir begegnende Franziskaner machten mich auf in die Mauer eingefügte Säulenstücke von wunderschönen Marmorarten aufmerksam, die sie, wohl nicht mit Unrecht, als Bruchstücke des alten Tempels betrachteten. Im Südosten gewahrte ich ein vermauertes Thor und weiter westlich an der Südmauer ein zweites, beide durch ihre Bauart den Stempel des Alterthums tragend. Sie bildeten die Eingänge, jenes zu den salomonischen Stützungsgewölben, dieses zu dem Gang unter der Aksa, welche unterirdische Bauten wir in einem frühern Abschnitte beschrieben haben. Die südöstliche Ecke der Mauer ist gleich der Nordostecke rechtwinklicht erstellt. Ferner sind auch zwei Drittheile der Südmauer des Tempels mit der Stadtmauer identisch, dann aber zweigt die letztere sich rechtwinklicht ab und windet sich in mehreren ein- und ausspringenden Winkeln westwärts zum Zionthor auf.

Es war schwierig hier durchzukommen, weil kein Weg an der Mauer sich hinzog und das Terrain bis hart an dieselbe mit bereits großgewachsener und halbreifer Gerste bepflanzt war. Dieser mein Gang der Südmauer entlang diente dazu, mir ein klares topographisches Bild des Berges Zion zu gewähren. Mühsam hinaufklimmend konnte ich an meinen Gliedern es fühlen, wie derselbe sich schroff in das Thropäon abdache. Dagegen breitet sich der Gipfel zu einem Hochplateau aus, welches südlich des Zionthores bis an die Kante des Gehennathales fortläuft. Wir bemerkten schon früher, daß diese ganze, außer der jetzigen Stadtmauer gelegene Südhälfte des Zion, das Plateau sowohl als die östliche Abdachung, im Alterthum zu der eigentlichen Stadt gehört habe. Nunmehr decken Gras und Getreide den Boden, wo einst Paläste, Säulenhallen und volkreiche Gassen sich weithin erstreckten. In der Nähe des Zionthores sind auch die christlichen Friedhöfe angelegt, welche ich schon am 21. März mit meiner Gesellschaft besucht hatte. Sie sind nach den Konfessionen gesondert.

Um den Gottesacker der Katholiken wurde eben unter der Leitung eines bauverständigen Franziskaners eine drei Meter hohe Ringmauer aufgeführt. Bis jetzt war die Umfriedung ihrer Kirchhöfe den Christen untersagt. Als man aber das Denkmal der im Jahre 1864 verstorbenen Frau Maria von Penl-Wolfsberg, Gemahlin des österreichischen Generalkonsuls, von fanatischen Händen zertrümmert gefunden hatte, wußte derselbe durch sein energisches Anbringen und unterstützt von dem Gesandten zu Konstantinopel die Aufhebung jenes Verbotes vorab für die Lateiner zu erwirken. Voraussichtlich wird die gleiche Vergünstigung nun auch den andern christlichen Parteien gewährt werden müssen.

Umbiegend um den südwestlichen Winkel der Stadtmauer erblickte ich auf der Straße nach Jaffa eine unzählige Menge schneeweißer Punkte, die ich anfänglich für mahomedanische Grabsteine hielt. Dann aber, wie ich mein Opernglas an meine kurzsichtigen Augen ansetzte, sah ich, daß die weißen Punkte sich gleich einem Ameisenschwarme sämmtlich bewegten, und erkannte in denselben spazierende orientalische Frauen. Unter der Masse befanden sich auch einzelne europäische Damen neben vielen fränkischen und orientalischen Männern. Offenbar hatte ich hier die christliche, einheimische und fränkische, Bevölkerung Jerusalems vor Augen, welche ihren Sonntagsabend-Spaziergang vor dem Jaffathor machte. Unten auf dem grünen Wiesengrund des Gihonthales waren Familien gelagert, gemüthlich den mitgebrachten Imbiß verzehrend. Die Scene hatte etwas von dem Leben einer deutschen Kleinstadt an sich, insofern man von den orientalischen Männer- und Frauentrachten absehen wollte.

Es was bereits zu spät geworden, als daß ich meinen Rundgang bis zu dessen Ausgangspunkt, dem Damaskusthore, hätte fortsetzen können. Ich trat deßwegen durch das Jaffathor in die Stadt wieder ein. Hier fand ich die Scene plötzlich geändert. In den Gewölben rechts und links an der Davidsgasse nähten, feilten, hämmerten die mahomedanischen Handwerker und stellten die Juden ihre Waaren zur Schau.

Zu Hause angekommen, vernahm ich, daß meine Reisegefährten sich während dieses Nachmittags nach allen Seiten zerstreut hatten, um der eine diesen, der andere jenen ihn besonders interessirenden Gegenstand in Augenschein zu nehmen. Der Präsident der Gesellschaft und mein Tischnachbar, der Oberpfarrer von Aachen, hatten die vor dem Jaffathore neuerbaute russische Kirche besucht. Sie schilderten mir dieselbe als strahlend von Pracht, wie wenn der mächtige Czaar aller Reussen es darauf abgesehen hätte, durch Verblendung der orientalischen Phantasie die Christen des heil. Landes in die moskovitische Staatskirche hinein zu verlocken.

e. Kirchliche Funktionen.

Da wir Einquartirte im österreichischen Hospiz bei unserer Palästinareise vorab den religiösen Zweck der Pilgerschaft verfolgten, so lag uns von vornherein die Pflicht ob, fleißig dem katholischen Gottesdienste in der Grabkirche anzuwohnen. Es ist hierorts schon gesagt worden, daß die Franziskaner jeden Nachmittag um vier Uhr die hl. Stationen prozessionsweise begehen. Dieser Prozession hatte ich am 13. Juni 1864 zum erstenmal mich angeschlossen. Weil ich aber damals im Innern der Kirche schlecht orientirt war, hatte ich mir keine klare Vorstellung von dem Wege und den einzelnen Stationen des Umganges aneignen können. Dießmal nun, den 19. März 1866, studirte ich vorerst die Kirche in allen ihren Theilen genau und machte sodann in Begleit meiner Gesellschaft und zahlreicher anderer katholischer Pilger die Procession zum zweitenmal mit. Der Verlauf derselben war folgender:

Man versammelte sich in derjenigen Kapelle der Gesammtkirche, welche im Norden der Grabrotunde liegt und unter dem Namen „Kirche der Erscheinung" oder „Marienkirche" ausschließlich den Katholiken gehört. Hier beteten die Väter Franziskaner zuerst ihre Complet. Nach Vollendung derselben wurde jedem der Anwesenden eine brennende Kerze nebst einem Exemplar der gedruckten Hymnen, Antiphonen und Orationen gereicht, welche bei der Prozession gesungen und gebetet werden. Mit Recht hat Alban Stolz jene Hymnen und Gebete in seinem Reisewerk abgedruckt. Sie sind der wahre Ausdruck eines von der Liebe zum Erlöser entbrannten Gemüthes und können den erhabensten Schöpfungen altkirchlicher Poesie an die Seite gesetzt werden.

Nun begann die Prozession sich in Bewegung zu setzen. Voran ging ein Pater mit dem Kreuze, dann folgten die Sängerknaben, hierauf die am hl. Grabe fungirenden Franziskaner und zuletzt der lange Zug der Pilger, an welchem sich Personen jeglichen Alters, Geschlechts, Standes und aus den verschiedensten Nationalitäten betheiligten. Man stieg in die Kapelle der Magdalena hinab, bog hier nach links und durchschritt singend den langgedehnten dunklen Gang, welcher nördlich des Katholikon zu einer im Nordosten der Grabkirche gelegenen Kapelle hinaufführt. Diese Kapelle, den Griechen gehörend, wird für den Kerker Christi gehalten, wo die römischen Soldaten den Heiland während der Vorbereitungen zur Kreuzigung gefangen gehalten hätten. Hier gleich wie an den folgenden Stationen wurde niedergekniet, die Antiphone gebetet und der Ort von dem fungirenden Priester incensirt. Von da ging der Zug einige Schritte auf seinem Wege zurück, um in den das Griechenchor nach Osten abschließenden Bogengang einzulenken. In diesem Bogengang befinden sich die drei Stationskapellen des Longinus, der Kleidervertheilung und der Säule der Verspottung. Longinus hieß jener römische Soldat, welcher nach Joh. XIX, 34 die Seite Christi mit einem Speere durchstach und der griechischen Tradition gemäß an dem Orte der jetzigen Kapelle viele Jahre bis zu seinem Tode als Büßer verlebt haben soll. Weil aber die Longinuskapelle bei den Katholiken nicht als Sanktuarium gilt, wurde in derselben nicht angehalten; dagegen verweilten wir einige Zeit bei der Kleidervertheilungskapelle. Da soll es gewesen sein, wo die Soldaten die Kleider Jesu vertheilt und über seinen Rock das Loos geworfen haben. Von hier aus machte die Prozession einen Abstecher zu den unterirdischen Sanktuarien der Helena und des Kreuzfindungsortes und besuchte dann erst, nachdem sie wieder auf den Boden der Grabkirche zurückgekehrt war, die Kapelle der Verspottung. Dieselbe liegt im Süden des vorerwähnten Bogenganges und verdankt ihre Benennung der darin unter einem griechischen Altartische verborgenen Säule, auf welcher der Heiland gesessen, als er von den römischen Soldaten verspottet und mit Dornen gekrönt ward.

Jetzt bewegte sich der Zug nach der **Kreuzigungs-stätte.** Es war ein feierlich ernster Moment, als wir unter dem ergreifenden Chorgesang „Vexilla regis" die steile Treppe auf den Felsen von Golgatha hinanstiegen. Oben bei dem Altare der Kreuzannagelung angelangt, kniete man nieder, viele küßten den Boden, in den Augen manchen Pilgers glänzten Thränen, und alle, ja alle, auch wir, die Männer aus dem von dem Geiste der Verneinung halbwegs besessenen Europa waren einig im Glauben an den Gottmenschen Christus, der hier für die Sünden der Welt am Kreuze gestorben ist. Nachdem der Priester die Gebete gesprochen und die Antiphone gesungen hatte, stieg man die entgegengesetzte Treppe hinunter, begab sich, immer unter der Absingung von Hymnen, zu dem Steine der Salbung, hernach in das hl. Grab und kehrte durch die Magdalenakapelle wieder in die der Erscheinung zurück. Diese beiden Kapellen bilden die letzten Stationen des Umgangs. Erstere bezeichnet den Ort, wo der auferstandene Christus der Magdalena als Gärtner erschien, letztere die Stelle, an der er sich seiner Mutter gezeigt hat. Den Schluß bildete die lauretanische Litanei, wobei ein Männerchorgesang unter Begleitung der Orgel respondirte.

Am Vorabend des **Palmsonntags** wurde die Prozession unter dem Vorantritt des Patriarchen gehalten. Vorerst küßten sämmtliche in der Frauenkapelle versammelte Katholiken demselben den Ring. Sodann wurden die Stationen in der oben beschriebenen Weise begangen. Ein Peloton türkischer Soldaten escortirte den Zug und nahm bei jeder Station eine die Theilnehmer der Prozession abschließende Aufstellung ein. Dieses Militär war von dem Pascha auf Ansuchen des Patriarchen hieher kommandirt worden, nicht nur als Ehrenwache für des letztern Person, sondern um dem katholischen Gottesdienste den nothwendigen Schutz zu gewähren. Denn diesmal hatte die Gegenwart des Patriarchen, dem gewöhnlich auch der französische Konsul zur Seite geht, eine Unmasse neugierigen Volkes in die Kirche gelockt, meistentheils Griechen und Griechinnen, welche durch ihr unbescheidenes Herandrängen die ruhige Abhaltung der katholischen Funktionen verunmöglicht hätten, wenn sie nicht durch die Furcht vor der türkischen Reitpeitsche in gemessener Entfernung gebannt worden wären. Immerhin wirkte der Lärm störend auf die Andacht der Theilnehmer des Umganges ein. Würdiger und ehrerbietiger als diejenige der Griechen war die Haltung der zahlreich anwesenden Russen, die man an ihren langen grauen Röcken und der Pelzmütze erkannte. Ihnen sah man es an, daß sie nicht aus eitler Neugierde in die Grabkirche gekommen waren. Sie beteten neben uns und schienen kaum es zu wissen, daß der fungirende Priester nicht zu ihrer Kirche gehöre.

Selbstverständlich wohnten wir auch so viel möglich den Ceremonien der Charwoche in der Grabkirche an. Am Palmsonntage wurden 9—10 Fuß hohe ächte Palmzweige an die Anwesenden ausgetheilt und sodann die Kapelle des Christusgrabes dreimal umgangen. In dieser Kapelle wurde auch das feierliche Hochamt gehalten. Bis zur Konsekration saßen der Patriarch und die andern fungirenden Priester vor dem Eingange zur Engelskapelle auf herbeigeschafften Stühlen und ringsherum war ein genügender Raum für das katholische Volk durch einen türkischen Wachposten abgeschlossen.

Die Haltung dieser Soldaten war ruhig und anständig, während das respektlose Benehmen der die ganze Kirche anfüllenden griechischen und armenischen Weiber, denen die roheste Neugier aus den Augen hervorblitzte, und das Geschrei ihrer mitgebrachten Kinder nicht dazu beitrug, die Andacht zu heben. Immerhin wurde der katholische Gottesdienst würdig gefeiert. Neben dem Patriarchen saß der französische Konsul. Der Letztere hat sich überhaupt bei den Funktionen der Charwoche fleißig betheiligt, wohl theilweise von der politischen Absicht geleitet, vor den Augen der aus allen Weltgegenden herbeiströmenden Pilger in auffälliger Weise zu documentiren, daß Frankreich die Schutzmacht der Katholiken im Orient sei.

Am Dienstag den 27. März hörte ich eine singende Messe in der unserer Wohnung nahe liegenden Kapelle der Geißelung an. Von der Gasse aus gelangte ich gebückt durch ein niedriges Pförtchen zuerst in ein Höflein, in welchem sich eine alte Cisterne befand, und von da links in die kleine Kapelle, deren geschmackvolle Ausstattung mir angenehm auffiel. Das Amt wurde durch die Franziskaner gehalten. Ihre Baßstimmen sekundirten dem Diskant der arabischen Chorknaben. Diese letztern hatten so helle, so reine, so glockenartig vollklingende Stimmen, der Gesang, obwohl von keiner Orgel begleitet, war so schön, harmonisch und erhebend, daß ich im Innersten bewegt und zu Thränen gerührt ward. Während des Amtes traten mehrere russische Frauen in die Kapelle hinein, knieten eine Zeitlang vor dem Altar, schlugen ein großes Kreuz um das andere und entfernten sich wieder. Es waren Pilgerinnen, welche die via dolorosa begiengen.

Am hohen Donnerstag reichte der Patriarch die hl. Kommunion in der Magdalenakapelle. Es herrschte dabei ein starkes Gedränge, wodurch die Ruhe und äußere Würde der hochheiligen Handlung Abbruch erlitt. Dafür bot die erhebende Thatsache Ersatz, daß zu dieser gleichen Stunde sämmtliche zu Jerusalem anwesende, in- und ausländische Katholiken ohne alle Ausnahme gemeinsam den Leib des Erlösers empfingen.

Nachmittags nahm der Patriarch unter einer Tribüne inmitten des Vorplatzes zur Grabkirche an zwölf Greisen die Fußwaschung vor. Später wurden vor der Grabkapelle die Lamentationen gesungen. Gleich wie am Palmsonntage saß der Patriarch dem Eingang der Kapelle gegenüber, den Rücken an die Thüre des Katholikons gelehnt; neben ihm zur Rechten und Linken die Franziskaner und andere Priester. Die Chorknaben waren in zwei Reihen längs den Langseiten des Grabhäuschens aufgestellt. Die Klänge der Orgel begleiteten den

Gesang der Lamentationen, wobei ein vor einem Musikpulte
stehender Franziskaner den Takt schlug. Auf die Lamentationen
folgte, wie üblich, die Lesung der Psalmen, was in der Weise
stattfand, daß abwechselnd je eine Strophe durch die Priester,
die andere durch die Chorknaben recitirt ward.

Am Charfreitag Vormittags begingen wir sämmtliche
Bewohner des österreichischen Pilgerhospizes und im Anschluß
an uns noch viele andere fränkische und orientalische Katholiken
gemeinsam den Leidensweg. Indem ich bezüglich der Richtung des Weges und der Lage der Stationen auf meine frühere
Beschreibung verweise, will ich hier nur des erbauenden Eindruckes gedenken, den der heutige Gang auf mich und die
andern hervorgebracht hat. Am Charfreitag auf den Fußstapfen des kreuztragenden Erlösers zu wandeln — dieses Erlebniß mußte jedes christusgläubige Gemüth im Innersten erschüttern. Alle Stände waren in unserm Zuge durcheinander
gemengt. Oesterreichische Fürsten und Grafen gingen neben
steierischen Bauern und baierischen Taglöhnern einher. Die
ungarische Stiftsdame kniete an der Seite der Magd — ganz
dem Wesen der katholischen Kirche entsprechend, welche unter
der Hülle ihrer monarchisch-aristokratisch gegliederten Organisation einen durch und durch demokratischen Geisteskern birgt.

Der Prozession in der Grabkirche, welche heute Abend um
sechs, statt wie gewöhnlich um vier Uhr, in Beisein des Patriarchen und der gesammten Geistlichkeit abgehalten wurde,
folgten zahlreiche Laien, Männer und Frauen. Der langge-
dehnte Fackelwald durchleuchtete in feierlicher Weise die dunkeln
Räume der Kirche, in der sich die Menschenmasse dergestalt
drängte, daß der Umgang nur mit Hülfe des die Bahn frei-
machenden türkischen Militärs sich durchwinden konnte.

Was aber diesen Charfreitagsabend-Gottesdienst bedeutungsvoll machte, das waren die in sieben verschiedenen Sprachen
gehaltenen Predigten, nämlich an jeder Station je in einer

andern Sprache. Den Anfang machte die italienische Predigt in der Marienkirche. Hierauf sprach ein griechisch-unirter Priester in seiner eigenen Mundart. Obschon ich nun von dem Vortrage gar Nichts verstund, erregte dennoch der Wohlklang der Laute und der gleich einem Waldstrom dahinbrausende Fluß seiner Sätze in mir eine günstige Meinung von der oratorischen Schönheit der neugriechischen Sprache. Der Redner schien mit großer Begeisterung zu sprechen. Einige schismatische Popen stunden vor mir, dem Vortrage aufmerksam zuhorchend. Plötzlich aber wandten dieselben sich um und verließen den Platz. Die Ursache dieses Rückzuges wurde mir klar, als ich später vernahm, daß der Prediger gegen das Schisma gedonnert hätte. In der Helenakapelle wurde illyrisch gepredigt. Dann hielten auf Golgatha der Oberpfarrer Neunkirchen von Aachen den deutschen, der Präsident der französischen Karavane, Hr. Fievre, den französischen Vortrag. Der letztere Redner — übrigens ein im Dienste der Mission ergrauter ehrwürdiger Priester — sprach mehr französisch-patriotisch als allgemein christlich, indem er das Schutzrecht Frankreichs auf die heil. Stätten betonte. Unsere Oesterreicher schüttelten darüber beim Nachhausegehn unwillig den Kopf, wogegen die gediegene Rede des Hr. Neunkirchen auch die anwesenden deutschen Protestanten erbaut haben soll. Nun folgten noch die arabische Predigt beim Salbungsstein und die spanische an der Westseite der Grabeskapelle, von wo die Prozession nach ihrem Ausgangspunkte, der Marienkapelle, zurück sich begab.

Damit waren die gottesdienstlichen Funktionen des Charfreitags beendet. Es war neun Uhr, als wir beim matten Schein einer Laterne durch die unbeleuchteten Stadtgassen den Heimweg betraten, Alle von dem Bewußtsein getragen, daß der Charfreitag 1866 unvergeßlich in unsern Erinnerungen fortleben werde.

Am Charsamstage war Weihe des Taufwassers und Amt vor der Grabkapelle. Um vier Uhr des Nachmittags, als ich zu Hause bei offenem Fenster mich der warmen Sonne des morgenländischen Frühlings erfreute, hörte ich plötzlich von Golgatha herab eigenthümlich schwermüthige Klänge erschallen. Ich erkannte dieselben für das Geläute der Griechen, welches durch das Schlagen auf eiserne Stangen bewirkt wird. Das Geläute verkündete das Morgen abzuhaltende griechische Palmfest. Da nämlich die griechische Ostern in diesem Jahre gerade auf acht Tage nach der unsrigen fiel, mußte folgerichtig der Palmsonntag der Griechen mit dem Ostersonntag der Lateiner zusammentreffen. Als ich daher Abends wieder in die Grabkirche ging, fand ich das Katholikon und die Facade der Grabkapelle mit vielen tausenden verschiedenfarbiger Lichter magisch beleuchtet. Man sagte mir, daß der Gottesdienst der Griechen um Mitternacht beginnen werde.

Am Ostersonntag verfügten wir uns schon um ¹/₂6 Uhr Morgens in die Grabkirche, trotzdem das katholische Hochamt erst für 7 Uhr anberaumt war. Es war noch Nacht; aber in der festlich erleuchteten Kirche wogte eine zahllose Menge orientalischen Volkes. Alle trugen Palmzweige in der Hand. Denn das Palmfest wurde heute nicht nur von den Griechen, sondern von sämmtlichen getrennten orientalischen Kirchen gefeiert. Griechen, Kopten und Syrer hielten gleichzeitig Gottesdienst, die ersten im Katholikon, die Kopten in ihrem armseligen Bretterverschlage hinter dem hl. Grabe und die Syrer in einer noch mehr westlich gelegenen dunklen Kapelle. Aus dem Katholikon ertönte ein schwermüthiger Chorgesang. Im Uebrigen zeigte das Griechenvolk sehr wenig Andacht und Anstand. Einige schwatzten, andere lagen hingestreckt auf den Bänken; auch bestund die Andachtsübung der Laien ausschließlich in einem permanent andauernden mechanischen Kreuzschlagen.

Indem ich in dieser frühen Morgenstunde die Räume der Kirche durchwanderte, schliefen auf den Steinbänken der Helenakapelle mehrere in ihre Burnus eingewickelte Beduinen den Schlaf der Gerechten; in dem sog. Gefängnisse Christi hatten sich russische Bauernweiber ihr Nachtlager hergerichtet, andere Schläfer sah ich auf dem harten Steinboden der Magdalena-kapelle ausgestreckt, in welcher ich dem von einem Franziskaner dargebrachten hl. Meßopfer anwohnte. Als am Schlusse dieser Messe mehrere Franziskaner erschienen, um die beweglichen Bänke an den für das katholische Hochamt angewiesenen Platz zu beschaffen, mußten zur Freimachung des Durchpasses vorerst jene Schläfer geweckt werden.

Ich ging nun für eine Weile nach Hause, frühstückte und kam zu dem um sieben Uhr beginnenden katholischen Hochamte zurück. Es wurde wie die frühern Tage durch den Patriarchen Valerga unter Assistenz einer zahlreichen Geistlichkeit vor und in der Kapelle des hl. Grabes gehalten. Der Gottesdienst war des hohen Festtages würdig und die katholische Laienschaft zahlreich vertreten. Türkisches Militär handhabte auch dießmal die Ordnung. Während aber unsere Priester und Chorknaben in Begleit des Orgelspiels sangen, ertönte gleichzeitig der Chor-gesang der Griechen im Katholikon und sprachen die Kopten ihre lauten Gebete. Das Alles brachte eine disharmonische Gesammtmusik hervor, welche ebenso das Ohr verletzte, als die Andacht herabstimmte. Nach dem Amte umging man dreimal prozessionsweise das hl. Grab.

Das Wetter war heute so schön wie bei uns an einem sonnigen Maitage. Ich entschloß mich deßhalb, die freie Zeit vor dem Mittagsmahl zu Besteigung des Oelberges zu ver-werthen, um der wunder- und bedeutungsvollen Aussicht in stiller Betrachtung nochmals zu genießen und mir dieselbe tief und unauslöschlich in die Phantasie zu versenken. Auf dem Wege holte ich mehrere Herren der französischen Pilgergesellschaft ein, die den gleichen Gang vorhatten und in deren Gesellschaft ich dann wirklich den Hügel bestieg. Wohl entfaltete sich droben das gleiche großartige, warme und sonnenbeleuchtete Bild, das ich früher beschrieben. Aber die Freude wurde uns vergällt und die Betrachtung verunmöglicht. Denn kaum hatten wir uns dem mahomedanischen Dorfe bei der Kirche der Auffahrt genähert, als uns eine Schaar Bagschisch bettelnder Buben umschwärmte und mit unabtreibbarer Hartnäckigkeit auf jedem unserer Schritte verfolgte, ja selbst auf dem Rückweg bis an den Fuß des Hügels uns schreiend und heulend begleitete.

Dem öffentlichen Kultus gingen religiöse Uebungen in der Kapelle unseres Hospizes zur Seite. Ueberhaupt war die Hausordnung von dem christkatholischen Geiste durchweht und ganz darauf abgesehen, den höhern Zweck des Pilgers zu fördern. Hier galt das Wort Christi, daß der Mensch nicht vom Brode allein lebe. Der Umstand, daß die Mehrzahl unserer Gesellschaft aus Geistlichen bestund, bot den Hausbewohnern die Gelegenheit, jeden Morgen eine heilige Messe zu hören. Abgesehen von den durch den Direktor vorgesprochenen Tischgebeten ward unmittelbar nach jedem Mahle auf eine kurze Zeit die Kapelle besucht. Abends wurden in derselben die Litaneien gesungen und während der Osterwoche ein Cillus religiöser Vorträge gehalten. Diese Abendandachten, namentlich der herzerhebende, von der Orgel begleitete Männergesang wirkten in tief ergreifender Weise auf die Anwesenden ein. Ein nordamerikanischer Priester kniete längere Zeit mit ausgebreiteten Armen auf dem Steinboden der Kapelle, und wenn ich die deutschen Bauern und Handwerker mit kräftig gehobener Stimme das „Herr, erbarme dich unser" dem Vorbeter nachsprechen hörte, da ward ich abermals inne, wie tief der Christusglaube im Gemüthe des katholischen Volkes sich eingesenkt hat. Christus sagte: aus dem Munde der Unmündigen habe ich mir mein Lob bereitet; und der größte deutsche Dichter schrieb in einem Momente tiefpoetischer Intuition die unsterblichen Worte:

„denn was kein Verstand der Verständigen sieht,
das übet in Einfalt ein kindlich Gemüth."

Mag daher die Sichel des verneinenden Zeitgeistes noch so sehr die Saaten des Christenthums abmähen, die unaustigbare Wurzel wird forttreiben in den Tiefen des Volkes und immer neues Leben aus den Ruinen erblühen.

Wir kommen nun zu der Ceremonie des sog. griechischen Feuers. Die Griechen und mit ihnen auch die Armenier, Kopten, Syrer, Nestorianer, überhaupt sämmtliche schismatische Christen des Orients — sie alle hegen den Glauben, daß alljährlich am Charsamstage Feuer vom Himmel in das Grab des Erlösers hinabsteige. Die Entstehung dieses Glaubens, der vielleicht auch in dem Bericht des Matthäus XXVIII, 3 von dem wie ein Blitz aussehenden Engel der Auferstehungsbotschaft einen Anhaltspunkt fand, läßt sich auf nachfolgende Legende zurückführen: Ein frommer Bischof, Narzissus in Jerusalem, befahl einst am Ostersonnabend dem Diakonus, alle brennenden Lampen der Kirche des heil. Grabes auszulöschen, weil sie später von einem neuen Feuer wieder würden angezündet werden. Als ihm der Diakonus erwiederte, es sei kein Oel in den Lampen, bedeutete ihm der Bischof, Wasser hineinzugießen. Das Wasser wurde nun in Oel verwandelt und die Lampen entzündeten sich von selbst an dem Feuer, das vom Himmel herabfiel. Seither soll sich dieses Wunder nach dem Glauben der Orientalen alljährlich erneuern.

Nun versammelt sich am Charsamstage die ganze gläubige Gemeinde in der hl. Grabkirche, nicht nur um das Wunder zu schauen, sondern Jeder will auch einen Strahl des Lichtes von oben empfangen und mit sich nach Haus tragen. In Wahrheit ist es der in der Grabkapelle befindliche Bischof, der durch Reibung seiner mit einer phosphorartigen Substanz bestrichenen Hände das Feuer erzeugt und durch die Oeffnung an der Südwand der Kapelle dem Volke hinausreicht.

Nach Vorausschickung dieser allgemeinen Bemerkungen will ich den Hergang der Ceremonie, der ich am 7. April 1866 anwohnte, meinen Lesern erzählen. Schon am Vorabende des griechischen Charsamstages fand ich die Grabkirche mit Menschen jeglichen Alters und Geschlechtes bevölkert, welche für die morgige

Feier ihre Plätze in Besitz genommen und sich auf dem Kirchenpflaster ihr Nachtlager hergerichtet hatten. Einige aßen und tranken, andere befanden sich in liegender Stellung, alle ohne Ausnahme waren mit Wachskerzen versehen, an welchen sie das heilige Feuer auffangen wollten.

Am folgenden Vormittage strömte immer mehr Volk in die Kirche hinein. Wir hatten, Dank der Verwendung des österreichischen Konsuls, die Erlaubniß zum Zutritt auf eine der für die Franken reservirten Gallerien des Grabdoms erhalten und säumten nicht, sogleich nach dem Mittagsmahl uns dorthin zu verfügen. Türkisches Militär bildete Spalier auf dem Vorplatze zur Kirche, wodurch das Gedränge beim Eingange in etwas gemindert wurde. Ebenso hatten zwei Reihen Soldaten eine freie Ringbahn um die Grabkapelle abgesperrt, um der griechischen Priesterschaft den Umgang zu ermöglichen und den Europäern den Zutritt zu den Gallerien zu erleichtern. Dank dieser Vorsorge gelangten wir schnell an die Pforte, welche die nach unserer Gallerie hinaufführende Treppe verschloß. Sie wurde uns durch einen Thürsteher geöffnet und im Sturmschritt eilten wir die Treppe hinauf. Wir waren sehr glücklich, die Gallerie noch unbesetzt zu finden, weil wir im entgegengesetzten Falle wahrscheinlich gar nichts gesehen haben würden. Denn die Gallerie war klein und hatte eine mannshohe Brustwehr, über welcher ein Gitter von Eisenstäben angebracht war. Nur wer auf diese Brustwehr hinaufstieg, konnte sich eines freien Ausblickes in die Kirche erfreuen, so daß wir uns unter einander abwechselnd die Plätze auf der Brustwehr abtreten mußten — sollte anders jedem Mitgliede der Gesellschaft eine zeitweilige Ausschau ermöglichet werden.

Ich hatte mich einer der ersten an das Gitter geschwungen. Ich sah hinab in ein wogendes Menschenmeer, Mann an Mann aneinander gedrängt, und dazwischen einen Wald von Wachskerzen aufragen. Rings um die Grabrotunde war durch Legung von Brettern von einem Pfeiler-Fußgestell zum andern

eine Tribüne errichtet worden, auf welcher namentlich die Frauen
Posto gefaßt hatten. Viele derselben hatten ihre unmündigen Kinder
bei sich, deren gelles Geschrei von Zeit zu Zeit den allgemeinen
Lärm übertönte. Die Gallerien waren mit zahlreichen Europäern besetzt. Uns gegenüber befand sich die Loge des Pascha,
in welcher ich nebst andern Honoratioren auch die in unserm
Hause wohnenden österreichischen Prinzen und Grafen erblickte.
Der Pascha selbst kam um ¹/₂ 3 Uhr, und nun erst nahm die
Ceremonie ihren Anfang. Weißgekleidete Männer stellen sich
auf zwei Gliedern unmittelbar vor dem Fenster an der Südseite der Grabkapelle auf. Es öffnet sich die Pforte der Sa-
kristei. Die Würdenträger des orientalischen Klerus erscheinen
in Wolken von Rauch eingehüllt, umschreiten unter unharmo-
nischem Gesang zu dreimalen die heil. Kapelle und gehen, von
einigen Diakonen begleitet, in das Innere des Heiligthums
ein. Nun entsteht plötzlich eine lautlose Stille und wie ver-
steinert scheint die ungeheure Menschenmasse des großen Ereignisses zu harren, das der nächste Augenblick herbeiführen
soll. Der Augenblick kam. Ich selbst sah aus der Oeffnung
der Grabkapelle die Flamme hervorblitzen. Gleichzeitig erhebt
sich aus mehrtausend Männerkehlen ein wildes, sturmgeheul-
artiges Geschrei, in welches die Klänge des griechischen Kirchen-
geläutes unheimlich einfallen. Glücklich der Mann, der seinen
Wachskerzenbündel unmittelbar an der ursprünglichen Himmels-
flamme anzünden kann. Blitzschnell springt nun dieselbe von
Kerze zu Kerze und in wenigen Minuten ist der ganze große
Kirchenraum in ein Lichtmeer verwandelt. Man begnügt sich
nicht damit, das heilige Feuer zu besitzen, sondern läßt sich
Gesicht, Brust und Hände durch die Flammen belecken. Gerade unter mir standen die Kopten. Diese Männer hoben ihre
nackten Arme und dunkelbraunen Gesichter zur Kuppel empor
mit einem Ausdruck schwärmerischer Verzückung in den leuch-
tenden Augen, der jetzt noch mir vorschwebt, wie wenn sie in
den offenen Himmel hineingeblickt hätten. Schade, daß kein

Photograph diese Gruppe aufnehmen konnte, sie dürfte als passende Studie zu einem die Himmelfahrt oder die Ausgießung des heiligen Geistes darzustellenden Bilde verwerthet werden.

Weniger ideal war die Haltung der Weiber. Man sah an ihren lachenden Mienen und neugierig herumschauenden Blicken, daß für sie das Spektakel die Hauptsache war. Dasselbe nebst dem begleitenden Höllenlärm und dem Geläute dauerte etwa eine Viertelstunde lang an. Dann ward es abermals stille. Den Schluß des Ganzen bildete eine Prozession des griechischen, armenischen, syrischen und koptischen Klerus, welche durch die über alle Beschreibung prachtvollen Ornate der Patriarchen und Bischöfe der beiden erstgenannten Nationen einen wirklich imposanten Anblick gewährte.

Das war der Hergang der Ceremonie des griechischen Feuers. Unsere katholischen Geistlichen gaben ihrer Entrüstung über das tolle Spektakel unverholen Ausdruck. Auch weiß man, wie die oberflächlich urtheilenden Rationalisten, gleichviel ob katholisch oder protestantisch getauft, zu der Sache sich auslassen. Ich meinerseits glaube, daß man die Ceremonie etwas milder und objektiver beurtheilen dürfte. Allerdings ist der Priestertrug, der dem Volke ein nicht vorhandenes Wunder zur Schau bietet, unbedingt zu verdammen — mag auch die orientalische Geistlichkeit zu ihrer Entschuldigung sich noch so sehr darauf berufen, daß das Volk sich das Wunder nicht nehmen lassen wolle, und daß, wenn sie versuchen wollte, durch Predigt und offenes Auftreten mit Stahl und Feuerstein oder Rauchpfannen und Kerzen die Illusion zu zerstören, sie ihr ganzes Ansehen bei der ungebildeten Menge einbüßen würde. Daß übrigens nicht sämmtliche Geistliche sich an dem Truge betheiligen, hat der armenische Bischof gezeigt, der im Jahre 1834 gegen die Annahme predigte, als steige das Licht von der Höhe herab.

Mehrere Reisebeschreiber sprechen von einem furchtbaren Drängen, Stoßen und Quetschen der in Fluß gerathenen Volksmenge, weil jeder sich bestrebe, seine Kerze wo möglich unmittelbar an der aus dem Grabe ausbrechenden Flamme zu entzünden, ja man behauptet, daß im Jahr 1834 an 300 Personen im Gedränge ihren Tod gefunden hätten. Was mich betrifft, so nahm ich derartige Auftritte keineswegs wahr. Eben so gewiß ist, daß an diesem Tage Jedermann mit heiler Haut zu seinen Penaten zurückkehrte. Die Hauptunzuträglichkeit bestund in dem wilden Gebrülle, welches, wenn man von oben herab die rothen Kappen und nackten Arme übersah, an eine Scene aus der französischen Revolutionszeit gemahnte. Allein wir dürfen unsere abendländischen Anstandsbegriffe nicht auf die Orientalen übertragen. Ihnen fehlt insbesondere der musikalische Sinn und weil weder ihr Ohr noch Gefühl durch unharmonisches Schreien verletzt wird, so haben sie auch keine Ahnung davon, als möchte hiedurch die Heiligkeit der Kirche entweiht werden. Sie sind theilweise noch halbwilde Menschen. Der Patriarch Valerga sagte in meiner Gegenwart selbst von den Katholiken des heiligen Landes, welche doch unter europäischem Einflusse erzogen werden, daß er an ihnen jene ehrfurchtsvolle Haltung in der Kirche vermisse, wie man sie in unserm Abendlande zu treffen gewohnt ist.

Sepp und Bovet erkennen in dem heiligen Feuer der Griechen die **Symbolisirung** der Wahrheit, daß das Licht der Offenbarung durch Christus vom Himmel herabkam, dann für eine Weile in die Nacht des Grabes zurücktrat und von da wieder ausging, um die im Schatten des Todes sitzenden Völker zu erleuchten. Es ist der gleiche Gedanke, der in der katholischen Kirche durch das Auslöschen der Lichter am Gründonnerstage und Wiederanzünden derselben am Vorabend von Ostern versinnbildet wird. So betrachtet gewinnt die griechische Ceremonie eine hehre Bedeutung, welche sich gleich bliebe, wenn auch Priester und Volk auf das fälschliche Wunder verzichteten. Wenn es wahr ist, was man von einem russischen Pilger erzählt, daß er das am Grabe des Erlösers empfangene

Licht in einer Laterne nach der fernen Heimat getragen und daselbst fortwährend erhalten habe, damit einst an diesem Lichte seine Sterbekerze angezündet werden möchte, so liegt in diesem Vorgange eine Poesie, die alle Aufklärung unserer rationalistischen Schulen hundertfach aufwiegt.

Noch müssen wir einer am Charfreitage stattgefundenen Prozession der Mahomebaner gedenken, deren Beschreibung ich absichtlich auf den Schluß dieses Abschnittes hinausschob, um dieselbe nicht in den Rahmen der christlichen Gottesdienste einfassen zu müssen. Es war ein Pilgerzug nach dem Grabe des Moses, das in der Gegend von Jericho liegt. Derwische und türkisches Militär geleiteten die Karavane bis hinab in das Josaphatthal. Indem wir uns außerhalb des Stephansthores begaben, um die Prozession in ihrer ganzen Länge zu überschauen, wurden wir von vornherein durch die ungeheure Menge Schaulustiger überrascht, welche Hügel und Thal, ja sogar die Zinnen der Stadtmauern besetzt hielt. Hiebei gewährte die mit großer Mehrheit vertretene schneeweißgekleidete Frauenwelt im Frühlings-Sonnenglanze einen malerischen Anblick. Wohl die meisten dieser Frauen waren Christinnen und unter ihnen befanden sich Köpfe von klassischer Schönheit.

Die Prozession selbst war merkwürdig genug. Voran schritt eine Schaar von Fahnenträgern, in deren Mitte einige bis an den Gürtel splitternackte Derwische einherrasten. Diese wunderlichen Heiligen — wie sie der baierische Pfarrer Krängle in seinen gedruckten Pilgerbriefen benannte — tanzten, hüpften, warfen den Kopf convulsivisch hin und her und zeigten in ihren Gesichtern einen Ausdruck fanatischen Wahnsinns, wie ich denselben unmöglich zu zeichnen vermöchte. Dem Fahnenzuge folgte ein Trupp arabischer Reiter. Mit dem weißen Beduinen-Mantel behangen, die Flinte am Sattel und die Lanze in der Hand, mochte man in diesen sonnverbrannten, stolzblickenden Kriegern Wüstensöhne von ächtestem Volksblut bewundern. Auf sie kamen Trommler und Cymbelnschläger gleichfalls zu Pferd.

Den Schluß machte ein türkisches Infanteriebataillon, dessen schrille, in hohen Tönen sich bewegende Schlachtenmusik der Baß der Kanonen begleitete. Welch' ein Contrast, als wir unmittelbar auf dieses Spektakelstück die via dolorosa begingen!

f. Ritt nach El-Kubeibeh oder dem neutestamentlichen Emmaus.

Die Erscheinung des auferstandenen Christus vor den zwei Jüngern bei Emmaus ist eine der anziehendsten und bedeutungsvollsten Episoden der evangelischen Geschichte. Es ist daher natürlich, daß die Pilger von jeher nach der Lage jenes heiligen Fleckens gefragt haben. Leider findet sich weder bei Lukas noch bei Markus irgendwelche Ortsangabe vor, die dem Forscher einen Anhaltspunkt zur Lösung dieser Frage darbieten könnte. Einzig sagt Lukas, daß der Flecken Emmaus sechzig Stadien von Jerusalem entfernt war. Weil nun in dem nach einem Radius von sechzig Stadien gezogenen Umkreise Jerusalems heut zu Tag keine einzige Ortschaft mit dem Namen Emmaus bezeichnet wird, so war man bis in die letzte Zeit völlig im Dunkeln, in welcher Gegend das Emmaus des Evangeliums gesucht werden müsse. Die einen verwechselten dasselbe mit der alttestamentlichen Stadt Emmaus-Nikopolis, welche in der Ebene Saron weit außerhalb der bezeichneten Kreislinie ablag. Sepp wollte es in Castellum Colonie finden, wogegen die Franziskaner nach ihrer Tradition das nordwestlich von Jerusalem gelegene Dorf El-Kubeibeh für die Stätte des Sanktuariums halten. Dem Direktor unseres Pilgerhospizes, Herrn Tscholle, war es vorbehalten, Licht in das Dunkel zu bringen. Dieser durch seinen mehrjährigen Aufenthalt im heil. Lande, so wie durch seine umfassenden sprachlichen und archeologischen Kenntnisse zu solchen Arbeiten vor andern befähigte Mann machte sich mit Vorliebe und eisernem Fleiße an die Untersuchung der vorliegenden Frage und legte die Ergebnisse in einer Broschüre nieder, welche im Jahr 1865 bei Hurter in Schaffhausen publizirt worden ist. Sie trägt die Aufschrift: „das neutestamentliche Emmaus" und zeichnet sich ebenso durch umfassende Gelehrsamkeit als durch logische Schärfe der Beweisführung aus. Der Verfasser gelangt zu dem Schluß, daß El-Kubeibeh das Emmaus des Evangeliums sei.

Wir hatten bereits eine eingehende Analysis der genannten Flugschrift zur Einverleibung in unser Reisewerk abgefaßt; allein die Grenzen, die wir dem Umfang des letztern zu ziehen gewillt sind, nöthigten uns, jene Arbeit zu streichen. Wir müssen somit den wißbegierigen Leser auf die Schrift selber verweisen und bescheiden uns hierorts, nur die Hauptmomente derselben in ganz kurzer Fassung nachstehend zu reproduciren. Die Schrift zerfällt in einen negativen und positiven Theil. In dem negativen Theil bestreitet der Verfasser die Identität des Emmaus der Auferstehung mit dem Emmaus der Makkabäer. Das letztere, welches nach seiner Zerstörung und Wiederaufbauung unter dem Kaiser Heliogabalus den Beinamen Nikopolis erhielt, lag in der Ebene Saron*), nach Hieronymus am Fuße des Gebirgs, 176 Stadien von Jerusalem entfernt. Dagegen gibt der Evangelist Lukas die Entfernung seines Emmaus von Jerusalem ausdrücklich auf 60 Stadien an. Gemäß dieser Distanzbestimmung muß die Lage des neutestamentlichen Emmaus nicht in der Ebene, sondern im Gebirge gesucht werden, weil dieses letztere nach allen Seiten weit mehr als 60 Stadien oder drei Wegstunden über Jerusalem hinausgreift. Ferner wird das alttestamentliche Emmaus in den Büchern der Makkabäer,**) so wie durch Josephus und Plinius***) als eine Stadt angeführt, während Lukas sich für

---

*) 1. Makkab. 3, 40.
**) 1. Makkab. 9, 50.
***) S. die Citationen dieser beiden Schriftstellen in der Schrift des Hr. Tscholle S. 9 und 10.

das seinige des Ausdruckes „Flecken" (εἰς κωμην) bedient und die Parallelstelle des Marius „auf's Land" (εἰς αγρον) die Annahme ausschließt, als hätten die beiden Jünger sich nach einer Stadt hinbegeben.

Der positive Theil der Arbeit erbringt den Beweis, daß das neutestamentliche Emmaus die Stelle des heutigen Araberdorfes El-Kubeibeh einnehme. Die Argumentation des Verfassers gründet sich auf eine Episode der Kreuzzüge, welche von den meisten der gleichzeitigen Geschichtschreiber übereinstimmend erzählt wird. Nach denselben wurde das Heer Gottfrieds von Bouillon auf seinem Marsche von Ramleh nach Jerusalem durch einen saraxenischen Führer an einen Ort Namens „Castellum Emmaus" geleitet, dessen Entfernung von Jerusalem 60 Stadien betragen habe. An diese Thatsache anknüpfend führt Hr. Tschokke den Nachweis:

1) daß der Marsch der ersten Kreuzritter sich auf der alten Römerstraße über El-Kubeibeh bewegte;

2) daß die Schilderungen, welche die Chronisten von der Lage, der Vegetation und dem Quellenreichthum der Gegend um das aufgefundene Castellum Emmaus entwerfen, bei El-Kubeibeh vollständig zutreffen;

3) daß die Johanniter in der Ueberzeugung von der Identität jenes Castellum Emmaus mit dem Emmaus der Auferstehung daselbst einen Spital nebst einer Kirche errichteten;

4) daß die Tradition seit den Kreuzzügen das neutestamentliche Emmaus an den Ort des jetzigen El-Kubeibeh verlegte.

Ferner betont der Verfasser den Umstand, daß die Vulgata dem Namen Emmaus das Beiwort „Castellum" beilegt — ein Zusatz, welcher auf die Meldung des Flavius Josephus zurückzuführen ist, daß der Kaiser Vespasian einen Ort, Namens Emmaus, 60 Stadien von Jerusalem entfernt, achthundert römischen Veteranen zur Ansiedlung angewiesen habe. Nun finden sich auf einem Hügel bei El-Kubeibeh bedeutende Ruinen, welche wohl von einem hier gestandenen Kastelle herrühren mögen, da die Stelle, weil weit und breit die Gebirgsgegend beherrschend, zu einem solchen vortrefflich geeignet war.

Schließlich beruft sich der Verfasser bezüglich der Distanz zwischen El-Kubelbeh und Jerusalem auf den Bericht des Hr. Ingenieur Conrad Schick aus Würtemberg. Derselbe hat am 20. und 21. August 1866 sämmtliche drei nach El-Kubeibeh führende Wege mit der Meßschnur gemessen.

Das Resultat dieser Messungen war folgendes:

Erster Weg: 38145 englische Fuß.
Zweiter „ 39305 „ „
Dritter „ 38020 „ „

Da man nun weiß, daß das Stadium 600 griechische oder 625 römische Fuß maß, da ferner die Größe des römischen Fußes nach bekannten Distanzen zwischen Meilensteinen und Oertlichkeiten längstens ausgemittelt ist, so war es ein leichtes, durch Vergleichung des englischen mit dem römischen Fuß die Länge des Stadiums in englischen Fußen zu bestimmen. Die Berechnung ergab, daß ein Stadium 606 englische Fuß und 9 Zoll betrage. Demnach enthält der erste Weg von Jerusalem nach Kubeibeh: 63 ³/₄ Stadien.

der zweite: 64 ⁴/₅ „
der dritte: 62 ⁵/₆ „

Man sieht, daß diese Ziffern von der Zahl 60 des heil. Lukas sehr wenig abweichen. Es ist aber eine ausgemachte Sache, daß die alten Schriftsteller alle Entfernungen in runden Zahlen nach bloßer Schätzung und nicht auf Grund von Vermessungen angaben, was durch unzählige Beispiele erwiesen ist.

Zur Probe maß Hr. Schick auch noch die Distanz vom Ostthore Jerusalems nach Bethanien, welche von dem Evangelisten Johannes zu 15 Stadien geschätzt ist. Er fand 9310 englische Fuß, gleich 15 ³/₄ Stadien. Vermehrt man diese Ziffer mit 4, so erhält man für den Weg nach Emmaus-Kubeibeh die mit den oben erwähnten Messungen übereinstimmende Summe von 63 Stadien. — Das ist, kurz gefaßt, die Argumentation der lehrreichen Schrift, deren Lesung wir allen Denjenigen empfehlen, die sich die biblische Geographie zum Gegenstande ihrer Studien gemacht haben. Der Verfasser prüft am Schlusse seiner Abhandlung noch die verschiedenen, von Robinson, Sepp u. a. gegen seine Ansicht erhobenen Einwürfe. Namentlich widerlegt er die Meinung von Sepp, der das neutestamentliche Emmaus in Kolonieh sieht, mit der einfachen Bemerkung, daß die Distanz dieses letztern Ortes von Jerusalem nicht über 34 Stadien betrage, abgesehen davon, daß Kolonieh gar keine Tradition für sich aufweisen kann. Den Schluß, den wir aus der ganzen Abhandlung ziehen, resumiren wir in folgendem Satze: wenn irgendwo das neutestamentliche Emmaus gesucht werden kann, so ist es im heutigen El-Kubeibeh.

Der Pilgerritt nach diesem Emmaus, wo der Herr nach seiner Auferstehung mit den zwei trauernden Jüngern das Brod brach, war auf die Tagesordnung des Ostermontages angesetzt. Wir haben oben gesagt, daß der Ort im Nordwesten von Jerusalem liegt, und daß drei verschiedene Wege dahinführen. Den westlichen einschlagend verfolgten wir in erster Linie die Straße nach Jaffa, bis wir den in der Mitte zwischen Jerusalem und Kolonieh gelegenen vierten Wachtthurm erreicht hatten. Dort wurde rechts in einen steil abfallenden Fußpfad gebogen, welcher uns nordwestwärts in das Thal Hanina hinabführte. Unten in der Thalsohle, da wo unser Weg mit dem von Kolonieh aufsteigenden Thalwege sich kreuzt, erblickten wir neben einer Quelle bedeutende Bautrümmer. Es waren, wie Hr. Tschokke uns sagte, die Ruinen einer Kirche, welche von den Christen erstellt worden war, weil hier am Kreuzungspunkte der Wege Christus den beiden Jüngern sich beigesellt habe.

Nun ritten wir in direkt nördlicher Richtung den jenseitigen Hügel hinauf. Links am Wege sah ich abermals eine Quelle aus einem Felsenspalt aufsprudeln. Wir begegneten mehreren arabischen Marktweibern, die mit einem blauen, unter der

Taille durch eine Escharpe nach Art der altgriechischen Statuen aufgeschürzten Hemde bekleidet, Gemüse, Reiswellen und Baumwurzeln auf dem Kopf nach Jerusalem trugen. Baar- und und leichtfüßig schritten sie den steinbesäeten Bergpfad hinunter, wobei manchmal der Mann, ohne etwas anderes als seine lange Pfeife zu tragen, die schwerbelastete Gattin begleitete. Diese Leute kamen von Bibbu, welches Dorf sich auf dem Rücken des Hügels erhebt, den wir eben hinanstiegen. Als wir an jenem Dorfe vorbeikamen, erfreute uns ein freundlicher, hie zu Land seltener Anblick. Dasselbe war nämlich hinter einem Wäldchen von Birnbäumen verborgen, welche eben die volle Pracht ihrer Blüthen entfalteten. Das Bild war noch schöner als ein schweizerischer Obstgarten im Mai, nicht nur wegen des Kontrastes mit der sonstigen Kahlheit der Landschaft, sondern weil das Südklima eine reichere Blüthenfülle erzeugt und die intensivere Leuchtkraft der Sonne den Farbenglanz steigert.

Von hier ab erreichten wir nach einem viertelstündigen Ritte unser heutiges Reiseziel. Wir gelangten in einen viereckigen Hofraum, dessen Süd- und Westwand aus einer antiken, 6 Schuh dicken Mauer bestund, während ein modernes Gebäude die Ostseite bildete. Im Norden erstreckte sich ein altes Gewölbe, das in seinem östlichen Theile noch mit einer Bedachung versehen war. Wie ward ich überrascht, als uns am Eingang des östlichen Gebäudes eine französische Dame begrüßte, deren Name einigermaßen an meine Jugenderinnerungen anklang. Es war die Marquise Nilolay. Ihr Vater hatte in Paris während der Restaurationsperiode zu den geistesverwandten Kreisen meines sel. Vaters gehört und nach der Juli-Revolution einige Jahre im schweizerischen Freiburg verlebt. Ich selbst trage aus jener Zeit die Erinnerung nach, wie sehr mich die klassischgeschriebenen Gedichte des genialen Mannes erfreuten. Daß aber die Idealität des Vaters sich auch auf die Tochter vererbt hat, geht daraus hervor, daß sie, die Dame aus altaristokratischem Geschlechte, seit acht Jahren in Jerusalem lebt, den Ertrag ihres großen Vermögens zu kirchlichen Zwecken im hell. Lande verwendet, und eben jetzt in Emmaus eine neue Kirche sammt Hospiz auf ihre Kosten erbauen läßt. Der Ostflügel der bestehenden Gebäulichkeiten ist ein Werk der Marquise.

Ich gehe nun über zur Beschreibung von Emmaus-Kubeibeh. Das heutige El-Kubeibeh ist ein elendes Dorf, das von zwanzig muselmännischen Familien bewohnt und von einem Scheich regiert wird. An der Ost- und Westseite des Dorfes finden auf eine Längenstrecke von 2400 Fuß ausgebreitete Ruinen sich vor, die den Eindruck hervorbringen, daß hier einst ein ansehnlicher Ort gestanden sein müsse. Diese Ruinen sollen nach dem Urtheil sachverständiger Männer von Bauten der Kreuzfahrer herrühren. Jedoch wurden dazu auch ältere daselbst vorhandene Steine benutzt. Unter den westlichen Ruinen fällt vor andern die vorerwähnte 6 Fuß dicke Südmauer auf. Die Vermuthung liegt nahe, daß die Mauer, weil theilweise geränderte Steine enthaltend, über das Zeitalter der Kreuzfahrer hinaufreichen möchte. Sie bildet die Südwand nicht nur des den Eingang zu den Bauten der Marquise Nikolay vermittelnden Hofraumes, sondern auch noch eines größern unummauerten Quadrats, innerhalb dessen langgestreckte, eingefallene Tonnengewölbe von Süden nach Norden und eines von Westen nach Osten hinstreichen.

Das letztbenannte westöstliche Gewölbe ist dasselbe, von dem ich oben erwähnte, daß es die Nordseite des Hofraumes bilde und sich rechtwinklich an die neuerstellte Gebäulichkeit anschließe. Es enthält inwendig einen Saal von 50 Fuß Länge zu 15 Fuß Breite und Höhe. Dieser Saal gilt für das Haus des Jüngers Kleophas, wo Christus einkehrte, welche Annahme durch die Lokaltradition der Muselmänner etwelche Berechtigung erhält. Er gehörte jedenfalls zum Gebäudekomplex des Ordens der Johanniter. Denn in demselben wurde uns ein Stein

mit dem Hospitalkreuze vorgezeigt. Der Saal ist bereits mit
einem provisorischen Altare versehen und wird durch die Fürsorge der edelmüthigen Marquise zum Sanktuarium hergerichtet werden.

Etwas östlich außerhalb des Hofraumes sahen wir die
Ruinen einer Kirche, deren Chor, im Halbkreise angelegt und
nach Osten gerichtet, noch ganz gut erkenntlich ist. Nicht weit
davon liegt ein Teich, der durch das Regenwasser der umliegenden Hügel gespiesen wird. Ringsherum stunden prachtvolle Oel- und Johannisbrodbäume, und zahlreiche Gentianen,
Anemonen, Cyclamina, Blutstropfen und Milchsterne schmückten
nebst andern Repräsentanten der Frühlingsflora den grasreichen
Boden. Ueberall stießen wir auf verfallene Cisternen und erkannten deutlich die Spuren einer altrömischen Straße.

Noch bevor wir die vorbeschriebene Umschau im Weichbilde
des alten Emmaus gehalten, war von einem unserer Priester
im Hause des Kleophas das hl. Meßopfer dargebracht worden,
vielleicht an der nämlichen Stelle, wo der Herr nach seiner
Auferstehung das Brod gebrochen hatte. Nach vollendeter Umschau ließ uns Marquise Nikolay ein Gabelfrühstück auftragen,
worauf wir uns von der gastfreundlichen Dame verabschiedeten
und ungefähr um zwei Uhr Nachmittags die Rückreise antraten.

Als wir bei Bibbu, da wo die drei nach Jerusalem führenden Wege sich auszweigen, nordostwärts abschwenkten, um die
Oststraße einzuschlagen, mußte eine ziemlich steile Böschung er-
klimmt werden. Indem nun mein feuriges Pferd sich rasch
nach aufwärts bewegte, drehte sich der Sattel und rutschte mit
sammt dem Reiter zur Erde. Diesen Unfall hatte ich einzig
dem erbärmlichen Reitzeuge zuzuschreiben. Denn der Geldgeiz
der arabischen Pferdevermiether bringt es nicht über sich, selbst
für die allernothwendigsten Anschaffungen oder Ausbesserungen
einige Piaster zu verausgaben. Wenn daher die vor Alter
mürbe gewordenen Gurten in Fetzen auseinanderreißen, so
werden die Sättel mit Stricken um den Pferdeleib geschnallt,

ohne daß die barbarischen Geizhälse um die hiedurch den armen Thieren verursachten Leiden sich kümmern. Ebenso werden die unbrauchbar gewordenen ledernen Zügel durch Stricke ersetzt. Im Uebrigen wurde ich durch den Fall nicht im geringsten verletzt. Weniger gut erging es dem Präsidenten unserer Karavane. Auch er stürzte bald nach mir in Folge der Umdrehung des Sattels vom Pferde und erlitt an der linken Schulter eine Quetschung, die ihm mehrere Tage lang empfindliche Schmerzen verursachte. Unter so bewandten Umständen dürfte jedem Orientreisenden die Vorsicht anempfohlen werden, Sattel und Zaum aus Europa mit sich zu führen.

Wir hatten nach einstündigem Ritt von El-Kubeibeh her die Kuppe von Neby-Samuel erstiegen. Der Name bezeugt die Tradition, nach welcher diese Höhe die Geburts- und Grabstätte des gleichnamigen Propheten gewesen sein soll. Wir stiegen hier für einen Augenblick ab, um die auf der Kuppe gelegenen, merkwürdigen und noch wohl erhaltenen Ruinen einer Kirche der Kreuzfahrer zu besichtigen. Nahe dabei befinden sich einige roh aufgeführte, inwendig hohle Steinwürfel, die wir als menschliche Wohnungen erkannten. Sie sind fensterlos und so niedrig, daß man in denselben nur sitzend oder liegend verweilen kann. Der Komplex dieser elenden Steinhütten bildet das heutige Dorf Neby-Samuel.

Auf dem Gipfel, welcher 223 Fuß über dem Niveau von Jerusalem liegt, erblickten wir im Südosten die hl. Stadt und den Oelberg. Gegen Norden erreicht der Blick die galiläischen Städte Rama und Gabaon und mag bei heiterm Wetter über ein Stück Mittelmeer schweifen. Man nannte diesen Hügel auch mons gaudii, weil die Pilger bei dem hier zum erstenmal sich darbietenden Anblicke Jerusalems in Freude und Jubel ausbrachen. Leider war gerade zur Stunde, als wir dort waren, der Himmel verdunkelt, der Wind pfiff scharf und heftig aus Westen, und man gewahrte an dem zerrissenen Gewölke in der Ferne, daß ein Sturm auf dem Mittelmeer brause.

Nun ging es südostwärts ins Thal Beit-Hanina hinab und jenseits zu den Gräbern der Richter hinauf. Auf dieser etwa zwei Stunden betragenden Wegstrecke sahen die Felder abermals so aus, als hätte es einen ganzen Tag über Steine gehagelt. Die Wege waren ganz unbeschreibbar, aus hervortretenden Felsenriffen und Vertiefungen bestehend, was jedoch unsern Hauswirth, Hr. Tscholle, nicht hinderte, jeden Augenblick sein Pferd im Galopp anzusprengen. Da ich nun gerne um ihn war, um mich aus seinem Munde über die Gegend orientiren zu lassen, so that ich das gleiche und hatte hiebei Gelegenheit, die Geschicklichkeit meines Schimmels zu bewundern, wie er im gestreckten Gallopp sich die Stellen ersah, wo er seine Hufe mit Sicherheit absetzen konnte, so zwar, daß er nicht ein einzigesmal auch nur gestrauchelt ist. Dennoch war ich froh, als dieser halsbrechende Ritt sein Ende erreicht hatte. Wir zogen durch das Damaskusthor wieder in die Stadt ein und haben wohl alle auch diesen Ausflug als eine hellleuchtende Lebensepisode in das Buch unserer Erinnerungen eingetragen.

5. Reise an den Jordan und das todte Meer.

Das Jordangebiet ist von Beduinenstämmen bewohnt, deren jeder von einem erblichen Scheich oder Fürsten regiert wird. Diese Scheichs entrichten einen Tribut an die Pforte, stehen aber im Übrigen in keinem weitern Abhängigkeitsverhältnisse gegenüber der türkischen Regierung. Wer daher jene Gegenden bereisen will, muß, wenn er sich nicht von den räuberischen Beduinen will ausplündern lassen, den Schutz des oder der Scheichs, durch deren Gebiet seine Reise projektirt ist, vermittelst Bezahlung einer zum voraus zu vereinbarenden Geldsumme erkaufen. Hat eine Reisegesellschaft zu diesem Zwecke sich abgefunden, so erhält sie das Geleite des Scheich in Person oder eines seiner Stellvertreter und mag dann mit beinahe eben so großer Sicherheit wie in unsern europäischen Polizeistaaten reisen. Denn diese Barbaren-Fürsten halten ihr Wort und führen über ihre Untergebenen ein so unumschränktes Regiment, daß Niemand es wagen darf, sich an dem Wanderer zu vergreifen, der sich unter den Schutz des Scheich gestellt hat. Demgemäß hatte der Vorsteher des österreichischen Pilgerhauses auch für unsere vorhabende Reise nach dem Jordan mit dem betreffenden Scheich, dessen Gebiet wir durchwandern mußten, das nothwendige Abkommen getroffen.

Am Morgen des 3. April, als an dem zu unserer Abreise anberaumten Tage, fand der Scheich zu Pferd vor unserer Wohnung sich ein. Es war ein stolzer Mann in den Vierzigen, dem der weiße, schwarzgestrichene Wollmantel und das um den Kopf geschlungene Seidentuch mit dem Dolch im Gürtel und dem Säbel zur Seite vortrefflich anstunden. Ihn begleiteten mehrere andere mit Flinten bewaffnete Reiter, die er als Adjutanten für die Reise sich auserkoren hatte. Gleichzeitig führte auch unser Dragoman die Reitpferde und Lastthiere vor. Der Aufbruch erfolgte, nachdem das Gepäck und sämmtliche mitzuführende Gegenstände aufgeschnallt waren. Unser Begleiter war diesmal Herr Hermann, welcher für die Reise sein katholisches Priestergewand mit der Tracht der Beduinen vertauscht hatte. In langem Zuge bewegte sich die Karavane durch das Stephansthor in das Thal Kidron hinab. Als wir den Sattel überschritten, welcher den Oelberg vom Berge des Aergernisses scheidet, wurde unsere Gesellschaft durch einen vom Grabe des Moses rückkehrenden mahomedanischen Pilgerzug in Verwirrung gebracht. Viele blieben zurück, so daß wir, die Vordersten, nicht wußten, ob wir vorwärts oder zurück reiten sollten. Es hatte die ganze Nacht hindurch ziemlich geregnet und regnete jetzt noch; der Himmel zeigte jene dunkle Beschaffenheit, die nach unsern mitteleuropäischen Erfahrungen anhaltenden Regen verkündet. Das erzeugte eine mißmuthige Stimmung in der Reisegesellschaft und Stimmen wurden laut, man möchte umkehren und die Reise verschieben. Weil ich aber meinerseits befürchtete, daß das Sprichwort „aufgeschoben ist nicht aufgehoben" sich für diesmal in sein Gegentheil umkehren dürfte, mahnte ich kräftig zum Vorgehen, die gesunkene Stimmung meiner Gefährten durch die Zusicherung aufrichtend, daß es im Oriente während des Frühlings immer nur auf kurze Zeit regne. Ich war so glücklich, meinen Rath befolgt und meine Prophezeiung bewahrheitet zu sehen. Denn kaum hatten wir die Baumgärten Bethaniens erreicht, siehe! da war der Himmel schon wieder geklärt und freundlich milde strahlte die Sonne auf die von der Feuchtigkeit grünenden Matten hinab.

Von Bethanien her einen steilen Steinweg hinabschreitend, gelangten wir in einer Viertelstunde zu dem sogenannten **Brunnen der Apostel**. Diese Quelle ist die einzige, die man auf dem Wege von Jerusalem nach dem Jordanthale trifft, und sehr wohl begründet die Annahme, daß Christus und die Apostel aus derselben ihren Durst löschten, wenn sie von Jericho nach Jerusalem hinaufkamen. Nun ging es in direkt östlicher Richtung während etwa drei Stunden durch ein flachliegendes Hochthal, dessen einschließende Bergletten mich durch ihre seltsamen Formationen frappirten.

Wenn einige Reisebeschreiber hier schon die Wüste beginnen lassen, so stimmen meine Wahrnehmungen mit dieser Anschauung nicht überein. Allerdings war die Gegend, wie vielerorten in Palästina, einsam und unkultivirt und weit und breit keine menschliche Wohnung ersichtlich. Aber das frische Grün des Thalgrundes, auf welchem die weißen Schaf- und schwarzen Ziegenheerden unter der Obhut arabischer Hirten lustig sich sonnten, hatte ganz und gar nicht das Aussehen der Wüste. Freilich hätte unsere zahlreiche Reisegesellschaft auch schon das Gefühl der Einsamkeit nicht aufkommen lassen. Gleich einer ungeheuren Riesenschlange streckte sich der unabsehbare Zug der Pferde und Maulthiere in der Thallänge aus. Nebst den Mitgliedern der Pilgerkarawane machten nemlich noch die Meisten der im österreichischen Hospiz wohnenden Reisenden höhern und niedern Ranges die Jordanreise mit. Unter ihnen befanden sich drei österreichische Grafen und eine ungarische Stiftsdame. Zwei jener Herren hatten ihre Jagdflinten mitgenommen, in der Hoffnung, irgend einen Schakal oder ein anderes Gewild zu erlegen, was ihnen aber nicht gelang und auch nicht gelingen konnte, weil es aus mehr als einem Grunde nicht räthlich war, sich von der Karavane behufs der Jagd zu entfernen. Für alle diese Reisenden mußten nebst dem Handgepäck auch Zelten, Bettstellen, Bettzeug, Kochgeschirr, Eßwaaren, Wein und Tafelgeräthe mitgeführt werden, da auf der drei

Tage anzudauernden Reise an keine Einkehr zu denken war. Dann mußten den lasttragenden Thieren Führer oder Treiber beigegeben werden. Endlich begleiteten die mehrerwähnten Landsleute aus Baiern und Steiermark zu Fuß die Karavane, weil auch sie den heiligen Fluß sehen wollten, in welchem der Welttheiland die Taufe empfing.

Unser Weg führte eine kleine Anhöhe hinauf, deren Gipfel ein altes Mauerwerk kröntе. Es waren die Ruinen eines Khans und Kastells, in welch' letzterem seiner Zeit römische und fränkische Besatzungen zum Schutze der Reisenden lagen. Mit dem Worte „Khan" wird eine morgenländische Herberge bezeichnet, die dem Reisenden weder Küche noch Bett, sondern lediglich eine Zufluchtsstätte gegen Sonnenhitze und Nachtkühle bietet. Der hiesige Khan, auf halbem Wege zwischen Jerusalem und Jericho liegend, d. h. drei Stunden von beiden Orten entfernt, wird Habrur geheißen und gilt für die Herberge, wohin der barmherzige Samariter den unter die Räuber gefallenen Menschen auf seinem Lastthiere brachte. Wie gesagt, ist aber dieser Khan nur noch Ruine und kann seiner, wenn auch noch so einfachen, Bestimmung nicht mehr genügen. Deßwegen schlugen wir unser Mittagslager nicht in demselben, sondern vor dem Eingang einer Felsgrotte auf. Unser Dragoman bediente uns mit kalten Hühnern, Eiern, Salz, Brod und einem Becher Wein, wozu der Beduinen-Scheich noch ein Stück Ziegenkäs beilegte. Mit diesem Scheich bin ich während des Halts, Dank der Vermittlung des arabischsprechenden Hr. Hermann, in nähere Berührung gekommen. Der Beduine schenkte mir sein krummes Jagdmesser und demonstrirte durch Blick und Handbewegung, daß dasselbe nöthigenfalls auch zu andern Zwecken als zu Zerlegung des Wildes gebraucht werden könne. Noch karakterischer war, daß er, der Stammfürst, für sein Geschenk ein ordentliches Bagschisch begehrte und annahm. Hr. Hermann schilderte den Mann als einen strengen Mahomedaner, der eher den Tod leiden als Wein trinken würde.

Von hier an ging es nun rascher bergab. Nach ungefähr einer halben Stunde kamen wir an einem Lager- oder Zeltendorf der Beduinen vorüber. Dasselbe war rechts von unserm Wege auf einem grünen Absatz des Gebirgshanges gelegen. Die in einem Kreise aufgerichteten Zelten bestunden je aus vier etwa 5 Schuh hohen Pfählen, über welchen man ein schwarzes Kameelfell gespannt hatte. Ich konnte mir bei diesem Anblicke ein richtiges Bild von dem Leben der Nomaden entwerfen. Das Lager gehörte einem einzelnen Stamme, welcher an diesem Orte für so lange verweilt, bis die umliegenden Weiden abgemäht sind. Sobann bricht er sein bewegliches Dorf wieder ab und verführt es auf dem Rücken seiner Kameele an einen andern Ort, wo Weide und Wasser sich vorfinden. So ziehen diese Beduinenstämme unter ihren Häuptlingen von Weideplatz zu Weideplatz im Lande umher, mit den Waffen in der Hand, in beständigen Fehden unter sich und leben von den Erträgnissen ihrer Heerden. Was ihnen an Obst und Getreide und anderem abgeht, wissen sie durch List oder Gewalt aus den Feldern der angrenzenden Fellah's zu erbeuten.

Die Landschaft zeigte von da ab eine gänzlich veränderte Gestalt: schroffe Felswände, kantige Berghäupter, gähnende Schluchten, kegelförmige Hügel — eine wilde vulkanische Gebirgsnatur, die sich um so unheimlicher ansah, als hier in der Tiefe, wie auf unsern Alpen in der Höhe, jegliche Vegetation vollständig aufhörte. Ringsumher starrte uns die kreideweiße Steinwüste an. Die Thalsenkung nahm immer mehr zu. Es kam mir vor, als ritten wir stufenweise in eine Reihe von Steinbrüchen hinunter. Mitten in dieser Wildniß — man heißt sie das Mordthal, weil von Altersher durch Räuber berüchtigt — hörten wir plötzlich den Donner über den Berghäuptern rollen, eine schwarzgraue Wolke hatte einen Theil des Horizontes verdunkelt, schwere Tropfen fielen uns auf Hände und Gesicht als Vorboten eines Wetterregens, welcher auch sehr bald in Strömen hinabstürzte.

Aufmerksam gemacht durch ein unruhiges Hin- und Herschwenken meines Pferdes sah ich einige Hagelkörner ab dem Sattel abprallen. Diese Entdeckung machte mich stutzen. Denn ein Hagelwetter hier in dieser Gegend, wo stundenweit kein Dach, kein Baum, keine Schirmung sich vorfand, hätte eine böse Geschichte absetzen können. Glücklicherweise fielen nur kleinere Körner während weniger Minuten. Dagegen hielt der Platzregen wohl eine halbe Stunde lang so reichlich an, daß nach kurzer Zeit hochangeschwollene Gießbäche durch die sonst Jahr aus Jahr ein trockenen Bergschluchten rauschten, als hätten wir uns in einem Hochthale unserer Alpen befunden. So lange der Regen andauerte, stunden wir still, uns mit jenem Gleichmuthe waffnend, den der Reisende vor anderm in den Orient mitbringen muß, und wurden trotz der aufgespannten Regenschirme gründlich durchnäßt. Die Luft war aber so lauwarm in dieser tiefen Region, daß die Kleider sehr bald an unsern Leibern wieder trocken wurden.

Endlich wanden wir uns aus dem Gebirge heraus. Man kann sich nicht leicht eine größere Ueberraschung, einen seltsamern Lichtaffekt denken, als wenn man aus der Schluchtenwindung hervortretend, plötzlich die ausgedehnte Ebene des Jordanthales erblickt, die wir später etwas näher zu beschreiben gedenken.

An dieser Stelle wurde links abgeschwenkt. Bald nachher mußten wir einen Bergstrom durchfurthen, welcher vom Gewitterregen angeschwollen sich wildschäumend ins Thal hinabwälzte. Mein wackeres Reitpferd ging auf den ersten Schenkeldruck hinein und trug mich, obwohl es bis an den Bauch ins Wasser versank, rasch über den Bach und die jenseitige steile Böschung hinauf. Weniger leicht wollte der Uebergang meinen meisten Mitreisenden gelingen. Viele Pferde scheuten zurück und wurden wohl auch durch ihre unkundigen Reiter in Verwirrung gebracht. Es verging eine geraume Zeit, bis die gesammte Karavane über den Bach gesetzt war.

Nachdem wir noch um einen Vorsprung des Gebirges gebogen, gewahrten wir plötzlich in der Tiefe die Zelten, welche der vorsorgliche Dragoman durch vorausgeschickte Leute zum Behuf unsers Nachtlagers hatte aufschlagen lassen. Noch ein viertelstündiger Ritt und wir hatten das Ziel unsers heutigen Tagmarsches erreicht.

War der erste Niederblick auf die große Jordanfläche ein überraschender gewesen, so entfaltete die nahe Umgebung unsers Lagerplatzes ein nicht minder ungeahntes und von den Gegenden, die ich heute und bis jetzt in Palästina durchwandert hatte, dergestalt verschiedenes Bild, daß ich für einen Augenblick in eine Traumwelt versetzt zu sein glaubte. Ein grüner Baum- und Buschwald zog sich unabsehbar in der Richtung der Thallänge hin. Die Baum- und Straucharten waren mir vollständig fremd, unwillkürlich dachte ich an den verzauberten Wald der Armide in Tasso's befreitem Jerusalem. Man sagte mir, daß einen Hauptbestandtheil der hiesigen Baumvegetation der Zakkumbaum bilde, aus dessen Früchten der Balsam bereitet wird, den die Araber als ein besonderes Heilmittel bei Wunden und Quetschungen preisen. Lustig floß ein wasserreicher Bach dem Westsaume des Waldes entlang, bog dann nach Osten und durchrieselte den Wald, um schließlich seine Gewässer mit jenen des Jordans zu vermählen. Der Bach entspringt einer ganz nahen Quelle, welche silberhell aus dem Felsen eines Vorhügels hervorsprudelnd, in ein unmittelbar davor liegendes Becken von 40 Fuß Länge und 25 Fuß Breite sich ausgießt. Die Quelle heißt der Elisabrunnen und ist keine andere als jene, von welcher im zweiten Buch der Könige, II, 9—22, Erwähnung geschieht.

Wir standen hier auf dem Boden des von Josue zerstörten vorisraelitischen Jericho, während das spätere, jüdische Jericho, das Jericho Christi, eine kleine halbe Stunde südöstlich ablag, wo jetzt noch eine Gruppe arabischer Lehmhütten den Namen Richa oder Jericho trägt. Ein vereinzelter Hügel, welcher kegelförmig hinter unserm Zeltenlager aufstieg, hatte ganz den Anschein, als wäre er aus der Asche einer niedergebrannten Ortschaft entstanden. Ich kletterte hinauf, um einen Ueberblick der Gegend zu gewinnen. Hier war es, wo ich mir einen richtigen Begriff von der geographischen Configuration des Jordanthales aneignen konnte. Man denke sich ein Flußthal so breit wie das Rheinthal im obern Elsaß. Wirklich wurde die Thalbreite bei Jericho zu vier, weiter oben zu zwei bis drei Stunden veranschlagt und es soll die Längenausdehnung des Thals vom See Genesareth bis zum todten Meere nahe an dreißig Stunden betragen. Die Araber nennen diese Thalebene das „Ghor", b. h. das Tiefthal, welcher Name derselben unter allen Thalflächen der Welt am meisten gebührt, weil sie bei Jericho 900 Fuß unter dem Spiegel des Mittelmeeres liegt. Im fernen Osten war das Thal durch das Gebirg Gilad begränzt. Gerade hinter mir im Westen starrte die senkrechte Felswand des Berges Quarantana, so geheißen, weil auf diesem, 1200 Fuß über dem todten Meere sich erhebenden Wüstenberge Christus seine vierzigtägige Fasten verbrachte. Die Felswand war von oben bis unten von zahllosen Höhlen durchlöchert, in welchen einst laufende von Einsiedlern, ihrem Herrn und Meister nachlebend, ein ascetisches Gebetsleben führten. Noch in der neuern Zeit sollen abyssinische Mönche da oben ihr Leben mit Kräutern gefristet haben. Ich sah von meinem Standpunkte deutlich, wie die Eingänge zu diesen Felszellen theilweise regelmäßig viereckig ausgehauen waren. Auch besagen glaubwürdige Zeugen, daß man dort noch aus alter Zeit erhaltene Kapellen, Schlafstellen, Feuerheerde und Cisternen gewahre. Mir war es räthselhaft, wie die frommen Väter zu und von diesen Grotten hinauf- und hinabkommen konnten, und das mußte immerhin zeitweilig geschehen, wollten die grauen Asceten nicht von lauter Luft und Gebet leben, — eine Gnade, die außer dem großen Schweizer-Eremiten Niklaus von der Flüh nur Wenigen zugetheilt ward. Seither las ich in Sepp, daß ein schwindelnder Felspfad an der Bergwand hinaufführe, wo man, mit beiden Händen sich haltend, und die rechte Schulter voran Fuß an Fuß fortschiebend, hinansteigen müsse. Einst sei ein Seil zum Anhalten an der Felswand gespannt gewesen, dasselbe aber sammt den eisernen Haken, an welchen es befestigt war, längst schon von den Arabern annektirt worden.

Wandte ich meine Blicke nach Osten, so hatte ich unmittelbar unter mir ein doppeltes Lagerbild. Unser Lager bestand aus eilf Zelten und ungefähr 100 Schritte südlich davon stunden, durch die Trikolore gekennzeichnet, die vier Zelten der französischen Karavane, welche, unsere Jordanreise in umgekehrter Richtung zurücklegend, heute von Marsaba herabgekommen war. Zwei Rauchsäulen stiegen aus den improvisirten Kochheerden empor, auf welchen man regelrechte Nachtessen für die verwöhnten Europäer bereitete. Ringsherum auf dem schmalen Vorplatz, der den Fuß des Gebirgsausläufers von dem Waldsaume schied, wogten bunt durcheinander Beduinen und Franken, Frauen nnd Männer, Priester und Laien, und weideten unsere Pferde lustig das Gras oder löschten am Elisabrunnen den brennenden Durst. Ueber dem Vorplatz hinweg verlor sich mein Auge in dem fremdartigen Baumwald, ersah den Jordan und jenseits desselben über eine fortgesetzte grüne Welle hinausschweifend den blauen Abschluß der arabischen Berge. Gegen Süden sah ich etwa anderthalb Stunden von unserm Lager entfernt ein Stück des todten Meeres blau zwischen kahlen Bergwänden blinken.

Am Platze des mehrerwähnten wildwachsenden Waldes erhob sich im Alterthum ein prachtvoller Palmenhain, der nach Strabo XVI, 2 sich auf 100 Stadien Länge erstreckte. Ferner wurde bei Jericho der Balsam cultivirt und, weil dessen Ausfuhr mit einem Zoll belegt war, der dem Fiscus reichliche Erträgnisse abwarf, mußten zahlreiche Ober- und Unterzöllner angestellt werden. Ein solcher Oberzöllner war Zachäus, den

Christus von dem Maulbeerbaume herabsteigen hieß, um in seinem Hause Einkehr zu nehmen. Auch zur Kreuzritterzeit befand sich diese Landschaft in blühendem Zustande. All' das hatte man einem umsichtig angelegten System der Bewässerung zu verdanken. Jetzt noch — sagt Sepp — könnte mit den Wasserkräften der aus dem Gebirge hervorbrechenden Quellen, geschweige denn mit den Wassern des Jordans die Ebene von Jericho in eine blühende Oase umgewandelt werden.

Plötzlich hörte ich von der Ferne Trommelwirbel und den Klang der Trompeten. Diese Musik erscholl aus dem mit einer türkischen Besatzung versehenen Kastelle bei Richa, — ein Kastell, dessen Bau die Einen den Römern, die Andern den Kreuzrittern zuschreiben. Bei demselben erhob sich eine Gruppe von Zelten. Sie gehörten wahrscheinlich der gleichen angloamerikanischen Reisegesellschaft, die wir am folgenden Abend bei Marsaba trafen.

Der Name „Richa" und vielleicht das alte Kastell sind der einzige Rest des jüdischen und römischen Jericho, welche Stadt für die zweite paläftinische galt. Herodes, der bethlehemitische Kindermörder, baute daselbst ein Kastell, Amphitheater und einen prächtigen Königspalast, in welchem er eines qualvollen Todes verschied. Als er, siebenzig Jahre alt, sein Ende herannahen fühlte, ward er von wüthendem Grimme bei dem Gedanken erfaßt, daß Jedermann seinen Tod mit Freuden begrüßen werde. Deßhalb ließ er die Vornehmsten Jericho's im Amphitheater besammeln, dasselbe mit Soldaten umstellen und ertheilte seiner Schwester Salome den Befehl, die Eingeschlossenen gleich nach seinem Ableben hinmorden zu lassen, damit bei seinem Tode eine recht große Trauer entstehe. Glücklicherweise weigerte sich Salome, den grausamen Befehl zu vollziehen.

In Jericho belehrte Christus den Zöllner Zachäus und verschaffte durch sein huldvolles Allmachtswort: „sei sehend" dem am Wege zu ihm aufschreienden Blinden das Gesicht. Die Stadt erlitt 70 J. n. Chr. ihre erste Zerstörung durch

den Kaiser Vespasian, wurde aber durch Hadrian 138 neu
aufgerichtet und zählte fünf Bischöfe unter den christlichen Kaisern.
614 wurde sie von den Persern, 637 von den Arabern verwüstet. Die Kreuzfahrer äscherten sie ein, bauten aber bald
nach Einführung ihres paläſtinischen Königreiches ein neues
Jericho auf. Wie dasselbe nach dem Falle des Kreuzes im
heiligen Lande allmälig herabkam und vom Erdboden wegge-
wischt ward, ohne daß, mit Ausnahme des Kastells, irgend
welche Ruinen ihr einſtiges Dasein bekunden, darüber geben
uns die Blätter der Geschichte unzureichende Auskunft.

Während ich mich so in Betrachtung der Vergangenheit
erging, hatte eine österreichische Frau, welche von Alexandrien
her mit uns gereist war, den Schutthügel erstiegen. Da mir
gesagt worden, daß dieselbe bei einem aegyptischen Pascha als
Kindsmagd gedient hätte, frug ich sie über die dortigen Verhältnisse aus, worauf sie mir nachfolgende einfache aber lehrreiche Episode erzählte: Die titulirte Gemahlin des Pascha,
dem sie vier Kinder geboren hatte — meine Erzählerin nannte
sie kurzweg Frau Pascha — behandelte ihre Dienerinnen mit
erbarmungsloser Härte und ließ sie wegen jeder Kleinigkeit
auf das grausamſte züchtigen. Da starben bald nacheinander
drei ihrer Kinder. Das überlebende vierte wurde nach Trieſt
gebracht und daselbst der Obhut der Sprecherin anvertraut,
welche es später nach Aegypten geleitete und eine Zeitlang im
Hause des Pascha gegen glänzende Belohnung besorgte. Der
Frau Pascha aber wurde gesagt, es sei der Tod ihrer drei
andern Kinder eine wegen ihrer Unmenschlichkeit verhängte
göttliche Strafe gewesen. Das nahm sich die Dame zu Herzen
und befliß sich fortan, ihre Untergebenen menschlicher zu behandeln. Ich meinerseits wurde durch diese Erzählung zu
nachſtehender Betrachtung geleitet: Der Glaube an einen persönlichen, gerechten, strafenden Gott hatte hier die wohlthätige
Wirkung, hunderten von armen Geschöpfen ein erträglicheres
Loos zu bereiten, wogegen ganz gewiß der neumodische Hu-

manismus ohne Gott mit seinen Vorstellungen wirkungslos, gleich stumpfen Pfeilen, an dem Barbarenherzen abgeprallt wäre. Unsere Nihilisten mögen daraus entnehmen, daß der religiöse Positivismus doch zu etwas gut in der Welt sei.

Bald nach meiner Rückkehr in's Lager wurde in einem Zelte das Nachtessen aufgetragen. Es war kein einfacher Jagdhalt, sondern ein gut gekochtes, förmliches Souper. Leider war der Wein nicht ausreichend vorhanden, eine Entbehrung, die mich nach der starken Tagesstrapaze empfindlich berührte. Ich setzte auch diesem Mißgeschick den mitgebrachten Vorsatz des Gleichmuths entgegen, der ferner noch aushalf, als die primitiv konstruirte Bank, auf welcher ich und andere uns niedergesetzt hatten, plötzlich zusammenbrach, und wir, die Aeltesten der Gesellschaft, zu Standes-Personen promovirt wurden, d. h. stehend unser Souper einnehmen mußten. Bei Tisch entspann sich ein Wortgefecht über die preußische Politik, deren Uebergriffe einige Herren, gleichsam die nahe Zukunft vorausahnend, mit Heftigkeit anklagten. Da erhob sich ein baierischer Pfarrer und sagte: „wir werden in Süddeutschland einmal noch froh sein, wenn die Preußen zu uns kommen, um Ordnung zu schaffen."

Ich mischte mich als Schweizer nicht in den Streit, dachte mir aber, daß im Grunde beide hier ausgesprochenen Ansichten ihre Berechtigung haben. Die Lage in Deutschland, vom konservativen Standpunkte, hat eben zwei Seiten. Mag man unbedingt das Friedericianische Eroberungs-Prinzip Preußen's verdammen, so kann anderseits kein Unparteiischer sich der Einsicht verschließen, daß nach Innen der preußische Staat die Grundsätze der Autorität, des Rechts und der Ordnung vertritt und die Kraft hat, denselben nach allen Seiten hin Geltung zu verschaffen. Während die süddeutschen Regierungen durch Knechtung der Kirche und Entchristlichung der Schule der Revolution die Wege bereiten, stellt Preußen die Volksschule gesetzlich unter den kirchlichen Einfluß und übt gegenüber der katholischen Kirche eine noble Gerechtigkeit aus, wie das von dem jetzigen Papste bei mehr als einem Anlasse dankbar anerkannt wurde. Es ist sich deßwegen nicht zu verwundern, wenn sogar ein süddeutscher katholischer Priester sehnsüchtig nach Norden ausschaut und von dorther Erlösung aus dem Joche des büreaukratischen Radikalismus erhofft *).

Doch ich vergaß, daß ich auf Asiens Boden, in dem stillen Thale einer längst entschwundenen heiligen Vergangenheit weilte und weit, ja Gottlob sehr weit entfernt von den Parteikämpfen des in allen Fugen krachenden europäischen Welttheiles war.

Die Sonne stund noch am Himmel, als wir aus dem Ehzelte heraustraten. Die Cigarre im Munde schlenderte ich eine Zeitlang gemüthlich zwischen den Zelten herum. Da begegnete ich einem Beduinen, der mir die Hand um Almosen darstreckte. Der Bitte entsprechend, sah ich den Mann etwas näher mir an. Sein Burnus mußte bereits einen vollständigen Stoffwechsel durchgemacht haben, indem er nur mehr aus einer Musterkarte zusammengeflickter Lappen aller Farben und Formen bestund. Die Figur schien die Personifikation der äußersten Armuth zu sein, war aber nicht das; vielmehr vernahm ich daß der Bettler kein anderer als der Bruder des Scheich sei. Ich hatte somit eine abermalige und verbesserte Illustration der arabischen Geldgier vor Augen. Schade, daß kein Maler da war, die Figur zu portraitiren, was deßwegen angezeigt schien, weil sie unsere ethnographischen Bildersammlungen mit einer neuen Species Tracht bereichert haben würde. Im Uebrigen konnte die Erscheinung nach allen bereits gemachten Wahrnehmungen von der Intensität der arabischen Geldliebe mich nicht mehr überraschen, um so weniger, als ich schon in Algier ähnliche kleinreiche Bettler beobachtet hatte.

Nachdem die Nacht hereingebrochen war, führten einige Beduinen, natürlich gegen Bagschisch, einen kriegerischen Nationaltanz bei Fackelschein auf. Dann begaben wir uns einer nach

---
*) Man weiß, daß sich seither die Zustände in Baiern zum Bessern gewendet haben.

dem andern in unsere Zelten zur Ruhe, von denen jedes vier vollständig ausgerüstete Betten auf zusammenlegbaren eisernen Bettstellen enthielt. Unsere Orientalen aber legten sich ganz einfach in's Freie, Körper und Gesicht mit dem Mantel zudeckend*). Diese abgehärtete Lebensweise hatte ich auch schon in Algier kennen gelernt, wo ich jede Nacht eine Gruppe Araber, welche in dem Bogengange der Straße Babazun neben der Hausthüre unseres Hotels ihr regelmäßiges Nachtlager hielten, die durch den Koran vorgeschriebenen Gebete hersagen hörte. Selbst in den Häusern kennen die Orientalen den europäischen Schlafcomfort nicht. Es gibt bei ihnen keine Bettstellen; Jedermann schläft auf dem Boden, die Aermern auf Matten, die Reichen auf Divanen und Polstern. Am Morgen rollt man die Matten und Decken zusammen, um sie in eine Ecke zu stellen. Damit ist denn auch die Erklärung jener Stelle des Evangeliums gegeben, gemäß welcher Christus zu dem geheilten Gichtbrüchigen sagte: „nimm dein Bett und gehe nach Haus." Ein orientalisches Bett konnte ganz leicht auf den Schultern eines einzelnen Menschen fortgetragen werden, nicht aber ein europäisches Bett. Was mich betrifft, so schlief ich innerhalb meines luftigen Gemaches vortrefflich, weil in diesem Tropenthale kein Nachtfrost sich einfand und das heutige Gewitter die Moskitos verscheucht hatte, so daß ich frische Kräfte für die morgige Tagreise mir ansammeln konnte.

Diese Tagreise (4. April) sollte eine lange und beschwerliche werden, weßwegen der Aufbruch in der Frühe erfolgte.

Unser Weg übersetzte den Elisabach, zog durch die Breite des Waldes an Richa vorüber, um welches Dorf herum einige Morgen Landes mit Gerste bepflanzt waren, und führte von da eine steil abfallende unfruchtbare Halde hinunter in das Dickicht des Ufer-Gehölzes, wo ein anmuthiger Waldpfad uns aufnahm und nach wenigen Minuten zum Jordanflusse brachte.

---

*) Der Sitte, in den Kleidern zu schlafen, wird schon im zweiten Buch Moses Cap. XXII, 27 erwähnt.

Wir trafen hier eine Lichtung des Hains, von frisch belaubten Bäumen und haushohem Schilfe umrahmt, den Boden mit üppigem Grase bepolstert und nach vornen den herrlichen Strom, dessen Rauschen wie das Echo uralter Harmonien in der Seele anklang. Das Gehölz, in welchem Tamarisken und Weiden, Lotosbäume und Balsamstauden mit Mimosen und Schlingpflanzen wechseln, windet sich unabsehbar hinauf und hinab dem Ufer entlang, den hier einen Bug bildenden Fluß so dicht in sein üppiges Laubwerk verhüllend, daß er wie aus unbekannter Waldestiefe hervorschießt, um alsbald wieder in Wald umzubiegen. Der Fluß, ungefähr so breit wie die Aare bei Bern, zwischen senkrecht abschüssigen Ufern gebettet, floß in ruhig gleichmäßigem Laufe dahin, hatte aber von dem gestrigen Gewitter-Regen ein etwas trübes Gewässer. Das Gefäll soll fünfzig Fuß in den letzten fünfviertel Stunden betragen — so weit war unser Standpunkt von dem todten Meere entfernt. Was die Tiefe betrifft, so maß Lynch eine solche von eilf Fuß auf vierzig Schritt Breite an der hiesigen Stelle, wogegen er weiter unten nur drei Fuß Tiefe und eine Breite von 180 Schritten vorfand.

Nach der gewöhnlichen Annahme stunden wir an der Stelle, wo Josua mit den Israeliten über den Fluß ging und Christus durch Johannes sich taufen ließ. Ich wusch mir Hände und Gesicht und füllte eine Flasche mit dem Wasser des Flusses, um dieselbe als Andenken nach Haus mitzunehmen. Dann wohnten wir alle dem heil. Meßopfer an, welches der Vorsteher der französischen Karavane in einem zu diesem Zwecke aufgespannten Gezelte celebrirte. Die Griechen und Armenier kommen alljährlich am Ostermontage in großen Schaaren hieher, tauchen, in leinene Gewänder gehüllt, dreimal unter in den heiligen Strom und Jeder bewahrt das Gewand als Sterbehemd auf. Zur Zeit der Kreuzzüge und früher stunden in der Gegend Kirchen und Klöster, von denen noch Ruinen vorhanden sind, die wir aber nicht besucht haben.

Als ich ein wenig in das Wald-Dickicht eindrang, traf ich daselbst einen Franzosen, der mich auf ein merkwürdiges Natur-Phänomen aufmerksam machte. Eine Art großer Käfer grub sich eine Höhle in den Boden hinein. Wir beobachteten ganz deutlich, wie er abwechselnd in die Höhle hineinging, dann nach etwa einer Minute wieder hinauskriechend, eine mit seiner Körper-Dimension unverhältnißmäßig große Last Erde auf dem Rücken davon trug und dieselbe an einem von der Höhle entfernten Orte aufschüttete. Dieses Manöver wiederholte er fortwährend und rastlos, so lange wir da waren, und ließ sich durch unsere Gegenwart nicht im geringsten in seiner Arbeit beirren.

Indem wir uns von hier ab dem todten Meere zuwandten, waren wir kaum aus dem Uferwald des Jordans getreten, als wir abermals in eine seltsam öde, vegetationslose Gegend gelangten. Ich hatte auf meiner diesjährigen Orientreise bereits drei verschiedene Wüsten, nämlich die Sand-, die Geröll- und gestern im judäischen Gebirge die Berg- oder Felswüste kennen gelernt. Jetzt entfaltete sich vor meinen Augen die Salzwüste. Es ist das die häßlichste und traurigste von allen. Die mehrere Stunden im Quadrate sich ausdehnende Mergelthon-Ebene, auf der wir einherritten, hatte von dem Niederschlage der Salzdünste, welche aus dem nahen todten Meere aufsteigen, ein weißliches Aussehen. Dieselbe reicht südlich zum Nordufer des Salzmeeres hinab und ist östlich von dem Gehölze des Jordans, westlich durch dünenartige Hügel besäumt. Kein grünes Gräschen sproßte aus dem pflasterartig zerrissenen Thonboden hervor, und die wenigen Dornsträucher, welche sich da und dort zeigten, schienen wie eingepudert vom Salze zu sein.

Am Nordufer des todten Meeres machten wir Halt. Das erste, was mir an diesem weltberühmten Binnensee auffiel, war die Klarheit des Wassers, die sich von der des mittelländischen Meeres in nichts unterschied, und daß die Brandung, hier wie dort, lustig in das sandige Gestade hineinschoß. Nicht das Wasser, sondern die schauerliche Kahlheit der Umgebung ist es, die dem Meere Loth's das Gepräge des Todes aufdrückt. Kahle, bis zu 3000 Fuß aufsteigende Felswände umstarren dasselbe im Osten und Westen, kahl liegt der Strand, weil überall vom Salze infiltrirt, und so weit unser Auge reichte, konnten wir nirgends eine Spur von menschlichem Dasein erblicken. Fest steht die Thatsache, daß der See keine Fische beherbergt, und die Fischlein, welche von der Strömung des Jordans in das todte Meer hinabgeschwemmt werden, erliegen schon nach wenigen Minuten dem Tode. Dagegen sah einer meiner Reisegefährten Vögel über den See dahin fliegen. Ferner dürften die Seemuscheln, die ich in großer Menge am Strande vorfand, und von denen ich einige Exemplare nach Hause mitbrachte, zu dem Schlusse berechtigen, daß etwelches untergeordnetes Thierleben auch in der Tiefe des todten Meeres gedeihe. Ich kann nämlich die Ansicht von Bovet, der diese auch von ihm wahrgenommenen Muscheln für Süßwassermuscheln aus dem Jordanflusse erachtet, deßwegen nicht theilen, weil unser Lagerplatz, wo ich sie auflas, weit vom Jordane entfernt war, und weil diese Muscheln in Farbe und Form denjenigen des Mittelmeeres gleichen. Uralte entrindete, grauweißlich anzusehende Baumstämme, die der Jordan in das Meer geschwemmt und dieses wieder ausgeworfen hatte, lagen da und dort am Gestade zerstreut. Ueber dem Sandboden war ein Geröll von Feuer- und schwärzlichen Kallsteinen gelagert.

Es wäre angezeigt gewesen, die seltsame Eigenschaft dieses Meeres, Niemanden untersinken zu lassen, durch selbsteigene Erfahrung zu erproben. Allein ich nahm davon Umgang, weil unser Halt nur kurze Zeit andauern sollte und ich von einem kalten Bad nach starker Erhitzung gesundheitsschädliche Folgen befürchtete. Nur ein einziger Mitreisender, ein junger Italiener, ließ es sich nicht nehmen, im todten Meere zu baden. Als sobann derselbe sein mit den drei Farben Italiens bemaltes Schwimmtuch zum Trocknen an seinem Stocke aufhißte, erhob sich unter den Oesterreichern ein gewaltiger Sturm, weil sie jenen Akt als eine Demonstration gegen Oestreich auffaßten. Nicht ohne Mühe vermochte der ruhigere Präsident die Aufregung zu beschwichtigen. Lag derselben vielleicht die dunkle Ahnung zu Grunde, daß schon nach vier Monaten die revolutionäre Trikolore das schwarzgelbe Banner auf dem Dogenpalaste ablösen würde?

Da ich nicht baden wollte, begnügte ich mich, von dem Meerwasser zu kosten, bekam aber nicht Lust, die Dosis zu wiederholen. Denn das Wasser schmeckte noch um sehr Vieles salziger als das der andern Meere. In der That hat die chemische Untersuchung ergeben, daß der Salzgehalt des todten Meeres 26$^1/_2$ Prozent beträgt, während er im Mittelmeer sich wie 4 zu 100 verhält. Dem entsprechend übersteigt das spezifische Gewicht des todten Meerwassers um einen Fünftheil dasjenige des letztern Meeres. Wurde durch diese Ermittlung der Beweis für die obgedachte Tragfähigkeit des todten Meeres a priori geleistet, so haben zahlreiche praktische Proben dieselbe außer allen Zweifel gestellt. Sepp, der in dem Meere gebadet, behauptet, daß es unmöglich sei, den ganzen Körper unter das Wasser zu tauchen, daß drei Viertheile des Körpers in horizontaler Lage über das Niveau emportagen, und daß es schwer halte, aufrecht zu stehen, weil man leicht auf einem Fuße das Gleichgewicht verliere. Uebrigens muß das Wasser neben dem Salz auch ölige Bestandtheile enthalten; wenigstens blieben meine Hände längere Zeit, nachdem ich dieselben in das Meer getaucht hatte, mit einer klebrigen Matrie behaftet.

Das todte Meer hat eine Länge von 20, eine Breite von 4 bis 4$^1/_2$ Stunden. Es würde also, betreffend die Dimensionen, dem Bodensee gleichen. Wir sagen: betreffend die Dimensionen, denn in allem übrigen mag der Leser von Vergleichungen vollständig absehen. Die größte Eigenthümlichkeit dieses Binnen-Salzsee's besteht aber darin, daß er keinen Ausfluß hat. Es läßt sich das bei seiner Tieflage von vornherein begreifen. Der See muß somit das ihm vom Jordan zugeführte Wasser durch

Verdunstung abgeben, eine Verdunstung, welche allerdings im Sommer bei der im Ghor herrschenden Treibhaushitze, eine sehr starke sein muß.

Bekanntlich hat im Jahr 1848 eine amerikanische Expedition unter Kapitän Lynch das todte Meer auf einem Dampfer befahren und dasselbe in allen Beziehungen wissenschaftlich durchforscht. Seine Sondirungen ergaben eine Maximaltiefe von 400 Meter, welche, zu den 400 Meter Tiefe des untern Jordanthales hinzugerechnet, die Totaltiefe des ungeheuren Kraters auf 800 Meter unter das Mittelmeer stellen. Dagegen ist der See im Süden stellenweise so seicht, daß er bei niedrigem Wasserstand durchwatet werden kann.

Schließlich wollen wir hierorts noch die Worte anführen, in welche Kapitän Lynch das Ergebniß seiner Untersuchungen zusammengefaßt hat. Sie lauten: „man darf kaum zweifeln, „daß das ganze Ghor durch eine außerordentliche vulkanische Er„schütterung eingesunken ist, welcher sehr wahrscheinlich ein Aus„bruch von Feuer und ein allgemeiner Brand der in jener „Gegend reichlich vorhandenen Lager bituminösen Schiefers „vorausging. Wir waren ungläubig oder skeptisch, als wir „hieher kamen; allein nach einer einundzwanzigtägigen genauen „Untersuchung mußten wir einhellig die Wahrheit der biblischen „Erzählung betreffend den Untergang der in der Ebene bestan„denen Städte bekennen." Soviel über das todte Meer. Indem wir nun westwärts von bannen ritten, um das Gebirg zu gewinnen, kamen wir unweit des Meeres durch grünes Gebüsch, dessen Vorkommen in dieser Gegend Herr Hermann durch eine in der Nähe befindliche Süßwasserquelle erklärte. Aus dem Gebüsche heraustretend, hatten wir eine Geröllwüste zu durchschreiten, deren seltsame Formation mich gewaltig frappirte. Eine Reihe tiefeingesenkter natürlicher Gräben, ausgetrockneten Flußbetten gleich, zogen sich parallel von Norden nach Süden. Diese Gräben oder Flußbette waren durch schmalkantige Geröllwände geschieden und durch gleichartige Querwände verbunden, das Ganze einem zusammenhängenden Komplex von Kiesgruben ähnelnd.

Ueber jene stellenweise nicht über zwei bis drei Fuß breiten Querkanten mußten wir reiten, rechts und links an beinahe senkrechten Abstürzen vorüber, bis wir die Parallelreihe der Flußbetten überseßt hatten. Nachdem wir dann noch ungefähr eine halbe Stunde am Gebirge aufwärts geritten waren, hielten wir an, und wurde uns der wohlverdiente mittägliche Imbiß gereicht. Er bestand aus Hammel- und Hühnerfleisch, Eiern, Brod, etwas Wein und den nie fehlenden Orangen. Als Eßtisch diente der Erdboden.

Noch vor dem Essen hatte man einen Nachbar in Sicherheit gebracht, der uns unter Umständen übel hätte mitspielen können. Eine Giftschlange, etwa zwei Schuh lang, mit grün und gelb gefleckter Haut lag geringelt im Grase, ruhig, aber fortwährend züngelnd. Herr Hermann sprach den Wunsch aus, das Exemplar lebendig zu fangen, um es im Weingeiste aufzubewahren und in ein europäisches Naturalien-Kabinet zu versenden. Indem wir, die Herumstehenden, rathschlagten, wie die Manipulation gefahrlos zu bewerkstelligen sei, erschien unser Scheich, packte die Bestie am Kopfe und stecke sie blitzschnell in die bereit gehaltene Flasche. Nur den Arabern gelingt dieser Handgriff. Oefters geschieht es, daß solche Schlangen an die Füße der Pferde sich schnellen. Dann werden sie, wie so eben geschah, mit behutsamem Griffe gefaßt, um unter dem Jatagan Gift und Blut zu verspritzen. Wir befanden uns hier auf einer grünen, aber baumlosen Berghalde. Zu unsern Füßen breitete sich das todte Meer nebst der Ebene von Jericho aus. Wunderbar dunkelblau und wie der Lago di Garda oder das griechische Meer lag er da, der geheimnißvolle See unter tiefblauem Himmel. Aber welch' ein Kontrast zu der todten Natur rings um denselben! „Ein schönes blaues Auge in einem Todtenkopf", in dieses treffende Bild faßte Herr Pfarrer

Lauterbacher den Anblick zusammen, von dem wir uns nun für immer und ungerne trennten.

Unsern Weg weiter verfolgend, gelangten wir in einen Einschnitt des Gebirgs. Hatte ich heute und gestern außergewöhnliche Naturerscheinungen in Menge gesehen — die davon empfangenen Eindrücke traten dennoch zurück vor dem Anblicke der ungeheuerlich phantastischen Formationen, an denen wir nunmehr vorbeikamen.

Man denke sich zwei von West nach Ost streichende Bergzüge, deren Zwischenraum mit einer unzählbaren Menge schmaler und spitzzulaufender Bergkegel ausgefüllt war. Diese Bergkegel starrten in Parallelreihen nebeneinander, und man konnte zwischen den Reihen in Schluchten oder Abgründe von unergründlicher Tiefe hinabblicken. Das Ganze, einem plötzlich zu Stein gewordenen Meersturme ähnelnd, legte beredtes Zeugniß von den vulkanischen Erschütterungen ab, welche einst diese Gegend von Grund aus umgewälzt haben. Die Kegel bestunden aus kreideweißem Mergelkalk, waren aber hie und da mit Schichten von schwärzlichem Feuerstein untermischt. Wie ich mich später durch den Rückblick von der Höhe überzeugte, ist ein großer Theil des untern Gebirgs-Absturzes gegen das todte Meer zu aus diesem Kegelsysteme gebildet.

Wir ritten etwa während einer Stunde diesen Schluchten und Kegeln entlang. Oberhalb derselben gestaltete sich das Gebirg zu einem Meere von Hügeln, die sich allmälig und wellenförmig über einander emporschwellen. Der Ritt durch dieses Hügelgebiet war außerordentlich lange und langweilig. Auf dem sechs Stunden betragenden Wege vom todten Meere nach Marsaba trafen wir keinen einzigen Baum, keine einzige Wohnung. Hie und da schmückte eine Frühlingsblumen-Gruppe den sparsamen Rasen. Um sich und uns die Langeweile zu zerstreuen, ließ unser Dragoman manchmal an einem jähen und steinbesäeten Abhang sein Pferd in schulgerechten Windungen galoppiren. Hatten wir einen Hügel erstiegen, so ging es jenseits in ein Thälchen hinunter, dann wieder einen neuen Hügel hinan, und so fort von Hügel zu Hügel, von Thal zu Thal, bis wir endlich müde und hungrig jenseits eines Thales eine breitgebahnte Straße erblickten, die uns die Nähe des Klosters vorausahnen ließ.

Jenes Thal war kein anderes als das Thal des Kidron, welches nach seiner Vereinigung mit dem Thale Ben Hinnom das Wady-el-Nar, oder das Feuerthal heißt. Es gestaltet sich hier zu einer tief eingesenkten schauerlichen Felsschlucht, an deren Südseite die von den Griechen angelegte Straße zu dem Kloster Marsaba hinführt. Vom Norden herkommend, überschritten wir die Thalsohle oberhalb der Schlucht, bogen dann links in die Straße und ritten auf derselben eine halbe Stunde lang östlich, der Tiefschlucht entlang. Diese Tiefschlucht ist der Via mala zu vergleichen. Die Felswände steigen zu beiden Seiten 660 Fuß hoch, senkrecht und nackt über der Thalsohle empor und sehen sich wegen der horizontal über einander gelegenen Schichten wie riesenhafte Quadermauern an. Der Fels ist aus Kalkstein gebildet, erhält aber von dem beigemischten Eisen und schwärzlichem Feuerstein eine schwarzbraune Färbung. Nur an dem weißschimmernden Steingerölle mag man das trockene Bachbett des Kidron in der unergründlichen Tiefe erkennen. In die jenseitige Felswand sahen wir zahllose Höhlen gehauen — ursprüngliche Gräber, welche in späterer Zeit den christlichen Einsiedlern als Wohnungen dienten. Der Beweis für die letztere Thatsache lag augenfällig in dem Umstande am Tage, daß vor mehreren jener Grotten Mauerwände mit darin belassenen Licht- und Eingangs-Oeffnungen aufgeführt waren. Man behauptet, daß diese Felsenzellen auf eine Strecke von drei Wegstunden bis zum todten Meere im Wady sich fortsetzen, und ihrer an 8000 gezählt werden können.

Wir ließen das Kloster zur Linken und ritten einen Hügel hinan, an dessen Fuß die britische und nordamerikanische Fahne über einigen Zelten lustig im stürmischen Westwinde flatterten, während unser Zeltenlager weiter oben hergerichtet war. Da wir uns nämlich mit keinen Empfehlungsbriefen Seitens des griechischen Patriarchen versehen hatten, durften wir die Gastfreundschaft der Mönche nicht beanspruchen. Jedoch wurde uns der Einlaß zur Besichtigung des Klosters gewährt.

Es dürfte schwer halten, ein klares Bild dieses nach Lage und Bauart einzig in der Welt bestehenden Klostergebäudes in Worten zu zeichnen. Es ist an den schroffen Felsen-Abhang der Feuerschlucht unregelmäßig terrassenförmig hingebaut. Die Mönchszellen sind nichts anderes als die in den Felsen gehauenen ursprünglichen Wohnungen der Eremiten. Größere Räumlichkeiten, so wie auch einige Gärtchen, wurden auf den Absätzen des Felsenhanges angebracht. Das Ganze bildet ein auf- und absteigendes wunderliches Labyrinth von Wohnungen und Kapellen, Bogengängen und Terrassen mit verbindenden Felsentreppen und ist mit einer hohen Quadermauer festungsartig umfangen, aus welcher sich zwei starke viereckige Thürme erheben. Ein dritter Thurm steht außerhalb der Umfassungsmauer auf einem dominirenden Hügel. Er dient zur Beherbergung weltlicher Gäste und zugleich als Warte, um räuberische Beduinen von Ferne zu erspähen.

Durch das Thor der Umfassungsmauer gelangten wir zuerst in einen Hof, der die Stallräume enthält, dann nach Oeffnung eines eisernen Pförtchens in einen größern Vorhof, von wo uns ein Mönch 110 Stufen abwärts auf einen gepflasterten Platz hinabführte. In der Mitte des letztern erhob sich die bekuppelte Grabkapelle des heil. Sabas, auf der Nordwestseite des Platzes stand die Kapelle des heil. Nikolaus und an der Südseite der Eingang zur Hauptkirche. Die letztere, theilweise in Felsen gehauen, hat die Form eines griechischen Kreuzes. Das Innere ist nach Art der Griechen bis in die Kuppel hinauf mit den ernsten Gestalten der Heiligen al Fresko bemalt. Silberne Lampen und Straußen-Eier hängen von der Decke herab.

In der Nikolaus-Kapelle zeigte man uns hinter einem

Eisengitter mehrere hundert Menschenschädel, angeblich die Schädel der Anachoreten, welche im Jahr 615 von den Persern unter Chosroes ermordet worden waren.

Auf einer andern höhern Terrasse besahen wir den ärmlichen Speisesaal mit dem steinernen Eßtische und stiegen dann auf die Altane des Klosters, wo sich uns ein schwindelnder Niederblick in die schauerliche Tiefschlucht eröffnete. Der uns geleitende Mönch sprach gut italienisch und schien ein Mann von Bildung zu sein. Ueberhaupt benahm man sich, uns Lateinern gegenüber, mit zuvorkommender Höflichkeit, so daß wir Alle ein freundliches Andenken von unserm Besuche in St. Saba nach Hause mitnahmen.

St. Saba, oder Marsaba, ist das älteste der zur Zeit in Palästina existirenden Klöster. Der Konvent bestund nämlich lange vor Erstellung des Kloster-Gebäudes in den zahlreichen Einsiedlern, unter welchen der heil. Sabas die gemeinsame Regel des Basilius eingeführt hatte. Dieser Sabas war im Laufe des fünften Jahrhunderts aus Kappadocien nach dem Wady-el-Nar gekommen, zog hier in eine Berghöhle als Einsiedler ein, wurde 484 zum Priester geweiht und starb 532 im 94ten Altersjahre als Vorsteher sämmtlicher mit dem Namen „Lauren" bezeichneter Einsiedler-Congregationen des Thales. Er hatte sich namentlich in den Kämpfen gegen die Monophysiten hervorgethan. Später ließ der Kaiser Justinian eine Kirche in dieser Einöde bauen. Im Jahr 615 überfielen Perser und Sarazenen das Land und ermordeten die Eremiten. Dann erst nach dieser Katastrophe wurde das feste Kloster mit den hohen Ringmauern erstellt. Sie hinderten nicht, daß die Araber 769 das Kloster erstürmten und einen großen Theil der Mönche erschlugen. Dasselbe Schicksal wiederholte sich 812. Die Kreuzfahrer fanden und ließen die Basiltaner im Besitze ihres Stiftes, bis Saladin es nach tapferer Vertheidigung einnahm und ein abermaliges Blutbad erfolgte. Auch unter der Türkenherrschaft hatten die Bewohner von Marsaba Vieles zu leiden.

Als unter Kaiser Selim II. (1566—1574) an tausend Mönche nach Jerusalem gingen, um den neuen Statthalter zu bewillkommen, ließ dieser, weil er nicht so viele Ungläubige um sich dulden könne, alle bis auf zwanzig erschlagen, — eine Gewaltthat, die ihm die besondere Gunst seines Oberherrn in Konstantinopel erwarb. Gegenwärtig bewohnen etwa dreißig Mönche nebst einigen Brüdern das Kloster. Dasselbe ist wesentlich berühmt durch seine Bibliothek, in welcher Tischendorf mehrere uralte Handschriften vorfand. Die Mönche führen ein sittenstrenges ascetisches Leben und die stille Einsamkeit der Gegend ist ganz dazu angethan, eine contemplative Stimmung in der Seele zu wecken. Die Fasten sind hier permanent; selbst an den Sonntagen werden nur Eier und Milchspeisen genossen. Die Existenz-Mittel fließen dem Konvente aus Stiftungen und Sammlungen in der ganzen orientalischen Kirche, ähnlich wie die lateinischen Klöster aus dem Abendlande ihr Almosen beziehen. Die Väter von Marsaba spenden den vorüberziehenden Arabern Oliven und Zwiebeln. Sie sind auch die eigentlichen Ernährer der blauen Tauben und Amseln, welche ungezählt in den verlassenen Berghöhlen hausen. Diese Vögel leben mit den Mönchen auf vertrautestem Fuße, setzen sich denselben zutraulich auf Schulter und Arme, fressen aus der Hand und lassen sich liebkosen, wohl wissend aus tausendjähriger Erfahrung, daß ihnen von den zu gänzlicher Enthaltung von Fleischspeisen verpflichteten Vätern nichts Leides geschieht. Wer wollte der tiefgedachten Bemerkung Tobler's nicht beistimmen: es scheine, daß da, wo der Mensch sich Gott nähert, auch das Thier dem Menschen mit Vertrauen sich annähern darf?

Am folgenden Vormittag ritten wir in ungefähr vier Stunden nach Jerusalem zurück. Es ging zuerst auf gut gebahntem Pfade und in mäßiger Steigung durch das Kidronthal aufwärts. Die Thalsohle war an manchen Orten mit üppigem Graswuchse bekleidet oder mit Gerste bepflanzt. Auch eine Quelle lag in einer Felshöhlung seitlich des Weges. Sie wird von den Arabern Hai-Schems, d. h. die Sonnenquelle geheißen. Weiterhin schnitten wir die Krümmungen des Kidron-thals ab, indem wir über Hügel hinwegritten, von wo aus wir die Stadt David's in der Ferne erblickten. Beim Stephans-thor geriethen wir abermals in eine Volksversammlung neugieriger Männer und Weiber hinein, welche das Schauspiel eines nach dem Mosesgrabe abgehenden mahomedanischen Pilgerzuges herbeigelockt hatte. Es war etwas nach zehn Uhr des Morgens, als wir vor dem freundlichen Garten unseres palast-ähnlichen Hauses aus den Steigbügeln stiegen, Gott dankend, daß die höchst interessante Reise ohne irgend welches Mißgeschick abgeloffen war.

6. Ausflug nach Beitdjalah.

Bald nach unserer Rückkunft in Jerusalem hatte uns der Patriarch Valerga die Einladung zugehen lassen, der den 9. April, als am Tage von Maria Verkündigung stattfindenden Feier des Patrociniums in Beitdjalah anzuwohnen. Beitdjalah ist ein von zwei Tausend theils griechischen, theils römisch-katholischen Christen bewohnter Ort, wo das Seminar sich befindet, welches der Patriarch vor einigen Jahren behufs Bildung arabischer Weltpriester nebst einer Kirche errichten ließ. Da der etwa drei Stunden südlich von Jerusalem entfernte Ort in der Gegend von Bethlehem liegt, konnten beide Ausflüge — nach Bethlehem und Beitdjalah — füglich verbunden werden. Somit wanderten wir am 8. April nach der Geburtsstadt des Erlösers, besuchten die Heiligthümer, machten des Nachmittags den Abstecher zu den salomonischen Teichen und verbrachten im lateinischen Kloster bei den liebenswürdigen Franziskanern einen gemüthlichen Abend. Des andern Morgens, nachdem unsere sämmtlichen Priester an heiliger Stätte celebrirt hatten, schlugen wir bei dem freundlichsten Frühlingswetter den Weg nach Beitdjalah ein. Es liegt etwa eine Stunde westlich von Bethlehem ab. Man erkannte an dem sorgfältigen Anbau des Landes, daß die Gegend von Christen bewohnt sei. Die Oelbäume waren sehr gut gepflegt und bildeten um das malerisch am Gebirge ansteigende Beitdjalah durch ihre Menge und Dichtigkeit einen schattengebenden Wald. Neben dem Oel gedeiht hier auch von Alters her ein feuriger Wein. Das Seminar, ein stattliches Gebäude mit einem geräumigen Garten, ist am Fuße des Gebirges erstellt. Schon auf dem Wege hatten uns Böllerschüsse entgegen gedonnert, welche zu Ehren des heutigen Festtages losgebrannt wurden, und kaum waren wir bei dem Seminargebäude angekommen, als das Hochamt begann. Es wurden uns Plätze im Chor angewiesen. Das Schiff der Kirche füllte die Bevölkerung von Beithjalah an, nach Geschlechtern gesondert. Die Männer, in einem hellrothen Kaftan und darüber geworfenen Wollmantel gekleidet, hielten sich in aufrechter Stellung, die Frauenwelt dagegen lauerte am Boden. Viele Frauen hatten ihre kleinen Kinder bei sich. Wenn dann zeitweilig eines dieser Kleinen den Männer-Choralgesang durch eine langgezogene gelle Diskantnote dissonirend überstimmte, so wendete der Patriarch seinen klassischen Kopf und ermangelte nicht, seine gereizten Nerven durch eine tüchtige Prise zu erfrischen. Doch sah man es ihm an, daß er an solche ungehörige Episoden gewohnt war. Uebrigens waren nicht nur die Kinder, sondern auch die Mütter in beständiger Unruhe und ihre großen scharfblickenden Augen glänzten wohl mehr von dem Feuer der Neugierde als von jenem der Andacht. Jedoch bei der Wandlung fiel sämmtliches Volk auf die Knie und wenn man erwog, daß man es hier noch mit halben Barbaren zu thun hatte, so mochte man sich an der Haltung dieser Leute in der Kirche nicht allzusehr stoßen.

Nach beendigtem Hochamte wurde in einem Saale des Seminargebäudes ein Mittagessen aufgetragen. Die Gesellschaft war zahlreich, denn nebst der unfrigen waren auch die Mitglieder der französischen Karavane und andere Europäer zu Tische geladen. Ralisbonne saß mir gegenüber, unweit davon der Pfarrer von Betsahour, die Franziskaner hatten einen greisen Veteranen als Vertreter entsendet. Die Stimmung der Gäste war eine durch die Gleichheit der Gesinnungen sympathetisch gehobene. Die Toaste galten der Mission im heiligen Lande und ihren wackern Trägern. Als man im Laufe des Gesprächs unter anderm das unehrbietige Betragen der Einheimischen während des heutigen Gottesdienstes tadelnd berührte, nahm der Patriarch seine Diözesankinder insofern in Schutz, als er die Bevölkerung von Beitdjalah als eine gläubige rühmte und die Bemerkung hinzufügte, daß die orientalischen Christen jenes Gefühls der Ehrfurcht ermangeln, welches den Europäer beim Betreten einer Kirche ergreift. Er äußerte ferner: „pour des convenances, il ne faut pas leurs en demander" und dann nach einer Pause: „enfin il faut travailler avec calme et persévérance." Mit diesen letztern Worten hat Hr. Valerga die Art seiner apostolischen Wirksamkeit nach der Wahrheit gezeichnet.

Des Nachmittags ritt ich allein mit meinem Diener nach Jerusalem zurück. Den Gang nach St. Johann, den meine Pilgergefährten an diesem Abend unternahmen, machte ich aus dem Grunde nicht mit, weil ich die wenigen Tage vor meiner auf den 12. April angesetzten Abreise zur Besichtigung mehrerer noch ungesehener Merkwürdigkeiten in Jerusalem selber zu verwerthen gewillt war, getreu meinem Grundsatze, lieber weniges gut, als vieles nur halb zu sehen. Leider war nämlich auch diesmal die mir zugewiesene Reisezeit durch meine Verhältnisse in der Heimat beschränkt. Ich mußte, obwohl mit schwerem Herzen, auf Nazareth und den See von Genesareth verzichten, weil diese Reise meine Heimkunft um mehrere Wochen hinausgezögert haben würde, nicht sowohl wegen der örtlichen Entfernung, als wegen der Seltenheit der Dampfschiffgelegenheiten in den syrischen Häfen. Namentlich war der Umstand für mich bestimmend, daß in Kaipha, wo ich mich von Nazareth her hätte einschiffen müssen, die Lloydsdampfer nur alle vierzehn Tage, die französischen gar nie anhalten. Demgemäß faßte ich den Entschluß, das Lloydschiff zu besteigen, das auf den 13. April zur Fahrt nach Alexandrien angekündet war. Zu diesem Behuf mußte ich am 12. von Jerusalem abreisen.

30 *

7. Nähere Beschreibung des heutigen Jerusalem.

Wir haben im Abschnitte 3 dieses Theiles unserer „orientalischen Ausflüge" die Lage und Bodengestaltung Jerusalems gezeichnet und hieran anknüpfend nach Maßgabe der vorhandenen Geschichtsquellen ein Bild dessen entworfen, wie die heil. Stadt zu Christi Zeiten beschaffen gewesen sein mochte. Es erübrigt uns, bevor wir ihr, der heil. Stadt, den letzten Abschiedsgruß zurufen, noch die Beschreibung des heutigen Jerusalem zu vervollständigen, wobei wir uns auf dasjenige beschränken werden, was wir entweder selber gesehen oder was uns von dortigen Einwohnern unmittelbar mitgetheilt wurde.

Die Stadt zeigt in ihrem Grundplan ein unregelmäßiges Viereck, dessen Seiten genau den vier Himmelsgegenden zugewandt sind. Daß die einen Gassen sich ost- und westwärts steil in das Thal Tyropöon hinabsenken, ist bereits gesagt worden. Dagegen haben die am östlichen Abhange des Zion nordsüdwärts gezogenen Querstraßen einen ebenen Verlauf. Unter den Straßenlinien der erstern Richtung wurde die Davidsgasse als eine Hauptader des Verkehrs in diesem Werke schon mehrmals genannt. Vom Jaffathor ausgehend wird sie in ihrer untern Hälfte die Tempelgasse geheißen und mündet an einem schönen, altarabischen Thore zum Tempelplatz aus. Parallel mit derselben fällt die Gasse Sitti Miriam vom Convente San Salvador in das Elwad hinunter. Gleich-

wie die Davidsgasse die Stadt in ihrer ganzen westöstlichen
Breite durchschneidet, so die Damaskusstraße in ihrer Länge
von Norden nach Süden. In der letztern Gasse liegt der
heutige Bazar. Etwas höher am Berg wird mit derselben
durch die sogenannte Patriarchen- oder Christengasse
eine Parallellinie gezogen. Diese Patriarchengasse ist der Sitz
der Rosenkranzhändler, daher zur Osterzeit die belebteste von
allen. Das Elwad läuft nur in seinem untern Theile mit
der Damaskusstraße parallel, da es wie diese von dem gleichnamigen Thore ausgeht, somit nach oben mit ihr einen Spitz-
winkel bildet. Zwischen und neben diesen Hauptverkehrsstraßen
schlängeln sich auch viele krumme, einsame und finstere, zuweilen in einen Sack verlaufende Gäßchen, in denen der fremde
Wanderer sich nur mit Hilfe eines Kompasses zurecht finden kann.

Durch die im rechten Winkel sich kreuzenden Damaskus-
und Davidsstraßen werden die vier Hauptquartiere der
Stadt — der Armenier im Südwesten, der Griechen
und Franken im Nordwesten, der Juden im Südosten
und der Mahomedaner im Nordosten — abgegränzt. Im
Jahre 1830 wurde ein Theil des Judenquartiers ausgeschieden,
um den aus Algier vertriebenen Türken einen Komplex von
Wohnstätten zu bereiten, welcher seither unter dem Namen des
Moghrabinen-Quartiers das fünfte Quartier Jerusalems bildet.

Selbstverständlich hat Jerusalem mit den andern Städten
der Levante Vieles gemein: schlechtes Pflaster, enge Gassen,
niedrige gegen die Straße zu offene Buden, halb oder ganz
zerfallene Häuser, deren Trümmer und Schutt Jahrzehnte
lang nicht weggeräumt werden, einen Bazar und zahlreiche
Bettler. Anderseits zeigt die Stadt auch schon in ihrer äußern
Erscheinung Eigenthümlichkeiten verschiedener Art. Einmal ist
vielleicht die Hälfte der Gassen überwölbt. Die Gewölbe sind
bis zu zehn Schuh Dicke aus Quadern erstellt. Daher herrscht

in diesen kellerartigen Gassen, die ihr Licht nur durch wenige
keilförmige Oeffnungen an der Gewölbdecke empfangen, beständiges Halbdunkel und selbst während der heißen Sommerszeit eine kühle Temperatur. Ueberhaupt bilden das Gewölbe und die Kuppel das karakteristische Moment in Jerusalems baulicher Physiognomie. Die Häuser sind eigentlich umbaute Höfe und Terrassen und die Wohnungen, wie schon bemerkt, nicht direkt, sondern seitlich in der Weise übereinander gestellt, daß der Eingang der oberstöckigen Zimmer auf die Dachterrassen der untern öffnet und Außentreppen vom Hofraum auf die untern und von diesen wieder auf die obern Plattdächer aufsteigen. Viele Zimmer haben je ihr eigenes Dach, so daß dieselben als besondere Häuschen gedacht werden können.

In das Innere eines solchen Hauses konnte ich einen Einblick gewinnen, als unser Dragoman uns am Palmsonntag Nachmittags zum Kaffee einlud. Wir traten von der Gasse durch ein niedriges Pförtchen in einen gepflasterten Hof und von da in einen Saal zu ebener Erde. Dieser Saal war im Rechteck erbaut, reinlich gehalten und rings an den Wänden mit Divans umstellt. Auf der einen Schmalseite erhob sich eine erhöhte Tribüne. Sonst befanden sich keine andern Mobilien im Saal; selbst der dem Abendländer so unentbehrliche Tisch ward vermißt. Nachdem der Dragoman uns auf dem Divan hatte Platz nehmen lassen, setzte er sich auf die besagte Tribüne. Hierauf bediente uns seine Gattin zuerst mit Kaffee, faßte dann mit einer Eisenzange eine glühende Kohle und ging mit derselben die Reihen ihrer Gäste hinunter, um den Rauchern Gelegenheit zum Anzünden der Cigarren zu bieten. Zuletzt credenzte sie noch Jedem von uns ein Gläschen vortrefflichen Liqueurs, wie ich solchen nur im Orient zu kosten bekam. Diese Frau, eine schöne Orientalin in den zwanzigen, war unverschleiert, weil sie und ihr Mann zur katholischen Religion sich bekannten; aber würdevoller Ernst sprach in ihren Gesichtszügen, nobler Anstand in ihrem Benehmen sich aus. Da war keine Spur von Koketterie wahrzunehmen, und als sie ihrer Pflicht als Wirthin genügt hatte, begab sie sich neben ihren Mann auf die Tribüne, von wo das Paar, gleich wie Jupiter und Juno vom Olymp, schweigend auf seine Gäste herabblickte. Wir aber erkannten hierin die Andeutung, daß die Zeit uns zu verabschieden gekommen sei.

Jerusalem ist auf den gewölbten Räumen der frühern Jahrhunderte erbaut. Dessen konnte ich mich auf meinen Gängen in der Stadt durch selbst-eigene Beobachtung überzeugen. Aller Orten stieß ich auf halb oder fast ganz in den Boden versunkene Thüren und Thore, deren mehrere altmaurische Bauart und Verzierungen zeigten. Da wo diese Thore nicht vollständig zugemauert waren, blickte ich durch dieselben in unterirdische Gewölbe hinab, aus denen — im Vorbeigehen sei es gesagt — manchmal eine pestilenzialische Dunstmasse in die Geruchsnerven aufstieg. Die versunkenen Thore beweisen, daß jene verlassenen und theilweise verschütteten Gewölbe ehemalige Wohnungen waren, über welchen man die jetzigen Häuser aufgebaut hat. In der Vorstadt Bezetha sah ich in Mitten eines solchen Gewölbes eine Säule, welche bis ungefähr einen Fuß unterhalb des dorischen Kapitäls in die Erde versenkt war. War ich nicht berechtigt, aus diesen Erscheinungen den Schluß abzuleiten, daß unter jenen jetzt unterirdischen Räumen noch andere ältere vergraben sein dürften? Da wo der Boden in Folge der Zerstörungen durch Trümmer und Schutt auf das Niveau der Gewölbe erhöht worden war, wurden die Neubauten einfach auf die letztern erstellt und so weiter aufwärts immer ein Gewölbe auf das andere.

Meine Vermuthung wurde mir von zwei Seiten bestätigt. Erstens theilte Hr. Tschokke mir folgendes mit: Als man den Platz zur Fundamentirung des österreichischen Pilgerhauses ausgrub, stieß man von einem Gewölb auf das andere. War das eine Gewölb abgebrochen, so fand man unter demselben ein neues, unter dem letztern ein drittes und so fort bis auf eine Tiefe hinab, die der Höhe der jetzigen zweistöckigen Gebäulichkeit gleichkam.

Die andere bezügliche Mittheilung wurde mir von einem jüdischen Rabbiner gemacht. Ich traf diesen Mann, als ich den 27. März 1866 allein durch die Stadt streifend das einsame Treppengäßchen beging, welches von der Tempelgasse zur Klagemauer hinführt. Er redete mich deutsch an, geleitete mich zu und von der Klagemauer hin und zurück und gab sich, vielleicht in der Meinung, einen Glaubensgenossen vor sich zu haben, für einen aus Oesterreich eingewanderten Rabbiner zu erkennen. Merkwürdig und rührend war es, wie der Mann das tragische Schicksal seines Volkes beklagte, das ein Fremdling in der Stadt seiner Väter die Erlaubniß erkaufen müsse, an den Ruinen des Tempels zu weinen. Sodann äußerte er im Verlaufe des Gespräches, daß noch viele Ueberreste des alten Jerusalem im Schooße der Erde verborgen sein müssen. Denn man habe beim Bau der neuen Synagoge in der Damaskusstraße zweistöckige Häuser mit Zimmern gefunden, in welchen altjüdische Kleider aufgehängt waren, die dann aber in Staub zerfallen seien, als man sie an die Luft gebracht habe.

Eine andere Eigenthümlichkeit Jerusalems sind die zahlreichen Cisternen. Bei der Quellenarmuth Palästina's mußten die Bewohner schon in der frühesten Zeit auf Mittel bedacht sein, das während des Winters reichlich fallende Regenwasser für die trockene Jahreszeit anzusammeln und aufzubewahren. Wir finden deßhalb überall im Lande Cisternen angebracht, nicht nur in den Städten, sondern auch an den Straßen und selbst auf den Feldern. Innerhalb Jerusalems hat jedes Haus seine Cisterne, manchmal auch mehrere. Dieselben sind aus dem Kalkfelsen ausgehöhlt, gewölbt und oben mit einer oder mehreren runden, verschließbaren Oeffnungen versehen. In diese Behälter fließt nicht nur der unmittelbar und senkrecht durch die Oeffnungen abstürzende Regen, sondern es wird die Gesammt-Regenmasse, welche auf die Dächer sowie in die offenen Hofräume fällt, vermittelst Rinnen und Röhren in die Cisternen geleitet. Nach der Angabe Sepp's sollen sich im lateinischen Kloster 28 so umfangreiche Cisternen befinden, daß sie hinreichen würden, nöthigenfalls die ganze Stadt auf Monate hinaus mit Trinkwasser zu versehen.

Merkwürdig und sehr alt ist der Behälter, welcher sich innerhalb des Damaskusthores befindet. Das Gleiche gilt von der dem Koptenkloster gehörenden sogenannten Helena-Cisterne, die ich den 11. April 1866 zu besichtigen die Gelegenheit hatte. Sie liegt unweit der Grabeskirche nördlich von den Ruinen des Johanniter-Spitals. Ich stieg in Begleit eines Kopten-Bruders, jeder von uns eine brennende Kerze in der Hand tragend, auf einer Felsentreppe von dreißig Stufen zu dem unterirdischen Wasserspiegel hinab. Da sah ich einen kleinen künstlichen See im dunkeln Schooße der Erde. Die Wasserkammer war ganz in den Felsboden ausgehöhlt, mit Cement überkleidet und mochte nach oberflächlicher Okularschätzung von meinem Standpunkte aus etwa 25 Schuh in der Breite betragen. Die Länge konnte ich der Dunkelheit wegen nicht veranschlagen. Tobler, der hineinschwamm und dabei ein paar Lichter auf einem Brett vor sich herschob, hat die eine Kathete des, wie es scheint, in Form eines rechtwinklichen Dreiecks ausgehauenen Bassins zu 40 Fuß 3 Zoll, die andere zu 26 Fuß 2 Zoll gemessen.

Neben den Cisternen nehmen auch die Teiche (piscinæ) das Interesse des Reisenden in Anspruch. Während jene unterirdischen Bassins das Trinkwasser bergen, dienen die Teiche vorzugsweise zur Bewässerung der Gärten. Dieselben sind meist in der Form länglichter Parallelogramme künstlich in den Felsboden ausgehauen, mit Mauerwerk umschlossen und werden gleich den Cisternen durch Ansammlung des Regenwassers, hie und da aber auch subsidiarisch durch Hineinleitung einer Quelle gespiesen. Mörtelkitt überzieht den Grund und die Wände, so daß das Wasser nirgends durchsickern kann.

Es befinden sich theils innerhalb, theils in der nächsten Nähe Jerusalems neun solcher Teiche. Fünf derselben wurden bereits im Verlaufe unserer Reisechronik erwähnt. Zwei andere, den **Hebräer-** und **Mamilla-Teich**, die wir selbst nicht gesehen haben, lassen wir hierorts bei Seite und bescheiden uns, über den **Bethesda-** und **Patriarchen-Teich** nachfolgende kurze Notizen dem Leser zu unterbreiten. Der erstgenannte, an der Nordseite des Haram gelegene Behälter ist nichts anders als der Festungsgraben, welcher laut Josephus (Bell. V, 4, 2) den Tempel von dem Hügel Bezetha abtrennte. Damals war er mit Wasser gefüllt, jetzt wurzeln uralte Oelbäume auf dem Jahr aus Jahr ein trockenen Grunde. Seine Dimensionen sollen 360 Fuß Länge auf 130 Fuß Breite und 75 Fuß Tiefe betragen. Ob wir in diesem Bethesda- oder Bezetha-Teiche den Schafteich des Evangeliums zu suchen haben? frägt Sepp und erwiedert, daß er vor Allem, um diese Meinung zu adoptiren, die wunderbare Quelle vermisse.

Der Patriarchenteich liegt westlich der Grabeskirche an der gleichbenannten Gasse und ist so ganz von Häusern umschlossen, daß man in ein solches hineingehen muß, um denselben zu besichtigen. Dieser Teich erhält durch einen Aquadukt aus dem Mamillateiche reichliches Wasser und dient noch heut zu Tag praktischen Zwecken, indem er namentlich dem nahen Patriarchenbad den Wasserbedarf liefert. Der Behälter mißt 240 Fuß südnördlicher Länge und 144 ostwestlicher Breite.

Offenbar wurden die sämmtlichen so eben beschriebenen Wasserbehälter lange vor Christus erbaut. Ueberhaupt ist es das, was Jerusalem vor allen andern weltgeschichtlichen Städten voraus hat, daß es Monumente aus vier Jahrtausenden aufweisen kann. Wir finden solche aus der hebräischen, römischen, byzantinischen, arabischen, der Kreuzritter- und türkischen Zeit und auch die Gegenwart hat sehr sehenswerthe Bauwerke den Ueberresten der Vergangenheit angereiht.

Unsere Leser wissen bereits, welche Bauwerke Jerusalems aus der althebräischen Zeit hergeleitet werden. Es sind außer den Cisternen und Teichen namentlich die Gräber und Tunnels, ferner die Klagemauer, die merkwürdigen Substruktionen unter dem Tempelplatz, die Grundbauten des Hippikus und die Thurmkammer, welche sich östlich an das Damaskusthor anlehnt.

Was Römerbauten betrifft, so dürfte es schwer halten, die aus der Stadt Hadrians herstammenden Werke mit Sicherheit auszumitteln, weil Inschriften und ausgiebige Geschichtsquellen fehlen. Da jedoch die Aelia Capitolina niemals so gründlich wie das altjüdische Jerusalem zerstört worden ist, so darf man mit Wahrscheinlichkeit annehmen, daß aus der Zeit jenes Kaisers und seiner Nachfolger noch Ueberreste vorhanden sein müssen. Wie! wenn der Bazar und andere Gassenwölbungen, von denen wir oben gesprochen, römischen Ursprungs wären? Die Hypothese wird nahe gelegt, wenn man den massiven Bau jener Gewölbe betrachtet, und erwägt, wie wenig die Orientalen den Plan ihrer Städte im Laufe der Zeiten verändern. Den im nordwestlichen Winkel der Stadtmauer gelegenen sog. Goliaththurm führen Sepp und andere Forscher auf die hadrianische Epoche zurück.

Und was hat es für eine Bewandtniß mit jener gewaltigen Halle, welche sich vom El-Wad in senkrechter Linie auf den Tempelplatz hinzieht? Ich hatte in keiner Reisebeschreibung und keinem Reisehandbuch etwas von dieser Baute gelesen. Als ich aber am 27. März 1866 ganz allein das El-Wad oder Tyropäon hinabging, gewahrte ich bei der vierten der von Osten her einmündenden Gassen eine alte Quadermauer, in deren Mitte sich ein Thor mit Spuren eines antiken Architraven erhob. Das Thor lag offen. Eintretend gelangte ich in eine breite, hochgewölbte Halle mit Seitenhallen zur Rechten und Linken. Die Mittelhalle hatte eine Länge von wohl fünf Minuten und gewährte den Ausblick auf den grünen Rasen des Tempelplatzes. Schutt und Unrath deckten klafterhoch den Boden, pestilenzialische Gase erfüllte die finstern Räume; in einem der Seitengewölbe waren Hunde gelagert; in einem andern hatten Menschen mitten in Schutt, Koth und Finsterniß, gleich den Thieren des Waldes, ihre erbarmungswürdigen Wohnstätten hergerichtet. Jedoch alle diese anwidernden Umstände hinderten mich nicht, den großartigen Gewölbebau zu bewundern. Sehr wahrscheinlich ist derselbe ein Römerwerk. Er ist auf dem Stadtplan von Ermete Pierotti als alter Bazar verzeichnet. Ich wüßte aber nicht, aus was für Geschichtsquellen der piemontesische Ingenieur diese seine Ansicht über den ursprünglichen Zweck der Gebäulichkeit geschöpft haben mag. Uebrigens stellten mir diese Räume abermals ein frappantes Beispiel des unbeschreiblichen Phlegma der Orientalen vor Augen. Längst hatte man in unserm Europa dieselben zu irgend welchem Zwecke verwerthet. Hier sind sie bereits zu Höhlen für Thiere und thierartige Menschen geworden.

Begleitet von einem Gefährten verfügte ich mich später nochmals in die räthselhafte Halle. Wir durchwanderten dieselbe, bis wir nahe an den Ausgang zum Tempelplatz gelangten. Da aber stellten sich uns zwei Männer entgegen, griffen nach Steinen und Holzstücken und drohten uns damit zu bewerfen, wenn wir auf die geheiligte Area hätten vordringen wollen, was jedoch ohnehin nicht in unserer Absicht gelegen war. Den Rückweg antretend, wurden wir ungefähr in der Mitte der Halle von einer aus finstern Winkeln hervorstürmenden Schaar halbnackter Buben und Mädchen umzingelt, welche unter gräßlichem Geheul und wilden Geberden uns um Bagschisch anbettelten. Vergeblich suchten wir durch Vertheilung einiger Geldstücke die unheimliche Schaar uns vom Halse zu schaffen. Sie verfolgte uns weiter, nicht nur die Halle hindurch, sondern außerhalb derselben das Elwad hinunter und hinauf in die Tempelgasse, wo endlich der dortige starke Verkehr die Halbwilden in ihre Höhlen zurückscheuchte.

Als die Perle der byzantinischen Monumente Jerusalems wollen wir die bereits beschriebene Alsa bezeichnen. Jedoch steht ihr die Kirche zur hl. Anna, welche wir den 23. März 1866 besichtigten, um weniges nach. Nach der griechischen Tradition soll dieselbe durch die Kaiserin Eudoxia im fünften Jahrhundert erbaut worden sein. Sie liegt unweit des Thores des hl. Stephan in der gleichen Tarik-Sitti-Miriam-Gasse, in welcher sich der Teich von Bethesda, das Haus des Pilatus, der Eccehomobogen, die Geißelungskapelle und das Kloster der Schwestern von Zion befinden. Man glaubt, daß die Kirche über der Geburtsstätte der hl. Jungfrau erstellt sei. Diese Meinung reicht jedenfalls in die Zeit der Kreuzritter hinauf, wird aber von andern bestritten, welche die Geburt Mariens nach Nazareth verlegen.

Nachdem der Bau seit Saladin mahomedanischen Zwecken gedient, kam er durch Abtretung vom 29. Oktober 1856 an Frankreich und wurde zur Zeit unseres Besuches durch einen französischen Architekten, Herrn d'Erosse, restaurirt, den Napoleon III. eigens hiefür nach Jerusalem entsendet hatte. Der Zufall wollte, daß wir die Kirche in der belehrenden Begleitung dieses Baumeisters besichtigen konnten. Derselbe hält dafür, daß der Bau von den Byzantinern errichtet, dagegen von den Kreuzrittern umgebaut wurde. Die Kirche hat drei Langschiffe, die in eben so viele Absiden abschließen, nebst einem Querschiff, über dessen Mitte sich eine stattliche Kuppel erhebt. Was den Bau nach Außen karakterisirt, ist der Mangel an Giebeln und die flache Bedachung der Schiffe. Die Totallänge des Gebäudes wird zu 34 Meter, die Breite zu 19, die Höhe des Mittelschiffes zu 9, die der Kuppel zu 15 veranschlagt. Besondere Beachtung beansprucht die Krypta. Sie soll zu dem Hause der hl. Anna gehört haben, in welchem die Mutter des Heilandes zur Welt kam. Eine andere anstoßende Grotte scheint als Cisterne gedient zu haben, da man jetzt noch an der Decke die viereckige Oeffnung gewahrt, durch welche die Eimer hinaufgezogen wurden, und eine andere, durch welche das Regenwasser hinabfloß.

Beim Abschiede machte uns Hr. b'Crosse die Mittheilung, die letzte Post habe die officielle Weisung der russischen und französischen Regierung gebracht, die Kuppel der Grabkirche zu repariren. Er, Hr. b'Crosse, sei mit der Leitung der Arbeit betraut. Diese Mittheilung hat sich bewahrheitet. Denn im Augenblicke, wo wir dieses schreiben, ist die von allen Vernünftigen längst ersehnte Wiederherstellung vollendet und dadurch einem drohenden Unglücke vorgebeugt.

Uebergehend zu den altarabischen oder sarazenischen Denkmälern der heiligen Stadt, erinnern wir vor allem an die Sachra oder Omarmoschee in mitten des Tempelplatzes, die wir in Abschnitt 3 dieses Theils unserer Reisebeschreibung umständlich geschildert haben. Außer derselben besitzen die Mahomedaner zu Jerusalem noch mehrere Bethäuser. Eine Moschee von ächt sarazenischem Typus sah ich in einer der Parallelgassen der via dolorosa. Die Formen der hochgewölbten Portale, die Stalaktiten und anderes gemahnten an die Kalifengräber zu Kairo. Leider aber wurde mir der Kunstgenuß getrübt durch den Anblick des Unraths, der gerade vor den schönen Portalen aufgehäuft lag.

Abgesehen von den Moscheen stößt der aufmerksame Beobachter in Jerusalem auch sonst noch auf Spuren altsarazenischer Kunst. Wir gedachten allbereits des Spitzbogenthores, durch welches man von der Tempelgasse aus in den Haram gelangt. Viele Häuserportale, namentlich die vermauerten und halb in den Boden versenkten, welche einstens als Eingänge zu nunmehr verlassenen und verschütteten Gemächern gedient haben, tragen das Gepräge sarazenischer Arbeit. Zwei Brunnenhäuser, das eine im Elwad, das andere in der Nähe des Stephansthores gelegen, reichen gewiß weit über die Zeiten der türkischen Herrschaft hinauf. Es sind in diese Brunnenhäuser Löcher gebohrt, in welche, sollte man meinen, Röhren zum Ausflusse des Wassers eingelassen waren. Jetzt freilich sind Röhren und Wasser verschwunden. Ob die sonderbaren Skulpturen am Brunnenhaus im Elwad — es sind kleine in Schlangenwindungen sich bewegende Säulchen, ähnlich wie jene unter der Sachra — nicht etwa aus einer frühern Epoche als der arabischen herrühren, darüber enthalte ich mich jeglichen Urtheils, um so mehr, als alle mir bekannten Reisebeschreiber über das merkwürdige Brunnenhaus schweigen.

Nachdem der Brand von 1608 den Säulendom über dem Grabe des Erlösers zernichtet hatte, wandelte der Neubau der Griechen auch den Osttheil der Grablirche um, so daß von dem herrlichen Tempel der Kreuzritterzeit nur mehr die Facade und der Rumpf des früher schon halb abgetragenen Glockenthurms unversehrt blieben. Auch die andern Bauwerke der Kreuzritter sind längstens zerfallen. Südlich der Grablirche erstreckt sich ein mit Gras bewachsener viereckiger Platz. Daselbst stunden zur Frankenzeit der Spital der Johanniter, ein Benediktinerkonvent und die Frauenstifter Maria latina und Maria maggiore. Allein von diesen Gebäulichkeiten zeigt einzig die letztgenannte noch namhafte Reste. Es sind das zweistöckige Kreuzgänge, ferner das Thor zu der Kirche im Norden und im Südosten eine halbrunde Wölbung, die von einigen für das Gefängniß des Petrus gehalten wird, wahrscheinlich aber die Apsis der Kirche gewesen sein muß. Jenes Thor zieht ganz besonders die Blicke des Reisenden an. Dasselbe ist freistehend, sehr gut erhalten, und in zierlichem Rundbogen aufgeführt. Ich war des letztgenannten Umstandes wegen anfänglich geneigt, das Thor auf die Römer zurückzuführen, wurde aber durch die Werke der Archeologen, welche dasselbe einstimmig den Kreuzfahrern zuschreiben, eines andern belehrt. Am Gesims sind die Zeichen des Thierkreises in kunstreicher Arbeit gemeißelt.

Es kennzeichnet das orientalische Leben, daß man diese Ruinen inmitten der Stadt, in einer der günstigsten Lagen zum Bauen seit Jahrhunderten unberührt ließ. Es geschah dies gewiß nicht aus Alterthümelei und schon gar nicht aus Sympathie für die christliche Kunst, sondern man läßt eben alles beim Alten und hat nicht nöthig, wie in unsern an Volkszahl fortwährend anschwellenden europäischen Hauptstädten, mit dem Raume zu geizen.

Von den Türken rühren die heutigen Stadtmauern her. Sie wurden in den Jahren 1536—1539 von Sultan Soliman II. errichtet. Ihre Höhe soll 13, ihre Dicke ungefähr 1 Meter betragen. Wesentlich dieser aus vortrefflichem Steinmaterial aufgeführten Umwallung mit ihren Thoren, Thürmen und Zinnen verdankt die heil. Stadt ihr würdevolles Aussehen von Außen. Obschon die Werke nicht nach dem Vauban'schen Bastionärsystem angelegt sind, mochten sie bei dem damaligen Stande der Kriegskunst genügen und bieten zur Stunde noch hinreichenden Schutz gegen die Angriffe arabischer Horden.

Wir kommen schließlich zu den Bauten der Neuzeit. Die großartigste von allen ist gewiß jener russische Pilgerpalast, dessen wir in diesem Werke schon mehrmals gedachten. Das österreichische Pilgerhaus kömmt demselben an Umfang und Pracht bei weitem nicht nach. Dennoch ist auch dieses ein stattlicher Bau, der dem Baumeister Endlicher zur Ehre gereicht. Er erhebt sich in zwei Geschossen zu bedeutender Höhe und ist, mit Ausnahme der flachen Bedachung, ganz in europäischer Bauweise aufgeführt. Dann macht die das Gebäude auf drei Seiten umziehende Gartenterrasse, mit ihren Blumengruppen und der schlankwüchsigen Palme von vornherein auf den Eintretenden einen günstigen Eindruck.

Zu den Neubauten Jerusalems zählen auch die protestantische Christuskirche und die mit dem Namen Beth-Jakob (Haus des Jakobs) bezeichnete neue Synagoge der

Juden. Erstere, auf Zion in der Nähe der Citadelle gelegen, ist in gothischem Stile gehalten. Der Dachstuhl ist schräg und mit Schiefern bedeckt. Im Innern sind Kanzel, Bänke und Decke aus nußbaumenem Holze gezimmert, welches, gleich wie die Dachschiefern, mit großen Unkosten aus England hieher gebracht wurde.

Die neue Synagoge Beth=Jakob wurde an der Damaskusstraße vor wenigen Jahren erbaut. Ihre weitgespannte Kuppel, zu deren Errichtung die Erlaubniß in Konstantinopel erkauft werden mußte, ragt hoch über die umliegenden Hausdächer empor. Das Innere zeigt, wie alle Synagogen, einen regelmäßig quadratförmigen Raum, der mit Bänken meublirt und in dessen Mitte eine erhöhte Tribüne für den Vorleser hergerichtet ist. An der Ostwand erhebt sich in reich vergoldeter architektonischer Verzierung der geheiligte Schrank, wo hinter einem Vorhang die fünf Bücher des Moses aufbewahrt werden. Es bedarf kaum der Erinnerung, daß aus den hebräischen Bethäusern aller Bilderschmuck gründlich verbannt ist.

Es ist mir nicht bekannt, in welcher Zeit die großen griechischen und armenischen Klostergebäude aufgeführt wurden. Das Konventhaus der Franziskaner ist jedenfalls alt, neu dagegen die als Casa nuova betitelte Pilgerherberge, in welcher wir im Jahre 1864 Unterkunft fanden. Indem ich ferner an das armenische Schulhaus und das Kloster der Schwestern von Zion als Neubauten erinnere, bringe ich schließlich dem Leser die Mittheilung, daß ich im Jahre 1866 die Anfänge einer sehr schönen Kirche sah, welche der lateinische Patriarch seinem Wohnhaus anfügen läßt.

Dieser Reichthum an öffentlichen Gebäuden der mannigfaltigsten Art verleihen Jerusalem einen weltgeschichtlich monumentalen Karakter, wie ihn keine Stadt von gleichem Umfange aufweisen kann. Denke sich der Leser die oft erwähnten Kuppeln über sämmtlichen Häusern hinzu, und er wird es begreifen, wenn alle Reisenden über den einzig schönen Anblick der am-

phitheatralisch auffsteigenden heil. Stadt vom Standpunkte des
Oelberges lobpreisend und bewundernd sich auslassen.

Was das Leben und Treiben der Bevölkerung im heutigen
Jerusalem anbelangt, so muß ich vor anderm erklären, daß
in dieser Beziehung meine Wahrnehmungen während meines
ersten Aufenthalts mit denjenigen meines zweiten so kontrastirten
wie Schatten zum Licht oder Leben zum Tod. Im Juni 1864
herrschte in den menschenleeren Gassen eine melancholische Stille.
Die dadurch hervorgerufene Stimmung gab während eines
Nachtessens in der Casa nuova den Anlaß zu einem interessanten Gedankenaustausch. Wie meine Leser es schon wissen, saß
ich damals mit zwei Polen, einem Italiener und zweien Franzosen zu Tisch. Selbstverständlich drehte sich das Gespräch um
die empfangenen Eindrücke von der heil. Stadt. Da äußerte sich
der eine Pole, ein Arzt, unter anderm wie folgt: er sei mit dem
Vorhaben nach Jerusalem gekommen, daselbst sich niederzulassen
und seinen Beruf auszuüben, allein er habe diese Stadt so
traurig gefunden, daß er von diesem Projekte wieder ab- und
zu dem Entschlusse gekommen sei, sofort die Rückreise anzutreten. Wohlverstanden war dieser Pole ein guter Katholik,
der die vorige Nacht in der Grabkirche zugebracht hatte und
im Begriffe stund, zu Fuß nach Bethlehem zu pilgern. Ich
meinerseits stimmte ihm bei und erklärte: Wohl sei es um
eine Pilgerfahrt nach Jerusalem eine herrliche Sache, aber
bleibend hier wohnen möchte auch ich nicht. Nun ergriff der
Italiener das Wort und sprach mit dem Ausdruck schwärmerischer Begeisterung in Blicken und Worten: „Ja! Jerusalem sei die Stadt der Oede und Traurigkeit; aber so sei
es recht, es müsse so sein!" — Wir waren im Grund alle des
einen. Denn auch der Italiener sagte nicht, daß er hier bleiben
wolle; und daß das Trauerantlitz der Stadt sich zieme, die
das Blut des Gottmenschen trank, — auch wir dachten nimmer
daran, das zu bestreiten.

Anders sah es aus zur Osterzeit 1866, als zehntausend

Pilger, wie Hr. Tscholte mir sagte, und zahlreiche fremde Kaufleute in Jerusalem verweilten. Damals bewegte sich durch die Hauptgassen ein starker Verkehr. Griechen und Russen bildeten die Hauptmasse der Pilger, während die West- und Mitteleuropäer in geringer Anzahl vertreten waren. Ich erinnere mich noch, wie ich einmal einen deutschen Professor mit selbstzufriedener Miene und hochgetragenem Kopfe durch die volksreiche Patriarchengasse lustwandeln sah. Es gewährte ein schönes und fremdartiges Schauspiel, wenn, wie in Kairo und Smyrna, ein langer Kameelzug die Davidsgasse hinab durch das Gedränge einherschritt, dann plötzlich anhielt und die Thiere auf die Knie sanken, um ihrer Waarenlast zu Handen der Magazine entlediget zu werden. An der Patriarchengasse und auf dem Platz vor der Grabkirche hatten zahlreiche Rosenkranzhändler ihre Buden und Stände errichtet. Man wurde bei dem Anblick an Loretto und Einsiedeln erinnert. Auf dem Burgplatze war alltäglich Markt, indem die arabischen Bauernweiber daselbst Gemüse und Früchte, so wie die abgestandenen Aeste ihrer Obstbäume in Form von Reiswellen feil boten.

Auch der eigentliche Bazar war zu jener Zeit in außergewöhnlicher Weise belebt. Dieser Bazar liegt, wie wir bereits gesagt haben, auf der Linie der Damaskusgasse, die sich zu diesem Behuf in drei parallele Marktgassen verbreitert. Die Buden lehnen sich auf der Westseite an eine dem Platz des Johanniterspitals abschließende Mauerwand an. Ich durchwanderte mehrmals die massivgewölbten, kellerartigen Gänge, in welchen sich das ganze Gewerbsleben und der den wesentlichsten Lebensbedürfnissen entsprechende Kleinhandel der Stadt concentrirt. Vor anderm fiel mir die Fleischgasse auf, wo ganze Hammel reihenweise ausgehängt sind. Ferner bemerkte ich, je in besondern Abtheilungen aneinander gereiht, zahlreiche Gewürz-, Gemüse-, Obst-, Samen- und Leinwandgewölbe. Ich ergötzte mich an den kunstgerechten Gebilden, welche die

Pfeifenkopfhändler durch Aufeinanderschichtung ihrer Specialität zu construiren verstehen. Ich sah die Töpfer, Schmiede, Schneider, Schuster, Goldschmiede und Goldsticker mit unausgesetzter Emsigkeit in ihren Buden arbeiten, und beobachtete mit Interesse die Art und Weise, wie hier zu Land die Baumwolle zerschnitten wird. Der Mann, dem ich zusah, bediente sich zu seiner Operation eines Bogens mit stark gespannter, schneidender Sehne und eines hölzernen Hammers. Indem er die Schneide auf die Baumwolle setzte, genügte ein Hammerschlag und die Baumwolle war nach Belieben zerschnitten.

Uebrigens wurde hier nicht nur verkauft und gearbeitet, auch Schläfer, Raucher und Kaffeetrinker wählten diese kühlen Räume zu ihrem Tagesaufenthalt. Eine fernere Beobachtung war diese, daß am Freitag die Mahomedaner, am Samstag die Juden und am Sonntag die Christen ihre Buden verschlossen hatten.

Nach Sepp und Robinson würde der jetzige Bazar die Stelle der Markthalle der Aelia Capitolina des Hadrian einnehmen. Da die beiden Gelehrten jedoch keine erheblichen Gründe für ihre Meinung beibringen, so sind wir unsererseits geneigt, den altrömischen Bazar in jene Gewölbe am Thyropöon zu verlegen, von denen wir weiter oben gesprochen haben.

Es ist schwer, die Volkszahl Jerusalems mit Gewißheit zu ermitteln, weil im Orient keine officiellen Zählungen vorgenommen werden. Die Angaben schwanken zwischen 14000 und 18000 Seelen. Darunter bilden die Juden, was merkwürdig genug ist, die relative Mehrheit mit 6000 Seelen. Ihnen am nächsten stehen die Mahomedaner mit 5000 Seelen; der Rest vertheilt sich auf die Christen der verschiedenen Konfessionen. Es mögen etwa 1300 lateinische Katholiken in Jerusalem und der Umgegend wohnen. Dieselben standen früher unter der geistlichen Oberleitung des Franziskaner-Guardians. Auch waren die Franziskaner die einzigen katholischen Seelsorger in ganz Palästina. Dieses Verhältniß hat sich durch die Ernennung eines

Patriarchen in etwas geändert. Man hat mir von Zerwürfnissen zwischen ihm und den Franziskanern gesprochen, weil der Patriarch einen einheimischen Weltklerus heranziehen und die weitere Ausbreitung der Franziskanerinstitute einschränken wolle, wogegen die Franziskaner den Bestand eines Weltklerus in Palästina für unthunlich halten. Jedoch sollen sich die gegenseitigen Beziehungen in jüngster Zeit wieder gebessert haben. Wenigstens wurde mir das von verläßlicher Seite versichert.

Auch die griechischen und armenischen Christen sind je einem Patriarchen unterstellt. Erstere, an 2000 Seelen umfassend, besitzen innerhalb der Stadtmauern acht große Manns- und vier Frauenklöster. Die Gotteshäuser der Armenier und Syrer haben wir schon früher besprochen, ebenso erwähnten wir des Klosters der Kopten anläßlich unserer Besichtigung der Helenacisterne. Wir bemerken hier noch, daß die etwa 150 Köpfe zählenden Syrer den armenischen Patriarchen als ihr Oberhaupt anerkennen.

Die wenigen in Jerusalem angesessenen Protestanten sind selbstverständlich meistens Europäer. Man weiß, daß die hiesige anglikanisch-evangelische Mission vorzugsweise die Belehrung der Juden anstrebt, mit geringem Erfolg. Für mich war es lehrreich zu erfahren, daß auch die Protestanten ihre Mädchenschule den sog. Diakonissinnen oder Lehrschwestern anvertraut haben. Auch wurde mir von einer katholischen Zionschwester, also von unparteiischer Seite, die vortreffliche Schulhaltung jener meist preussischen Lehrerinnen gerühmt.

Die Europäer wohnen hier nicht wie in Konstantinopel, Smyrna, Kairo und Alexandrien in einem besondern Quartiere. Dafür ist ihre Zahl zu gering. Zählt man dem Personellen der Konsulate, Missionen, Pilgerhospizien noch einige Aerzte und reisende Handwerker zu, so dürfte der Etat der abendländischen Ansiedler so ziemlich vervollständiget sein. In ganz Jerusalem gibt es ein einziges europäisches Waarenmagazin.

Es ist das des Hrn. Spittler aus Basel, welcher Mann von der in seiner Vaterstadt bestehenden Missionsgesellschaft „Chrysona" hieher entsendet wurde, um deren Zwecke zu fördern. Wie Hr. Ludwig mir mittheilte, hat diese Gesellschaft auf allen Hauptpunkten des Orients Missionsstationen in der Weise errichtet, daß die Sendboten durch Betreibung eines Gewerbes sich selbst unterhalten. Das Magazin des Hrn. Spittler stellt in großartigster Weise eine jener Dorfbuden dar, in welchen man alles Nothwendige einlaufen kann. Er hat sich die Aufgabe gestellt, allen physischen und geistigen Bedürfnissen des gebildeten Europäers zu genügen. Man darf sagen, daß er diese Aufgabe gelöst hat. Denn es dürfte schwer halten, irgend welchen Gegenstand namhaft zu machen, der in seinem Magazin nicht vorräthig wäre. Er verkauft Specereiwaaren, Mobilien, Kleider, Schreibmaterialien, geographische Karten, Photographien und tausend andere Dinge der mannigfaltigsten Art. Ja! als ich auf einem Ausritte meine aus der Schweiz mitgenommene Reitsporen verloren hatte, so konnte Hr. Spittler mir auch diese ersetzen.

Seit wenigen Jahren befinden sich in Jerusalem auch drei ordentliche Gasthöfe, welche allerdings in Bezug auf Comfort noch vieles zu wünschen lassen, und unter denen man sich jedenfalls keine großstädtische oder schweizerische Wirthspaläste vorstellen darf. Als der erste dürfte das an den Patriarchenteich anstoßende Mediterranean-Hotel gelten. Die beiden andern sind: das Hotel Simeon bei der englischen Kirche und das Damaskus-Hotel in der gleichnamigen Straße belegen. Das letztere ist im Besitz des Hr. Thiel, den wir 1864 als Oekonom des preussischen Hospizes kennen gelernt hatten, der aber in der Zwischenzeit meiner beiden Reisen diesen Posten verließ, um eine selbstständige Wirthschaft zu gründen, und im Hospiz durch Hr. Gütmann von den preussischen Johannierbrüdern ersetzt worden ist. Ich würde sein Hotel vor andern empfehlen schon aus dem Grunde, weil Niemand wie er den palästinenfischen Traubensaft so gut zu behandeln versteht. Hr. Thiel hatte Recht, als er mir sagte, daß er die Erhaltung seiner Gesundheit während des schrecklichen Cholerasommers 1865 dem Genusse dieses warmen, wahrhaft edlen Weines zuschreibe.

Es erübrigt mir, bevor ich den letzten Pinselstrich an dem Bilde Jernsalems ziehe, noch einige Notirungen wiederzugeben, welche ich über die dortigen Temperaturverhältnisse in mein Tagebuch eintrug. Der Vorsteher des österreichischen Pilgerhauses theilte mir hierüber im allgemeinen folgendes mit: vom Mai bis Oktober falle kein Regen, der Himmel sei fortwährend blau und die Hitze derart deprimirend, daß sie während sechs Stunden des Tages jedwelche Beschäftigung zur Unmöglichkeit mache. Dann im Oktober beginne die Regenzeit und dauere beinahe ununterbrochen bis Anfang des Märzmonats an. Während dieses Monats und des folgenden wechseln kurze Gewitterregen mit vorherrschendem Sonnenschein. Der Mai sei bereits der fortdauernden Trockenheit verfallen.

Es ist hiebei nicht zu vergessen, daß das Bergklima Jerusalems hie und da anormale Temperaturvariationen selbst mitten im Sommer hervorbringen kann. Wir erfuhren das selbst, als uns am 14. Juni 1864 auf der Jerusalemer Hochfläche ein eiskalter Nordwest empfing, den Horizont mit bleifarbenem Gewölke bedeckte, jenen ganzen Abend anhielt, dann aber des folgenden Tages durch die Tropenhitze wieder abgelöst ward. Der Winter soll ordentlich kalt sein und manchmal eine dünne Schneedecke über die umliegenden Hügel ausbreiten.

Am 19. März 1866, als dem Tage meiner zweiten Ankunft in der heiligen Stadt und die folgenden Tage wehte wiederum ein kalter Nordwestwind, der das Thermometer nicht höher als 9 Grad R. über den Gefrierpunkt aufsteigen ließ. Wir wurden durch die Kälte um so empfindlicher berührt, als wir in Kairo 18 Grad R. erlebt und auch an der Küste Palästina's uns der milden Frühlingswärme des Südens erfreut hatten. Nur während der Mittagsstunden gelang es der

Sonne, das winterliche Gewölk zu durchbrechen. Ich benutzte diesen Umstand, um mein ungeheiztes Zimmer in der Weise zu erwärmen, daß ich die Fenster zur Zeit des Sonnenscheins öffnete, dagegen verschloß, wenn das Tagesgestirn sich dem Niedergange zuneigte oder in Wolken verhüllt war.

Erst mit dem 22. März stieg die Temperatur, als an welchem Tag mein Thermometer um sieben Uhr Morgens schon 12 Grad und um eilf Uhr 13 Grad R. zeigte. Am 23. ging das Quecksilber noch um 1., am 24. um 2 Grade weiter hinauf. Damit aber, d. h. mit 16 Grad R. hatte die Wärme für die Zeit meines damaligen Aufenthalts die Maximalhöhe erreicht. Diese Thatsache beweist, daß wenn der Sommer Jerusalems glühend heiß brennt, wie wir es 1864 wirklich empfanden, dagegen die Frühlingstemperatur eine gemäßigte ist. Fernere Thermometerbeobachtungen, denen gemäß 14 Grad R. am Schatten mit 30—32 an der Sonne correspondirten, ließen mich die Heizkraft des Tagesgestirns unter dem hiesigen Breitegrade ermessen.

Man fühlt sich in Jerusalem geistig wie örtlich von dem heimischen Welttheil getrennt. Die Post wird wöchentlich nur einmal aus und nach Europa abwechselnd durch die französischen und österreichischen Dampfer besorgt. Zeitungen sind mir, so lange ich in Jerusalem weilte, nur zweimal unter die Augen gekommen, im Jahre 1864 bei Hrn. Thiel eine Nummer der Kreuzzeitung und 1866 mehrere Nummern des Wiener-Vaterlandes, in denen ich die ersten Wetterzeichen des über Deutschland hereinbrechenden Kriegssturmes wahrnahm. Sonst aber wußte ich um nichts, was jenseits des Meeres sich zutrug.

Allein eben diese Abgesperrtheit sagte mir zu. Gerade daß ich, wie auf einer stillen Insel im Weltmeer, mich dem Treiben einer gottentfremdeten Politik und der widerchristlichen Strömung des Zeitgeistes auch örtlich entrückt sah, gerade das legte auf meine Seele einen seligen Frieden. Gleich wie in Rom lebt man sich hier ganz in die Vergangenheit hinein, und zwar in eine Vergangenheit von der höchsten Bedeutung.

Man lebt in der Bibel und wird durch dieselbe in dem Bewußtsein gestählt, daß der, der da war, ist und sein wird, die Weltgeschichte dem Ziele zuleitet, das er sich von Anfang gestellt hat.

Man begegnet hier und überhaupt im Orient nicht jener vollendeten Religionslosigkeit, welche in einem großen Theile Europa's immer mehr die Signatur der Gegenwart bildet. Denn die Mahomedaner, die Juden, die Christen, sie alle sie beten, und was die letztern insbesondere betrifft, so sind dieselben, wenn auch in Parteien gespalten und dem christlichen Leben vielfach entfremdet, immerhin gläubig und weit davon entfernt, die in dem apostolischen Glaubensbekenntnisse niedergelegten Grundwahrheiten und Thatsachen des Christenthums in das Gebiet der Mythe oder, wie die St. Galler Zeitstimmen, der Hallucinationen zu verweisen.

Es gibt wohl keinen Jerusalem-Pilger, der nicht die Sehnsucht der Wiederkehr mit sich nach Haus trüge. Ich erinnere mich, daß mein Landsmann, der sel. Eichholzer, der bereits in den Dreißiger-Jahren eine längere Palästinareise durchgemacht hatte, unmittelbar vor dem Kriege von 1859 mir sagte, daß er gewillt sei, wenn dieser Krieg ausbrechen sollte, sich in das heil. Land zu begeben, wo er äußern und innern Frieden zu finden hoffte. Gott hat es nicht gewollt, daß er sein Vorhaben ausführe. Der edle und liebenswürdige Mann starb den Heldentod des Priesters in dem belagerten Gaeta und wanderte statt in das irdische in das himmlische Jerusalem ein. Aber ich führe seine Mittheilung als ein Beispiel unter hunderten an, um zu zeigen, welche Anziehungskraft das Land der Bibel auf seine Besucher fortwährend ausübt.

Was von Neapel gesagt wird: „Veder Napoli e poi morir", gilt von Jerusalem in einem andern und höheren Sinn. Jerusalem gesehen zu haben ist ein Erlebniß, das wie ein hellglänzender Stern die Seele zeitlebens durchleuchtet.

Mir ward es der goldene Abendstern, dessen milder, poetischer Schimmer den Niedergang meiner Tage verklärt.

So lebe denn wohl, du ernste, du hehre, du heilige Stadt! Zweimal schied ich von dir mit unendlicher Wehmuth. Aber das erstemal regte sich die Hoffnung des Wiedersehens leise in mir, welche Hoffnung sich seither so freudig erfüllt hat. Der zweite Abschied dagegen war von dem Bewußtsein begleitet, daß er höchst wahrscheinlich der letzte sein werde.

Die Gefühle dieses Abschiedes, die Gedanken und Empfindungen, welche die heilige Stadt in meinem Geiste zurückließ, und ganz gewiß in jedem denkenden Pilger zurücklassen muß — ich kann sie nicht besser wiedergeben, als durch die herrlichen Verse, welche Sepp bei seinem Abschied von Jerusalem dichtete und dem zweiten Bande seines großen Palästina-Werkes vorgesetzt hat. Sie lauten:

Abschied von Jerusalem.

„Jerusalem! auf Deinen heiligen Bergen
Steh' ich versunken in Gebet und Thränen.
Du bist ein offenes Grab, umringt von Särgen,
Wie kann ich Dich als Friedensstadt erkennen?
Entheiligt sind die gottgeweihten Stätten:
Wer wird aus Deiner Feinde Hand Dich retten?

Wie bist Du um die Majestät gekommen,
Du Stadt der Juden, Moslemin und Christen!
All' Deine Schönheit ist von Dir genommen,
Ich schau' entrüstet, wie sie Dich verwüsten.
Dein Königsmantel ist befleckt, zerrissen,
O möchten dieß Europa's Herrscher wissen!

Gefallen ist Dein Palast und Dein Tempel,
Die Thore Deines Heiligthums verrammelt;
Das Volk in Dir trägt der Verwerfung Stempel,
Das sich von allen Ländern hergesammelt.
Dein Vorhof ist zertreten von den Heiden,
Und Alle wollen Dein Geschick entscheiden.

So hat der Herr gefeget seine Tenne,
Seit Er gestanden auf des Oelbergs Hügeln,
Als Er Dich zu sich rief, wie eine Henne
Die Gluden sammelt unter ihren Flügeln.
Du wolltest nicht! Der Fluch hat Dich getroffen,
Was kann ich noch zu Deinem Heile hoffen?

Das Korn war reif, d'rum ward der Halm gemähet,
Die Hülsen hat der Wind mit sich geführet,
Weil Du das geist'ge Zepter hast verschmähet,
Wirst Du vom Pöbel aller Welt regieret.
Das Licht der Welt ist von Dir ausgegangen,
Mit seinem Tode hat Dich die Nacht umfangen.

Und doch muß ich Dich, Tochter Zion, lieben!
Ich sitze auf dem Schutte Deiner Mauern,
Um mir die Asche auf das Haupt zu sieben,
Und über Deinen tiefen Fall zu trauern.
Ich seh' Dein altes Volk die Stein' umklammern,
Und händeringend bei den Trümmern jammern.

Nicht länger sollten Juda's Opfer qualmen,
Das Blut des Heilands gab der Welt den Frieden,
Beschwichtigt sind die alten Rachepsalmen,
Die Weissagung auf Golgatha entschieden.
Der Pilger betet an der heiligen Stelle:
So sehnt der Hirsch sich nach der Wasserquelle.

Ich scheide ganz verloren in mein Sinnen.
Du hast den Fremdling liebreich aufgenommen.
O mög' ich einst, wie hier, mein Ziel gewinnen,
In's himmlische Jerusalem zu kommen.
Wer möchte nicht auch Dir noch Trost erwerben?
Ach, daß ich nicht hier leben kann und sterben.

IV.

An den Kephißus.

1. Von Jerusalem nach Athen.

Wie bereits erwähnt worden, hatten wir, mein Freund L. und ich, in Abänderung eines ersten Reiseplans uns dahin entschlossen, vorerst Jerusalem zu besuchen und auf dem Rückwege den Abstecher nach Athen zu unternehmen. Demgemäß bildet Jerusalem den Ausgangspunkt meiner Reise nach dem Kephisus. — Wir verließen diese Stadt den 16. Juni 1864. Der Weg durch das Gebirge war einsam, das Gegenstück des lebensvollen Bildes, das derselbe zwei Jahre später zur Osterzeit entfaltete. Als ich nämlich den 12. April 1866 nochmals hier durchreiste, war ich von zahllosen heimkehrenden Pilgern und Kaufleuten begleitet. Die Züge der Reiter, der waarenbeladenen Kameele und Maulthiere wanden sich in langen malerischen Ketten durch die schmalen Gebirgspfade hinauf und hinab. Viele Pilger führten in langen blechernen Büchsen die am hohen Donnerstage in Empfang genommenen Palmzweige mit sich. Weiber und Kinder der Fellah's standen am Wege, dem Reisenden Kameelmilch und Trinkwasser feilbietend, das sie in irdenen Krügen aus der nächsten Quelle oder Cisterne geschöpft hatten. Damals, im Frühlinge 1866, kleidete üppiges Wiesengras den Thalgrund von Kolonieh, wo gleichzeitig die Blumenbüschel der Granaten erglühten und der Orangenflor seine süßen Düfte weithin verbreitete. Diesmal aber (1864) waren die Wiesen verdorrt, die Blüthen verwelkt, die Goldfrüchte gepflückt und von dem glatten Felsenpanzer der Berghügel prallten die Strahlen der Junisonne glühend zurück. Schweißtriefend legten wir uns im Bergwalde westlich von Abugosch einen Augenblick nieder. Wir wollten von dem Weine verkosten, den Hr. Thiel meinem Freunde auf die heutige Tagreise mitgegeben hatte. Aber ach! dieser Wein war nicht mehr vorhanden. Wahrscheinlich hatte der Mukir denselben gesteiniget und uns zu dem Loose verurtheilt, den langen heißen Tagesritt bis Ramleh ohne einen Tropfen Rebenbluts ausführen zu müssen.

Am westlichen Abhange des Gebirgswalles erblickten wir zahlreiche Exemplare jener großen Eidechsenart, die wir auf dem Wege zwischen den salomonischen Teichen und Bethlehem zum erstenmal beobachtet hatten. Im Kaffeehause am Fuße des Gebirgs wurde mitten unter einem Dutzend schlafender, rauchender oder laut plaudernder Araber der mitgebrachte Mittagshalt verzehrt. Unweit von uns lag eine Schaar von Kameelen, denen man die Lasten zwischen den Höckern belassen hatte, auf dem Grasboden hingestreckt. Unsere Pferde erhielten weder Hafer noch Heu, blieben gezäumt und gesattelt und wurden nicht einmal an die nordwärts des Weges nahgelegene sogenannte Hiobsquelle zum Tränken geführt. Ich besuchte diese Quelle zwei Jahre später. Noch liegt mir in frischer Erinnerung, mit welcher Hast und Begierde mein damaliges Reitpferd das erfrischende Quellwasser einsog. Das arme Thier konnte sich beinahe nicht satt saufen. Das geschah im April bei gemäßigter Temperatur. Welchen Durst mögen erst diese Thiere in der heißen Jahreszeit leiden, welchen mochten die unsrigen am heutigen Tage erleiden, wo ihnen von Morgens früh bis Abends kein Tropfen Wassers gereicht ward. Die arabischen Pferde werden innert vierundzwanzig Stunden nur einmal gefüttert, je am Abend mit Gerste, und dennoch tragen sie ihren Reiter den ganzen Tag unentwegt fort. Es ist mir nicht erinnerlich, daß ich je an einem meiner palästinensischen Reitthiere Müdigkeit oder Erschlaffung verspürt hätte.

Vom Kaffeehause bis Ramleh machten einige arabische Familien die Reise mit uns. Die Männer ritten je einer ein Pferd; die Weiber theilten zu zweien eine Kruppe oder hatten in beidseitig an dem Sattel befestigten Körben ihre Kinder gebettet. Der junge Finan litt Pein auf dem Sattel, weil er seine kurzen Beine über unsere, dem Pferde, das er ritt, aufgeladenen Reisekoffer ausgespannt halten mußte. Der achtzehnjährige Jüngling — er ist seither an der Cholera gestorben — hatte eine typisch schöne und feine Physiognomie, in der sich Unschuld und liebenswürdige Schüchternheit abspiegelten. Ueberhaupt will ich bei diesem Anlasse bemerken, daß die hierländischen jungen Araber sich im Allgemeinen durch eine schöne Gesichtsbildung und kohlschwarze Augen auszeichnen, wogegen den verwetterten Gesichtern der ältern Männer der Stempel der Leidenschaften aufgeprägt ist.

Indem wir an den Dörfern el Birpeh und el Kubab vorbeikamen, war man daselbst eben mit dem Dreschen der Halmfrüchte beschäftigt. Diese Arbeit wurde in ganz alttestamentlicher Weise durch Ochsen verrichtet, die man zum Austreten der hingebreiteten Garben im Kreise herumführte. Die Tennen liegen im Freien und sind nichts anderes als kreisförmige Flächen des natürlichen Felsbodens. Derartige Felsentennen gibt es viele im judäischen Gebirge. Theilweise aus uralten Zeiten herstammend, zeugen sie gleichwie die Felsenkeller mit für den Bestand einer einst viel ausgedehntern Bodenkultur. Unsern Weg weiter verfolgend, begegneten wir langen Reihen von Kameelen, welche ihre hochaufgethürmte Garbenlast zu den Tennen hintrugen. Ein Kameel schritt hinter dem andern, auf den einen Zug folgte ein zweiter, auf diesen ein dritter und so fort in einer beinahe nie endenden Kette. Die Züge kamen von den näher oder ferner liegenden Fruchtfeldern her, wo Schaaren von Fellahs den Arbeiten des Schneidens, Bindens und Aufladens trotz der Glühhitze mit Emsigkeit oblagen.

Hatte sich hier das Schauspiel einer palästinensischen Erndte vor unsern Blicken entfaltet, so sah ich im Frühjahr 1866 pflügen und säen. Es ist hier der Ort, des in diesem Land üblichen primitiv einfachen Pfluges zu gedenken. Dieser Pflug hat weder Räder noch Streichbrett. Er besteht aus einem kurzen eisenbeschlagenen Pflugbalken, an welchen die Pflugschar und zwei Stangen befestiget sind, deren eine als Deichsel für das Zugthier, die andere dem Ackerer als Handhabe dient. Das ganze Geräthe ist so leicht, daß, wie ich selbst sah, ein Mann dasselbe auf einer Achsel forttragen kann.

In Ramleh, wo wir ungefähr um fünf Uhr des Abends ankamen, erfreute uns auf der obersten Terrasse des Klosters eine unvergeßliche Aussicht. Zwischen den von der Abendsonne vergoldeten Kuppeln der Moscheen und den Palmenwipfeln von Ramleh hindurch schweifte der Blick über die ungeheure Ebene hin, um sich zuletzt im zarten violetten Dufte des Gebirges Juda träumerisch zu versenken. Wir saßen hier im Schatten eines Weinstockes, welcher, aus dem Klostergarten 22 Fuß in die Höhe aufsteigend, seine Schosse über ein hiefür hergerichtetes Lattenbach breitet. Zwei Patres gesellten sich zu uns. Dieselben machten mir über die hiesigen auf Grund und Boden Bezug habenden Rechtsverhältnisse merkwürdige Mittheilungen. Darnach sind jene Verhältnisse von der einfachsten Art. Das Land gehört beinahe ausschließlich der türkischen Regierung, die es dann den Anbauern gegen Abgabe von einem Fünftheil des Ertrages überläßt. Diese Anbauer sind aber nicht wie unsere einstigen Zehntbauern bleibende Besitzer abgegränzter Grundstücke mit dem Recht, dieselben zu veräußern und an ihre Erben zu hinterlassen. Der Boden ist eben gar nicht vertheilt. Jedermann darf säen, wo er will, das eine Jahr da, das andere dort, und wenn die Erndte eingeheimst ist, kommt der Regierungsbeamte, um die obgedachte Quote zu Handen des Fiskus zu beziehen. Das unangebaute Land bildet eine allen gemeinsame Weide. So besteht hier neben dem Ober-Eigenthum der Regierung der Kommunismus des Besitzes. Es ist einleuchtend, daß solche Zustände nur in einem Lande von sehr dünner Bevölkerung möglich und nicht dazu angethan sind, die Bewirthschaftung des Bodens zu fördern, welch' letztere überdies durch die Unsicherheit der Ernbte vor den räuberischen Beduinen beeinträchtigt wird. Deßwegen finden wir, daß die Kultur in Paläſtina beinahe überall auf die Nähe der Ortschaften beschränkt ist.

Des andern Tages brachen wir schon um drei Uhr nach Mitternacht auf. Denn es bangte uns, den Lloydbampfer zu verfehlen, dessen Ankunft vor Jaffa auf heute Morgens acht Uhr angesagt war. Die Eile war um so mehr geboten, als wir einige im Kloster zu Jaffa zurückgelassene Effekten behändigen, die Zeche berichtigen und mit dem Dragoman abrechnen mußten. Glücklicherweise hatten unsere Pferde einen so guten Schritt, daß wir den Weg bis Jaffa in drei Stunden zurücklegten. Somit war uns daselbst genügende Zeit anberaumt, unsere Angelegenheiten in Ordnung zu bringen.

Noch verbrachten wir eine gemüthliche Stunde mit dem Bruder von Finan und einigen Franzisklanern, deren Gespräch sich um die orientalische Politik der Großmächte drehte. Sobald wir aber das Dampfboot die „Abria" heranfahren sahen, säumten wir nicht mehr, sondern verabschiedeten uns von den gastlichen Vätern, drückten den Brüdern Finan herzlich die Hand und gingen in Begleit zweier Packträger an den Meerstrand hinunter.

Hier lag die Barke zu unserer Aufnahme bereit, aber gleichwie bei unserer Landung war zwischen der Barke und dem Ufer eine Meerlache gebreitet. Nachdem dieses Hinderniß in gleicher Weise wie damals bewältiget worden war, brachten uns zwei Ruderer auf spiegelglatter See an Bord der Abria hinüber.

Wollten wir nach Griechenland gelangen, so mußte in erster Linie Smyrna erreicht werden, weil einzig von da und von Konstantinopel aus direkte Schiffsverbindungen mit den griechischen Häfen bestehen. Das konnte diesmal nur auf dem Wege über Alexandrien geschehen. Denn die Adria war auf der Hinfahrt nach diesem Hafen begriffen und sollte erst von dort nach ihrem Ausgangspunkt Smyrna zurückkehren.

Wir steuerten somit nach Süden. Als wir am Nachmittag des 18. Juni die Höhe von Alexandrien erreicht hatten, ruderte ein Mann auf einem Boote an die Adria heran. Diese hielt einen Augenblick still, um den Mann an Bord aufzunehmen. Es war ein sogenannter Lootse, dazu bestimmt, unser Schiff in den Hafen zu geleiten. Denn das Meer um Alexandrien ist voller Untiefen und Klippen, so daß es eines mit den hiesigen Gewässern vertrauten Piloten bedarf, um die Schiffe vor Unfällen zu bewahren, trotzdem die gefährlichen Stellen durch Säulen oder andere Gegenstände angezeigt sind. Aus dem gleichen Grunde darf kein Schiff des Nachts in den Hafen einlaufen. Der Lootse steuerte zuerst südwestwärts an der Landzunge des Heptastadiums vorüber und ließ dann nordostwärts nach dem Westhafen umbiegen. Auf dieser Fahrt konnte ich mir den Anblick der aegyptischen Küste lebhaft in die Erinnerung einsenken. Rechts und links dehnte sich beinahe im Niveau des Meeres ein braungelber Horizontalstreifen aus, der, von einem röthlichgelben Horizonte bestrahlt, wegen der fabelhaft durchsichtigen Luft unabsehbar weit von dem Auge verfolgt werden konnte. Als wir nach Umschiffung des Heptastadiums der Küste etwas näher gerückt waren, erblickten wir als einzige erhöhte Punkte zahllose Windmühlen und einen viceköniglichen Palast, der aus einem phantastischen Gemenge luftiger Säulenpavillons, Kuppeln und Minarets bestund. Hinter dem breiten Vorhang des Schiffmastenwaldes sah man die weiße Stadt mit ihren Minarets gespensterhaft durchschimmern, während im Hintergrund Palmen und Bananen das flache Panorama abschlossen.

Die Adria lag in Alexandrien drei Tage vor Anker. Während dieser Zeit begab ich mich nur einmal, nämlich am

Sonntag, an's Land, um in der Kirche der Franziskaner dem Gottesdienst anzuwohnen. Es überraschte mich, auch hier wieder orientalisch gekleidete Männer und Frauen, — wahrscheinlich unirte Griechen und Armenier — in der Kirche zu sehen. Die Hitze war so stark, daß wir von anderweitigen Ausflügen absehen mußten. Zudem hatten wir die Merkwürdigkeiten Alexandriens allbereits besichtiget, und einen zweiten Abstecher nach Kairo gestattete die zugemessene Frist nicht.

Uebrigens bot das bewegte Leben im Hafen ein stetsfort anregendes Schauspiel. Lustig flatterten die Flaggen der verschiedenen Seemächte hoch auf den Masten. Das amerikanische Sternenbanner wehte neben dem britischen Kreuz, der Doppel-Adler Oestreich's neben der französischen Trikolore, der moskovitische Adler an der Seite des Halbmonds. Auch Dänemark, die Staaten der Hansa, Spanien, Portugal, Griechenland und die Italia una waren vertreten. Zu jeder Stunde des Tages sah man Schiffe aus- und einlaufen. Unaufhörlich glitten die Ruderboote über den Wasserspiegel dahin, um Passagiere und Waaren nach und ab den Schiffen zu führen. Viele Schiffe, auch das unsrige, wurden mit großen Quantitäten Baumwolle befrachtet. Es gewährte mir Vergnügen, die beim Aufladen beschäftigten Araber zu beobachten, wie sie bei der Arbeit fortwährend sangen und den Aufzug im Takte umdrehten. Mehrere hochbetagte Männer arbeiteten hier, an denen mir auffiel, daß sie ihre sämmtlichen Zähne unversehrt hatten.

Unser nächster Nachbar im Hafen war der Lloyd-Dampfer „Amerika." Derselbe wartete auf das indische Felleisen, um nach Triest abzugehen. Da mehrere unserer bisherigen Reisegenossen, welche unmittelbar nach Europa zurückkehren wollten, auf die Amerika hinübergesiedelt waren, so machten wir uns gegenseitig Besuche, was einige Abwechslung in unser Stillleben brachte. Doch ging die Amerika einen Tag vor der Abria ab.

Unsere Ueberfahrt nach Smyrna, welche drei Tage andauerte, war in mehr als einer Hinsicht interessant. Was vorerst die Gesellschaft betrifft, so bildeten auch diesmal die Passagiere der dritten Klasse die weitaus überwiegende Mehrzahl. Das Schiff war mit diesen Leuten dermaßen angefüllt, daß man Mühe hatte, sich des Tags über auf dem zweiten Verdecke und des Nachts sogar auf dem ersten zu ergehen. Denn auch das letztere, dessen Mitte man ohnehin durch einen Latten-Verschlag abgesperrt hatte, wurde durch zahllose Schläfer in Besitz genommen. Jene Deck-Passagiere waren größtentheils Türken, Griechen und Juden, entweder Kaufleute oder solche, die von dem Besuche ihrer in Aegypten angesiedelten Verwandten nach der Heimat zurückreisten. Daß das Deckleben dieser zusammengepferchten Menschenmasse mit ihren fremdartigen Sitten und malerischen Trachten dem Beobachter mancherlei originelle Erscheinungen vorführte, mag der Leser sich denken. Wenn die Glieder der beiden erstgenannten Nationen in Haltung und Anzug einen gewissen würdevollen Anstand zur Schau trugen, so stellten dagegen die walachischen Juden in ihren abgetragenen Weiberröcken, mit ihren durchlöcherten schimmlichten Filzhüten und ungekämmten Bärten wahre Musterbilder des Schmutzes und der äußern Vernachlässigung dar.

Unter den Passagieren der ersten und zweiten Klasse machten wir vor andern mit zwei am Suez-Kanal angestellten französischen Technikern und einem norddeutschen Reisenden Bekanntschaft. Der letztere stund im Begriff, nach Klein-Asien, Mesopotamien und Persien eine Geschäftsreise anzutreten. Es war eben die Zeit, wo in London die Konferenz der Großmächte zur Schlichtung der dänisch-deutschen Streitfrage tagte. Weil nun die britische Regierung für das Interesse Dänemarks eintrat, herrschte damals in Deutschland gegenüber dem stammverwandten England eine feindselige Stimmung, welcher unser Reisegefährte Ausdruck verlieh. Er berührte damit bei den jungen, durch Palmerston's Intriguen gegen den Suez-Kanal besonders verbitterten Franzosen eine harmonisch anklingende

Saite. Als aber diese die Eventualität eines französisch-englischen Krieges mit der Rheinfrage in Zusammenhang brachten, war der Einklang verschwunden. Aller Franken Augen waren auf die bildschöne italienische Sängerin Cortesi gerichtet, welche den Winter über an der Oper in Alexandrien gesungen hatte und sich zur Gastirung nach Konstantinopel begab. Jedoch alle diese Persönlichkeiten wurden durch eine originellere Erscheinung in den Hintergrund gedrängt. Es waren das zwei persische Prinzen, von dem Schach zur Begrüßung des türkischen Sultans entsendet. Ihr Harem blieb, unsichtbar aber keineswegs unhörbar, während der ganzen Dauer der Ueberfahrt in einem Salon verschlossen, wo hinein nur die Kammerfrau des Schiffes und der dienende Eunuch ihren Fuß setzen durften. Die Prinzen speisen den ersten Tag am gemeinsamen Tisch, dagegen später allein, weil sie, wie uns gesagt ward, von Jugend auf gewöhnt, mit den Händen zu essen, in die Manipulation unserer Bestecke sich nicht finden konnten. Mehr als diese für uns schon der Sprache wegen unzugänglichen Fürstensöhne, deren Gesichtsausdruck einen geringen Grad geistiger Entwicklung bekundete, nahm ihr Kanzler oder Minister unser Interesse in Anspruch. Dieser junge Mann war durch mehrjährigen Aufenthalt in London, wo er als persischer Gesandter fungirte, ganz zum europäischen Diplomaten geworden. In seinen Augen spiegelte sich geistige Begabung mit orientalischer Schlauheit gepaart. Er sprach vortrefflich französisch und führte mit uns ein längeres Gespräch über politische Dinge, worin er sich als gründlichen Kenner der europäischen internationalen Beziehungen zeigte. Merkwürdig war mir, daß auch er das Klagelied über die Unverläßlichkeit Englands anstimmte. Dem Lord Palmerston schrieb er eine umfassende Kenntniß des Personellen der europäischen Diplomatenwelt zu.

Mehr noch als die gesellige Unterhaltung bot mir während der Ueberfahrt die Naturbetrachtung reichen Genuß. Wir hatten fortwährend spiegelglattes Meer und wolkenlosen Himmel.

Eigenthümlich schön war der Sonnen-Untergang an jenen Abenden, wo wir uns, wie man zu sagen pflegt, zwischen Himmel und Waffer befanden. Das neigende Tagesgestirn zeigt auf dem Meere die Gestalt einer Kugel, wie wenn ein leuchtender Kristallball über der Meeresfläche schwebte. Man sieht die Leuchtkugel in das Meer hineintauchen, in welchem Augenblicke es scheint, als sei der untere Kugelpol urplötzlich platt gedrückt worden. Diese Polplatte wird nun breiter und breiter, die Kugel gestaltet sich zur Halbkugel und so fortschreitend zu einem mit jeder Sekunde sich verkleinernden Segmente, bis zuletzt nur noch der obere Pol als eine feurige Scheibe auf dem Seespiegel strahlt. Schnell zieht die Scheibe zum Flecken, der Flecken sich zum Punkte zusammen und wenn dann auch dieser letztere blitzschnell versinkt, so weiß man, daß die Sonnenkugel nach ihrem ganzen Umfange in das Wasser-Grab untergetaucht ist. Noch läßt sie während einiger Minuten einen Reflex über den Gewässern zurück, aber bald wälzen die Schaumwogen ihre Decke darüber, und Niemand vermag mehr die Stelle, wo die Sonne unterging, näher zu bestimmen. So lange wir uns im tiefern Süden befanden, fiel bei einbrechender Nacht ein so starker Thau, daß, wer auf dem Verdecke blieb, wie von einem feinen Regen gründlich durchnäßt ward. Ferner breitete der nächtliche Himmel unter jenen Breitegraden eine Sternenpracht aus, wie wir sie in unserm Norden niemals zu sehen bekommen.

  In Smyrna hatten wir eine Nacht und einen Tag zu verweilen. Leider trafen die Stunden der Bahnzüge auch diesmal nicht zu, um uns den so sehnlichst gewünschten Besuch der Tempel-Ruinen von Ephesus zu ermöglichen. Jedoch wurde der Tag in anderweitiger Weise verwerthet. Ein frischer Morgenritt brachte uns am 25. Juni auf den Gipfel des Pagos. Es ist das der altgriechische Name des Hügels, an dessen Fuß das heutige Smyrna südlich sich anlehnt. Wenn uns hier vor allem die prachtvolle Aussicht auf den Golf, die Stadt und die umliegende Landschaft entzückte, so regten die Ruinen und Erinnerungsstätten, welche auf dem klassischen, jetzt aber kahlen und vereinsamten Bergrücken sich vorfinden, nicht minder unsere Aufmerksamkeit an. Schon die Burg auf der Höhe ist merkwürdig genug. Ihr umfangreiches, gewaltiges Mauerwerk, ihre noch gut erhaltenen Thürme, die vielen Cisternen, die in verschiedenen Richtungen zu unbekannten Endpunkten hinführenden unterirdischen Gewölbe, das alles zeigte, daß wir es mit einer Festung von welthistorischer Bedeutung zu thun hatten. Ohne Zweifel ist sie an der Stelle der altgriechischen Akropolis erbaut. Die verfallene Moschee im Innern des Burghofes soll die erste christliche Kirche in Smyrna gewesen sein. Ob der ursprüngliche Bau von den Römern oder den Venetianern herrühre, wer wollte das mit Sicherheit entscheiden?

Etwa einen Steinwurf südwestlich der Burg glaubt man in einer Aushöhlung des Berges das altrömische Stadium zu erkennen, wo einst der heil. Polykarpus auf dem Scheiterhaufen als Märtyrer starb. Eine einsam über wenigen türkischen Gräbern dastehende Cypresse bezeichnet die Stelle der Hinrichtung. Unweit davon liegen die Ruinen einer Kapelle, welche die Byzantiner zu Ehren des Märtyrers errichtet hatten.

Polykarpus, Bischof von Smyrna, trug in sich den Geist des Jüngers der Liebe, dessen Schüler er war. Als der Prokonsul ihn aufforderte, Christum zu schmähen, sprach er die unsterblichen Worte: „86 Jahre habe ich Christus gedient, und „er hat mir nie etwas Uebles gethan; wie könnte ich meinen „Heiland und Herrn schmähen!"

Nach Durchstreifung des Pagos führte uns der Dragoman in ein anmuthiges Thal, dessen Grund die Gewässer des Mene's bespülen. Der Sommer hatte den kleinen Fluß in ein Bächlein verwandelt. Das Bächlein rieselte träge und wasserarm in dem hinter blühendem Oleandergebüsch verborgenen Kiesbette fort. Hochstämmige Platanen und die Riesenblätter des Feigenbaums breiteten über die Thalhänge erfreulichen Schatten.

In den Gärten funkelte der Purpur der Granaten, Geißblatt-hecken schwängerten die Luft mit wohlriechenden Düften, lustig sangen die Vögel und schwirrten die Cikaden. Ein griechisches Kloster stand einsam in einem Winkel des Thals und eine altrömische Wasserleitung, unter deren einem Bogen unser Weg hindurchführte, rief die Erinnerung wach, daß wir uns auf klassischem Boden befänden. In der That! es war ja ein kleines Stück Jonien, das wir hierorts durchwanderten.

Unser Umritt in der eigentlichen Landschaft währte volle drei Stunden. Er endete an der Karavanenbrücke, von wo wir uns auf den früher erwähnten offenen Platz neben dem fränkischen Kasino begaben. Indem wir uns daselbst mit einer Schale Gefrornem erfrischten, ereignete sich etwas, dessen uns der Orient längstens entwöhnt hatte. Das waren Donner, Blitz und reichlicher Regen, der erste, den wir seit Venedig erlebten. Zwar hielt der letztere nicht lange an, wogegen die Gewitterwolken noch eine geraume Zeit hindurch ihre wilde Jagd am Horizonte fortsetzten.

Diese Wetter-Phase bewirkte, daß bei unserer Abfahrt von Smyrna, welche um vier Uhr des Nachmittags stattfand, eine eigenthümlich schöne Beleuchtung und Färbung über den großen Seebusen sich legte. Phosphor-Gluth streifte die Gipfel des Gebirgs. Das Meer war grün und von weißen Schaumwellen durchwirkt. Der Regen hatte die Strandfläche dermaßen erfrischt und begrünt, daß sie mir die Uferpartien des Vierwaldstättersee's vor die Phantasie zurückzauberten, während die in einem großen Halbkreise gezogene Stadt blendend weiß im Hintergrunde des Seebusens blinkte. Der Westwind blies heftig und schwellte die Segel einer Menge von Barken, welche lustig dem Hafen zusteuerten. Mit Interesse beobachtete ich die Vorsicht, womit unser Dampfer den Untiefen auswich, so wie die Art und Weise, wie der Kapitän zu diesem Behuf die Richtung des Schiffes kommandirte. Er stand auf der Schiffsbrücke, welche in ziemlicher Höhe über die Mitte des Verdeckes sich wölbt, und hatte seine Blicke unverwandt nach vornen gerichtet. Hier gab er durch Bewegungen der Arme dem Steuermann die jeweilig vorzunehmenden Wendungen an. Je nachdem nämlich der Kapitän seinen rechten oder linken Arm ausstreckte, mußte der Steuermann rechts oder links schwenken, und hob der erstere die Hand in die Höhe, so wußte der letztere, daß er die gerade Richtung einhalten solle. Des Nachts wurden die Kommandozeichen durch das Hin- und Herschieben von Lichtern vermittelt.

Diese vorsichtige Führung ward dann auch außerhalb des Smyrnaer-Golfs in dem insel- und klippenreichen griechischen Archipelagus fortgesetzt. Bei Tag und bei Nacht hielt ein Offizier auf der Schiffsbrücke Wache, indem je einer den andern periodisch ablöste.

Ein vielgereister Amerikaner soll die Aeußerung gethan haben: das schönste, was er gesehen, sei der griechische Archipel. Auch auf mich brachte dieses Labyrinth unzähliger Inseln, welche, verschieden an Größe und Formen, in der Nähe und Ferne blau aus dem blauen Meere auftauchten, einen unbeschreiblichen, tief poetischen Eindruck hervor, selbst dann, wenn ich von den klassischen Namen und Erinnerungen hätte absehen wollen. Unser Dampfer warf nach vierundzwanzigstündiger Seefahrt am Nachmittag des 25. Juni in Syra die Anker. Daselbst bestiegen wir den die Linie Athen-Syra bedienenden Lloyddampfer, der „Oriente," weil das Schiff, so uns hieher gebracht hatte, nach Triest bestimmt war.

Die Ueberfahrt nach Athen habe ich als den Glanzpunkt aller meiner Seereisen in meinem Gedächtnisse notirt. So lang es noch Tag war, rollten uns die kleinen Felseneilande, an deren Fuß wir vorbeifuhren, mit ihren Höhlen, Klüften und Grotten eine Reihe von Ansichten auf, die ihres Gleichen an Originalität und Großartigkeit suchen. Die Nacht war herrlich, die Luft milde, das Meer ruhig und der Sternenhimmel glänzte so wunderbar, daß ich mich an demselben nicht satt sehen konnte. Rings um uns herrschte eine feierliche Stille, in welcher der zeitweilig angestimmte melodische Matrosengesang um so ergreifender wirkte. Unser einziger Reisegefährte war ein französisirter Athenienser. Dieser gebildete Mann und patriotische Neugrieche wußte von seinen großen Vorfahren mit so warmem Interesse zu erzählen, als ob Themistokles und Perikles noch gestern gelebt hätten. Gegen Mitternacht zogen wir uns in unsere Kajüten zurück und wachten vom Schlafe erst dann wieder auf, als unser Schiff bereits in den Busen von Aegina eingelenkt hatte, die Sonne hinter dem Hymettus aufstieg und die Akropolis von ferne sich zeigte.

Angesichts dieser Dinge drückte mir mein Freund, Hr. Pfarrer L....., bedeutungsvoll die Hand. Fast schien es, als hätte ein wunderbarer Morgentraum unsere Augen umdämmert, als wir uns plötzlich nach dem ersten Erwachen in das Herz des vielgepriesenen Hellas hineinversetzt sahen. Dennoch vermochte ich nicht, mich zu der Begeisterungshöhe meines jüngern und philologisch gebildeten Gefährten zu erschwingen. Meine klassischen Studienjahre lagen längst hinter mir. Kühler geworden ward es mir unmöglich, für die Geschichte eines allerdings hochbegabten Volkes zu schwärmen, das den Aristides verbannte, dem Sokrates den Giftbecher reichte, und dessen größter Held, Themistokles, sein Vaterland aus schnödem Ehrgeize verrieth.

Was aber von jeher in meinem Gemüthe die wärmsten Empfindungen weckte, ist die Schönheit der Natur und in dieser Beziehung darf der Eingangsgolf zu der Stadt der Athene den berühmtesten Gegenden des Südens an die Seite gestellt werden. Als wir zwischen der Insel Aegina und dem Festlande von Attika durchschifften, schien der Golf zu einem Landsee verengt, den die mannigfaltigst gestalteten Gebirge in schweizerisch großartiger Weise umrahmten. Sie, die ungefähr drei Stunden lange Insel, senkte ihre hohen Felswände schroff in das Meer hinab und thürmte sich im Süden, 1500 Fuß hoch,

zu einem Bergkegel auf, den die Neugriechen den heil. Elias-
berg heißen. Rechts breitete der gerundete Hymettus seine
Buschwälder aus; hinter ihm zeigten sich die Marmorbrüche
des Pentelikon, etwas weiter nach Westen die Pyramide des
Lylabettus und nach der gleichen Richtung in der Ferne der
Parnes. Vor uns lag, scheinbar mit dem Festlande verbunden,
die weltberühmte Salamis. Dann, nachdem wir die Insel
Aegina hinter uns hatten, erblickten wir den Isthmus und
sahen das ferne Berg-Chaos des Peloponneses im Morgenroth
glänzen. Noch dampften wir an der weiten Bucht des Phalerus vorbei, worauf unser Schiff, plötzlich nach Norden um-
lenkend, in den Piräus einlief.

Dieser weltgeschichtliche Hafen ist durch zwei vorspringende
Halbinseln natürlich gebildet. Er ist länger als breit, namentlich schmal an der Mündung, tief und geräumig genug, um
eine ansehnliche Flotte zu bergen. An der östlichen Halb-Insel,
die den Namen Munychium trägt, zeigte man uns in einer
Felsenhöhle das Grab des Themistokles. Bekanntlich war es
dieser Mann, der den Piräus zum Kriegshafen umschuf, und
die eben genannte Halbinsel mit einer Quadermauer von
60 Fuß Höhe und 15 Fuß Dicke umgürtete, welch' letztere dann
später durch eine Doppelmauer mit den Befestigungen Athen's in
Verbindung gebracht ward. Vor ihm bedienten sich die Athenienser
nur des einen Hafens Phalerus, der nebst dem dritten Munychia
an der Ostseite jener gleichen Halb-Insel liegt. Noch finden
sich Ueberreste dieser von Sulla gründlich zerstörten Ringmauer vor. Sonst bietet der Piräus dem Alterthumsforscher
keine Ausbeute mehr. Denn die zwei bronzenen Löwen, welche
einst am Eingange des Hafens aufgestellt waren, wurden im
Jahr 1686 durch den Dogen Morosini nach Venedig verführt.

Zur Zeit unserer Ankunft lagen eine englische Fregatte
und eine griechische Handelsflotille im Hafen vor Anker. Die
kleine Hafenstadt hatte mit ihren stattlichen Häusern und Ziegel-
dächern ein ordentliches europäisches Ansehen. Nachdem die

libera pratica, b. h. die Erlaubniß zum Landen, eingelangt war, ruderte ein Bootführer uns und unser Gepäck zur Douane. Die dortigen Geschäfte waren, Dank dem blinkenden Beschleunigungsmittel, bald abgethan und sofort bestiegen wir einen Wagen zur Fahrt nach Athen, welches etwa anderthalb Stunden landeinwärts in einer Ebene liegt.

Unser Kutscher raste wie ein Toller auf der gutgebauten Straße dahin, machte aber plötzlich Halt vor einer Schenke, um die Pferde ausschnaufen und mehr noch, um sich durch die Reisenden ein Gläschen Raki darreichen zu lassen. Zu beiden Seiten der mit hohen Platanen eingefaßten Straße stunden Weinreben, Olivenhaine, Mandelbäume, Tabak- und Baumwollenpflanzungen im üppigsten Wuchs. Leider jagte uns ein plötzlich aus irgend einem Bergwinkel hervorbrechender Sturmwind so mächtige Staubwolken in's Gesicht, daß wir keinen freien Ausblick mehr auf die Umgegend hatten. Nach einer einstündigen Fahrt bog die Straße plötzlich direkte nach Osten. Statliche Gebäude erhoben sich beidseitig. Fast ohne es zu wissen, waren wir in Athen angelangt, weil die Stadt weder Schanzen noch Thore besitzt. Noch eine Wendung nach Norden und unser Wagen hielt vor dem Hotel b'Angleterre in der Aeolusstraße an, wo wir absteigend die netteste, reinlichste und komfortabelste Einrichtung nebst trefflicher Verköstigung vorfanden, was uns nach den vorhergegangenen Strapazen und Entbehrungen um so besser behagte.

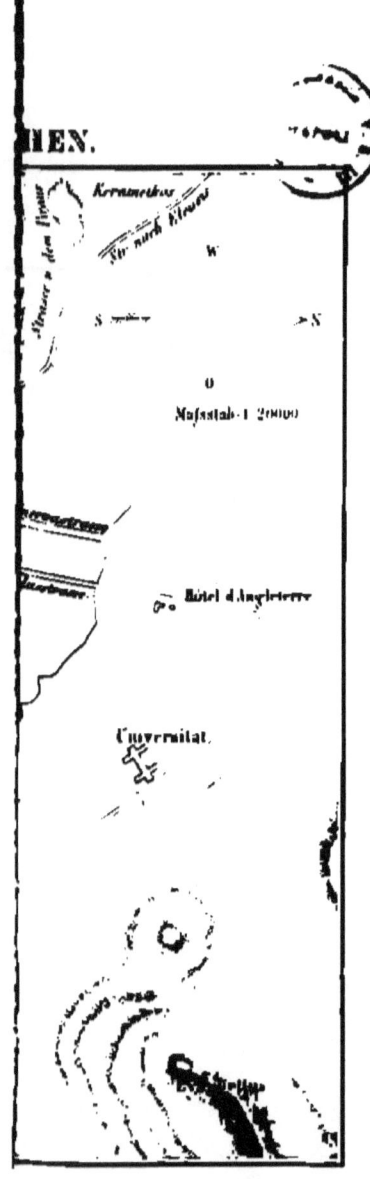

2. Vier Tage in Athen.

Erster Tag.

Herr L..... hatte aus Bern Empfehlungsbriefe an den General-Lieutenant Hahn mitgebracht. Der Name dieses Offiziers war mir nicht unbekannt. Seine militärische Tüchtigkeit und altschweizerische Soldatentreue wurden während der letzten Jahre in der europäischen Zeitungspresse zu wiederholtenmalen rühmend hervorgehoben. Hahn hatte den ersten Empörungsversuch gegen König Otto im Jahr 1862 unterdrückt. Dagegen war er beim Ausbruch der Revolution von 1863 eben auf der Rückreise aus der Schweiz nach Griechenland begriffen und erreichte Athen leider erst dann, als der bereits vollzogene Abfall der Truppen jeden Widerstand gegen die Empörung verunmöglicht hatte. Der Wunsch, diesen Mann persönlich kennen zu lernen, ließ uns mit Abgabe der Briefe nicht lange säumen. Der General, eine schlanke und hochgewachsene Figur, an der jeder Zoll den Soldaten kennzeichnete, empfing uns als Landsleute mit einfacher Freundlichkeit, stopfte sofort drei Türkenpfeifen, reichte je eine meinem Freunde und mir, behielt die dritte für sich, und bald hatten wir, indem die feinen Rauchwollen spiralförmig aufstiegen, ein interessantes Gespräch angeknüpft. Begreiflicherweise wandte sich dasselbe, nach stattgehabtem Austausch von Fragen und Antworten über das Befinden der Freunde in Bern, den jüngsten Ereignissen in Griechenland zu. Der General verdammte die Revolution mit soldatischer Derbheit, brandmarkte die Niederträchtigkeit der gegenwärtigen Wirthschaft und bediente sich auch, wo er auf die Palmerston'sche Politik gegenüber seinem Adoptiv-Vaterlande zu sprechen kam, der rückhaltslosesten Ausdrücke. Er bemerkte, daß die Revolutionen in Griechenland von oben, nämlich durch die Häuptlinge der Dörfer gemacht werden, was diesen, weil sie in der Armee die höhern Stellen bekleiden, um so leichter gelinge. Den König Otto schilderte der General als einen Gentleman und noblen Karakter, aber als träge, unentschlossen und über Kleinigkeiten das Große vernachlässigend. Die Königin nannte er eine geistreiche und kunstsinnige Dame; sie sei aber herrisch und hätte ihre Kräfte überschätzt. Während des Krimkrieges soll sie zu einem fremden Künstler die Worte gesprochen haben: „In zwei Jahren sind wir in Konstantinopel." Statt dessen fiel der hohen Frau die Krone vom Haupt, und es stünden zur Zeit, wo wir dieses schreiben, die Türken in Athen, hätte die Pariserkonferenz den wegen der kretischen Angelegenheit entstandenen griechisch-türkischen Konflikt nicht noch rechtzeitig vermittelt. Seine letzte Hoffnung für Griechenland setzte Hahn auf die Deputirten der jonischen Inseln, welche, wenn sie sich eng aneinander schlößen, in der griechischen Nationalversammlung einen maßgebenden civilisirenden Einfluß ausüben dürften.

Hahn 1800 in Ostermundigen bei Bern geboren, schiffte sich, nachdem er einige Jahre als Unterlieutenant in Preußen gedient hatte, 1825 nach Griechenland ein, um den Befreiungskrieg mitzumachen. Daselbst schloß er sich an den Obersten Fabvier an, unter dessen Befehl er und sechsundfünfzig andere Philhellenen sich mitten durch das türkische Belagerungskorps auf die Akropolis durchschlugen. Wie er hier, auf einem Säulenfuß des Parthenon sein Lager aufschlagend, ohne Obdach, ohne andere Nahrung als geröstete Gerste und Regenwasser, unter dem Kugel- und Bombenhagel der Türken sechs

volle Monate zubrachte, bis die Besatzung durch die Vermittlung
des Admirals Rigny freien Abzug erhielt — all' das schilderte
uns der General mit wenigen Worten.*) Unter König Otto
avancirte er von Grad zu Grad bis zum Rang eines General-
lieutenants, als welcher er unmittelbar nach der Umwälzung,
jedoch nur mit Majors Penſion, in den Ruheſtand verſetzt
ward. Dieſe Unbill kränkte ihn tief. Doch wurde ſie nicht
lange nach unſerer Anweſenheit in Athen wieder gut gemacht.
Man ernannte Hahn zum Gouverneur der joniſchen Inſeln,
und da er es vorzog, in ſein Vaterland zurückzukehren, wurde
ihm die Generalspenſion zugeſprochen. Seither lebte Hahn
während des Sommers in Bern, während des Winters in
Athen und endete den 4. Juli 1867 ſein thatenreiches Leben.

Beim Abſchiede hieß uns der General ſeine ſo eben ge-
rauchten Türkenpfeifen als Andenken behalten. Dankbar nahmen
wir das ſinnige Geſchenk ſo wie auch das gefällige Anerbieten an,
uns heute Abend auf die Akropolis geleiten zu wollen. Der ſtür-
miſche Nordoſtwind, der uns dieſen Morgen den Staub der
Piräusſtraße in die Augen gejagt hatte, raste noch immer. Er
kühlte die Luft ab und überzog den Horizont mit dichtem Gewölk. Noch machten wir einen Gang auf die Poſt und waren
kaum in das Hotel zurückgekehrt, als plötzlich ein Donnerſchlag
krachte, dem in kurzen Zwiſchenräumen andere folgten. Gleichzeitig zuckten die Blitze, der ſtrömende Regen ward durch den
orkanartigen Sturmwind an unſere Fenſter gepeitſcht und gegen
den Pentelikon zu gewahrte man ſchwerfallenden Hagel. Doch
der Himmel Athens kann nicht lange zürnen. Das tobende
Element legte ſich bald, die Sonne warf ihre glühenden Strahlen
in die Regenſchauer hinein, und gegen die Akropolis zu wölbte

---

*) Eine ausführliche Erzählung ſeiner Erlebniſſe während dieſer denk-
würdigen Belagerung hat Hahn in ſeinen Memoiren hinterlaſſen.
Dieſelben wurden von Hrn. Pfarrer Ludwig im Berner Taſchen-
buch, Jahrg. 1870 und 1871, im Druck herausgegeben.

sich ein majestätischer Regenbogen. Nach ungefähr einer Stunde war alles vorüber. Bei uns in der Schweiz wären auf ein derartiges Gewitter acht Tage Kälte und Regen gefolgt. Hier gewann die Natur alsogleich ihr früheres Aussehen wieder. Ja! der Himmel war blauer als vorhin und die Sommerhitze die gleiche, wie wenn kein Regen und Hagel gefallen wären.

Jetzt war es endlich an der Zeit, in der Stadt des Perikles uns umzusehen. Wir lassen uns einen kundigen Cicerone holen und weisen ihn an, uns während der Nachmittagsstunden, die bis zu der auf fünf Uhr Abends anberaumten Table b'hote erübrigten, nach den nächstgelegenen Ueberresten des Alterthums hinzuführen. Bevor ich aber mit meinen Lesern zu jenen denkwürdigen Stätten im Geiste hinpilgere, dürfte es angezeigt sein, zuerst die Physiognomie der heutigen Stadt mit einigen Strichen zu zeichnen. Die Eindrücke, die ich von derselben empfing, fasse ich unbedenklich dahin zusammen: Es ist das heutige Athen eine freundliche, nette, halbwegs modern-europäische Stadt, die in etwas an die Residenzen der deutschen Mittel- und Kleinstaaten erinnert.

In der Ebene von Attika liegend, von den Flüßchen Kephissus und Ilissus umschlossen, lehnt es sich im Süden an den Burgfelsen an, während es im Osten den Fuß des die Stadt malerisch überragenden hohen Lykabettus berührt. Zwei breite, geradlinige Hauptgassen, die Hermes- und Aeolusstraße, durchschneiden rechtwinklicht die Stadt in Form eines Kreuzes. Jene zieht sich westöstlich nach dem königlichen Schloß, letztere führt von Norden nach Süden an die Akropolis hin. Diese beiden Gassen bilden die Hauptadern des Verkehrs. Sie sind mit Trottoirs versehen und zu beiden Seiten mit Modenmagazinen, Buch- und Kunsthandlungen, Kaffeehäusern, Barbierbuden, saubern Werkstätten, reinlichen Bäcker- und Fleischerbuden eingefaßt. Ganz modern ist der Nordostviertel der Stadt, die sog. Neapolis, angelegt. Man findet daselbst lauter breite, nach der Schnur gezogene Gassen und viele schmucke und stattliche Häuser. Ferner sind die meisten der öffentlichen Gebäude der Neuzeit als: das königliche Schloß, das Theater, die jüngst erbaute katholische Kirche, die Universität und das Polytechnikum in dieser Vorstadt gelegen. Es ist hier der Ort zu bemerken, daß Athen auffallend reich an gemeinnützigen Anstalten ist, unter denen wir, außer den beiden letztgenannten Instituten, die nautische Schule, das Waisenhaus für Knaben, jenes für Mädchen, das Blindeninstitut, Irrenhaus, den botanischen Garten und die Sternwarte anführen. Alle diese Anstalten wurden von im Auslande lebenden Griechen errichtet — eine Thatsache, die beweist, daß, wenn man auch an den Neuhellenen Vieles aussetzen mag, es ihnen doch nicht an Patriotismus gebricht.

Anders als in den vorbenannten Quartieren sah es freilich in dem südlich der Hermesstraße gelegenen Stadttheile aus. Hier mochte man wieder in jenen engen und winklichten Gäßchen umherirren, wie wir sie im Orient zu sehen gewohnt waren. Dennoch war auch hier der Eindruck nicht allzu ungünstig.. Die kleinen, einstöckigen Häuschen, je eines von einer Familie bewohnt, sahen sich heimeliger an, als die großen, schwarzen Steinhäuser der Lyoner Fabrikarbeiter, und was die Hauptsache, die Reinlichkeit betrifft, so war es damit bedeutend besser bestellt als in den mahomedanischen Städten. In den Gassen herrscht das rege Leben südlicher Städte. Durch die Aeolus- und Hermesstraße rasseln zahlreiche Wagen und tummeln Reiter in Fez und Fustanella ihre feurigen Rosse. Jene malerische Nationaltracht wird von den schlankgewachsenen Männern der untern und mittlern Stände noch vielfach getragen, während die Vornehmen europäisch sich kleiden. Auch die Damen Athens entnehmen ihre Toiletten dem neuesten Pariser-Modejournal, nur daß sehr oft ein rother Fez mit einer Quaste von Gold- und Silberfäden ihren schönen Haarschmuck kokettisch bedeckt. Wie überall im Orient sind die Kaffeehäuser und Resinaschenken den ganzen Tag über mit Gästen besetzt. Daselbst und in den Barbierbuden legen sich die athenensischen Philister die Politik Europa's zurecht, und predigen wohl auch den Krieg gegen den türkischen Erbfeind. Dagegen wird wenig getrunken. Die Mäßigkeit und Sparsamkeit gehört mit zu den Lichtseiten der Neugriechen, daher es kommt, daß man in den Straßen weder Bettler noch Betrunkene trifft.

Was aber hier gleich anfänglich auf den Geist des Reisenden eine ganz eigenthümliche Wirkung hervorbringt, das ist der Umstand, daß man mit jedem Schritt und Tritt griechischer Schrift und griechischer Sprache begegnet. Alle Aufschriften der Buden, Werkstätten, Kaffeehäuser sind griechisch geschrieben, griechische Plakate bedecken die Mauern, griechische Bücher sind an den Schaufenstern der Buchläden ausgestellt und tritt man in ein Kaffeehaus ein, so findet man lauter griechische Zeitungen aufliegen. Die Phantasie wird durch diese Erscheinungen in einen Zauberkreis antiker Erinnerungen eingebannt. Man möchte sich für einen Augenblick der Selbsttäuschung hingeben, als wäre wirklich das alte Athen aus dem Grabe erstanden. Dazu kommt noch, daß beinahe alle Gassen die Namen hochberühmter Männer des Alterthums tragen. Wohl mag der nüchterne Abendländer spöttisch den Kopf schütteln, wenn er an den Ecken der armseligsten Gäßchen die Aufschriften „Demosthenes-", „Euripides-", „Diogenes-", „Sophoklesstraße" und andere ähnliche liest. Allein der Neugrieche läßt sich nun einmal seine vermeintliche Abstammung von den Siegern zu Marathon und Salamis nicht nehmen, und lebt in dem Glauben, daß sein neues Königreich Griechenland die Wiedererstehung und Fortsetzung des Hellas des Alterthums sei.

Selbstverständlich nahm das alte Athen mit seinen 200,000 Seelen zur Zeit des Perikles einen weit größern Raum ein als die jetzige Stadt, welche in der Gegenwart nicht viel über 35,000 Einwohner zählt. Alle Städte des hellenischen Alterthums wurden so angelegt, daß man sich einen nicht zu steil abfallenden Berg oder Hügel aussuchte, denselben mit

einer Burg oder Akropolis krönte und dann die eigentliche Stadt
den Abhang hinab und von da weiter in die etwa vorhandene
Fluß- oder Strandebene zog. So begann auch Athen auf
einem Felshügel, der wegen der dort erbauten Burg der Burghügel oder die Akropolis benannt ward, und dehnte sich dann
später nach Süden und Westen hin aus, während die moderne
Stadt sich mehr nordwärts erstreckt. Gegen Süden lief das
alte Athen die Ufer des Ilissus hinunter; im Westen bedeckte
es eine Reihe von Hügeln, welche im Laufe der Zeit die Benen-
nungen des Areopags, der Pnyx, des Nymphen- und Mu-
seionhügels erhielten. Diese Hügel — einst die Bühne, worauf eines der größten und interessantesten Dramen der Weltgeschichte spielte — sind jetzt unbewohnt, verlassen und öde.
Nicht einmal der Pflug hat sich des klassischen Bodens bemächtigt und kein Baum breitet darüber seinen erquickenden
Schatten. Wir werden später auf diese Hügel zurückkommen
und gehen nun zur Chronik unserer heutigen Ausgänge über.

Den Schritten unseres Cicerone nachfolgend bewegten wir
uns durch die Aeolusstraße in der Richtung gegen die Burg,
kreuzten die Hermesstraße und gelangten auf einen Platz, wo
zuerst ein sehr merkwürdiges Monument aus dem Alterthum
unserer Betrachtung sich darstellte. Es war der sog. Thurm
der Winde, ein achteckiger Bau, der sich inmitten des Platzes
aus einer kreisförmigen Vertiefung erhebt. Im Jahr 35 v. Ch.
durch den Syrer Andronikus Kyrrhestes errichtet, diente er den
Atheniensern als Wetterzeiger und Stadtuhr zugleich. Zu
dem erstbenannten Zwecke war, wie Vitruv bezeugt, oben auf
dem bei 40 Fuß hohen, in eine Art Säulenkapitäl auslaufenden Gebäude ein beweglicher, eherner Triton angebracht gewesen, der die Richtung und Natur des Windes andeutete, indem er mit seinem Stab in der Rechten auf eine der kolossalen
Relieffiguren hinwies, welche die acht, den Hauptgegenden der
Windrose zugekehrten Seitenwände der Gebäulichkeit zierten.
Diese Reliefs sind theilweise noch sehr gut erhalten, mit leser-

lichen Inschriften versehen und karakterisiren in mythologisch poetischer Weise die Natur und die Wirkungen der verschiedenen Winde. In die Aeolusstraße schaut ein langbärtiger, runzeliger, in seinen Mantel sich einhüllender, unfreundlicher Greis. Das ist der **Boreas**, der regenlose Nordwind, der in Attika sehr heftig brauft und durchdringende Kälte erzeugt. Auch **Kaikias**, der Nordoftwind, der nun folgt, hat die Gestalt eines alten, bärtigen Mannes. In seinen Armen hält er einen Schild, aus dem er Hagelkörner und Regentropfen schüttet. Denn der Nordoftwind führt hier zu Lande, was wir heute Morgen erfuhren, Hagel, Schnee und strömenden Regen herbei. Der **Apeliot** oder Oftwind ift ohne Bart; er trägt in seinem Mantel Aehren und Obst, andeutend, daß er im Sommer sanfte, das Gedeihen der Baum- und Feldfrüchte fördernde Regen mit sich bringe. **Euros** der Südoft, ift schon wieder bärtig und will durch seinen flatternden Mantel und seine fliegenden Haare die ihm eigene Heftigkeit kund thun. In anmuthiger Jugendfrische find **Notos**, **Libs** und **Zephyros**, der Süd-, Südweft- und Westwind, dargestellt. Der erste gießt etwas Wasser aus einem Gefäß; der zweite, der Schifffahrt besonders günftig, gibt mit seiner Schiffergabel das Zeichen, daß es Zeit sei, in die See zu stechen, und der dritte schwebt in einem leichten, mit Blumen gefüllten Mantel unbeschuht, als ein milblächelnder Jüngling dahin. Nicht so der **Skiron** oder Nordweft. Der ist abermals ein bärtiger Alter mit großem Mantel und dicken Stiefeln, welcher, finfter dreinschauend, Waffer aus einer großen Schaale ausgießt.

Was nun die andere Bestimmung des Windthurms betrifft, nämlich die: gleichzeitig als öffentliches Horologium zu dienen, so wurde dieselbe durch acht je unter einer Relieffigur angebrachte Sonnenuhren und eine Wafferuhr oder Klepsydra vermittelt. Noch find die Vertiefungen bemerkbar, in welchen die Stäbe der Sonnenuhren eingesenkt waren. Die Wafferuhr befand sich im Innern des Gebäudes und man glaubt in gewissen

Aushöhlungen und Rinnen des Marmorfußbodens ihre Spuren
zu erkennen. Das Wasser wurde ihr von der Quelle auf der
Akropolis durch eine Wasserleitung zugeführt. Das Monument
ist aus pentelischem Marmor erstellt, die Relieffiguren sind
von bedeutendem Kunstwerth und das Ganze zeigt uns, wie
die Griechen auch die Dinge des praktischen Lebens durch die
Kunst zu verklären verstanden.

Indem wir mit dem Rücken an die Westwand des Wind-
thurmes gelehnt, in gerader Richtung durch eine kurze Gasse
ausschauten, erblickten wir auf einem andern, kleinern Platze
vier dorische Säulen, welche schon durch ihre schwärzliche Farbe
sich als Veteranen des Alterthums kund gaben. Hinzutretend
stunden wir vor dem Rest eines Portikus. Die vier Säulen
haben je 7 M. 93 Ctm. Höhe, das Kapitäl inbegriffen, und
1 M. 93 Ctm. Durchmesser an der Basis. Ueber dem Gebälke erhebt sich ein Giebel. Eine Inschrift bezeugt, daß der
Bau eine von Julius Cäsar und Augustus der Minerva Ar-
chegetes gewidmete Ehrenpforte gewesen sei. Von hier durchschritten wir nordwärts den Markt. Er hatte mit seinen Brod-
und Fleischbuden, mit seinen Gemüsen und Früchten ein halb
orientalisches, halb europäisches Aussehen. Dann gelangten
wir an eine aus sieben Stücken bestehende Reihe von Cipolin-
Säulen, deren korinthische Ordnung einen Römerbau vermuthen
ließ. Die je aus einem Stücke gehauenen Säulen, deren Höhe
8 Met. 84 auf 1 Met. 35 Durchmesser beträgt, stehen vor
einer prächtigen Mauer. Etwas vorstehend erhebt sich vor
der Ecke noch eine achte Säule. Das sind die Ueberreste der
Stoa des Hadrian. Die sieben erstgedachten Säulen gehörten zur Westseite des Portikus, welcher ringsum das großartige, im Rechteck angelegte Gebäude umgab. Es enthielt
ein Pantheum, eine Bibliothek nebst noch andern Räumen.
In dem eingefriedeten Vorraum kann man sich allerlei Skulpturen und Inschriften vorweisen lassen. Man weiß, daß Hadrian,
der im Jahr 117 n. Chr. dem Trajan auf dem Throne der

Cäſaren gefolgt iſt, Athen liebte und es mit zahlreichen Bauwerken verſchönert hat. Außer von der Stoa ſind noch andere Ueberbleibſel ſeiner Schöpfungen vorhanden, deren wir ſpäter gedenken werden.

Von der Stoa weſtlich uns wendend, ſtießen wir auf ein altes Gemäuer, das zur Hälfte in ein Trümmerkonglomerat von Säulenſchäften, Skulpturfragmenten und mit Inſchriften über und über beſchriebenen Steinplatten eingeſenkt lag. Man dachte bei dieſen erſt vor 2½ Jahren ausgegrabenen Ueberreſten anfänglich an das Gymnaſium des Ptolomäus. Jetzt glaubt man, daß das Bouleuterion, d. h. das alte Rathhaus von Athen an der Stelle geſtanden ſei. Iſt dem in Wirklichkeit alſo, ſo dürften dieſe Inſchriften ſehr wahrſcheinlich ſtaatliche Dekrete und Geſetze, ſomit urkundliche Beiträge zur altathenienſiſchen Geſchichte von vielleicht ſehr hohem Werthe enthalten. Die Gaſſe, auf der wir weſtwärts einherſchritten, führte uns zur Stadt in die Landſchaft hinaus. Da ſtund plötzlich auf einem geräumigen, mit Anlagen verzierten Platze, ein althelleniſcher Tempel vor uns. Es war das Heiligthum des Theſeus. Der Anblick war überraſchend. Zwar iſt der Tempel nur klein, 32 Met. 28 lang bei 13 Met. 71 Breite und vom Unterbau bis zu der Spitze des Giebels eine Höhe von 10 Met. 38 erreichend. Aber der Bau bietet beßwegen das höchſte Intereſſe, weil er als das beſterhaltene aller Denkmäler des griechiſchen Alterthums ein anſchauliches Bild von der Geſtaltung eines altHelleniſchen Tempels gewährt.

Auf einem Unterbau von mächtigen Quadern ſich erhebend, ſtellt er die Form eines mehr als doppelt ſo langen wie breiten Rechtecks dar und iſt von einer mit ſeinen vier Seiten parallellaufenden Säulenhalle (Portikus) umzogen. Ueber dem klargegliederten, reichgeſchmückten Gebälke ſteigt das ſanft geneigte Giebeldach auf. Das innere Parallelogramm, b. h. der geſchloſſene Raum, oder das Schiff, wird die Cella geheißen. Sie iſt der weſentliche, zweckerfüllende Theil des

Gebäudes. Dieser Zweck bestund nicht darin, als Versammlungs-
lokal einer religiösen Gemeinde zu dienen. Vielmehr dachten
sich die alten Heiden ihre Tempel als Wohnsitze der Götter.
Jede Gottheit und Halbgottheit hatte ihre besondern Tempel,
in welchen man ihr Opfer darbrachte und ihre Bildsäule auf-
stellte. Dieser Anschauung entsprechend waren die Wände der
Cella ohne Fenster und drang das Licht nur durch die Eingänge hinein, weil man die darin wohnende Gottheit in ein
mysteriöses Halbdunkel einhüllen wollte.

Die Cella des Theseustempels ist mit ihren drei innern
Abtheilungen von Pronaos, Naos und Posticum, (Vorhalle,
Hauptschiff und kleinere Halle an der Rückseite) noch vollständig
erhalten. Die Wände sind aus gleich großen Quadern gebildet, deren regelmäßiger Fugenschnitt die passende Verzierung
der platt polirten Mauer ausmacht. Letzteres um so mehr,
als die Quader ohne Mörtel, den die Griechen nicht kannten,
nur inwendig durch eiserne Klammern miteinander verbunden
sind. Eine kleine Stelle beweist, daß die Innenseiten der Cella-
mauer einst mit Stuck überkleidet und mit Gemälden geschmückt
waren. Noch stehen alle Säulen des Portikus aufrecht. Es
sind ihrer je dreizehn an den Langseiten und je sechs an den
Fronten. Ebenso sind die drei Theile des Gebälles, d. h. der
Architrav, der Fries und das über letztern vorspringende Kranz-
gesimse nur wenig beschädigt. Eigenthümlich schön nehmen sich
die Giebelfelder an den Frontseiten aus, trotzdem die einst sie
verzierenden Statuengruppen nicht mehr vorhanden sind.

Die Säulenordnung ist dorisch. Es war das die ursprünglich einzig einheimische und übliche im europäischen
Griechenland und findet, wie ich selbst sah, auch an den
Griechentempeln zu Pästum und in Sicilien sich vor. Dieser Styl
ist ernst und gedrungen, weil die Höhe der Säulen, wenigstens
bei den Monumenten aus der Zeit des Perikles, nur 5½
Durchmesser beträgt und weil das dorische Kapitäl, selbst nicht
über einen Durchmesser hoch, von denjenigen aller fünf Säulen-

orbnungen das einfachſte iſt. Troß deſſen oder vielleicht wegen
deſſen ſprachen mich die doriſchen Monumente des griechiſchen
Alterthums von jeher weil mehr als die korinthiſchen der
Römerzeit an. Wenn Hübſt über die griechiſche Baulunſt zur
Zeit des Perikles dahin ſich ausdrückt: „ihr Prinzip war
Wahrheit im vollen Sinne des Worts, weil alle architeltoniſchen
Elemente nur ſo geſtaltet und angewendet waren, wie es ihre
wahre Beſtimmung mit ſich brachte," ſo gilt das vorzugsweiſe
von den doriſchen Bauten. Es liegt in denſelben ein eigener
Zauber, der darin ſeinen Grund hat, daß ihre weſentliche
Schönheit einzig und allein in der Reinheit der Verhältniſſe
beſteht. Ja! ich wage die Ahnung zu äußern, daß wenn der
Parthenon korinthiſch ſtatt doriſch erbaut wäre, er einen weniger
großartigen Eindruck hervorbringen würde. *)

Da den Griechen der Gewölbebau unbekannt war, ſo
mußten die Decken aller größern Räume aus Holz konſtruirt
werden. Nur die kleinen oder ſchmalen Hallen hatten ſteinerne
Decken, wobei man durch nachſtehende, ſinnreiche Konſtruktion das
Gewölbe erſetzte: man überlegte den Raum nach der ſchmalen
Seite mit ſteinernen Balken und deren geringe Zwiſchenräume

---

*) Treffend beſchreibt Wolfgang Menzel in ſeiner Weltgeſchichte B. 1,
S. 355 dieſe Tempel, wie folgt: „Die doriſchen Tempel waren
von mäßiger Größe, aber feſt und von edler Einfachheit. Die
Säulen noch einigermaßen kurz und dick, doch nicht in dem Mißverhältniß, wie in Aegypten und Indien, ſondern immerhin ſchlank
und ungefähr nach dem Verhältniß eines wohlgewachſenen Menſchen.
An demſelben Tempel war jede Säule der andern gleich und die ſchöne
ſymmetriſche Reihe, welche ſie bildeten, hielt immer ein bewunderungswürdiges richtiges Verhältniß der Länge zur Höhe ein, wie auch die
lange und ſchmale Seite des länglichen Tempelvierecks zu einander und
zur Höhe. In dieſer Verhältnißmäßigkeit von Länge, Breite und Höhe
lag der ganze Zauber architektoniſcher Schönheit, der die weitere
Ausſchmückung untergeordnet wurde. Die Säulen ſtanden frei,
und umſchloſſen von allen Seiten den eigentlichen Tempel mit ſeinen
Vorhallen vorn und ſeinem Allerheiligſten hinten."

ebenfalls wieder nach der schmalen Seite mit Platten. Diese Platten wurden an ihrer untern Fläche durch viereckige Felder, sog. Kassaturen oder Compartiments ausgehöhlt, eine Vorrichtung, welche weniger den Zweck der Verzierung als jenen der Erleichterung anstrebte. Eine derartige steinerne Bedachung ist im Porticus des Theseustempels noch ganz gut erhalten. Anderseits hat die Cella eine hölzerne Decke. Das neu reparirte Dach ist in seiner äußern Gestaltung das gleiche geblieben.

Der ganze Tempel besteht aus pentelischem Marmor, dem die Jahrtausende eine ehrwürdige braune Rostfarbe angesetzt haben. Was ihn vor dem Schicksal des Parthenon rettete, war seine Lage außerhalb der Stadt, und daß er durch die Akropolis vor dem Feuer der Kriegsflotten geschützt war. Der Tempel ward in den Jahren 469—465 v. Chr. erbaut und es wurden in demselben die durch Kimon, des Miltiades Sohn, aus der Insel Skyros hergeholten Gebeine des Königs Theseus feierlich beigesetzt. Tausend Jahre später verwandelte Justinian den Bau in eine christliche Kirche und weihte dieselbe dem heil. Georg oder dem christlichen Theseus. Bei diesem Anlaß mußte man, um Raum für den Altar zu gewinnen, die zwei Innensäulen des Pronaos abbrechen. Gleichzeitig wurde der Eingang von Osten nach Westen versetzt. Abermals ging ein Jahrtausend vorüber. Da kamen die Türken und schickten sich an, die Kirche in eine Moschee zu verwandeln. Jedoch wußten die Griechen die Ausführung dieses Vorhabens durch einen in Konstantinopel ausgewirkten Ferman zu vereiteln. Sie vermauerten sodann die West-, wie früher die Ostpforte, um die Barbaren zu hindern, in die Kirche hinein zu reiten und brachten einen niedrigen Eingang an der Südseite an, der jetzt noch besteht. In jüngster Zeit machte man den Tempel zum antiquarischen Museum, welches zu besuchen wir nicht unterließen.

Begreiflicherweise weist die Sammlung nicht jene Fülle von Kunstwerken auf, wie sie in den Museen zu Rom, Neapel und im Palast Pitti zu Florenz sich ausgestellt finden. Der Kunstreichthum Griechenlands wanderte schon vor 2000 Jahren nach Rom, und von dem, was verblieb, wurden die in der neuern Zeit ausgegrabenen Funde in die Antikensäle zu London, Paris, München und anderswo verführt. Erst seit König Otto's Thronbesteigung dachte man daran, das noch Vorhandene und neu Aufzufindende dem Lande zu erhalten. Immerhin verdient das athenienfische Museum mehr als einen flüchtigen Blick, weil es Gegenstände enthält, die für die Kenntniß der Kunst- und Kulturgeschichte von Wichtigkeit sind. So unter anderm einen Stein, auf welchem man die älteste Buchstabenschrift Griechenlands findet, ferner die vielen, mit unzähligen Lettern beschriebenen Steinplatten, die man im Piräus aufgefunden, und aus denen Böckh mit deutschem Gelehrtenfleiß sich das Material zu seiner Schrift: „Ueber das Seewesen der alten Athener" gesammelt hat. An einem in Marathon aufgefundenen Reliefbilde eines gepanzerten Mannes vermochten wir noch die Spuren der Bemalung zu erkennen.

So hatten wir allbereits ein gutes Stück Athen und seiner bedeutungsvollen Denkmäler gesehen; aber der Anblick der Krone und Perle derselben, des Parthenon, war uns noch nicht geworden. Wir tranken eben im kühlen unterirdischen Speisesaal unsers Hotels die Tazza, als General Hahn angemeldet wurde, der uns, wie wir übereingekommen waren, zur Fahrt auf die Akropolis abholte. Sofort bestiegen wir den bereitstehenden Wagen. Derselbe rollte westostwärts durch einen Theil der von König Otto angelegten Neustadt bei dem Königspalaste vorüber und machte einen ersten Halt am Ufer des zur Zeit wasserarmen Jlissus. Hier ließ uns der General in eine jenseits liegende Thalmulde einblicken, welche hufeisenförmig gestaltet, nach vorn offen, nach hinten durch eine Anhöhe geschlossen war. Das sei, sagte er, das Stadium (Rennbahn) gewesen. An dasselbe mag wohl der Apostel Paulus gedacht haben, als er das zur Heiligung fortschreitende Leben des

Christen mit den Wettkämpfen in der Renubahn verglich. Der Kampfplatz und die Sitzreihen sind von der Vegetation überwuchert, aber ein im Hintergrunde angebrachter unterirdischer Ausgang verräth die schaffende Menschenhand. Dieser Ausgang sollte dem im Wettkampfe Besiegten ermöglichen, sich unvermerkt davonzuschleichen, damit ihm die Schmach erspart bleibe, sich als Besiegter vor den 40,000 Zuschauern zeigen zu müssen, welche auch ihrerseits gerne auf einen Anblick verzichteten, den ein anderes Volk sich nicht leicht hätte nehmen lassen. Mit Recht bemerkte mein Freund, daß jene Vorsorge eine hohe Zartheit der Gesinnung und Achtung vor der Menschenwürde bei den Altgriechen bezeuge. Gewiß, sie fühlten menschlicher als die steinharten Römer, deren ursprüngliche Gefühllosigkeit sich gerade in den Zeiten der höchsten Kultur zu einer Grausamkeit und Menschenverachtung steigerte, die Jeden erschaudern macht, der ihre Geschichtsblätter liest.

Diesseits des Ilissus weitet sich ein öder, menschenleerer Platz. Auf demselben erhob sich eine Gruppe riesengroßer Säulen, welche die untergehende Sonne magisch beleuchtete. Aussteigend traten wir zu Fuß an die Säulen heran. Es waren das die Reste des Zeustempels, den Pausanias als das größte aller Heiligthümer des Alterthums nach jenem von Ephesus schildert. Seine Dimensionen betrugen 108 Meter in der Länge und 52 in der Breite. Von den 120 Säulen korinthischer Ordnung, die auf den beiden Fronten in einer dreifachen, auf den Langseiten in einer Doppelreihe die Cella umschlossen, stehen blos fünfzehn noch aufrecht. Dreizehn derselben sind durch ein Architravstück verbunden, während die zwei andern in einiger Entfernung isolirt sich erheben. Eine sechszehnte liegt als ein Opfer des Erdbebens von 1852 zertrümmert am Boden. An ihr mag man, weil sie durch ihren Fall dem Auge in ihren einzelnen Theilen näher gerückt ist, die ungeheure Größe dieser mehr als 18 Meter oder 60 Fuß hohen Säulen, bei einem Durchmesser von beinahe 2 Meter, sich anschaulich machen. Ueber zwei Kapitälen sieht man ein steinernes Häuschen erstellt. Es ist offenbar aus späterer Zeit und soll von einem sog. Styliten oder Säulenheiligen bewohnt worden sein.

Der Zeustempel hat eine an Wechselfällen reichere Geschichte als das Heiligthum des Theseus. Nach der Fabel soll er von Deukalion, dem griechischen Noah, herrühren. Geschichtlich steht fest, daß Pisistratus im Jahr 530 v. Chr. den Bau oder Neubau nach einem großartigen Plan begann, jedoch nicht vollendete, und daß Phidias denselben mit Malereien ausschmückte. 174 v. Chr. wurde der römische Archilekt Cossutius durch Antiochus Epiphanes mit dem Ausbau beauftragt. Cossutius riß das Vorhandene nieder, legte alles in einem viel großartigern Maßstabe an und ersetzte die dorischen mit korinthischen Säulen. Der Tod des Antiochus führte einen Stillstand in den Arbeiten herbei, während dessen Sulla 86 v. Chr. mehrere Säulen nach Rom schleppen ließ, um sie für den Tempel des kapitolinischen Jupiters zu verwenden. Augustus nahm den Bau wieder auf, aber erst Hadrian vollendete denselben und ließ darin die aus Gold und Elfenbein verfertigte Statue des Zeus nebst seiner eigenen aufstellen.

Das in Kurzem die Geschichte des Aufbaues. Sollen wir nun auch die des Verfalles erzählen, so weiß man, daß die byzantinischen Kaiser von dem Zeustempel wegnahmen und nach ihrer Hauptstadt verführten, was sie zur Verzierung ihrer Kirchen und Paläste für dienlich erachteten. Namentlich mußte er von seinem Material an die Hagia Sophia abgeben. Während des Mittelalters diente er den Atheniensern als Steinbruch und 1760 ließ ein türkischer Statthalter eine von den siebenzehn noch stehenden Säulen beim Bau einer Moschee verwenden. Sic transit gloria mundi! Daran wird der Wanderer im klassischen Süden immer und immer wieder erinnert.

Wer wollte es bezweifeln, daß dieser Riesentempel, als

er noch in seiner ganzen Pracht und Herrlichkeit unversehrt
dastund, von imponirender Wirkung sein mußte? Dennoch
durfte er als ein Römerwerk den Schöpfungen des griechischen
Geistes nicht ebenbürtig an die Seite gestellt werden. Uns
verlangte sehnlichst die vollendetste jener Schöpfungen, den Parthenon, endlich einmal anblicken zu können. Deßhalb hielten
wir uns bei einem andern römischen Monumente, dem
Hadriansbogen, nicht lange auf. Die auf demselben angebrachten trivialen Inschriften, jene an der Nordwestseite lau-
tend: „Athen ist dieses hier, des Theseus alte Stadt," die an
der entgegengesetzten Seite: „das ist des Hadrian und nicht
des Theseus Stadt," bezeugen, daß der Bogen das alte Athen
von der durch Hadrian nach Osten zu angelegten Neustadt
abtrennte. Er besteht aus einem weiten Thor, einem Oberbau
und Giebel, und soll im Ganzen eine Höhe von 17 Meter
erreichen. Die Besichtigung des neuausgegrabenen Theaters
des Dionysos und des Odeons des Herodes Attikus auf
morgen versparend, besteigen wir auf's Neue unsern Wagen und
heißen den Kutscher auf die Akropolis fahren. Der gegen
Westen sanfter abfallende Burgberg war schon im Alterthum und
ist jetzt noch nur von dieser Seite her zugänglich. Eine gut gebaute Straße führte uns bis an den Eingang eines wahrscheinlich im Mittelalter angelegten Thorweges aufwärts. Daselbst mußte ausgestiegen und der Weiterweg zu Fuß gemacht
werden. Wir durchschreiten den Thorweg und treten an die
Mauer eines geschlossenen Hofraumes hinan, dessen Thür auf
unser erstes Anpochen sehr bald geöffnet wird. In diesem
mit antiken Marmorstücken über und über besäeten Hofraum
sind einige Invaliden als Wächter stationirt. Sie haben die
Weisung, die Fremden auf der Akropolis herumzuführen oder
ihnen wenigstens in einiger Entfernung zu folgen, wohl zu
dem Zweck, etwaige Beschädigungen oder Entwendungen zu
verhüten. Freudestrahlenden Auges grüßen sie ihren alten
General, und ohne daß man nach den sonst vorgeschriebenen

Erlaubnißkarten gefragt hätte, ward die letzte Thür aufgemacht, die uns noch von dem Innern der Akropolis trennte.

Die Thür öffnet seitlich vom Süden her auf die Mittelhöhe der Treppe, welche von West nach Ost zu den Propyläen hinansteigt. Dagegen war das alte, erst 1853 durch den Franzosen Beule bloßgelegte Eingangsthor im Westen zu Füßen der Treppe gelegen. Von jetzt an athmeten wir ganz und gar altgriechische Luft, weil der um uns gezogene Gesichtskreis lauter Werke der Altgriechen umfaßte. Von allüberall strahlte uns der weiße pentellsche Marmor entgegen. Rechts erhob sich auf einem bastionenartigen Vorbau das Tempelchen der Nike, links der Nordflügel der Propyläen. Die 58 Fuß breite Riesentreppe zeigte in der Mitte einen stufenlosen Aufgang, in welchem man deutlich in den Felsen eingesenkte Querrinnen wahrnimmt. Dieselben hatten offenbar den Zweck, den Reitpferden und Zugthieren feste Punkte zum Auftreten zu verschaffen. Denn durch diesen stufenlosen Aufgang kamen die Wagen, Reiter und Opferthiere heran, welche beim Feste der Panathenäen an dem feierlichen Aufzuge Theil nahmen.

Erwartungsvoll eilen wir die Stufen hinauf, durchschreiten die Propyläen — und stehen vor dem Parthenon — sobald wir aus jener nur flüchtig betrachteten Thorhalle hinaus getreten sind.

Es würde schwer halten, den Eindruck zu schildern, den der Anblick dieser Wunderbaute in mir hervorbrachte. Ich hatte Großes erwartet, da ich die Schönheit der Griechentempel von Sizilien und Pästum her kannte und gelesen hatte, was Chateaubriand und andere über den Parthenon schrieben. Aber die Wirklichkeit übertraf meine Erwartungen. Der Parthenon ist keinem Bauwerk der Welt zu vergleichen. Er steht höher als alle. Majestätisch, würdevoll und anmuthig zugleich repräsentirt er das klassische Schönheitsideal der architektonischen Kunst. Das ist so wahr, daß Alban Stolz, wie sehr er auch gegen die Schwärmerei für das antike Heidenthum eifert, in seinem „Besuch bei Sem, Cham und Japhet" folgendes schreibt: „Wer den Parthenon mit gebildetem Auge unbefangen ansieht, wird ehrlich gestehen müssen, daß kein christliches Bauwerk, auch die gothischen Dome nicht, eine solche edle, vollendete Schönheit erreichen wie jener Heidentempel."

Lange betrachtete ich den Bau in Staunen und Bewunderung ergossen. Es war mir, ich träume, und als sei die Erscheinung eine Täuschung der Phantasie. Die verwetterten, rostbraunen Säulen schienen gleich lebendigen, aus dem Grabe erstandenen Zeugen von längst vergangenen Zeiten und Völkern zu reden. Nachdem die erste Betäubung vorüber war, wollte ich mir die Ursache der Schönheit des Tempels klar legen. Eine erste glaubte ich in der erhöhten Lage des Denkmals zu finden. Man hatte nämlich auf dem ursprünglich unebenen Felsgrund eine künstliche Hochfläche erstellt, worüber dann erst noch der dreistufige Unterbau kam. Auf diesem letztern ragt der leuchtende Marmortempel — ein Parallelogramm von 70 Meter Länge auf 31 Breite — frei, leicht und von allen Seiten anschaulich, zu einer Höhe von 20 Meter empor. Jedoch ist durch die erhöhte Lage allein das Geheimniß der Schönheit des Parthenon noch nicht enträthselt. Diese Schönheit liegt wesentlich darin, daß sowohl das Säulenperistyl als die Cella ein bewunderungswürdiges Verhältniß von Länge, Breite und Höhe einhalten, und ferner in dem Verhältniß von Höhe und Durchmesser der Säulen. Der letztere beträgt 1 Meter 82, die Höhe 10 Met. 40. Die Säulen, deren jede Langseite des Tempels 17, jede Schmalseite 8 zählt, stehen weiter auseinander, als es beim Theseion und andern ältern dorischen Bauten der Fall ist. Dadurch wird alles Gedrückte und Schwerfällige entfernt. Frei und leicht tragen die Säulen ihr mächtiges Gebälke, ohne daß die den dorischen Styl karakterisirende Kraft und Würde beeinträchtiget wird.

Es bedurfte des feinen Schönheitssinns der Griechen, um jene reinen Verhältnisse zu entdecken, von denen wir überzeugt sind, daß sie sich ebenso wie die Harmonie in der Musik auf unumstößliche Naturgesetze gründen. Allein selbst durch diese Entdeckung sahen die Griechen das ihrem Geiste vorschwebende bauliche Schönheitsideal noch nicht in genügender Weise verwirklicht. Woher kam es, daß alle noch so getreuen Nachbildungen der althellenischen Bauten jene Vorbilder nimmer erreichten? Erst der neuern Zeit war es vorbehalten, den Schleier zu lichten. Man entdeckte, als man über die Konstruktionsweise des Parthenon eingehendere Studien anstellte, ein feines Gesetz optischer Täuschung, gemäß welchem die Alten der mathematisch genauen geraden Linie um ein Geringes aus dem Wege gingen. So ist der Boden, auf dem der Parthenon ruht, nicht vollkommen eben, sondern nach der Mitte zu um ein Weniges gehoben. Ebenso haben die Linien der Säulen, der Cella und des Daches eine unmerkliche Biegung. Durch dieses Verfahren, dessen Vitruvius und Cicero gedenken, erhielten die alten Denkmäler jenes Freie und Gehobene, das man gesehen haben muß, um es sich vorstellen zu können.

Noch darf ich folgende treffende Bemerkung meines Reisegefährten über die Bruchstücke der Cellawand nicht übergehen. Er sagt von derselben: „Ein solches Meisterstück von Mauer findet sich in der ganzen Welt nirgends vor. Nichts scheint prosaischer zu sein als eine lange flache Wand; aber hier ist, so unglaublich es klingen mag, ein Reichthum der Poesie, der Anmuth, der Erhabenheit ausgegossen, wie du ihn an manchem Gebäude, trotz seiner tausend Schnörkel, vergeblich suchen wirst."

Endlich ist nicht zu verkennen, daß der weiße, blendende Marmor, aus welchem der Bau von dem Grunde bis zum Giebel besteht, zu der Schönheit des Parthenon das seinige beiträgt. Allein dieser Marmor glänzt nur schön unter der griechischen Sonne, so wie überhaupt zur Vervollständigung eines griechischen Tempelbildes der blaue Himmel des Südens gehört. Mich stimmt es jedesmal traurig, wenn ich die allerdings sehr gut ausgeführten Nachahmungen der Akropolisbauten in München betrachtete. Sie passen nicht zum Wolkenhimmel und bleichen Lichte des Nordens.

Leider ist der herrliche Parthenon nicht nur beinahe all' seines Schmuckes an Bildwerken beraubt, sondern auch als Bauwerk im Großen und Ganzen nur noch eine Ruine. Von der Cella sind einzig an der Süd- und Westseite einigermaßen erhebliche Bruchstücke erhalten. Das Dach fehlt ganz und der Porticus hat an der Nordseite acht, an der Südseite sechs seiner Säulen verloren. Glücklicherweise stehen die Fronten mit je acht Säulen im Osten und Westen sammt dem Gebälk und Giebel und an der Westseite ferner noch die sechs Säulen des Postikums aufrecht. Diese, die Westfronte, ist überhaupt am besten erhalten. Hier blieben die Metopenbilder am Fries des Peristyls und am Cellafries ein sehr schönes Basrelief übrig. Sie, die Westfronte, ist es, welcher der Tempel jetzt noch seine Wirkung verdankt. Sah ich diese Fronte mir an, so meinte ich, der Parthenon stehe noch ganz. Bog ich aber um die Ecke, so ward ich Angesichts der lückenhaften Langseiten alsobald aus meinem schönen Wahne in die beklagenswerthe Wirklichkeit zurückgeschleudert. Die Zertrümmerung des Tempels schmerzt um so mehr, als man weiß, daß sie eine Unthat der Neuzeit gewesen ist. Der Tempel, um 444—436 v. Chr. unter der Staatsverwaltung des Perikles erbaut und der Athene Parthenos geweiht, blieb bis gegen das Ende des siebenzehnten Jahrhunderts n. Chr. mit seinen Statuen und Basreliefs in beinahe unversehrtem Zustande stehen. Das wird durch zwei englische Reisende, Spon und Wheler, bezeugt, welche im Jahr 1676 den Parthenon noch in seiner alten Herrlichkeit sahen. Einzig hatte der Kaiser Justinian, um den Heidentempel als christliche Kirche zu verwerthen, den Eingang vom Osten nach dem Westen verlegen und den Pronaos in eine byzantinische Apsibe umschaffen lassen. Auch die Türken, die den Tempel als Moschee benutzten, thaten sehr wenig Schaden. Da legte sich 1687 eine venetianische Kriegsflotte im Piräus vor Anker und bombardirte die Akropolis, wo die Türken eine Stellung genommen hatten. Das Unglück wollte, daß sich damals ein Pulvermagazin im Parthenon befand. Eine Bombe schlug ein, entzündete den Pulvervorrath und bewirkte eine Explosion, die das Dach, den größten Theil der Cella und die jetzt fehlenden Säulen an der Nord- und Südseite darniederwarf. Allein damit war es nicht abgethan. Nach der Einnahme Athens befahl der die venetianische Flotte befehligende Admiral Morosini, die Figuren des westlichen Giebels, namentlich die herrlichen Rosse von Athenes Gespann, herunterzunehmen, um dieselben nach Venedig zu verführen. Es geschah, aber man ging dabei so unvorsichtig zu Werke, daß das Kunstwerk herabfiel und in tausend Stücke zerbrach. Später kam der bekannte Lord Elgin, welcher fast den ganzen, von Phidias gemeißelten, den panathenäischen Festzug darstellenden Cellafries, ferner die Ueberreste der Giebelgruppen nebst zahlreichen Metopen herunternehmen und nach London verschiffen ließ, wo sie im britischen Museum jetzt noch zu sehen sind.

Somit nicht die Römer, die Gothen, die Byzantiner, nicht das Mittelalter oder die Türken haben die Krone aller Denkmäler des Alterthums zertrümmert. Einer Zeit, welche der unsrigen sehr nahe ist, war es vorbehalten, den beklagenswerthen Vandalismus zu verüben. Merkwürdigerweise war das gerade jene Zeit, wo man wie sonst nie den Kultus des Alterthums pflegte, wo die Literatur in Frankreich sich strenge an die klassischen Vorbilder anschloß und wo man anfing, alle aus dem Schooße der Erde hervorgegrabenen römisch-griechischen Skulpturen in die Museen zu sammeln. Ach! der Parthenon war schöner als der Inhalt aller unserer antiquarischen Museen zusammengenommen.

Noch deutete Hahn auf eine Säulentrommel am Portikus hin, wo er sich während der Belagerung von 1827 durch Redschid-Pascha seine Lagerstätte hergerichtet hatte. Sechs Monate widerstund die aus Griechen und Philhellenen bestehende

Besatzung allen Angriffen der Belagerer, ohne andere Nahrungsmittel als Regenwasser und geröstete Gerste zu besitzen. Damals zerstörte eine türkische Bombe einen Theil des Erechtheions, auf das wir zurückkommen werden, wobei die Familie des Griechengenerals Grivas von den einstürzenden Quadern erschlagen ward.

Doch während wir so schauten und sannen, war es Abend geworden. Der Wärter mahnte höflich zum Abzuge. Wir folgten der Weisung, hatten aber längst den Vorsatz gefaßt, morgens und so oft es uns möglich wäre, hieher zurückzukehren. Denn die Akropolis ist eine Stätte, die mehr als einmal besucht werden will, abgesehen davon, daß wir die andern Monumente heute nur flüchtig betrachtet und das Wunderschauspiel des Sonnenuntergangs von hier aus verpaßt hatten.

Wir schritten somit die Propyläentreppe hinab, vertheilten unter die Invaliden im Wachlokal einige Drachmen, um dieselben für unsere Wiederkehr bei guter Laune zu erhalten und fuhren schnell in die Stadt zurück. Der General verabschiedete sich, da der Arzt ihn vor der Nachtluft gewarnt hatte. Wir aber gingen zum Solon, d. h. zu einem jener eleganten Kaffeehäuser (καφενεῖον) Athens, welche an der nördlichen Fortsetzung der Aeolusstraße in der Zahl von etwa einem halben Dutzend an einander sich reihen. Hier setzten wir uns natürlich ins Freie, genossen bei Eis und Cigarren der abendlichen Kühle und hörten rings um uns von schönen und beschnurrbarteten Lippen die Musik der hellenischen Sprache ertönen. Leider vermochte mein Freund, der doch im Homer bewandert ist und alltäglich das neue Testament in der Ursprache liest, von den weichen und fließenden Lauten nur einzelne abgerissene Worte zu deuten, weniger vielleicht wegen der zwischen dem alt- und neugriechischen Idiome bestehenden Differenzen, als weil die Aussprache der Neugriechen eine ganz andere ist, als sie in unsern Gymnasien gelehrt wird. Es gemahnten die dünner werdenden Gasflammen im Kaffeneion und die heller leuch-

tenden Sterne, daß dem langen und reichen Tagwerke Genüge
gethan sei. Unser Hotel lag nahe und bald hatten wir uns
zur Ruhe begeben, um durch einen gesunden Schlaf unsere
Glieder für die Anstrengungen des folgenden Tages zu stärken.
Allein daraus sollte für mich auch diesmal nichts werden.
Gleich nach dem ersten Einschlummern fielen meine alten, er-
bitterten Feinde, die Mosfitos, mich an und quälten mich dermaßen, daß an ein Verbleiben im Bette nicht mehr zu denken
war. Ich stund auf, kleidete mich an und brachte die Nacht auf
dem Ruhebette zu, wohin mir meine Peiniger zu folgen vergaßen.
Merkwürdig war, daß mein Freund von der Plage verschont
blieb und die ganze Nacht hindurch ungestört schlief. Wer vermöchte den Grund dieses wählerischen Verfahrens der fast
mikroskopischen Thierchen ausfindig zu machen?

Zweiter Tag.
28. Juni.

Unter dem Breitegrade Athens und in dieser Jahreszeit
mußten vorzugsweise die verhältnißmäßig kühlen Morgenstunden
gut ausgenutzt werden. Ohnehin war uns das Frühaufstehen
als Nothwendigkeit geboten, wenn wir anders binnen vier
Tagen ein vollständiges Bild der Merkwürdigkeiten Athens
uns aneignen wollten, und weil auf heute ein Besuch bei
Landsleuten in Anavryta mit General Hahn verabredet war,
so mußte die Fortsetzung unserer Umschau in der Stadt selbst
vor der zur Abfahrt anberaumten Stunde in der Frühe statt-
finden. Demgemäß weckte ich meinen Freund bei anbrechender
Dämmerung auf und als das Tageslicht am Horizonte aufstieg, befanden wir uns auf dem Wege nach dem Theater
des Dionysos, das wir uns gestern nur im Vorübergehen
angesehen hatten.

Man wußte aus den griechischen Schriftstellern, daß das
dem Gotte Dionysos Eleuthereus geheiligte Theater am Süd-

abhange der Akropolis gelegen war. Auch wurde durch den Obersten Leake in seiner Topographie von Athen eine alte Kupfermünze bekannt gemacht, auf deren Revers das Theater mit der Akropolis darüber abgebildet ist. Man wußte ferner, daß der Bau um 500 v. Chr., als einst die bis dahin jeweilen für die Zeit der Dionysosfeste, an denen die Aufführungen stattfanden, errichteten Brettergerüste eingestürzt waren, begann und zwischen 340 und 330 v. Chr. unter der Verwaltung des berühmten Finanzmannes Lykurgos vollendet ward. Allein bis auf die neueste Zeit war man über die genauere Lage und nähere Einrichtung des Theaters im Ungewissen. Dasselbe wurde nämlich im Laufe des Mittelalters dermaßen verschüttet, daß die ersten europäischen Reisenden, welche im siebenzehnten und achtzehnten Jahrhundert über die athenensischen Alterthümer eingehende Studien machten, es gar nicht erkannten. Man sah davon nichts als einen convexen Einschnitt am Bergabhang nebst einigen Resten der zu oberst in den Felsen gehauenen Sitzreihen. Der unterste Theil wurde seit Jahrhunderten als Ackerfeld benutzt.

Da ließ Hr. Hofbaurath Strack aus Berlin im Frühjahre 1862 Nachgrabungen anstellen. Als man nach sechstägiger Arbeit endlich auf die ersten Sitzstufen stieß, herrschte große Freude unter den fremden und athenensischen Archäologen. Es war nun klar, daß bedeutende Ueberreste des Theaters unter der Erde geborgen sein mußten. Durch diese Aussicht ermuthigt und weil er gleichzeitig die Kunde erhielt, daß der König von Preußen die Deckung der Kosten übernehme, vermehrte Strack die Zahl seiner Arbeiter auf zwanzig. Die archäologische Gesellschaft Athens stellte ihrer eben so viel und so nahm das auch von der griechischen Regierung begünstigte Unternehmen einen raschern Fortgang. Immerhin zeigten sich im Verlaufe der Ausgrabungen noch Schwierigkeiten genug. Mehr als zwanzig Fuß hoher Schutt mußte über der Orchestra und über den ersten Sitzreihen weggeräumt werden. Ferner fand man in diesem Schutte eingefügte Cisternen und die Grundmauern stärkerer Gebäulichkeiten, welche der Hacke und dem Pickel nur ungerne wichen. Endlich im Herbst 1862 war das Theater in dem Umfange bloßgelegt, wie wir es gesehen haben.

Von diesem Theater muß zuvörderst gesagt werden, daß es gleich den meisten griechischen Theatern bedachungslos war. Der blaue Himmel diente als Decke und von den obersten Sitzreihen mochte man als Abschluß der Natur-Dekoration auf den Meerbusen von Salamis blicken. Sodann mag, wer das Theater von Pompeji gesehen hat, sich das athenienfische mit Leichtigkeit vorstellen. Denn der Plan und die Einrichtung beider lassen sich wesentlich in nachfolgende kurze Beschreibung zusammenfassen: Die drei Hauptbestandtheile sind: der Zuschauerraum, die Orchestra und das Proscenium oder die Bühne. Der Zuschauerraum, auch die Cavea genannt, hat die Form einer in concentrischen Halbkreisen aufsteigenden Treppe. Die Stufen bilden die Sitzreihen. Diese letztern sind durch schmäler und tiefer angelegte Treppen durchbrochen, welche radienförmig von der untersten zu der obersten Sitzreihe laufen und den Zweck hatten, den Ein- und Ausgang sowie die Verbindung zwischen den verschiedenen Sitzreihen zu vermitteln. Dadurch ward der Zuschauerraum in keilförmige Abschnitte (βερκίδες) getheilt. Unten, d. h. innerhalb des Kreisabschnittes der untersten Sitzreihe breitet die Orchestra sich aus. Sie liegt flach in stumpfem Winkel mit dem Zuschauerraum. Hier, d. h. in der Orchestra, bewegte sich der Chor, welchem im griechischen Theater eine so große Rolle zukam, indem er zwar nicht in die Handlung selbst eingriff, aber während der Zwischenakte die dem aufgeführten Drama zu Grunde liegenden höhern Ideen in ergreifenden Worten und Gesängen verkündete.

Den Abschluß der Orchestra bildete die Bühne oder das sogenannte Proscenium. Dieses Proscenium hatte mit unsern Theaterbühnen wenig gemein. Es bestand einfach aus einer mit der Sehne des Halbkreises der Cavea parallellaufenden

Mauer von genugsamer Breite, um den Schauspielern einwelche freie Bewegung zu gestatten. Es erklärt sich das leicht, wenn man erwägt, daß die antiken Dramen sich so viel als ohne Aktion, nur im Wechselgespräch weniger Personen entwickelten. Weiter hinauf hatte man noch Räume zum Ankleiden und zur Aufbewahrung der Garderobe der Schauspieler angebaut. In dieser Weise waren alle griechischen und römischen eigentlichen Theater nach ihren wesentlichen Bestandtheilen beschaffen. Ich sage: die eigentlichen Theater, weil man dieselben nicht mit den zu Gladiatoren- und Thierkämpfen bestimmten ovalen Amphitheatern zusammenstellen darf.

Auf das Dionysostheater insbesondere zurückkommend, so liegt dasselbe, wie bereits angedeutet worden, an der Südseite der Burg. Der Zuschauerraum lehnt sich in der Weise an den Felsabhang an, daß dieser letztere benutzt war, um die concentrisch aufsteigenden Sitzreihen wenigstens in der Mitte zu tragen. Dagegen mußten die beiden Seiten des Zuschauerraumes von künstlichen Substruktionen gestützt werden. Die Sitzreihen sind entweder in den Felsen gehauen oder aus pirätschem Kalkstein gearbeitet. Von denselben sind jedoch nur die untern und einige höhere an der Westseite erhalten. Unversehrter sind die Treppen geblieben. Man zählt ihrer vierzehn, während die Zahl der Keile sich auf dreizehn beläuft. Die Höhe der einzelnen Sitzstufen beträgt Meter 0,345, ihre horizontale Tiefe Met. 0,782. Diese Tiefe zerfällt in zwei Theile, den vordern von Met. 0,332, welcher zum Sitzen und den hintern etwas vertieften von Met. 0,45, welcher für die Füße der auf der nächsten höhern Stufe sitzenden Personen bestimmt war.

Ausnahmsweises Interesse bieten die untersten Stufenreihen dadurch, daß sie Thronsessel tragen — eine Vorrichtung, welche sich in keinem andern der auf uns gekommenen Theater des Alterthums vorfindet. Diese Thronsessel sind sämmtlich aus pentelischem Marmor gemeißelt und von kunstreicher Arheit. Die Zahl der erhaltenen beläuft sich auf nahezu siebenzig, wovon neununddreißig auf der untersten Stufe in ununterbrochener Reihe fortlaufen. Man darf dieselben mit Wahrscheinlichkeit der Epoche zuschreiben, in welcher das Theater unter dem vorerwähnten Lykurgos seine Vollendung erhielt. Dagegen gehören die an der Vorderseite der Lehnsessel angebrachten Aufschriften, die Personen bezeichnend, welche hier ihre Sitze hatten, der römischen Kaiserzeit an. Das zeigt schon die angewandte Buchstabenschrift und mehr noch der Umstand, daß in den Inschriften gewisse Priesterthümer genannt werden, welche erst damals gestiftet worden sind. Die Thronsessel waren nämlich, wie die gut lesbaren Inschriften beweisen, als Ehrensitze für die Magistratspersonen und Priester der verschiedenen Gottheiten bestimmt und es ist merkwürdig, daß die Zahl der Priestersessel jene der den staatlichen Beamten angewiesenen um ein Bedeutendes übersteigt. In der Mitte des innersten Halbkreises thronte der Priester des eleutherischen Dionysos, des Gottes, dem das Theater geweiht war und zu dessen Ehre die Theaterspiele aufgeführt wurden. Der Lehnstuhl jenes Priesters ist breiter und tiefer als die andern, und mit Reliefs geschmückt, die sich auf den Kultus des Gottes beziehen. Man kann an diesem Theater durch selbsteigene Anschauung sich überzeugen, wie auch bei den gebildetsten Nationen unter den Heiden Staat und Gesellschaft auf dem Fundamente der Religion erbaut waren.

Vor der untersten Stufe läuft in parallelem Halbkreise eine circa 3 Fuß hohe Brustwehr, welche den Zuschauerraum von der Orchestra abschließt. Da sonst in den griechischen Theatern keine derartige Schranke bestund, so erkennt man hierin eine Zuthat römischer Zeit. Die Schranke war nothwendig geworden, als man anfing, die ursprünglich nur zu friedlichen Chorgesängen und Chortänzen bestimmte Orchestra durch blutige Gladiatorenkämpfe zu entweihen.

Der Boden der Orchestra ist mit viereckigen Marmorplatten belegt. Mein Freund machte mich auf eine in der Mitte eingesetzte Rhombolbenfigur aufmerksam, deren Centrum eine viereckige Steinplatte von Met. 1,05 in der Länge und Met. 0,70 in der Breite mit einer kreisförmigen Einsenkung enthielt. Diese letztere, welche auf keinen ganzen Zoll Tiefe etwa anderthalb Fuß im Durchmesser hält, diente offenbar dazu, einen mit rundem Fuße versehenen Gegenstand aufzunehmen. Nach der Meinung der athenienfischen Archäologen wäre jener Gegenstand die sog. Thymele gewesen, über deren Bedeutung so viel hin und her gestritten worden ist. Interessant, weil aus ganz alter Zeit, ist der Abzugskanal, der in einer Breite von Met. 1,90 unter den Platten der ersten Stufe um die Orchestra sich zieht. Er ist aus piräischem Kalkstein trefflich gearbeitet, und hatte unzweifelhaft die Bestimmung, das in der Cavea sich ansammelnde Regenwasser abzuleiten.

Nach Süden wird die Orchestra durch eine Quermauer abgeschlossen, welche die beiden Endpunkte der Schranke vor dem Zuschauerraum in gerader Linie verbindet. Diese Quermauer bildet gleichzeitig das Proscenium oder die **Bühne**. Sie hat Met. 3,20 Tiefe, Met. 1,40 Höhe und ist von dem unmittelbar vor dem Throne des Dionysos-Priesters gelegenen Mittelpunkte der Schranke um Met. 7,96 in senkrechter Linie entfernt. Eine fünfstufige Treppe führt aus der Orchestra auf das Proscenium hinauf, dessen gegen den Zuschauerraum gerichtete Wand mit Reliefs geschmückt ist, welche bachische Scenen darstellen.

Im Uebrigen geht die Meinung der Archäologen dahin, daß dieses Proscenium nicht das ursprüngliche gewesen, sondern erst im dritten Jahrhundert n. Chr. erstellt worden sei. Man schließt das nicht allein aus der nachlässigen Ausführung des Baues, sondern namentlich daraus, daß derselbe viel weiter in die Orchestra vortritt, als dies bei den alten griechischen Theatern der Fall war. Dagegen will man in einer etwa 6 Meter südlicher gelegenen Quermauer mit zwei im rechten

Winkel vorspringenden Flügeln das ursprüngliche Proscenium erkennen. Weiter nach Süden laufen noch zwei andere Mauern, von denen wenigstens die eine entschieden der altgriechischen Zeit angehört. Zwischen diesen verschiedenen Quermauern liegen zahlreiche architektonische Bruchstücke und Reste von Skulpturwerken zerstreut. Namentlich trifft man viele Basen von Statuen mit den betreffenden Inschriften, aus welch' letztern erhellt, daß die Statuen dramatische Dichter darstellten. Die interessanteste der hier gefundenen Basen ist die der Statue des Menandros, deren Inschrift gleichzeitig die Söhne des Praxiteles, Kephisodotos und Timarchos, als die Verfertiger der Bildsäule nennt. Man will gefunden haben, daß die Basis genau der vortrefflichen Menanderstatue entspreche, die im Vatikan aufgestellt ist.

Indem wir vom Dionysostheater etwa 100 Schritte westwärts längs des Südfußes der Akropolis vorgingen, regte plötzlich eine großartige Ruine aus der Römerzeit unsere Aufmerksamkeit an. Das war nach allgemeiner Annahme das Odeon des Herodes Attikus und der Regilla. Tiberius Claudius Herodes Attikus war ein reicher Bürger Athens, aus Marathon gebürtig. Er lebte unter Hadrian und Antonin und gründete 140 n. Chr. das nach ihm benannte Odeon zu Ehren seiner verstorbenen Gemahlin Regilla, die er im Leben mißhandelt hatte. Ein Odeon war eine Art Theater, in welchem musikalische Vorträge die Hauptsache bildeten. Der Zuschauerraum, die Orchestra und die Bühne waren in dem vor uns liegenden Odeon nach dem gleichen Plane angelegt, wie im Theater des Dionysos. Nur hatte man im Odeon zwischen der Bühne und den Endpunkten des innersten Halbkreises der Cavea Eingänge in die Orchestra belassen. Zu diesen Eingängen führen im Osten und Westen gewölbte Vorhallen hin, deren eine noch mit einer Statue geschmückt ist. Ferner steht im Süden noch mehrstöckiges Mauerwerk als Ueberrest und Zeuge eines einst dagewesenen Vorbaues, das von Bogenfenstern durchbrochen und in altrömisch massiver Bauweise aufgeführt ist. Die Odeons unterscheiden sich auch noch dadurch von den specifischen Theatern, daß sie mit einer Bedachung versehen, die letztern hingegen, wie wir schon bemerkt haben, unbedeckt waren. Es scheint unbegreiflich — aber alle Schriftsteller bezeugen es — daß ein Dach von Cedernholz den hiesigen sehr bedeutenden Raum überspannt habe.

Nahe am Theater des Dionysos war einst auch das Odeon des Perikles gelegen. Dasselbe ist aber leider für uns spurlos verschwunden. Dagegen haben sich, von mittelalterlichen Befestigungen so zu sagen eingeschlossen, achtundzwanzig Arkaden der Stoa des Eumenes erhalten, die jener König von Pergamus im zweiten Jahrhundert v. Ch. zu dem Ende errichten ließ, damit die obdachlosen Zuschauer im Dionysostheater eine nahe Zufluchtsstätte gegen ungünstige Witterung fänden.

Jedoch wir durften die heutige Morgenwanderung nicht zu lange andauern lassen, wohl wissend, daß General Hahn die zur Abfahrt nach Anavryta anberaumte Stunde mit militärischer Pünktlichkeit einhalten werde. Wir eilten daher nach dem Hotel d'Angleterre zurück. Beim Frühstück hatten wir Gelegenheit, unsere antiquarischen Studien durch das Verkosten des von den alten Dichtern so sehr gepriesenen Honigs des Hymettus zu vervollständigen, und wurden, mein Freund und ich, sehr bald des einen, daß das Lob ein durchaus berechtigtes sei.

Der General erschien um ½10 Uhr, wie verabredet war. Schnell bestiegen wir den bereitstehenden Wagen und fuhren ostwärts, an dem Königspalaste nördlich vorüber, in die attische Landschaft hinaus. Neugierig warf ich meine Blicke nach rechts und nach links, um ein möglichst getreues Bild von dem Karakter der Gegend zu gewinnen. Die Straße war breit, aber von dem gestrigen Regengusse aufgeweicht, so daß die Räder einsanken und der Wagen nur langsam sich bewegte. Maisfelder und Baumwollen-Pflanzungen, Olivenwäldchen und

Anlagen von Maulbeerbäumen wechselten mit Haidestrecken ab, über welche der Thymian und anderer Flor ihren farbenreichen Teppich ausbreiteten. Da und dort wölbten weitästige Silberpappeln ein willkommenes Laubdach über die Straße. Bei dem Dorf Marusi begann die Straße zu steigen. Wir gelangen in eine Hochgegend und haben nach ungefähr anderthalbstündiger Fahrt Anavryta erreicht.

Unsere Landsleute, die Herren Leutwein und Wild, empfingen uns mit wahrhaft herzlicher Freundlichkeit. Der erstere, ein Schwiegersohn des berühmten Agronomen Fellenberg, hatte bald nach der Thronbesteigung des Königs Otto das im Dorfe Anavryta gelegene Gut angekauft, in der Absicht, dasselbe landwirthschaftlich zu nützen und zu verbessern. Wohl mag er sich mit der damals allgemein gehegten Hoffnung getragen haben, daß die Einführung geordneter politischer Zustände einen civilisatorischen Einfluß auf Griechenland ausüben und in Folge dessen die Bevölkerung sich vermehren und der Werth des Landes in die Höhe gehen werde — eine Hoffnung, welche leider größtentheils fehlschlug. Während einer Reihe von Jahren bewohnte Hr. Leutwein mit seiner Familie das Landgut, dessen Ertrag der thätige und mit landwirthschaftlichen Kenntnissen ausgerüstete Mann um ein Bedeutendes steigerte. Später geboten Gesundheitsrücksichten und die Erziehung der Kinder, in die Heimat zurückzukehren. Da aber das Gut nicht verkauft und weder einem tückischen Griechen noch einem fremden, der Sprache und der Verhältnisse unkundigen Verwalter anvertraut werden konnte, mußte Hr. Leutwein und sein Schwiegersohn Hr. Wild sich neuerdings nach Anavryta begeben, wo sie zur Zeit unseres Besuches, von Frau und Kindern getrennt, ein einsiedlerisches Stillleben führten.

Das Gut, ungefähr 1500 Stremma oder 500 Jucharten haltend, ist zum größten Theil dem landwirthschaftlichen Betriebe gewonnen. Gerade vor dem Hause breitet sich eine weitgezogene Parkanlage aus, welche in sich in die drei Eigenschaften eines botanischen Gartens, eines schattengebenden Hochwaldes und eines landwirthschaftlich benutzten Grundes zu einem harmonischen Ganzen vereinigt. Unzählbar sind die nördlichen und südlichen Straucharten, die der in der schweizerischen und griechischen Flora gleich heimische Hr. Leutwein hier angepflanzt hat, und deren mehrere eben jetzt ihre farbenreiche Blumenpracht entfalteten. Unter andern vermochte ich die hier zu einem wilden und mächtigen Gebüsche emporschießenden Passionsblumen zu erkennen. Den schattengebenden Wald bilden hochgewachsene Platanen, stämmige Eichen, schlanke Cypressen, Pinien und Kiefern. Auch die Königin der Nadelhölzer, die Ceder des Libanon, fehlte nicht in der Anlage, wogegen die Palme in dieser schon höhern und frischern Lage nicht recht gedeihen will. Man begreift das, wenn man vernimmt, daß z. B. letzten Winter der Schnee — freilich ganz ausnahmsweise — sechs Wochen hindurch in der Höhe von beinahe einem Fuß sich gehalten hat.

Das landwirthschaftliche Moment des Parkes ist in erster Linie durch den Oelbaum vertreten, dessen Ertrag eine der Hauptnutzungen des Besitzthums ausmacht und der hier sich keineswegs mit den zwerghaften Dimensionen seiner südfranzösischen Brüder begnügt, sondern, die Höhe unserer Laubhölzer erreichend, den andern Hochstämmen des Parkes als ebenbürtig an die Seite gestellt ist. Leider hatte der gestrige Sturm, der in dieser Gegend mit schwerem Hagel begleitet war, die diesjährigen Erndtehoffnungen bedeutend gemindert. Denn zahllos sahen wir die unreifen Oliven auf der Erde umherliegen. Mitten im Park sind die Weinreben angelegt, deren feuriges magenerwärmendes Erzeugniß wir an der Mittagstafel zu kosten bekamen, und neben der Orange, der Limone und Granate gedeihen auch unsere edeln Obstsorten vortrefflich. Hier gibt es Aprikosenbäume, deren Stämme bei anderthalb Fuß im Durchmesser halten, und der Pfirsichbaum trägt schon im zweiten Jahr zahlreiche Früchte.

Zu all' diesem Reichthum der Pflanzenwelt gesellte sich etwas, das man im Orient fast überall vermißt, und dessen Mangel mitten im Zauber der südlichen Landschaften ein Gefühl des Unbefriedigtseins im Gemüthe des Schweizers zurückläßt. Jenes Etwas ist das laufende Wasser. Ein krystallheller Bach murmelt lustig durch die Anlage dahin und stürzt unmittelbar vor dem Hause als Wasserfall in ein Becken hinab, welches von Stechpalmen, Immergrün und Schlingpflanzen malerisch umsäumt und umrankt wird. Dieses Wasser entspringt aus der Quelle Kephalari bei dem gleichbenannten Dorfe belegen. Obwohl nun Hr. Leutwein die Quelle nicht eigenthümlich besitzt, sondern lediglich berechtigt ist, dieselbe zeitweilig auf sein Gut hinüber zu leiten, so genügt doch diese beschränkte Benutzung, um die von uns bewunderte üppig wuchernde Vegetation der mannigfaltigsten Gewächse zu erzeugen, und wenn der Hausgarten alle unsere Gemüsesorten hervorbringt, so hat er es wesentlich jenem segenspendenden Wasser zu verdanken.

Freudig denke ich an jene Stunden zurück, während welchen wir in Begleit der beiden Herren in dem wunderherrlichen Südhaine lustwandelten. Nachdem wir denselben nach allen Richtungen durchstreift hatten, setzten wir uns auf eine Bank unter einer Riesenplatane zum Ausruhen nieder. Das Gespräch drehte sich um vaterländische und griechische Dinge. Neugierig lauschten wir, als Hr. L. uns von den Abenteuern seiner botanischen Excursionen erzählte, wie er die letztern nur mit der Flinte in der Hand und begleitet von seinem gleichfalls bewaffneten albanesischen Diener unternehme, und wie er jüngst am Pentelikon einzig durch List einer Räuberbande entkommen sei, welche so eben eine Gesellschaft von Engländern ausgeplündert hatte. Uebrigens lohnen sich diese Gefahren und Beschwerden durch die Ausbeute einer ganz neuen Flora. Den Karakter der Griechen besprechend meinte Hr. L., es sei das griechische Landvolk anständiger und weniger roh als das deutsche und schweizerische, — was jedoch der gut griechisch sprechende, daher mit den Sitten des Landes besser vertraute Hr. Wild nicht unbedingt gelten ließ. Aber Niemand widersprach, als Hahn sich äußerte: der Grieche berge in jeder Falte seiner Fustanella eine Tücke, und daß das Volk verschmitzt, lügenhaft, treulos, diebisch, eitel und kriechend sei. Trotz dieser soldatisch derben Ausdrucksweise muß ich das Urtheil des Generals um so eher für ein objektiv richtiges halten, als er auch die Lichtseiten des Neugriechen hervorhob und namentlich betonte, daß derselbe, wenn er gut regiert werde, einen guten Bürger und tüchtigen Soldaten abgebe.

Von unserm Standpunkte öffnete sich ein Ausblick nach Süden. Der Boden dacht sich nach dieser Richtung sachte bis zum Meere hin ab und bei der wunderbar durchsichtigen Luft konnten wir so zu sagen die Häuser Athens zählen und jedes Segel mustern, das in den Piräus oder Phalerus einlief.

Außerhalb des Parkes wird auf dem Gute vornehmlich Getreidebau und Schafzucht betrieben. Anavryta lehnt sich im Norden an den Pentelikon an, der, bis zu einer Höhe von 3420 Pariserfuß aufsteigend, die Gegend vor den kalten Nordwinden schützt. Ueber dem Waldsaum des Berges mag man deutlich die alten und noch immer nicht erschöpften Marmorbrüche erkennen, welche den großen Bildhauern und Architekten Griechenlands das Material zu ihren unsterblichen Werken geliefert und die nun auch das Athen der Jetztzeit mit neuem Glanze ausstatten. Die Westgränze Anavrytas bildet der mit würzigen Kräutern und Stauden bewachsene Hymettus und im Osten zieht sich die Hügelreihe, deren Ausläufer in und um Athen sind.

Dem Spaziergang im Park folgte das gemüthliche Mittagsmahl, wobei der Anavrytawein das seinige leistete, uns in die heiterste Stimmung zu versetzen. Während des Essens erzählte uns Hr. Wild, der als homöopathischer unentgeldlicher Arzt mit dem Volksleben in nahe Berührung kommt, Interessantes über Land und Leute. Dann ward auf einer Schattenbank links am Hause die Cigarette geraucht, und als die Stunde zum Abschiede geschlagen, überreichte Hr. Leutwein jedem von uns ein Exemplar der Iris attika zum Andenken an Anaortyia und Griechenland.

In Athen wieder angekommen, machten wir einen Gang durch den königlichen Garten. Die allgemeine Zeitung hatte seiner Zeit Berichte aus Athen abgedruckt, gemäß welchen dieser Garten, die Lieblingsschöpfung der Königin Amalie, während des jüngsten Revolutionssturmes arge Verwüstungen erlitten haben sollte. Ich war verwundert von solchen Verwüstungen keine Spur wahrzunehmen. Wirklich bezeichnete Hahn jene Berichte als unwahr, beifügend, daß derartige Rohheiten nicht in der Art der athenienfischen Bevölkerung liegen. Die Anlage ist ausgedehnt und liefert ein Beispiel dessen, was europäische Gartenkunst im Bunde mit der Südvegetation zu schaffen vermag. Auch wußte der Verfertiger des Planes die Ueberreste des Alterthums für seine Aus- und Durchsichten trefflich zu verwerthen. Da strecken die Palmen in langen Doppelreihen ihre nie genug bewunderten Blattkronen empor. Hier faßten 20 Fuß hohe goldgelbblühende Agaven einen Gartenpfad ein. Zwar glühte und duftete der dichtbestockte Orangenhain in dieser Jahreszeit nicht mehr; aber er nahm uns freundlich unter sein Schattendach auf und Cypressen und abermalige Palmengruppen überragten dasselbe, während anderwärts hochgewachsene Platanen und Johannisbrodbäume den eigentlichen Waldpark repräsentirten. Nordisch grüne Rasenplätze und Blumengruppen sind geschmackvoll vertheilt und aus dem Buschwald leuchtete überall das Blüthenmeer des Oleanders und des Granatbaumes auf. Ein anmuthig verschlungener Weg führte uns zu einem Pavillon, das duftende Rosen umschlingen und in welchem ein hier gefundener römischer Mosaikboden aufbewahrt wird. Dann durch einen von Weinreben gebildeten Laubgang dahinschreitend sahen wir plötzlich, wie von einem

Rahmen eingefaßt, den majestätischen Zeustempel in den Strahlen der niedergehenden Sonne erglänzen. Andere Ausblicke zeigten im Hintergrunde das Meer, das in je weiterer Entfernung eine um so dunkelblauere Farbe annimmt.

Schade, daß der kunstliebenden Königin nicht der Quell von Kephalari zu Gebot stund. Leider war sie für die Bewässerung ihrer Anlage einzig auf das Grundwasser angewiesen, das dem Bedarfe zu wenig genügt. Diesem theilweisen Wassermangel und den Einflüssen des oft sehr heftig wehenden Nordwindes schreibe ich es zu, wenn der Königsgarten an Mannigfaltigkeit der Gewächse weit hinter Anavryta zurücksteht, das mit laufendem Wasser gesegnet und durch das Gebirg vor dem Nordwind geschützt ist.

Das Schloß selbst ist nur an der Südfronte schön, wo die im dorischen Stil gehaltene Säulenhalle imponirend auf den Beschauer einwirkt. An den andern Seiten trägt der Bau, weil wenig gegliedert, einen nüchternen, kasernenartigen Karakter. Im Palaste herrschte Stille, da der junge (dänische) Landesfürst eben auf den Inseln verweilte, um die Huldigungen des Volkes entgegenzunehmen. Geschmackvoller als der Königsbau ist der Palast der Universität angelegt, vor welchem wir auf dem Heimgange einen Augenblick anhielten. Mit Vorliebe betrachtete ich den zierlichen Bau, dessen Facade gleichfalls einen dorischen Portikus zeigt. Noch steht in meiner Erinnerung fest, wie die Nachricht, daß König Otto die Errichtung einer Universität in Athen beschlossen habe, mich lebhaft und sympathetisch anregte. Jener Beschluß ist nun längst ausgeführt und die Hochschule Neu-Athens steht als Leuchte und Brennpunkt der Wissenschaft für den ganzen griechisch redenden Orient da. Gegen 600 Studenten besuchen dieselbe. Sie besitzt außer des bereits erwähnten botanischen Gartens, der von Sina gegründeten Sternwarte und andern wissenschaftlichen Anstalten auch eine Bibliothek von über 80,000 Bänden. Ihr, der Universität, ist es zu verdanken, wenn die neugriechische Literatur fort und fort an Umfang und Bedeutung gewinnt und namentlich die Poesie eine Blüthenfülle entfaltet, von der wir uns im Abendlande wenig oder nichts träumen lassen. Ueberhaupt gebricht es den Neugriechen durchaus nicht an Bildung. Denn auch für die Volksschule wird Erhebliches geleistet. Wenn trotzdem der junge Staat nicht gedeihen will, so sehen wir hierin einen Beweis mehr unter andern, daß Bildung und Wissenschaft allein nicht genügen, um ein Volk im wahren Sinne des Wortes zu civilisiren. Es gehören hiezu moralische Faktoren und diese vermag die bloße Wissenschaft nicht zu beschaffen. Doch wir werden auf dieses Kapitel zurückkommen.

Herr Pfarrer Ludwig schloß in seinen „vier Tagen in Athen" unsere heutige Tages-Chronik mit folgenden Worten: „auf der Aeolusstraße ist es noch munter. Wir aber sind müde und bedürfen der Ruhe." Wohl hatte er Recht, mein guter Freund und Gefährte, ich aber fand die Ruhe aus der mehr angegebenen Ursache so wenig als gestern. Doch, Gott sei es gedankt! meine gute Natur, durch die erheiternde geistige Anregung fortwährend erfrischt, ertrug die Hitze und die Strapazen des Tages und der darauf folgenden schlaflosen Nächte so ohne Gefährde, daß ich aus der Sommer-Orientreise mit ungeschwächter Gesundheit in die Heimat zurückgekehrt bin.

Dritter Tag.
29. Juni.

Auch heute waren wir nach unserer Gewohnheit schon um fünf Uhr marschfertig. Der Morgen war wieder klassisch, wie mein Freund in seinen „Vier Tagen" sich ausdrückt, und wenn er hinzusetzt, daß, um die Kraft der griechischen Sonne, die Unvergleichlichkeit des griechischen Himmels und das Wunderbare der griechischen Luft zu sehen und zu empfinden, man daselbst im Sommer sich aufhalten müsse, so ist das eine Bemerkung, die ich nicht nur für Griechenland, sondern überhaupt für den ganzen Süden unbedingt beipflichtend unterschreibe.

Unser Morgengang hatte sich wie gestern als nächstes Ziel einen jüngst ausgegrabenen Fund ausersehen. Diesmal war es ein altgriechischer Begräbnißplatz, den man an der alten Straße nach Eleusis unfern des Scheidepunkts aufdeckte, wo die beiden Straßen nach dem Piräus und nach Eleusis sich abzweigen. Wir waren bald an der Stelle. Vor uns stand mitten unter einer Trümmermasse von Säulen, Vasen und andern Sculpturwerken eine ganze Reihe bloßgelegter Grabmonumente, von denen die meisten vortrefflich erhalten sind. Sie stehen noch genau an demselben Orte, an welchem man sie vor Jahrtausenden errichtet hatte, und die Todten, von denen die Inschriften zeugen, liegen wirklich unter diesen Grabsteinen begraben. Ohne Zweifel ist dies der äußere Kerameikos (Töpfermarkt), allwo nach den Berichten der Alten die im Kampfe Gefallenen und sonst Personen höhern Ranges bestattet wurden, während in den Werkstätten des innern und eigentlichen Kerameikos jene noch jetzt bewunderten Figuren und Geräthe aus Thon geformt wurden.

Die Zeit gebrach uns, alle hier aufgestellten Denkmäler eines nach dem andern zu studiren. Wir begnügten uns deßhalb, die interessanteren derselben so genau als möglich zu betrachten, und unter diesen waren namentlich drei, welche sowohl durch den Gegenstand als durch die kunstreiche Ausführung der an ihnen angebrachten Reliefbilder einen unauslöschlichen Eindruck in uns beiden zurückließen.

Der eine Grabstein bringt in seinem Relief einen Reiter zur Darstellung, der im raschen Siegeslaufe soeben einen Fußgänger niedergerannt hat und die Rechte erhebt, um dem letztern mit der Lanze den Todesstoß zu geben. Der Fußgänger hat schon vier Reiter getödtet. Jetzt aber ist der Augenblick da, wo auch ihn das unerbittliche Schicksal erreicht. Er ist ganz unter das wild sich bäumende Pferd gerathen. Während sein rechtes Bein schon widerstandslos ausgestreckt ist, sucht er sich, aufs linke Knie gestützt, mit verzweifelnder Anstrengung aufzurichten. Mit der linken Hand hält er den Schild der Lanze des Gegners, die rechte den ihn bedrohenden Vorderbeinen des Pferdes entgegen. Das alles ist mit ergreifender Wahrheit und Schönheit gemeißelt. Die Inschrift lautet ins deutsche übersetzt, wie folgt: „Derileos, des Lysanias Sohn, ein Tho„rikier, war gebohren, als Tisander Archont war, starb unter „dem Archonten Eubolides, Einer von den fünf Rittern zu „Korinth."

Indem man diese Inschrift mit bezüglichen Stellen der Alten zusammenstellt, gelangt man zu der Annahme, daß der hier benannte Derileos in der Schlacht von Korinth ums Jahr 394 v. Chr. den Heldentod gestorben und sein Monument eines von denjenigen sei, derer Pausanias (Attika 29, 8.) als auf dem Wege nach der Akademie den zu Korinth gefallenen Kriegern errichteter erwähnt.

Auf einem andern Steine sieht man den Charon in einem Nachen heranrudern, um aus einer Gruppe von zwei Männern und zwei Frauen Jemanden abzuholen.

Das dritte Monument stellt in seinem Relief eine Frau dar, die, auf einem Stuhle sitzend, einem vor ihr stehenden Manne die Hand reicht. Beider Augen begegnen sich in wehmüthigen Blicken. Im Hintergrund stehen eine männliche und eine weibliche Person, auf deren Gesichtszügen gleichfalls der Seelenschmerz ausgeprägt ist. Ja selbst der treue Hund, der ängstlich zu den Füßen der Herrin sich schmiegt, scheint andeuten zu wollen, daß hier etwas Trauervolles vorgehe. Offenbar haben wir den Abschied zweier Gatten vor Auge, die durch den unerbittlichen Tod getrennt werden. Unter dem Denkstein ist die Korallion bestattet. Sie ist die auf dem Lehnstuhl sitzende sterbende Frau, der Mann, dem sie die Hand reicht, Agathon, ihr Gatte; die dahinten stehenden Figuren repräsentiren den Bruder des Agathon, Sosilrates, und seine Frau. Diese Namen und Verwandtschaftsbeziehungen sind sämmtlich durch die Inschriften bezeugt, welche die betreffenden, neben einander liegenden Grabsteine enthalten. Ach! diese Abschieds- scene, welche vor zwei Jahrtausenden sich zutrug, schildert in einfach ergreifender Weise der Sterblichen Loos. Mir rief sie Selbsterlebtes wach und deßwegen hat das Bild, dessen Fi- guren alle edel gehalten und mit klassischer Meisterhand durch- geführt sind, sich mit unverwischbaren Zügen in meine Erinne- rung eingegraben.

Es war sechs Uhr des Morgens, als wir unsere Um- schau auf dem Kerameikos vollendet, und die Hitze bereits so stark geworden, wie ich sie in der Schweiz während der Mittags- stunden der heißesten Tage niemals erlebt hatte. Dennoch mußten wir die zwei Stunden verwerthen, die uns bis zu dem mit General Hahn zum Behufe eines Ausfluges nach Eleusis verabredeten „Stell' dich ein" erübrigten. Südlich des Kera- meikos liegen die schon erwähnten klassischen Hügel. Schnell war der Entschluß gefaßt, dieselben zu ersteigen. Der am meisten nach Norden vorgeschobene, somit uns nächste, war der sog. Nymphaion oder der Hügel der Nymphen, wo wir außer einiger Grotten und Höhlen, die man sich als Woh- nungen der Nymphen gedacht haben mag, keine weitern Spuren des Alterthums wahrnahmen.

Anders verhielt es sich mit dem unmittelbar südlich folgenden Hügel, der von dem Nymphaion nur durch eine schmale Boden- senkung abgetrennt ist. Wir meinen die Pnyx. Indem wir an dessen Nordabhang aufsteigen, gelangen wir zu einer Bö- schung, an welcher drei Treppenstufen uns auf einen großen, terrassenförmigen Platz hinaufführten. Ein erster Ueberblick zeigte, daß wir es hier mit einer künstlich erstellten Fläche zu thun hatten. Es ist nämlich an der obern Seite des Platzes der Felsen senkrecht und tief abgehauen, an der untern aber eine Stützmauer aufgeführt, deren riesengroße Steine nach Art der

Cyklopenbauten zusammengeschichtet sind. Der Platz hat die Form eines Halbkreises, der seine convexe Seite thalabwärts kehrt, während die Grundlinie, oder mathematisch gesprochen die die beiden Endpunkte des Halbbogens verbindende Sehne sich am Fuß der künstlich gewonnenen Felswände hinzieht. Jene Grundlinie ist jedoch keine vollkommen gerade, sondern in einem Winkel von 155 Graden gebrochene.

Dieser so beschriebene Platz ist nun nach der Annahme der meisten Archäologen der Ort, wo die Athenienser ihre Volksversammlungen abhielten. Der Beweis, daß dem so sei, lag uns in den Ueberresten der Rednerbühne vor Augen. Sie ist gerade vor dem Winkel der gebrochenen Grundlinie des Halbkreises angebracht. Was davon noch vorhanden, besteht aus einem viereckigen Steinblock, dessen Oberfläche hinten und auf beiden Seiten mit einem Steingeländer eingefaßt, nach vorn aber offen ist. Man steigt zu beiden Seiten auf sechs Stufen hinauf. Die Bühne gleicht einem Thronsessel und ist auf einer Unterlage von 9 Meter Länge erstellt.

Noch müssen wir einer Eigenschaft des athenienstschen Forums gedenken, welche deßwegen Beachtung verdient, weil sie ein lehrreiches Schlaglicht auf die politischen Verhältnisse der altgriechischen Freistaaten wirft. Es sind das die geringen Dimensionen des Platzes, dessen Flächeninhalt nach geometrischer Messung wenig über 10,000 Quadratmeter beträgt. Es bot somit nicht mehr als ungefähr 9000 stehenden Männern hinlänglichen Raum und war etwa doppelt so groß als die Landsgemeindenplätze unserer altdemokratischen Schweizerkantone. Wenn man nun weiß, daß die athenienstsche Bürgerschaft sich über ganz Attika ausdehnte und daß dieser Landstrich an 500,000 Einwohner zählte, so ist klar, daß die Begriffe politischer Rechtsgleichheit und allgemeinen Stimmrechts den alten Atheniensern sehr ferne lagen. Denn um das Volk im modernen Sinn dieses Worts zu besammeln, dazu hätte die Pnyxfläche bei weitem nicht ausgereicht. Die Bevölkerung bestund eben zu vier Fünftheilen aus Sklaven, d. h. aus politisch rechtlosen Menschen, und auch unter den Freien hatten die Fremden und Einsaßen keinerlei Antheil an den politischen Rechten. Diese letztern standen ausschließlich den Bürgern zu, und Bürger war der, welcher aus einer rechtmäßigen Ehe von einem bürgerlichen Vater und einer bürgerlichen Mutter abstammte. Nur in seltenen Fällen wurde das Bürgerrecht an solche ertheilt, die sich um das Vaterland verdient gemacht hatten. Somit war das auf der Pnyx tagende Boll nichts anders als eine geschlossene Korporation, welche eine oft sehr drückende Herrschaft über weite Länder und Inseln ausübte, und wenn der athenienfische Staat eine Demokratie genannt wird, so ist das nicht im heutigen Sinne zu verstehen. Die Bezeichnung trifft nur insofern zu, als der Entscheid über die öffentlichen Angelegenheiten in letzter Instanz nicht dem Senat, sondern der versammelten Gesammtbürgerschaft anheimgestellt war. Dagegen bildete diese Bürgerschaft selbst eine Aristokratie gegenüber den Nichtbürgern in Attila und gegenüber den unterthänigen Ländern. Das Verhältniß war demjenigen ähnlich, wie es vor 1798 in den Urständen der Eidgenossenschaft bestand. Auch dort ruhte die Souveränität in der Genossenschaft der Bürger oder der altgefreiten Landsmänner der altgefreiten Länder, keineswegs im Volke nach heutigem Verständniß. Nur jene, die altgefreiten Landsleute, bildeten die Landsgemeinde; alle bloßen Einwohner, mochten ihre Vorfahren seit Jahrhunderten im Lande sich angesiedelt haben, waren von der Theilnahme ausgeschlossen. Noch viel weniger durften die Landsgemeinden von den Einwohnern der unterthänigen Bezirke besucht werden. Ueber die letztern herrschten die altgefreiten Länder aristokratisch, ebenso wie Bern, Venedig, Rom und Athen über die ihrigen.

Es bekam uns ein eigenes Gefühl, als wir an der Stelle auftraten, wo Demosthenes sprach, und wir uns die unten Kopf an Kopf gedrängte, wogende Volksmasse hinzudachten.

Wohl hat mein Freund Recht, wenn er als das hervorragendste Verdienst des großen Sprechers den Mannesmuth rühmt, mit welchem derselbe dem eitlen Volke unangenehm klingende Wahrheiten heraussagte. Und wenn er, mein Freund, dieses Beispiel unsern heutigen Volksschmeichlern zur Nachahmung vorhält, welcher Kenner unserer Zustände möchte die Nothwendigkeit und Zeitgemäßheit dieser Mahnung bestreiten?

Schaut man von dem Bema (Rednerbühne) in die Umgebung hinaus, so wird man die Flamme der in den Reden des Demosthenes auflodernden patriotischen Begeisterung erst recht begreifen. Mit seiner rechten Hand konnte er auf die Tempelgiebel der Akropolis und die zahllosen dort aufgestellten Standbilder der Schutzgötter und Heroen des Vaterlands hinweisen. Vor ihm lag der Areopag, als Mahner zur Gerechtigkeit, und unten die Stadt. Zur linken schweifte sein Blick auf dem Nymphenhügel und bis zum Engpaß von Daphne hinüber.

Im Uebrigen besagt eine Stelle Plutarchs, daß dieser Versammlungsplatz nicht der ursprüngliche war, und daß der ältere sich dem Meere zuwandte. Wir brauchten diesen letztern nicht lange zu suchen. Er liegt auf der Höhe des Hügels, von wo man das Meer und Salamis sieht. Deutlich konnten wir auch hier die künstliche Verebnung und den Abschluß der Fläche im Süden durch die senkrecht abgeschrotete Felswand erkennen. Ebenso ist in einem großen Steinwürfel der Ueberrest der Rednerbühne vorhanden. Diese alte Pnyx hatte die Form eines Dreiecks und war um sehr vieles kleiner als die untere, wodurch unsere obigen historisch-politischen Bemerkungen eine gesteigerte Unterstützung erhalten. Wie die Pnyx zum Nymphenhügel, gerade so liegt der Museumhügel zur Pnyx. Zwischen beiden lief einst die Gasse, welche vom piräischen Thore nach der Akropolis führte. Der Hügel hat nichts mit den Musen zu thun. Sein Name rührt daher, weil daselbst der Dichter Musäus, ein Schüler des Orpheus, begraben sein soll. Schon frühe wurde dieser die Stadt dominirende Punkt zur Anlage von Festungswerken benützt, wie denn auch von der Burg des Demetrius Poliorketes 298 v. Chr. sich noch etliche, freilich nur spärliche Ueberreste zeigen. Am gleichen Ort ließ Redschib-Pascha 1826 seine Batterien gegen die Akropolis errichten. Auf dem Gipfel des Hügels erhebt sich das Denkmal des **Philopappus**, eines Abkömmlings der Seleuciden, welche Königsdynastie von Seleukus Nikator, einem Feldherrn Alexanders des Großen, um 300 v. Chr. begründet worden ist. Philopappus war der Enkel des von Vespasian entthronten Antiochus. Das Denkmal stammt somit aus römischer Zeit. Der Bau ist an der Frontseite concav, einen Halbbogen darstellend, dessen Sehne 10 Meter Länge enthält. Er enthielt ursprünglich drei Nischen, zwischen welchen sich vier Pilaster erhoben. In der jetzt verschwundenen Nische stund Seleukus-Nikator, in der großen noch erhaltenen Mittelnische thront Philopappus, in der Nische zur Linken Antiochus. Auch die Pilaster waren mit Statuen geschmückt gewesen. Das Basrelief unten ist, wie das Monument im Ganzen, äußerst verstümmelt. Von den Inschriften sind nur wenige leserlich.

Am Fuße des Hügels ließ uns der Führer in ausgehauene Felskammern eintreten. Davon wird die eine im Osten für das Gefängniß des Sokrates, eine andere im Südwesten für das Grabmal des Kimon — beides ohne irgend welchen Grund — durch die Volkssage ausgegeben.

Und was ist es um jenen Felsenkopf dort, der nach Osten hin kahl und schroff vor unsern Blicken aufstieg? Als wir näher hinzutraten, zeigte es sich, daß er aus einer chaotischen Aufeinanderhäufung riesengroßer Steinblöcke bestehe. Es wäre unmöglich gewesen, die letztern zu erklimmen, hätten wir nicht an der Südseite eine in den Felsen gehauene Treppe entdeckt, eine Treppe, welche schon deßwegen aus dem Alterthum herstammen muß, weil man nicht absieht, zu welchem Zweck man in neuerer Zeit einen Zugang nach der gänzlich unbewohnten Anhöhe erstellt haben sollte. Die sechszehnstufige Treppe führte uns auf einen geebneten Raum, um welchen wir in den Felsen gehauene Sitzstufen wahrnahmen.

Kein Zweifel, wir stunden auf dem Areopag, d. h. auf jenem Hügel, wo das nach ihm benannte Tribunal unter freiem nächtlichem Himmel seine Sitzungen hielt. Das beweisen die Beschreibungen Herodots und des Pausanias, welche zu der Lage vollständig stimmen. Jedem Kenner der griechischen Geschichte ist es bekannt, daß der Areopag der angesehenste und älteste der athenienfischen Gerichtshöfe war. Einige führen dessen Ursprung auf Cekrops, andere auf Solon zurück. Höchst wahrscheinlich ist er aber älter als Solon. Der Gerichtshof ward aus den abgetretenen Archonten besetzt, insofern diese ihrem Amte mit Redlichkeit und Eifer vorgestanden hatten. Seine Kompetenz erstreckte sich über alle Staats- und Kriminalverbrechen, Verspottung der Religion, Neuerungen in derselben, wie über Sittenlosigkeit. Nach Solons Anordnung waren ihm ferner die Aufsicht und Bewahrung der Gesetze, die freie Macht über die Anwendung des öffentlichen Schatzes und die Sorge für die Jugend anvertraut. Den Waisen setzte er Vormünder und Aufseher und sah dahin, daß sie ihrem Stande und Vermögen gemäß erzogen wurden und eine ihnen angemessene Laufbahn erwählten. Auch der Kultus der Götter war seiner Aufsicht unterstellt. Die Areopagiten wurden auf Lebenszeit erwählt und man verlangte von ihnen nicht bloß, wie heut zu Tag üblich, Kenntnisse und Intelligenz, sondern dieselben mußten sich der unbescholtensten Aufführung befleißen und wurden oft geringer Fehler wegen ausgestoßen. Man ging so weit, daß selbst Geberden, Worte, kurz das ganze Betragen so gesetzt, ernsthaft und männlich sein mußten, wie man es nur von den tugendhaftesten Männern erwarten konnte. Freilich erhielt sich der Areopagus in späterer Zeit nicht mehr auf dieser sittlichen Höhe. Aber in der Blüthezeit der Republik verdient er das Lob, welches Aristides ihm beilegte, daß er das heiligste und ehrwürdigste Tribunal in ganz Griechenland sei.

Doch während wir einsam auf dem verlassenen Felsrücken verweilten, da trat ein Mann vor unser geistiges Auge, dessen Name seit Jahrtausenden Keiner ohne Ehrfurcht und Bewunderung ausspricht. Hier nämlich auf dem Areopag hielt der Apostel Paulus jene denkwürdige Rede, die uns in der Apostelgeschichte aufbewahrt ist. Er, ein unbekannter Fremdling, der verachteten judäischen Nation angehörend, wagte es, Angesichts der von der nahen Akropolis ihm entgegenstrahlenden Tempel den Athenlensern herauszusagen, daß es nichts sei mit allen ihren Göttern. Er wagte es, den stolzen Pantheisten den Weltschöpfer zu predigen und den weichlichen Epikuräern die Auferstehung der Todten und die Donner des Gerichts zu verkünden.

Diese Rede ward von den einen verspottet; andere verabschiedeten den Sprecher in attisch höflicher Weise mit den Worten: „Wir wollen Dich weiter davon hören." Wenige glaubten, unter andern ein ernster Mann des Areopags, Dionysius, und eine vornehme Frau, Namens Damaris.

Wohl mochte das Auftreten des seltsamen Mannes während eines Tages das Stadtgespräch in Athen gebildet haben. Dann aber ward die Sache vergessen und Niemand dachte, außer etwa Dionysius und sein gleichgesinntes Häuflein, daß die Rede des hebräischen „Schwätzers"*) irgend welche Spur zurücklassen und wohl gar eine Totaländerung der religiösen und sozialen Zustände herbeiführen würde. Allein es kam doch so. Die kleine Gemeinde des Dionysius bewahrte das apostolische Wort als ein heiliges Kleinod. Sie wuchs allmälig an, bis nach drei Jahrhunderten die Tempel entleert, die Orakel verstummt waren und die aus tausendjährigem Traume aufgewachte Welt es erkannte, daß es mit den alten Göttern nichts gewesen sei als Blendwerk und Lüge.

Unser Studium der vier klassischen Hügel war nunmehr

---

*) Apostelgesch. XVII, 18.

beendet. Vom Areopag wandten wir uns, die Akropolis im Süden umgehend, nach dem südöstlichen Winkel der Stadt. Hier lag einst das Lenäon, d. h. der heilige Bezirk des Dionysostempels, von wo aus die sog. Tripodenstraße zum Prytaneum hinführte. Der Name der Straße rührte von den vielen Dreifüßen her, welche daselbst von den im Gesangwettkampfe siegreichen Chorführern aufgestellt wurden. Diese Dreifüße sind zwar alle verschwunden. Dagegen ist ein Denkmal aus guter griechischer Zeit uns erhalten, worauf ein solcher Dreifuß gestanden ist. Die am Architraven angebrachte Inschrift besagt, daß es zu Ehren des Lysikrates errichtet worden sei, welcher im Jahre, als Alexander der Große nach Asien aufbrach, 335 v. Chr., mit einem Chore von Knaben den Sieg in den Wettgesängen davon getragen habe. Man begreift daher nicht, warum in der Neuzeit dem Monumente der Name „Laterne des Diogenes oder gar des Demosthenes" beigelegt wurde. Es erhebt sich als ein kleiner runder Tempel auf einem viereckigen Unterbau. Der letztere hat 4, der Rundbau 6½ Meter Höhe. An der Wandung heben sich sechs schlanke Halbsäulen empor und tragen auf ihren einfach schönen korinthischen Kapitälern das Gebälk. Am Fries zieht sich ein äußerst fein gemeißeltes, einen homerischen Mythus über Dionysos darstellendes Relief herum. Das schuppenartige Dach des Monuments läuft in ein zierlich gearbeitetes Blumenwerk aus, das dem Dreifuß zur Unterlage gedient hatte.

Dicht neben dem Monumente des Lysikrates steht ein halb zerfallenes Haus, das der berühmte britische Dichter und Griechenfreund Lord Byron eine Zeit lang bewohnt hat. Indem wir von da ein enges Gäßchen nordwärts verfolgen, kommen wir bei einer jüngst stattgefundenen Ausgrabung an. Der Lage nach muß hier das Prytaneum gestanden sein, in welchem die Prytaneen, d. h. die Vorsitzer der zehn Klassen, aus welchen der Senat zusammengesetzt war, während ihrer Amtsdauer von fünfunddreißig Tagen, und auch sonst um das

Vaterland hochverdiente Männer, als: Feldherrn, Redner, Philosophen, Künstler, auf Staatskosten Wohnung und gemeinsame Speisung erhielten. Der Ueberrest der Gebäulichkeit besteht, so weit sie aufgedeckt ist, aus einem quadratförmigen Raum, den vier Quadermauern von weißem Marmor umschließen. Dieser Raum oder Hof liegt mehrere 20 Fuß tief unter dem jetzigen Boden. Unter der Unmasse der daselbst aufgehäufmten Bau- und Skulpturtrümmer nahm ich sehr viele von oben bis unten überschriebene Steinplatten wahr. Vielleicht, daß diese Steinschriften die werthvollsten Urkunden enthalten. Weiß man doch, daß die Gesetze Solons im Prytaneum aufbewahrt wurden.

Mit dem Prytaneum hatte unser heutiger Morgenrundgang seinen Abschluß gefunden. Hernach lag uns als erste Pflicht die Einnahme des wohlverdienten Frühstückes ob. Dann genossen wir einen Augenblick der Ruhe, bis der General zur Fahrt nach Eleusis uns abholte. Der Weg, größtentheils die Richtung der alten, heiligen Straße verfolgend, führte uns wieder am Kerameilos vorbei. Beim botanischen Garten wurde Halt gemacht und diese, die griechische Flora nur unvollständig enthaltende Sammlung flüchtig besichtigt. Nun ging's durch den Olivenhain, welchen der Kephißus in mehreren Armen durchschlängelt. Bald erreichen wir den Fuß des Gebirgs und steigen auf kunstgerechter Straße den Engpaß von Daphne hinan. Der schöne Lorbeerstrauch Daphne mezereum war bekanntlich dem Apollo geweiht, und weil ein Tempel dieses Gottes sich auf der Höhe erhob, so wurde dem Passe der Name „Daphne" gegeben. Jetzt steht an der Stelle des Heidentempels ein Kloster und eine christliche Kirche. Wir unterließen nicht die letztere zu besichtigen. Der altbyzantinische Bau ist mit mehreren Mosaikbildern auf Goldgrund verziert, unter denen das von der Mittelkuppel herabschauende Antlitz des Herrn meine Aufmerksamkeit vor andern fesselte. Es fiel mir die Aehnlichkeit mit demjenigen auf, das ich in der Apside der Eliaskirche bei Jerusalem sah. Beide Christusköpfe sind von ergreifender Wirkung. Es schien mir, als sei in denselben das Selbstbewußtsein des Gottmenschen ausgeprägt. Der Herr scheint gleichzeitig segnen und warnen, und das große, helle Auge andeuten zu wollen, daß es auch die verborgensten Falten des Herzens durchblicke. Aehnlich wie diese Christusköpfe ist auch das Bild des heil. Marcus über dem Haupteingang zu St. Marco in Venedig gehalten.

Von dem alten Tempel finden sich noch Säulentrümmer im Hofraum vor und man weiß, daß Lord Elgin die letzten drei aufrechtstehenden Säulen nach London verführt hat. Aus der Frankenzeit sind zwei große Sarkophage erhalten, welche auf das französisch herzogliche Geschlecht der La Roche zurückführen. Die an diesen Steinsärgen angebrachten bourbonischen fleurs de lys sind noch ganz gut zu erkennen.

Oberhalb des Daphneklosters wurden wir von einem frischen Bergwinde angehaucht, während die ungeahnte Erscheinung eines Wäldchens der pinus alleppensis, das sich am linken Abhang hinaufzog, uns angenehm überraschte. Wie schön hoben diese Nadelholzbäume von dem zauberisch blauen Himmel sich ab! Welche tief dunkle, scharf abgegränzte Schattenbilder woben sie in den warmen, sonnengetränkten Grund der Landschaft hinein! Ach! ein wunderbar schönes Zauberland, die Schweiz des Südens, würde Griechenland sein, wenn überall solcher Kieferhain seine malerisch geformten Berghalden deckte und aus dem Waldesdunkel silberhelle Bäche hervorbrächen. Doch ist es kaum zu hoffen, daß das arme Land den Fluch der Entwaldung je von sich abwälzen werde. Nur eine europäische, mit unbeschränkter Machtvollkommenheit ausgerüstete Regierung vermöchte hier durchzugreifen. Oder wie sollte trotz der Triebkraft der südlichen Natur eine Wiederbewaldung verwirklicht werden können, so lange zahllose Ziegenheerden sich ungehemmt auf allen Bergen herumtummeln?

Bis dahin waren wir in westlicher Richtung gefahren.

Auf der Paßhöhe unvermerkt nach Norden umbiegend, hatten wir die Meerenge von Eleusis in Sicht, jenes klassische Gewässer, wo Themistokles die Flotte der Perser zernichtete. Denn die Insel Salamis war es, die sich jenseits des Meerarmes erhob und deren Vorgebirge eines jetzt noch als die Stelle gezeigt wird, von welcher aus Xerxes, auf einem goldenen Thron sitzend, der mörberischen Seeschlacht soll zugeschaut haben. Unten im Thal glich der Kanal einem Landsee, weil die beiden Mündungen sich unserm Gesichtskreise entzogen hatten.

Die Straße läuft nun wieder nach Westen und zieht sich hart am Nordufer der Meerenge hin. Zu unserer Rechten dehnte sich die etwa zwei Stunden lange und ebenso breite eleusische Ebene aus, die der Kithäron im Westen, der Parnes im Norden und der Korybassus im Osten in einem weitgezogenen Bogen einrahmen. Fast mitten durch die Ebene fließt der eleusische Kephisus, an welchem einst Theseus dem verruchten Prokrustes seine Glieder in gleicher Weise zurecht legte, wie dieser es so manchem harmlosen Wanderer angethan hatte. Auch an einem kleinen Süßwassersee kamen wir vorüber. Diese Gewässer, das im Verhältniß zu der athenensischen Ebene grüne Aussehen der Gegend, die goldgelben Kornfelder und die Baumgruppen auf den anliegenden Bergen — das alles wollte uns beinahe schweizerisch anwehen. Allein der dunkelblaue Blüthenmantel, den der Thymian über die Haiden ausbreitete, sah griechisch sich an und griechisch der Oleander, dessen hochaufstrebende Blüthenbüsche den Süßwassersee und den Kephisus einrahmten. Griechisch waren die Luft, der Himmel, das Sonnenlicht, und schon deswegen konnte ein Vergleich mit unsern nordischen Landschaften nimmer aufkommen, weil diese sich zu jenen des griechischen Südens stets nur wie ein mattes Aquarellgemälde zu dem warmen Farbenschmelz eines titianinischen Oelgemäldes verhalten.

In Eleusis kehrte unser Wagen unmittelbar vor der Dorfschenke an, und wir — man möge das den schweißtriefenden, durchgeplagten Touristen verzeihen — treten, alle Alterthümelei vorläufig bei Seite schiebend, schnurstracks in das Kaffeneion hinein. Dieses hatte mit unsern Land- und Stadtkneipen wenig gemein; vielmehr war dasselbe so klassisch originell, daß ich nicht anstehe, die daselbst verlebte Stunde unter die interessantesten meiner griechischen Reise zu zählen. Die Gebäulichkeit bestund aus **Einem** geräumigen Saal zu ebener Erde, über dem sich unmittelbar der Dachstuhl erhebt. Hinten war durch ein 4—5 Fuß hohes Holzgitter ein Raum abgesperrt, der von fern gesehen wie ein Büffet aussah, der aber mehr war als das, indem er gleichzeitig als Vorrathskammer, Keller, Wohnstube und Schlafgemach diente. An der Rückwand war nämlich eine riesengroße Etagere und darüber eine Art Empore, (Lettner) errichtet. Ein Blick nach der Etagere zeigte, daß sie eine ziemlich vollständige Sammlung aller Gegenstände enthielt, deren eine griechische Bauernhaushaltung und Bauernwirthschaft bedarf. Da lagen Krüge und Flaschen, Gläser, ganzes und zerbrochenes Geschirr, Stroh und Gemüse, Kleider, Decken, alte Schuhe u. s. w. in unsystematisch aber malerisch geordneter Aufstellung beisammen. Die Empore war mit Schlafstellen versehen, unter denen man sich jedoch keine Betten zu denken hat, sondern einfache Strohmatten, auf denen sich Jeder nach Belieben, in seine Decke oder seinen Mantel eingehüllt, hinstrecken kann, die Frauen auf der einen, die Männer auf der andern Seite.

Durch jene Empore ward der Hinterraum, da er ohnedies mit keinem direkten Fenster in Verbindung stund, in ein mysteriöses Halbdunkel eingehüllt, während der hohe Hauptsaal sich des hellsten Lichtes erfreute. Keine kokette Kellnerin begrüßte uns beim Eintritt, unsere Bestellungen zu erfragen. Wir selbst mußten in dieser Sache die Initiative ergreifen. Zu diesem Behuf nahten wir uns dem Holzgitter, hinter welchem die Wirthin — eine ehrwürdige, aber resolute Matrone — ihre Audienzen ertheilte. Sie machte große Augen, als wir Fleischspeisen begehrten. Später erfuhren wir, daß der griechische Bauer nur einmal des Jahres, in der heiligen Osternacht sich den luxuriösen Fleischgenuß gestattet — eine Thatsache, welche, beiläufig gesagt, keinen Beweissatz für die modernste Hygienik abgibt, da, wie Hahn uns mittheilte, kein Volk Europa's so befähigt ist, die Strapazen des Krieges zu ertragen wie der heutige Grieche. Nach einigem Hin- und Herreden wurde ein Menü aus Eiern, Brod, Ziegenkäse, Wein und schwarzem Kaffee vereinbart. Ein junger Telegraphist machte freiwillig den Koch und hatte die Gefälligkeit uns bei Tische zu bedienen. Die Eier schwammen im Oel, das Brod war steinhart, etwas linder der Käse und als Getränk wurde uns der sog. Rezinato, b. h. ein mit einer gewissen Harzart gesättigter Landwein kredenzt. Da nämlich der Grieche auf dem Lande keinen Keller besitzt, so kann er seinen Wein nur durch die angegebene Mischung vor dem Verderbniß bewahren. Dieser Harz- oder Resinawein, bei dem Volke einzig im Gebrauch, wird als der Gesundheit sehr zuträglich gerühmt, schmeckt aber schlecht, wenigstens einem abendländischen Gaumen. Doch widerte das Getränk mich keineswegs an und gemüthlich konnte ich meine zwei Gläser austrinken.

Mittlerweile hatte sich die Kunde von dem Hiersein des Generals Hahn im Dorfe verbreitet. Jünglinge, kräftige, stämmige, wildaussehende Männer und auch weißhaarige Greise erschienen im Kaffeehause, um den verehrten Krieger zu begrüßen. Es waren sämmtlich Albanesen. Denn das jetzige Dorf Leusina oder Neu-Eleusis wurde erst im vorigen Jahrhundert durch eine Kolonie des benannten Volkes gegründet. Dagegen war der junge Telegraphist, der uns beim Essen aufwartete, ein Grieche. Wir hatten somit die trefflichste Gelegenheit, den Unterschied der beiden Volksstämme, aus welchen die Bevölkerung des heutigen Königreichs Griechenland zusammengesetzt ist, nach der Natur zu studiren. Der Unterschied springt in die Augen. Wer wollte nicht in jenen breitschulterigen Gestalten, den platten Gesichtern mit dem groben Munde und den rohen Blicken den albanesischen Typus erkennen? Sah man daneben den jungen Griechen sich an, welche herrliche Gestalt, wie schlank der Wuchs, wie elegant die Haltung und jedwelche Bewegung! Das Gesicht ist hager, die Schläfe eingedrückt, mehr Nerven als Muskeln, mehr geistige Ueberlegenheit als körperliche Mächtigkeit. Das Auge lebensvoll funkelnd, verschmitzt, Nase und Mund fein, edel. Nur das bartlose Kinn etwas zu lang und zu flach, wogegen der aufwärts gedrehte, dünne Schnurrbart sich sehr hübsch und zierlich ausnimmt.

Herr Ludwig stund nicht an, in der Erscheinung des schönen griechischen Jünglings die Einflüsse althellenischen Blutes zu ahnen. Er hält die Abstammung der Neugriechen von den Altgriechen aufrecht und stellt den bekannten Einwürfen nachfolgende Betrachtungen entgegen: „Man sagt, alle die Kriegswetter, die über Griechenland von der Römerzeit bis zu den Befreiungskämpfen hereingebrochen seien, hätten das eigentlich griechische Element von Grund aus vernichtet. Dies mochte nun in einem flachen Binnenlande wohl der Fall gewesen sein. Aber hier in diesen einsamen Bergthälern, wohin die fremden Eindringlinge nie oder nur in schwacher Zahl und auf kurze Dauer gelangten — hier, wo das seelustige und seetüchtige Volk schnell hinter seine hölzernen Mauern, hinter seine Schiffe sich verstedte, um anderswo eine momentane Zufluchtsstätte aufzusuchen, jede Gelegenheit aber wahrnehmend, in die alte, vielgeliebte Heimath wieder zurückzukehren — hier, wo ein nicht geringer Bruchtheil der Nation von Alters her auf zerstreuten und theilweise leicht zu vertheidigenden Eilanden lebt — hier ist es ein Anderes, hier müßte man sich weit eher verwundern, wenn dieses ganze, große, weitverzweigte Volk so spurlos verschwunden sein sollte."

Hier anschließend sucht der Verfasser der „vier Tage in Athen" seine Ansicht ferner noch durch die Aehnlichkeit der Karaktereigenthümlichkeiten der Neugriechen und ihrer Vorfahren zu begründen. Diese Aehnlichkeit ist im Guten und Bösen wirklich frappant. Man kann sie beinahe nach allen Seiten hin nachweisen.

Jetzt aber erinnern wir uns, daß wir nicht hieher gekommen sind, um die Schenke von Leusina und ihre Gäste zu sehen. Der Name Eleusis mahnte an Anderes. Bekanntlich verdankte diese Stadt ihre Berühmtheit dem Kultus, welcher hier der Ceres (Demeter) und ihrer Tochter Proserpina dargebracht ward, so wie den an jenen Kultus sich anknüpfenden Mysterien. Zwar hatten die Perser 484 v. Chr. den uralten Tempel der Demeter verbrannt. Allein Perikles ließ durch den Baumeister des Parthenon, Iktinus, einen neuen aufführen, welchen Strabo den größten in Griechenland nennt, und der an Pracht und Schönheit dem Heiligthum der Athene im Geringsten nicht nachstand. Auch ließ Perikles Propyläen anbringen und die Stadt sonst noch durch zahlreiche Bauten und Kunstwerke verschönern. Von all' dem war bis vor einigen Jahren nur wenig zu sehen. Erst dem jüngern Lenormant, Sohn des berühmten Archäologen und Philhellenen, gelang es, einen Theil des Demetertempels ans Tageslicht zu fördern. Selbstverständlich sind es alles nur Trümmer; aber diese Trümmer genügen, um die Wahrheit der uns von den Alten hinterlassenen Schilderungen des Bauwerkes erkennen zu lassen. Der umfangreich ausgegrabene Raum ist angefüllt mit Bruchstücken von Säulen, Architraven und Gesimsen, deren kolossale Dimensionen unser Staunen erregten. Ueberall weißer, feingeglätteter Marmor und die kunstreichste Arbeit. Auch ein Theil der Plattform und der Treppe ist bloßgelegt. Gerne hätte Lenormant noch weitere Ausgrabungen vornehmen und zu diesem Behuf die anliegenden Häuser abbrechen lassen. Leider fehlten ihm hiezu die genügenden Geldmittel. Was unsere Aufmerksamkeit besonders auf sich zog, das waren etliche unterirdische Gewölbe aus gebrannten Steinen, zu denen eine schmale Treppe hinabführte. Offenbar datirt diese Konstruktion, da die Griechen den Gewölbebau nicht kannten, aus der Römerzeit her und möchte zu irgend welchem Gebrauche bei den Mysterien gedient haben.

Zum Schlusse begaben wir uns in ein nah' gelegenes Häuschen, das zu einer Art von etruskischem Museum hergerichtet ist. Wir fanden daselbst eine hübsche Sammlung hier aufgefundener Statuen, Reliefs, Säulenkapitäler und Inschriftsteine. Der alte Wächter sagte uns, daß es strenge verboten sei, das Geringste von diesen Kunstschätzen zu veräußern. Trotz dessen wäre es uns mit Hülfe einiger Silberstücke ein Leichtes gewesen, ein kleines Andenken herauszubekommen. Unter andern Gegenständen wollte namentlich eine wundervoll gemeißelte Hand uns verlocken, welche als Briefbeschwerer vortrefflich sich ausgenommen hätte. Allein wir nahmen Umgang davon, weil wir es nicht über uns bringen konnten, den Alten zu einer Pflichtverletzung zu verleiten.

Auf dem Heimwege machten wir einen Abstecher nach einer Gärtnerwohnung, die von Oliven-, Feigen-, Mandel- und andern Bäumen angenehm umschlossen war. Daselbst, meint man, sei die Akademie des Plato gestanden. Die Annahme wird zwar weder durch Baut rümmer noch durch Inschriften beglaubigt. Immerhin aber stimmt die Lage mit den Angaben des Pausanias überein. Nahe dabei erheben sich zwei baumlose Hügel. Der hintere, nördliche, ist von der Kapelle des hl. Aemilian, der nähere von den Denkmälern der beiden Archäologen, Lenormant des ältern und des Ottfried Müller, gekrönt. Wir begnügten uns den letztern zu besteigen. Es ist jener, welcher schon im Alterthum unter dem Namen „Kolonoshügel" bekannt war.

Als wir wieder zu unserm Wagen herantraten, trafen wir den General, der unterdessen behaglich darin sitzen geblieben war, im Gespräch mit einem einfachen Bürgersmann begriffen. Der letztere begrüßte uns freundlich in italienischer Sprache und äußerte sodann sein Bedauern über die letzte Revolution, welche das Volk weder gewollt noch gemacht habe. Das hatte Hahn uns schon anfänglich gesagt und es schien uns, als hätten die ihm erwiesenen achtungsvollen Begrüßungen, deren Zeugen wir in diesen Tagen mehrmals gewesen sind, namentlich seiner schweizerischen Soldatentreue gegen den König Otto gegolten.

Von hier fuhren wir zwischen üppigen, hinter Mauern verborgenen Baumgärten in die Hauptstadt zurück. Nach Tisch begaben wir uns in die Vorstadt Patissia, wo sich die schöne Welt Athens in der abendlichen Kühle erging. Rechts der Straße betrachteten wir ein im Bau begriffenes, großartiges Gebäude. Hahn sagte uns, daß es das Polytechnikum sei, welches die reiche Wittwe Tultitza dem Vaterlande auf ihre Kosten erbaue, und bemerkte, um zu zeigen, welchen Aufschwung Athen unter der Herrschaft des Königs Otto genommen habe, daß der von der Erbauerin um 300,000 Drachmen erstandene Bauplatz die Hälfte eines Grundstückes betrage, welches vor dreißig Jahren um 13,000 Drachmen angekauft wurde.

Als wir uns vor einem Kaffeehause zu einer Tasse Eis niedersetzten, kam ein griechischer Offizier, den General zu begrüßen, und rückte seinen Stuhl an unser Tischchen heran. Dieser junge Mann, welcher geläufig französisch sprach, zeigte in seinem Benehmen eine Artigkeit und Feinheit der Formen, die ihn als einen ächten athenensischen Gentleman kennzeichneten. Seine Mittheilungen gaben uns in mehr als einer Beziehung lehrreiche Aufschlüsse. Die Politik betreffend sagte er gerade heraus, daß eine konstitutionelle Regierung nicht für Griechenlande passe.*) Die letzte Revolution schrieb er England auf

---

*) Ein anderer griechischer Offizier, Waadtländer von Geburt, mit dem wir auf der Seereise zwischen Athen und Messina zusammentrafen, zeichnete das konstitutionelle Regiment Griechenlands, wie folgt: „Die griechische Nationalversammlung bestehe aus intriganten Stellenjägern ohne Patriotismus. Die Majorität schwanke hin und her,

Rechnung, über das er überhaupt nicht gut zu sprechen war. Interessant waren seine Bemerkungen über die neugriechische Sprache, die er für einen bloßen Dialekt der altgriechischen gehalten wissen wollte. Der Beweis liege darin, daß das neugriechische keine andere Grammatik als die altgriechische habe. Man müsse die letztere studirt haben, um neugriechisch schreiben zu können. Deßwegen werde auch in allen Schulen das Altgriechische gelehrt. Die Verwandtschaft beider Dialekte sei so groß, daß jede gebildete Dame den Homer in der Ursprache lese, daß der ungebildete Bauer den Xenophon im wesentlichen verstäube, ja daß sogar der Katechismus in altgriechischer Sprache verfaßt sei. Der Offizier schien, wie aus seinen Aeußerungen zu entnehmen war, auch in der altgriechischen Geschichte und Literatur gut bewandert zu sein, und hat, wie er uns mittheilte, ein Werk über das Militärwesen der Altgriechen herausgegeben.

Vierter Tag.

30. Juni.

Niemand wird es versäumen, bevor er Athen verläßt, noch einmal die Akropolis zu besuchen. Denn sie ist und bleibt das schönste alles dessen, was Athen, was Griechenland, was überhaupt der klassische Süden besitzt. Uns war um so mehr geboten, den letzten Tag unseres Hierseins zu diesem Zwecke zu verwerthen, weil wir bei unserm ersten Besuch am Abend des 27. Juni nur eine oberflächliche Besichtigung der dortigen Monumente hatten vornehmen können. Somit fand uns heute die aufgehende Sonne auf der Höhe der Burg, wo wir vorerst die auf dieser Stätte abgerollte breittausendjährige Geschichte vor unserm Geiste vorübergehen ließen.

---

daher jeden Augenblick neue Minister. Die Wahlen werden von den Häuptlingen gemacht. Das Volk betheiligt sich wenig an den Wahlen."

Die Akropolis tritt in einer Höhe von 154 Meter über der Meeresfläche frei von den umliegenden Erhöhungen hervor und mußte als ein umfangreiches, nach drei Seiten, im Norden, Osten und Süden, schroffabfallendes Felsenplateau sich vor andern zu einer jener Stadtanlagen des Alterthums eignen, bei welchen die Vertheidigungsfähigkeit die Hauptsache war. Das Plateau hat eine Länge von 275, eine Breite von 122 Meter und der Augenschein zeigt, daß es gleich der Area zu Jerusalem künstlich geebnet worden ist. Diese Arbeit wird auf die Pelasger zurückgeführt, welche auch die erste Mauer um die Anhöhe herumlegten. Am stärksten wurde von ihnen die Westseite befestigt, da sich dieselbe sanfter gegen die Pnyx und den Areopaghügel abdacht. Hier war die Ringmauer mit neun Thoren versehen, weßhalb man diesen Theil das Enneapylon nannte. Als die Stadt sich in die Ebene ausdehnte, behielt die Akropolis den Karakter der Burg. Da oben schlugen die attischen Könige, später die Pisistratiden ihren Herrschersitz auf. In der Glanzzeit Athens war die Akropolis gleichzeitig Burg und Wohnsitz der Schutzgötter.

Die Festungswerke der Pelasger wurden durch die Perser, die von Themistokles neu errichteten durch die Spartaner im peloponnesischen Kriege und jene nach dem Friedensschluß von Konon neuaufgeführten durch Sulla zerstört. Unter Roms Herrschaft wurde die Akropolis unbewehrt belassen, bis der Kaiser Valerian beim Herannahen der Gothen in aller Eile neue Wälle aufführen ließ. Dieselben müssen jedoch wenig geholfen haben, da geschichtlich feststeht, daß Alarich sich der Akropolis bemächtigt hat. Von allen obbenannten aus den verschiedensten Zeiten herrührenden Festungswerken glaubt man die Spuren in den vorhandenen Ruinen zu erkennen, und daß auch die Franken diesen Ort als strategischen Punkt benutzt haben, wird durch die Thürme und Mauern bezeugt, die aus ener Zeit erhalten sind. Endlich spielte die Akropolis auch im Befreiungskriege der Neugriechen eine denkwürdige Rolle.

Die Belagerung, welche diese im Winter 1826 auf 1827 gegen die Türken unter Redschid-Pascha aushielten, wird in der Geschichte eine ebenso markante Stelle einnehmen als jene, welche ihre Vorfahren vor mehr als 2000 Jahren im Perserkriege erlebten.

Jetzt dient die Akropolis nicht mehr zu militärischen Zwecken. Sie ist ausschließlich zur idealen Stätte geworden, wo man altgriechische Luft athmet und keinen andern als altgriechischen Erscheinungen begegnet. Das ganze Plateau sieht aus wie ein Schneefeld, so sehr ist es mit weißen Marmortrümmern und Marmorscherben bedeckt. Bis an die Knöchel in diesem Marmorschutt wandelnd, hielten wir unsere Umschau der einzelnen Monumente. Außer des Parthenons stehen drei andere theilweise noch aufrecht. Es sind: die Propyläen, das Erechtheion und das Tempelchen der Nike Apteros oder Siegesgöttin. Wir versuchen es, dieselben mit wenigen, aber anschaulichen Strichen zu zeichnen.

Die Propyläen waren eine Thor- oder Vorhalle, welche, von Westen nach Osten auffsteigend, den Zugang in das den Göttern geweihte Innere der Akropolis bildete. Zwei Parallelmauern faßten die Propyläen an den Langseiten ein, während an den Fronten Portici von je sechs Säulen mit Giebelverzierung angebracht waren. Eine Quermauer mit fünf Thoren schied die Propyläenhalle in eine westliche und östliche Abtheilung ab. Die erstere von 13 Meter Tiefe ward durch zwei Reihen von je drei Säulen jonischer Ordnung in drei Schiffe getheilt. Durch das Mittelschiff zogen bei den großen Festzügen die Reiter und Wagen ohne Treppe hinauf. Es korrespondirte mit dem Mittelportal der Quermauer, welch' letzteres die andern vier Thore an Höhe und Breite um ein Bedeutendes übertraf. Zu diesen vier kleinern Thüren stieg man auf Stufen empor. Was die Osthalle, d. h. die Fortsetzung der Propyläen oberhalb der fünf Thore betrifft, so war sie der westlichen in der Bauart entsprechend, hatte aber, weil weniger tief, feine Säulen am Hauptwege und endete, wie wir schon sagten, mit einem sechssäuligen Portikus, der seine Fronte gegen den Innen-Raum der Akropolis kehrte. Die Decke der Propyläen lag flach auf Marmorbalken von 20 Fuß Länge und war mit kräftigem Farbenschmuck so schön verziert, daß sie schon die Alten mit Bewunderung erfüllte.

Der Propyläenbau bestund jedoch nicht blos aus der so beschriebenen westöstlichen Thorhalle; vielmehr lehnten sich zwei Seitenflügel rechtwinklich an die Westfronte an. Jeder derselben enthielt einen rechteckigen Saal mit einer Säulenhalle an der Seite des Eingangs. Diese Säulenhallen stunden sich parallel gegenüber und bildeten zum Eingangsportal der Haupthalle einen prächtigen Rahmen.

Frägt man uns nun, was von der Anlage jetzt noch zu sehen sei, so antworten wir: jedenfalls so viel, daß man aus dem Vorhandenen den Plan der Gebäulichkeit zu erkennen, die Beschreibung des Pausanias zu verstehen, dieselbe als eine wahrheitsgetreue zu würdigen und sich einen Begriff von der einstigen Schönheit des Prachtbaues zu bilden vermag. So sind vor allem die zwei Seitenmauern der Haupthalle sowie die fünf Thore in der Quermauer sehr gut erhalten. Ferner stehen die Säulen des östlichen und westlichen Portikus theilweise mit ihren Kapitälern und einzelnen Architravstücken alle noch aufrecht. Dagegen sind von den sechs jonischen Säulen im Innern der Haupthalle nur die Basen nebst einer Anzahl verstümmelter Säulen-Trommeln übrig geblieben. Gut erhalten ist auch der Nordflügel der Propyläen, während der südliche einem von den Herzogen von Athen aufgerichteten Thurm weichen mußte, der jetzt noch vorhanden ist. Außer dieser Abtragung des Südflügels hat das Mittelalter keine weitere Beschädigung an den Propyläen verübt. Da kam den Türken der unglückliche Gedanke, in denselben, gleichwie im Parthenon, ein Pulvermagazin anzulegen. 1656 schlug der Blitz ein, entzündete das Pulver und der herrliche Bau ging nachdem er den Einflüssen von zwei Jahrtausenden widerstanden hatte, in Trümmer auseinander.

Der erhaltene Nordflügel trägt den Namen der „Pinakothek", weil nach Pausanias in der dortigen Cella eine Gemäldesammlung aufgestellt war. Jetzt hat man die alte Pinakothek zu einer Glyptothek hergerichtet, in welcher sämmtliche auf der Akropolis gefundenen Inschriften, Bruchstücke von Statuen und andere Skulptur-Ueberreste aufbewahrt werden.

Wir kommen nun zum sogenannten Erechtheion oder Haus des Erechtheus. Der Name bezeichnet keineswegs die Gottheit, die in dem Tempel verehrt ward, sondern führt auf den Gründer des Heiligthums, den athenienstischen König und Heros Erechtheus zurück. Dieser König widmete den Tempel der Athene Pollas, d. h. der stadtbeschirmenden Athene und bestimmte besondere Abtheilungen desselben dem Kultus des Poseidon und der Pandoras, einer Tochter des Cekrops.

Nachdem die Perser den alten Tempel gründlich zerstört hatten, begann Perikles den Bau eines neuen, des jetzt noch bestehenden, der aber erst nach dem peloponnesischen Kriege seine Vollendung erhielt. Von den Byzantinern wurde er in eine christliche Kirche verwandelt und der Hagia Sophia geweiht. Die Türken machten ihn zum Harem für die Frauen des Aga. Trotz dieser verschiedenen Verwendungen blieb der Bau in ziemlich unversehrtem Bestande erhalten, bis ihn 1827 eine türkische Bombe zertrümmerte, wobei viele vornehme Griechinnen, denen während der Belagerung das alte Heiligthum als Wohnstätte angewiesen worden war, unter den einstürzenden Mauern ihren Tod gefunden haben.

In den Jahren 1842 und 1846 wurde das Erechtheion bestmöglich wieder aufgerichtet. Dennoch ist auch dieser Wunderbau nur noch eine Ruine. Da es mit zu der Bestimmung des Erechtheion gehörte, gewisse durch die Mythe geheiligte Stätten, die auf Poseidon und Minerva Bezug hatten, einzuschließen, so konnte der Plan der Gebäulichkeit nicht so überſichtlich einfach gehalten ſein, wie wir es am Theſeion und Parthenon wahrnehmen. Das Erechtheion iſt ein mehrgegliederter und vielgeſtalteter Bau, deſſen einzelne Theile auf verſchiedenem Boden-Niveau angelegt ſind. Immerhin zeigt der Plan der Hauptſache nach ein länglichtes Viereck, deſſen Langſeiten gegen Norden und Süden ſich wenden und an welche ſich am Weſtende Vorbauten oder Flügel anſchließen. Das Rechteck mißt 20 Meter Länge und 11 Meter 21 Cm. Breite. Der Eingang, im Oſten gelegen, iſt mit einem Portikus joniſcher Ordnung verziert, von deſſen ſechs urſprünglichen Säulen noch fünf mit Gebälk und einem Stück des einſtigen Giebels erhalten ſind.

In der Cella des Hauptgebäudes iſt nichts mehr zu ſehen. Sie war der Minerva Polias geweiht, deren, wie man glaubte, vom Himmel gefallene Statue aus Olivenholz darin aufgeſtellt war. Im Nordflügel ward Poſeidon verehrt. Denn dort ſoll es geweſen ſein, wo der Gott mit ſeinem Dreizack in den Fels geſtoßen und einen Salzquell geöffnet habe. Der Südflügel war das Haus der Pandroſis.

Es ſind vorzugsweiſe die eben erwähnten Flügel oder Vorbauten, welche die Bewunderung des Beſchauers im höchſten Grade erregen. Der nördliche bildet eine nach drei Seiten offene Halle. Vier joniſche Säulen treten nach Norden hervor und je eine ſtützt das theilweiſe noch vorhandene Dach im Oſten und Weſten. Wunderbar leicht ragen ſie über den umherliegenden Trümmern empor und trotz des reichen Schmuckes, der ihre Kapitäler, ihre Baſen, ihre Gebälkſtücke und den Ueberreſt der Decke verziert, wird das Auge nirgends durch Ueberladung beleidigt. Beſondere Erwähnung verdient das hohe und edle Portal, welches die Verbindung der Nordhalle mit der Cella des Haupttempels vermittelt.

Ganz anders, aber in ſeiner Art eben ſo ſchön iſt der ſüdliche Vorbau. Was ihn auszeichnet, das iſt der Umſtand, daß die Decke nicht von Säulen, ſondern von Karyatiden,

d. h. von Statuen jungfräulicher Gestalten getragen wird. Diese Statuen, sechs an der Zahl, stehen auf einer 10 Fuß hohen Mauerbrüstung, die den Raum des Vorbaues einschließt. Kaum dürften unsere antiquarischen Museen viele Skulpturen von solcher Vollendung enthalten, wie diese Karyatiden es sind. Wahrscheinlich stellen sie die jungfräulichen Priesterinnen der Minerva Pollas dar. Würdevoller Ernst ist in den edlen griechischen Gesichtszügen ausgedrückt. Die Gewandung ist weit und voll prächtiger Falten. Dabei haben die Statuen einen monumentalen Karakter, der sie mit den Hauptlinien der Gebäulichkeit harmonisch verbindet. Jedwede Steifheit wird dadurch glücklich vermieden, daß je ein Knie eine sanfte Biegung verräth. Ueber dem reichen Haarwuchs erhebt sich eine Art hohen Turbans, welcher dem zur Aufnahme des Architraven bestimmten Säulenkapitäl entspricht. Endlich hat der Künstler die Belastung durch Weglassung des Frieses gemindert, und statt mit dem Giebel ist der Bau durch eine sanft geneigte Attika gekrönt. Am Hauptgebäude sieht man noch Bruchtheile des Frieses, welcher einst rings um dasselbe unter dem Dach herumlief, und welcher, aus schwarzem Marmor von Eleusis bestehend, den weißen Marmor der übrigen Baumasse um so blendender hervortreten ließ.

Das Erechtheion ist das unübertroffene Muster des jonischen Styls. An Eleganz und Grazie, an geschmackvollem Reichthum der Verzierungen dürfte ihm kein auf uns gekommenes Denkmal des Alterthums gleichkommen. Aber man vermißt in demselben jene einfach schöne harmonische Einheit und Uebersichtlichkeit, welche den Parthenon, abgesehen von der höhern Würde des dorischen Styls, seine sowohl im ersten Augenblick zauberhaft überwältigende als bleibende Wirkung auf den Geist des Beschauers verdankt.

Als wir den auf einem Felsenvorsprung im Südwesten der Akropolis thronenden kleinen Tempel der Nike apteros, d. h. der ungeflügelten Siegesgöttin in Augenschein nahmen, da ahnten wir nicht, welchen eigenthümlichen Kreislauf der Geschicke derselbe im Zeitenlaufe durchgemacht hat. Von Kimon nach seinen Siegen über die Perser errichtet, 1687 n. Chr. durch eine Bombe Morosini's zertrümmert oder, wie andere meinen, von den belagerten Türken behufs Errichtung einer Batterie abgebrochen, wurde er im Jahr 1835 aus den gesammelten Trümmern auf Grund alter Beschreibungen wieder aufgerichtet. Das so gleichsam aus dem Grabe erstandene Tempelchen könnte mit seinen beiden Vorhallen von je vier kannelirten Säulen im Osten und Westen das schönste Gartenpavillon der Welt repräsentiren. Auf einem dreistufigen Unterbau ruhend, erreicht es mit seiner Giebelspitze eine Höhe von 10 Meter bei 9 Meter 60 Cm. Länge und 5 Met. 30 Cm. Breite an der untersten Stufe. In der nur Met. 6,17 langen und Met. 5,30 breiten Cella war einst das Bildniß der Siegesgöttin aufgestellt. Der ursprüngliche Fries, welcher die ganze Cella umzog, besteht nur an der Süd- und Ostseite noch; die beiden andern Seitenstücke sind ins britische Museum gewandert. Doch wurden an deren Stelle aus London hergesandte Abgüsse von gebrannter Erde eingelegt. Leider sind die Reliefs sowohl dieser letztern als der hier verbliebenen Original-Friestheile dermassen verstümmelt, daß es wohl nur Vermuthung ist, wenn man in denselben die Darstellung der Schlachten von Platea und Marathon herausfinden will.

Mit dem heutigen Frühmorgengang hatten unsere Studien der Denkmäler des alten Athens ihren Abschluß gefunden. Die nachfolgenden Tagesstunden wurden mit Versendung von Briefen und Ergänzung der Reisenotizen verbracht. Ferner statteten wir dem General Hahn unsern Abschiedsbesuch ab und bestellten bei der Agentur der Messageries imperiales die Plätze nach Messina mit 182 Frl 50 Cts. für die Person auf dem Dampfboote Düplex, welches Morgens von Piräus dorthin abfahren sollte. Abends bewegten wir uns abermals die Akropolis hinauf, weniger um den stummen Zeugen einer großen

Vergangenheit den letzten Blick zuzuwenden, als um Umschau zu halten über die Umgebungen Athens, die von dort oben nach allen Seiten hin dem Auge sich darbieten. Als wir ankamen, schickte eben die Sonne sich an, hinter dem fernen dunkeln Kegel von Akrokorinth niederzusteigen. Die See war purpurn gefärbt, der Himmel mit einem goldenen Raude umsäumt und die weißen Marmorsäulen und Marmorquader der Tempel erschienen successive eingetaucht in alle jene Farben, wie wir sie beim Alpenglühn unserer Hochfirnen wahrnehmen: Zuerst in Karmesin, dann in Rosa, zuletzt in Violett, das dann urplötzlich durch eine gespensterhafte Leichenbläße abgelöst wurde.

Die Rundschau ist ausgedehnt und entrollt eine Fülle der mannigfaltigsten Bilder. Im Osten hatten wir zu unsern Füßen den Platz, wo der Zeustempel und der Hadriansbogen sich erheben; weiter hinaus und gegen Süden konnten wir das Bett des Jlissus und die alte Straße nach dem Phaleron verfolgen. Den Hintergrund bildete das Meer, über welches der Blick südwestwärts nach den Inseln Aegina und Salamis bis an das Küstengebirg der Morea hinwegschweifte. Westlich von unserm Standpunkte starrten in unmittelbarster Nähe die dunkeln Felsblöcke des Areopags; mehr rückwärts lagen der Nymphaion, die Pnyx, der mit dem Denkmal des Philopappus gekrönte Musenhügel und in noch größerer westlicher Ferne sah man die attische Ebene sich ausbreiten, wo der Olivenwald einen graugrünen Streifen in den allgemeinen braunen Grund der Landschaft einzeichnete. Nach Nordwest war der gestern begangene Engpaß von Daphne ersichtlich. Im Norden ruhte der Blick zunächst auf der Stadt. Still und friedlich lag sie da, sie, die seit drei Jahrzehnden durch die sympathetische Handreichung des Abendlandes des Glückes der Freiheit und aller Segnungen eines europäischen Kulturlebens genießt. Umsäumt wird die Stadt auf dieser Seite von niedlichen Landhäusern und freundlichen Dorfschaften, die sich schüchtern hinter Feigen- und Olivenbäumen verstecken. Der Fernblick war nach dieser

Seite durch den Parnes begränzt, während nordöstlich der Stadt der Kegel des Lykabettus hinter dem königlichen Schlosse sich aufthürmte und im Osten die breiten Wände des Pentelikon vom Horizonte sich abhoben. Im Südosten erblickten wir den rundlichen Hymettus und konnten in dieser Richtung weiter einen langgedehnten Strich Meeres bis zu den in neblichter Ferne verschwimmenden Vorposten der Cykladen verfolgen. All' das war umflort von wunderbarem Farbenduft, war durchhaucht von der milden griechischen Luft und wo auch unser Auge sich hinwandte, überall traf es auf klassischen Boden und weltgeschichtliche Erinnerungsstätten. Wahrlich man wird es begreifen, wenn beim Hinuntersteigen von der Akropolis uns ein Gefühl tiefer Wehmuth übermannte, diese herrliche Stätte zum letztenmal betreten zu haben und daß wir schon Morgens Athen, Griechenland und dem Orient, wahrscheinlich auf Nimmerwiedersehn, entrückt werden sollten.

Vor dem Schlafengehen ergingen wir uns noch eine Weile im Gespräch über Griechenlands Gegenwart und Zukunft. Gewiß! Beide wünschen wir dem schönen Lande ein glückliches Dasein und daß es eine ehrenvolle Stelle in der christlichen Völkerfamilie einnehmen möge. Allein es sind hier leider der dunklen Punkte zu viele. Wie kann man einen Aufschwung der Kultur in einem Lande erhoffen, so lange man im Umkreis weniger Stunden um die Hauptstadt Gefahr läuft, von Räuberbanden in die Berge geschleppt zu werden und daselbst bei schmaler Kost ein romantisches Leben zu führen, bis das gewöhnlich sehr hoch geschraubte Lösegeld eintrifft? Wie sehr dieses Räuberwesen zur Zeit dominirt, geht schon aus der einzigen Thatsache hervor, daß die französische Gesellschaft, welche vor kurzem die Ausbeutung der altberühmten Bleibergwerke in Keratia auf dem Wege nach Marathon wieder in Angriff genommen hatte, gezwungen war, sich durch einen Tribut von einigen hundert Franken monatlich an die umliegenden Räuber den freien Verkehr zu erkaufen.

Man betont mit Recht, daß es Griechenland an Straßen, an Brücken, an gehöriger Forstkultur mangle und daß auch der Landbau wegen der großen Steuerlast nur kümmerlich gedeihe. Diesen Mängeln könnte nur eine gute Regierung abhelfen. Eine gute Regierung aber nenne ich jene, welche nicht blos aus intelligenten, sondern aus gerechten, von sittlichen Motiven geleiteten Männern besteht, aus Männern, welche das allgemeine Wohl ihrem Privatnutzen voransetzen. Man läßt heut zu Tag bei Bestellung der Behörden das sittliche Moment zu sehr außer Acht. Und doch liefert gerade unsere Zeit der Beispiele genug, welches Verderben eine in gewissenlose Hände gelegte Verwaltung über ein Land bringen kann. Da werden Unterschleife, Unterschlagungen, Bestechungen leicht hingenommen, die Justiz wird käuflich, es versagt das Instrument der öffentlichen Macht, die Armee, im entscheidenden Moment durch die Untreue eibbrüchiger Führer und an eine geordnete Finanzverwaltung, diese Grundlage einer guten Staatswirthschaft, ist nicht mehr zu denken. Die Türkei, Rußland, das junge Italien könnten von den staatsverderbenden Folgen der Unredlichkeit manches erzählen und Oesterreich und Frankreich erfuhren, daß man durch diese Sünde sogar Schlachten verliert. Ob und wie weit dieses Krebsübel auch an dem griechischen Staatskörper nage, darüber schweben zur Stunde keine konkreten Thatsachen meinem Gedächtnisse vor. Nachdem ich aber aus dem Munde eines gründlichen Kenners der Neugriechen den Ausspruch vernommen, daß er keinem einzigen traue, kann ich mir die Möglichkeit einer ehrlichen Griechenregierung unmöglich denken.

Griechenland liefert ein lehrreiches Beispiel, wie Wissenschaft und Bildung allein nicht vermögen, ein Volk zu civilisiren. Nach einem Bericht des abgetretenen Kultusministers Mauromichalis an den König besitzt Griechenland 16 Gymnasien mit 2094 Schülern, 105 Professoren und 16 Lehrern, 119 Hauptschulen (Untergymnasien) mit 256 Lehrern und

6643 Schülern, 877 Knabenvollsschulen mit 917 Lehrern und 45,922 Schülern, 134 Mädchenschulen mit 157 Lehrerinnen und 9312 Schülerinnen. Außerdem bestehen 4 geistliche Seminarien mit 103 Schülern und 23 Lehrern, 117 Pädagogien, die von Privaten oder Gemeinden unterhalten werden, mit 6076 Schülern beiderlei Geschlechts und in den größern Städten gibt es Erziehungsinstitute nach europäischem Muster mit etwa 8000 Zöglingen, ebenfalls für beide Geschlechter. Gewiß eine schöne Zahl von Schulen für ein Land, dessen Bevölkerung wenig über eine Million Seelen beträgt. Dazu ist das Volk industriös, gewandt, nüchtern und arbeitsam. Aber trotz dem allem vermag das schöne Land es zu keinem gesunden Kultur- und Staatsleben zu bringen.

Es ist mir eine interessante Frage, wie sich die Thätigkeit der griechisch-schismatischen Kirche zur Moral des Volkes verhalte. Sieht man sich so einen Popen mit verschmitzten Augen und geistlosem Gesichtsausdruck an, so mag man sich von der Wirksamkeit der griechischen Priester keine großen Vorstellungen machen. Indessen würde ich mich selbst der Ungerechtigkeit zeihen, wenn ich nach bloßen äußerlichen Erscheinungen ein allgemeines Urtheil über die griechische Geistlichkeit abgeben wollte. Ich gestehe, daß ich in Bezug auf diese Sache aller zuverlässigen Mittheilungen entbehre, und lasse daher die interessante Frage hierorts dahingestellt sein. Uebrigens beweist die Kirchengeschichte der Vergangenheit und Gegenwart, wie schwer es hält, tief eingerostete sittliche Uebel aus dem Volksleben auszurotten.

So viel steht fest, daß wo in einem Staat Treu und Glauben zu den Ausnahmen gehören, wo Eigennutz, Habsucht und falscher Ehrgeiz die leitenden Kreise beherrschen, wo die Worte Gemeinnützigkeit und Vaterlandsliebe nichts sind als tönendes Erz und eine klingende Schelle, wo mit einem Wort das Gefühl der Pflicht, dieses Fundament jeder menschlichen Gesellschaft, erstorben ist, daß, sagen wir, für einen solchen

Staat den Fortschritt erstreben, nichts anders heißt als: den Stein des Sisyphus den Berg hinaufwälzen, mag es daneben im betreffenden Lande mit der Intelligenz noch so glänzend bestellt sein.

In dieser Anschauung waren wir, mein Freund und ich, vollkommen des einen. Allein sie leitete unsere Gedanken weit über die Grenzen Griechenlands hinaus. Denn wir mußten uns gestehen, daß auch unser Norden, der so oft in pharisäischer Selbstgerechtigkeit auf den armen südlichen Länder hinabblickt, an einer immer weiter greifenden socialen Entsittlichung leide. Da wir nun die heitern Eindrücke der vier athenienfischen Tage uns nicht wollten verwischen lassen, so brachen wir die ernste Erörterung ab. Im Grunde fühlten wir beide für das junge Griechenland ein sympathetisches Regen und, weil der Mensch nach dem Ausspruche Schillers immer auf Verbesserung hofft, so konnten und wollten wir der Hoffnung, es möchten dem neuen, dem christlichen Hellas, dem Hellas des neunzehnten Jahrhunderts einst doch noch glückliche Tage erblühen, nicht ganz entsagen.

3. Heimreise.

Unter dem Brausen des Weststurmes waren wir vor vier Tagen in Athen eingefahren. Bei gleicher Witterung legten wir heute, am 1. Juli, den Weg nach dem Piräus zurück. Die Staubwolken wirbelten auf der Landstraße häuserhoch empor, und da es in der Nacht geregnet hatte, so war die hohe Temperatur der vorigen Tage bis zur Empfindung etwelcher Kälte gesunken. Im Piräus sollte uns zum Abschied noch ein Stück Griechentücke mitgespielt werden. Daselbst angekommen bestellten wir nämlich sofort eine Barke, uns an Bord des Dampfschiffes zu schaffen. Da jedoch der „Düplex" so hieß der nach Messina gehende französische Dampfer, noch nicht in Sicht war, begaben wir uns in eine Restauration, die Zeit todt zu schlagen. Kaum waren wir daselbst eine Viertelstunde gesessen, als unsere Bootsleute hereinkamen, uns zum Aufbruch zu mahnen. Hastig stürzen wir uns in den Kahn, um frühzeitig genug auf das Dampfboot zu gelangen. Allein, wo wir auch ausschauen, nirgends war der Düplex zu sehen. Statt an Bord bringen uns die Schiffer an den Strand eines Inselchens, welches rund und kahl wie ein Todtenkopf aus den schäumenden Wogen sich erhob und über das der Wind mit unbeschreiblicher Wuth hinwegraste. Hier den Nachen an einen Pfahl anzubinden und von dannen zu laufen, um wahrscheinlich auf einem andern bereit gehaltenen Kahn eine Kneipe an der Küste zu gewinnen, das war Seitens der beiden Burſche das Werk eines Augenblicks. Jetzt erſt erkannten wir den Beweggrund ihres heimtükiſchen Benehmens. Ihr Zweck beſtund darin, unſer Boot ſo weit vorzuſchieben, daß es dem Ankerplatz des Düplex am nächſten ſtund und zuerſt neue, nach Athen ausſteigende Paſſagiere wieder aufnehmen konnte. Dieſer ihr Zweck war erreicht. Wir aber fanden uns in eine ſehr ungemüthliche und unbehagliche Lage verſetzt. Vom Verweilen auf dem, wie ſchon erwähnt, buchſtäblich kahlen Inſelchen mußte unbedingt abgeſehen werden. Es blieb uns nichts anders übrig, als uns rücklings auf den Boden des Bootes zu legen, deſſen Wandungen etwelchen Schutz gegen den Sturmwind gewährten, und zugleich mit unſern Schirmen die aus dem Gewölk hervorſtechenden Sonnenſtrahlen aufzufangen. Hier war das ſpaniſche Pallenza wieder am Platz. Denn zwei volle Stunden lang mußten wir in dieſer peinlichen Lage aushalten, bis endlich der Düplex Erlöſung aus der engen Galeerenhaft brachte.

Der Düplex war ein großer Schraubendampfer und hatte, weil von Konſtantinopel herkommend, zahlreiche Paſſagiere an Bord. Die Einrichtung bot den beſtmöglichſten Comfort, aber wir vermißten bei den Offizieren jene Freundlichkeit, welche die Kapitöne der öſterreichiſchen Lloydſchiffe auszeichnet. Bald nachdem das Schiff die Anker gelichtet hatte, begann der Wind ſich zu legen, die Nebeldecke verſchwand und der ſchöne, blaue Himmel Griechenlands ſpannte wolkenlos über den Meerbuſen von Aegina ſich aus. In den Nachmittagsſtunden dampften wir an den Inſeln Paros und Hydra und an einer Reihe kleiner meerumſchlungener Felskegel vorüber. Das während des Türkenkrieges ſo oft genannte Hydra zeigt gegen Oſten eine ſenkrechte, pyramidalförmige Felswand, welcher andere kleine Eilande und Felsköpfe vorliegen. Die Zwiſchenräume der Inſel und Inſelchen geſtatteten Ausblicke nach den Bergzügen des Peloponneſes, deren mannigfaltige, großartige Geſtaltungen ich auch diesmal nicht genug bewundern konnte. Da der uns günstige Nordwind, wiewohl weniger heftig, noch immer anhielt, so ließ der Kapitän alle Segel aufspannen. Es war merkwürdig zu sehen, wie die Matrosen, Katzen gleich, die Strickleitern hinaufkletterten, dann auf Segelstangen oder Segelseilen bald stehend, bald knieend in schwindelnder Höhe sich bewegten und das Kommando mit eben so großer Ruhe als Schnelligkeit ausführten.

Am 2. Juli schifften wir zwischen Himmel und Wasser und am 3. liefen wir in die sicilianische Meerenge ein. Das vulkanisch gestaltete Küstengebirg Kalabriens erfreute unser Auge durch seine grüne Bekleidung mit Weingärten, Wiesen und Wald. In Messina mußten wir den Düplex verlassen, der von hier aus, ohne irgendwo anzulanden, seinen Lauf in gerader Linie nach Marseille nahm, und wurden für die Ueberfahrt nach Neapel auf den morgens dahin abgehenden „Batikan" angewiesen. Der Abend wurde zu einem Gang durch die starkbelebte Stadt, der folgende Vormittag zum Besuch mehrerer merkwürdigen, aus der Normannenzeit herrührenden Kirchen verwendet. Gerade um die Mittagsstunde steuerte der Batikan zum Hafen von Messina hinaus. Von der berühmten Scilla und Charibdis konnte man uns kaum mehr die Lage angeben. Längst schon hat der Dampf diesen Orten jedwelchen Schrecken entzogen und sie des letzten poetischen Nimbus entkleidet. Eine Fülle von Poesie bot uns aber die umgebende Natur, indem die beidseitigen Gebirgszüge mit ihren Schluchten, Kesseln und dunkelgrünen Thälern, die aus der Ferne freundlich aussehenden Dorfschaften und das mit zahllosen Fischerbarken besäete Meer sich zu einem zauberisch schönen Gesammtbilde vereinigten. Hat man die Meerenge hinter sich, so steigen die Inselvulkane der Liparen aus den Fluthen empor. Der Batikan war ein schönes Schiff, aber klein und hatte so viele Reisende an Bord, daß wir gezwungen waren, unsere Kabine mit zwei andern zu theilen. Unter den Passagieren befand sich ein geisteskranker Grieche, der schwer litt und nur durch fortwährende auf dem Kopf angebrachte Ueberschläge von Meerwasser in einem etwas leidlichen Zustande erhalten ward. Sein Begleiter wollte ihn in einer deutschen Irrenanstalt unterbringen. Leider hat er dieses Ziel nicht erreicht. Denn, wie wir später in Rom vernahmen, stürzte sich der Unglückliche auf der Fahrt zwischen Neapel und Civita-Vecchia ins Meer und konnte nicht mehr gerettet werden.

In der Frühe des 5. schifften wir in Neapel uns aus. Da der große Schwarm der Touristen in dieser Jahreszeit allbereits weggezogen war, bekamen wir in dem, auf dem Quai Santa Lucia gelegenen Hotel de Russie gute Zimmer, Kost und Bedienung zu billigen Preisen. Zugleich wollte unser Glücksstern uns mit etwas noch viel Besserm bescheeren. Wir erhielten nämlich in der Person des Pasquale Spinozzi einen so vortrefflichen Cicerone oder Führer, wie ich auf allen meinen Reisen keinen zweiten vorgefunden habe. Diesem grundehrlichen, intelligenten, landeskundigen, unermüdlich dienstfertigen Manne, der für unsere Interessen wie für die seinigen sorgte, hatten wir es zu verdanken, daß wir in der Zeit von sechs Tagen eine vollständige Umschau aller Hauptmerkwürdigkeiten Neapels und seiner Umgebung abhalten konnten. Das an Alterthümern außerordentlich reiche Museum Bourbonicum, die Kirchen und Katakomben der Stadt, Pompeji, Herkulanum, die blaue Grotte von Capri, die Tempel Baja's, Caserta und viele herrliche Landschaften wurden in zweckmäßiger Reihenfolge besichtigt. Neapel ist und bleibt die Perle des Südens, weil hier zu dem blauen Himmel und Meer, zu den schönen Bogenlinien des Golfs und zu den edlen Gebirgsformen eine Vegetation hinzukommt, welche mitten im Sommer alles in eine Fülle von Grün und Blumenflor einhüllt. Es war ein schöner Samstag Abend und Sonntag Morgen, die wir in Surrento, dem Geburtsorte des Tasso, verbrachten. Die dortseitige Küste fällt in schroffen Felswänden ins Meer und bildet zahlreiche größere und kleinere Buchten, die den Fischerlähnen als Zufluchtsort dienen. Ueber jenen Küstenfelswänden dehnen sich zwischen den Vorsprüngen des Gebirgs breite Thalkessel aus. In denselben liegen zahlreiche Gärten, welche, einer an den andern anschließend, sich zusammen zu einer ausgedehnten Parkanlage gestalten, die aus Orangen, Limonen, Pfirsichen, Granaten, Pignolien, der japanesischen Mispel und andern Kulturbäumen gemischt ist. Alle Farbentöne und Abstufungen von Grün sind in diesem Südparke vertreten. Die Rebe wird an zwanzig Fuß hohen Stangen gezogen oder schlingt sich an den Baumstämmen auf und rankt von Baum zu Baum in anmuthigen Gehängen. Auch der Boden ist durch die verschiedenartigsten Gemüsepflanzungen mit einem grünen Teppich bekleidet, in welchen der Liebesapfel seine feuerrothen Streifen einwebt. Oberhalb der Gartenregion steigt dann der Oliven-, Kastanien- und Pinienwald bis zum Scheitel des Gebirges hinan. Diese Fülle der Vegetation brachte auf uns, die wir aus dem kahlen Orient hieher gekommen waren, einen doppelt angenehmen Eindruck hervor.

Der Glanzpunkt Neapels ist die Aussicht auf Camalduli. Ich werde es nicht versuchen, dieselbe zu beschreiben. Kann doch die Feder nur Umrisse zeichnen, vermag aber nicht, das über eine Gegend ausgegossene und eigenthümliche Kolorit mit seinen vielfachen Nuancirungen zu reproduciren. Und was die Seele, die Poesie einer Landschaft betrifft, so kann man sie ahnen, aber keineswegs in Begriffe und Worte formuliren. Das während unseres Dortseins in mir vorherrschende Gefühl war das: es enthalte die Aussicht auf Camalduli ein Naturbild von so vollendeter Schönheit, daß auch die hochfliegendste Phantasie zu demselben nichts beizusetzen vermöchte.

Am 11. Juli brachte uns die Eisenbahn nach Rom. Sie bewegt sich durch ein malerisches Bergland, in welchem zur Zeit der Anfänge Roms die Sabiner ihren Sitz hatten. Bei der Stadt St. Germano erblickten wir auf der Spitze eines Bergkegels das berühmte Kloster Monte Cassino. Damals bewohnten es noch die Jünger des heil. Benediktus. Jetzt ist auch dieses dreizehnhundertjährige Stift, trotz der Einsprache selbst protestantischer Gelehrten, der gottentfremdeten modernen Staatsomnipotenz zum Opfer gefallen.

In Rom verweilten wir nicht über fünf Tage. Da uns aber auch hier ein gewandter Führer zu Gebot gestellt wurde, so gelang es uns, während dieser kurzen Zeit die hauptsächlichsten Kirchen, Museen, Villen und Alterthümer in Augenschein zu nehmen. Bei Betrachtung der letztern trat uns der Unterschied zwischen der griechischen und römischen Architektur lebendig vor Augen. Dort Eleganz, Formenschönheit, Ebenmaß, das horizontale Gebälke ein wesentliches Element der Konstruktion und der glatt polirte weiße Marmor das Material; hier das Kolossale, Massenhafte, die Tendenz für die Ewigkeit zu bauen, daher das Gewölbe, die Kuppel und der Säulenbau nur zur Ausschmückung und Gliederung der festen Mauermassen oder zu offenen Vorhallen verwendet. Den Körper ihrer Gebäulichkeiten konstruirten die Römer aus Backstein, den sie so solid zu verfertigen und mit so vortrefflichem Mörtel zu verbinden verstunden, daß ihr Mauerwerk jetzt noch nach 2000 Jahren die Festigkeit des Granits und Eisens besitzt. Unsere Zeit, die sich auf ihre Technik so viel zu gut thut, vermag solches nicht zu beschaffen.

Als Typus der altrömischen, klassischen Baukunst steht das unter Augustus errichtete Pantheon da, gleich wie der Parthenon das Vorbild der griechischen repräsentirt. Auch ist das Pantheon das von allen römischen Denkmälern am besten erhaltene. Mit Recht wird die Riesenkuppel bewundert, welche sich über den 139 Fuß im Durchmesser haltenden Rundbau emporwölbt. Bekanntlich sagte der geniale Michel-Angelo, als er diese Kuppel zum erstenmal sah: „Ich werde sie hoch in den Lüften aufhängen." Der Mann hielt Wort. Er gab der

Kuppel der Peterskirche den Durchmesser des Pantheons und hängte sie 400 Fuß über dem Erdboden auf.

Bei Betrachtung der kaiserlichen Paläste und Thermen wurde ich von einem doppelten Gefühle ergriffen. Einerseits wandelte mich ein gewisses Grauen ob der rücksichtslosen Willenskraft an, von welcher jene ungeheuren Schöpfungen zeugen. Man glaubt Berge zu sehen, wenn man die meilenweit ausgedehnten, zerrissenen Riesenmauern aus der Ferne betrachtet. Solche Werke konnten nur Menschen ausführen, denen alle Macht und alle Schätze der Welt zu Gebot stunden, und die sich in ihrem dämonischen Hochmuth als Götter verehren ließen. Anderseits belebte sich in mir bei dem Anblicke das trostreiche Bewußtsein, daß aller Macht, allem Hochmuth und aller Tirannei der Menschen ein Ziel gesetzt ist. Zur Zeit als Nero seinen Palast erbaute, stund das Römerreich noch unerschüttert fest, wie das Hochgebirge der Alpen. Alle seine Feinde waren niedergeworfen und Niemand mochte ahnen, daß dasselbe jemals werde untergehen können. Nur ein Mann, der apostolische Seher auf Patmos, sagte damals schon den Sturz der vom Blute der Nationen trunkenen Weltherrscherin voraus und nach nicht ganz 300 Jahren ging sein Wort in Erfüllung. Die Weltherrscherin sank ins Grab, um nie wieder zu erstehen. Dieser geschichtlichen Thatsache mögen alle gerechtigkeitsliebenden Männer gedenken, denen die Gewaltthaten der großen und kleinen Machthaber unserer Zeit den Lebensmuth vergällen. Auch diese Machthaber wird ihr Schicksal erreichen. Denn Gottes Mühlen mahlen langsam, aber sicher.

Doch ich kann mich nicht in die Schilderung der mächtigen Eindrücke einlassen, welche die heil. Stadt diesmal, wie schon bei einem frühern und später bei nochmaligen Besuchen in mir hervorgerufen und bleibend zurückgelassen hat. Es ist Zeit dieses ohnehin zu lang gewordene Reisewerk zu schließen. Deßwegen nur kurz noch so viel über die Heimreise.

Den 17. Juli fuhren wir per Eisenbahn nach Civita-Vecchia und schifften uns sogleich nach Marseille ein. Das Meer war uns bereits zur zweiten Heimat und zum Lieblingsaufenthalte geworden, weil die behagliche Ruhe an Bord und die Seeluft uns die nothwendige Erholung von den bestandenen Strapazen gewährte. Bei der Ankunft in Marseille am Abend des 18. mußte sofort den Pflichten der Mauth Genüge gethan werden. Sonst hatten wir daselbst nichts weiteres zu thun, und da wir beide diese Stadt von früher her kannten, fuhren wir noch in der Nacht mit dem Schnellzug nach Lyon. Daselbst um 6½ Uhr Morgens ankommend, schien es mir, als sei ich aus einem Traum erwacht, oder es falle nach ausgespieltem Reisedrama der Vorhang hinab. Die Scene, auf welcher jenes gespielt hatte, das waren der blaue Himmel, das Sonnenlicht, die klaren Umrisse und warmen, zarten Farbentöne des Südens gewesen. In Lyon trafen wir den Horizont trübe und grau, feinen Landregen und Kälte. Lebhaft fühlte ich, welch' ein trübseliges Ding um unsern nordischen Sommer es sei, dessen sonnige Tage so sehr bald gezählt sind. Der Wirth im Hotel des Bergues zu Genf, wo wir des Nachmittags ankehrten, hätte sich den Luxus des Eises an der Table d'Hote füglich ersparen können. Denn der Thermometer stund so, daß es jenes Kühlmittels keineswegs bedurfte, um den Wein und das Wasser in der gehörigen Temperatur zu erhalten. Der Mont-Blanc war in eine dichte Wolkendecke eingehüllt — eine Unart, welche uns die griechischen, hebräischen und italienischen Berge nie angethan hatten.

Der folgende Tag, der letzte unserer Reise — es war der 20. Juli — versöhnte mich wieder einigermaßen mit dem schweizerischen Klima. Der Tag war schön, warm und sonnig, so daß das gesegnete Waadtland und die Ufer des Neuenburgersee's sich in ihrer vollen Pracht vor unsern Blicken entfalteten. In Biel schlug für uns die Stunde des Abschieds. Wir drückten uns recht herzlich die Hand und dankten beide Gott, der uns den Genuß der herrlichen Reise verschafft und uns während der ganzen Dauer derselben vor jedem Unfall so väterlich beschützt hatte. Es ertönte der Ruf zum Einsteigen und bald hatten uns die Bahnzüge der Central- und bernischen Staatsbahn von einander entrückt. Geistig und körperlich erfrischt kam ich zurück an meinen stillen heimischen Heerd, damals schon den leisen Gedanken in mir tragend, daß diese Morgenlandsreise für mich nicht die letzte gewesen sein dürfte.

Meine Leser wissen es schon, daß der Gedanke zum Entschlusse heranreifte, und dieser im Frühjahr 1866 zur Ausführung kam. Auch von dieser zweiten Reise kehrte ich gesund und mit dem Bewußtsein zurück, eine an hohen geistigen Genüssen reiche Lebensepisode durchgemacht zu haben. Wie jedem Orientreisenden erging es auch mir. Trotz der dort erduldeten Beschwerden und Entbehrungen und trotz des anwidernden Eindruckes, den die muselmännische Barbarei auf den Beschauer hervorbringt, dennoch weckte jener Reisegenosse von 1866 einen sympathetischen Ton, welcher wenige Wochen nach seiner Heimkunft mir schrieb, wie er eine unwiderstehliche Sehnsucht nach dem Orient empfinde. Dieser Brief ward unmittelbar nach dem österreichisch-preußischen Kriege geschrieben. Es ist eben die Abgeschlossenheit des Orients von dem sturmbewegten europäischen Leben, welches auf gewisse Gemüther eine unnennbare Anziehung ausübt. Ja! ich gestehe es offen, daß gerade das Gefühl, der Prosa unserer vielgeschäftigen Civilisation für eine Zeit lang entronnen zu sein, mich auf allen meinen Orient-Reisen am heitersten stimmte. Der Orient ist das große Grab der Vergangenheit. Jeder Zoll Erde ist weltgeschichtlicher Boden. Zahllose Monumente zeugen dafür, denen man sogar an den einsamsten und entferntesten Punkten begegnet. So schrieb jüngst mir ein anderer Freund, der Gelegenheit hatte, eine Expedition des Pascha von Nablus jenseits des Jordan zu begleiten, daß das dort gelegene Gerasa*) reicher sei an Tempeln, Theatern, Säulenhallen und Thermen als alle Römerstädte der Welt zusammengenommen. Mir war es nicht beschieden, meine Exkursionen so weit auszudehnen. Aber ich habe zweimal Jerusalem gesehen und am Grabe des Erlösers gebetet. Dafür werde ich Gott mein Leben lang danken.

---

*) Von welchem Ort unter den alten Schriftstellern nur Plinius redet.

Errata und Bemerkungen.

Hinsichtlich der Stadtpläne hat der Verfasser folgendes zu bemerken:
1) Dieselben sind keine eigentlichen Detailpläne. Es lag nicht in der Absicht des Verfassers, solche seinem Werke beizufügen, sondern lediglich den Leser zu orientiren.
2) Auf dem Plan von Jerusalem fehlt der Weg sammt Brücke über den Kidron, welcher Weg vom Stephansthor nach dem Punkt hinführt, wo bei Gethsamene die drei Wege auf den Oelberg beginnen.
3) Auf dem Plan von Athen stellt der kolorirte Haupttheil nicht die ganze jetzige Stadt dar. Vielmehr liegt das fashionable Athen der Gegenwart außerhalb jenes kolorirten Haupttheils und bedeckt den Raum zwischen dem Königspalast, der Universität, dem Hotel d'Angleterre und darüber hinaus.

Die Details der Ausgrabungen des Dionysostheaters (S. 535 und ff.) hat der Verfasser aus einem Aufsatz im N. Schweizer. Museum III, 1—4 von W. Vischer entnommen.

S. 542 v. u. lies: welche in sich die drei Eigenschaften, statt: welche in sich in die drei Eigenschaften.

www.ingramcontent.com/pod-product-compliance
Lightning Source LLC
Chambersburg PA
CBHW021228300426
44111CB00007B/468